제4판

국어교육학개론

An Introduction to Korean Language Education

노명완 · 신헌재 · 박인기 · 김창원
최영환 · 원진숙 · 유동엽 · 김은성

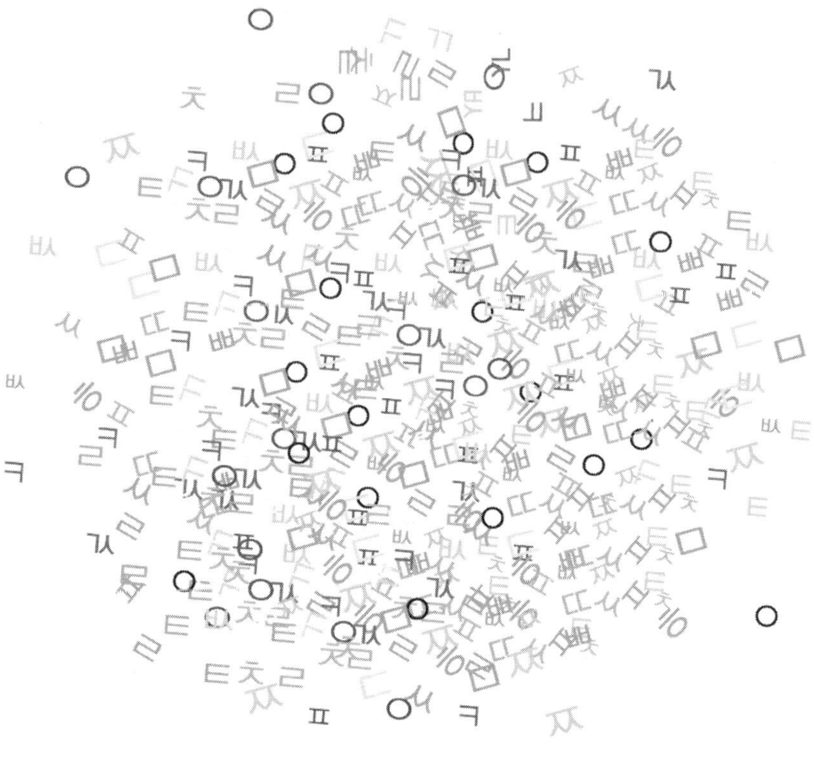

三 知 院

머리말 (제4판)

초판본 〈국어교육학개론〉은 지금은 사라진 〈한국교원대학교 부설 교과교육공동연구소〉 주최 교과교육 연구의 일환으로, 1990년대 초 당시 초등사범교육기관의 국어과 몇몇 교수들이 최현섭 교수를 중심으로 힘을 합해, 3년에 걸쳐 이뤄낸 연구결과물들을 토대로 만든 것이다[1]. 그것이 엊그제 같은데 어느새 20년의 세월이 흐르는 동안, 국어과 교육과정과 교과서가 세 번 바뀌고 개편되어 왔다. 그리고 이런 변모를 담아내는 과정에서 이번에 또 제4판을 펴내기에 이르렀다.

초판본 이후 20년 가까운 세월을 되돌아보니, 국어교육에 대한 관심과 학계의 위상이 괄목상대할 만큼 커져 왔고, 연구 대상과 방법에도 많은 변모 발전을 보여왔다. 그와 더불어 이 책도 필자 위용에서부터 일부 내용 체제에 이르기까지 조금씩 새로워져 갔고, 미흡한 대로 좀더 일신한 모습을 보이고자 했다.

그러나 20년이 가도 변하지 않은 것이 있다면 우리 필진이 공통으로 지녀왔던 국어교육에 대한 관심과 애정이다. 그리고 이를 바탕으로 추구해온 바, 국어교육의 현상을 이론과 원리로 설명하고 정리하고 조망할 수 있는 본격 학문으로 정립하고자 하는 열의와 진지성이다. 그리하여 이 책을 〈국어교육학개론〉이라는 제목에 값할 만한, 본격 학문의 '개론서'로서의 위상에 부응시켜 보고자 하는 의욕과 비젼이다. 하지만 이런 비젼과 의욕을 만족시키기에는 아직도 턱없이 부족한 것투성이라서 부끄러울 따름이라는 이 미흡감과 송구함도 여전히 초판 때나 지금이나 변함이 없다는 점을 고백하지 않을 수 없다.

다만 국어교육학계의 동료, 후학들이 이 제4판의 한계점을 발판 삼아 이를 보완하고 쇄신하도록 자극을 줌으로써, 우리나라 국어교육의 학문적 발전에 도약대 구실을 조금이나마 할 수 있다면 얼마나 좋을까 하는 기대와 소망을 가짐으로써 유일한 위로와 보람을 삼고 싶다.

끝으로 20년 가까운 세월 동안, 이 책을 꾸준히 사랑해준 독자 제위의 과분한 성원에 다시 한번 감사하고, 출판계의 어려운 상황 속에서도 변함없이 정성껏 이 책을 펴내주신 삼지원 사장님과 관계자 여러분께도 머리 숙여 감사 드린다.

2012. 7. 소서(小暑) 무렵

저자들 씀

1) 연구물 중, 대표적인 것이 '國民學校 國語科教育學의 學問的 體制와 教員養成大學의 教授要目 開發研究'(1993)이다.

머리말 (제3판)

〈국어교육학개론〉 제3판을 펴내게 되었다. 제2판이 발행되고 근 10년이 지난 셈이다. 국어교육현장의 역동적인 변화와 요구를 생각하면, 더 일찍 개정판이 나왔어야 했다. 국어교육과 관련된 여러 현상들이 어떤 의미와 가치를 가지는지를 학문탐구의 수준에서 수렴하고, 또 그것을 바탕으로 새로운 이론 지평을 부단히 전개시켜 나아가야 하는 연구의 결정이 이 책에 담겨야 하는데, 이 모든 것을 살피고, 이를 정합성 있게 기술하고 주장하는 일이 쉽지는 않았다. 이는 그만큼 지난 10년 동안 우리 국어교육학의 내적 기반과 외연들이 다양한 도전과 더불어 역동적인 변화를 수반했음을 의미하는 것이라 할 수도 있다. 그것이 우리들 필자에게는 능력의 부족을 일깨우는 것이기도 했다.

이 책이 단순한 국어교육 강의용 교재로서의 역할을 넘어서, 국어교육학의 개론서로서 위상을 가지려면, 국어교육현상 전체에 대한 균형 있는 통찰과, 국어교육이론과 실천 층위 간의 호응을 유기적으로 살리는 총체적 안목을 구비해야 한다. 더구나 미래의 국어교육의 방향에 대한 일종의 전망력 같은 것이 요구되기도 하였다. 적어도 이러한 인식 하에서 국어교육 내용과 원리를 정립해야 하고, 국어교육 방향의 총체성을 균형 있게 담아야 한다. 이런 문제들이 저자들에게는 중압감으로 작용하였고, 새로운 개정판을 만드는 일을 더욱 신중하게 몰아간 점이 없지 않았다.

그러나 국어교육의 내외적 환경이 다양하고도 빠르게 변화되는 상황에서 매양 신중한 자세만 취하고 있을 수는 없었다. 특히 2007년 개정 국어과 교육과정을 맞이하게 되면서, 변화의 배경을 이루는 이론적 정체를 새롭게 해석하고, 이를 바탕으로 새 교육과정의 실천에 의욕을 보이는 이들에게 도움이 되는 책으로 면모를 거듭 새롭게 해 나가야 하겠다는 생각을 하게 되었다. 2007년 교육과정 개정을 겪으면서 마냥 탐색에만 머무를 수 없는 일이므로 온전하지 못한 구석이 있음에도 불구하고 제3판 개정본을 내기로 하였다.

이번 개정판에서는 크게 두 가지 변화를 시도하였다. 하나는 국어교육 실천 하위 영역을 5개 영역에서 6개 영역으로 확장한 것이다. 즉 종전까지 제4부 '국어교육의 실천'에서 듣기, 말하기, 읽기, 쓰기, 문학 등 다섯 범주만을 다루어 왔던 것에서 '문법' 영역을 추가하기로 하였다. 1996년 이 책이 처음으로 기획 출판되었을 때 그 당시의 필자들이 공유했던 국어교육 인식론은 국어지식 또는 문법 지식은 그 자체를 정면으로 다루기보다는 듣기, 말하기, 읽기, 쓰기 등 기능 영역에 혼효되어 다루는 것이 바람직하다는 것이었다. 이는 국어교육에서 국어사용 기능 신장을 궁극의 초점으로 했을 때, 기능과 지식이 분리되지 않도록 하면서 실제의 국어기능을 강화하자는 의도이었다. 그러나 이후 문법 영역에도 탐구의 과정을 중시하는 연구 풍토가 조성되었고, 국어과 교육과정 하위 6개 영역 중 하나로서 독자적 범위와 계열을 갖춘, 이른바 교육과정 제도 차원의 위상을 확보하고 있는 영역으로서, 그 입지를 꾸준히 확장해 나왔다. 이 책이 국어교육학개론서로서의 정합성과 역할을 온전하게 수행하려면 교육과정이 이미 제도화하고 있는 '문법' 영역을 함께 다루는 것이 마땅하다는 데에 의견을 모았다. 그렇게 함으로써 문법 영역이 국어과의 다른 영역과 생산적으로 호응할 수 있는 가능성과 역할을 보다 적극적으로 모색하리라고 본다.

이번 개정판에서 크게 변화를 도모한 것은 새로운 집필진을 보강한 것이다. 듣기 말하기 영역에 유동엽 교수를 새 저자로 모시고, 쓰기 영역에는 원진숙 교수를 모셨다. 그리고 새롭게 추가한 문법 영역에는 김은성 교수를 새 저자로 모셨다. 신진 학자와 중견 학자들이 고루 참여하는 집필 공동체를 이룬 셈이다. 저자들 모두 이 책의 저술 활동을 통해서 각자의 전문성을 발휘할 것으로 다짐한다. 이렇게 되기까지에는 기존 집필진 가운데 정년을 맞이하신 교수님들의 배려와 학문 사랑의 지혜가 있었다. 새로운 필진을 구성하도록 권하시면서 당신들의 집필 역할을 극구 사양하셨다. 이 책이 개론의 위상으로 언제나 참신하고 새로운 선구적 기능을 해야 한다는 배려에 힘입은 바가 크다. 이 책을 중심으로 과거와 현재의 저자들이 앞으로도 꾸준히 소통과 대화를 공유하면서 국어교육 연구 공동체로 발전해 나가기를 기대한다. 그런 의미에서 이 책의 저자공동체를 〈국어교육 미래 열기〉라 부르기로 하고, 이 책의 표지에 발행주체로 내세웠다.

돌이켜 보면 이 책은 국어교육 현상을 하나의 학문 분야로 정립하려는 노력을 담은 책이다. 이 책이 처음 발간되던 1996년만 해도, '국어교육'을 독자적 학문 영역으로 인식하려는 풍토는 약했다. 그래서 필자들은 당시로서는 학계에 그다지 익숙하지 않았던 '국어교육학'이라는 표제를 사용하여 이 책을 만들었다. 이는 국어교육에 대한 학문적 인식과 학문적 위상의 요청이 시대적 흐름이라는 것을 의미 있게 드러내고자 함이었다. 그러기 위해서는 국어교육의 전체 층위와 국어교육의 전체 범주(scope)를 담아내는 개론서의 생산이 중요하다는 것을 인식하였다.

이러한 인식은 지금에도 여전히 유효하다. 개론서는 해당 학문의 개념 지도를 그릴 수 있는 데서 출발해야 한다. 국어교육의 여러 각론들을 통어하고, 무수한 실천의 경우들을 어떤 원리의 수준으로 설명해 낼 수 있는 책이 개론서이다. 이는 국어교육학을 학문의 체계와 구조로 인식하려는 노력 없이는 기대하기 어렵다. 또한 생산적인 개론서는 해당 분야에 대한 일정한 전망력을 가질 수 있어야 한다. 이 점은 저자들이 꾸준히 학문적 내공을 쌓아서 이룩해 가야 할 부분이다. 우리는 이 책이 보다 나은 이론적 체제를 이끌어 내고, 보다 참신한 국어교육 실천 아이디어를 제공할 수 있기를 바란다. 그리고 그것이 미래지향의 국어교육관을 이끌어 나가는 기제가 되기를 바란다. 이것이 그 간 이 책의 독자들에게서 받은 많은 사랑에 보답하는 길이라 생각한다.

새로운 것과 있어 왔던 것의 가치를 명확히 판별하기가 어려울 때가 있다. 이 책이 처음 나오던 때에 비추어 보면, 국어교육학의 학문적 도정도 그만큼 길어진 것이다. 국어교육학에서도 이제는 새로운 것과 있어 왔던 것에 대한 심도 있는 고찰이 더 많이 필요하게 되었다. 이 책은 그 심도 있는 고찰의 한 가운데에 놓여 있는 것 같다. 국어교육에 관심을 가지신 분들의 질정(叱正)을 바란다. 끝으로 출판계의 어려운 여건 속에서도 이 책을 펴내어 주신 삼지원 고덕환 사장께 고마움의 말씀을 드린다.

2009년 입추 무렵

저자들 씀

머리말 (제2증보판)

이 책이 처음 나온 것이 1996년이니까 올해로 10년이 되었다. 제2판이 나온 것도 6년이나 지났는데 그동안 부분적인 수정은 있었지만 근본적인 보완은 없었다.

10년전 처음 책을 낼 때 2년간의 연구를 먼저 수행했었기 때문에 나름대로 충실하게 만들어지기는 했으나 시간이 많이 흐르고 보니, 새로운 연구 성과들을 수렴할 필요가 생겨서, 이번에 듣기 교육과 말하기 교육 부분을 약간 보완하고 쓰기 교육 부분을 크게 보완하여 제2 증보판으로 내놓게 되었다.

책을 만들고 보면 늘 아쉬움이 있기 마련인가 보다 많은 관련 학자들과 선생님들의 의견과 질정을 고대한다.

2005년 2월

머리말 (제2판)

이 책을 처음 출판하여 잠깐 사이 4년 가까운 세월이 흘렀다. 새삼 책의 성격과 역할에 대해서 되돌아보게 된다. 국어교육학을 전문 영역으로 하는 학자 집단이 형성되면서 국어교육학은 급격한 변화·발전의 흐름을 타기 시작했다. 이러한 국어교육의 학문적 성과와 실천 방향을 가장 첨단적으로 종합하려는 노력이 원래 이 책의 편찬 취지이었다. 여러 대학에 국어교육을 가르치는 통로는 산재해 있으나 제대로 종합화된 개론서 하나 없던 실정에서는 획기적인 기획이었다.

전문 국어교사를 길러내는 교육과정을 염두에 두고, 기본 교육 내용으로서의 실체를 담아 보겠다는 노력도 이 책에는 담겨 있었다. 이러한 취지와 노력은 국어교육을 가르치고 배우는 이들로부터 적지 아니한 호응을 받았다. 대외적으로는 '국어교육'을 하나의 현대적 학문 분야로 인식하게 하는 데 큰 기여를 하였다. 부족함이 많은 필자들로서는 과분한 사랑을 받은 셈이다. 그것은 국어교육연구의 노력을 게을리 하지 말라는 독자들의 당부로 바뀌어서 다가옴을 느낀다. 이는 말할 것도 없이 필자들의 새로운 학문적 책무로 작용해야 할 것이다.

초판 발간 이래 4년 동안에 여러 가지 변화가 있었다. 국어교육학의 발전과 변화에 관여되는 것이라면 본서가 눈여겨 보완하고 반영해야 할 것이다. 먼저 제7차 국어과 교육과정 개정이라는 변화가 있었다. 국어교육 제도 운용상의 변화라는 점에서 주목해야 할 변화이다. 따라서 이번 제2판에서는 바뀐 국어과 교육과정의 철학과 원리를 반영하도록 하였다. 특히 제2부의 '국어과 교육과정 체제'에서는 원리상의 변화를 반영하고, 국어교육의 실천 부분에서는 국어교육 하위 영역 분야별로 교육의 내용과 방법을 변화되는 정신에 비추어 새롭게 살펴보았다. 필자들이 다양하게 참여했던 제7차 교육과정 개발이나 교과서 개발 경험들을 성찰하고 재개념화하는 노력을 병행함으로써 많은 도움을 얻을 수 있었다.

필자들로서는 교육과정의 개정 못지 않게 관심 가져야 할 것이 바로 국어교육 연구실천의 질적인 변화라 할 수 있다. 그 간 국어교육과 관련하여 일어난 학문적 연구의 성과와 국어교육 현장의 실천적 활동들을 주목하지 않을 수 없는 것이다. 지난 4년 동안 이러한 활동은 매우 왕성하였고 역동적 양상을 보였다는 것이 필자들의 생각이다. 국어교육 관련 석·박사 학위 논문과 관련된 연구, 각종 국어교육 관련 연구소의 연구 활동, 국내외 학회들의 연구 발표와 논문집 발간 등은 국어교육의 영역을 더욱 확장시키고, 국어교육의 기존 국면들을 더욱 심화시켰다. 현장 국어교사들의 실천적 전문성도 현저히 발전하였다. 각종 현장연구대회, 국어교사들

중심의 연구 모임 활동 등이 어느 때보다도 활발하였다.

질적 변화의 두드러진 징후들로는 다음과 같은 것들을 열거해 볼 수 있다. 국어교육을 그 환경과 더불어 더욱 총체적 연관 하에서 보려는 성향, 내용과 방법에서 더욱 열린 체제로 나아가려는 현상들, 언어교육 일반을 문화현상의 측면에서 접근하려는 일부의 시도, 평가 철학의 급격한 변화, 국어교육 연구 방법의 다양화, 학습자 중심 체제의 보편화, 사회적 구성주의 등 후기구조주의 철학의 영향, 국어교육과 미디어 또는 국어교육과 사이버 문화와의 상호교섭, 우리 국어교육 이론에 대한 기대, 외국어로서의 한국어교육의 영역 확장 등 그 항목이 많다. 항목마다 그 내적 발효 정도는 매우 무르익고 치열하다.

이번 제2판에서는 국어교육학계의 이러한 발전 양상을 가급적 충실히 수렴해 보려고 노력하였다. 필자들이 관여하였던 학회 활동이나 연구과제 수행, 기타 학술교류 등을 통하여 국어교육의 질적 변화와 방향에 대한 의미 있는 정보들을 모아 보려고 하였다. 또한 그 정보들을 토대로 어떤 국어교육 인식을 미래적 요구에 맞게 구축해야 할 것인지에 대한 고민을 감당해 보려고 하였다. 그런 뜻에서 이 책의 제5부 '국어교육의 과제와 발전'은 상당한 보완과 수정을 가하였다. 국어교육학이 새로운 수요와 도전을 매우 구체적으로 가지고 있는 학문이며, 교실 안 국어교육은 물론이고 교실 밖 국어교육의 영토가 무한대로 펼쳐 있다는 것을 강조하고 싶었다. 이는 총체적으로는 국어교육의 가능태(可能態: vision)을 개발하는 일이다. 우리의 국어교육은 새로운 시대적 소명을 스스로 발견하고 걸머지는 것이 필요한 시점이다. 이 점이 매우 중요하다는 것이 필자들의 생각이다. 이러한 인식이 일종의 '국어교육 정신'으로 태어나기를 기대해 본다.

필자들의 개정 노력은 욕심만 앞설 뿐, 의도만큼 충분히 따라가지 못한 점도 있다. 시간이 모자란 탓도 있고, 능력이 미치지 못한 탓도 있다. 이런 점에 대해서는 관심 있는 분들의 질정(叱正)을 바라마지 않는다. 교정과 색인의 작업을 위해 정주안 군과 문정일 군이 수고를 아끼지 않았다. 끝으로 어려운 출판 사정에도 불구하고 정성을 다해 주시는 삼지원 고덕환 사장께 감사의 말씀을 드린다.

새 천년의 문턱에서

지은이들

머리말

이 책은 국어교육학을 공부하고자 하는 학생들에게 도움을 주려는 실제적인 필요에 의해 만들어졌다. 이를 위해 국어교육의 이론을 개괄적으로 소개하고, 그 토대에서 구체적인 실천방안을 모색하며, 국어교육의 과제와 지향할 바를 살펴보았다. 우리는 이 책의 일차적인 독자를 교육현장에서 국어교육을 실천하는 교사와 예비교사들로 정했다. 그렇지만 국어교육에 관심을 갖고 있는 학자와 정책결정자, 교재연구 및 집필자, 교사교육담당자들도 중요한 독자가 될 것이다.

이 책은 국어교육학의 이론을 종합적으로 소개하는 본격적인 개론서로서, 기본적인 이론을 되도록 고루 소개하면서도 단순한 개념의 나열이나 잡다한 이론의 설명에 그치지 않도록 노력하였다. 그 대신 국어교육에 참여할 사람들이 흥미를 느끼고 연구의욕을 높일 수 있는 주요 연구성과들과 최신이론을 소개하였고, 이와 함께 한국적인 국어교육의 구체적인 연구결과물을 제시하려고 노력하였다. 우리는 이 책을 통해서 국어교육의 문제를 해결하기 위한 구체적인 방안을 제시하기보다는, 독자 스스로 국어교육의 문제를 탐구하고 해결의 방향을 모색할 수 있는 기반을 제공하게 되기 바란다.

우리는 이 책에 저자들의 개인적인 논문을 모아 놓기보다는 국어교육의 이론과 실천에 대한 공동탐구의 결과물을 담아야 한다고 생각했다. 이것이 공동연구의 의의를 더욱 분명하게 하는 일이기 때문이다. 이것을 위해 지난 2년간의 연구결과로 만들어진 국어교육학 교재의 교수요목을 토대로 공동집필을 계획하였다. 집필의 편의를 위해 전체 연구를 몇 개 부분으로 나누어 분담하였지만, 집필 전, 집필 중, 집필 후에 수정 보완을 위한 공동논의를 거쳤다. 20회가 넘는 집필회의 및 공동논의, 독회 이외에도 저자들 사이에 개별적인 협의와 수정의 과정이 수없이 많았다.

이 책은 5부로 구성되어 있다. 1부(노명완)에서는 국어교육의 이념적 기저, 개념, 연구영역을 다루면서 국어교육에 관한 이론적 탐구를 시작하였다. 2부(김창원)에서는 국어교육의 교과적 측면을 중심으로 국어과 교육과정과 교재를 포괄하는 국어교육의 운용체제를 설명하고, 3부(신헌재)에서는 국어교육의 역사를 광복 전후로 나누어 살펴보았다. 국어교육의 구체적인 실천을 모색하는 4부는 영역별 특징을 고려하여 듣기교육(최명환), 말하기교육(최명환), 읽기교육(최영환), 쓰기교육(최현섭), 문학교육(박인기)을 장별로 나누어 집필하였다. 5부는 국어교육을 기술적으로 정련하기 위한 1장(1-2절: 노명완, 3-5절: 신헌재)과 국어교육의 새로운 지평을 여는 2장(1-2절: 박인기, 3절: 신헌재)으로 나누어 기술하였다. 그리고 각 장의 끝 부분에는 독자 스스로 국어교육의 문제를 탐구할 수 있는 과제를 제시하였으며, 참고할 문헌도 상세하게 소개하였다.

이 책은 한국교원대학교 부설 교과교육공동연구소의 교과교육연구 중 하나로, 3년간에 걸친 연구결과를 종합한 결과물이다. 국어교육을 학문적으로 정립하기 위하여 노력한 1, 2차 연구결과는 『국어교육학의 이론화 탐색』이라는 책으로 묶어 세상에 내놓았으며, 국어교육학 강의를 위한 교재구성에 대한 연구인 3년차 연구 결과를 토대로 하여 3차 연구보고서를 수정 보완하여 책으로 묶었다.

우리는 이 책을 집필하는 과정에서 국어교육학 분야의 연구과제가 산적해 있음을 깨닫게 되었다. 이론과 실천을 모두 포괄하고자 하였지만, 본격적인 이론서도 아니고 교실에서 구체적으로 적용할 수 있는 실천서도 아닌 형태로 책을 만들게 된 것도 이런 연유에서다. 우리는 우리에게 많은 기대를 걸고 있는 분들과 독자들에게 빚을 지고 있다. 또한 이 책에 인용된 저자들과 참고문헌에 소개된 여러 학자에게도 빚을 지고 있다. 이 책이 국어교육에 영향을 미쳐 국어교육을 개선하고 발전시키는 데 기여할 수 있다면 다소 위안이 될 것이다. 그러나 이 책의 진정한 주인은 국어교육에 관심을 갖고 노력해 온 많은 학자와 교사들이다. 관심 있는 분들의 질정을 바란다.

1996. 3.

저자들 씀

Contents

제1부 국어교육학의 개념과 연구영역

제1장 국어교육학의 이념적 기저

Ⅰ. 교육이념의 필요성과 구성개념 ······ 3
(1) 교육이념의 필요성 ······ 3
(2) 교육이념의 개념 ······ 4
Ⅱ. 국어교육의 반성 ······ 6
Ⅲ. 국어교육 이념탐색의 기본 틀 ······ 8
(1) 국어교육 이념탐색의 교육적 측면 ······ 8
(2) 국어교육 이념탐색의 교과적 측면 ······ 10
Ⅳ. 국어교육의 이념설정 ······ 11
◆ 탐구과제 ······ 13

제2장 국어교육학의 개념

Ⅰ. 교과교육의 개념과 목표 ······ 15
Ⅱ. 학문적 측면에서 본 국어교육의 문제들 ······ 17
Ⅲ. 국어교육 관련 학문의 최근동향 ······ 20
(1) 교육과정 이론의 변화 ······ 20
(2) 언어학에서의 변화 ······ 21
(3) 문학에 대한 인식의 변화 ······ 22
(4) 언어교육에서의 기능 강조 ······ 23
(5) 학습중심의 교수·학습 연구 ······ 25
Ⅱ 국어교육학의 탐구 ······ 26
(1) 국어교육학의 탐구모형 ······ 26
(2) 국어교육학의 탐구내용과 수준 ······ 28
◆ 탐구과제 ······ 32

제3장 국어교육학의 연구영역

Ⅰ. 국어교육학 연구영역의 범주화 및 체계화의 필요성 ······ 35
Ⅱ. 국어교육학 연구영역의 구조화 ······ 37
(1) 노명완의 제안: 국어활동 현상의 교육적 연구 ······ 37

(2) 박영목의 제안: 언어기능, 언어지식, 문학영역의 통합적 수용 ………… 39
(3) 최현섭의 제안: 국어사용학, 국어학, 문학학의 메타학 ………… 41
(4) 김대행의 제안: 국어활동의 도구성과 문화성 ………… 43
(5) 네 국어교육학 연구영역론의 특성 ………… 45
Ⅲ. 국어교육학 연구와 교사교육 ………… 46
◆ 탐구과제 ………… 50

제 2 부 국어교육의 운용 체제

제1장 국어과 교육과정 체제
Ⅰ. 국어과 교육과정의 성격 ………… 55
(1) 국어과 교육과정의 개념 ………… 55
(2) 국어과 교육과정의 관점 ………… 56
(3) 국어과 교육과정의 기능 ………… 57
Ⅱ. 국어과 교육과정의 변천 ………… 58
Ⅲ. 국어과 교육과정의 구성 ………… 62
(1) 국어교육의 목표 ………… 63
(2) 국어교육의 영역 ………… 65
(3) 국어교육의 내용 ………… 67
(4) 국어교육의 방법 ………… 71
(5) 국어교육의 평가 ………… 73
Ⅳ. 국어과 교육과정의 분석과 상세화 ………… 74
◆ 탐구과제 ………… 77

제 2 장 국어 교재 체제
Ⅰ. 국어 교재의 성격과 층위 ………… 80
(1) 국어 교재의 성격 ………… 80
(2) 국어 교재의 층위 ………… 82
Ⅱ. 국어 교재관과 교재의 종류 ………… 84
(1) 국어 교재관 ………… 84

Contents

(2) 국어 교재의 종류 ········ 85
(3) 국어 교과서의 변천 ········ 87
Ⅲ. 국어 교과서 개발과 구성 ········ 90
(1) 국어 교과서 개발의 일반 원리 ········ 90
(2) 국어 교과서 구성의 조건과 원리 ········ 92
(3) 국어 교과서의 구성 요소 ········ 94
(4) 단원 재구성의 전략 ········ 96
◆ 탐구과제 ········ 99

제3장 국어 교수 · 학습 체제

Ⅰ. 국어 교수 · 학습의 특성 ········ 101
Ⅱ. 국어 교수 · 학습의 주요 변인 ········ 102
Ⅲ. 국어 교수 · 학습의 이론과 모형 ········ 104
(1) 국어 교수 · 학습의 이론 ········ 104
(2) 국어 교수 · 학습의 일반 모형 ········ 107
Ⅳ. 국어 수업의 기술 ········ 109
Ⅴ. 국어교사의 역할과 자질 ········ 112
Ⅵ. 국어 수업 평가 ········ 114
(1) 국어교육 체제상의 평가 ········ 114
(2) 국어 교육과정 운영상의 평가 ········ 116
◆ 탐구과제 ········ 118

제3부 국어교육사

제1장 국어교육사의 전제

Ⅰ. 국어교육사의 출발점 ········ 123
Ⅱ. 국어교육사의 시대구분 ········ 124
◆ 탐구과제 ········ 126

제 2 장 광복 이전의 국어교육

Ⅰ. 광복 이전의 국어교육의 위상 …… 128
Ⅱ. 광복 이전의 국어교육 제도 운용 …… 129
Ⅲ. 광복 이전의 국어교재 …… 131
Ⅳ. 광복 이전의 국어교수 기술 …… 134
◆ 탐구과제 …… 135

제3장 광복 이후의 국어교육

Ⅰ. 광복 이후의 국어교육의 위상 …… 137
Ⅱ. 광복 이후의 국어교육과정 …… 140
(1) 교수요목기 …… 140
(2) 1, 2차 교육과정기 …… 141
(3) 3, 4차 교육과정기 …… 142
(4) 5, 6차 교육과정기 …… 145
Ⅲ. 광복 이후의 국어교재 …… 148
(1) 교수요목기 …… 148
(2) 1, 2차 교육과정기 …… 149
(3) 3, 4차 교육과정기 …… 150
(4) 5, 6차 교육과정기 …… 152
Ⅳ. 광복 이후의 국어교수 기술 …… 153
(1) 교수요목기 …… 153
(2) 1, 2차 교육과정기 …… 154
(3) 3, 4차 교육과정기 …… 154
(4) 5, 6차 교육과정기 …… 155
Ⅴ. 제7차 및 개정 국어과 교육과정의 특성 …… 156
(1) 7차 국어과 교육과정의 특성 …… 157
(2) 2007년 개정 국어과 교육과정의 특성 …… 159
(3) 2011년 개정 국어과 교육과정의 특성 …… 161
◆ 탐구과제 …… 165

Contents

제4부 국어교육의 실천

제1장 국어교육의 이론과 실제

Ⅰ. 국어교육의 이론과 모형과 실제의 관계 ······ 169
Ⅱ. 국어교육 내용의 이론화 및 방법의 이론화 ······ 171
◆ 탐구과제 ······ 172

제2장 듣기 교육

Ⅰ. 듣기 교육의 이론적 고찰 ······ 174
(1) 듣기 본질 ······ 174
(2) 듣기 과정 ······ 176
Ⅱ. 듣기 교육의 목표 분석 ······ 179
(1) 듣기 교육 목표 분석의 의의 ······ 179
(2) 듣기 교육의 고전 목표와 현실 목표 ······ 179
(3) 듣기 교육의 지향적 목표 ······ 180
Ⅲ. 듣기 교육의 내용 구성 ······ 183
(1) 듣기 교육 내용 선정의 원리 ······ 183
(2) 듣기 교육 내용 선정의 범주 ······ 186
(3) 듣기 교육 내용 구성의 실제 ······ 192
Ⅳ. 듣기 교육의 교학 전략 ······ 200
(1) 듣기 교학 전략의 필요성 ······ 200
(2) 듣기 교학 모형 ······ 201
(3) 듣기 교학 전략 ······ 204
Ⅴ. 듣기 교육의 평가 및 송환 ······ 212
(1) 듣기 평가의 목표와 방향 ······ 212
(2) 듣기 평가의 내용과 방법 ······ 214
Ⅵ. 듣기 교육의 보완 및 확장 ······ 216
(1) 보기와 듣기의 관련 ······ 216
(2) 듣기 교육 발상 전환 ······ 218
(3) 듣기 수업 개선 ······ 219
(4) 문학으로 하는 듣기 활동 ······ 220
◆ 탐구과제 ······ 222

제3장 말하기 교육

Ⅰ. 말하기 교육의 이론적 고찰 ······ 227
(1) 말하기의 본질 ······ 227
(2) 말하기의 과정 ······ 228
(3) 말하기의 맥락 ······ 231
Ⅱ. 말하기 교육의 목표 분석 ······ 234
(1) 말하기 교육 목표 분석의 의의 ······ 234
(2) 말하기 교육의 고전 목표와 현실 목표 ······ 234
(3) 말하기 교육의 지향 목표 ······ 235
Ⅲ. 말하기 교육의 내용 구성 ······ 239
(1) 말하기 교육 내용 선정의 원리 ······ 239
(2) 말하기 교육 내용 선정의 방향 ······ 240
(3) 말하기 교육 내용 구성의 범주 ······ 241
(4) 말하기 교육 내용 구성의 실제 ······ 246
Ⅳ. 말하기 교육의 모형과 전략 ······ 249
(1) 말하기 교육 교학 모형과 전략의 필요성 ······ 249
(2) 말하기 교학 모형 ······ 250
(3) 말하기 교학 전략 ······ 252
Ⅴ. 말하기 교육의 평가 및 송환 ······ 260
(1) 말하기 평가의 목표와 내용 ······ 260
(2) 말하기 평가의 방향과 방법 ······ 262
Ⅵ. 말하기 교육의 보완 및 확장 ······ 266
(1) 보기와 말하기 ······ 266
(2) 말하기 교육 발상 전환 ······ 266
(3) 말하기 교육 개선 ······ 267
(4) 문화 창조 ······ 268
◆ 탐구과제 ······ 270

제4장 읽기 교육

Ⅰ. 읽기 교육의 이론적 고찰 ······ 276
(1) 읽기에 대한 이론적 접근 ······ 276

Contents

(2) 읽기의 본질 ········· 278
(3) 읽기의 과정 ········· 281
(4) 읽기의 구성요소 ········· 286
Ⅱ. 읽기 교육의 목표분석 ········· 287
(1) 읽기 교육 목표분석의 의의 ········· 287
(2) 읽기 교육의 목표층위 ········· 288
Ⅲ. 읽기 교육의 내용구성 ········· 294
(1) 읽기 교육 내용구성의 방향 ········· 294
(2) 읽기 관에 따른 내용구성 ········· 295
(3) 읽기 교육의 교육과정 내용 ········· 301
Ⅳ. 읽기 교육의 교수·학습 전략 ········· 308
(1) 읽기 과정에 따른 전략 ········· 308
(2) 읽기 교육 교수·학습 전략의 필요성 ········· 314
(3) 읽기 교육에 유용한 교수·학습 모형 ········· 315
(4) 읽기 전략의 통합모형 ········· 318
Ⅴ. 읽기 교육의 평가 및 송환 ········· 320
(1) 읽기 평가의 목적과 원리 ········· 320
(2) 읽기 평가의 방안 ········· 322
(3) 읽기 교수·학습과 평가의 통합 ········· 328
Ⅵ. 읽기 교육의 보완과 확장 ········· 330
◆ 탐구과제 ········· 332

제5장 쓰기 교육

Ⅰ. 쓰기 교육의 이론적 고찰 ········· 335
(1) 쓰기의 개념 ········· 335
(2) 쓰기의 과정 ········· 339
(3) 쓰기에 대한 이론적 접근 ········· 346
Ⅱ. 쓰기 교육의 목표 분석 ········· 352
(1) 쓰기 교육 목표 분석의 의의 ········· 352
(2) 쓰기 교육의 세부 목표 층위 ········· 355

Ⅲ. 쓰기 교육의 내용 구성 ········· 362
(1) 국민 공통 기본 교육과정 '쓰기' 영역의 지도 내용 ········· 362
(2) 고등학교 선택 과목 〈작문〉의 지도 내용 ········· 367
Ⅳ. 쓰기 교육의 교수 학습 전략 ········· 371
(1) 쓰기 과정에 따른 전략 ········· 371
(2) 쓰기 교육에 유용한 교수 학습 모형 ········· 375
Ⅴ. 쓰기 교육의 평가 및 송환 ········· 379
(1) 쓰기 평가의 목적과 방향 ········· 379
(2) 쓰기 평가 유형 ········· 380
(3) 쓰기 평가 기준 ········· 381
(4) 채점 방법 ········· 383
Ⅵ. 쓰기 교육의 보완과 확장 ········· 384
◈ 탐구과제 ········· 386

제6장 문법 교육

Ⅰ. 문법 교육의 이론적 고찰 ········· 391
(1) 문법 교육 이론의 필요성 ········· 391
(2) 문법 이론과 문법 교육 이론 ········· 392
(3) 문법 교육의 이론적 개념화 ········· 393
Ⅱ. 문법 교육의 목표 분석 ········· 397
(1) 문법 교육의 본질적 목표: 총체로서의 국어 알기 ········· 397
(2) 문법 교육의 실제적 목표 ········· 398
(3) 교육과정에 반영된 문법 교육의 목표 ········· 403
Ⅲ. 문법 교육의 내용 구성 ········· 405
(1) 결과 중심 문법 교육 내용 구성 ········· 405
(2) 과정 중심 문법 교육 내용 구성 ········· 411
(3) 교육과정에 반영된 문법 교육 내용 ········· 415
Ⅳ. 문법 교육의 교수·학습 방법 ········· 423
(1) 학습 조건 모형 ········· 423
(2) 일반 절차 모형 ········· 428
(3) 교육과정에 반영된 문법 교수·학습 방법 ········· 429

Contents

Ⅴ. 문법 교육의 평가 및 송환 ········· 431
(1) 평가 목표 및 내용에 따른 문법 평가 ········· 432
(2) 평가 구성 형식에 따른 문법 평가 ········· 436
(3) 교육과정에 반영된 문법 교육 평가 ········· 437
Ⅵ. 문법 교육의 보완과 확장 ········· 438
(1) 문법 교실에서 출발하는 문법 교육 연구 ········· 439
(2) 문법 교육의 내용 충실화 ········· 439
(3) 문법 교육의 기초 자료 구축 ········· 439
◆ 탐구과제 ········· 441

제7장 문학 교육

Ⅰ. 문학교육의 본질과 위상 ········· 446
(1) 문학교육의 성격 ········· 446
(2) 문학교육의 위상 ········· 448
(3) 문학교육의 생태와 미디어 현상 ········· 450
Ⅱ. 문학교육에 대한 이론적 이해 ········· 453
(1) 문학교육 이론의 역할 ········· 453
(2) 문학교육 이론의 범주 ········· 456
Ⅲ. 문학교육의 목표분석 ········· 460
(1) 문학교육 목표분석의 의의 ········· 460
(2) 문학교육의 항존적 목표와 현존적 목표 ········· 462
(3) 문학교육의 주요 목표들 ········· 463
Ⅳ. 문학교육의 내용구성 ········· 466
(1) 문학교육 내용구성의 유형 ········· 466
(2) 문학교육 내용구성의 원리 ········· 471
(3) 문학교육 내용구성의 이원적 요소 ········· 481
(4) 2011 개정 교육과정에서의 문학교육 내용 ········· 486
Ⅴ. 문학교육의 교수·학습 전략 ········· 496
(1) 문학 교수·학습의 특성 ········· 496
(2) 문학 교수·학습의 일반절차 모형 ········· 502
(3) 문학 교수·학습의 목표별 모형 ········· 504
(4) 문학영역에 유용한 교수·학습 모형 ········· 505

(5) 문학 교수·학습과 통합 교육적 지도 507
(6) 문학수업의 역동성을 강화하는 활동 509
Ⅵ. 문학교육의 평가 및 송환 521
(1) 문학영역 평가의 특수성 521
(2) 목표중심 평가 522
(3) 탈목표적 평가 524
(4) 2011 교육과정에서 강조하는 문학교육 평가 방향 526
(5) 문학영역의 평가문항 제작 527
◆ 탐구과제 535

제 5 부 국어교육의 과제와 발전

제1장 국어교육의 기술적 정련
Ⅰ. 국어교육학의 학제적 토대 확충 543
(1) 국어교육학의 학제적 관련성을 보는 바른 태도 543
(2) 국어교육학과 인접학문들 545
Ⅱ. 국어교육 연구방법의 과학화 548
(1) 국어교육 연구에 대한 몇 가지 잘못된 생각들 549
(2) 국어교육 연구의 내용과 방법 550
Ⅲ. 국어교육 평가기술의 개발 554
(1) 국어교육의 특성을 반영한 평가지향 555
(2) 국어평가의 과정중심 지향 557
(3) 국어평가 방법의 다양성 지향 558
(4) 국어평가 영역의 확대지향 559
(5) 그 밖에 국어평가의 지향점 560
Ⅳ. 사고력 신장을 지향하는 국어교육 561
(1) 국어교육의 궁극적 목표와 사고력 신장 562
(2) 국어교육과 문제해결력 563
(3) 국어과교육의 질 향상과 사고력 신장지향 565

Contents

Ⅴ. 외국의 자국어교육 실태 ········· 567
(1) 각국의 자국어교육 실태 ········· 568
(2) 주요 동향과 시사점 ········· 571
◆ 탐구과제 ········· 574

제 2 장 국어교육학의 새로운 지평
Ⅰ. 국어교육의 문화교육적 역할 ········· 576
(1) 국어교육의 역할 확장 ········· 576
(2) 국어교육 연구와 문화 이론 이해 ········· 577
(3) 인문성의 본질이 강조되는 국어교육 ········· 578
Ⅱ. 미디어 환경과 국어교육 ········· 584
(1) 다매체 환경을 주도하는 국어교육 ········· 584
(2) 국어교육에서의 미디어 교육 방향 ········· 586
(3) 복합 다매체 환경에서의 독서교육 기획 ········· 587
Ⅲ. 국어교육의 수요 확충 ········· 590
(1) 국어교육의 역할에 대한 관점 변화 ········· 590
(2) 국어교과의 교육 수요 확충 ········· 592
Ⅳ. 외국어로서의 한국어교육 ········· 600
(1) 외국어로서의 한국어교육의 필요성 ········· 600
(2) 외국어로서의 한국어교육의 교육기관 ········· 601
(3) 외국어로서의 한국어 교육방법 ········· 604
(4) 외국어로서의 한국어교육의 교재편찬 ········· 608
(5) 외국어로서의 한국어교육의 과제와 지향점 ········· 610
◆ 탐구과제 ········· 612

찾아보기 ········· 616

국어교육학개론

1부

국어교육학의 개념과 연구영역

제 1 장 국어교육학의 이념적 기저 3

제 2 장 국어교육학의 개념 15

제 3 장 국어교육학의 연구영역 35

01장 국어교육학의 이념적 기저

I 교육이념의 필요성과 구성개념

(1) 교육이념의 필요성

교육은 본질적으로 두 가지 사실에 기초하고 있다. 하나는 인간의 무능함이고, 다른 하나는 인간의 사회생활이다. 이 둘은 겉과 속의 관계와 같이 항상 같이 일어난다.

인간은 이 세상에 존재하는 수많은 동물 중에서 가장 무능한 존재이다. 다른 동물들은 태어나면서부터 스스로 생존해 나갈 수 있는 본능이라는 능력을 타고나지만, 인간에게는 이런 본능이라는 것이 없다. 그래서 인간은 무능한 것이다.

갓 태어난 인간은 무능하므로 부모의 보호를 받아야 한다. 그렇지 않으면 생존해 나갈 수 없다. 인간 유아에 대한 부모의 보호로 가족이 형성되고, 가족원들의 공동생활 속에서 무능한 유아는 점차 유능한 생활인으로 성장하게 되는 것이다.

교육의 원초적 모습은 가족을 단위로 부모가 자녀에게 물려주는 삶의 방식이었다고 할 수 있다. 부모는 자녀에게 사냥과 고기잡이와 농사를 가르쳐 주고, 공동생활의 질서와 규칙을 가르쳐 준다. 그러면 자녀들은 부모로부터 이런 내용을 배우며 삶에 적응해 간다. 이때의 교육은 삶 자체가 교육이었기 때문에 교육내용에 대해서는 가치갈등도 거의 없었을 것이고, 더군다나 교육이념의 문제는 일어나지도 않았을 것이다.

그러나 문명 및 문화의 생성과 발전, 그리고 변화가 가속화되고 급격해지는 현대사회에서는 개인의 삶이나 교육의 문제가 크게 달라진다. 현대사회는 지식사회, 정보사회, 다원화 사회, 국제화 사회라고 부른다. 현대사회에서는 지식이나 정보의 생산 · 보급 · 활용이 예전에 비할 수 없을 정도로 신속하고, 사람들의 가치관도 지역 · 계층 · 연령 · 성 · 개인의 취향 등에 따라 사뭇 다르다. 그리고 민족이나 국가라는 말이 어색할 정도로 지구 곳

곳이 하나가 되어 있다. 이런 사회에서는 지식 · 기술 · 도덕 · 가치 · 종교와 같은 것이 많아 결정 부하량(decision load)이 높고, 그래서 자연히 선택의 문제가 복잡하게 대두된다. 그래서 교육이념을 필요로 하는 것이다.

교육적 갈등 및 선택의 문제는 현재의 문제에서만이 아니라, 미래사회에 대한 전망에서도 대두된다. 그런데 현대사회는 사회변화가 급격하게 빠르므로 미래에 대한 전망이 확실하지 않다. 그렇지만 교육은 그 자체가 미래에 대한 대비이다. 그러므로 교육에서는 반드시 미래사회의 모습을 전망하고, 그 전망하는 미래사회에 맞추어 바람직한 인간상을 길러 내야 한다. 여기서 교육이 어려운 것이며, 그래서 또한 교육이념을 필요로 하는 것이다.

(2) 교육이념의 개념

교육이념은 구체적인 지식보다는 훨씬 추상적인 것으로서, 과거와 현재와 미래의 복잡한 여러가지 교육적 문제를 총괄적으로 규율해 줄 수 있는 일반지침이라고 할 수 있다. 이 일반지침은 전체성, 가치성, 실천성을 포함한다(최정호, 1989; 정범모, 1989). 교육이념은 단편적 · 부분적 문제의 답이 아니라, 세계와 삶의 여러 문제들을 다 통괄하는 일반원리라는 점에서 전체성을 띠고 있다. 그리고 교육이념은 세계와 삶의 어떤 바람직한 설계에 대한 인식과 실천의지를 포함한다는 점에서 또한 가치성, 실천성을 띠고 있다.

교육이념이 나타내 주는 바람직한 모습은 크게 인간의 모습, 사회의 모습, 교육의 모습과 같이 세 가지로 나누어 살펴볼 수 있다(정범모, 1989: 7~25).

(가) 인간의 모습

교육은 인간을 대상으로 한다. 이런 점에서 교육이념의 설정에서는 인간을 어떤 존재로 보는가 하는 것이 고려되어야 한다. 우선, 인간존재는 그 가치를 어떻게 보는가에 따라 달라진다. 종래의 철학에서 인간을 경험적 존재로 보거나 또는 합리적 존재로 보는 것은 인간존재의 가치에 관한 판단이라고 할 수 있다. 동양에서 인간을 선한 존재로 보거나 악한 존재로 보는 것도 인간가치에 관한 것이다.

인간존재에 대한 두번째 문제는 인간의 가능성에 대한 판단이다. 교육은 인간의 잠재적 가능성에 바탕을 두고 시작한다. 그런 점에서 인간의 잠재 가능성을 어떻게 보는가 하는 것은 교육의 목표는 물론 내용과 방법의 결정에까지 중요한 영향을 미치게 된다.

(나) 사회의 모습

인간은 필연적으로 사회 속에서 살아간다. 그러므로 교육은 비록 한 개 개인을 대상으로 한다고 하지만, 그 실제는 개인의 구성집단체인 사회를 지향하지 않을 수 없다. 그러므로 교육의 이념설정에서는 지향하는 사회의 모습이 그려져야 한다. 지금까지 인류가 경험하거나 또는 추구하는 사회에는 민주주의, 사회주의, 공산주의 등 여러가지가 있다. 이런 여러 유형의 사회 중에서 우리가 추구하는 사회는 민주주의 사회이다.

그런데 우리가 추구하는 민주주의 사회에는 몇 가지 대립되는 개념들이 동시에 포함되어 있다. 그 첫째가 자유와 책임이다. 진정한 자유는 책임을 동반한다. 따라서 어느 정도 자유를 허용할 것인가는 곧 어느 정도 책임을 부과할 것인가의 문제가 된다.

민주주의 사회에서 볼 수 있는 또 하나의 대립적 개념은 자유와 평등이다. 가령 모든 사람은 인권측면에서는 평등하지만, 능력면에서는 상당히 다르다. 그렇기 때문에 민주주의 사회에서는 개인의 능력을 존중하면서도 전체의 평등을 도모해야 하는 어려움에 직면하게 된다. 이같은 어려움은 정치적인 파당으로 나타나, 자유를 부르짖는 보수와 평등을 부르짖는 진보를 이루기도 한다.

(다) 교육의 모습

'교육'이라는 말은 두 가지 상반되는 의미를 함께 가지고 있다. 하나는 '교(敎)'로서 '가르친다'라는 뜻이고, 다른 하나는 '육(育)'으로서 '기른다'라는 뜻이다.

교육은 '교'와 '육'의 의미대비에서 볼 수 있듯이 몇 가지 대립되는 모습을 보여주어 선택을 강요한다. 첫째는 인간관이다. 교육은 인간을 가르쳐야 할 수동적인 존재(경험적 존재)로 보는가 아니면 스스로 성장하는 능동적인 존재(합리적 존재)로 보는가에 따라 크게 달라질 것이다. 둘째로, 교육은 그 대상인 인간을 볼 때 개인을 강조할 것인가 아니면 집단을 강조할 것인가에 따라 크게 달라진다. 교육의 목적을 내재적(개인 강조)으로 잡을 것인지, 아니면 외재적(집단 강조)으로 할 것인지 하는 것이 그 예가 된다.

위에서 살펴보았듯이, 교육의 이념설정에서는 교육에서 추구할 개인의 모습과 사회의 모습이 포함되어야 한다. 그리고 개인과 사회의 모습을 실현시키기 위한 교수·학습의 과정도 그려져야 한다. 이 세 가지 중 첫째는 지향하는 '삶'의 모습이고, 둘째는 지향하는 '세계'의 모습이며, 셋째는 삶과 세계를 실현하기 위한 '교육의 과정'이다. 이 세 가지는 교육 일반의 이념설정뿐만 아니라, 개별적인 교과교육의 이념설정에서도 반드시 고려해야 할 요인이라고 할 수 있다.

Ⅱ 국어교육의 반성

국어교육은 교과교육의 하나로서, 그 역사는 해방 이후로만 잡는다고 해도 이미 반세기를 넘어 왔다(최현섭 외, 1995: 10 참조).[2] 그간 국어교육은 여러 측면에서 크나큰 발전을 이루었다. 해방 직후 80% 이상이나 되었던 한글 문맹(이응호, 1974: 19)이 지금은 거의 영(零) 수준에 이르고 있으며, 국력의 신장에 힘입어 오늘날 한국어와 한글문자는 동남아는 물론 세계 여러 나라, 여러 지역에서 많은 관심의 대상이 되고 있다. 초·중·고등학교에서는 국어교육에 가장 많은 수업시수가 할애되어 있고, 상급학교 입학시험이나 일반 취직시험에서도 국어시험은 매우 큰 비중을 차지하고 있다. 실로 국어교육은 학교나 사회 모두에서 가장 중요한 분야로 인식되고 있는 것이다.

국어교육이 요즈음에 이르러 학교 및 사회에서 매우 중요하게 인식되고 있음은 사실이다. 그러나 이는 어디까지나 외적 모습일 뿐, 실제로 사

2) 근대 국어교육의 공식적인 시작은 갑오경장 이듬해인 1895년으로 볼 수도 있다. 이 해 4월에 설립된 한성사범학교에서는 국어과의 과목으로 국문·습자·한문·작문을 가르쳤고, 같은 해 7월에 설립된 소학교에서는 독서·작문·습자를 가르쳤다.

람들이 인식하는 국어교육의 정체는 상당한 정도로 모호하고, 때로는 배반적인 양상을 보이기도 한다. 어떤 사람들은 국어가 바로 한국어(우리나라의 말)이기 때문에 중요하다고 한다. 또 어떤 사람들은 국어 속에 배달의 얼이 스며 있기 때문에 국어교육이 중요하다고 말하기도 한다. 사람들은 또한 국어를 잃으면 나라도 잃게 되기 때문에, 국어가 민족의 문화를 형성하고 반영하여 주기 때문에, 국어를 통해 서로 의사소통을 할 수 있기 때문에 등 여러 가지 다양한 이유로 국어교육의 중요성을 말한다.[3] 국어교육의 본질에 대한 주장이 너무 많아 오히려 혼란스러움을 느낄 정도이다.

국어교육의 개념에 대한 이같은 인식의 혼란은 그 본질에서 뿐만 아니라, 실제수업의 현장에서도 여실히 보이고 있다. 아직까지 많은 교사나 학생들은 교과서가 있기에 그냥 그것을 가르치고 배우는 정도로 국어수업을 대하고 있다. 다시 말해서, 왜 국어수업을 하며, 그 수업을 통해서 구체적으로 어떤 인간상을 이룰 것인지에 대한 합의된 방향 설정이 없는 상태에서 거의 무궤도하게 국어수업이 진행되고 있는 실정이다. 어느 국어교육학자는 이런 현실을 아래와 같이 토로하기도 하였다(최창렬, 1979: 221~222).

국어교육에 대한 연구성과의 부진과 이에 따른 교실현장의 무궤도한 교수 · 학습의 실태는 무엇을, 어디에 근거하여, 어떻게 조성하여 가르쳐, 어떤 교육목표를 이룩해야 할 것인가에 대한 표준도 확신도 없이 전반적인 혼미의 미궁 속에서 '설마' 뭐가 되고 있는 것으로 착각하는 가운데 헛되이 정력을 낭비해 오고 있는 실정이다.

위에서 살펴본 것과 같은 혼돈, 무궤도, 비효용성의 현실에서 우리는 국어교육의 이념문제를 생각하지 않을 수 없게 된다. 눈을 들어 멀리 앞을 보는 사람만이 길을 곧게 걸을 수 있듯이, 현실이 혼란스러울 때에는 우리의 이성이 만들어 낼 수 있는 이상적인 지향점을 한 번 그려볼 필요가 있는 것이다.

---

3) 그 한 예가 국어교육에 대한 의사소통적 관점과 배달의 얼 교육 관점이다. 의사소통적 언어관에서는 언어 그 자체보다는 언어를 사용하는 사람들을 더 중요하게 여긴다. 그러나 배달의 얼 관점에서는 이미 국어 그 자체에 얼이 들어 있다고 본다. 그래서 언어의 사용자보다는 언어를 더 중요시하고 있는 것이다. 국어교육의 목표나 중요성에 대한 다양한 주장에 대하여는 노명완(1992: 25~46) 참조.

III 국어교육 이념탐색의 기본 틀

국어교육이 학교교육의 전체 틀 속에서 바로 서기 위해서는 두 가지의 요건을 충족시킬 수 있어야 한다. 하나는 수학이나 과학 등 다른 교과와 함께 공통적으로 갖는 '교육적 보편성'이고, 다른 하나는 이들 다른 교과와 구별되는 국어교육 나름으로의 '교과적 독자성'이다. 만일 이 두 요건을 동시에 만족시키지 못한다면 국어교육은 학교교육에서 사라지거나(교육적 보편성 요건을 만족시키지 못할 경우), 아니면 다른 교과에 통합될(교과적 독자성 요건을 만족시키지 못할 경우) 가능성이 있게 된다.[4] 따라서 국어교육의 이념적 틀은 국어교육이 갖는 교육적 보편성과 교과적 독자성의 두 측면에서 탐색되어야 할 것이다.

(1) 국어교육 이념탐색의 교육적 측면

교육적 보편성 측면에서 볼 때, 국어교육의 이념은 교육 일반의 이념과 상당한 정도로 공통적이어야 한다. 그런 점에서 우선 교육법에서 명시하고 있는 우리나라 교육 일반의 이념을 살펴볼 필요가 있다.

> **(교육법 제1조)**
> 교육은 홍익인간의 이념 아래 모든 국민으로 하여금 인격을 완성하고 자주적 생활능력과 공민으로서의 자질을 구유하게 하여 민주 국가발전에 봉사하며, 인류공영의 이상실현에 기여함을 목적으로 한다.

위의 교육법 규정에서 알 수 있듯이, 우리나라에서는 '홍익인간'을 교육의 이념으로 삼고 있으며, 아래와 같이 그 개념을 구체화하고 있다.

4) 이러한 예의 하나가 바로 제4차 교육과정 시기에 생긴 『바른 생활』이라는 교과이다. 『바른 생활』 교과의 탄생은 초등학교 1, 2학년에서는 국어 · 사회 · 도덕이라는 교과적 특수성보다는 『바른 생활』이라는 교육적 보편성을 더 강조한 결과라고 볼 수 있다.

'(개인의) 인격완성' → '자주적 생활능력구유' → '공민으로서의 자질구유' → '민주국가발전에 봉사' → '인류공영의 이상실현에 기여'

홍익인간의 교육이념에서 말하는 위의 여러 세부내용은 크게 두 가지로 나누어 살펴볼 수 있다. 하나는 개인지향적인 '삶'에 관한 것이다. 위에서 말하는 '인격', '자주적 생활능력', '공민으로서의 자질', 그리고 국가발전과 인류공영의 이상실현을 위한 '봉사'와 '기여'이다. 그리고 홍익인간의 교육이념에서 말하는 다른 하나의 내용은 사회지향적인 '세계'에 관한 것으로서 구체적으로는 '민주국가'와 '인류공영'이다.

우리의 교육에서 이념으로 삼고 있는 개인지향적인 삶과 사회지향적인 국가관 및 세계관은 곧 국어교육의 이념도 된다고 할 수 있다. 즉, 국어교육도 한편으로는 학생들의 인격과 생활능력과 공민적 자질을 목적으로 하며, 다른 한편으로는 민주국가 발전과 인류공영의 실현을 목적으로 하여야 할 것이다.

국어교육의 이념탐색은, 교육법에 명시된 홍익인간의 이념 이외에도, 교육과정의 총론에서 제시하고 있는 이상적인 인간상에서도 그 모습의 일부를 살펴볼 수 있다. 왜냐하면 교육과정에서 추구하는 이상적인 인간상은 곧 모든 교과교육에서 추구하여야 할 가장 보편적인 교육의 성취 모습이 되기 때문이다. 여기서는 제6차 교육과정에서 제시하고 있는 인간상을 살펴보자.

제6차 교육과정에서는 교육을 통해 길러내고자 하는 이상적인 한국인상을 아래와 같이 네 가지로 그 모습을 그리고 있다(교육부, 1992: 34~35).

① **건강한 사람**: 몸과 마음이 건강한 사람(인내심, 건강한 생활습관, 심미 · 정서 · 취미 · 오락, 약물남용 예방, 안전 · 위생)

② **자주적인 사람**: 개성 있고 자율적인 사람(책임감, 판단력, 독립심, 시민의식, 애국심, 평화통일의 의지)

③ **창의적인 사람**: 창의성을 가지고 실천하는 사람(지적 호기심, 합리적 사고, 탐구심, 개척정신, 정보처리 능력, 개방성)

④ **도덕적인 사람**: 옳고 그름을 판단하고 선한 일을 실천하는 사람(정직 · 공정성, 생명존중, 근검절약, 준법 · 질서, 직업윤리 의식, 공동체의식, 관용성)

제6차 교육과정에서 제시하고 있는 위의 이상적 인간상에서 우리는 국어교육에서 추구하고자 하는 이념의 설정에 대한 안내를 받을 수 있다. 가령 '자주적인 사람'이나 '창의적인 사람'은 국어교육의 이념에 반드시 포함시켜도 좋을 이상적인 인간상이라고 할 수 있다. 이는 다음에 살펴보게 될 국어교육의 교과적 독자성의 측면과도 상당히 관련이 되기 때문이다.

(2) 국어교육 이념탐색의 교과적 측면

국어교육은 수학교육이나 과학교육과는 구별되는 고유의 영역을 가지고 있다. 국어교육이 갖고 있는 고유의 내용적 특성은 언어활동이라고 할 수 있다. 교과로서의 수학이 수에 관한 지식의 세계를 담당하고, 과학이 자연의 세계를 담당하듯, 교과로서의 국어는 언어활동의 세계를 담당하고 있다. 교육법에서는 초등학교 국어교육의 교과적 특성을 아래와 같이 제시하고 있다.

(교육법 제94조 1항)
일상생활에 필요한 국어를 정확하게 이해하며 사용할 수 있는 능력을 기른다.

(교육법 제94조 6항)
인간생활을 명랑하고 화락하게 하는 음악, 미술, 문예 등에 대하여 기초적인 이해와 기능을 기른다.

위의 교육법규정에 의하면 국어교육의 이념적이고 항구적인 성격은 '언어의 이해와 사용'(1항) 그리고 '문예의 이해와 기능'(6항)에 있다(교육부, 1992: 11).

국어교육 이념탐색의 교과적 측면은 교육과정의 총론에서 제시하고 있는 교육을 통해 기르고자 하는 이상적인 인간상에서도 그 한 부분을 엿볼 수 있다. 이미 앞에서 살펴보았듯이, 제6차 교육과정의 총론에서는 건강한 사람, 자주적인 사람, 창의적인 사람, 도덕적인 사람을 21세기를 주도할 이상적인 인간상으로 제시하고, 그 모습을 더욱 자세한 항목으로 그리고 있다. 교육 일반의 이념이나 국어교육의 이념이 위에서 제시한 것과 같이 세부적인 항목으로 나열될 수는 없다. 그러나 우리는 국어교육을 통해 기르고자 하는 이상적인 모습을 그려볼 수는 있다. 가령, 심미와 정서

(건강한 인간), 책임감, 판단력, 시민의식, 애국심(자주적인 사람), 합리적인 사고, 탐구심, 정보처리능력(창의적인 사람), 그리고 윤리의식, 공동체의식(도덕적인 사람) 등이 국어교육을 통해 기르고자 하는 인간상과 관련이 있다고 할 수 있다.

Ⅳ 국어교육의 이념설정

교육은 무능한 인간을 유능한 인간으로 이끌기 위한 인위적이고 계획적인 행위이다. 따라서 교육 특히 공식적 교육은 본질적으로 목표지향적 행위라고 할 수 있다. 교육을 '바람직한 인간행동의 계획적인 변화(정범모, 1976)'라고 정의하는 것이나, 우리나라 교육법에서 교육이념을 '홍익인간'으로 정한 것은 모두 교육의 이같은 계획성을 잘 보여주고 있다고 할 수 있다.

국어교육의 이념설정도 다분히 계획적이고 의도적일 수밖에 없다. 달리 말해서, 국어교육의 이념설정은 가장 바람직한 국어교육의 모습을 염두에 두고 다분히 의식적으로 그려져야 하는 것이다. 여기서는 앞에서 살펴본 국어교육의 교육적 보편성과 교과적 독자성을 고려하면서 국어교육의 이념설정에 도움이 될 만한 몇 가지 기본방향을 제안하고자 한다.

첫째, 국어교육의 이념은 인간의 삶 중에서 언어적 삶을 지향하여야 한다. 여기서 말하는 언어란 일상생활에서 의사소통의 목적으로 사용하는 음성언어와 문자언어를 모두 포함하며, 사용의 목적으로는 정보전달뿐만 아니라 정서적 감화까지를 모두 포함한다.

둘째, 국어교육에서는 인간의 언어적 삶이 건강하고, 자주적이고, 창의적이고, 도덕적이기를 지향하여야 한다. 다시 말해서 이 네 가지 개념은 국어교육 이념의 구성에 포함되어야 할 것이다.

셋째, 국어교육에서는 사람들이 건강하고 자주적이고 창의적이고 도덕적인 언어생활을 하면서 나아가 민주사회와 세계를 세우는 데 기여할 수 있도록 하여야 한다.

언어는 그 자체가 개인적이며 사회적이다. 언어사용은 개인 내적으로는 심리적 현상이면서 동시에 외적으로는 사회적 현상인 것이다. 위에 언급한 국어교육의 이념설정에 대한 기본방향 세 가지 중에서 첫번째는 국어교육의 내용(언어생활)에 관한 것이고, 두번째는 개인지향적 삶에 관한 것이고, 세번째는 사회지향적 세계에 관한 것이다. 이 세 가지는 국어교육의 이념을 구성하는 기본개념이라고 할 수 있다. 이 세 요건을 종합하여 우리는 국어교육의 이념을 아래와 같이 개념적으로 정리할 수 있다.

'국어교육은 학생들로 하여금 국어생활에 관한 지식, 기능, 태도를 익혀 개인적 삶과 사회공동체적 삶을 바르고 윤택하게 하도록 함에 목적을 둔다.'

탐구과제

01 '이념'의 뜻을 간단히 설명하시오.

02 교육이념의 설정에서 반드시 고려하여야 할 요인을 세 가지로 나누어 설명하시오.

03 지금까지 초 · 중 · 고등학교에서 우리가 받아온 국어교육의 모습을 회상하고, 좋은 점과 부족한 점을 말해 보시오.

04 국어교육의 목적이나 목표에 대하여 각자의 생각을 발표해 보시오. 그리고 정말 국어교육에서 이념설정이 필요한지도 말해 보시오.

05 국어교육의 교육적 보편성과 교과적 독자성을 설명하시오.

06 국어교육의 이념을 설정한다고 할 때, 반드시 고려하여야 할 핵심 요인이나 요건을 말해 보시오.

07 각자 국어교육의 이념을 설정하여 말해 보시오. 그리고 각자가 세운 국어교육의 이념이 일반 교육이념(교육법 1조에서 말하는 '홍익인간'의 이념), 그리고 각 교과의 교육과정에서 말하는 교과목표와 어떤 개념적 위계를 보이는지 분석적으로 설명해 보시오.

참고문헌

교육부(1993), 『국민학교 교육과정 해설(I)』, 교육부.

노명완(1992), "국어교육의 개념과 목표: 여러 학자들의 주장에 대한 비교 검토", 『국민학교 교과교육의 동향』(초등교육자료 3), 서울교육대학교 초등교육연구소.

이응호(1974), 『미 군정기의 한글 운동사』, 성청사.

정범모(1976), 『교육과 교육학』, 배영사.

최정호(1989), "무사상(無思想)의 사회, 그 구조와 내력", 『사상』 여름호.

최창렬(1979), "국어교재의 구조와 수업의 개선", 『국어교육』 34, 한국국어교육연구회.

최현섭 · 최명환 · 신헌재 · 노명완 · 박인기(1995), 『국어교육학의 이론화 탐색』, 일지사.

정범모(1989), "교육의 본질과 이념", 『한국 교육의 본질과 이념 탐색을 위한 세미나』, 한국교육개발원.

02장 국어교육학의 개념

I 교과교육의 개념과 목표

제6차 초등학교 교육과정에 의하면 교육과정의 편제는 교과, 특별활동, 그리고 학교 재량시간으로 편성되어 있다. 이 중에서 교과시간이 전체의 92.2%(총 5,686시간 중 5,248시간)를 차지한다. 이 통계치만 보더라도 학교교육은 거의 교과교육을 중심으로 이루어지고 있음을 알 수 있다.

학교교육의 대부분이 바로 교과교육이라면, 교과교육의 성패는 바로 학교교육의 성패나 다름없다고 말할 수 있다. 그만큼 교과교육은 학교교육에서 중요한 비중을 차지하고 있다. 그렇다면 그렇게 중요한 교과교육은 실제로 제대로 운영되고 있는가? 교과교육의 본질은 무엇이고, 교실현장에서의 교과교육은 그 본질에 비추어 보아 제대로 수행되고 있는가? 이번 장에서는 교과교육의 개념과 실제 교육현장에서 부딪히는 문제점들을 살펴보고, 이에 비추어 국어교육의 개념과 성격도 알아보고자 한다.

우선, 실제로 학교의 수업시간에 무엇이 어떻게 지도되고 있는지 그 실태를 알아보자. 아래의 고백은 어느 대학생이 받은 고등학교 국어수업의 한 생생한 모습이다.

"자, '삼대'를 펴세요. 교과서 ㅇㅇㅇ페이지. 작가는 염상섭이고, 무슨주의 소설이라고 했죠? 사실주의 소설입니다. 중요해요. '중학에서 졸업할 때까지 첫째, 둘째를 겯고 틀던 수재이고......'에서 밑줄친 부분은 '우열을 가리기 힘듦'이란 뜻입니다. '어느덧 깊은 이해와 동정은 버리려야 버릴 수가 없는 것이었다.'에서 밑줄친 부분은 '버릴려야'라고 쓰면 틀립니다. '버리려야'를 잘 봐 두세요."[1)]

위와 같은 수업모습은 비단 국어수업뿐만 아니라 과학, 사회 등 대부분의 수업에서 흔히 발견된다. 교사들은 교과서의 글을 하나하나 읽어 나가

1) 고려대학교 국어교육과 학생 보고서의 내용 중에서.

면서 단편적인 지식이나 사실들을 눈에 뜨이는대로 알려주고 있다. 이런 수업에는 '이해'는 없고 오직 단편적인 사실이나 정보의 나열만이 있을 뿐이다.

교과교육이 단편적인 사실이나 정보만의 교육이 되어서는 안 된다는 것은 너무도 자명한 진리이다. 단편적인 사실이나 정보는 교육적으로 가치로운 지도내용이 될 수 없기 때문이다. 그렇다면 교과교육에서는 무엇을 가르쳐야 하는가? 그리고 교과교육의 궁극적 목표는 어디에 두어야 하는가? 이 질문에 답을 찾기란 그리 간단한 일이 아니다. 왜냐하면 그 답은 교과교육의 목표를 교과에서 찾는가 아니면 교육에서 찾는가에 따라 달라질 수 있기 때문이다.

교과교육은 두 가지 특성을 동시에 가지고 있다. 첫째, 교과교육은 교육의 한 하위분야라는 점이다. 그런 점에서 교과교육의 목표는 당연히 교육의 목표와 같아야 하며, 그런 점에서 교과교육의 목표는 교육의 목표인 '사고교육' 또는 '사고력'의 교육이라고 할 수 있다. 그런데 교과교육의 두 번째 특성은 그것이 그 교과 나름의 고유한 지식이나 기능을 교육내용으로 갖고 있다는 점이다. 따라서 교과교육의 핵심이 교과 고유의 지식이나 기능이라면, 교과교육의 궁극적 목표는 바로 그 교과의 지식교육, 기능교육이 되어야 할 것이다.

교과교육의 목표를 사고교육에 둘 것인가 아니면 지식교육에 둘 것인가 하는 문제는 실제 각 교과가 실제적으로 당면하고 있는 매우 해결하기 힘든 문제로 등장하고 있다. 그 구체적인 예로 사회과의 경우를 살펴볼 수 있다. 사회과에서는 그 교과의 목표를 '바람직한 시민양성'에 둘 것인가, 아니면 '사회과학의 연구결과나 과정의 습득'에 둘 것인가의 문제로 오랫동안 고민하여 왔다. 전자는 사회과 교육의 교육적 측면을 강조한 것이고, 후자는 사회과 교육의 교과적 측면을 강조한 것이다. 근자에 이르러는 사회과 교육의 목표를 선량한 시민의 양성에 두고, 이 목표도달의 수단으로 사회과학적 지식의 발견이나 사고력, 문제해결력, 합리적 사고과정 등을 강조하고 있는 경향으로 흐르고 있다(최석진 외, 1989).

교과교육의 목표를 지식에 둘 것인가, 사고에 둘 것인가 하는 갈등의 문제는 수학교육에서도 엿볼 수 있다. 수학에는 기성 산물인 지식체계로서의 수학과 사고활동으로서의 수학이 있다. 이 두 가지 중 전통적인 수학교육에서는 기성 산물로서의 수학지식을 강조하였으나, 요즈음은 수학교육의 특성을 사고활동으로서의 수학교육에서 찾으려 하고 있다(강옥기 외, 1989).

국어교육에서도 교과교육의 목표설정은 문제가 되고 있다. 과거 제4차 국어과 교육과정에서는 국어교육의 하위영역을 '표현 · 이해', '언어', '문학'의 셋으로 설정하고, 국어교육의 목표를 이 세 영역의 배경학문의 지식 학습에 두었었다. 그러다가 제5차와 제6차에서는 하위영역을 '말하기', '듣기', '읽기', '쓰기', '언어', '문학'의 여섯 영역으로 확대하였다. 이런 변화의 핵심은 언어학이나 문학의 지식학습에 더하여 언어활동(듣기, 말하기, 읽기, 쓰기)에 따른 언어적 사고력(언어기능) 교육을 강화하기 위함이다.[2)]

교과교육에서는 물론 교과 고유의 지식을 가르친다. 그러나 지식 못지 않게 사고를 교과지도의 목표로 삼고 있다. 이런 경향은 새로운 지식의 생산 그리고 기존지식의 소멸이 하루가 다르게 급격해지는 오늘날의 지식사회, 정보사회에서 더욱 강하게 나타나고 있다. 어쩌면, 적응보다는 창의를 더욱 필요로 하는 정보사회, 미래사회에서의 교과교육에서는 교과의 기존지식의 체계보다는 오히려 그런 지식을 다루는 사고기능의 교육이 더욱 절실히 요청될 것으로 기대된다.

Ⅱ 학문적 측면에서 본 국어교육의 문제들

과거 어느 때보다도 요즈음 교과교육의 학문적 정체성 확립에 대한 학자들의 주장과 노력이 강하게 일고 있다.[3)] 이런 모습은 국어교육의 경우에도 마찬가지이다. 그러나 국어교육은 상당히 오랫동안 그 성격이 불투

2) 제4차의 하위영역 설정은 다분히 학문중심 교육과정 이론을 수용한 결과이며, '표현 · 이해' 영역은 '수사학'의 지식교육을 그 핵심으로 삼았다. 그러나 제5차와 제6차의 하위영역 설정은 학생의 언어활동을 중심으로 하였으며, 지식보다는 기능의 신장에 목표를 두었다.

3) 교육부의 공식적인 재정지원을 받아 1992년에 한국교원대학교 부설로 교과교육공동연구소가 설립된 것이 바로 이러한 시대적 요청의 한 예라고 할 수 있다. 이 연구소에서는 그동안 각 교과별로 수업모형과 방법에 관한 연구, 평가연구, 교과교육학의 학문적 정체성 연구 등 교과교육의 발전에 기초가 되는 많은 연구를 수행하였다.

명한 상태로 인식되어 왔거나 또는 잘못 인식되어 독자적인 학문으로 성숙하는 데 어려움이 많았다. 국어교육의 학문적 성숙에 장애가 되어 온 문제점들을 살펴보면 아래와 같다.

첫째, 많은 사람이 국어교육을 국어와 교육의 단순결합으로 잘못 생각하여 왔다(최현섭 외, 1995: 9~31; 노명완, 1986: 61~73; 한철우, 1994: 33~45). 이 생각의 기저에는 교육을 지식의 교수·학습으로 인식하고, 이에 따라 국어학이나 국문학지식을 교육의 일반원리에 따라 가르치는 것이 국어교육이라는 인식이 자리잡고 있었던 것이다. 사범대학이나 교육대학의 교수진과 교과과정 구성이 거의 대부분 국어학 및 국문학 전공으로 되어 있는 점, 그리고 사범대학이나 교육대학에 학문성을 강조하는 석사 및 박사과정이 제대로 설치되지 않은 것은 모두 국어교육의 개념에 대한 잘못된 인식의 소치라고 생각된다.

둘째, 국어교육을 비롯하여 모든 교과교육에서는 지도내용과 지도방법의 두 가지가 유기적으로 통합되어 교과교육이라는 하나의 현상을 이룬다. 그런데 국어교육에서는 이 두 측면이 온전히 통합된 모습을 보이지 못하고 있다. 그 결과 지식(예: 문법지식이나 문학지식) 교육에서는 지식 그 자체는 강조하나 지도방법(예: 탐구학습 방법)에 대한 고려가 부족하였고, 언어의 표현과 이해를 지도하는 듣기, 말하기, 읽기, 쓰기 지도에서는 학습의 방법인 연습은 강조하였으나, 지식적인 측면(예: 말하기의 본질이나 원리)에 대한 고려가 부족하였다. 그 결과 지식교육은 맹목적인 주입식으로 흘렀고, 기능교육은 맹목적인 연습으로 흘렀던 것이다.

셋째, 교육의 내용은 강조하면서 그 내용을 배우는 학생에 대한 인식이 부족하였다. 교육의 대상은 학생이다. 과거에는 교수·학습의 이론을 교육내용 중심의 '교수'(teaching)에서 찾으려고 했지만, 요즈음은 학생중심의 '학습'(learning)에서 찾으려고 한다. 그런데 이런 학생강조, 학습강조가 국어교육에서는 제대로 일어나지 못하였던 것이다. 그러나 요즈음에 들어 독서이론의 하나로 스키마 이론이, 그리고 작문이론으로 문제 해결적 접근이 강조되고 있는데(노명완 외, 1988), 이는 지도내용보다는 학습의 주체인 학생에 대한 고려로서 반가운 변화라고 할 수 있다.

넷째, 전통적으로 국어교육에서는 표현·이해(언어기능)영역, 언어(문법)

영역, 그리고 문학(문학지식과 감상)영역의 세 영역을 매우 중요시하여 왔다. 그런데 이 세 영역은 상호 이질적이어서 관련성이 매우 희박하였으며,[4] 국어교육을 전공하는 학자들도 이 세 영역의 관련성을 찾으려는 노력을 크게 기울이지 않았다. 이런 하위영역 간의 이질성도 국어교육의 학문적 성숙에 장애가 되어 온 것이다.

지금까지 국어교육의 학문적 정체성 확립과 관련하여 몇 가지 장애 요인이나 잘못된 인식들을 살펴보았다. 국어교육은 이런 문제점들을 극복하여 하나의 학문수준으로 격상될 필요가 있고, 여러 관련 학자가 그런 노력을 기울이고 있다. 국어교육의 학문적 이론화 구축은 아래와 같은 이유에서도 현실적으로 매우 긴급히 요청되고 있다(박인기, 1995: 75~106).

첫째, 국어교육 현상의 이론화를 통해 국어교육학의 학문적 정체성을 확립함으로써 국어교육학은 인접학문이라고 할 수 있는 국어국문학, 교육학, 심리학, 문예학 등에 종속되지 않게 된다. 국어교육학의 학문성 확보가 없었기 때문에 지금까지 국어교육이 주변의 인접학문의 권위와 영향에서 헤어나지를 못하였다고 말할 수 있다.

둘째, 국어교육의 학문적 정체성 정립을 통해서 국어교육 현상을 국어교육적 안목으로 새롭게 연구할 수 있게 된다. 예를 들면 문법이나 문학, 그리고 표현과 이해의 각 영역에 대한 연구를 순수언어학이나 문학 그리고 수사학의 관점이 아닌, 국어교육이라는 관점에서 볼 수 있게 되는 것이다.

셋째, 국어교육의 학문적 정체성 확립을 통해 국어교육 현장을 견인하는 힘을 마련할 수 있다. 학문적 배경이 없으면 교육현장은 교사의 경험에 의한 주관적 판단이나 순간의 임기응변적 조치로 운영될 가능성이 높다. 해방 이래 지금까지 세대를 거듭하면서도 국어수업이 변하지 않은 이유는 현장을 이끌어 줄 학문의 부재에 있다고 할 수 있다.

---

4) 세 영역 간의 이질성은 각 영역에서 다루는 언어의 단위나 주요 관심사의 비교로 쉽게 알 수 있다. 표현·이해 영역에서는 텍스트나 담화를 대상으로 하며, 의사소통에 관심을 두고 있다. 문학영역에서는 문학작품(이는 텍스트나 담화의 언어라고 볼 수도 있다.)을 대상으로 하나, 한동안은 신비평주의 이론으로 작품의 기능이 아닌 내적 구조분석에 치중하였다. 그리고 언어영역에서는 텍스트나 담화의 언어가 아니라 단일문장(sentence)의 구조분석에 관심을 두고 있다. 이렇게 세 영역은 언어단위에서, 그리고 주요 관심사에서 서로 이질적이었다.

Ⅲ 국어교육 관련 학문의 최근동향

국어교육학은 국어교육 현상을 연구의 핵심대상으로 삼는 분야이다. 그런데 국어교육 현상은 몇 가지의 인접학문과 상당히 밀접한 관련을 맺고 있다. 첫째, 국어교육에서는 교과 고유의 대상으로 언어와 언어의 구조물인 문학을 다룬다. 그래서 국어교육은 언어학 및 문학과 밀접한 관계를 맺고 있다. 또한 국어교육은 교육의 한 현상이다. 따라서 국어교육은 교육학과도 밀접한 관계를 맺고 있다. 이와 같이 국어교육이 국어학, 국문학, 교육학과 밀접한 관련을 맺고 있다는 것은 국어교육의 학문적 정체성 확립에 매우 중요한 영향을 미칠 것이다. 그런데 최근에 이르러 이들 인접학문에서 큰 변화를 보이고 있다. 여기서는 이 세 분야에서 일어나는 최근의 변화를 살펴, 국어교육학의 정체성 확립에 도움을 얻고자 한다.

(1) 교육과정 이론의 변화

소련이 미국에 앞서 인공위성 스푸트니크호를 우주에 쏘아 올린 이래, 미국을 비롯하여 세계 여러나라에서는 교육을 크게 개혁하였다. 그 개혁의 중심은 종래의 경험중심, 생활중심의 교육과정 이론을 버리고, 학문중심, 지식중심의 교육과정 이론을 채택한 것이다. 우리나라에서도 총론에서는 제3차 시기에, 그리고 국어과에서는 제4차 시기에 그 이전까지 견지하여 오던 경험중심 교육과정 이론을 배격하고 학문중심 교육과정 이론을 채택하였다.

학문중심 교육과정 이론에서는 지식을 핵심 교육내용으로 삼는다. 이 이론에서는 지식은 다음과 같은 특성을 갖는다고 보고 있다(윤병희 외, 1987: 171~221; 노명완, 1989).

〈표 1〉 **학문중심 교육과정 이론에서 보는 지식**

지식의 본질	지식의 근원, 출처	지식의 가치	지식의 내용, 범주
객관주의	학문의 구조	내재적	축소주의

위와 같은 지식관은 그 후 여러 점에서 비판이 되었다. 지식은 객관적 대상물이 아니라 매우 주관적인 것이며(객관주의에 대한 비판), 지식의 이해는 지식 그 자체가 갖고 있다고 하는 구조를 모든 사람이 동일하게 찾는 것이 아니라 개인 및 사회적 삶 속에서 이해하는 것이며(학문의 구조에 대한 비판), 지식의 가치는 고정불변이 아니라 사회 · 역사 · 지식 · 개인에 따라 달라지는 것이며(내재적 가치에 대한 비판), 지식은 몇 개 핵심으로 축소될 수도 없고, 한 지식이 여러 상황으로 쉽게 전이되는 것도 아니라는(축소주의에 대한 비판) 비판이다.

학문중심 교육과정 이론에 대한 대안으로 등장한 것이 인간중심 교육과정 이론이다. 이 이론에서는 지식을 객관화하지 않는다. 지식은 그 지식의 생산자 및 이해자에 따라 달리 인식된다고 보는 것이 인간중심 교육과정 이론이다. 국어교육에서는 제5차 및 제6차에서 이 이론을 받아들이고 있다. 인간중심 교육과정 이론의 채택은 국어교육학의 성격을 세우는 데 직접적으로 관련이 된다고 생각한다.

(2) 언어학에서의 변화

언어는 크게 두 가지로 인식될 수 있다. 하나는 언어를 객관적 대상으로 보는 것이다. 하나의 문장(sentence)을 대상으로 그 내적인 '구조'를 분석하려 했던 전통적인 언어학이 이에 해당된다. 언어에 대한 두번째 관점은 언어를 의사소통의 도구로 보는 것이다. 여기서는 언어의 '구조'보다는 의사소통적 '기능'을 더 중요하게 생각한다. 이 관점에서는 두 문장 이상으로 이루어지는 텍스트나 담화를 주요 관심대상으로 삼으면서, 의미의 이해는 문장 그 자체보다는 그 문장이 쓰인 상황이나 문맥에서 결정된다고 보고 있다.

언어에 대한 위의 두 관점 중 첫번째 관점은 20세기 초부터 중반까지 언어학을 지배했던 기술언어학, 구조언어학, 변형생성언어학이 그 대표적인 예가 된다. 그리고 두번째 관점은 1970년대 이래 언어학의 중심을 이룬 텍스트 언어학, 담화분석론, 화용론, 화행론이 그 예가 된다.

이러한 언어의 두 관점, 그리고 그와 관련되는 언어학의 경향 중 제5차 및 6차 국어 교육과정에서는 두번째의 관점을 취하고 있다. 즉, 국어교육에서는 언어를 상징적 구조물로 보는 것이 아니라, 의사소통을 위한 매개적 도구로 보는 것이다. 따라서 언어는 그 자체 스스로 존재하는 것이 아니라 의사소통의 목적을 가진 사용자에 의해 사용되는 도구이며, 그 단위는 문장이 아니라 텍스트 또는 담화가 되는 것이다.

언어학에서 일어나는 근래의 이 같은 변화는 국어과 교육과정에서 전통적으로 이질적이라고만 생각해 왔던 '표현 · 이해', '언어', '문학'의 세 영역을 서로 상관짓는 중요한 교두보 역할을 하게 된다. 왜냐하면 언어학과 문학에서 모두 언어를 텍스트나 담화수준의 의사소통적 도구로 보기 때문이다.[5)]

(3) 문학에 대한 인식의 변화

문학에 대한 관점도 구조적 관점에서 기능적 관점으로 바뀌었다. 금세기 전반부에는 문학작품을 하나의 구조물로 보고, 그 작품의 내적 구조분석을 통해 미를 찾으려고 하였다. '신비평주의(new criticism)' 문학이론이 바로 그것이다. 이 이론에서는 문학의 아름다움은 작품 속에 내재해 있으며, 문학작품을 객관적으로 그리고 과학적으로 분석하면 이 아름다움을 찾을 수 있다고 본 것이다.[6)] 그래서 신비평주의 학자들은 소위 '감동론의 오류', '의도론의 오류'라는 말을 하면서, '감동'이나 '의도'와 같은 객관성이 없는 작품 외적 요소들을 문학연구에서 배제하였던 것이다.

문학연구의 객관화 · 과학화의 길이 문학이라는 분야를 학문적으로 발

5) 담화나 텍스트 중심의 언어학은 언어영역에서의 지도내용에도 큰 변화를 가져올 것이다. 지금까지는 언어단위를 단일문장으로 삼았던 관계로 문법을 음운, 통사, 의미로만 생각하였다. 그러나 이제 언어가 텍스트나 담화로 커지면서 언어영역의 지도내용에는 언어와 인간, 언어와 사회, 언어와 문명발달, 언어와 문화, 언어와 아동발달, 언어와 사고 등의 내용이 강조될 것이다. 이런 변화는 모두 언어를 상징적 구조물이 아닌, 인간 삶의 일부로 보는 데서 오는 것이다.

6) 신비평주의에서 추구한 문학작품의 내재적 미, 그리고 객관적 및 과학적 분석은 앞 절에서 살펴본 언어를 객관적 구조물로 보고, 그 내적 구조를 분석하려고 했던 기술, 구조, 변형 언어학과 같은 반열이라고 할 수 있다. 그리고 이런 문학관과 언어관은 모두 학문중심 교육과정 이론과도 같은 맥에 있는 것이다.

전시켰고, 또 문학을 '가르칠 수 있는' 과목으로 만드는데 크게 기여한 것은 분명하다. 그러나 이런 작품분석이나 문학교육에서는 문학을 이해하고 사랑하는 '사람들'을 놓치는 결과를 초래하였다. 아래의 고백이 그 한 모습이다.

"얼마 되지 않는 내용의 글(교과서의 문학작품)을 가지고 한 해 동안 가르치자니 무언가 꼬투리를 잡아 이를 파헤쳐야 할 텐데 어떻게 하면 좋을까 하고 고민하는 사람들에게 이 뉴크리티시즘의 방법은 좋은 자구책이 되었다. 그래서 상징이니, 심상이니, 모호성이니, 아이러니니, 역설이니, 긴장이니, 구조니, 플롯이니 하는 용어들이 빈번히 원용되고 있고, 심지어는 전지적 시점이니, 객관적 상관물이니 하는 말까지도 아무 거리낌없이 언급된다. 그러는 사이에 학생들이 국어과목을 가장 싫어하거나 가장 두려워하게 된 것도 부인할 수 없는 사실이다"(이상옥 외, 1992: 99).

이에 반하여, 문학에 대한 최근의 연구에서는 문학작품 그 자체보다는 그 작품을 둘러싸고 있는 환경을 중요시하고 있다. 문학을 하나의 '작용의 태(態)'로 본다는 관점이 그것이다(구인환 외, 1992). 문학작품은 이제 더 이상 스스로 존재하는 객관적 존재가 아니라, 사람들 사이에 읽혀지고 이해되고 감상되는 해석과 수용의 대상이다. 어떤 하나의 문학작품이 아름답다면, 그것은 그 스스로 아름다움을 갖고 있기 때문이 아니라, 그 작품을 대하는 사람들이 그것을 아름답다고 하기 때문에 아름다운 것이다. 문학연구에 보이는 이같은 변화는 문학교육에 커다란 변화를 동반할 것으로 생각된다.

(4) 언어교육에서의 기능 강조

인간은 두뇌에 치명적인 결함이 없는 한, 누구나 태어나서 4~5세 되기까지 문장수준의 언어구조를 자연스레 배운다. 이런 배움을 언어습득(language acquisition)이라고 한다. 유아시절의 언어습득은 누구나 다 자연스럽게 배우는 인류 보편적인 현상이므로 학교교육의 내용이 되지 않는다.[7]

7) 왜냐하면 가르치지 않아도 모든 사람이 다 자연스레 배우기 때문이다. 그럼에도 지금까지 학교에서는

한 문장의 문법을 습득한 아동들은 그 후 계속 성장해 가면서 두 문장 이상 되는 긴 언어를 표현하고 이해하는 듣기, 말하기, 읽기, 쓰기를 배운다. 이런 배움을 언어학습(language learning)이라고 한다. 언어학습은 의도적 학습을 필요로 한다는 점에서 학교교육의 중요한 내용이 된다.

듣기, 말하기, 읽기, 쓰기의 언어활동은 분명 의도적으로 배워야 할 학습의 내용이다. 그런데 지금까지 우리나라를 비롯해서 여러 나라에서는 쓰기 또는 작문을 제외하고는 듣기, 말하기, 읽기 교육을 상당히 소홀히 하였다. 대부분의 아동들이 듣기와 말하기는 일상생활에서 큰 불편없이 잘 하고 있다는 생각, 그리고 읽기는 문자를 소리내어 읽을 수 있도록 하는 '글깨치기'로 충분하다는 생각에서 그렇게 한 것이다.

그러나 근래에 들어와서 학자들은 인간의 언어활동을 문장수준이 아닌 텍스트나 담화수준으로 보기 시작하였다. 이렇게 언어활동의 수준을 텍스트나 담화로 삼게 되면, 듣기나 말하기는 말소리 듣기나 말소리 내기가 아니라 강연이나 연설을 듣고 말하는 것이 된다. 그리고 읽기는 문자 읽기가 아니라 글을 읽고 그 내용을 이해하거나 요약하는 것이 되며, 쓰기는 문자 쓰기가 아니라 자기의 생각을 논리적으로 엮어 글로 표현하는 것이 된다. 이렇게 언어의 단위를 문장이 아닌 담화나 텍스트로, 언어활동에서의 주의를 말소리나 글자가 아닌 의미로, 그리고 언어활동의 목적을 언어의 단순표출이나 수용을 넘어서서 상대를 향한 설득으로 바꿈으로써, 인간의 언어행위(듣기, 말하기, 읽기, 쓰기)는 고등수준의 기능을 필요로 하는 지적 작용으로 인식되게 되었고, 그 결과 중요한 교육의 대상으로 삼게 된 것이다.

언어학자 할리데이(Halliday)는 언어와 관련된 학습을 언어학습(learning language), 언어에 관한 학습(learning about language), 그리고 언어를 통한 학습(learning through language)의 세 가지로 분류한 바 있다(M. Halliday, 1979). 이 세 가지 중 국어교육에서 지도내용으로 삼는 것은 '언어학습'과 '언어를 통한 학습'이다. 언어학습은 언어의 쓰임을 공부하는 것

문법교육이라는 이름으로 한 문장의 구조분석을 가르쳤다. 이는 마치 자전거를 잘 탈 줄 아는 아이에게 자전거의 구조를 설명해 주는 것과 같다. '자전거의 구조'와 '자전거 타는 법' 중 어느 것이 아동에게 더 필요하고 중요한 것인지의 결정문제는 언어교육에서 학생들에게 무엇을 가르칠 것인지를 결정하는 데에 시사하는 바가 크다고 할 수 있다.

이고, 언어를 통한 학습은 언어의 쓰임을 활용하면서 내용을 능률적으로 학습하는 것을 말한다. 읽기를 예로 든다면, 언어학습은 읽는 방법을 배우는 독서학습(learning to read) 또는 독서기능(reading skills)의 학습이고, 언어를 통한 학습은 읽기를 통해 내용을 공부하는 학습독서(reading to learn) 또는 학습기능(study skills)의 학습이라고 할 수 있다. 근자의 언어교육에서는 이 두 가지의 기능교육을 크게 강조하고 있다.

(5) 학습중심의 교수·학습 연구

학교수업에서 교사는 가르치고 학생은 배운다. 교사의 교수행위와 학생의 학습행위는 서로 영향을 주고 받으며 교실에서 함께 일어난다. 그래서 사람들은 이 둘을 합하여 교수·학습으로 붙여 말하곤 한다. 그런데 이 교수·학습 중에서 지금까지는 그래도 학생의 학습보다는 교사의 교수를 더 강조하여 왔다. 학자나 교사는 수업계획에서 학습이론보다는 교수이론을 더 강조하였고, 교수(또는 수업)모형 연구는 많아도 학습모형 연구는 드물었다. 단위 수업계획에서 목표를 설정하고 상세화하는 것이나 수업내용을 계열적으로 조직하는 것도 모두 교수이론에서 나오는 것이다. 이렇게 수업에서는 학생의 학습보다는 교사의 교수를 더 중요시하여 왔다. 이같은 경향은 교육에 영향을 많이 미친 행동주의 심리학의 영향이라고 말할 수 있다.

그러나 근자에 이르러 변화가 일어나고 있다. 그것은 교수·학습에서 교수보다는 오히려 학습을 더 강조하기 시작한 것이다. 수업에 대한 학자들의 연구에서는 학생들의 학습과정(learning process)을 분석하고, 자료의 구성을 학생들의 학습과정에 맞추기 시작하였다. 학생은 이제 더 이상 교사가 제공하는 지식을 수동적으로 수용하는 빈 용기와 같은 존재가 아니라, 외부에서 오는 지식을 그가 갖고 있는 사전 지식과 경험을 통해 이해하고 해석하는 능동적인 존재로 인식되고 있다. 이런 변화에는 행동주의 심리학을 극복하고 등장한 인지심리학, 학문중심 교육과정 이론에 뒤이어 일어난 인간중심 교육과정 이론, 그리고 인간을 극단적인 경험적 존재도 아니고 극단적인 합리적 존재도 아닌 그 중간에 해당하는 존재로 보는 구성주의적 인간관 등이 크게 영향을 미쳤다고 생각된다.

수업에서 교수보다는 학습을 더 중요시하는 교육학에서의 최근 변화는 국어교육의 교수·학습에도 크게 영향을 미치고 있다. 국어교육에서는 듣기, 말하기, 읽기, 쓰기를 중요한 교육내용으로 삼고 있다. 그런데 이 네 가지의 언어활동은 표현이나 이해활동으로서 지식 자체가 아니라 지식을 다루는 기능의 작용이며, 지적 과정이다. 바로 이런 점에서 언어활동을 담당하는 국어교육은 본질적으로 교수보다는 학습에 더 가깝다고 할 수 있다. 최근 교육학에서 활발히 연구되고 있는 인지학습(cognitive learning) 이론은 국어교육의 학문적 정체성 확립에 크게 도움이 되리라 생각된다.

Ⅱ 국어교육학의 탐구

(1) 국어교육학의 탐구모형

국어교육학은 현장의 국어교육현상을 보다 이론적·체계적으로 탐구하는 분야이다. 국어교육학의 학문적 성격을 이해하기 위해서는 무엇보다도 국어교육학이라는 분야가 무엇을 어떻게 연구하는 분야인가를 알아볼 필요가 있다.

국어교육학의 탐구대상은 국어교육이라는 현상이다. 그런데 국어교육에서는 학생들이 국어생활을 바르게 하고 국어를 소중히 여기게 지도한다. 그러므로 국어교육학의 탐구대상은 크게 보아 '학생들의 국어생활'과 이에 대한 '교육적 노력'의 두 가지라고 할 수 있다.

국어교육학의 첫번째 탐구대상인 '학생들의 국어생활'은 다시 '인간(학생)', '언어(국어)', 그리고 (국어)생활인 '(언어)활동'의 세 가지 요인으로 세분화할 수 있다. 그리고 두번째 탐구대상인 '교육적 노력'은 교육을 위한 여러가지 활동에 대한 연구, 예를 들면 교육과정, 교수·학습 자료의 선정과 조직, 교재개발과 지도, 평가 등을 말한다.

국어교육학의 학문적 성격은 탐구대상에 의해 결정되기도 하지만, 다른 한편으로는 탐구의 대상을 어떻게 탐구하는가 하는 탐구의 수준과 방법에 의해 결정되기도 한다. 일반적으로 교육현상의 탐구는 ① 철학(philosophy), ② 이론(theory) 또는 모형(model), ③ 구조(structure), 과정(process), 또는 전략(strategy), ④ 실제(practice)의 네 가지 수준으로 나눌 수 있는데,[8] 교육연구의 하나인 국어교육학의 탐구수준도 편의상 이 네 가지로 그 수준을 구분할 수 있다. 이 네 수준의 탐구는 현상을 설명하고 통어하고 창출해 내는 사고의 체계라고 볼 수 있다. 철학적 탐구가 그 가장 추상적인 사고수준이고, 실제에 대한 탐구가 국어교육의 현장에서 직접 관찰하고 자료를 수집할 수 있는 가장 구체적인 사고의 수준이다.

지금까지 살펴본 국어교육학의 탐구대상과 탐구의 수준을 종합하여 아래와 같이 '국어교육학의 탐구모형'을 그려볼 수 있다.

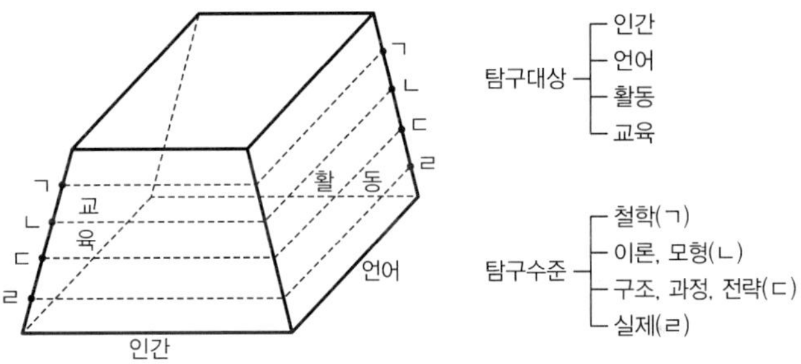

[그림 1] **국어교육학의 탐구모형**[9]

위의 국어교육학의 탐구모형은 그야말로 모형이다. 다시 말해서 이 모형은 아직 구체적으로 검증되지 않은 개념적 수준의 사고체계일 뿐이다. 따라서 위의 모형은 앞으로 구체적인 경험적 연구를 거치면서 계속적으로 검증되고 수정되고 보완되어야 할 것이다.

---

8) 박인기는 문학교육에 대한 연구의 수준을 이론, 모형, 전략, 실제의 네 가지로 제안하였다(박인기 외, 1995: 75).

9) 이 모형은 이 책의 저자들이 함께 구안하였던 모형을 필자가 약간 고친 것이다. 예전 모형에서는 탐구대상을 '인간', '언어', '작용', '교육'으로 선정하였는데, 여기서는 이 네 요인 중 '작용' 요인을 '활동'으로 바꾸었다. 그리고 먼저번의 구안에서는 탐구수준을 '철학적 수준', '이론수준', '모형수준', '전략수준', '실제 수준'의 다섯 가지였으나, 여기서는 위와 같이 네 수준으로 바꾸었다. 이 모형의 모태인 먼저번의 모형은 최현섭 외(1995)에 소개되어 있다.

(2) 국어교육학의 탐구내용과 수준

우리는 앞에서 국어교육학의 탐구대상과 탐구수준을 살펴보고 모형화하여 보았다. 여기서는 국어교육학의 탐구모형의 세부 요인들에 대하여 조금 더 구체적으로 살펴보자.

(가) 국어교육학의 탐구대상의 내용

① 인간요인: 국어교육은 학생을 대상으로 하는 교육활동이다. 그러므로 국어교육학에서는 당연히 교육의 대상인 학생을 연구하여야 한다. 여기서 말하는 학생은 언어표현 활동과 언어이해 활동의 주체자로서의 학생을 말한다. 좀 더 구체적으로 보면 학생의 제반요인, 예를 들면 학생의 성, 연령, 배경지식, 언어기능, 흥미, 태도, 가치관 등이 언어의 표현과 이해활동에 어떻게 작용하는가를 연구하는 것이다. 이 분야의 연구에서는 인간연구의 핵심 학문인 심리학, 특히 인지심리학의 도움을 많이 받게 될 것이다.

② 언어요인: 여기서 말하는 언어는 학생이 사용하는 모든 언어를 다 포함한다. 따라서 이 언어요인 속에는 매체의 특성으로 나눌 수 있는 음성언어와 문자언어, 의사소통에서의 역할에 따른 표현(말하기와 쓰기)언어와 이해(듣기와 읽기)언어, 언어활동의 목적에 따른 정보 중심의 비문예적 언어와 감흥·정서환기 중심의 문예적 언어 등 모든 언어가 다 포함된다. 그리고 언어적 구조물(글, 말, 문예작품)이 갖고 있는 구조와 기능도 이 언어의 개념 속에 포함된다.

③ 활동요인: 여기서 말하는 '활동'연구는 언어활동의 심리적 측면과 사회적·문화적 측면에 대한 연구를 말한다. 언어활동은 언어활동의 주체자 처지에서 보면 언어의 이해나 표현행위를 말한다. 그런데 언어의 이해나 표현행위는 반드시 개인의 심리와 그 활동이 일어나는 사회적·문화적 맥락 속에서 이루어진다. 물론 여기서 말하는 언어활동은 정보전달 중심의 표현과 이해는 물론, 정서와 감흥의 환기를 목적으로 하는 문예적인 표현과 이해도 모두 포함한다. 그리고 시간과 공간을 공유하는 상태에서의 활동뿐만 아니라 시공을 초월하는 상태에서의 언어활동도 포함한다.

④ **교육요인**: 국어교육학은 국어교육을 보다 더 효과적으로 하기 위한 일체의 연구를 모두 포함한다. 이에는 국어교육의 목표 설정에서부터 자료의 선정과 조직, 교수 · 학습의 방법, 교육결과에 대한 평가 등을 모두 포함한다. 교육요인에 대한 연구는 또한 학생의 언어활동에 인지적 측면과 정의적 측면에 대한 연구도 모두 탐구의 대상으로 삼는다.

(나) 국어교육학의 탐구수준

위에서 살펴본 국어교육학의 네 가지 탐구내용, 즉 인간 · 언어 · (언어)활동 · 교육은 다음과 같은 여러 수준에서 탐구될 수 있다.

① **철학적**(philosophy) **수준**: 철학적 수준이란 탐구의 대상에 대한 가장 기본적인 관점, 태도, 가치, 신념을 말한다. 예를 들면 탐구대상인 인간에 대한 철학적 수준은 인간의 본질에 대한 기본적인 입장을 어떻게 취하는가 하는 것이다. 가령 인간을 본질적으로 선(또는 악)하다고 본다든지, 인간을 매우 능동적인(또는 수동적인) 존재로 본다든지 하는 것들이다. 인간에 대한 이런 본질적인 관점, 태도, 가치, 신념은 인간에 대한 여러가지 문제의 설정이나 자료의 수집, 해석 등에 크게 영향을 미친다.

② **이론**(theory) **또는 모형**(model)**수준**: 이론이나 모형은 실제에 대한 연구자의 가정을 의미한다. 그러므로 이론이나 모형은 아직 검증되지 않은 실제라고 할 수 있다. 연구자는 우선 연구하고자 하는 실제에 대하여 자기 나름의 추론을 하는데, 이 추론이 일종의 이론이나 모형이다. 예를 들면 인간의 독해과정을 상향식(또는 하향식이나 상호작용식) 과정으로 가정하는 것은 바로 이론 또는 모형의 한 예이다. 물론 이론이나 모형은 연구대상에 대한 면밀한 관찰이나 선행연구의 결과에 근거하여 연역적으로 설정되는 것이다. 이렇게 설정된 이론이나 모형은 실제적인 연구를 통해 검증이 된다. 객관적이고 과학적인 검증자료가 많으면 많을수록 그 이론이나 모형은 강력한 것이 된다.

③ **구조**(structure), **과정**(process), **전략**(strategy)**수준**: 이 수준의 연구는 언어활동의 자료인 텍스트와 그런 텍스트를 구성하는 표현 또는 이해의 심리적 · 사회적 · 문화적 측면에 대한 연구를 말한다. 구체적으로 보면, 텍스트 연구에서는 텍스트가 텍스트로 기능할 수 있는 외적 구조

와 내적 구조를 말한다.[10]

또한 언어의 표현자와 이해자의 언어처리 과정에 대한 연구도 이 수준에 해당된다. 가령 이해나 표현과정에서 독자나 필자는 의미를 구성하기 위해 어떤 유형 또는 체계를 따르고 있나 등의 질문들이 바로 과정에 관한 탐구의 질문들이다.

언어활동의 심리적 과정이나 텍스트에 나타나는 구조는 모두 언어 사용자의 능동적이고 주관적인 판단의 결과이다. 글을 어떻게 쓰는가는 전적으로 글을 쓰는 사람의 선택의 문제(글쓰기의 목적, 글의 내용, 독자에 대한 고려, 상황분석 등)이며, 글을 어떻게 이해하는가 하는 것도 전적으로 이해자의 판단의 문제이다. 그러면서 이런 판단은 이해나 표현의 전체적 맥락 속에서 결정된다. 이런 판단과 선택을 전략(strategy)이라고 하는데, 전략에 대한 연구는 언어활동 연구의 중요한 내용이 된다.

④ **실제**(practice)**수준**: 여기서 말하는 실제라는 말은 추상적 · 개념적 · 일반적인 수준의 사고가 아니라, 실제 현장성이 강한 구체적인 상황에서의 자료를 의미한다. 연구의 양태 측면에서 좀더 구체적으로 살펴보면, 실제 수준에서의 탐구란 언어활동의 현상을 관찰하고, 문제를 탐색하고, 자료를 수집하고 해석하는 연구를 의미한다. 이 수준의 연구에는 주로 언어활동과 교육현장의 관찰, 언어활동의 심리적 과정에 대한 내성(內省) 등이 포함된다. 또한 변인들의 관련성에 대한 실증적 연구도 이에 해당된다. 가령 변인 X(예: 배경지식의 유무)와 변인 Y(예: 독해의 정도)와의 관계에 관한 상관연구는 이 수준에 해당하는 연구라고 할 수 있다.

⑤ **네 탐구수준의 관계**: 위에서 살핀 탐구의 수준은 개념의 포괄성 측면에서 위계적이라고 할 수 있다. 다시 말해서 철학적 수준의 탐구는 이론이나 모형수준의 탐구보다, 그리고 이론이나 모형수준의 탐구는 구조, 과정, 전략의 수준보다 추상성이나 포괄성 측면에서 더 상위의 수준이라고 할 수 있다.

---

10) 외적 구조는 텍스트의 순차적 연결관계 구조를 말한다. 혹 제시구조라고 부르기도 하고, 응결구조(cohesive structure)라고 부르기도 한다. 그리고 내적 구조는 텍스트에 담긴 내용들의 위계적 관계구조로서 내용구조라고 부르기도 하고, 응집구조(coherent structure)라고 부르기도 한다. 내적 구조는 필자가 언어로 표현하기 이전에 갖고 있던 내용에 관한 필자의 지식구조이며, 또한 독자가 글을 읽고 난 후에 머릿속에 저장하는 내용에 관한 지식구조이기도 하다.

그러나 위의 탐구수준의 위계화가 엄격하게 연구의 절차를 의미하는 것은 아니다. 연구의 절차는 오히려 상호작용적으로 이루어진다고 할 수 있다. 즉, 어느 한 수준에서의 연구는 위계상으로 보아 그 수준보다 낮은 수준의 연구결과에 영향을 받으면서 동시에 그 수준보다 높은 수준의 영향도 받는 것이다. 한 단어의 의미는 그 단어를 구성하는 형태소들의 복합으로 이루어지기도 하지만, 때로는 그 단어가 쓰인 맥락에 의해 결정되기도 한다.

현상은 주어지는 것이다. 그러나 그 현상을 연구하는 학문은 만들어지는 것이다. 국어교육학이라는 학문도 국어교육이라는 현상을 연구하는 사람들이 모여 문제를 탐색하고 자료를 수집하고 현상을 설명하기 위해 기본적인 개념이나 원리, 이론을 설정하면 되는 것이다. 그리고 이런 노력이 많으면 많을수록 국어교육학은 발전하고 정체성을 확보하게 되는 것이다.

탐구과제

01 교과(敎科)의 의미를 학문중심 교육과정의 관점에서 설명하시오.

02 '가르치다'라는 말의 의미를 지식중심 교육과정의 관점과 경험중심 교육과정의 관점에서 각각 설명하시오. 그리고 이 두 관점에서의 설명을 수정하면서 통합적인 관점에서 '가르치다'의 의미를 설명해 보시오.

03 국어교육에 대한 일반 사람들의 잘못된 인식에는 어떤 것들이 있는지 말해 보시오.

04 국어교육의 학문성을 구축하기 위해서는 무엇보다도 먼저 국어현상을 설명할 수 있는 이론적 탐색이 필요하다고 하는데, 그 이유는 무엇인지 설명해 보시오.

05 어떤 사람들은 '이론과 현실은 당연히 괴리된다.'라고 말하는데, 이 말을 이론과 현실의 관련성 측면에서 반박해 보시오.

06 국어교육학의 탐구대상에는 어떤 것들이 있는지 말해 보시오.

07 국어교육학의 탐구수준을 몇 가지로 나누어 보고, 그 각각의 수준에서 연구하는 내용들을 구체적으로 설명해 보시오.

참고문헌

강옥기 · 정은실 · 박교식 · 강문봉(1989), 『수학적 사고력 신장 프로그램 개발을 위한 방안 탐색』, 한국교육개발원.

교육부(1992), 『국민학교 교육과정』

노명완(1986), "국어교육학의 성격과 과제", 『강원대학교 교사교육논집』 제2집, 교사교육센터.

노명완 · 박영목 · 권경안(1988), 『국어과교육론』, 갑을출판사.

노명완 · 손영애 · 이인제(1989), 『국어과 사고력 신장프로그램개발을 위한 방안탐색: 국민학교국어과를 중심으로』, 한국교육개발원 연구자료 RM 89-9.

박인기(1995), "문학 현상과 국어교육학의 이론화 전략", 최현섭 외 4인 공저, 『국어교육학의 이론화 탐색』, 일지사.

윤병희(1987), "현대 교육과정 이론의 이해를 위한 한 시도: 인식론적 고찰을 중심으로", 『교육과정 연구』 제6집.

이홍우(1979), 『지식의 구조와 교과』, 교육과학사.

이상옥(1992), "문학교육의 문제점에 대하여", 『현대비평과 이론』, 3호(봄호).

최현섭(1995), "국어교육학의 독자성과 이론화 전략의 출발점", 최현섭 외 4인 공저, 『국어교육학의 이론화 탐색』, 일지사.

최현섭 · 최명환 · 신헌재 · 노명완 · 박인기(1995), 『국어교육학의 이론화 탐색』, 일지사.

최석진 · 류재택 · 서재천 · 김정호 · 한면희 · 오영태 · 조광준 · 김여칠 · 황혜숙 · 강상욱(1989), 『사회과 사고력 신장 프로그램 개발을 위한 방안탐색: 국민학교 사회과를 중심으로』, 한국교육개발원.

한철우(1994), "국어교육학의 의미와 세계", 『교과교육학의 학문적 성격과 체계』, 한국교원대학교 부설 교과교육공동연구소.

Bereiter, C., & Scardamalia, M.(1983), "Levels of Inquiry in Writing Research", in P. Mosental, L. Tamor, & S.A. Walmsley(Eds.), *Research on Writing: Principles and Methods*, NY: Longman.

Harste, J.C., & Burke, C.L.(1977), "A New Hypothesis for Reading Teacher Research: Both the Teaching and Learning of Reading are Theoretically Based", P.D. Pearson(ed.), *Reading: Theory, Research, and Practice, Twenty-Sixth Yearbook of the National Reading Conference*, Clemson,

S.C.: National Reading Conference.

Halliday, M.(1979), "Three Aspects of Children's Language Development: Learning Language, Learning Through Language, Learning About Language", in Y. Goodman, M. Haussler, and D. Strickland(Eds.), *Oral and Written Language Development Research: Impact on the Schools*, Urbana, IL: National Council of Teachers of English.

03 장 국어교육학의 연구영역

I. 국어교육학 연구영역의 범주화 및 체계화의 필요성

교육대학이나 사범대학을 다니는 학생들로부터 많이 듣는 말이 하나 있다. "국어교육을 공부하고 싶어도 무엇을 공부하고, 어떤 책을 읽어야 할지 모르겠다."는 것이다. 이 말은, 국어교육이 학문인지, 그리고 학문이라면 무슨 분야, 무슨 내용을 연구하는 학문인지, 그리고 그런 분야나 내용에 대해 읽을 만한 책들이 있는가 하는 점에 대한 의문이다. 그러면서 이 의문에는 다분히 부정적인 태도가 곁들여 있다.

앞장에서 살펴보았듯이, 국어교육은 학생들이 국어생활을 바르게 하고, 국어를 소중히 여기게 하는 데 목표를 두고 있다. 국어교육학은 이 목표 수행을 위한 교육계획과 활동을 연구하는 분야이다. 그런데 국어교육이라는 개념이 아직 미분화된 상태에 있기 때문에,[1] 국어교육을 연구하는 국어교육학자조차 그 연구의 내용이나 범위를 모호하게 느끼는 것이다. 그럼에도 불구하고 다음과 같은 몇 가지 이유에서 국어교육학의 연구대상이나 내용을 범주화하고 체계화할 필요를 느낀다.

첫째, 국어교육학 내용의 범주화 및 체계화는 그 자체가 바로 학문의 발전을 의미하기 때문이다. 학문은 어찌 보면 분류의 체계화라고 할 수 있다. '생물'을 '동물'과 '식물'로 나누고, '시'를 '자유시', '정형시', '산문시' 등으로 나누는 것이 모두 분류이며, 이런 분류가 곧 학문의 발전이다. 이런 점에서 국어교육학의 연구영역을 자세하게 나누고 체계화하는 일은 바로 국어교육학의 발전을 도모하는 일이 된다. 우리는 이런 범주화 및 체

1) 국어교육 개념의 미분화상태는 초 · 중 · 고등학교 현장보다는 그 현장의 교육을 이끌어 나가야 할 책임을 지고 있는 교육대학이나 사범대학에서 더욱 두드러진다. 현행 초 · 중 · 고등학교 국어과 교육과정에서는 국어과의 하위영역을 말하기, 듣기, 읽기, 쓰기, 언어, 문학의 여섯 영역으로 설정하고 있다. 초등학교에서는 '말하기 · 듣기', '읽기', '쓰기' 교과서로 교과서가 분책되어 있다. 그리고 고등학교에서는 일반 국어과목 이외에 과정별 선택으로 문학, 문법, 작문, 독서, 화법 과목이 설정되어 있다. 그러나 아직까지도 국어교육을 전공하는 전국의 많은 사범대학 국어교육과에서는 소위 '교과교육'이라는 이름으로 '국어교육론'과 '국어과 교재연구 및 교수법'이라는 두 강좌만을 개설하고 있는 실정이다.

계화를 통해서 하나로 보이는 국어교육 현상을 더욱 분석적으로 그리고 체계적으로 이해하게 된다.

둘째, 국어교육학 연구영역의 범주화 및 체계화를 통해 하위영역이나 요인들 사이의 관련성을 살펴볼 수 있다. 어떤 하나의 현상은, 그 현상이 복잡하면 복잡할수록 거기에는 관련되는 요인들이 많다. 따라서 그 현상이 어떻게 일어나고, 어떻게 운용되고, 어떤 결과를 가져오게 되는지 알기가 어렵다. 그러나 그 현상을 체계적으로 분석하여 여러 하위영역이나 요인들로 나누고, 각 영역이나 요인들 사이의 상관성이나 인과성을 밝히게 되면, 우리는 그 현상을 훨씬 더 분명하게 이해할 수 있고, 더 나아가 그 현상을 계획적으로 유도해 낼 수도 있는 것이다. 이렇게 국어교육학 연구영역의 범주화 및 체계화는 국어교육 현상을 분석적으로 이해하고 계획적으로 운용할 수 있는 기반을 마련해 줄 것이다.

셋째, 국어교육학의 학문적 연구영역을 체계화함으로써 우리는 국어교육학 자체의 학문적 정체성은 물론, 다른 인접학문들과의 관계까지도 파악할 수 있다. 다시 말해서 국어교육학을 구성하는 하위영역이나 요인의 특성을 확인함으로써 우리는 국어교육학이 어떤 인접학문들과 어떤 영향을 주고받는 관계에 있는지를 보다 분명히 알 수 있다. 그런 예의 하나가 읽기나 쓰기영역과 인지심리학의 관계, 말하기 행동의 사회심리적 측면 등의 관련성이다. 국어교육학 각 영역의 학문성에 대한 이 같은 이해는 인접학문과의 학제적 협동을 도모하는데 도움이 될 것이다.

넷째, 국어교육학의 내용을 체계적으로 범주화함으로써 우리는 학생들의 국어활동을 돕기 위한 교육프로그램을 개발할 수 있다. 가령, 현재 초등학교 국어교과서를 '말하기 · 듣기' 교과서, '읽기' 교과서, '쓰기' 교과서로 분책하여 개발한 것은 국어교육학의 영역구분에 따른 교재개발이라고 볼 수 있다. 물론 이 프로그램들은 대상 학생들의 학년이나 능력수준에 맞추어 다양하게 개발될 수 있다.

다섯째, 국어교육학의 내용에 대한 범주화 및 체계화를 통해 교육대학 및 사범대학의 국어교육 전공 교과과정을 체계적으로 구성할 수 있다. 국어교육 전공 교과과정의 내실화는 나아가 유능한 국어교사의 양성으로 이어지고, 결국에는 초 · 중 · 고등학교 국어수업의 개선으로 그 효과를 나타낼 것이다.

Ⅱ 국어교육학 연구영역의 구조화

국어교육학의 연구영역을 체계적으로 분석하고 이를 구조화하는 일은 국어교육학의 정립을 위해서 매우 중요한 일이다. 그러나 이 일은 매우 어려운 과제라 아니할 수 없다. 그 근본이유는 국어교육학의 연구대상인 국어교육 현상이 매우 복잡하여 이를 체계적으로 분석하기가 어렵고, 다른 한편으로는 국어교육 현상에 대한 이해가 이를 어떤 관점에서 보느냐에 따라 달라질 수 있기 때문이다.

지금까지 국어교육학의 연구영역에 대한 연구는 그리 많지 않다. 이 연구들은 서로 공통점을 보이기도 하지만, 또 뚜렷한 차이점을 보이기도 한다. 여기서는 국어교육학의 연구영역에 대한 네 사람의 제안을 고찰해 보고자 한다. 이 고찰은 비판적이기보다는 오히려 연구자의 아이디어를 소개하는 쪽에 더 치중하고자 한다. 고찰의 순서는 연구의 순서이다.

(1) 노명완의 제안: 국어활동 현상의 교육적 연구

국어교육학의 연구대상은 국어교육이다. 그런데 국어교육은 학생들이 국어생활을 바르게 그리고 효과적으로 할 수 있도록 하는 교육활동을 말한다. 그러므로 국어교육학의 연구내용은 크게 '학생들의 국어생활'과 이 국어생활을 효과적으로 할 수 있도록 지도하는 '교육활동'으로 나눌 수 있다.[2)]

노명완은 학생들의 국어활동과 이 국어활동에 대한 교육을 아래와 같이 정사면체의 모형으로 제시하고 있다(노명완 외, 1988: 25). 이 모형은 국어교육학의 연구영역을 크게 두 부분으로 나누어 제시하고 있다. 하나는

2) 필자는 국어교육의 개념을 '국어활동'을 '교육'의 대상으로 삼는다는 의미로 풀이하고 있다. 그러나 이와는 다르게 김대행은 국어교육의 개념을 "국어를 교육하는" 것으로 풀이하고 있다(김대행, 1995: 144). 그러면서 그는 '국어'와 '교육'은 양립된 별개가 아니라 상호 의존적이어야 한다고 보고 있다. 이 글의 뒷편에서 살펴보겠지만, 김대행은 국어교육학의 영역구분에서 '국어'를 의사소통의 도구측면의 '사용으로서의 국어'와 문법적 구조물이라는 '체계로서의 국어'로 나누고 있다.

'학생들의 국어활동 현상'으로서, 모형의 아래 면을 이룬다. 그림에 나와 있듯이, 이 아래 부분, 즉 학생들의 국어활동은 다시 그 활동의 구성요인인 '인간'(사용자), '언어'(매개언어), '활동'(과정, 전략)의 세 요인으로 나누어진다.[3] 그리고 이 모형의 다른 하나는 학생들의 국어활동을 돕는 '교육활동'으로서, 모형의 상층부에 있는 꼭지점이 이를 보여준다. 그래서 이 모형은 전체적으로 국어교육학은 학생들의 국어활동 그 자체에 대한 연구와 그 국어활동을 보다 잘 할 수 있도록 돕기 위한 교육활동을 연구하는 분야로 설명하고 있다.

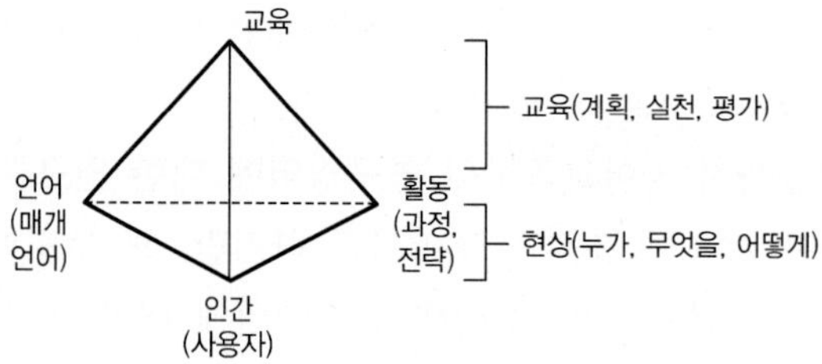

[그림 1] **국어교육학의 탐구모형**

노명완은 '학생들의 국어활동' 현상을 '표현 · 이해의 활동'과 '언어 지식'으로 더 세분하였다(그림 2 참조).

[그림 2]에서 '표현 · 이해 활동'은 국어 '사용자'가 '언어'(국어)를 매개로 하여 의미를 구성하는 '과정과 전략'으로 더 세분된다. 그리고 '언어지식'은 내용으로는 언어, 문학, 그리고 언어활동에 대한 지식 일체를 다 포함하며, 종류로는 언어활동의 과정과 전략에 대한 선언적 지식 및 절차적 지식 모두를 포함한다. 국어교육학의 또 다른 연구영역은 국어활동의 교육에 대한 연구이다. 이는 국어활동을 보다 더 잘 하도록 하기 위한 제반 교육적 계획, 실천, 평가를 포함한다.

3) 이 모형에서 국어활동의 세 구성요인 중 '활동' 요인은 애초에는 '사용' 요인으로 표현되었다. 그러나 '사용'이라는 용어가 매우 어색하고 인위적인 의미를 풍긴다는 비판을 받아들여 여기서는 '활동'이라는 용어로 바꾼다.

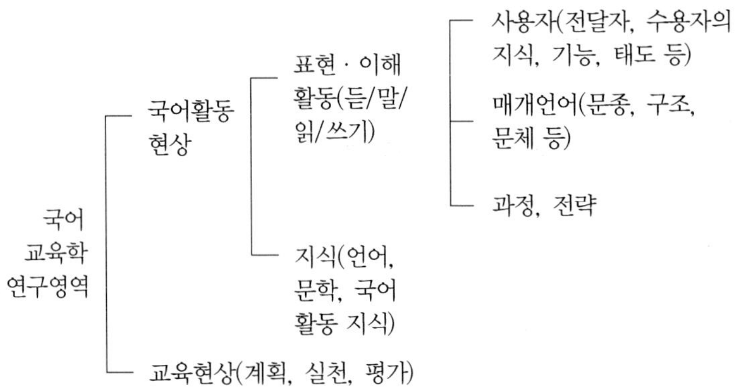

[그림 2] **국어교육학의 연구영역**

국어교육학의 연구영역에 대한 위의 구조화는 다음 몇 가지로 그 특징을 정리할 수 있다. 즉, ① 국어교육의 핵심을 학생들의 국어활동으로 삼았으며, ② 국어활동이라는 현상을 심리적 측면에서 분석하였고, ③ 국어교육에서 전통적으로 수용하여 온 문법지식과 문학지식을 국어활동을 위한 지식기반으로 생각하였으며, ④ 문법이나 문학지식 이외에 국어활동에 대한 지식, 즉 언어과정에 대한 절차적 지식을 중요한 지식요소로 삼았다. 이런 특징은 국어활동의 분석이나 교육에는 도움이 되리라 생각된다. 그러나 국어교육을 표현 · 이해교육, 문법교육, 문학교육의 세 영역으로 보았던 전통적인 생각과는 차이를 보인다.

(2) 박영목의 제안: 언어기능, 언어지식, 문학영역의 통합적 수용

박영목은 국어교육에 대한 여러 학자의 관점과 주장을 세 가지로 정리하였다. 그 첫째가 언어사용 기능의 신장을 국어교육의 중핵적 목표로 규정하는 관점이고, 둘째는 국어교육 관련 분야의 학문이 제공하는 지식과 개념에 대한 교육을 국어교육의 본질로 보는 것이다. 그리고 세번째는 언어사용 기능교육으로서의 국어교육과 예술교육으로서의 문학교육이 대등하게 통합된 이원적 구조로 국어교육을 보는 관점이다.

박영목은 국어교육을 바라보는 위의 세 시각을 상호 보완적인 관점으로 보면서, 이 세 관점을 통합적으로 수용하여 국어교육의 모습을 [그림 3]과 같이 나타내었다(교육부, 1992: 68).

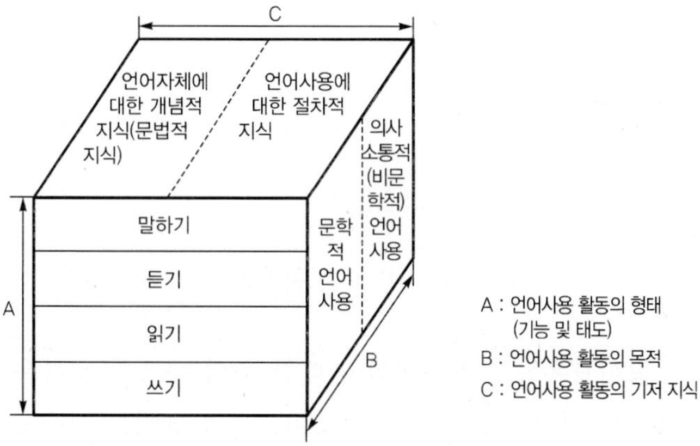

[그림 3] **국어교육의 주요 측면**

위의 그림에서 볼 수 있듯이, 박영목은 국어교육의 내용구성을 세 가지 주요 측면으로 바라보았다. 즉, (A) 언어사용 활동의 형태, (B) 언어사용 활동의 목적, (C) 언어사용 활동의 기저지식 사이의 상호 관련성으로 본 것이다. 이 그림에 나타난 세 측면은 앞에서 언급한 국어교육을 바라보는 학자들의 세 가지 관점과 직결된다. 언어사용 기능을 중시하는 시각은 측면 A와 직결되고, 배경학문이 제공하는 지식을 중시하는 시각은 측면 C와 직결되며, 국어교육과 문학교육의 이원적 구조로 보는 시각은 측면 B와 직결된다.

박영목의 국어교육 영역구조화는 제6차 국어교육과정에서 말하고 있는 국어교육의 성격이기도 하다. 이 관점은 국어교육의 성격을 평면적인 위상에서 이해하려고 할 경우에 빠지기 쉬운 상하관계, 종속관계, 배타적 관계의 오류를 피하기 위해서 위의 세 측면을 입체적으로 나타낸 것이다. 그리하여 "언어사용 기능의 신장이라는 국어교육의 본질 추구를 상위목표로 하여 여러가지 이론을 국어교육의 실정에 맞게 통합적으로 수용하고자"(박영목 외, 1995: 18)한 시도라고 볼 수 있다.

(3) 최현섭의 제안: 국어사용학, 국어학, 문학학의 메타(meta)학

최현섭은 제4차 국어교육과정을 연구하면서 국어교육 내용구성의 틀을 제안한 바 있다(최현섭, 1986: 735~757). 이 제안에서 그는 국어교육과정의 내용을 '표현 · 이해', '언어', '문학'의 세 영역으로 설정하였다.

최현섭은 최근에 먼저 번의 모형을 보완하여 새로운 모형을 제안하였다(최현섭 외, 1995: 10~31). 이 새 모형은 두 가지 점에서 먼저 번의 모형과 차이를 보인다. 첫째, 새 모형은 먼저 번의 모형과 마찬가지로 국어과의 영역을 표현 · 이해, 언어, 문학의 세 영역으로 설정하기는 하였으나, 각 영역의 명칭을 국어사용학, 국어학, 문학학으로 새로이 명명하였다. 먼저 번 모형에서는 국어교육의 내용구성의 구조를 제시하였으나, 이번에는 국어교육학의 학문적 성격을 제안한 것이다. 둘째, 국어교육학의 연구영역을 국어사용학, 국어학, 문학학의 공통부분으로 설정하고, 이를 아래의 그림에서와 같이 세 원의 공통적인 부분으로 표시하였다(그림 4 참조).

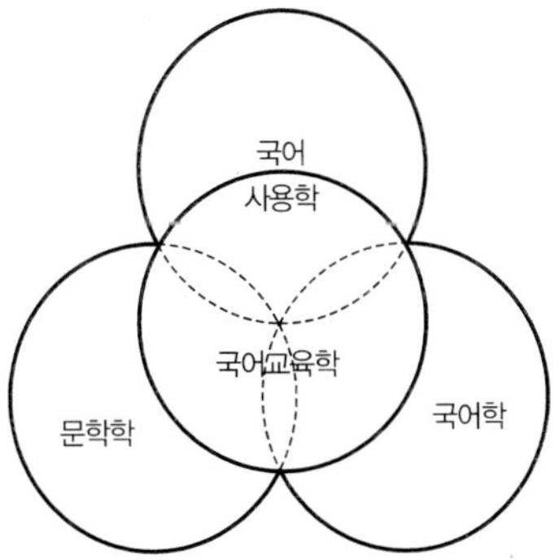

[그림 4] **국어교육학의 내용**

위의 모형이 보여주는 국어교육학의 학문적 성격을 최현섭은 다음과 같이 설명한다(최현섭 외, 1995: 18~19).

> 국어사용학, 국어학, 문학학은 국어교육학이 아니다(이 세 학문은). 교육과 상관없이 독자적으로 존재한다. (그래서) 국어교육학의 기저 학문이 될 뿐이다. ...... (이는 마치) 작문론이 작문교육이 아니고, 독서론이 독서교육이 아닌

것과 같다. 국어교육학은 국어사용학, 국어학, 문학학에서 내용을 가져온다. …… 점선은 국어사용학, 국어학, 문학학이 국어교육학 속에서 별도의 체계로 융합되어 있음을 나타낸다(괄호 안의 말은 필자가 첨가).

이 모형의 해석에서 우리는 한 가지 유의하여야 할 점이 있다. 이 모형에서 말하는 국어교육학은 주변에 있는 세 학문(국어사용학, 국어학, 문학학)에서 탐구해 낸 지식들이 모여 구성되는 학문이 아니다. 이보다는 오히려 이들 세 학문에서 하는 연구를 국어교육학에서도 한다는 뜻이다. 그러나 연구의 취지가 교육적이라는 점이다. 국어사용학에서도 학생의 국어사용, 즉 듣기 · 말하기 · 읽기 · 쓰기 현상을 연구한다. 그런데 이 연구는 교육과 상관없는 순수한 연구이다(예: 독서론). 그러나 국어교육학에서는 학생들의 국어사용을 연구하되, 교육적 측면에서 연구하는 것이다(예: 독서교육론). 이렇게 같은 국어사용 현상을 연구하지만, 국어교육학의 연구는 교육적 측면의 연구이다. 이 점은 국어학, 문학학의 경우에도 마찬가지여서, 국어교육학에서의 연구대상은 국어학이나 문학학에서의 연구대상과 같으나, 연구의 목적이 교육적이라는 점에서 분명한 차이를 보인다. 이와 같은 차이는 국어교육학 연구의 영역 구조화(표 1)에서 분명히 드러나고 있다.

〈표 1〉 **국어교육학의 연구영역**

교육의 과정 / 국어의 현상	인식론	가치론	조직론	지도론	평가론
국어사용 현상					
국어지식 현상					
국어예술 현상					

이 표에 의하면, 국어교육학에서는 국어의 현상으로 국어사용 현상(듣기, 말하기, 읽기, 쓰기), 국어지식 현상(국어의 문법), 국어예술 현상(국어의 문학적 측면)을 연구의 대상으로 삼는다. 이때 연구의 내용은 그런 현상의 본질에 관한 것(인식론: '○○○이란 무엇인가?')과 가치에 관한 것(가치론: '그 현상이 삶에서 차지하는 위치는 어떠한가?', '사람들은 그런 현상을 어떻게 생각하는가?' 등)이다. 이 두 측면, 즉 국어사용 · 국어지식 · 국어예술에 관한 본질 및 가치 연구는 국어교육의 목표를 설정하고 내용을 구성하는 데 중요한 자료가

될 것이다.

국어교육학의 궁극적 탐구영역은 '교육'이다. 그러므로 국어사용 현상, 국어지식 현상, 국어예술 현상에 대한 인식론적 · 가치론적 연구결과는 학교교육의 내용으로 활용되어야 한다. 이때 국어사용 현상에 대한 연구는 학생들의 국어사용 능력의 신장을 목적으로 활용되고, 국어지식 현상에서의 연구결과는 학생들에게 국어에 대한 이해를 높이고 국어현상에 대한 체계적인 탐구능력을 신장시키는 교육자료로 활용될 것이다. 그리고 언어예술 현상에 대한 연구결과는 문학작품의 이해와 감상능력의 신장에, 그리고 더 나아가 인간의 삶에 대한 이해와 바람직한 가치관 형성 교육에 활용될 것이다.

최현섭의 국어교육학 개념은 국어교육학의 탐구대상을 표현 · 이해, 언어, 문학의 세 영역으로 설정하였다는 점에서는 제4차 국어과 교육과정의 영역구분과 매우 흡사하다. 그러나 4차 교육과정에서는 이들 영역의 지식을 인접학문에서 빌어오는 입장을 취하였다. 예를 들면 표현 · 이해의 교육내용은 수사학에서 가져오고, 문법내용은 국어학에서 가져온 것이다. 그러나 이번 모형은 국어교육학에서 이들 현상(국어사용의 현상, 국어의 현상, 문학의 현상)을 교육적 안목으로 직접 연구한다는 점에서 종래의 모형과 다르다고 할 수 있다.

(4) 김대행의 제안: 국어활동의 도구성과 문화성

김대행은 사범대학 교육과정 모형연구의 일환으로 국어교육학의 연구영역 설정과 구조화를 연구하면서 새로운 안을 제안하였다.[4](박용헌 외, 1994: 48~55)

김대행은 국어교육학[5]을 국어활동을 교육하는 이론을 연구하는 학문으로 정의하고, 그 연구내용을 크게 국어활동의 원리에 관한 지식에 초점을 맞추는 연구와 교육의 방법적 원리에 관한 지식에 초점을 맞추는 연구로

4) 국어교육의 학문적 연구영역에 대한 김대행의 제안은 이용주 외(1993: 1~40) 및 김대행(1995)에 더욱 자세히 피력되어 있다.

5) 그는 '국어교육학'이라는 용어 대신에 '국어교과학'이라는 말을 쓰고 있다. 김대행 교수의 아이디어를 제대로 소개하자면 용어도 그가 사용하는 것을 쓰는 것이 도리일 것이다. 그러나 같은 글 내에서 오는 용어의 혼란을 피하기 위해 이 글에서는 지금까지 앞에서 써 오던 '국어교육학'이란 용어를 그대로 사용하고자 한다.

나누었다. 그리고 전자를 '내용론적 연구영역', 후자를 '방법론적 연구영역'이라 부르고 있다.

국어교육학의 연구영역 ─┬─ 내용론적 연구영역
　　　　　　　　　　　 └─ 교육론적 연구영역

국어교육학의 내용론적 연구영역은 다시 두 가지로 더 세분된다. 하나는 '도구영역'이고 다른 하나는 '문화영역'이다. 이같은 구분은 기능을 기준으로 국어활동을 나눈 것이다. 즉, 국어활동은 도구적 측면과 문화적 측면의 양 측면을 갖고 있다고 보는 것이다.

내용론적 연구영역 ─┬─ 도구영역
　　　　　　　　　 └─ 문화영역

김대행은 국어활동의 도구측면을 '체계로서의 국어'와 '사용으로서의 국어'로 다시 세분하였다. 체계로서의 국어연구는 국어가 가진 체계성과 규칙성의 연구를 말한다. 따라서 이 영역의 연구는 종래의 국어학 연구와 거의 일치한다고 할 수 있다. 다만, 실제생활에서 사용되는 국어는 문장(sentence)단위의 국어보다는 텍스트 또는 담화단위의 국어이므로, 이 영역의 연구는 주로 텍스트나 담화수준의 연구가 되어야 할 것을 제안하고 있다. 그리고 사용으로서의 국어는 전통적으로 수사학에서 관심을 가졌던 표현과 이해에 관한 연구를 말한다. 여기서는 국어사용의 규칙성보다는 효율성에 연구의 관심을 둔다.

국어활동의 문화측면도 다시 두 가지로 세분된다. 하나는 생활문화로서의 국어활동이고, 다른 하나는 예술문화로서의 국어활동이다. 생활문화영역은 생활세계에서 이루어지는 '국어활동에 내재하는 문화적 질서'를 연구대상으로 하고, 예술문화 영역은 종래의 국문학의 영역으로서 실질적인 문학활동이 그 중점연구 대상이 된다.

지금까지 소개한 김대행의 국어교육학 연구영역의 분류 및 체계화를 정리하면 다음과 같다.

- 국어교육학 연구영역
  - 내용론적 연구 (국어활동)
    - 도구측면
      - 국어의 체계
      - 국어의 사용
    - 문화측면
      - 국어의 생활문화
      - 국어의 예술문화
  - 교육론적 연구 (국어활동의 교육)

앞의 국어교육학의 내용구조화는 국어교육학의 연구영역을 비교적 상세하게 구체화하여 제시하고 있다. 국어활동을 도구측면과 문화측면으로, 그리고 이 둘을 각각 체계와 사용, 그리고 생활과 예술로 나누어 막연하고 모호하게 보이기 쉬운 국어교육학의 연구내용을 자세하게 분류한 것이다.[6] 그러나 언어의 도구측면과 문화측면이 어떻게 다르고, 사용되는 언어(도구측면)와 생활문화로서의 국어(문화측면)가 어떻게 국어활동 속에서 구분될 수 있는지 궁금한 마음이다. 혹 원래 '생활(문화)'과 '사용'이 한데 어우러진 하나의 현상이 국어활동인데 이를 임의로 분리하고 거기서 예술성을 떼어내어 있지도 않은 '사용으로서의 국어'를 만들게 되는 것은 아닌지 보르셌다.

(5) 네 국어교육학 연구영역론의 특성

지금까지 우리는 국어교육학의 연구영역에 대하여 네 사람의 아이디어를 살펴보았다. 이 네 아이디어는 각각 그 아이디어를 만들어 내게 된 사회적 맥락을 갖고 있다. 노명완과 박영목의 아이디어는 언어사용기능의 교육을 강조하는 제5차와 제6차 국어과 교육과정의 개발과정에서 나온

6) 이 분류에서 내용론적인 연구의 대상인 '국어활동'은, 활동이라는 말이 의미하듯, 생활 속에서 쓰이는 매우 구체적이고 생생한 '생활 속의 국어'를 말한다. 이 국어가 도구측면, 문화측면으로의 중간분류 과정을 거쳐 종국에는 사용으로서의 국어, 체계로서의 국어, 생활문화로서의 국어, 예술문화로서의 국어로 되었다. 이같은 분류의 과정에서 생활 속의 국어에 대한 연구내용이 상세화되고 체계화되고 있다. 위의 범주화 및 체계화를 통해 우리는 국어교육학 연구내용을 보다 구체적으로 이해할 수 있게 되었다. 다만 이 네 영역 사이의 관계에 대한 설명이 보강되어야 할 것이다. 예를 들면 체계로서의 국어와 사용으로서의 국어 사이의 관계, 생활문화로서의 국어와 예술문화로서의 국어 사이의 관계, 그리고 사용으로서의 국어와 생활 또는 예술문화로서의 국어관계 등에 대한 설명이 요구된다.

것이다. 따라서 이 두 안은 매우 교육적 · 실제적인 측면을 띠고 있다. 그리고 최현섭의 아이디어는 '전통적'으로 인정되어 왔던 국어교육의 내용분류, 특히 학문중심 교육과정 이론을 수용한 제4차 국어과 교육과정에서의 분류를 이어 학문적 정체성 확립을 염두에 두고 체계화한 것이라 생각된다. 그리고 김대행의 체계화는 최근의 국어교육에 대한 일반 인식이 문학보다는 언어사용으로, 그리고 언어사용에서 예술적인 측면보다는 실생활의 의사전달 측면으로 점차 기울어 가는 흐름을 걱정하고, 문화 및 문예 측면을 강화하여 국어교육의 균형을 세우려는 의도로 마련된 것이라 생각된다.

또 한 가지, 노명완과 김대행의 분류에서는 국어교육학의 연구내용을 크게 국어활동과 교육으로 나누었다. 국어에 대한 지식이나 문학에 대한 지식을 국어활동 속에서 찾고자 한 것이다. 여기에 비해 최현섭은 국어교육학의 연구대상을 표현 · 이해의 언어활동(국어사용학의 대상), 국어문법(국어학의 대상), 문학지식(문학학의 대상)의 셋으로 처음부터 구분하였다. 이런 구분은 박영목의 경우에서도 마찬가지이다. 다만, 박영목은 국어교육을 보는 세 관점(언어기능중심의 관점; 국어학, 국문학 등의 지식중심 관점; 표현 · 이해에 문학의 이원적 관점)을 수용하면서 이를 하나의 육면체의 입체적 도형으로 나타내어, 이 셋이 개별이 아닌, 언어사용이라는 '하나의 활동'에 대한 세 측면임을 보이려 하였다. 박영목의 아이디어는 세 관점을 언어활동의 측면으로 보았다는 점에서는 국어활동을 강조한 김대행, 노명완의 아이디어와 공통적이고, 세 학문 또는 영역(언어사용, 국어지식, 문학)을 구분하고 있다는 점에서는 최현섭의 경우와 흡사하다.

Ⅲ 국어교육학 연구와 교사교육

국어교육과 석사과정이나 박사과정에서 논문을 쓰려고 하는 학생들이 가장 많이 고민하는 것이 연구내용의 선정과 연구방법의 확보이다. 연구내용과 연구방법을 구체적으로 확보하지 않고서는 연구를 할 수 없기 때문이다.

논문을 쓸 때에 하는 이 두 가지 고민은 국어교육학이 하나의 학문으로 성숙하기 위해서 앞으로 탐구하고 연구하여야 할 과제이기도 하다. 국어교육학의 연구내용(이는 통시적 관점에서 보면 지식의 축적이라고 할 수 있다.)과 방법의 구체화는 국어교육학 학자와 교육현장의 국어교사를 양성하기 위한 교육대학 및 사범대학 국어교육과의 교과과정 구성에 공통적으로 활용될 수 있을 것이다.

전문학자를 양성할 목적으로 한 교과과정과 국어교사를 양성할 목적으로 한 교과과정은 차이를 보여야 한다. 학자양성을 위한 교과과정에서는 이론과 연구방법론이 중심을 이루어야 하며, 학생지도를 위한 교사양성에서는 이론보다는 직접 지도자료를 다루는 교육의 실제와 지도 및 평가방법이 강조되어야 할 것이다. 특히 교사는 학생들에게 시범을 보일 수 있을 정도의 수월한 국어활동 능력 또는 기능을 지녀야 한다. 예를 들면 작문을 지도하기 위해 교사는 작문의 이론을 알아야 하는 것은 물론이고, 자기 자신이 실제로 글을 잘 지어 학생들에게 글짓기의 시범을 직접 보여줄 수 있어야 하며, 또 학생이 지은 글을 분석하고 교정하는 지도도 할 수 있어야 한다.

국어활동의 전문가나 국어활동 지도의 전문가는 학교 밖의 사회에서도 많이 요구되고 있다. 가령 신문이나 방송기관에서의 언론직무, 정부나 기업의 홍보업무, 기업의 상품판매 업무와 사원교육을 담당하는 연수업무, 출판업무 등 사회에는 국어활동이 직무의 중심이 되는 일이 많이 있다. 이런 사회 전반의 요구도 국어교육학이 충족시켜 주어야 한다. 이는 국어교육학 영역의 확충이기도 하다.

여기서는 교사양성을 목적으로 하는 사범대학 국어교육과의 강좌를 살펴보고자 한다. 이 강좌들은 모두 국어교육 전공강좌들이다. 이 이외에 일반교양이나 선택의 강좌, 그리고 교직수행과 관련되는 교육학적인 기초강좌는 여기서는 제외한다.

다음 〈표 2〉의 강좌표는 국어교사 양성을 위한 교과과정이다. 강좌의 영역을 방법, 언어, 사용, 생활, 예술문화로 구분하여 국어활동의 여러 측면(생활, 예술)과 여러 내용(지식, 기능)을 고루 고려하고 있다. 그리고 각론 강좌를 이론과 실습으로 나눈 것은 국어활동 교육에서 이론적 지식뿐만 아니라 실제의 능력 또는 기능 신장까지 중요하게 여기고 있다는 증거로 생각할 수 있다.

〈표 2〉 **국어교육과 전공 교과과정(안)**[7]

	기초과목	각론과목 (실습중심)	각론과목 (이론중심)	심화과정
방법	국어교육학원론	국어교수법실습	국어교재론 국어평가론	○○○특강 ○○○세미나
언어	국어학개론 국어사	국어사교재강독	국어형태론 국어문법론 국어의미론 국어화용론 언어학과 언어교육	○○○특강 ○○○세미나
사용	국어사용개론	국어표현연습 국어이해연습	국어표현론 국어이해론 화법교육론 작문교육론 국어정서법교육론	○○○특강 ○○○세미나
생활	국어문화개론	국어문화교재강독 한문고전강독	구전문화교육론 매체언어교육론 국어대중문화론	○○○특강 ○○○세미나
예술문화	국문학개론 국문학사 국문학교육원론	고전율문교재강독 고전산문교재강독 한국수필교재강독 한국비평교재강독 현대시교재강독 현대소설교재강독	현대시가교육론 고전시가교육론 현대소설교육론 고전소설교육론 한문학교육론 문학감상론 비교문학론	○○○특강 ○○○세미나

그러나 다음 두 가지 점은 추가 고려되었으면 한다. 첫째, 언어에 대한 강좌에서 언어학적인 연구성과 이외에 심리학, 인류학, 철학, 아동학 등에서 축적한 연구들이 포함되어야 할 것이다. 예를 들면 언어와 인간, 언어와 심리, 아동의 언어발달 등에 관한 내용들은 개인, 사회, 인류의 삶 속에서의 언어기능을 이해하는 좋은 안내가 될 것이다. 언어에 대한 이해는 어쩌면 언어 그 자체의 구조보다는 인간, 사회, 교육 속에서 언어의 기

7) 이 안은 '사범대학 교육과정 표준모형연구'의 일환(국어교육과)으로 김대행이 제안한 것이다. 박용헌 외(1993) 및 김대행(1995) 참조.

능(function)에 대한 이해가 더 핵심이 된다고 볼 수 있다. 그리고 두 번째는 '사용'에 대한 이론강좌에 화법교육론, 작문교육론과 함께 독서교육론이 추가되어야 좋을 것이다.

이상에서 국어교육학의 학문적 연구영역과 이 영역에 대한 연구성과를 바탕으로 교사교육을 위한 강좌의 설정을 예시적으로 살펴보았다. 아직 영아기의 단계에 있는 국어교육학을 학문의 수준으로 이끌어 올리는 길은 길고도 험할 것이다. 많은 연구자, 실천자가 이 길고 험한 학문 육성에의 길에 그들의 값진 시간과 정열을 기울여야 할 것이다. 그러나 비록 그 길이 힘겹고 고단한 창조의 길이기는 하나, 연구에서 오는 발견의 기쁨 그리고 그 연구의 결과가 교육현장에서 만들어 내는 결실의 기쁨은 매우 크리라 기대된다.

탐구과제

01 학문연구에서 연구대상이나 영역의 체계화가 왜 필요한지 설명하시오.

02 국어교육학의 영역구조화에 대한 네 학자들의 제안을 간략하게 설명해 보시오.

03 국어교육학의 탐구내용 탐색이나 영역설정에서 국어활동을 중시하는 관점과 관련 학문들의 지식(예: 문법지식, 문학지식 등)을 중시하는 관점을 비교하면서 이같은 관점의 차이가 실제 교육의 내용이나 자료 선정에 어떤 차이를 가져오게 될지 말해 보시오.

04 언어에 대한 지식(선언적 지식)과 언어의 사용에 대한 지식(절차적 지식)의 차이와 실제 국어생활에서의 활용도에 대하여 설명하시오.

05 언어의 도구성과 문화성의 개념의 차이를 예를 들어 구분지어 설명해 보시오.

06 이번 장에 예시된 국어교육과 전공교과 강좌를 참고하면서, 초등학교(중학교, 고등학교) 국어교사를 지망하는 국어교육 전공학생이 다섯 개 강좌만을 신청한다면 어느 강좌를 신청하는 것이 좋을지 말해 보시오. 그리고 그 이유를 설명해 보시오.

참고문헌

교육부(1992), 『고등학교 국어과교육과정해설: 국어, 화법, 독서, 작문, 문법, 문학』.

김대행(1995), 『국어교과학의 지평』, 서울대학교출판부.

노명완 · 박영목 · 권경안(1988), 『국어과교육론』, 갑을출판사.

노명완 · 손영애 · 이인제(1989), 『국어과 사고력 신장 프로그램 개발을 위한 방안 탐색: 국민학교 국어과를 중심으로』, 한국교육개발원 연구자료 RM 89-9.

박영목 · 한철우 · 윤희원(1995), 『국어과 교수 학습 방법 탐구』, 교학사.

박용헌 · 차경수 · 김대행 · 홍종배 · 이종재 · 장남기 · 정응근 · 옹정근(1994), 『사범대학 교육과정의 표준모형 연구』, 서울대학교 사범대학.

이용주 · 구인환 · 김은전 · 박갑수 · 이상익 · 김대행 · 윤희원(1993), "국어교육학연구와 교육의 구조", 『사대논총』 46집, 서울대학교 사범대학.

윤병희(1987), "현대 교육과정 이론의 이해를 위한 한 시도: 인식론적 고찰을 중심으로", 『교육과정연구』 제6집.

최현섭(1986), "국어과 교수 · 학습 모형의 탐색", 『논문집』 제20집(교육편), 인천교육대학교.

최현섭(1995), "국어교육학의 독자성과 이론화 전략의 출발점", 최현섭 외 4인, 『국어교육학의 이론화 탐색』, 일지사.

2부

국어교육의 운용 체제

제 1 장 국어과 교육과정 체제 55

제 2 장 국어 교재 체제 80

제 3 장 국어 교수 · 학습 체제 101

01장 국어과 교육과정 체제

I 국어과 교육과정의 성격

(1) 국어과 교육과정의 개념

'교육과정'을 뜻하는 'Curriculum'은 원래 라틴어에서 경주마들의 주로(racing-course)를 가리키는 말이었다. 어원에서도 알 수 있듯이, 전통적으로 교육과정이란 '단위 과정에서 이수해야 할 교과 내용의 목록'이라는 뜻으로 사용되었다.[1)]

그러나 오늘날 교육과정의 의미를 이처럼 협의로 해석하는 경우는 드물다. 그보다는 학습자가 배울 내용과 교육 행위의 과정(Process) 및 결과(Products) 전체를 아우르는 광의의 개념으로 받아들이는 것이 일반적이다. 이 관점에 서면 교육과정은 어떤 고정적 실체라기보다는, 역동적이고 상호작용적인 하나의 '현상'으로 이해된다. 그 현상에는 교육 내용, 교수·학습 프로그램과 같은 요소들뿐만 아니라 교육과정의 개발과 실천, 평가에 관계되는 모든 요소가 포함된다. 나아가 교사와 학습자, 교육이론가를 포함한 교육 공동체의 의도나 희망, 두려움 또한 교육과정의 일부로 간주할 수 있다(Walker/한준상 외 역, 1991: 297). 그 결과 오늘날 '교육과정'이라는 말은 교육 목적의 달성에 관계되는 일체의 계획과 실천이라는 의미로 폭넓게 정의된다.

교육과정을 극히 제한적인 의미로 이해하는 또 다른 시각도 있다. 이 관점에서는 교육과정을 해당 교육 공동체에 의해 용인된, 문서화된 선언이나 주장으로 본다. 곧 국가나 지방자치단체, 혹은 학교 등의 교육 주체가 스스로의 교육적 견해 및 방향을 일정한 형식에 따라 공포한 하나의 문건인 것이다. 우리가 통상적으로 말하는 '교육과정'은 이러한 의미에서의 교육과정을 가리킨다.

교육과정의 최상위에는 국가 수준의 교육과정이 있다. 이것은 교육주무

1) 교육과정의 어원과 그 다양한 개념에 대해서는 Arieh Lewy, ed.(1991: 15~18) 참조.

장관이 교육기본법에 의거하여 결정·고시한 각급 학교교육에 관한 전국 공통의 일반 기준으로, 학교교육의 목표, 내용, 방법, 평가, 운영 등에 관한 국가 수준의 기준 및 지침을 제시한다(교과부, 2007). 교육과정의 최하위에는 교수·학습 수준의 교육과정이 있는데, 이것은 교과서와 학교교육과정으로 재구성된 국가교육과정이 실제 교수·학습으로 구체화된 결과를 말한다. 국가 수준의 교육과정이 교육의 규범성과 균질성을 강조한다면 교수·학습 수준의 교육과정은 교육의 창의성과 개별성을 강조한다. 그 중간 단계로 지역 수준의 교육과정이 있어서, 각 교육자치단체가 국가 수준의 교육과정을 지역적 특성에 맞게 재구성하여 학교에 제공한다. 이러한 계층화는 교육과정의 실천 주체가 '국가-(교육)자치단체-학교-교사/학습자'의 층위로 구체화된다는 것을 뜻한다.

(2) 국어과 교육과정의 관점

국어과 교육과정은 교육과정 일반의 보편성과 국어 교과의 특수성 사이의 길항관계 위에 존재한다. 이는 다음과 같은 네 가지 관점에서 접근할 수 있다.

① **교과 중심 교육과정**: 이 관점에서 교육과정은 가르칠 내용의 목록, 곧 교수요목으로 이해된다. 국어교육은 계획된 프로그램에 따라 규범화된 지식 및 문화적 전통을 전수함으로써 사회에서 기대하는 인간을 육성하는 데 주안점을 둔다.

② **학문 중심 교육과정**: 이 관점에서 교육과정은 각 학문에 내재한 구조화된 지식의 체계로 이해된다. 국어교육은 국어와 국어 문화에 관한 인지적·수행적 지식의 내면화를 통해 학습자의 인지 발달을 돕고 사회적응력을 키우는 데 주안점을 둔다.

③ **경험 중심 교육과정**: 이 관점에서 교육과정은 학교의 지도 하에 이루어지는 언어적 경험의 총체로 이해된다. 그 경험은 계획 혹은 결과로 나타나며, 교사는 학습의 조력자 내지 안내자로서 학습자의 언어 경험을 조직·통제하여 전인적인 인간을 기르는 데 주안점을 둔다.

④ **인간 중심 교육과정**: 이 관점에서 교육과정은 학습자의 발달 과정에서

이루어지는 의도적·비의도적 변화의 총체로 이해된다. 이는 명시적 교육과정 못지않게 잠재적 교육과정을 중시하며, 언어 수행의 총체성을 강조하여 자아실현인을 기르는 데 주안점을 둔다.

(3) 국어과 교육과정의 기능

교육과정을 어떠한 관점에서 구성하든, 그에 대한 가치 판단은 '이 교육과정이 국어와 관련된 지식·기능·태도를 기르는 데 얼마나 효과적인가'를 기준으로 이루어진다. 이는 결국 국어과 교육과정의 기능과 관련되는 문제이다. 교육과정은 일반적으로 교육 목적의 달성에 관계되는 제반 의사결정 과정에서 결정적인 준거를 제공함으로써 교육의 과정(Process) 전체를 조절·통제하는 기능을 가진다. 이를 국어교육의 국면에 따라 자세히 살펴보면 다음과 같다.

첫째, 국어교육의 체제를 전반적으로 관리한다. 교육 공동체는 국어교육의 목표, 내용 범위 및 영역, 교수·학습 시기와 기간, 교수·학습 결과의 활용 등에 관한 제반 사항에 관해 사전 의사결정을 하며, 그 합의의 구체화가 교육과정이 된다. 따라서 국어교육과 관련된 모든 구체적인 행위는 교육과정에 근거해서 이루어진다.

둘째, 국어 교수·학습 계획의 준거가 된다. 곧 교육과정은 언제 무엇에 관해 어느 정도로 교수·학습이 이루어져야 하며, 그 과정은 어떠해야 하는가에 관한 기본 아이디어를 담고 있다. 교사와 학습자는 교육과정을 바탕으로 자기들이 수행해야 할 과제를 설정하고 실천하게 된다.

셋째, 국어 교수·학습의 내용을 제공한다. 전통적인 교육과정관이 주로 '교수요목'을 의미했을 정도로, 내용 선정과 조직은 교육과정의 핵심 기능이 된다. 국어과 교육과정은 국어와 관련하여 무엇을 어떤 순서로 얼마만큼 가르치거나 배워야 하는가에 관한 합의를 담고 있으며, 그에 따라 교재를 구성하여 교수·학습에 투입하게 된다.

넷째, 국어 교수·학습의 방법에 관한 제안이나 안내를 한다. 곧 교육과정은 내용과 관련하여 국어과의 고유한 교수·학습 전략 및 방법을 제시하고 그 활용 방안에 대해 일반적인 안내를 함으로써 국어 교수·학습이 국어교육의 본질에 충실할 수 있도록 한다.

다섯째, 국어 교수·학습 평가의 기준 및 원리를 제공한다. 교육과정은 교재 평가라든지 수업 평가, 학습자 평가 등 평가의 여러 국면에서 국어교육의 실제를 진단하는 잣대가 되며, 나아가 구체적인 평가 전략 및 모형을 제공함으로써 국어교육이 재귀적 자기 점검을 할 수 있도록 해 준다.

Ⅱ 국어과 교육과정의 변천

교육과정은 지식의 변화, 사회 여건의 변화, 교육 이론의 발전, 그리고 현존하는 교육 프로그램의 적절성에 대한 반성과 평가 등에 따라 끊임없이 변화한다(박영목 외, 1992: 1). 우리나라와 같이 중앙집권적인 교육제도를 운영하는 경우에는 시기에 따라 지배적인 가치관이 교육과정을 바꾸기도 한다. 교육에 관한 교육 공동체의 이념이 어떻게 변화해 왔는가 하는 문제는 교육과정의 변화 과정을 살핌으로써 알 수 있다. 특히 공교육의 경우에는 교육과정의 역사가 곧 교육의 역사라 해도 과언이 아니다.

국가 수준의 국어과 교육과정은 1955년 처음 제정되었으며, 이후 일곱 차례의 개정을 거쳐 발전해 왔다. 그러나 실제 교과로서의 국어교육은 이미 1946년 9월 군정청 학무국에서 '교수요목'을 공포하면서 시작되었다. '교수요목'은 우리 교육사상 최초로 성문화된 교육과정으로, 전통적인 교과주의와 미국의 영향을 받은 경험주의에 기반을 두고 있다. 한편으로는 식민지 시기에 정착된 국가주의적 성격도 매우 강하게 나타난다. 이것은 문자 그대로 '요목'에 불과한 매우 간단한 문건이지만, 국어 교과에서 언어수행과 가치관의 중요성을 강조하고 국어과의 영역을 읽기·말하기·듣기·짓기·쓰기의 다섯으로 구분함으로써 이후의 교육과정의 뿌리가 되었다.

1948년 정부 수립과 함께 대한민국 헌법과 교육법에 바탕을 둔 교육과정을 개발하려는 노력이 시작되었다. 그러나 계속되는 사회 혼란과 전쟁으로 인해, 공식적인 교육과정은 1955년 8월 1일에 비로소 공포되었다. '교과과정'으로 공포된 이 1차 교육과정은 '교수요목'과 기본 방향을 같이

하고 있다. 그러나 '교수요목'에 비해 학습자의 경험과 생활을 더욱 중시하였고, 기본적인 언어 습관과 언어수행기능을 올바르게 기르는 데 역점을 두었다. 또한 짓기와 쓰기를 합하여 '말하기 · 듣기 · 읽기 · 쓰기'의 4대 영역을 확정하였다. 고등학교에서는 '국어Ⅱ'에 '한자 및 한문'을 두어 국어교육과 한문교육을 병행하도록 하였다.

2차 교육과정은 1963년 2월 15일에 공포되었다. 기본 방향은 1차 교육과정과 유사하며, 생활 중심, 경험 중심의 진보주의 교육 사조를 실천면에서 수용한 특징을 보인다. 또한 교육과정의 체재를 '목표–학년 목표–지도 내용–지도상의 유의점'으로 체계화하였는데, '지도 내용' 및 '지도상의 유의점' 항목을 명료화한 것은 이전에 비하여 한 단계 발전한 것이다. 또한 고등학교 '국어Ⅱ'에 '고전 과정'을 신설하여 우리 고전에 대한 이해를 강조하였다.

3차 교육과정은 1973년 2월 14일에 초등학교, 8월 30일에 중학교, 이듬해 12월 31일에 고등학교의 순서로 공포되었다. 3차 교육과정의 기본방향은 학문 중심 교육 원리의 도입과 가치관 교육의 강화로 요약된다. 그에 따라 국어교육의 일반 목표도 언어 생활, 개인 생활, 사고와 정서, 국어문화의 네 차원에서 '건실한 국민'으로 수렴되었다. 또한 국어과의 영역을 말하기 · 듣기 · 읽기 · 쓰기로 4분하는 방법은 유지하되, '쓰기'를 다시 '글짓기(Composing)'와 '글씨쓰기(Hand–writing)'로 나누어 서사교육을 강화하였다. 고등학교에서는 선택 과목으로 있던 '한문'을 한문과로 독립시키고, 대신 '국어Ⅱ'에 '고전'과 '작문'을 두었다. 이 시기에 '지도상의 유의점' 아래 '제재 선정의 기준' 항목을 신설하여 교재 구성 방향을 제시한 점은 특기할 만하다.

4차 교육과정은 1981년 12월 31에 공포되었다. 3차 교육과정이 표방한 가치관 중심 교육에 대한 반성에서 출발하여 기능 중심의 교육 원리를 도입하되, 학문적 배경을 갖춘 교육과정을 추구한 것이 이 교육과정의 특징이다. 그에 따라 국어 교육과정은 언어기능의 신장 강화, 문학교육의 강화, 언어(지식)교육의 강화, 쓰기교육의 강화, 가치관 교육의 내면화를 염두에 두고 구성되었다. 특히 국어교육의 목표를 '표현 · 이해(말하기 · 듣기 · 읽기 · 쓰기), 언어, 문학'의 세 영역으로 나누어 진술하고 배경학문으로 수사학, 언어학, 문학(학)을 설정함으로써, 언어 교과로서 국어과의 성격을 분명히 하였다. 또한 '지도상의 유의점'을 '지도 및 평가상의 유의점'으로 개선하고 '학년 목표'를 '학년별 내용'과 연계하여 체재를 더욱 정교화하였다. 고등학교에서는 '국어Ⅱ'에 '고전문학', '현대문학', '작문', '문법' 과목을 설정하여 선택의 폭을 넓혔다.

5차 교육과정은 1987년 3월 31일에 중학교, 6월 30일에 초등학교, 이듬해 3월 31일에 고등학교의 순서로 공고되었다. 이 교육과정은 국어교과의 일반 원리로 학생 중심, 과정 중심의 국어교육관을 도입하고, 교수·학습 상황의 주체를 학습자로 보며, 언어 수행의 결과보다 과정을 중시하였다. 국어 사용 능력, 스키마(schema), 문식성(literacy) 등의 개념은 이때 정착된 것이다. 또 4차 교육과정에서 '표현·이해'로 묶었던 말하기·듣기·읽기·쓰기를 다시 세분하여 언어수행기능을 강조하였고, 그에 따라 초등학교 교과서를 『말하기·듣기』, 『읽기』, 『쓰기』로 분책하여 국어교육에 커다란 변화를 가져왔다. 고등학교에서도 '현대문학'과 '고전문학'을 합하여 '문학' 과목을 새로 설정하고 '국어Ⅱ'의 개념을 없애, '국어', '문학', '작문', '문법'의 4과목 체제가 완성되었다.

6차 교육과정은 1992년 6월 30일에 중학교, 9월 30일에 초등학교, 10월 30일에 고등학교의 순서로 공고되었다. 그 기본 방향은 국어교육을 통한 전인교육과 민주시민 교육, 창조적 사고력과 정보처리능력 배양, 정서교육의 강화, 내용 체계 구성에서의 시대적 타당성 강화, 내용 요소의 합리적 조정, 지도 방법 및 평가 방법의 인간화와 다양화 등으로 요약할 수 있다(박영목 외, 1992: 2~3). 특히 언어 수행에 관한 본질 및 원리 학습을 중시하여, 내용의 체계가 정비되고 이론과 전략에 충실한 교수·학습을 강조하였다. 또한 국어 교과의 성격을 분명히 하기 위하여 '1. 성격' 항목을 신설하고, '3. 내용' 항목에 '가. 내용 체계'를 신설하여 내용을 '본질·원리·실제'로 나누어 구조화하였으며, '지도 및 평가상의 유의점'을 '4. 방법'과 '5. 평가'로 정교화하였다. 고등학교의 선택 과목에도 새로이 '화법'과 '독서' 과목을 설정하여 국어교육의 여섯 영역(말하기·듣기·읽기·쓰기·언어·문학)과 다섯 선택 과목(화법, 독서, 작문, 문법, 문학)이 일관성을 유지하도록 하였다.

7차 교육과정은 1997년 12월 30일에 공고되었다. 7차 교육과정은 이전까지 초 · 중 · 고 교육과정으로 분리되었던 것을 통합하여 1학년에서 10학년에 이르는 '국민공통기본교육과정'을 설정하고, 말하기 · 듣기 · 읽기 · 쓰기 · 언어 · 문학으로 되어 있던 국어과의 하위영역을 듣기 · 말하기 · 읽기 · 쓰기 · 국어지식 · 문학으로 재구조화하였다. 또한 심화 · 보충형의 수준별 교육과정을 지향하는 동시에 고등학교 단계에서의 선택중심 교육과정을 강화하여 학습자 특성에 맞는 교육이 이루어지도록 하였다. 고등학교에서는 과목 간의 관계를 분명히 하여, 기초 과목으로 '국어'와 '국어생활'을 두고 심화선택 과목으로 '화법', '독서', '작문', '문법', '문학'을 정립하도록 하였다. 아울러 정보 사회에 대비하여 창의성과 정보 능력을 배양하는 데 초점을 두었고, 열린 교육과 수행평가를 강조하여 실제적인 교육이 이루어지도록 의도하였다. 통일에 대비한 국어교육이 강조된 것도 이 시기의 일이다.

2007년 2월 26일 새 교육과정이 공고되었는데, 이때부터는 전면 개정이 아닌 수시 개정을 표방하여 '~차 교육과정'과 같은 표현을 지양하고 연도를 중심으로 교육과정을 구분하기 시작하였다. 2007년 교육과정에서는 수준별 교육과정 대신 수준별 수업을 지향하고, 인터넷과 매체를 중심으로 한 언어 환경의 변화를 수용하는 데 중점을 두었다. 또한 국어 및 국어 사용에 관한 지식과 기능을 체계화하며, 실제 언어 활동의 맥락을 강조하였다. 그에 따라 '국어지식' 영역을 '문법' 영역으로 재개념화하고 내용 체계를 '지식 · 기능 · 맥락'으로 체계화하였다. 특히 고등학교 교육과정에서 '국어생활'을 폐지하는 대신 '매체언어' 과목을 신설하여, '화법', '독서', '작문'의 기본 기능 과목과 '문법', '문학', '매체언어'의 영역별 심화 과목을 정립하였다. 교육과정 내용에 '담화의 수준과 범위'를 두어 텍스트의 다양성을 경험하도록 한 것도 2007년 교육과정의 특징이다.

2009년 교육과정은 2009년 12월 23일에 개정 고시되었는데, 그중 총론은 그대로 유지하면서 2011년 8월 9일 각 교과의 교육과정만을 재개정하여 '2009년 교육과정 총론에 따른 2011년 국어과 교육과정'이라는 용어로 통용되게 되었다. 이 교육과정은 총론 차원에서 창의 · 인성 중심 교육과정, 교과군제와 집중이수제, 학년군별 교육과정 등을 추구하며, 미래 지향적인 핵심 역량 중심으로 내용을 체계화하였다. 국어과의 경우 공통교육과정 '국어'를 1～2학년군, 3～4학년군, 5～6학년군, 중1～3학년군으로 나누고, 영역을 기존의 6개 영역에서 듣기·말하기, 읽기, 쓰기, 문법, 문학의 5개로 통합하였다. 고등학교 선택 과목 역시 '국어 Ⅰ', '국어 Ⅱ', '화법과 작문', '독서와 문법', '문학', '고전'의 6개로 재구조화하여, 〈공통국어→선택 국어→영역별 선택 과목〉의 체계를 갖추었다. 교육과정 내용 기술에서는 '성격' 항목을 없애고 '목표－내용의 영역과 기준－교수·학습 방법－평가'로 체계를 단순화하였다. 또한 내용 체계도 국어 생활(듣기·말하기, 읽기, 쓰기) 영역은 〈지식－기능－태도/실제〉로 명료화하고, 문법과 문학 영역은 각각의 특성을 고려하여 '기능' 대신 '탐구와 적용', '수용과 생산'으로 체계화하였다. 2012년 초등학교 1～2학년군부터 적용되기 시작한 2009/2011 교육과정은 5차 교육과정 이래의 기능·활동 중심 국어교육과 21세기 들어 강조되는 지식·문화 중심 국어교육의 통합을 지향하고 있다.

Ⅲ 국어과 교육과정의 구성

모든 교육과정은 일정한 체계에 따라 구성된다. 국어과 교육과정의 상위에는 '헌법–교육기본법–초·중등교육법 및 그 시행령–교육과정 총론'이 있고, 하위에는 다섯 영역(초·중학교 '국어') 및 여섯 선택 과목(고등학교)의 교육과정이 있다. 곧 국어과 교육과정 자체가 하나의 완결된 체계이면서, 동시에 더 큰 체계의 부분이 되는 것이다. 그 구성 과정에서 고려해야 할 변인들은 교사/학습자의 인지·정의·사회적 특성(인간 변인), 국어 및 국어 문화와 관련된 개념들의 체계와 담화/텍스트 특성(언어 변인), 언어 수행의 구체적 국면에 개재하는 제반 요인(활동 변인), 그리고 교과로서의 국어과의 실천적 구조(교육 변인) 등이다. '국어교육'이라는 하나의 현상은 이들 요소들이 서로 긴밀하게 결합, 상호작용하는 가운데 이루어지는 것이기 때문이다. 교육과정은 이들 변인들에 대한 교육 공동체의 분석과 합의를 바탕으로 구성된다.

실제 국어과 교육과정을 구성하는 단계에서 가장 중요한 것은 국어 교과와 관련하여 목표, 내용, 활동 방법을 정하는 일이다. 교육과정은 언제나 '어떤 내용을 어떤 방법으로 교수 · 학습하여 어떤 목표를 달성할 것인가'의 문제를 명시적으로 제시해야 하기 때문이다. 그중 기본이 되는 것은 목표 설정의 문제라 할 수 있으나, 내용과 방법을 고려하지 않은 목표 또한 상상하기 어렵다. 또한 목표 달성 과정에서의 정보 수집을 위한 평가의 문제와, 목표 달성의 효율성을 높이기 위한 내용의 분류 체계, 곧 영역의 문제 역시 교육과정 구성 단계에서 결정해야 할 문제들이다.

(1) 국어교육의 목표

국어교육의 목표는 교육의 목적 및 국어 교과의 목적을 전제로 한다. 일반적으로 목적은 '왜 국어교육을 해야 하는가?' 하는 물음에 관계되고, 목표는 '국어교육을 통해서 무엇을 얼마나 달성해야 하는가?' 하는 물음에 관계된다. 곧 목적(Aims)이 교육에 대하여 교육 공동체가 갖고 있는 가치관을 밝히는 일반적 선언이라면, 목표(Goals/Objectives)[2]는 특정 교육 프로그램에 따르는 지향점으로서 교육을 받은 뒤에 학습자가 얻게 될 능력을 밝히는 구체적 진술이 된다(Ornstein & Hunkins, 1990: 253~259). 따라서 교육과정은 먼저 일반 진술로서 목적을 제시하고, 구체적인 교과 목표를 상세화하는 형식을 띠는 것이 보통이다. 2009/2011 교육과정에서는 '1. 추구하는 인간상'에서 학교교육 공통의 교육 목적을 기술하고 '2. 학교 급별 교육 목표'에서 학교 급별 목적을 기술한 뒤, '3. 목표'에서 비로소 국어 교과의 목적과 목표를 밝히는 방식을 취하였다.

교육 목적과 국어 교과의 목적을 바탕으로 교육과정 목표를 설정할 때 유의해야 할 변인으로는 다음과 같은 것들이 있다.

(가) 국어 교과관

인간 · 언어 · 문화 · 학문 등 국어교육의 관련 요소를 어떻게 설정하고, 또 그들을 어떻게 관계 짓는가에 관련되는 문제이다. 전통적으로 국어교

2) 아이즈너는 Aims와 Goals, 그리고 Objectives를 구분했지만 이들이 상호 엄밀하게 구분되는 것 같지는 않다. 아이즈너 스스로도 Goals를 그 자체로 설명하기보다는 Aims와 Objective의 중간항으로 설명하는 데서도 그들의 차이가 매우 미세함을 알 수 있다. Eliot Eisner/변해명 역(1983: 170~173) 참조.

육을 언어교육의 하위 범주로 보아 왔지만, 점차 사회적 소통이나 문화적 실천의 관점에서 국어 교과를 바라보아야 한다는 주장이 제기되고 있다. 국어교육의 포괄성을 구현하기 위해서는 보다 폭넓은 국어 교과관이 필요하다.

(나) 언어관

언어와 삶, 언어와 사고, 언어와 사회·문화, 언어와 이데올로기 등의 관계 속에서 언어를 무엇으로 보는가에 관련되는 문제이다. 언어를 단순히 의사소통 수단의 하나로 보는 관점은 언어의 다양한 활동 양상을 외면한다는 점에서 점차 설득력을 잃어 가고 있다. 또한 언어가 외부와는 단절된 채 자족적인 기호들의 체계로 존재한다는 관점 역시 극복되고 있다. 따라서 언어 및 언어 활동의 본질에 입각하여 국어 교과의 목표를 설정하는 노력이 필요하다.

(다) 학습/학습자관

국어 학력이란 무엇인가, 각급 교육에서 국어 교수·학습의 가능역(域)은 어디까지인가, 국어학습능력에 개인적인 차이가 있는가 등에 관련되는 문제이다. 인간의 생득적인 언어 능력과 자율적 언어 습득을 지나치게 강조하면 자칫 국어교육의 필요성을 부정하는 결과를 낳게 되고, 그 반대의 입장에 서면 '국어교육 만능론'에 빠지게 된다. 따라서 국어 교수·학습에 관한 체계적인 선이해(先理解)가 필요하다.

이러한 전제를 바탕으로 구성한 2009/2011 교육과정의 국어교육 목표는 〈표 1〉과 같다.

〈표 1〉 **2009/2011 교육과정의 국어과 목표**

국어 활동과 국어와 문학을 총체적으로 이해하고, 국어 활동의 맥락을 고려하여 국어를 정확하고 효과적으로 사용하며, 국어를 사랑하고 국어 문화를 누리면서 국어의 창의적 발전과 국어 문화 창조에 이바지할 수 있는 능력과 태도를 기른다. 가. 국어 활동과 국어와 문학에 대한 기본적인 지식을 익힌다. 나. 다양한 유형의 담화와 글을 비판적이고 창의적으로 수용하고 생산한다. 다. 국어의 가치와 중요성을 인식하고 국어 생활을 능동적으로 하는 태도를 기른다.

〈표 1〉에서 목표를 '가~다'로 나누어 제시한 것은 국어 교과에서 다루는 내용 요인을 고려한 것으로, '가'는 국어 활동 및 국어와 문학에 관한 지식 측면에, '나'는 국어를 활용한 수용과 생산 능력 측면에, '다'는 국어 및 국어 문화에 관한 태도 측면에 관계되는 목표이다. 이러한 교과목표를 달성함으로써 올바른 국어 생활을 하고 국어와 국어 문화를 소중히 여기는 태도를 지니도록 하는 것이 국어교육의 최종 목표인 것이다.

(2) 국어교육의 영역

각 교과의 교육과정은 영역별로 나누어 구성하는 것이 일반적이다.[3] 국어 교과의 경우 교육과정에서 영역을 구분하는 이유는, 첫째 국어 활동의 여러 양상을 교육과정에 포괄적으로 반영할 수 있고, 둘째 국어 능력에 관한 체계적 접근이 가능하며, 셋째 영역에 따른 교수·학습의 특화가 가능하기 때문이다. 또 목표별 단원 구성에서는 각 영역이 단원 구성의 준거가 되기도 한다.

국어 교과의 영역을 구분하는 방법은 '국어 교과에서 무엇을 어떻게 가르쳐야 하는가'의 문제와 직결된다. 물론 그것은 매우 어려운 문제이다. 교과 중심이나 학문 중심 교육과정에서는 교과나 학문의 영역을 그대로 교육과정 영역으로 준용할 수 있으나, 경험 중심이나 인간 중심 교육과정에서는 인간의 인지·징의적 행동 특성을 바탕으로 영역을 구분해야 하는 어려움이 있다. 일반적으로 국어 교과의 영역을 구분하는 기준으로는 언어 활동의 양상에 따라 구분하는 방법, 언어의 발달 단계에 따라 구분하는 방법, 교육 공동체와 학습자의 요구 분석에 의해 구분하는 방법, 지식·기능·태도로 구분하는 방법, 학문의 구조에 따라 구분하는 방법 등이 있다. 일단 영역을 구분한 뒤에라도 다시 다른 기준을 적용하여 하위 영역을 구부하는 것도 가능하다. 국이 교과의 특수 영역, 예컨대 국어와 가치라든지, 표준어와 맞춤법, 발음과 서사(書寫), 어휘, 국어교육과 매

3) 전통적으로 인문학의 기초영역을 동양의 경우에는 강독·작문·서사로, 서양의 경우에는 논리학·수사학·문법으로 구분했다. 이는 동양에서는 경사자집(經史子集)의 훈고주석 중심으로 교육이 이루어진 데 따른 것이고, 서양에서는 고대 7학문 중 인문학의 영역을 특화하여 기초 3학문(trivium)으로 정립한 것이다. 이러한 구분이 현대 교육과정의 영역구분과 일치하는 것은 아니지만, 국어 교과의 특성을 감안하면 시사하는 바가 있다.

체(컴퓨터 포함), 다문화 사회에서의 국어교육, 제2언어로서의 한국어교육, 언어 영재 및 언어 부진과 같은 영역을 교육과정에 반영하는 방법도 고려될 수 있다.

우리나라는 대체로 언어 활동의 양상에 따라 듣기 · 말하기 · 읽기 · 쓰기를 국어 교과의 기초 영역으로 삼아 왔다. 하지만 이러한 흐름 속에서도 시기에 따라 세부 영역이 여러 가지로 변화하는 모습을 볼 수 있다. 국어 교과의 영역을 구분하는 방법으로 널리 쓰이는 것들을 살펴보면 다음과 같다.

① **3분법**: 국어 활동, 국어 지식, 국어 문화의 관점에서 '표현 · 이해, 언어, 문학'으로 구분하는 방법으로, 4차 교육과정에서 그 예를 볼 수 있다. 언어 활동의 변인에 따라 '언어, 사고, 문화'로 구분하거나 인문학의 전통에 따라 '문학, 작문, 문법'으로 구분하는 방법도 가능하다.

② **4분법**: 언어 활동 양상에 따라 음성언어/문자언어, 이해/표현의 구별을 기준으로 '듣기, 말하기, 읽기, 쓰기'로 구분하는 방법이 가장 널리 쓰이는 방법이다. 1 · 2차 교육과정에서 이 방식을 택한 바 있다. 또 언어와 관련하여 '사고력, 의사소통 기능, 문화, 가치와 태도'로 구분하는 방법도 가능하고, '언어–언어지식'과 평행으로 '문학–문학지식'을 놓는 방법도 가능하다(박대호, 1987: 5).

③ **5분법**: 언어 활동의 통합성과 함께 국어 지식 및 국어 문화의 영역도 강조하는 방안으로, '화법(듣기 · 말하기), 독서(읽기), 작문(쓰기), 문법(언어), 문학'으로 구분하는 방법이다. 5 · 6차 교과서의 중학교 단원설정이나 6 · 7차 고등학교의 선택과목 설정에서 그 예를 볼 수 있고, 2009/2011 교육과정이 이 체계를 취하고 있다. 이와 달리 '듣기 · 말하기 · 읽기 · 쓰기 · 짓기'로 구분하는 방법도 있는데, 이는 쓰기 영역을 글짓기(Composing)와 글씨쓰기(Hand–writing)로 세분함으로써 두 측면을 모두 강조하는 관점이다. 교수요목 및 3차 교육과정에서 그 예를 볼 수 있다.

④ **6분법**: '듣기 · 말하기 · 읽기 · 쓰기 · 국어 지식 · 문학 지식'으로 구분하는 방안으로, 언어 활동과 지식의 관계를 강조한 것이다. 5차~2007년 교육과정에서 실례를 볼 수 있으며, 4차 교육과정도 '표현 · 이해'를 다시 말하기 · 듣기 · 읽기 · 쓰기로 세분함으로써 결과적으로 6분법과 유

사하게 구분하고 있다.

물론 영역을 구분함으로써 생기는 문제점도 있다. 가장 큰 문제는 언어의 총체성에 역행할 가능성이 있다는 것인데, 이는 영역 구분을 정태적으로 파악하고 영역 간의 경계를 절대적인 것으로 볼 때 더욱 심해진다. 곧 국어 교과 안에 서로 다른 영역들이 병치됨으로써 상호 간섭으로 인해 혼란이 생기거나 정작 중요한 문제를 놓치는 경우가 생기는 것이다(이성영, 1995: 4). 이 문제는 영역 구분이 단지 접근 방법의 문제일 뿐이며, 언어 자체는 언제나 총체적으로 보아야 한다는 관점을 취함으로써 극복할 수 있다.

또 영역 구분의 층위를 어디까지로 할 것인가의 문제도 제기될 수 있다. 3분법과 6분법의 차이는 어떤 점에서는 층위의 차이일 뿐이라고도 말할 수 있는데, 결국 효율성의 관점에서 이 문제를 해결하게 된다. 문학 영역의 처리 문제도 심각하게 고려해야 할 문제이다. 문학을 단순히 '특수한 방식의 언어 텍스트'로 보는 것이 아니라 '텍스트를 매개로 이루어지는 일련의 문학적 행위와 현상'으로 본다면, 문학의 영역은 매우 광범위해진다. 그렇게 되면 '국어' 영역과 '문학' 영역의 구분은 사실상 무의미해진다. '문학인가 아닌가'의 문제가 '언어 활동에서 문학성이 얼마나 구현되는가'의 문제로 바뀌기 때문이다.

(3) 국어교육의 내용

교육과정의 내용이란 교수·학습을 통해 학습자가 성취하거나 습득, 숙달할 수 있는 지식·능력·습관 및 태도 등 일체의 학습 대상이 되는 실체를 의미한다. 곧 '교육과정 목표를 달성하기 위해 교수·학습 과정에 포함시켜야 할 요소는 무엇인가'에 대한 교육 공동체의 합의가 내용으로 제시되는 것이다. 국어교육이 다루는 내용에는 일반적으로 다섯 범주가 존재한다.

① 언어적 정보(Verbal informations): 인간은 세계를 그 자체로서보다는 언어적 정보로 변환하여 받아들이고 조작하게 된다. 그 정보는 보통 내적으로 조직화된 지식의 형태로 저장된다.

② **지적 기능**(Intellectual skills): 언어적 정보가 인식의 대상(knowing what)에 관계되는 것이라면, 지적 기능은 인식하는 방법(knowing how)에 관계되는 것이다. 서로 대립적이기는 하지만, 언어와 사고에 관한 피아제(Piaget)와 비고츠키(Vygotzky)의 이론은 모두 이 부분에 초점을 맞추고 있다.

③ **인지 전략**(Cognitive strategies): 언어에 관한 일련의 통제 과정으로서 주의를 집중하고, 학습하고, 기억하고, 사고할 때 학습자 개개인의 학습 행동을 지배하는 조작적 기능을 말한다. 인지 전략은 언제나 언어와 사고에 관한 상위인지(Meta-cognition)와 병행한다.

④ **태도**(Attitudes): 어떤 유형의 언어적 실체·행위·현상에 대한 개인의 선택에 영향을 미치는 학습된 성향(Learned disposition)이다. 특히 언어가 지니고 있는 문화적·이데올로기적 특성과 밀접하게 연관된다.

⑤ **언어수행기능**(Language skills): 언어적 정보의 지각과 표출, 기호화(Encoding)와 해호화(Decoding)에 관련되는 실제적인 수행 능력을 말한다. 여기에는 사실에 관한 정보뿐 아니라 인간의 심리나 의도, 정서, 가치, 관계 등에 관한 정보도 포함된다.[4)]

국어과 교육과정의 내용은 이러한 일반 범주를 참조하여 구체적인 국어 현상에서 추상한 것이다. 곧 국어 현상을 기저로 하되 국어 교과의 목표와 영역, 내용 범주를 참조하여 내용 항목을 선정, 조직하는 것이다.

결국 교육과정에서 내용에 관한 문제는 일차적으로 선택의 문제이고, 다음으로 배열의 문제이며, 마지막으로 가중치 부여의 문제라 할 수 있다. 이때 내용 선정 및 조직의 원리로는 (학습자의) 심리적 요구, (교육 공동체의) 사회적 요구, (교육 체제와 관련한) 교육적 요구, (관련 학문에서 바라본) 학문적 적합성, 학습 가능성, 학습 내용의 개방성과 전이성, 계열성(Sequence)과 위계성(Articulation), 응집성(Coherence), 유용성, 완결성 등을 들 수 있다. 또 그 방법으로는 과정 중심 접근/결과 중심 접근, 개인성 중심 접근/사회성 중심 접근, 역사적 접근/기능적 접근, 분석적 접근/통합적 접근, 하향식 접근/상향식 접근, 구조기능론적 접근/갈등론적 접근 등이

4) 교육 일반의 내용범주를 국어 교과의 특성을 고려하여 수정한 것이다. Gagné/한준상 외 역(1991: 194~200) 참조.

있을 수 있다.

국어 교과에서 특히 현저하게 나타나는 내용관은 다음과 같다.

① **지식 중심의 내용관**: 교육과정 내용은 국어 활동에 관한 지식과 관련하여 개념과 명제의 형태로 제시된다.

② **과정 중심의 내용관**: 교육과정 내용은 국어 교수·학습의 상황 및 절차의 구조로 제시된다.

③ **경험 중심의 내용관**: 교육과정 내용은 교수·학습의 결과로 학습자가 지니게 될 언어 경험의 유형으로 제시된다.

④ **기능 중심의 내용관**: 교육과정 내용은 언어 수행과 관련되는 기능들의 하위 요소들로 제시된다.

⑤ **가치 중심의 내용관**: 교육과정 내용은 국어 문화와 관련하여 태도 및 가치관을 함양하기 위한 사전 조건으로 제시된다.

⑥ **전략 중심의 내용관**: 교육과정 내용은 언어 수행에 관한 상위인지적 전략 획득을 위한 하위 전략으로 제시된다.

여기서 알 수 있듯이 교육과정의 내용은 국어 교과관과 밀접하게 연관된다. 국어 교과를 지식 교과로 보면 지식 항목이, 기능 교과로 보면 기능 항목이 교육과정 내용의 중핵을 이루는 것이다. 5차 교육과정 이래 국어 교과를 기능 교과로 보는 관점이 널리 용인되면서 기능·전략 중심이 내용 선정 및 조직이 두드러지지만, 한편으로는 전통적인 지식이나 경험과 관련되는 내용도 적지 않게 다루고 있다. 국어 교과 자체가 통합교과적인 성격을 띠고 있기 때문이다.

6차 교육과정 이후로는 그 전까지 학년별로 단순하게 내용을 전개하던 데서 벗어나, 국어과 전체의 내용 체계를 먼저 구조화하고 그를 바탕으로 내용을 전개함으로써 국어 활동의 양상을 합리적으로 반영하고자 하였다. 그리하여 2009/2011 교육과정에서는 모든 영역이 '실제'를 상위 범주로 하되 ① 국어 활동 영역인 '듣기·말하기, 읽기, 쓰기' 영역의 경우 '지식·기능·태도'를 하위 범주로 하여 각 영역의 특성을 분석하여 체계화하고, ② 국어(문법)영역은 '지식·탐구와 적용·태도'를 하위 범주로 하여 탐구 활동을 강화하였으며, ③ 문학 영역은 '지식·수용과 생산·태도'를 하위 범주로 하여 문학 활동의 통합성을 추구하는 방향으로 내용 체계를 구성하였다. 그럼으로써 어느 한 내용 요소가 과도하게 강조되거나 중요한 내용이 누락되는 것을 방지하고, 국어 교과의 전체적인 구조를 조망할 수 있다.

2009/2011 교육과정의 국어과 내용 체계는 〈표 2〉와 같다.

〈표 2〉 2009/2011 교육과정의 국어과 내용 체계

2-1. 국어 활동 영역

실제						
• 다양한 목적의 ～ 　– 정보를 전달하는 말/글 　– 설득하는 말/글 　– 친교 및 정서 표현의 말/글 • ～와 매체						
지식	**기능**			**태도**		
• ～의 본질과 특성 • ～의 유형 • ～와 맥락	• 상황 이해와 내용 구성 • 표현과 전달 • 추론과 평가 • 상호 작용과 관계 형성 • 듣기 · 말하기 과정의 점검과 조정	• 낱말 및 문장의 이해 • 내용 확인 • 추론 • 평가와 감상 • 읽기 과정의 점검과 조정	• 글씨 쓰기 • 쓰기의 계획 • 내용 생성과 조직 • 표현하기와 고쳐쓰기 • 쓰기 과정의 점검과 조정	• 가치와 중요성 • 동기와 흥미 • 공감과 배려 • 듣기 · 말하기의 윤리	• 가치와 중요성 • 동기와 흥미 • 읽기의 생활화	• 가치와 중요성 • 동기와 흥미 • 쓰기의 윤리 • 쓰기의 생활화

2-2. 국어(문법) 영역

실제		
• 국어 문화와 자료 　– 구어 자료, 문어 자료 • 다양한 매체와 국어 자료		
지식	**탐구와 적용**	**태도**
• 언어의 특성 • 국어의 구조 • 국어의 규범	• 국어의 분석과 탐구 • 국어 지식의 적용 • 국어 생활의 점검과 문제 해결	• 국어의 가치와 중요성 • 국어 탐구에 대한 흥미 • 국어 의식과 국어 사랑

2-3. 문학 영역

실제		
• 다양한 갈래의 문학 – 시(시가), 소설(이야기), 극, 수필, 비평 • 다양한 매체와 문학		
지식	**수용과 생산**	**태도**
• 문학의 본질과 속성 • 문학의 갈래 • 문학 작품의 맥락	• 작품 이해와 해석 • 작품 감상 • 작품 비평과 소통 • 작품 창작	• 문학의 가치와 중요성 • 문학에 대한 흥미 • 문학의 생활화

(4) 국어교육의 방법

교육과정을 교육 목적의 달성에 관계되는 일련의 계획 및 실천으로 보면, 그 중핵은 '목표'와 '내용', 그리고 '(활동)방법'이 된다. '왜 · 무엇을 · 어떻게'에 관한 성찰의 결과가 교육과정으로 표상되기 때문이다. 일반적으로 교과교육과정은 내용 중심으로 흐르기 쉽지만, 내용의 체계적인 조직만으로 교육과정이 완결되지는 않는다. 조직한 내용을 투입할 방법이 필요한 것이다. 교과교육에서는 내용과 방법이 서로 분리되는 것이 아니라 상호 긴밀하게 연관된 가운데 교수 · 학습에 투입된다는 점에서, '방법' 항목은 교육과정 구성에서 매우 중요한 요소가 된다.

'방법' 항목에는 교수 · 학습 방법을 포함하여 국어과 지도에 관한 일반 원리가 담기게 된다. 이것은 추상적인 선언 혹은 제안으로서의 교육과정을 실제 교수 · 학습으로 구체화하는 기능을 한다. 곧 목표 달성을 위한 구체적 실천 원리를 제공함으로써, 교육의 각 단계에서 교수 · 학습 주체로서 교사와 학습자가 어떤 행동을 해야 하는지를 알려주는 것이다. 이 원리는 다음과 같은 몇 가지 범주로 나누어 볼 수 있다.

① **교수 · 학습 목표 수립에 관한 원리**: 교육과정 목표, 영역별 내용체계, 학습자의 성취 수준 및 요구와 흥미 등을 종합적으로 고려하여 단위 프로그램의 목표를 수립하도록 한다.

② **교수 · 학습 내용 선정 및 조직에 관한 원리**: 영역별 특성을 살려 교수 · 학습 목표 달성에 적합한 내용을 선정하되, 학습 내용들 사이의 연계성과 위계성을 고려하도록 한다.

③ **교수 · 학습 활동 계획 수립에 관한 원리**: 교수 · 학습의 전반적인 과정을 설계하고 각 단계마다 교사 및 학습자의 행동을 예상하여 속도와 수준을 조절하도록 한다. 특히 사전 지식의 활성화, 학습 동기 유발, 학습 내용 개관, 학습 목표의 구체화, 학습 방법의 제시, 교사 주도 활동과 학생 중심의 학습 활동 등에 관한 세부적인 내용을 담는다.

④ **목표 달성을 위한 자료 선정에 관한 원리**: 학습자의 사전 지식, 경험 및 요구, 개인차, 지역의 사회 · 문화적 특성 등을 고려하여 다양한 언어적 · 비언어적 교수 · 학습 자료를 적절하게 선정, 활용하도록 한다.

⑤ **교재의 재구성 및 활용 방안에 관한 원리**: 주어지거나 선정한 교재를 교수 · 학습 목표, 자료 및 학습자의 특성에 따라 재구성하여 적절한 시점에 적절한 형태, 방법으로 투입하도록 한다. 경우에 따라서는 교재의 일부분만을 다루거나, 제시된 텍스트를 포괄하는 확장 텍스트를 구성할 수도 있다.

⑥ **학습 과제 해결을 위한 전략 수립 원리**: 학습 과제의 성격 분석과 그 해결에 필요한 기본 원리 및 절차를 제시한다.

⑦ **교수 · 학습의 세부 모형**: 교수 · 학습 목표 및 자료의 특성에 따른 수업 형태를 구안하고 각각의 교수 · 학습 모형을 제시한다.

⑧ **국어 교수 · 학습의 특성을 구현할 수 있는 지도 방법**: 각 영역의 특성을 살리면서 영역 간 통일성을 추구할 수 있는 지도 방법 및 절차, 지도상의 유의점을 제시한다.

⑨ **교수 · 학습 결과의 심화에 관한 원리**: 학습 내용의 정리 · 확인과 적용 및 일반화를 위한 질문, 토론, 실습 혹은 기타 활동 방안을 마련하도록 한다.

이는 결국 국어과 교육과정의 실천에 관한 일체의 제안을 포괄하는 것으로, '방법' 항목을 통해 교사는 교육과정과 자신의 교육적 의도를 결합할 수 있게 된다.

2009/2011 교육과정 '국어' 과목의 경우에는 '5. 교수 · 학습 방법' 항에 '가. 교수 · 학습 계획'과 '나. 교수 · 학습 운용' 항목을 두어 국어과 지도에 관한 구체적인 내용을 다루고 있다. 특히 창조적이고 총체적인 언어활동과 자기 주도 학습을 강조하고, 문제해결 및 자기 점검 전략을 중시하며,

맥락을 고려한 활동이 충분하게 이루어지도록 하는 데 초점을 두었다. 또한 교과서 이외의 다양한 보충 자료 활용을 권장하며, 문학 작품에 대한 독서 기회를 확충하도록 제안하고 있다.

(5) 국어교육의 평가

학교교육에서 평가는 교과 평가를 비롯하여 교육과정 평가, 교재 평가, 수업 평가, 학습자 평가 등의 여러 층위에 걸쳐 있다. 교육과정에서는 대체로 그보다 하위에 있는 평가, 곧 교재 평가, 수업 평가, 학습자 평가에 관한 원리를 주로 다룬다. 특히 교육과정에서 학습자 평가의 원리, 방향, 방법을 제공함으로써 평가의 균질성 및 타당성을 확보하는 것은 매우 중요한 일이다.

평가와 관련하여 교육과정의 역할은 다음과 같은 몇 가지로 나누어 살펴볼 수 있다.

첫째, 평가 목표 및 평가 요소를 제공한다. 곧 학교급, 학년(군), 학기 등 단위 교육 프로그램을 통해서 달성해야 할 목표 수준과 그 세부 요소들을 명시적으로 제시하는 역할을 한다.

둘째, 평가 준거 및 도구를 제공한다. 국어 교과의 평가는 지식이나 미시적 기능(Skills)보다는 과제 수행 능력(Abilities)을 평가하는 데 주력한다. 그 평가의 구체적 국면은 '~을(평가 요소) ~의 기준에서(평가 준거) ~정도 수준으로 수행할 수 있는가(평가 목표)'로 드러나는데, 교육과정은 이때 평가의 신뢰성과 객관성, 타당성을 보장할 수 있는 준거 및 구체적인 평가 도구를 제공하는 역할을 한다.

셋째, 평가 방법에 대한 원리를 제공한다. 곧 평가의 일반 모형을 제시하고, 영역별로 다양한 평가 방법을 예시하며, 평가상의 유의점을 분석하여, 실제 평가가 평기 목표를 충분히 달성할 수 있도록 안내하는 역할을 한다.

넷째, 평가 절차에 대한 아이디어를 제공한다. 일반적으로 평가는 '평가 목표 설정→평가 상황 구성→평가 도구 제작→평가 척도 결정→평가의 투입과 자료 수집→평가 결과의 해석 및 활용'의 절차에 따라 이루어지는데, 교육과정은 이 각각의 단계에서 고려해야 할 조건 및 유의점들을 분석, 제시하는 역할을 한다.

다섯째, 평가 결과 활용에 대한 원리를 제공한다. 곧 평가 결과의 해석 관점 및 그를 바탕으로 한 학사 관리나 교수·학습에의 송환(Feedback), 문제 발견과 처방 등 평가 결과의 활용에 관한 원리를 제공한다.

교육과정 구성에서 평가와 관련하여 가장 중요한 문제는 역시 어떠한 평가관을 택하느냐의 문제이다. 전통적으로 분절적/통합적 평가나 형식적/비형식적 평가, 직접/간접 평가가 각각 다른 관점으로 인정돼 왔으며, 또한 목적적/탈목적적 평가, 규준 지향(Norm-referenced)/목표 지향(Criterion-referenced)평가, 최저 능력/등급/서열화 평가, 텍스트 내적/외적 평가 등의 관점도 제기되고 있다. 이들 다양한 관점이 상호 착종하면서 교육과정의 평가 항목을 구체화하게 된다.

2009/2011 교육과정은 '6. 평가' 항에 '가. 평가 계획', '나. 평가 운용', '다. 평가 결과의 활용' 항목을 두어 평가의 계획과 실천에 관해 세부적인 원리를 제시하고 있다. 특히 평가 영역에 따른 다양한 평가 방법을 제안하고, 국어 교수·학습을 지원할 수 있는 평가의 실제성을 강조하였다.

Ⅳ. 국어과 교육과정의 분석과 상세화

'교육 목적의 달성에 관계되는 일련의 계획과 실천'이라는 교육과정 본연의 의미에서 볼 때, 우리가 일반적으로 접할 수 있는 문서로서의 교육과정은 그 중 '계획'의 측면에 한정된 것임을 알 수 있다. 곧 교육과정의 실천적 측면을 구현하기 위해서는 문서로 제시된 교육과정을 분석하고 상세화하는 작업이 필요한 것이다. 교육과정 상세화는 교재 개발과 교수·학습 모형 및 방법 개발, 그리고 실제 교수·학습에의 투입 및 평가 과정에서 반복적으로 이루어진다. 그 주체는 교육 관료 및 행정가, 국어교육 전문가, 교재 개발자 등 다양하지만, 가장 중요한 주체는 역시 교사가 된다.

교육과정 상세화란 한마디로 개념적이고 추상적인 교육과정 내용을 실제 교수·학습에 투입할 수 있는 형태(나아가 교재)로 바꾸는 작업이라 할 수 있다. 이때 고려해야 할 조건과 변인으로는 다음과 같은 것들을 들 수 있다.

① **교육과정의 중점**: 국어과 교육과정의 목표를 충실하게 반영하면서, 내용 설정의 취지와 의도에 적합한 교수·학습 활동이 이루어지도록 내용을 초점화한다.

② **내용(영역) 간의 상호 관련성 및 비중**: 교육과정 내용의 하부 요소들 사이에 계열성·위계성·응집성 등을 고려하고, 목표와 관련하여 각각의 요소에 가중치를 부여함으로써 체계적인 교수·학습이 이루어지도록 한다.

③ **교수·학습 가능성과 효율성**: 교육과정 내용을 성취하는 데 가장 경제적이고 효율적인 요소를 추출하여 조직한다.

④ **국어 활동의 실제와 국어교육 현상의 상동성**: 언어 공동체의 일반적인 국어 활동 양상이 국어교육에 차질없이 반영되도록 한다. 그를 위해서는 국어 활동의 목적, 상황, 담화 양식, 기타 변인들에 대한 세밀한 분석이 필요하다.

⑤ **국어 학습자 변인**: 아동의 심리적·문화적 특성과 요구를 분석하여 교육과정과 국어교육의 실천이 유기적으로 조직되도록 한다.

⑥ **국어교육의 학문적 구조**: 국어 교과의 교육과정 내용과 관련하여 국어교육학뿐 아니라, 국어교육의 배경 학문이라 할 수 있는 국어학·국문학·수사학·인지과학·문화과학·의사소통이론 등의 기대와 요구를 반영한다.

결국 학습자는 국가 수준의 교육과정이 아니라 분석과 상세화를 거쳐 전개된 교육과정을 대하게 되며, 더 구체적으로는 교재를 통하여 교육과정과 의사소통을 하게 된다. 2009/2011 교육과정의 경우를 예로 들면, 1~2학년군 '듣기·말하기' 내용 성취 기준 중 (1)번 항목은 〈표 3〉과 같이 상세화할 수 있다. 여기서 상세화된 요소들이 교재로 구체화되어 교수·학습 상황에 투입되는 것이다.

〈표 3〉 **교육과정 내용의 상세화 예시**

교육과정 내용 성취 기준	성취 기준 상세화
(1) 다른 사람의 말이나 이야기를 귀 기울여 들으며 내용을 확인한다.	• 다른 사람의 말이나 이야기를 귀 기울여 듣는 태도를 지닌다. • 말차례를 지키며 다른 사람이 말하는 동안 기다린다. • 다른 사람의 말이나 이야기를 듣고 내용을 파악한다. • 다른 사람의 말이나 이야기를 들으며 이해하기 어려운 부분을 확인한다. • 다른 사람의 말이나 이야기를 듣고 말한 이의 의도대로 반응한다.

탐구과제

01 국어과 교육과정의 의의와 기능을 교육의 본질 및 학교의 기능을 바탕으로 설명하시오.

02 국어교육의 목표 설정에 영향을 주는 제 변인을 설명하고, 자신이 보는 국어교육의 목표를 말해 보시오.

03 일정한 원리에 따라 국어과 교육과정의 영역을 구분하고, 그 근거를 설명하시오.

04 2009/2011 국어과 교육과정의 내용 체계를 제시하고, 내용 체계화의 원리를 설명하시오.

05 국어 교과의 교수 · 학습 방법과 여타 교과의 교수 · 학습 방법을 비교하고, 교과에 따라 교수 · 학습 방법이 달라야 하는 이유를 설명하시오.

06 국어과의 평가 실태를 점검하여 긍정적인 부분과 부정적인 부분을 진단하고, 바람직한 평가의 방향을 논하시오.

07 국어교육에서 교육과정 분석 및 상세화가 왜 필요한지를 설명하고, 구체적인 내용 성취 기준을 정하여 상세화해 보시오.

참고문헌

교육과학기술부(2009), 『2009 개정 교육과정 총론』, 교육과학기술부 고시 제 2009-41호

교육과학기술부(2011), 『2009 개정 교육과정 총론에 따른 국어과 교육과정』, 교육과학기술부 고시 제 2011-361호.

김창원(2007), 『국어교육론-관점과 체제』, 삼지원.

김창원(2008), "문학 문화의 개념과 문학교육", 『문학교육학』 제25집, 한국문학교육학회.

민현식 외(2011). 『2011 국어과 교육과정 개정을 위한 시안 개발 연구』, 2011년 정책연구개발사업, 교육과학기술부.

박대호(1987), "문학교육의 자리매김", 『국어교육』 61 · 62, 한국국어교육연구회.

박영목 외(1992), 『제6차 교육과정 각론 개정 연구-국민학교 국어과』, 한국교육개발원 연구보고 RR 92-13.

박인기(2002), "문화적 문식성의 국어교육적 재개념화", 『국어교육학연구』 제15집, 국어교육학회.

박인기(2010), "교과의 생태와 교과의 진화: 교과의 개념에 대한 패러다임 변화와 국어교과의 진화 조건", 『한국어문교육』 제22집, 한국언어문학교육학회.

양정실 외(2009), 『국어과 교육 내용 개선 방안 연구 -교육과정 내용 관련 쟁점을 중심으로』, 한국교육과정평가원.

우리말 교육연구소(2003), 『외국의 국어 교육과정 1』, 나라말.

우리말 교육연구소(2004), 『외국의 국어 교육과정 2』, 나라말.

윤여탁 외(2008), 『매체언어와 국어교육』, 서울대학교출판부.

이삼형 외(2007), 『국어교육학과 사고』, 역락.

이성영(1995), 『국어교육의 내용 연구』, 서울대학교출판부.

이인제 외(2004), 『국어과 교육과정 실태 분석 및 개선 방안 연구』, 한국교육과정평가원.

정현선(2004), 『다매체 시대의 국어교육과 문화교육』, 역락.

정혜승(2002), 『국어과 교육과정 실행 연구』, 박이정.

천경록(2010), "차기 국어과 교육과정의 발전적 방향: 국어 문화 교과 담론에 대한 비판적 고찰", 『청람어문교육』 제41집, 청람어문교육학회.

최지현(2006), 『문학교육과정론』, 역락.

Eisner, Eliot/변해명 역(1983), 『교육적 상상력』, 단국대학교출판부.

Gagné, Robert M./한준상 · 김종량 · 김명희 편역(1991), “교수 방법과 교육과정”, 『교육과정논쟁』, 집문당.

Lewy, Arieh ed.(1991), *The International Encyclopedia of Curriculum*, N.Y.: Pergamon Press Inc.

Ornstein, Allan C. & Francis P. Hunkins/김인식 역(1990), 『교육과정: 원리 · 과제 · 전망』, 교육과학사.

Walker, D. F./한준상 · 김종량 · 김명희 편역(1991), “교육과정연구의 문제”, 『교육과정논쟁』, 집문당.

02장 국어 교재 체제

I. 국어 교재의 성격과 층위

(1) 국어 교재의 성격

(가) 국어 교재의 의미

교재란 교육과정 목표를 달성하기 위하여 동원되는 일체의 물리적 · 표상적 실체를 가리킨다. 여기서 교육과정 목표를 달성하기 위한 것이라 함은 교수 · 학습에 직접 기여해야 한다는 뜻이고, 표상적이라 함은 교육과정에서 제시한 내용을 다루어야 한다는 뜻이며, 물리적이라 함은 교사와 학습자가 시각 · 청각적으로 지각할 수 있는 대상이어야 한다는 뜻이다(이성영, 1995: 370~373). 이 중에서 교재의 특성을 가장 잘 드러내는 조건은 표상성으로, 칠판이나 컴퓨터처럼 교수 · 학습 과정에 동원되기는 하지만 본질적으로 표상적이지 않은 실체는 '교수 · 학습 매체'라 하여 교재와 구별한다.

지금까지는 대체로 '교재' 하면 곧 교과서를 뜻했고, 교과서는 또 학생들에게 모범이 될 만한 글들을 모아 체계적으로 조직해 놓은 것으로 이해되어 왔다. 그러나 국어교육은 모방을 통해서만 이루어지는 것은 아니며, 읽기만으로 이루어지는 것은 더더욱 아니다. 언어와 관련하여 학습자의 다양한 사고 및 활동을 자극하고 안내하기 위해서는 여러 형태, 수준의 텍스트가 필요하며, 경우에 따라서는 잘못된 자료까지도 교재로 동원할 수 있다. 따라서 기존의 명문(名文) 중심의 편협한 교재관에서 벗어나, 인간의 사고 활동 및 언어 현상 모두를 교재로 포괄하는 태도가 필요하게 되었다.

국어 교재는 국어 현상과 국어교육 사이에 통로를 마련하는 한편, 교육과정과 교사, 학습자를 매개하는 구실을 한다. 곧 교육과정이라는 프리즘을 통해 포괄적인 국어 현상에서 교육적으로 의미가 있는 자료를 표집하고(=교재), 그것을 매개로 하여 교사와 학습자가 상호 의사소통을 하는 것이다. 국어교육에서 교재가 차지하는 이러한 위치는 [그림 1]과 같이 모형화할 수 있다.

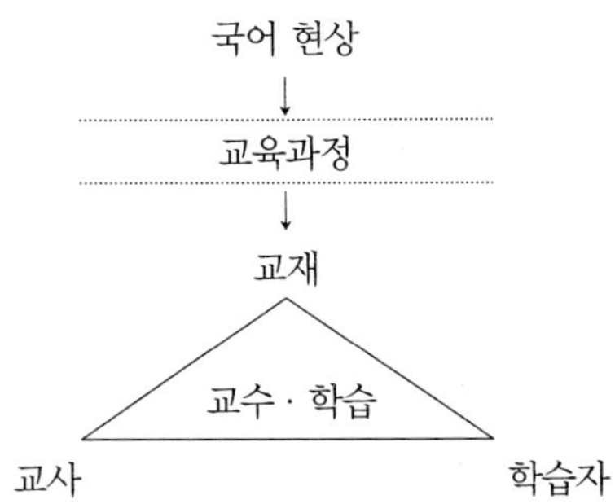

[그림 1] **국어 교재의 위치**

(나) 국어 교재의 기능

국어 교재가 수행하는 다양한 기능을 노명완 외(1988: 93~96)는 그린(Greene)과 페티(Petty)의 견해를 원용하여 다음과 같이 설명한다.

① **관점 반영의 기능**: 국어교육의 성격과 목표에 관한 교육 공동체의 합의 및 그 변화를 보여준다.

② **내용 제공 및 재해석의 기능**: 교육과정에서 추상적이고 포괄적으로 진술된 내용 요소를 실제 텍스트로 구체화하여 제시한다.

③ **교수 · 학습 자료의 제공 기능**: 교수 · 학습 목표의 달성에 가장 효과적인 국어 학습 자료를 제공한다.

④ **교수 · 학습 방법의 제시 기능**: 교사와 학습자에게 교수 · 학습의 과정, 과정별로 각자에게 부여된 과제, 과제 해결의 전략 등을 단계화하여 제시한다.

⑤ **학습 동기 유발의 기능**: 학습자의 인지적 발달 상태를 고려하여 좌절감을 주지 않는 범위 안에서 도전적인 과제를 줌으로써 성취도를 높인다.

⑥ **연습을 통한 기능의 정착 기능**: 특히 언어수행기능 영역에서 반복 · 심화 연습을 할 수 있는 자료 및 방법을 제시한다.

⑦ **평가 자료의 제공 기능**: 교수 · 학습 결과 평가의 자료 및 방법을 제공

한다.

아직까지는 교과서가 모든 교재의 중심 구실을 하고 있다. 특히 국가수준 교육과정이 공교육의 기본틀을 지배하고 있는 현실에서, 국가(정부)가 개발 또는 검정하고 내용을 보증하는 교과서는 매우 중요한 위치를 차지한다. 이러한 중앙집중형 교재는 순기능과 역기능을 함께 지니게 마련이다. 경제성, 교수·학습의 통일성과 균질성, 정교한 수업 기술의 개발과 적용 등이 그 순기능이라면, 내용의 피상성이나 획일성, 보수성 등이 그 역기능으로 나타난다(신헌재, 1992: 229~231). 물론 교과서의 개발과 보급을 전적으로 교사나 출판사에 맡길 경우에도 나름대로의 순기능과 역기능이 나타날 수 있다. 중요한 것은 개방적인 교재관을 취하는 것이며, 특히 21세기의 교재관은 지금까지와는 혁신적으로 달라야 한다.[1] 그 방향은 대체로 교재의 다양화, 개별화, 고급화로 나아가게 될 것이다.

(2) 국어 교재의 층위

국어 능력 신장이라는 국어교육의 목표를 고려할 때, 국어 활동과 관련되는 제반 자료는 모두 교재로 사용할 수 있다. 예를 들어 어떤 학생의 발표 장면을 녹화했을 경우, 모니터에 비치는 상황·행동·언어가 국어 수업에서 목표 달성에 직접적으로 활용된다면 그것은 교재가 될 수 있다. 하지만 이 동영상 자료가 그 학생의 성장 과정의 기록으로서 사진첩과 함께 보관된다면 그것을 교재로 부를 수는 없을 것이다. 이처럼 국어 수업의 주변부에 있으면서 수시로 교수·학습 과정에 편입되는 일체의 상관물은 자료(Materials)로서의 교재라 부를 수 있다. 자료로서의 교재는 자료 생산 과정에 교육적 의도가 개입하느냐 않느냐를 따지지 않으며, 꼭 언어적 실체일 것을 요구하지도 않는다. 단지 교수·학습에 동원되는 텍스트로서 국어 능력 신장과 연관성을 지니는 것을 가리킬 뿐이다. 각종 시청

1) 미래의 교재가 지금까지의 교재와 달라야 하는 이유는, 첫째 교육의 대상 집단이 그 질과 양 면에서 크게 달라지기 때문이고, 둘째 미래 사회에서는 새로운 교육적 필요가 계속적으로 창조·개발되기 때문이며, 셋째 전자-정보 시대적 특징이 교육의 방법적 가능성을 크게 확대시키기 때문이며, 넷째 지식과 기술의 폭발적 개발과 급격한 변화가 교육의 전반적 과정을 크게 변혁시키기 때문이다. 이돈희(1986) 참조.

각 자료나 영화·연극, 음악이나 미술 작품들까지도 자료로서의 교재 범주에 들 수 있다.

담화(Texts)로서의 교재는 그에 비해 범위가 훨씬 좁다. 그것은 사용(Usage)으로서의 문화적 관습과 형식을 갖춘 '언어적 실체'로서, 그 자신이 메타언어의 대상이 될 수 있는 존재다.[2] 완결성 여부와는 관계없이 교육적 의사소통 과정에 편입되는 일체의 언어 텍스트는 모두 담화로서의 교재가 된다. 학습자의 일상 언어나 문학 영역 수업에서 동원하는 시·소설 작품, N.I.E.(Newspaper In Education)에 활용되는 신문기사, ICT 교육을 위한 콘텐츠 자료 등은 모두 담화로서의 교재가 된다.

자료로서의 교재 중 언어적인 것들(=담화 교재)을 제외한 나머지는 비담화 교재가 된다. 예를 들면 그림과 사진, 지도나 도표, 표본·견본 등이 그것이다. 실물, 실험·관찰, 현장 견학까지도 여기에 포함할 수 있다. 이렇게 보면 비담화 교재의 범위는 매우 넓어서, 앞서 말한 교수·학습의 효율성, 표상성, 물리적 실체의 조건을 만족시킨다면 비록 언어의 구조물이 아니라도 모두 비담화 교재가 될 수 있다.

담화 교재와 비담화 교재는 그 생산 의도에 관계없이 교수·학습 과정에 끌어들여 활용할 수 있으나, 실제 교재는 대부분 교육적 의도와 설계에 따라 선정·조직된 텍스트 및 그에 관한 학습 안내로 이루어진다. 이렇게 시간·조건·절차와 방법 등의 측면에서 교육과정의 통제 아래 체계적으로 마련된 교재를 제재(Subjects)로서의 교재라 부를 수 있다. 제재로서의 교재는 교사·학습자와의 상관관계 속에 놓이며, 학교교육과 같은 일정한 교육프로그램을 운영하는 단위로서 기능한다.

제재 차원의 교재로서 가장 일반적이고 전형적인 형태를 띠는 것이 바로 교과서이다. 교과서는 교육과정 목표 및 내용을 상세화하여 교수·학습의 절차와 방법을 염두에 두고 체계화한 교재이기 때문이다. 담화 차원의 교재가 순수하게 언어적 자료에 한정된다면, 제재 차원의 교재는 교수·학습 목표 달성을 위해 언어적 자료뿐 아니라 비언어적 자료도 포괄

2) 실제로 국어 수업이란 하나의 메타언어적 현상으로 이해할 수 있다. 거기에는 두 층위의 '언어'가 존재하는데, 첫째가 대상으로서의 언어, 곧 가르치거나 배워야 할 언어이고, 둘째는 수단으로서의 언어, 곧 가르치거나 배우기 위해 사용하는 언어이다. 외국어교육은 대상 언어와 수단 언어가 다르지만 모어교육은 같다. 담화 차원의 교재는 이 중에서 대상으로서의 언어에 속한다.

한다. 이들의 관계는 [그림 2]와 같이 이해할 수 있다.

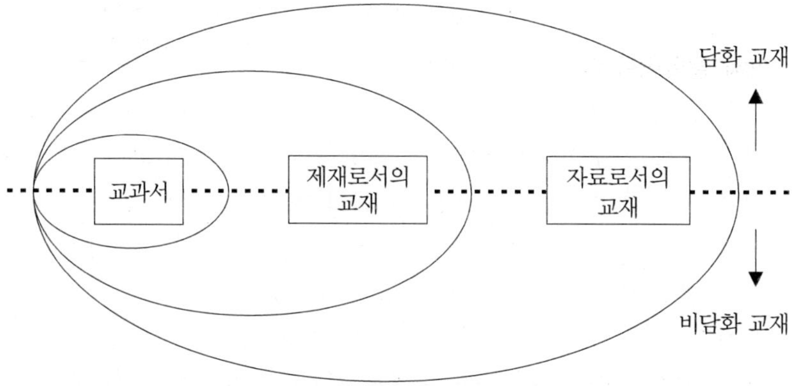

[그림 2] **국어 교재의 층위**

II 국어 교재관과 교재의 종류

(1) 국어 교재관

국어과에서 교재관의 문제는 단순한 교재 활용의 국면을 넘어 국어교육 전반에 관련된다. 교재를 어떻게 보고 어떻게 받아들이는가에 따라 교수·학습 및 평가의 원리, 방법, 과정이 달라지기 때문이다. 이 문제와 관련하여 제기할 수 있는 것이 닫힌 교재관과 열린 교재관의 대비이다.

과거의 국어교육에서는 교재가 국어 교수·학습 전체를 통제하는 준거가 되었다. 곧 교재에 따라서 모든 수업 활동이 이루어지고, 교재를 충분히 이해하면 목표가 달성된 것으로 보았던 것이다. 이 관점에서는 국어 수업이란 교재의 '지문을 배우는' 과정과 같은 것으로 이해되었다. 이처럼 교재가 국어교육의 중심에 서서 여타의 변인들을 통제한다고 보는 관점을 '닫힌' 교재관이라 부를 수 있다.

닫힌 교재관에서는 교육의 효율성과 균질성, 그리고 규범성을 중시한다. 이때 교재는 교육과정 목표 및 내용에 따라 철저하게 체계적으로 구성되고, 교과부 혹은 교육자치단체가 완결된 형태로 공급한다.[3] 또한 국어 수업은 주어진 교재에서 제시한 학습 과제를 얼마나 충실하게 수행하는가에 초점을 두고 이루어진다. 교사와 학습자의 요구보다 교육과정의 요구가 더 중시되는 것이다. 학습자의 국어 능력 또한 모방과 점검, 오류 수정에 의해 발달한다고 보며, 수업 과정도 교사 중심으로 이루어진다.

그에 비해 열린 교재관에서는 교육의 자율성과 창의성, 그리고 전이성을 중시한다. 교재는 주어진 것이라기보다 교사와 학습자가 상호 의사소통 과정을 통해 생성하는 것으로 이해되고, 국어 수업은 학습 과제 수행보다 목표 달성 자체에 초점을 두어 이루어진다. 따라서 교과부나 교육자치단체에서 제공한 교과서에 한정하지 않고 다양한 언어적·비언어적 자료들을 수업에 활용한다. 닫힌 교재관이 제재 중심 교재를 지향하는 데 비해 열린 교재관은 학습자 중심 교재를 지향하며, 학습 방법도 모방 학습보다는 비판적 창조 학습을 중시한다. 이들 교재관은 서로 대립되기는 하지만 어느 한쪽이 일방적으로 바람직하다고 말하기는 어려우며, 교수·학습 목표와 내용에 따라 적절한 관점을 취하는 것이 유리하다.

〈표 1〉 **국어 교재관의 대비**

닫힌 교재관	열린 교재관
• 교사, 교재 중심 • 교과서는 가장 이상적인 교재 • 표준적인 단일 교과서 지향 • 교육의 효율성, 균질성, 규범성 중시 • 완벽하고 이상적인 언어 자료를 교재로 제공 • 모방 학습, 전범 학습 강조 • 내용 설명, 분석 중심의 수업	• 학습자, 목표 중심 • 교과서는 다양한 교재 중 하나 • 여러 보조교재 활용 • 교육의 창의성, 자율성, 전이성 중시 • 불완전한 자료라도 목표 달성에 활용할 수 있으면 수용 • 비판 학습, 창의 학습 강조 • 학습자 활동, 상호작용 중심 수업

(2) 국어 교재의 종류

국어과에서는 교육과정 목표를 달성하기 위해 다양한 교재를 활용한다. 특히 열린 교재관이나 자료로서의 교재도 모두 포괄하는 광의의 교재관을

3) 실제로 그 개발은 교육대학·사범대학이나 한국교육과정평가원과 같은 연구소에 위탁하는 경우가 대부분이다. 교과서 개발을 위탁받은 기관은 '교과서개발(편찬)위원회'를 구성하여 교과서를 만들고, 교과부나 교육자치단체가 심의를 거친 후 교과서를 공급한다.

취한다면 동원할 수 있는(혹은 동원해야 하는) 교재의 종류는 매우 광범위해진다. 극단적으로 말하면 인간의 언어 수행과 관련되는 모든 실체를 교재로 활용할 수도 있다. 그러한 다양한 교재는 기준에 따라 몇 가지 범주로 분류할 수 있으며, 그렇게 함으로써 교수·학습 과정에서 교재의 활용도를 높일 수 있게 된다.

국어과의 특성상 교재는 형태에 따라 크게 두 가지로 나누어 볼 수 있다. 첫째가 문자 교재로서 교육과정, 교과서, 교사용 지도서, 아동의 작품, 참고서와 자습서, 기타 워크북이나 사전류, 보충 학습 자료 등이 여기에 속한다. 국어과가 학습자의 국어 능력을 다룬다는 점에서 문자 교재는 국어 교재의 핵심이 된다고 할 수 있다. 둘째는 비문자 교재로서 녹음·Lab과 같은 오디오 자료, 카드·그림·지도·사진·슬라이드·OHP와 같은 그래픽 자료, 영화·비디오·동영상·애니메이션과 같은 시청각 자료, 디지털 기기와 연결된 ICT 자료, 표본·모형·실물과 같은 실제 자료, 그 밖에 견학·답사·참관과 같은 지역사회 자료까지도 넓은 의미에서의 국어 교재로 활용할 수 있다. 이러한 비문자 교재는 국어 능력의 장(場)을 문자 언어에 국한하지 않고 총체적인 국면으로 확장한다는 점에서 매우 중요하다.

이외에도 국어 교재는 기준에 따라 아래와 같이 여러 가지로 나누어 볼 수 있다.

① **교수·학습에서의 기능에 따라:** 주교재, 보조 교재
② **교재 구성의 성격에 따라:** 자료집으로서의 교재, 내용 해설서로서의 교재, 학습 안내서로서의 교재, 워크북으로서의 교재
③ **개발 형식에 따라:** 개발형 교재/선택형 교재, 중앙 집중형 교재/지방 분권형 교재, 국정제/검인정제/자유 발행제
④ **교재의 존재 및 동원 방식에 따라:** 폐쇄적 교재/개방적 교재, 체제 지원형 교재/단독 과제형 교재, 교사 동원형 교재/학습자 동원형 교재, 원리 학습형 교재/활용 연습형 교재, 목표 지향형 교재/자료 지향형 교재

국어 교수·학습에서 어떤 교재 형태가 가장 바람직한가에 대해서는 여러 의견이 있을 수 있다. 그러나 국어 능력 신장이라는 국어교육의 목표와 학습자 및 사회·역사·문화의 요구에 충실한 교재를 제공해야 한다는

점에는 모두 동의하고 있다. 특히 국어 교재의 중핵이 되는 교과서의 경우, 아동 발달에 따른 심리적·언어적 적합성, 체재 구성의 효율성, 교수·학습 과정에서의 수월성 및 다양한 언어 경험 제공 등의 관점에서 비판적으로 접근하는 시각이 필요하다.

(3) 국어 교과서의 변천

교과서는 교재의 가장 정형화된 형태로서, 교육과정 운영을 위해 일정한 원리에 따라 선정·조직한 제재들의 유기적 구성물이라 할 수 있다. 이는 주로 문자(담화) 및 사진·그림·도표 등의 그래픽 자료로 구성되며, 문자는 다시 교수·학습 절차를 안내하는 부분과 교수·학습을 위한 자료 부분으로 이루어진다.

개화기 이전의 한문 중심 교육에서는 '교과'와 '교과서'가 구분되지 않았다. 『천자문』이나 『소학』, 사서삼경과 같이 교과서로 사용되는 책명이 곧 교과명으로 통했던 것이다. 사실 동서양을 막론하고 근대 이전에는 오늘날과 같은 공식화된 '교재'로서의 교과서가 아니라, 학습 내용을 담고 있는 '고전 자료'로서 교과서가 사용되었다. 교과서가 교과보다 먼저 있었던 셈이다. 그러나 오늘날 교과는 교과서와 상관없이 그 자체로 성립되고, 교과의 교수·학습을 위하여 교과서가 따르게 되어 있다(이돈희; 1986). 따라서 근대적인 의미의 교과서는 '소학교령'과 '한성사범학교령'이 공포된 1895년 이후에 비로소 만들어졌다고 할 수 있다.

광복 이후의 국어 교과서로는 『한글 첫걸음』(1945)과 『초등·중등 국어 교본』(1945~1946)이 선구적이다. 조선어학회에서 만든 이 책들은 군정청의 지원을 받은 데다 범민족적으로 일어난 우리말·우리글 익히기 운동에 힘입어 방방곡곡에서 널리 사용되었다. 문자 지도 방법으로는 자모식을 택하면서 전체적으로 읽기 독본 형식을 취하였다.[4)]

정부 수립 이후 처음 간행된 입문기 국어 교과서가 유명한 『바둑이와 철수』이다. 이 책은 어린이들의 생활을 그대로 문장으로 제시하여 문자습득 및 국어 수업에서 흥미를 높이려 하였고, 듣기·말하기·읽기·쓰기가 종합적으로 지도되도록 시도한 점 등에서 특기할 만한 교과서이다.

4) 이하 국어과 교과서의 변천에 관해서는 정동화 외(1994)의 논의를 참조하였다.

한국전쟁이 끝나고 1차 교과과정이 제정됨에 따라 이에 맞춰 교과서 편찬 작업이 시작되었다. 그리하여 초등학교 국어 교과서는 1955년에 1·2·3학년 전·후 학기용이, 1956년에는 4·5·6학년 전·후 학기용이 편찬되었으며, 1958년에는 교사용 지도서도 간행되었다. 이 교과서는 단원별로 편찬하고 단원마다 '학습 문제'를 제시하여, 단원 학습이 가능하도록 하였다. 또한 1957년 말에 상용한자 1,300자가 정해져, 그 중 744자를 초등학교 『국어』 교과서에 괄호로 묶어 제시하였다. 중학교와 고등학교도 『국어』 교과서가 편찬되었는데 중학교는 학기별로, 고등학교는 학년별로 편찬되었다.

이어지는 2차 교육과정기에는 초등학교 4학년 이상에서 교육용 한자 600자를 노출하여 표기하다가 1969년 9월 한글 전용으로 전환하는 변화가 있었다. 또한 1~3학년에서 『쓰기』 교과서를 발행하여 경필 쓰기와 글짓기가 체계적으로 이루어지도록 하였다. 중·고등학교도 마찬가지로 한자 표기와 관련하여 다소간 혼란을 보인다.

3차 교육과정기에는 문형 연구를 바탕으로 문자 학습을 위한 단어를 선정하여, 제시된 단어들을 연결하여 자연스럽게 기본 문형을 익힐 수 있도록 하였다. 또한 '공부할 문제'의 양을 늘리고 체계화함으로써 국어 교과서가 단순히 언어 자료집에 그치지 않고 학습 방법의 안내 역할도 할 수 있도록 하였다. 이 시기는 특히 주제 중심으로 교과서 편찬을 하여, 가치관을 강조하는 교육과정의 이념이 드러난다.

4차 교육과정기에는 통합 교과의 이념을 추구하면서 저학년(초등학교 1·2학년) 국어과의 내용을 『바른생활』에서 다루도록 하였다. 그러나 곧 『국어』 교과서를 분리하여 국어과의 도구 교과적 성격을 충분히 구현할 수 있도록 하였다. 중·고등학교에서는 이전의 주제 중심 편찬 대신 문종 중심 편찬 방법을 취하여, 학문 중심 교육과정과 맥을 같이하도록 하였다.

5차 교육과정기는 국어 교과서가 획기적으로 변화한 시기이다. 곧 종래 한 권으로 되어 있던 초등학교 『국어』 교과서를 『말하기·듣기』, 『읽기』, 『쓰기』의 세 책으로 분책한 것이다. 그럼으로써 독해 중심의 국어교육에서 벗어나 언어수행기능을 총체적으로 학습할 수 있도록 하였다. 또한 교과서의 판형을 국판에서 4×6배판으로 확대하여 학습의 효율성을 높이고,

지질 · 편집 · 인쇄 등에서 종래보다 한 단계 높은 교과서를 선보였다. 중학교의 『국어』 교과서도 언어수행기능을 중시하여 '말하기 · 듣기', '읽기', '쓰기', '언어', '문학'으로 나누어 단원을 안배하고, 고등학교의 경우에는 『국어』 1~3을 『국어』 상 · 하로 개편하여 학습 부담을 줄였다.

6차 교육과정기의 초등학교 교과서 역시 5차 교육과정기와 마찬가지로 세 책으로 분책하되, 언어 활동의 통합성을 고려하여 고학년(5 · 6학년)은 『말하기 · 듣기 · 쓰기』, 『읽기』의 두 책으로 편찬하도록 하였다. 또한 4~6학년 『읽기』에 국판이 부분적으로 남아 있던 것을 없애고 초등학교 국어과의 모든 책을 4×6배판으로 확대하였으며, 세(두) 책 간에 교수 · 학습 목표 및 내용, 언어 자료의 특성이 연계성을 지니도록 하였다. 아울러 4학년 이상의 경우에는 『읽기』 책에 날개와 처마를 두어 학습자의 사전 자율 학습이 가능하도록 하고, 언어 자료나 그림 자료의 선정에서 다양성을 강조하였다. 고등학교 『국어』 교과서도 교수 · 학습을 위한 자료가 부족하다는 비판을 감안하여 4×6배판으로 확대하고, 날개와 처마를 두어 자율 학습이 가능하도록 하였다. 아울러 대단원을 '읽기', '언어', '문학'으로 설정하고 매 단원마다 말하기 · 듣기 및 쓰기 활동을 안배함으로써 언어 활동의 통합성이 충분히 이루어지도록 하였다.

7차 교육과정기의 교과서는 외적 체제면에서는 6차 교육과정기 교과서와 유사하되 활동 중심, 자기 주도 학습, 통합적 언어 활동 등의 요소를 더욱 강조하였다. 특히 중학교 『국어』 교과서를 초등학교 및 고등학교와 마찬가지로 4×6배판으로 확대하고 총체적인 자기 주도 학습이 이루어지도록 하여, 교과서상에서 초 · 중 · 고의 연계와 통합이 완성되었다. 아울러, 중학교 교과서를 『국어』와 『생활 국어』로 나누어, 전체적으로는 3책(초등 저학년) → 2책(초등 고학년과 중학교) → 1책(고등학교)으로 위계화하였다.

2007년 교육과정에서는 중학교와 고등학교의 전 교과서를 검정제로 전환한 것이 특징이다. 이에 따라 선택 중심 교육과정뿐 아니라 1~10학년의 공통 교육과정의 『국어』 교과서도 각 출판사와 저자가 자율적으로 개발하고, 그중 검정을 통과한 것 중에서 학교장이 선택하여 사용하게 되었다. 초등학교 교과서 역시 제도상으로는 국정제를 유지하지만, 개발 기관을 공모함으로써 일정 부분 자율성을 부여하였다. 초등학교 교과서는 5차 교육과정 이래 유지돼 온 3책 체제를 고수하되, 6차 교육과정기의 소단원 체제와 7차 교육과정기의 대단원 체제를 절충하여 중간 형태로 단원을 구성하였다.

2009/2011 교육과정기 역시 2007년 교육과정기의 교과서 체제를 대체로 유지하고 있다. 다만 학년군제 교육과정의 취지에 따라 중학교 교과서가 학기별로 『국어』·『생활 국어』로 되어 있던 것이 『국어』 ①~⑥권 체제로 바뀌었고, 고등학교 선택 과목의 교과서 명이 『국어 Ⅰ』, 『국어 Ⅱ』, 『화법과 작문』, 『독서와 문법』, 『문학』, 『고전』으로 달라졌다.

이러한 변화 과정을 볼 때 국어 교과서는 국어교육의 이론이 정교화함에 따라 점점 체계적으로 발전해 왔음을 알 수 있다. 그 기본 방향은 언어 자료의 내용과 형식의 다양화, 학습자의 생활과 밀접하게 연관되는 제재 선정, 학습의 효율성 및 영역 간 통합성과 학년 간 계열성을 고려하는 조직, 교수·학습 방법의 체계적 제시, 학습 의욕과 흥미를 고취할 수 있는 자기 주도적 교과서 추구 등으로 요약할 수 있다. 물론 교과서가 정교화될수록 교사와 학습자의 자율성을 침해할 가능성도 있는데, 이러한 문제는 교과서를 여러 가능한 교재 중 하나로 보는 열린 교재관을 취함으로써 해결할 수 있다.

Ⅲ 국어 교과서 개발과 구성

(1) 국어 교과서 개발의 일반 원리

'교과용도서에 관한 규정(대통령령, 2008)'에 따르면, 교과서는 학교에서 학생들의 교육을 위하여 사용되는 학생용의 서책·음반·영상 및 전자 저작물을 가리킨다. 곧 교육 목적 달성을 위해 교육과정의 기본 정신에 따라 만들어진 학습 자료로서, 주로 학생용으로 제공되는 교재를 교과서라 부르는 것이다. 이는 인쇄물뿐 아니라 시청각물 및 전자 교과서까지 포함하는 폭넓은 개념이지만, 협의로는 인쇄된 서책을 가리키기도 한다.

협의의 국어 교과서는 크게 국어 활동의 특성을 보여주는 담화 자료, 사진·그림 등의 그래픽 자료, 원고지나 빈칸, 스티커 등의 학습용 자료,

그리고 학습 안내 및 설명 자료로 구성된다. 교사와 학습자는 교과서를 매개로 정보를 주고받기도 하고, 문제를 해결하기도 하며, 국어 사용의 실제 연습을 하기도 하는 가운데 국어교육 목표를 성취하게 된다. 따라서 단순한 언어 자료집의 성격만을 띠어서는 국어 교과서의 본질을 제대로 구현할 수 없다. 학습자의 학습 동기를 유발하고 학습 전략 및 방법, 절차까지도 안내할 수 있는 도전적인 교과서가 필요한 것이다.

교과서는 학교교육에서 가장 중심이 되는 교재이다. 그것은 교육 공동체의 합의 아래 교육과정을 가장 체계적으로 반영한 교재로서, 전국적으로 표준화된 교재의 구실을 한다. 과거에 비해 닫힌 교재관의 입장에서 교과서를 보는 경향은 많이 줄어들었지만, 수월성과 영향력의 측면에서 아직 교과서보다 더 큰 의의를 지니는 교재는 없다고 할 수 있다.

교과서가 이렇게 큰 의의를 지니고 있다는 것은 교과서 개발에 그만큼 많은 노력이 필요하다는 뜻이고, 개발 과정에서 고려해야 할 요소도 많다는 뜻을 의미한다. 그 과정을 전체적으로 통제하는 원리는 교육과정에서 찾을 수 있는데, 2009/2011 교육과정의 경우 '5. 교수 · 학습 방법'의 '가. 교수 · 학습 계획' 중 "(다) 학습자의 개인차를 고려하여 다양한 교수 · 학습 자료와 평가 자료를 개발한다."는 항목 아래 교수 · 학습을 위한 자료 개발에 관한 일반 지침을 제시하고 있다. 그 핵심은 학습 목표와 학습과정을 중시하여 개발하고, 다양하고 풍부한 자료를 활용하여 학습자의 경험을 확대하며, 국어 현상 및 국어 활동에 대하여 흥미를 갖도록 하는 데 있다. 특히 학습자의 개인차를 고려하고 다양한 매체를 활용하는 데 주안점을 두었다.

물론 교육과정만 있다고 해서 교과서를 개발할 수 있는 것은 아니다. 교과서 개발을 위해서는 먼저 교육과정을 분석하고 상세화하는 작업이 필요하고,[5] 또 일정한 교재관이 필요하다. 교재관에 따라 구체적인 교과서의 모습이 달라지기 때문이다. 예를 들면 수업 접근 방법의 측면에서 과정 · 방법 중심의 교재관과 결과 · 내용 중심의 교재관이 있을 수 있고, 언어 접근 방법의 측면에서 분절적 교재관과 총체적 교재관이 있을 수 있으며, 제재 접근 방법의 측면에서 분석적 교재관과 통합적 교재관이 있을

5) 교육과정의 분석과 상세화에 대해서는 이 책의 74~76쪽 참조.

수 있다. 이러한 각각의 교재관이 교육과정의 '내용의 영역과 기준' 및 '교수 · 학습 방법' 항목과 결합하여 교과서 개발의 기본 방향을 결정하게 되는 것이다. 교과서의 개발 방향이 달라진다는 것은 동시에 교수 · 학습 전략 및 방법도 달라진다는 것을 뜻하기 때문에 더욱 중요한 문제라 할 수 있다.

국어 교과의 경우 실제 교과서를 구성하는 방식은 여러 언어 자료를 어떻게 선정 · 배열하여 교수 · 학습에 접근하느냐 하는 문제와 직결된다. 여기에는 목표별 구성, 주제별 구성, 언어 형식별 구성, 언어수행 영역별 구성, 언어수행 과정별 구성, 역사적 구성 방식 등이 있을 수 있는데, 3차 교육과정기 이전의 교과서가 대체로 주제별 · 언어 형식별 구성 방식을 취하고 있다면 4차 교육과정기 이후의 교과서는 목표별 · 언어 형식별 구성 방식을 취하고 있다. 특히 5차 교육과정기부터는 언어수행 영역별로 단원을 설정하거나(중학교) 아예 별도의 책을 만듦으로써(초등학교) 언어 수행의 여러 국면을 다양하게 다루도록 하고, 부분적으로 수행 과정별 구성 방식을 채용한 점이 눈에 띈다.

(2) 국어 교과서 구성의 조건과 원리

교과서는 교수 · 학습의 중심이 되는 공식적 교재이기 때문에, 그 구성에서 여타의 보조 교재와는 다른 엄밀한 조건을 충족시켜야 한다. 이와 관련하여 좋은 교과서의 기본 조건으로 아래와 같은 일곱 가지가 주로 언급된다.[6)]

① 교육과정에서 제시한 교육 계획과 교과 경영의 기준에 충실해야 한다.
② 학생의 요구 수준과 학습 능력에 부합해야 한다.
③ 이론과 실제가 결부되는 학습 내용이어야 한다.
④ 교육학적 근거에 의해 구성되어야 한다.
⑤ 확실한 사실, 예증, 경험의 기술 등을 배치해야 한다.
⑥ 학생의 이해력에 맞도록 생생한 언어로 씌어져야 한다.

6) 함종규(1987), "좋은 교과서란 어떠한 교과서인가", 교육부. 자율 학습이 가능한 교과서모형 연구개발위원회(1992: 10)에서 재인용.

⑦ 내용의 정확성, 풍부성만이 아니라 위생적, 미학적 만족을 충족시켜야 한다.

이러한 조건은 교과서라면 어느 교과의 것이든 공통적으로 지녀야 할 것으로, 국어 교과 역시 이에서 벗어나지 않는다. 이 기본 조건을 바탕으로 국어 교과서 구성에서 실제로 고려해야 할 원리는 첫째 담화 및 그래픽 자료의 선정, 둘째 이들 자료와 관련된 학습 과제의 구성, 셋째 단원 조직의 단계로 각각 나누어 살펴볼 수 있다. 물론 이들 단계는 선후 관계라기보다는 교육과정의 전체적인 조망 아래 통합적으로 이루어지는 작업으로 이해해야 한다.

우선, 담화 및 그래픽 자료를 선정할 때에는 다음과 같은 원리를 고려하는 것이 바람직하다.

① **철학적 적합성**: 국어교육의 목적과 목표에 관한 교육 공동체의 이념, 의도, 철학에 부합하는 자료를 선정한다.
② **심리적 적합성**: 학습자의 흥미, 요구, 언어 발달 수준 및 사고 수준에 적합한 자료를 선정한다.
③ **사회적 적합성**: 교육 공동체의 보편적 가치관과 윤리, 사회 구성원으로서 요구되는 언어 수행 능력을 반영하는 자료를 선정한다.
④ **담화적 적합성**: 기호들의 체계로서 언어 텍스트가 지니는 담화적 조건, 즉 어휘 · 문법 · 문체 · 구성 및 상호텍스트성 등의 측면에서 정확성과 적절성, 대표성을 지닌 자료를 선정한다.
⑤ **학문적 적합성**: 보편성과 객관성, 타당성, 진실성 등의 측면에서 국어교육의 배경이 되는 제반 학문의 이론에 부합하는 자료를 선정한다.
⑥ **교육과정적 적합성**: 교육과정의 목표, 학년군별 내용 성취 기준 및 제재 선정의 기준을 포괄적으로 반영하는 자료를 선정한다. 특히 어느 한쪽에 편중되거나 누락되는 자료가 없도록 한다.

자료 선정에 이어 학습 과제를 구성하게 되는데, 이 둘은 상호 유기적으로 연관되는 작업이다. 사실 자료 선정 자체가 이미 학습 과제를 염두에 두고 이루어진다고 할 수 있다. 학습 과제의 구성과 관련해서는 학습 동기를 유발하고 관심을 지속시킬 수 있는 흥미성, 교수 · 학습 과정의 실제성과 효율성, 내용 전개 및 진술의 구체성과 간결성, 자료에 접근하는 교수·학습 단계의 명료성, 그리고 전체 수업을 통어하는 목표 타당성 등을 그 원리로 들 수 있다. 특히 5차 교육과정 이후 목표 중심·과정 중심으로 교과서를 구성하면서 학습 과제 구성시 더욱 치밀한 원리가 필요하게 되었다.

마지막으로 단원 조직에서는 학교 급간 혹은 학년이나 단원 간의 선후관계에 따른 계열성, 학습 내용의 상하관계에 따른 위계성, 각 단원 학습 내용의 목표 지향적인 통합성, 단원의 분량이나 학습 내용 사이의 균형성, 그리고 단위 교수·학습 프로그램의 응집성과 완결성 등을 기본 원리로 삼는 것이 바람직하다. 실제 교과서 편찬에서는 단원 계획을 먼저 작성하고 그에 따라 단원 구성에 들어가게 되는데, 그때는 단원 목표 및 단원 학습 내용, 자료의 담화적 특성 등에서 이러한 원리가 고려되어야 한다.

(3) 국어 교과서의 구성 요소

국어 교과서의 구성은 외적 형식에 따라 살펴볼 수도 있고, 교과서의 활용 과정에 따라 살펴볼 수도 있다. 이미 언급했듯이 국어 교과서는 담화 자료·그래픽 자료·학습 과제 자료·학습 안내 및 설명 자료로 이루어지는데, 이것은 외적 형식에 따른 구분으로 볼 수 있다. 곧 국어 교과서를 펼쳤을 때 표면적으로 보이는 자료의 형식들이다. 그에 비해 과정에 따른 구분은 겉으로 보이는 자료의 형식이 아니라, 그 자료들이 어떤 전략에 따라 실제 교수·학습 과정에 투입되는가에 의해 이루어진다.

교과서의 과정별 구성 요소는 단원 학습 목표 및 동원되는 담화 자료의 특성에 따라 다양하게 나타난다. 그러나 전체적으로는 하나의 일관된 원리를 지켜야 한다. 이는 교사와 학습자가 교수·학습 과정에서 혼란이나 오류에 빠지는 것을 피할 수 있기 때문이다. 그러한 일반적인 교과서 구성 요소는 대체로 네 단계로 범주화할 수 있다.

① 도입

- 단원명 제시
- 단원 학습 목표 제시(교수·학습 목표 인지)

- 학습 동기 유발 및 문제의식 고취를 위한 자료 제시(학습 과제에 대한 주의 집중)
- 사전 지식과 경험의 활성화(선수 학습 요소와 스키마의 인출 및 보충)
- 학습 내용의 개요 제시(학습 내용의 전체적 성격 파악)
- 학습의 방향, 방법 제시(단원 학습 목표에 도달하는 절차 파악)

② 원리 학습
- 주요 학습 내용 제시(단원 학습 목표와 통합)
- 학습 내용의 설명(개념, 본질, 원리 및 절차 설명)
- 학습 과제 해결의 시범(교사 시범을 통해 원리 이해)
- 학습 과제 해결 방법 탐색(구체적인 자료 분석을 통해 방법 습득)
- 질의 · 응답(상호작용으로 원리 내면화)

③ 적용 · 발전 학습
- 학습 자료 제시(담화 · 그래픽 자료)
- 학습 보조 자료 제시(기본적이거나 부차적인 학습 요소 보완)
- 학습 과제 제시(원리에 따른 학습 과정 유도)
- 학습 절차 제시(문제해결 과정으로서의 학습 활동 및 연습)
- 학습 조절 전략 제시(학습 과정에서 예상되는 문제 해결)

④ 정리 · 심화 학습
- 학습 내용 요약
- 주요 개념 및 원리의 일반화
- 점검(학습 결과의 평가, 오류 교정)
- 보충(심화, 발전, 내면화)[7]

여기서 보듯이 과정에 따른 교과서의 구성 요소는 국어 교수 · 학습 모형과 밀접하게 연관된다. 곧 국어 교과서는 외적 형식에 따른 요소와 과정에 따른 요소가 치밀하게 조직될 때 비로소 체계적으로 구성되는 것이다. 학습자는 이러한 구성 요소 하나하나에 반응하면서 교수 · 학습 목표를 달성하게 된다.

마지막으로 그림이나 사진과 같은 그래픽 자료의 문제를 짚고 넘어가지 않을 수 없다. 그래픽 자료는 대체로 "그림을 보고 그 내용을 말하여 보

7) 한국교육개발원(1986)의 제안을 국어 교과에 적합하게 수정한 것임.

자."와 같이 전적으로 그래픽 자료에 따라 교수·학습이 이루어지는 내용 자료, 일기 단원에서의 삽화와 같이 원활한 교수·학습 활동을 자극하거나 활동의 보조 역할을 하는 보조 자료, 그리고 각종 부호나 조각그림과 같이 교과서의 시각적 효과를 극대화하기 위한 기타 자료로 구분된다. 학년에 따라 전체 교과서 중에서 그래픽 자료가 차지하는 비중은 유동적이지만, 이들 자료가 담화 자료와 적절히 조화를 이룰 때 좋은 교과서가 된다는 점은 변함이 없다. 특히 비디오, 멀티미디어, 인터넷과 같은 복합 매체가 정보 소통에서 차지하는 비중이 점점 높아지는 현실을 감안할 때, 언어를 다루는 국어 교과서라 할지라도 그래픽 자료의 중요성을 인식하고 적극적으로 활용할 필요가 있다. 이는 편집과 활자·디자인, 지질 및 제본과 같은 기술적인 측면도 마찬가지이다.

(4) 단원 재구성의 전략

단원 재구성이 필요한 이유는 표준화된 교재로서의 교과서가 각 수업 사태의 요구를 개별적으로 반영하기 어렵기 때문이다. 곧 국어 수업은 교사의 언어관 및 국어교육관, 학습자의 사전 지식 및 선수 학습 정도, 수업의 사회·문화적 배경 등에 따라 다양하게 실현되는데, 정부나 출판사 수준에서 미리 만들어진 교재로는 그러한 특성이나 그에 따른 요구를 제대로 구현하지 못한다. 보충·심화 활동 단계를 설정하여 개별화 학습을 추구했으나 거기에도 한계가 있다. 또 교과서 개발 단계에서 심각하게 고려하지 못한 다른 교과와의 관련성 역시 단원 재구성이 필요한 이유가 된다.

단원 재구성은 교수·학습 자료 재구성과 교수·학습 활동 재구성의 두 측면에서 이루어진다. 교수·학습 자료의 재구성은 교과서에 제시된 담화 및 그래픽 자료의 추가·생략·재조직·대치를 통해 이루어지고, 교수·학습 활동의 재구성은 교과서에 제시된 학습 과제의 추가·생략·재조직·대치를 통해 이루어진다. 그러나 자료의 재구성과 활동의 재구성은 동전의 양면과 같은 것으로, 서로 독립적으로 이루어지는 것이 아니라 밀접하게 연관된 가운데 통합적으로 이루어지는 것이 보통이다.

단원 재구성은 교사의 자율성과 학급의 특성을 최대한 보장하는 방향으로 이루어진다. 특히 학습자 개개인의 수준과 취향을 철저하게 고려해야 한다. 하지만 제도 교육의 본질상 교육과정의 범위에서 벗어나는 것을 허용하지는 않는다. 따라서 단원 목표나 담화의 언어적 특성(문종) 자체를 바꾸기보다는, 목표 달성을 위한 학습 자료와 과제의 적절성을 중심으로 재구성하는 것이 바람직하다. 목표와 담화 특성은 교육과정 전체의 틀 안에서 일정한 기준에 따라 조직된 것이기 때문이다.

실제 수업에서 교사와 학습자 사이의 의사소통을 매개하는 교재는 기성품으로 제공된 교과서가 아니라 교사에 의해 재구성된 '수업 교재'이다. 그렇게 함으로써 살아 있는 개별화 수업이 이루어지고, 교육과정 목표의 성취도도 높아질 것이다. 그 밖에 교과서의 활용에서 고려해야 할 요소들을 더 들면 다음과 같다.

첫째, 초등학교와 중학교의 세(두) 책의 적용 순서는 일정하게 고정하기보다 단원 목표와 특성에 따라 적절히 변경할 수 있다. 단, 단원 자체의 순서는 교수 · 학습의 계열성, 절기 등을 감안하여 배열한 것이므로 가능하면 바꾸지 않는 것이 좋다.

둘째, 초등학교의 경우 담임교사가 주 6~7시간을 가르치게 되는데, 수업 특성에 따라 한 시간씩 따로 편성하지 않고 두 시간을 이어서 수업하는 것이 교수 · 학습의 효율성 면에서 유리할 경우가 많다. 이러한 방법은 중 · 고등학교에서도 고려할 만하다.

셋째, 교과서의 자료는 완벽한 것이 아니므로, 무비판적으로 받아들이기보다는 창의적 · 비판적 수업이 이루어지도록 하여야 한다. 또한 교과서로 부족한 경우 다양한 보충 자료를 동원하여 실제적인 수업 교재를 구성해야 한다.

넷째, 교수 · 학습 모형의 적용은 적절한 단원, 적절한 목표를 고려하여 이루어져야 하며, 모형에 너무 얽매여서도 안 된다. 실제 수업은 모형 수준보다 훨씬 구체적이고 미시적이다.

다섯째, 교육과정의 학년별 관련 항목 및 교사용 지도서의 '관련 단원'을 살펴보고, 교수 · 학습의 계열성 면에서 지나치거나 모자라는 수업이 이루어지지 않도록 한다. 동시에 교사용 지도서의 단원별 개관과 지도상의 유의점 및 책별 단원의 특성을 충분히 숙지하여, 단원의 초점에서 벗어나지 않도록 한다.

여섯째, 교사용 지도서의 평가 계획과 보충 자료를 적극적으로 활용하되, 대부분의 참고 자료는 교사용이므로 학생들에게 그대로 투입하지 않도록 한다.

탐구과제

01 국어 교재의 특성을 다른 교과와 비교하여 설명하시오.

02 개방적인 관점에서 여러 형태의 국어 교재를 탐색하고, 그 활용 방안을 제시하시오.

03 국어 교재 구성 및 활용에서 고려해야 할 원리와 변인들을 설명하시오.

04 2009/2011 교육과정에 의한 초 · 중 · 고 『국어』 및 선택 과목 교과서의 구성 특징 및 활용 방안을 설명하시오.

05 2009/2011 교육과정에 의한 국어 교과서 중에서 한 책을 골라 단원별로 단원명, 단원 목표, 관련 교육과정 내용, 국어 자료의 성격, 학습 과제의 성격을 분석하고, 교수 · 학습 전략 및 단원 학습 결과의 내면화 방안에 대해 토의하시오.

06 정보사회의 특성을 살릴 수 있는 교재를 구성하고, 그 활용 예를 제시하시오.

참고문헌

곽병선 외(1994), 『현행 교과서 제도 개선 방안』, 한국교육개발원.

김재복 외(1997), 『교과서 체제 개선 연구-제7차 교육과정에 따른 교과서 내용구성 방식을 중심으로』, 한국교육과정연구회.

김창원(2007), 『국어교육론-관점과 체제』, 삼지원.

박인기(1989), "문학교과 교재론의 이론적 접근과 방향", 『운당구인환선생 화갑기념논문집』, 한샘.

박인기(1992), "국어 교재론 기술의 이론화 방향", 『봉죽헌박붕배교수 정년기념논문집』, 교학사.

서울대학교 국어교육연구소(1999), 『국어교육학사전』, 대교출판.

신헌재(1992), "국어 교과서의 지향점 탐색-국어 교과서의 개념과 평가 기준 설정의 모색을 중심으로", 『봉죽헌박붕배교수 정년기념논문집』, 교학사.

윤여탁 외(2006), 『국어교육 100년사』, 서울대학교출판부.

이돈희(1986), "새로운 교과서의 개념", 『2000년대 한국 교과서의 미래상』, 한국2종교과서협회.

이삼형 외(2007), 『국어교육학과 사고』, 역락.

이성영(1995), 『국어교육의 내용 연구』, 서울대학교출판부.

자율학습이 가능한 교과서 모형 연구개발위원회(1992), 『자율학습이 가능한 교과서 모형 개발』, 대한교과서 교과서연구소.

정동화 외(1994), 『국어과교육론』, 개정판, 선일문화사.

정찬섭 외(1993), 『편집 체재와 글의 읽기 쉬움』, 대한교과서.

한국교육개발원(1986), 『교과서와 교과서 정책』.

함수곤(1993), "교과서에 대한 새로운 이해", 『교과서연구』 16, 한국2종교과서협회.

03장 국어 교수·학습 체제

Ⅰ 국어 교수·학습의 특성

국어 교수·학습은 '국어'를 통해 '국어 능력'을 신장하고자 한다는 점에서 다른 교과와 구별된다. 이는 국어 수업에서 서로 층위가 다른 두 언어가 사용된다는 뜻으로, 첫째가 교수·학습 대상으로서의 언어이고, 둘째가 교수·학습 수단으로서의 언어이다. 다른 교과에서도 수단으로서의 언어가 사용되지만, 국어 교과처럼 언어 그 자체가 대상이 되지는 않는다.

이처럼 언어의 층위가 구별된다는 것은 국어 교수·학습에서 언어에 대한 상위인지 혹은 메타적 능력이 매우 깊게 요구된다는 것을 뜻한다. '이미 알고 있는(혹은 익힌)' 언어 능력을 바탕으로 '아직 알지 못하는(혹은 익히지 못한)' 언어 능력을 신장시켜야 하기 때문이다. 이 두 층위 사이의 거리가 너무 가까우면 교수·학습의 의의가 없을 뿐 아니라 학습자의 학습 의욕을 불러일으키기 어렵고, 너무 멀면 교수·학습의 효과도 의심스러운데다 학습 의욕을 꺾을 가능성이 크다. 따라서 학습자의 사전 능력과 학습 가능 범위를 정확하게 측정·판단하여 대상 언어와 수단 언어의 수준을 조절해야 한다.

국어 교수·학습은 그 학습 대상인 언어의 수행 특성에 강하게 영향을 받는다. 언어 수행의 특성은 여러 관점에서 살펴볼 수 있지만, 그 중 교수·학습과 관련하여 중요하게 다루어야 할 것은 개별성과 상호작용성, 상황 및 문화 관련성, 그리고 총체성 등이다. 개별성이란 학습자 하나하나가 모두 언어 수행의 주체로서 고유한 개성을 지닌다는 것이고, 상호작용성은 발화자와 수화자가 서로 영향을 주고받으면서 의사소통을 한다는 것이다. 또 상황 관련성은 언어 자체의 구조보다는 발화자와 수화자의 의도 및 상황 맥락에 따라 의사소통이 이루어진다는 것이고, 문화 관련성은 '국어'만이 지니는 독특한 언어 수행 방식이 있다는 것이다. 마지막으로 총체성이란 언어 수행이 '인간-언어-세계'의 관계 속에서 사회적 존재로서의 개인이 삶을 살아가는 방식으로 이루어진다는 것을 뜻한다. 국어 교수·학습은 이들 국어 수행의 특성을 살림으로써 교실을 벗어난 실제 생활에서의 국어 능력을 기를 수 있도록 해야 한다.

흔히 '읽기·쓰기·셈하기'를 학습의 기초 기능(3R)으로 보고, 국어 교과가 읽기와 쓰기를 담당한다는 점에서 국어 교과를 '도구교과'라고 한다. 그러나 문자 읽기나 쓰기의 측면에서 국어 교수·학습을 파악하는 것은 매우 제한된 관점이다. 국어 교과는 문자를 읽고 쓸 수 있는 기초 기능을 넘어서서, 사고를 언어로 표현하고 또 언어를 통해 사고를 이해하는 고등 정신기능을 다루는 교과이기 때문이다(노명완 외, 1988: 18). 아울러 국어 교과는 '국어'라는 창을 통해 학습자와 세계(Reality) 사이에 다리를 놓는 교과이기도 하다. 곧 국어 교과는 언어를 통해 사고하고, 자아 및 세계와 의사소통하며, 문화를 이해하는 한편 문화를 형성하고, 나아가 특정 언어 공동체의 세계관에 동화하도록 하는 교과라 할 수 있다.

그런 점에서 국어 교수·학습은 지식 습득이나 기능 숙달에 머무르지 않는다. 그것은 교사와 학습자의 언어적 상호작용을 통해 지식과 기능, 가치관 및 태도, 정서 등을 통합적으로 다루며, 무엇보다도 일상의 언어생활과 유기적으로 연관된다. 또한 국어 능력은 교사가 '가르치거나' 학습자가 '배우는' 것보다 더 많이 수업하는 과정 자체를 통해 신장되며, 단기간 내에 명시적으로 신장되기보다는 장기간을 통해 점진적이고 잠재적으로 변화한다. 따라서 국어 교수·학습은 정교하게 조직된 여러 상황, 여러 수준, 여러 방식의 국어 활동을 경험하는 가운데 자연스럽게 국어 능력이 신장될 수 있도록 설계하여야 한다.

Ⅱ 국어 교수·학습의 주요 변인

국어 교수·학습의 변인은 국어 교육과정 및 교수·학습의 실천에 관계되는 요소들을 분석하여 추출할 수 있다. 일반적으로 국어 수업을 분석적으로 들여다보면 우선 교사와 학습자, 그리고 교재가 눈에 띈다. 사실 국어 교수·학습이 '교재를 매개로 한 교사와 학습자 사이의 의사소통과정'

으로 규정된다는 점에서 교사와 학습자, 교재는 국어 교수 · 학습의 가장 핵심적인 요소로 볼 수 있다.

그러나 교사, 학습자, 교재가 있다고 해서 국어 교수 · 학습이 이루어지는 것은 아니다. 이들의 교육적 실천이 이루어져야 한다. 이는 마치 악보와 악기와 연주가가 있다고 해서 음악이 존재하는 것이 아니라, 그들이 유목적적으로 결합하여 하나의 '실천(Performance)'이 될 때 비로소 음악이 존재하게 되는 것과 같은 현상이다. 그 실천에는 실천 과정 전체를 통제하는 일반 원리 및 구체적 내용과 방법이 필요한데, 학교교육에서는 그러한 원리와 내용, 방법을 교육과정으로 제시한다. 곧, 국어 교수 · 학습이란 교육과정의 원리가 교사와 학습자, 교재라는 실체를 통해서 구현되는 실천 과정인 것이다. 교사, 학습자, 교재가 교수 · 학습과정의 실체적 요소라면, '목표–내용–활동–평가'로 이어지는 교육과정 요소는 과정적(Procedural) 요소가 된다.

국어 교수 · 학습을 구성하는 마지막 변인은 교수 · 학습의 토대가 되는 배경 요소들이다. 거기에는 교육적 · 학문적 배경뿐 아니라 국어 교수 · 학습이 이루어지는 물리적 · 사회적 맥락, 국어 교수 · 학습의 대상으로서의 국어 현상, 국어 교수 · 학습에 참여하는 인적 요소들의 요구(needs) 등이 포괄된다. 국어 교수 · 학습은 이러한 다양한 요소의 유기적 결합으로 존재하게 되는 것이다. 이 관계는 [그림 1]과 같이 나타낼 수 있다.

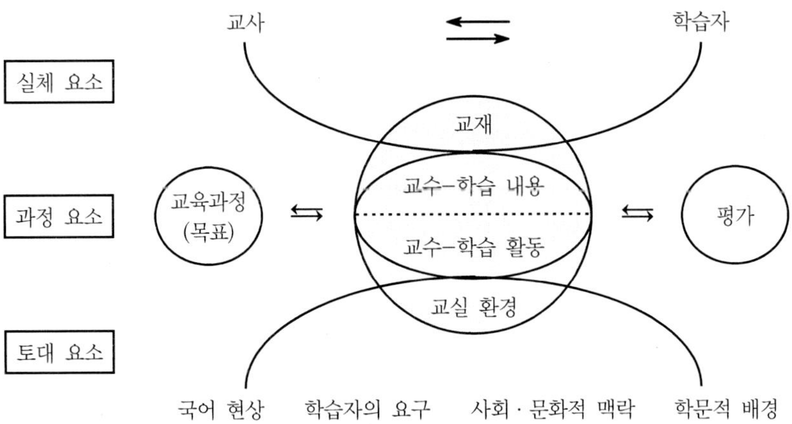

[그림 1] **국어 교수 · 학습의 요소**1)

이들 각각의 요소들이 국어 교수·학습에 어떻게 개입하느냐에 따라 교수·학습의 양상은 달라지게 된다. 예를 들어 교사의 언어관, 학습관, 국어 교과관, 국어에 관한 지식 및 기능 수준, 수업에 투입하는 시간적·정신적 자원 등은 국어 교수·학습의 양상에 직접 영향을 준다. 교재·학습자도 마찬가지이며, 과정적·배경적 요소들도 각기 독자적인 통로로 국어 교수·학습에 영향을 미친다. 여기서는 그 양상을 일일이 살피기보다 다음과 같이 인간 변인, 언어 변인, 활동 변인,[2] 교육 변인으로 나누어 살펴보는 것이 도움이 될 것이다(노명완 외, 1988: 16). 이때 인간 변인은 교사와 학습자, 언어 변인은 내용과 교재, 활동 변인은 언어·심리·사회적 배경과 교수·학습 환경, 교육 변인은 목표·방법·평가와 학문적 배경이 주로 연관되지만, 엄밀하게 대응되는 것은 아니다.

① **인간 변인**: 교사의 언어관과 학습관, 학습자의 언어 발달 수준, 언어에 대한 학습자의 가치관과 태도, 교수·학습에서의 상호작용성 등.
② **언어 변인**: 대상 언어와 수단 언어의 층위, 언어의 기호적 특성, 음성 언어와 문자 언어의 특성, 교재로 사용된 언어 텍스트의 담화 특성 등.
③ **활동 변인**: 언어 수행의 의도 및 효과, 언어 기호의 소통 구조, 언어 수행의 사회적·심리적 기제, 교사와 학습자의 의사소통 상황 등.
④ **교육 변인**: 국어교육 목표, 교수·학습 모형, 지도 및 평가 전략, 요구 시간, 교재 특성 등.

Ⅲ 국어 교수·학습의 이론과 모형

(1) 국어 교수·학습의 이론

국어 교수·학습의 이론과 모형은 국어교육 현상에서 도출되는 동시에

1) 이들은 국어교육의 구성 요소인 동시에 국어교육학의 연구 대상도 된다. 이들의 작용 기제에 대한 기술과 설명, 예언, 통제가 국어교육학의 구체적 존재 양식인 것이다. 따라서 국어교육학은 국어과 교사론, 국어학습자론, 국어교재론, 국어 교수·학습 방법론 등과 같은 연구 분야를 그 하위 범주로 삼게 된다. 김창원 외(2005) 참조.
2) 이 책 27쪽의 주 9)를 참조할 것.

현상을 규제하는 개념, 혹은 원리들의 체계라 할 수 있다. 경우에 따라 이 둘이 혼용되기도 하지만, 본질적으로는 차원이 다른 문제이다. 교수·학습의 이론이란 체계적이고 통합되어 있을 뿐 아니라, 수업 현상을 기술·설명하고 예언·통제하기 위한 수단이 되는 일련의 원리들을 가리킨다. 그에 비해 교수·학습 모형은 교과의 내용을 계열화하는 특정한 방식으로서, 예견된 교수·학습 조건에서 기대한 교수 결과를 최대로 성취해 낼 수 있도록 수업의 수많은 변인을 조직하는 방법을 가리킨다. 곧 교수·학습 모형이란 일련의 전략 요소들의 구조이며, 모든 부분이 상세하게 기술되어 있는 완전한 '방법'인 것이다(Reigeluth/박성익·임정훈 역, 1993: 28~29). 따라서 현상으로부터 이론이 추상된다면, 이론과 현상의 교호를 통해 모형이 구안된다고 볼 수 있다. 교수·학습 전략은 모형의 실천 과정에서 동원되는 이론 구현의 틀이 된다.

이처럼 국어교육과 관련하여 현상, 이론, 모형, 전략과 같은 개념을 구분하는 이유는, 그렇게 함으로써 국어교육의 전체적인 구조를 차원에 따라 상호 간섭 없이 파악할 수 있기 때문이다. 이러한 구별은 또한 국어교육에 관한 메타담론의 필요성과 가능역을 밝혀 주기도 한다.[3)]

국어 교수·학습 이론은 시대에 따라 매우 다양하게 전개되어 왔지만, 기본 틀은 몇 가지로 범주화할 수 있다. 그 첫째가 전통적인 이론으로, 국어교육의 본질을 국어에 관한 기초·기본 지식 습득 및 그 적용으로 보는 관점이다. 이 이론에서는 주로 블룸(Bloom)식의 교육목표 분류학에 따라 인간의 행동 특성 및 국어교육의 내용 영역을 구분하고, 국어와 관련한 인지·정의적 능력을 신장·함양시키기 위한 원리 구안에 힘을 쏟았다. 이 이론을 전통적인 이론으로 부르는 이유는 그것이 개화기 이래 우리 국어교육이 추구해 온 기본 방향을 보여주기 때문이다. 곧 국어에 관한 가치관 형성, 국어와 관련된 지식 습득, 다양한 명문(名文)의 독해·감상이라는 전통적인 국어교육의 원리가 여기에 담겨 있는 것이다. 이 이론에서는 국어 및 국어 수행과 관련된 지식을 체계화하고 효율적으로 제시하는 데 노력을 기울인다.

둘째 범주는 경험주의 이론으로 부를 수 있다. 브루너(Bruner)식의 반

---

3) 이론, 모형 등과 관계되는 국어교육학의 탐구수준에 대해서는 이 책의 29~31쪽 및 169~171쪽 참조.

복·심화 학습을 통한 국어 능력 신장을 염두에 둔 것인데, 이 이론에서는 국어교육의 본질을 국어 활동에 관련된 다양한 경험의 축적 및 원리 추출과 적용으로 본다. 실상 광복 이후의 우리 교육은 미국의 학문적 조류에 영향받은 부분이 많은데, 그중 가장 널리 퍼진 것이 바로 경험주의적 교육관이다. 종래의 교과 중심 교육관에 대한 반성으로부터 출발한 경험주의 이론은 언어 수행의 실제성을 강조하고 학습자 변인을 강조한다는 점에서 국어 교과뿐 아니라 여러 교과교육에 두루 적용되었다. 이 이론에서는 국어 활동의 경험을 구조화하고 학습자에게 체계적으로 제공하는 데 노력을 기울인다.

셋째 범주는 기능주의 이론이다. 이 역시 미국의 학풍에 영향을 받은 바 크지만, 기능주의에 대한 비판적 시각 때문에 스스로를 표나게 드러내지 못한 감이 있다. 그러나 언어수행기능이 국어 교과의 중핵 요소인 이상, 국어 교수·학습 이론은 언제나 듣기·말하기·읽기·쓰기의 하부기능들을 숙달시키는 데 노력을 기울여 왔다. 특히 5차 교육과정은 기능주의적 요소가 강하여, '언어사용기능 신장'이라는 국어교육의 고유 영역을 확보하는 데 많은 기여를 했다. 이 이론에서는 언어와 사고의 효율적인 변환 과정을 밝히고 언어 수행에서의 유창성을 기르는 방법을 구안하는 데 노력을 기울인다.

넷째 범주는 인지주의 이론이라 부를 수 있는 것으로, 언어 수행에서 사고와 경험, 기능 등의 요소를 분절적으로 보지 않고 그것들을 상호 유기적인 관련에서 총체적으로 파악, 조작할 수 있는 원리의 습득을 국어교육의 본질로 보는 관점이다. 특히 언어 수행에 관한 메타적 능력을 길러줌으로써 총체적인 언어수행기능을 신장시키는 것을 강조한다. 6차 교육과정에서 원리 학습을 강조하고 언어 수행에서 기능보다 전략을 강조한 것도 이 이론에 입각한 것이라 할 수 있다. 이 이론에서는 사고와 언어의 단순한 상호 변환 작용이 아니라 인간의 사고 작용과 언어 현상을 전략적으로 통제할 수 있는 기본 능력을 신장시키는 방법을 구안하는 데 노력을 기울인다.

다섯째 범주는 문화주의 이론이라 부를 수 있다. 이는 언어 수행을 개인의 문제해결 과정으로 한정하지 않고 역사·사회적 조망 아래 언어 공동체의 담론적 실천으로 보는 관점이다. 이 이론은 구체적인 표현 속에는 공시적·통시적으로 축적된 이미지가 반영되며, 고급의 언어 수행이란 문화 맥락을 유효적절하게 활용하는 것이고, 국어교육의 목적도 개인의 언어 수행 능력 신장뿐 아니라 언어 문화의 확충과 발전까지 포괄해야 한다고 본다. 7차 교육과정 이후 국어 문화와 국어의 전통을 강조하는 이면에 이 이론이 자리잡고 있다.

(2) 국어 교수·학습의 일반 모형

지식·경험·기능·전략과 같은 개념들은 국어교육의 이론을 모색하는 데 기본 아이디어를 제공해 준다. 그러나 이것만으로 국어교육의 이론과 현상을 연결시키기에는 부족하다. 이것들은 추상화의 정도가 매우 높은 개념들로서, 국어 교수·학습에 투입하려면 많은 변환 과정이 필요하기 때문이다. 여기서 필요한 것이 국어 교수·학습 모형으로, 이론에 교육공학적인 조작을 가해 실제 교수·학습 사태에서 적용할 수 있는 단위 프로그램 및 전략을 구안함으로써 모형을 만들어낼 수 있다. 모형을 통해서 국어교육의 이론과 실천이 만나고 내용과 방법이 만나며 교사와 학습자도 국어교육이라는 통합된 목표를 달성할 수 있게 된다.

국어 교수·학습 모형을 하나의 논리적인 틀로 설명하기는 어렵다. 또 다같이 '모형'이라고 말할 때에도 사람에 따라 의미가 조금씩 다른 것이 현실이다. 어떤 경우에는 모형이 교수·학습의 절차 혹은 단계로 이해되기도 하고, 어떤 경우에는 단계에 따른 교수·학습 방법 혹은 전략으로 이해되기도 한다. 또 어떤 경우에는 모형이 국어 교수·학습 관련 변인들의 작용구조로 이해되는 경우도 있다. 대체로 교수·학습 과정이나 단계에 따라 모형을 구안하지만, 그것이 국어 교과에 고유하다거나 국어 수업의 전 국면을 포괄한다고 볼 수는 없다. 극단적으로는 수업마다 독특한 모형이 동원된다고도 볼 수 있다. 예를 들면 상향식 모형(Bottom-up model)과 하향식 모형(Top-down model), 상호보완 모형(Interactive compensatory model)[4)]

4) 상호보완모형은 지금까지 상호작용모형(Interactive model)으로 알려진 것인데, 의미구성에 미치는 영향을 분명히 드러내기 위하여 원어의 의미를 밝혔다. 후자는 상호작용이 독자와 글 사이에서 이루어지는 것으로 오해할 우려가 있기 때문이다. 의미구성의 과정에서 상호작용하는 것은 상향식·하향식 정보처리체계의 단점을 보완하면서 의미구성이 이루어진다는 것을 뜻한다.

과 같은 모형은 인간의 언어 습득 및 수행 과정과 관련지어 구분하는데, 듣기 · 말하기 · 읽기 · 쓰기의 언어 수행 양상에 따라 다양하게 변형된다. 결국 국어 교수 · 학습의 일반 모형은 매우 추상적인 수준에서만 논의할 수 있을 뿐이며, 그보다는 말하기 · 듣기, 읽기, 쓰기, 문법, 문학과 같은 영역별로 전형적인 모형을 구안하는 것이 더 효과적이다.[5)]

국어 교과에서 널리 활용되는 교수 · 학습의 모형에는 다음과 같은 것들이 있다. 교사는 이들 일반 모형을 참고하여 각 영역 및 개별 수업 사태에 적합한 모형을 구안할 수 있을 것이다.

① **도입–전개–정리–평가**: 학교교육에서 전통적으로 사용해 온 방법으로, 단원 계획과 차시 계획에 두루 적용된다.

② **목표–진단–지도–평가**(Glaser): 기본적으로 교사 중심 모형이지만, 학습자의 사전 지식과 피드백을 중시한다. 우리나라의 국어교육에서 가장 널리 활용되고 있는 모형으로 그 변형이 많다.

③ **계획–진단–지도–발전–평가**(KEDI): ②의 모형을 바탕으로 하여 학습자 변인을 더 강조한 것으로, 대부분의 교과에서 채용하고 있는 모형이다. 특히 '발전' 단계에서 다양한 적용이 가능하다.

④ **설명하기–시범보이기–질문하기–활동하기**(KEDI): 직접교수법(Direct Instruction)을 수정한 것으로, 6차 교육과정에서 국어 교수 · 학습의 방법으로 제시되었다. 원래 단시일 내에 읽기와 셈하기를 습득시키기 위한 모형으로, 세부적인 기능 숙달에 유용하다. 발전적으로 재구성하면 현시적 수업모형(Explicit Instruction)과 유사하다.

⑤ **준비–분석–통합**(KEDI): '제재 중심 모형'으로 알려져 있으며, 읽기 과정을 중심으로 구안한 것이다. 분석적 사고와 통합적 사고의 조화를 꾀했다.

⑥ **동기유발 및 배경지식 활성화–사전 · 사후 질문을 곁들인 읽기–주요 기능의 인지–주요 기능의 연습–강화**(Betts): 주로 읽기 영역과 관계된 모형으로, 질문 활동과 강화 학습을 강조하였다. 주요 기능을 인지하고 연습하는 활동을 강조한 것은 직접교수법과도 유사하다.

⑦ **계획–진단–지도–평가–내면화**(구인환 외): 역시 ②의 모형을 바탕으로

5) 각 영역별 모형 안에서도 정보처리모형, 문제해결모형, 상호작용모형, 가치탐구모형, 감정이입모형 등과 같이 하위모형의 구안이 가능하다. 영역별 교수 · 학습 모형은 이 책의 제4부에서 자세히 다루어진다.

하되, 정의적 영역의 특성을 살릴 수 있도록 하였다. 대부분의 모형에서 마지막 단계로 설정하고 있는 '평가' 단계 다음에 내면화 단계를 둔 것이 특징이다.

⑧ **반응의 형성–반응의 명료화–반응의 심화–반응의 일반화**(경규진): Rosenblatt의 반응 중심 모형을 수정한 것으로, 특히 문학 영역의 교수·학습에 적합하다. 반응을 이끌어내고 일반화하는 과정에서 교사와 학습자, 학습자 상호 간의 의사소통을 강조한다.

⑨ **수용–이해–응용**(Willman): 학생 중심의 교수·학습 모형으로, 수업 사태에서 정보의 수수 관계와 그 활용에 중점을 두었다. 지식 습득과 실제 활용에 효과적이다.

⑩ **문제 정의–가설 설정–가설 검증–결론 도출–결론의 적용 및 일반화**(김광해): 여러 교과에서 두루 적용할 수 있는 탐구 학습 모형으로서, 특히 국어 현상의 탐구를 통한 지식 형성에 유용하다. 이렇게 얻은 지식은 좀체로 잊혀지지 않는다.

이 중 ①~③은 일반적인 수업의 절차 모형이고, ④~⑥은 언어 수행의 하부 기능 숙달을 위한 모형이며, ⑦~⑧은 문학 영역의 교수·학습 모형, ⑨~⑩은 문법 영역과 관계가 깊은 모형이다. 그러나 하나의 모형이 단일한 목표나 영역에만 한정되는 것은 아니며, 제재와 상황에 따라 적절하게 변형되어 여러 국면에서 다양하게 활용될 수 있다. 이 밖에 문제해결 교수·학습법, 전문가 협력 교수·학습법, 창의성 개발 교수·학습법, 역할놀이 교수·학습법, 가치 탐구 교수·학습법 등이 국어 교과에서 자주 활용된다.

Ⅳ 국어 수업의 기술

국어 수업의 기술이란 수업의 형태 결정에서부터 실제 수업에서 활용할 수 있는 세부 아이디어 생성까지 다양한 국면에 걸치는 문제이다. 이처럼 그 적용 범위가 넓기 때문에 여러 관점에서 다양한 방법으로 접근할 수 있지만, 궁극적으로 모든 수업 기술은 교수·학습 목표 달성이라는 문제로 수렴된다.

먼저 국어 수업의 국면에 따라 수업 기술을 살펴보면 다음과 같다.

① **강술 기술**: 발음과 성량, 화법, 시선과 몸짓, 동선 등.
② **발문 기술**: 탐구적 발문(Inquisitive question), 과학적 발문(Scientific inquiry), 문제 규명적 발문(Clarifing question) 등 발문을 통한 사고 활성화에 관한 기술. 특히 텍스트 이해의 경우 발문을 통해 사실적 사고와 추리 · 상상적 사고, 비판적 사고를 자극할 수 있다.
③ **판서 기술**: 내용 조직, 글씨체, 시각 효과, 공간 활용 등.
④ **교재 활용 기술**: 주교재와 보조 교재, 문자 교재와 비문자 교재(그림이나 동영상 등)의 투입 시기 및 방법에 관한 기술.
⑤ **ICT 활용 기술**: 컴퓨터, 인터넷, 코스웨어 등을 활용하여 주의를 집중하고 자료를 제공하며 활동을 시범보이는 기술.
⑥ **활동 유도 기술**: 과제 해결 활동 및 발표, 토의 · 토론, 코너 학습, 역할놀이 등 학습 활동 유도에 관한 기술.

이것은 국어 수업사태에서 볼 수 있는 교사의 활동을 중심으로 살펴본 것이다. 그에 비해 교수 · 학습 단계별로 살펴볼 수도 있는데, 그에 따른 수업 기술은 다음과 같다. 이때 단계별 수업 기술뿐 아니라 단계와 단계를 유기적으로 조직하는 기술도 중요하다는 점을 인식해야 한다.

① 목표 확인 기술
② 진단 및 사전 지식 활성화 기술
③ 동기 유발 기술
④ 학습 과제 분석 및 제시 기술
⑤ 설명 및 시범 기술
⑥ 연습 및 활동 이끌기 기술
⑦ 형성평가 기술
⑧ 정리 및 심화 · 발전 기술

수업 형태에 따라 수업 기술을 나누어 볼 수도 있다.[6] 앞서의 기술들이 국어과 수업 일반에 적용되는 것이라면 수업 형태에 따른 기술은 교수 ·

6) 이어지는 내용은 정동화 외(1994)의 내용을 참조한 것이다.

학습 목표와 교재 특성에 따라 다양하게 적용될 수 있는 것들이다. 곧 교수·학습 목표 및 내용, 그때그때의 상황에 따라 적절하게 활용해야 하는 것으로, 교사는 여러 수업 기술을 충분히 익히고 활용할 수 있는 능력을 길러야 한다. 실제 국어 수업을 관찰하면서 교사의 활동을 분석하고 반복 훈련한다든지, 자기 평가 혹은 교사 간 상호 평가를 통해 수업기술을 세련시키는 노력이 필요하다.

① **강술법**: 교사의 해설을 통해 학습 내용을 전달하거나 이해시키는 방법이다. 개념과 원리의 습득에 유리하지만 수동적인 학습이 이루어질 가능성이 있다.

② **문답법**: 교사와 학습자의 상호 질문과 토의를 통해 학습하는 방법으로, 사고를 자극하는 데 효과적이다.

③ **연습법**: 반복 연습을 통해 기능을 숙달시키는 방법으로, 원리의 이해가 뒷받침되어야 한다. 주로 언어수행기능 영역에서 활용할 수 있다.

④ **문제 해결법**: 주어진 과제를 학습자 스스로 해결하게 함으로써 창의적인 사고를 이끌어낼 수 있지만, 교수·학습의 효율성 면에서는 다소 떨어진다. 이것을 발전시켜 장기간에 걸친 과제를 정하고 전략 수립, 자료 수집과 해석, 결론 도출과 발표에 이르는 일련의 과정을 밟게 하면 프로젝트(Project) 학습법과 유사하다.

⑤ **토의법**: 학습자 간의 의견 교환을 통해 과제를 해결해 가는 방법으로, 협동 학습이 강조된다.

⑥ **발견 학습법**: 학습자 스스로 과제를 설정하고 그 해결 과정을 통해 원리를 습득하게 하는 방법이다. 사고력과 문제의식을 높이는 데 효과적이지만 학습자가 이런 수업 방식에 익숙해져 있어야 한다.

⑦ **독서법**: 정선되고 잘 조직된 텍스트 읽기를 통해 국어 사용 능력 신장을 도모하는 방법으로, 고학년에서 적합하다. 이 방법은 단독으로 쓰기보다는 다른 방법과 병행하는 것이 좋다.

⑧ **창작법**: 쓰기 활동을 통하여 종합적인 국어 사용 능력을 기르는 방법이다. 표현 활동과 이해 활동이 통합될 때 국어 사용 능력이 효과적으로 신장된다는 점에서 중요하다. 문집·신문을 만드는 것도 가능하다.

⑨ **극화법**: 상황이 구체적이거나 서사성을 띤 텍스트를 자료로 하며, 협동 학습과 언어 수행의 총체성을 강조한다. 연극뿐 아니라 그림 동화

나 비디오 제작 등의 방법도 가능하다.

⑩ **컴퓨터 보조 학습**: 전통적인 CAI(Computer Assisted Instruction)뿐 아니라 MBI(Multimedia Based Instruction), WBI(Web Based Instruction) 등의 방법을 활용하여 다양하게 접근할 수 있다. 이때 유의할 것은 컴퓨터를 단지 타이프라이터와 같은 표현의 도구로만 쓰는 것이 아니라 문제 설정과 자료 탐색, 예상되는 상황의 시뮬레이션 등 언어 수행의 전과정에서 보조적인 인지 도구(Cognitive Tool)로 쓰는 것이다.

V 국어교사의 역할과 자질

교사는 국어 교수·학습에서 학습자와 함께 가장 중요한 구성 요소가 된다. 경험 중심·인간 중심 교육과정 이론이 폭넓은 지지를 받으면서 과거와 같이 교사 일변도로 수업하는 경향은 많이 줄어들었지만, 그렇다고 해서 국어 수업에서 교사가 불필요한 상황에까지 이른 것은 아니다. 교사는 여전히 국어 수업 전체를 설계하는 자이고, 교수·학습 과정을 통제하고 조정하는 자이며, 교수·학습 목표의 달성 여부를 판단하는 자이기 때문이다. 더욱이 '언어로써 언어를 교수·학습하는' 국어 수업의 특성상 교사의 중요성은 다른 어느 교과보다 더욱 크다고 할 수 있다.

국어 교사의 역할은 교육과정 운영과 관계되는 거시적 역할과 실제 교수·학습과 관계되는 미시적 역할로 나누어 살펴볼 수 있다.

먼저 교육과정 운영의 거시적 역할을 살펴보면 다음과 같다.

① **교육과정 분석 및 상세화**: 국어교육의 목표와 내용을 분석하고, 지역 및 학교·학급의 특성에 맞게 상세화한다.

② **교재 구성 및 분석**: 표준화된 교재로서의 교과서를 중심으로 교육과정을 고려하여 학급 특성에 적합한 교재를 구성한다.

③ **전체적인 교육 프로그램 설계**: 국어교육의 목표, 다른 교과와의 관련성, 지역 및 학교·학급의 요구 및 특성을 고려하여 교육의 질과 양, 속도에 관한 일관된 프로그램을 설계한다.

④ **가치 및 태도의 내면화**: 국어와 국어교육에 관한 학습자의 가치관과 태도를 함양하고, 평소 언어 생활을 통해 내면화할 수 있는 모범이 된다.

이러한 역할은 적어도 한 학기, 혹은 그 이상의 단위에 관련되는 역할이라고 할 수 있다. 그에 비해 미시적 역할은 단원 이하의 단위에 관련되는 역할로서, 보다 구체적이고 조작적인 접근을 요구한다. 실제 교수·학습과 관계되는 교사의 미시적 역할은 다음과 같다.

① **학급 및 학습자 진단**: 단원 학습 목표와 관련하여 학급의 특성과 개별 학습자의 사전 지식 및 기능, 태도를 진단한다.

② **교수·학습 목표 설정**: 학급 및 학습자 특성에 적합한 단원 및 차시 학습 목표를 설정한다. 이 목표는 교과서에 제시된 목표를 반영하되 꼭 그와 동일할 필요는 없다.

③ **학습 내용의 선정 및 조직**: 교과서를 포함하여 교수·학습 목표달성에 필요한 학습 내용을 선정, 배열하고, 그러한 내용 특성이 잘 드러난 언어적·비언어적 자료를 추출한다.

④ **교수·학습 모형 및 수업 형태 결정**: 교수·학습 달성에 가장 효과적인 수업 형태와 전략을 결정하고, 교수·학습 과정에서 지속적으로 조정·통제한다.

⑤ **지식 전달 및 기능 시범**: 내용 요소의 특성에 따라 필요한 개념적·절차적 지식을 습득시키고, 언어 수행의 구체적 기능을 직접 시범보여 학습자의 언어수행기능을 숙달시킨다.

⑥ **학습 활동의 안내 및 지시**: 실제 교수·학습 활동을 이끌어간다. 이때 교사 주도형의 활동보다는 교사와 학습자의 상호작용 중심으로 지시·안내·보조하도록 한다.

⑦ **교수·학습 과정 및 결과 평가**: 교수·학습 과정을 통해 학습자 평가와 수업 평가를 하고 그 결과를 송환한다.

결국 국어 교사는 국어 교수·학습 프로그램을 설계하고 그 과정을 포괄적으로 관리하는 역할을 하게 된다. 그럼으로써 학습자가 효과적으로 듣고, 말하고, 읽고, 쓸 수 있도록 국어 사용 능력을 신장시키고, 국어에 대한 바람직한 가치관과 태도를 길러 주는 것이다. 이를 위해서 교사는 자기가 담당하는 학생들의 국어 사용 양상을 정확하게 관찰·진단하고, 학생들 스스로 국어 사용에 관한 자신들의 요구를 깨닫도록 도와주어야 한다. 이때 교사가 기본적으로 갖추어야 할 자질이 있는데, 우선 국어 사용에 대한 학문적 전문성과 실질적 기능을 갖추어야 하고, 학생들이 국어에 흥미를 갖고 필요한 국어 사용 능력을 습득하도록 끊임없이 자극하고 동기를 부여하여야 하며, 아울러 자기가 담당하는 교과에 대해 긍정적인 태도를 지녀야 한다(노명완 외, 1988: 82~83). 또한 국어교육에 관한 의지와 신념을 갖추고 다양한 수업 기술을 숙달해야 하며, 긍정적 · 진보적 역사관을 지니는 것도 중요하다.

이러한 자질들을 지식 · 기능 · 태도의 측면에서 다시 살펴보면 다음과 같다.

① **지식**: 언어 · 언어 현상과 문학 · 문학 현상에 관한 지식을 갖추어야 한다. 구체적으로는 국어학 · 국문학 · 수사학 · 인지과학 · 문화과학 · 의사소통학 등에 관한 지식이 여기에 포함된다.

② **기능**: 언어적 사고와 의사소통 및 문학적 사고와 문화에 관한 기능을 갖추어야 한다. 구체적으로는 논리적 · 비판적 · 창의적 사고, 표준어 구사, 맞춤법과 정서법, 작문과 독해, 컴퓨터 활용, 문학적 표현, 문학 텍스트 해석 등 국어 사용과 관련된 제반 하위 기능이 여기에 포함된다.

③ **태도**: 국어 및 국어 문화에 대한 긍정적 가치관, 국어와 국어 문화를 발전시키려는 적극적 태도, 국어 활동과 관련하여 스스로 모범을 보이려는 의지 및 국어교육에 대한 신념과 애정 등이 포함된다.

Ⅵ 국어 수업 평가

(1) 국어교육 체제상의 평가

여기서 문제삼는 것은 학습자 평가가 아니라 수업 평가이다. 곧 국어교육의 목표와 관련하여 교수 · 학습 과정 및 결과를 평가하고 평가 결과를 수업에 다시 송환하는 과정을 문제삼는 것이다.

국어교육 체제상 수업은 교육과정, 교재, 교사, 학습자를 통합하는 위치에 있다. 곧 교육과정의 일반 원리 아래 교재를 매개로 하여 이루어지는 교사와 학습자 사이의 의사소통 과정이 곧 수업인 것이다. 따라서 수업 평가 역시 교육과정과 교수, 학습의 관련을 중심으로 이루어지고, 그 결과는 다시 수업 개선을 위해 송환된다.

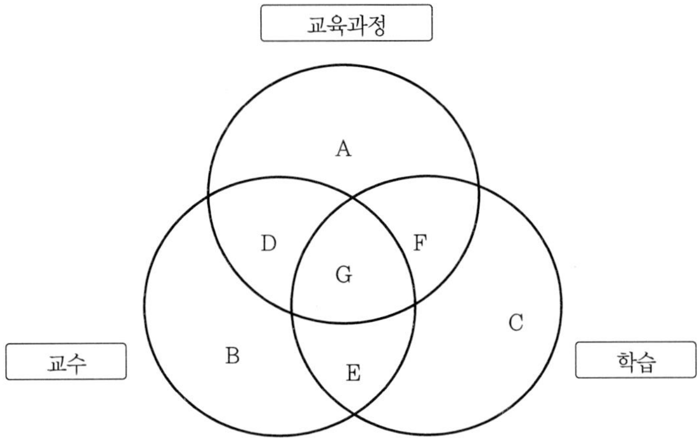

[그림 2] 교육과정과 교수, 학습의 접점으로서의 수업

결론적으로, 국어 수업이 교육과정 및 교사의 의도와 학습자의 요구를 얼마나 반영 혹은 실현했는가 하는 것이 수업 평가의 원리가 된다. 그중 교사와 관련해서는 교육 목표의 달성 여부 및 교수·학습 방법의 효율성 등을 평가할 수 있고 학습자와 관련해서는 출발점 행동 특성과 도달점 행동 특성의 비교를 통해 학습 프로그램의 효과를 평가할 수 있다. 그리고 교육과정과 관련해서는 국어 수업이 교육과정의 목표와 내용을 타당하게 반영했는가를 기준으로 평가하게 된다. 여기에 더해서 교재를 고려한다면 교재의 담화적 특성을 수업이 적절하게 구현했는가의 여부를 평가하는 동시에 교재가 제안한 수업 절차의 적절성도 평가하게 된다.

이러한 점을 고려하여 앞의 [그림 2]의 기준에 따라 수업을 평가해 보면, 겉으로는 비슷하게 보이는 수업일지라도 다음과 같은 여러 유형이 있음을 알 수 있다(김창원 외, 2005: 19).

A: 교육과정만 있고 교수나 학습이 없다(= 수업 이전 단계).
B: 교육과정과 관계없이 교수가 시행되나 학습이 이루어지지 않는다
(= 무의미한 교육).

C: 교육과정이나 교수 없이 학습이 이루어진다(= 자연 발생적 학습).
D: 교육과정에 따라 교수가 시행되나 학습이 이루어지지 않는다
(= 실패한 교육).
E: 교육과정과 관계없이 교수–학습이 이루어진다(= 맹교(盲敎)).
F: 교수 행위 없이 교육과정에 따른 학습이 이루어진다(= 자율 학습).
G: 교육과정에 따라 교수가 시행되고 그 결과로 학습이 이루어진다
(= 본격적인 수업).

이러한 평가가 이루어지기 위해서는 국어교육을 총체적으로 바라볼 수 있는 시각과 합리적인 평가 기준이 요구된다. 평가 방법으로는 평가 주체에 따라 교사의 자기 평가 및 상호 평가, 수업 전문가의 평가가 있을 수 있고, 학습자에 의한 수업 평가도 가능하다. 또 평가 대상에 따라 교수·학습 계획안 평가와 수업 과정 평가 및 수업 결과 평가가 있을 수 있으며, 수업 접근 방법에 따라 교사나 학습자로 직접 수업에 참여하면서 이루어지는 직접 평가와 참관·관찰 평가, 그리고 녹음이나 동영상을 이용한 사후 간접 평가가 있을 수 있다. 여기서 무엇보다도 중요한 것은 평가가 국어교육 체제에 엄밀하게 통합되어 체제 발전에 긍정적으로 기여해야 한다는 점이다.

(2) 국어 교육과정 운영상의 평가

국어 수업은 실질적으로는 교육과정의 실천 혹은 운영 과정이라고 볼 수 있다. 국어 교과의 목표·내용·방법·평가에 관한 일반 원리가 모두 교육과정에서 제시되기 때문이다. 따라서 국어 수업 평가는 국어 교육과정 운영의 충실도를 판단하는 과정이 된다. 교육과정의 개발에서 교재 개발, 운영(수업 사태 투입) 및 평가 결과의 송환 과정에서 모두 평가가 필요한데, 그중 가장 핵심적인 부분이 운영 과정 및 결과에 대한 평가가 된다.

실상 교육과정을 개발하고 운영하는 것은 하나의 지속적인 과정이다. 또한 교육과정 목표의 달성을 위하여 자료나 전략이 정해지면 그것을 시험해 보고 그 결과를 분석하며, 부족한 점을 찾아내고 개선하는 방법이 제시되어야 한다. 따라서 교육과정과 관계된 일체의 행동은 재계획, 재개발, 재분석이라 할 수 있다. 이러한 지속적인 과정을 통하여 국어 교육과

정과 수업이 수정·발전되어야 하는 것이다(Tyler/한준상 외 역, 1991: 267). 앞서 본 국어교육 체제상의 평가에서 교육과정 관련 평가가 대체로 국어 교육과정의 정태적 측면에 초점을 둔다면, 교육과정 운영상의 평가는 국어 교육과정의 동태적 측면에 초점을 둔다고 할 수 있다.

교육과정 운영상의 수업 평가는 교수·학습 실천의 각 단계에서 이루어진다. 곧 목표 확인 단계, 학습자 진단 및 사전 지식 활성화 단계, 문제 발견 및 탐색 단계, 원리 및 개념 학습 단계, 원리의 적용 및 연습 단계, 형성 평가 단계, 정리·심화 및 내면화 단계에서 각각 평가가 이루어지는 것이다. 그 각각의 단계마다 다른 기준이 적용되는데, 대표적인 것이 타당성, 정확성, 효율성, 적절성, 객관성, 전이성 등의 기준이다. 물론 각 단계에서의 평가 결과는 즉시 전(前)단계로 송환되며, 그러한 반성적 실천을 통해 국어 수업의 질과 효율성을 높이게 된다. 아울러 교육과정상 한 학년에서 다음 학년으로 이어지는 수직적 계열성과, 같은 학년의 다른 교과와 관계되는 수평적 통합성 역시 수업 평가에서 고려해야 한다.

탐구과제

01 국어 교수 · 학습의 특성을 언어 수행의 측면에서 분석하시오.

02 국어 교수 · 학습의 이론을 경향별로 나누어 설명하시오.

03 자기가 받았던 국어 수업의 형태를 기술하고, 그 개선점을 모색해 보시오.

04 "한국 사람이면 누구나 국어를 가르칠 수 있다."는 주장과 관련하여, 국어 교사로서 갖추어야 할 전문적 자질을 제시하시오.

05 국어는 공부를 열심히 해도 효과가 나타나지 않는다거나, 국어 공부를 어떻게 해야 할지 모르겠다는 말을 자주 듣는다. 이와 관련하여 국어 교수 · 학습 방법론의 지향점을 토의해 보시오.

참고문헌

구인환 외(1998), 『문학 교수 · 학습 방법론』, 삼지원.
구인환 외(2007), 『문학교육론』 5판, 삼지원.
김대행(1995), 『국어 교과학의 지평』, 서울대학교출판부.
김창원 외(2005), 『국어과 수업모형』, 삼지원.
김창원(2007), 『국어교육론-관점과 체제』, 삼지원.
노명완 · 박영목 · 권경안(1988), 『국어과교육론』, 갑을출판사.
박성익(1997), 『교수 · 학습 방법의 이론과 실제(1)』, 교육과학사.
박영목 외(1995), 『국어 교수학습방법 탐구』, 교학사.
박인기 외(1999), 『국어과 수행평가』, 삼지원.
서울대 국어교육연구소 편(1999), 『국어교육학사전』, 대교출판.
신헌재 외(2006), 『학습자중심의 시교육론』, 박이정.
이삼형 외(1999), "국어교육 평가의 일반 원리", 『학술발표회 자료집』, 서울대 국어교육연구소.
이삼형 외(2007), 『국어교육학과 사고』, 역락.
이재승(1997), 『국어교육의 원리와 방법』, 박이정.
정동화 외(1994), 『국어과교육론』 개정판, 선일문화사.
최영환(2003), 『국어교육학의 지향』, 삼지원.
최지현 외(2007), 『국어과 교수 · 학습방법』, 역락.
최현섭 외(1995), 『국어교육학의 이론화 탐색』, 일지사.
황정규(1984), 『학교학습과 교육평가』, 교육과학사.
R.W. Tyler/한준상 · 김종량 · 김명희 공역(1991), "학습경험과 교육평가", 『교육과정논쟁』, 집문당.
Reigeluth, C.M. ed./박성익 · 임정훈 공역(1993), 『교수설계의 이론과 모형』, 교육과학사.

국어교육학개론

3부

국어교육사

제1장 국어교육사의 전제 123

제2장 광복 이전의 국어교육 128

제3장 광복 이후의 국어교육 137

01장 국어교육사의 전제

I. 국어교육사의 출발점

우리나라는 본디 단일민족으로 내려오면서 독자적인 말과 글자를 가지고 독특한 문화를 키워온 나라라는 긍지를 지녀왔다. 하지만 수천년 동안 한문화권 아래 놓인 나머지, 한자를 익히고 한문을 배워 쓰지 않으면 안 되었던 때도 있었다. 그때문에 우리 모국어와 한글을 공식적인 교육기관에서 직접 가르치고 배우는 국어교육의 연륜이 다른 나라에 비해 짧은 편이다. 그러나 우리 국어교육사가 일천한 연륜을 지녔다 하더라도, 그 짧은 기간 동안이지만 비교적 큰 굴절을 겪으며 발전에 필요한 체험들을 잘 겪어온 셈이다. 그러므로 그 동안의 흐름을 살펴보는 것은 의미 있는 일이다. 국어교육의 이러한 통시적 고찰은 지난 날의 반성과 더불어 앞날을 조망할 뿐 아니라, 국어교육의 개념과 위상을 밝히는 데에도 이바지할 수 있다고 본다.

국어교육을 통시적으로 고찰하는 데 있어서 우선 문제되는 것은 어디서부터 출발점을 잡느냐 하는 점이다. 국어와 국어교육을 폭 넓게 해석해서, 한문화권이 오랫동안 보편어로 써온 한자와 한문을 학습하던 시기까지 포함하여야 한다는 입장이라면 삼국시대 이전까지 거슬러 올라갈 수도 있다.[1] 그러나 여기서는 국어와 국어교육의 개념을 한정하기로 한다. 곧 국어는 우리 모국어인 한국어와 조선 초에 만든 한글을 중심으로 쓰여진 것으로 한정하고, 국어교육의 개념도 바로 이런 국어를 의도적 · 체계적으로 가르치는 과목이란 뜻으로 개념범주를 잡기로 한다. 그러고 보면 이런 역사적 고찰을 위한 국어교육의 출발점은 결국 대한제국 말 개화 이행기로 잡을 수밖에 없다. 개화 이행기로부터 오늘에 이르기까지 우리 국어교육이 걸어온 길을 살펴보는 데는 다시 외세의 침략으로 굴절을 겪은 일제강점기를 분기점으로 삼을 필요가 있다.

1) 이런 관점에서 기술한 대표적인 업적으로 이응백(1974)을 들 수 있다.

Ⅱ 국어교육사의 시대구분

대체로 국어교육사의 서술은 우리나라 최근세의 주요 역사적 흐름을 토대로 일제강점기와 조국 광복의 공간을 중시했다. 그리고 그 이후는, 국가에서 고시한 교육과정 편찬에 따른 교육과정사를 따라 기술하는 것이 일반적인 경향이었다. 그런 식으로 그동안 시대구분을 해온 대표적인 예를 국어교육개론서들에서 찾아보면, 출발기(1895~1910), 수난기(1910~1945), 소생기(1945~1955), 발전기(1955~현재)로 4대 구분으로 나눈 경우이다.[2)]

그러나 이 구분방법은 광복 이후 2~30년 대까지의 사적 고찰을 살피는 데는 적절할지 모르나, 광복 후 반세기를 지나는 동안 다양한 발전 변모를 보이는 현대까지의 흐름을 균형있게 고찰하는 데는 부족한 점이 있다. 또 국어 교육과정사를 고찰하여 국가적 차원에서 국어교육을 계획하고 시도하는 방향을 살피는 데는 합당한 방법일 수 있으나, 그 교육과정을 뒷받침하는 연구과정과 더불어 그 교육과정이 현장에서 운영, 전개되는 국어교육의 전체적 모습을 고루 살피는 데는 다소 미흡한 점이 있다.

국어교육사의 시대구분을 제대로 하려면 사적 고찰의 안목을 토대로 한 합당한 기준이 필요하다. 여기서는 그 시대구분을 위한 기준으로, 다만 외세의 침탈 속에서도 꺽이지 않고 우리 말과 글을 소중히 여겨서 바르고 효과적으로 사용하도록 가르쳐온 과정과 그 효과의 정도에 초점을 두고자 한다.

그러다 보니 우리 말과 글의 생명에 큰 영향을 준 일제침략기가 사적 고찰의 주요 기점이 되지 않을 수 없다. 따라서 이 글에서는 국어교육의 변천과정을 크게 광복 이전과 이후로 나누어서 살펴보기로 한다. 그리고 각 시대의 세부사항으로는 국어교육의 위상, 제도운영, 교재, 교수기술의 측면으로 나누어서 구체적인 변모상을 기술해 보고자 한다.

여기서 제2장에서 다루고자 하는 광복 이전 시기는 대한제국 말기인 개화 이행기로부터 1945년 광복 이전까지로 한정한다. 이 시기는 다시 일제의 침탈로 인한 굴절기를 중시하여 개화 이행기와 일제침략기로 나누려고 한다. 이 시기에 국어교육의 위상과 제도운영상의 특징, 국어교재상의 특

2) 이에 대해서는 김민수(1973: 375~587): 전국교대 국어교재연구회(1983: 338~366): 정동화 외(1984: 80~102) 참조.

징 및 교수기술의 측면에서 어떤 변모를 보여왔는지, 각 사항별로 항을 나누어 상술하고자 한다.

제3장에서 기술하고자 하는 광복 이후의 시기는 8.15 광복 이후부터 2011 개정 교육과정이 공포 · 시행되는 오늘에 이르기까지다. 이것은 다시 6.25전쟁을 기점으로 교수요목기와 발전기로 구분할 수 있다(정동화 외, 1984: 80~102). 또는 교육과정의 개정시기별로 세분할 수도 있다(이응백, 1988: 170~211). 여기서는 몇 가지 사항별로 절을 나누어 상술하되, 기술 순서는 편의상 각 기간의 특성에 따라 나누어 차례로 살펴보기로 한다.

탐구과제

01 국어교육사의 출발점으로 적절한 시기는 언제이며, 그 시기를 적절하다고 보는 이유는 무엇인지 기술해 보시오.

02 국어교육사의 시대구분을 위해 이 글에서 제시한 사관(史觀)에 대하여 의견을 말해 보고, 그 밖에 어떤 사관을 들 수 있을지 찾아보시오.

참고문헌

김민수(1973), 『국어정책론』, 고려대학교 출판부.

김성배(1958), 『신국어교육론』, 대한교과서주식회사.

이병호(1985), "국어교육변천사연구", 성균관대학교 대학원 박사학위논문.

이성호(1948), 『민주주의 국어교수법 강화』, 문교사.

이응백(1974), 『국어교육사연구』, 신구문화사.

이응백(1985), 『속 국어교육사연구』, 신구문화사.

전국교대 국어교재연구회(1983), 『국어교육』, 학문사.

정동화 · 이현복 · 최현섭(1984), 『국어과교육론』, 선일문화사.

홍웅선(1976), 『초등교과과정』, 교학사.

홍웅선 외(1963), 『국어교육』, 현대교육총서출판사.

02장 광복 이전의 국어교육

I 광복 이전의 국어교육의 위상

국어교육의 개화 이행기는 일반적으로 대개 1895년 경부터 1910년까지로 잡을 수 있다. 일찍이 한글보급은 1860년대 선교사들이 기독교의 성경과 찬송가가 보급되는데서 비롯되었다. 그리고 이 무렵, 선교사들에 의해 배재, 이화, 원산 및 경신 학교같은 신식학교가 세워졌는데, 특기할 일은 처음부터 교재뿐 아니라 교수용어도 우리 글과 말로 쓰였다는 점이다. 이처럼 개화 이행기 교육에서는 출발부터 기존의 한자나 외국어보다 우리말, 우리글을 활용하는 일을 소중히 여겼다. 곧, 처음부터 모든 교육활동이 우리말, 우리글에 근간을 두었던 만큼, 개화 이행기 교육은 모국어와 우리 한글의 소중함을 인식하는 데서 출발한 것이라고 볼 수 있다. 이것은 당시 이 신식학교에서 운용하는 과목의 시간비중을 보아도 알 수 있다. 당시 국어과는 '독서 · 작문 · 습자'라는 세 가지 과목으로 나누어 운영했는데, 이들을 합한 국어의 총 시간수가 전체 교육시간수에서 40% 이상을 차지했던 것이다. 이것은 1895년에 개교한 소학교와 한성사범학교 같은 관학(官學)의 교육과정에서도 마찬가지다. 그만큼 국어과는 모든 과의 기초 도구교과로서 중요도를 인정받은 셈이다.

그러다가 1905년 을사조약 이후 일제의 통감부가 들어서면서부터는 1910년까지 5년간 식민지교육을 위한 정지작업이 본격화되면서, 그동안 점진적으로 발전해 오던 국어교육의 싹이 더 자라지 못하게 되었다. 곧 1906년 보통학교령을 공포하여 독서 · 작문 · 습자를 국어와 한문으로 합하고, 일어를 국어와 같은 비중으로 다루었다. 그리고 1908년, '사립학교령(私立學校令)'으로 사립학교의 자유재량권을 묶어 놓고, 학술연구와 교육발전을 촉진한다는 명목으로 '학회령(學會令)'을 공포하여 족쇄를 채워놓음으로써, 일본 식민지화를 위한 통제의 마각을 드러내기 시작했다. 그래서 그때까지 제외시켰던 일본어 과목이, 통감부설치 이후에 필수과목으로 자리 잡은 것이다. 이 일본어과가 점차 세력을 펴면서 우리 국어교육은 점차 각급 학교교육에서 그 중요도를 잃어갔다. 그리하여 그동안 각급 학교에서 기초 도구교과로 자리잡아가던 국어교육이 그 자리를 차츰 일본어과에 물려주는 조짐이 나타나기 시작한 것이다.

이것이 나라가 패망한 1910년 이후의 일제침략기부터는 마침내 '국어교육'의 자리에 일본어가 들어서고, 우리말은 겨우 '조선어과'로 명맥만 잇는 꼴이 된다. 나아가 일제는 1911년 조선교육령(朝鮮教育令)을 공포하고 모든 교과서를 일본어로 기술하게 하면서, 그동안 우리나라 사람이 우리글로 기술한 교과서를 판매금지하고 몰수까지 했다. 뿐만 아니라 교수용어도 일본어를 주로 쓰게 했다. 그리하여 교과명마저 국어에서 '조선어'로 강등된 국어교육은 일본어과에 비해 반도 안 되는 수업시수를 할애받았는데, 그나마도 1938년 경부터는 내선일체(內鮮一體)라는 미명 아래 완전히 폐과되어 버렸다. 따라서 이때부터 1945년 광복되는 날까지 국어교육은 글자 그대로 공교육에서 완전히 사라진 암흑기라고 불릴 만하다. 그러나 소수의 애국지사를 통해서 우리 말과 글을 수호하고 보존하려는 운동은 내면적 독립운동의 한가닥으로 꾸준히 이어져갔다. 그 운동으로 불거져 나온 대표적인 보기가 바로 1933년 한글 맞춤법통일안 제정이요, 1936년 표준어사정이요, 그리고 1942년의 소위 '조선어학회사건'이다.

Ⅱ 광복 이전의 국어교육 제도 운용

국어교육의 제도운용 측면에 대해서도 개화 이행기와 일제침략기로 나누어 살펴보기로 한다. 개화 이행기는 다시 갑오경장 이전의 민간주도기와 갑오경장 이후의 대한제국말 정부주도기 및 1905년 이후의 통감부 주도기로 나눌 수 있다.

민간주도기 때는 공교육(公教育) 체제에서 국어 과목에 해당되는 교과가 따로 없었다. 예컨대 외국선교사가 만든 최초의 신식학교인 배재학당(培材學堂)에서도 국어과 대신 한문과를 두어서 주로 경서(經書)와 사기(史記)를 강독하는 정도였다.

그러다가 1894년 갑오경장 이후 대한제국말 정부주도기에 이르러는 과거제도가 폐지되고 공용문서도 한글로 표기하는 등, 우리 말과 글이 제대로 대접을 받게 되었다. 그리고 곧 이어 1895년에 공포된 '소학교령(小學校令)'에 따르면 국어과는 독서(讀書) · 작문(作文) · 습자(習字)로 나뉘어 운용된 것을 볼 수 있다. 이것은 소학교에 개설된 과목 중 거의 반을 차지할 만한 비중을 둔 것이다. 오늘날의 교육과정에 해당하는 '교칙대강(教則大綱)'에 제시한 목표, 내용, 유의점을 보면 다음 몇 가지 특징을 엿볼 수 있다. 국한혼용문을 대상으로 한 독해와 작문중시, 학습내용 요소로 '언어반복연습', '철법(綴法: 정서법)' 등을 든 데서 보이는 정확한 언어사용의 중시, 그리고 '인명, 물명, 지명 등의 일용문자', '일용 서류문 취급' 등을 든 데서 보이는 실용적인 면의 강조 등이 그것이다.

을사조약 이후의 통감부 주도기는 소학교 호칭을 '보통학교'로 고치고 '보통학교령'과 '시행규칙'을 공포했는데, 지금의 교육과정에 해당하는 '교칙(教則)'은 앞서의 교칙대강(教則大綱)과 다음 몇 가지 차이점을 보인다. 곧, 독서 · 작문 · 습자 과목을 '국어(國語)'과목으로 통합하여 주당 6시간 배정한 점, 종전의 외국어과목을 없애고 대신 일어(日語)를 국어와 같이 주당 6시간 수업시수를 배정한 필수과목으로 부상시킨 점, 한문(漢文)과목을 신설한 점 등이 그것이다. 그랬다가 1909년 개정된 교칙에서는 이 한문과를 국어에 합침으로 결국 국어의 위상을 떨어뜨린 결과를 낳았다. 즉, 이 시기의 특징은 한 마디로 일어를 부상시키는 대신 국어를 서서히 약화시켜 갔다는 점이다.

1910년 일제침략기에 들어와서는 좀더 본격적으로 36년간, 수차에 걸친 조선교육령 개정을 통해 조선어 말살을 지향해갔다. 일본어를 '국어'라 하고 정작 우리 국어는 '조선어급한문(朝鮮語及漢文)'이라 하여 한문과와 합쳐 놓았다. 그러다가 뒤에 다시 '한문과'와 '조선어과'로 나누었지만, 한문과는 고작 일본식 한문을 익히는 정도였다. 그리고 '조선어과'의 수업시간은 '국어'로 부상한 일본어과의 반 정도밖에 배정이 안 되었다. 그나마도 1938년부터는 수의과(隨意科)로 옮겨놓았는데, 그것을 선택할 수 없는 여건이었으므로 실상은 완전히 폐과시킨 거나 다름없이 만들고 만 셈이다. 이 당시 사범교육도 일본어의 통달을 매우 중시했고, 일본인을 교원으로 증원하는 비율도 우리나라 사람을 증원하는 비율보다 몇 배로 높였다. 그리고 '사립학교규칙(私立學校規則)'을 만들어서 우리나라 모든 교원의 임용 자격과 교수내용까지 통제하였다. 그리하여 사립학교를 통한 민간인의 국어교육과 민족자주 독립운동을 할 수 있는 마지막 숨통마저 막아놓았다.

Ⅲ 광복 이전의 국어교재

교과서 편찬의 여러 특징도 시대를 따라 많이 달라져왔다. 갑오경장 이전의 민간주도기 때의 교과서는 주로 학교를 설립한 기독교단체의 선교사들과 교사들에 의해 만들어졌다. 외부간섭 없이 이들 선각자들에 의해 자율적으로 만들어진 이 무렵의 교과서는 대체로 우리 말과 글을 전용했음은 물론, 언문일치 문장을 중시하는 경향을 보여주었다. 그러다가 갑오경장 이후 1905년까지는 민간 교육기관에서 다양한 교과서를 만들어내는 한편, 당시 대한제국 정부에서도 소위 학부편찬의 국정교과서를 만들었다. 『국민소학독본(國民小學讀本)』을 위시한 국정교과서 대부분이 계속 개화와 독립의 기상을 드러낸 가운데 거의 한글전용의 언문일치에 가까운 문장을 지향해나갔다. 이런 경향은 민간의 교과서에서는 더욱 두드러져서 독립기상과 의욕이 왕성하게 표출되고 있다(최현섭: 1985).

그러다가 을사조약(乙巳條約)이 체결된 이후부터는 통감부의 검열 통제를 통한 간섭으로 인해, 개화 독립의지의 서술이 봉쇄되고 친일적 내용으로 바뀐다. 이 무렵에 일본인 학부참여관(學部參與官)에 의해 교과서를 일어로 발간하려는 의도까지 일부 보였는데, 그것을 당시 대한자강회(大韓自强會)의 윤효정 등이 적극 제지한 기록이 남아 있다(박붕배, 1987: 119). 그때까지 발진시켜 온 언문일치의 순국문체도 이 때에 와서 일본의 영향과 간섭 아래, 도로 한문투가 많이 섞인 국한혼용체로 되돌아가는 면을 보여준다. 다만 좀 더 다듬어진 구어체 문장과 쉼표와 같은 문장부호 사용이 시도되었다는 점에서만 발전의 흔적이 보인다.

그러나 교과서의 문장이나 짜임새는 학년위계에 따른 곤란도가 별로 고려되지 않았다. 다만 초등 입문기에는 순한글로 되고, 중학년급에 가서 국한혼용문으로 이뤄지다가 고학년으로 갈수록 한문의 비중이 커지는 정도의 위계상 차이는 보인다. 그리고 문체도 한문투의 문어문체로부터 서서히 우리말의 구어문체로 바뀌는 과정을 보인 점과, 주로 민간 교육기관에서 만든 교과서에 드러난 것이지만, 순국문사용의 비중을 키웠다는 점 등은 바람직한 점으로 들 만하다. 국민 대중의 살아 있는 우리 말과 글을 존중하는 국어교육의 정신이 엿보이기 때문이다.

그러나 문제점이 더 많았으니, 우선 당시 '교칙'으로 불린 교육과정에 명시된 목표와 내용이 구체적으로 반영되질 못했다. 그리고 교과서에는 학생들이 학습할 목표구현이나 학습방법의 효율성을 위한 제고는 커녕 '공부할 문제'도 마련되지 않았고, 교사를 위한 지도안내서도 갖추지 못했던 것이다. 단원구성상 문장유형의 구분도 막연하고 불합리했다. 곧 문장의 유형과 곤란도를 고려하기보다 독립정신 및 계몽적 의미를 강조하는 교훈 일변도의 설명문, 논설문, 소개문 위주의 문장이 고작이었다. 이러한 교재내용도 참신한 집필이나 저작이 아니라, 선진국가의 교재를 모방하거나 번안한 것이 태반이었다. 그나마도 통감부설치 후, 일제의 간섭이 본격화되면서부터는 민족주체적 내용은 거의 없애고, 일본문화와 친일적인 것들로 바꿔놓았다. 그나마도 교과서 가지수도 적고 소루했기 때문에 이 점을 들어 당대 식자층이 교재개발의 시급성을 주장한 글까지 보인다(박붕배, 1987: 205).

그러나 이것이 일제치하에 들어와서는 더욱 사정이 악화될 뿐이었다. 국어를 '조선어과'로, 한글을 '언문'으로 비하(卑下)시키면서, 우리 국어를 아예 외국어교재 다루듯이 소루하게 엮어놓은 것이다. 그동안 민간 교육기관에서 만들어 썼던 숱한 교재가 압수 소각되는 한편,[1] 처음 5년간은 구한국시대 학부에서 펴낸 '국어독본'을 '조선어독본'으로 고쳐 썼다. 그 책도 민족의식을 담은 단원과 어휘는 모두 없애고 일본 정신을 심어 주는 것으로 채워 넣었다. 제1차 '조선교육령'으로 조선어와 한문을 합친 이후, 식민지 언어문화 통치이념에 맞춰 펴낸 최초의 교재는 1915년에 펴낸 『조선어급한문독본(朝鮮語及漢文讀本)』이다. 이 교재는 단원마다 서언(緖言)과 상란(上欄) 및 부록을 두어 친절한 안내를 할 뿐 아니라, 연습문제까지 만들

1) 이때 '大韓學會'와 '西北學會' 등, 유수한 교육단체와 회보가 폐쇄 · 폐간되고, 『幼年必讀』, 『女子國文讀本』 등이 압수, 소각됨.

어서 학습의 편의를 도모하도록 체제가 정비된 교과서이다. 그러나 국한혼용문 단원을 만들되, 한문을 중시하고 국문을 그에 종속시키는 방향으로 나아갔다는 점과, 한글표기를 제멋대로 정해서[2] 표기혼란을 일으킬 계기를 주었다는 점 등을 흠으로 지적할 만하다.

1922년에 총독부는 제2차 '조선교육령'을 공포하고 조선어와 한문을 분과시키면서 '보통학교 조선어독본(普通學校 朝鮮語讀本)'이란 교과서를 만들었다. 분과함에 따라 한문단원을 없애고 국한혼용체로 편성한 것이다. 일제의 문화정책의 여파인지는 모르나, 이 교재에도 시, 소설, 희곡, 전기, 기행문학 단원들이 늘어난 셈이다. 나아가 실생활에 도움이 되는 실용교재로서의 의미를 더 둘 뿐 아니라, 글의 소재도 일본적인 것보다 우리 고유의 것이 대종을 이루었다. 그러나 일본적인 소재들은 '국어'로 둔갑한 일본어 독본에 몰아 넣고 주요교과로 삼음으로, 비중을 두세 배로 키워 놓은 것이다. 그리고 '조선어' 독본은 단지 생업을 위한 비천한 교재로 가볍게 여기는 면을 보였다. 교재 첫 면의 '서언(緖言)'이나 매 단원 끝의 '연습문제'를 없애는 등의 무성의한 구석을 남긴 것이 이를 입증한다.

그 소루함은 1930년대에 나온 '조선어독본'에 더욱 두드러져서 단원수도 줄이고 글 내용도 더욱 떨어뜨려 놓았다. 1933년에 조선어학회에서 '한글맞춤법 통일안'을 제정 공포했지만, 총독부에서는 이를 받아들이지 않고 국어표기의 혼란을 그대로 방지해놓았다. 1938년 '제3차 조선교육령'이 공포되고 나온 '초등조선어독본'은 질과 양 면에서 더욱 퇴보된 면을 보였다. 그나마도 '조선어과'를 수의과로 전락시킨 결과, 1945년 광복까지 거의 모든 학교에서 조선어과를 폐과시킴으로써 이 교재는 무용지물이 되고 말았다.

결국 광복 이전의 국어교과서들은 일제의 침략에 눌린 결과 갑오경장 전후에 왕성하던 개화 · 독립의 기상을 잃고, 모처럼 민간인들 사이에 일어난 우리 말과 글을 존중하는 한글존중의 기풍마저 짓밟힘을 당하고 만 것이다.

---

2) 1912년에 『普通學校 諺文綴字法』을 발표하고, 1920년에 '普通學校用 諺文綴字法大要'로 개정했고, 1930년에는 '諺文綴字法'으로 다시 개정 발표하여 시행함.

Ⅳ 광복 이전의 국어교수 기술

광복 이전의 국어교수 기술양상을 살핀다는 것은 한계가 있다. 아무래도 한정된 문헌을 통해 간접적으로 헤아리는 형식을 취할 수밖에 없다.

개화 이행기에는 주로 민간을 중심으로 민족계몽의 의지, 애국애족의 기상을 바탕으로 한 우리말과 글의 존중의식이 국어과 교육현장에 팽배해 있었다. 그러나 수업현장에서 이를 효과적으로 실현하는 방법과 기술면에 대하여는 언급된 바를 찾아보기 어렵다. 다만 국한혼용의 언문일치 문장교육을 지향했다는 점을 알 수 있다. 그리고 서구의 교육철학과 교육운영 기술을 소개하는 과정에서 학생중심의 교수·학습기술이 일부 언급되지만, 교육현장에서 이를 구현했는지 여부를 알 수 없다. 그러나 아직도 옛날의 수업방식에서 벗어나지 못함을 통박하는 글들은 찾아볼 수 있다(박은식, 1907). 이를 보면 일부 식자층에서 서당식 문자학습을 극복하고자 하는 의욕이 있었음을 엿볼 수 있다. 그 밖에 '論理의 讀法과 審美의 讀法이 有하니(박붕배, 1987: 202)'라는 등의 기술을 통해서 읽기 지도를, 독해기능과 감상기법으로 나누어 다뤄야함을 이해하고 있음도 알 수 있다.

일제침략기에는 우리 국어가 '조선어'로 천시됨과 더불어, '소학교규정' 제30호에 밝힌 대로 간편한 언어와 문장을 이해하여 실생활에 편리한 정도로만 가르치는 것으로 목표를 제한했다. 그리고 '보통학교규칙(普通學校規則)' 21조에 의하면 가르칠 영역을 발음지도, 읽기 지도, 쓰기 지도, 철자 지도, 말하기 지도 및 어구, 문장지도로 나누고 있다. 그리고 지도방법은 일어과에 준한다고 하면서 교수방침, 순서, 방법 및 교수세목, 교수안 등으로 세분된 좀더 치밀한 교과운영 방안을 보이고 있다. 그러나 실제 교과운영에서는 일어에 비해 반도 안 되는 비중을 두고 엉성하게 취급되었음은 물론이다. 그렇다고 하더라도 모국어교육에 비중을 크게 두는 점과 더불어 교과운영 방식의 치밀한 면에서는 일본인들에게 우리도 영향받은 바가 있다. 그와 더불어 국어과를 국책교과로 취급하여 국어교육의 교육과정 및 교과서편성과 운영에 이르기까지를 중앙에서 통제함으로써 획일화시키는 방식은 그들에게 영향받은 대로 광복 이후에도 우리 교육계에 계속 남아서, 지금까지 부정적인 인습으로 내려오고 있다.

탐구과제

01 우리나라 국어교육사에서 가장 힘들었던 시기를 들고, 그 고비를 극복하기 위한 노력들을 모두 들어보시오.

02 만일 우리 국어교육사에서 일제침략기가 없었다면 오늘날 우리 국어교육의 모습은 어떻게 달라졌을지 기술해보시오.

참고문헌

교육대학 국어교재 연구위원회(1970), 『국어교육』, 신구문화사.
김민수 외(1973), 『국어교육론』, 일조각.
김성배(1958), 『신국어교육론』, 대한교과서주식회사.
문교부(1955), 『국민학교 교육과정』, 교육주보사.
박붕배(1987), 『한국국어교육전사』 上, 대한교과서주식회사.
박은식(1907), "사범양성의 급무", 『西友』 제5호.
이병호(1985), "국어교육변천사연구", 성균관대학교 박사학위논문.
이성호(1948), 『민주주의 국어교수법 강화』, 문교사.
이응호(1975), 『개화기의 한글운동사』, 성청사.
정동화 · 이현복 · 최현섭(1984), 『국어과교육론』, 선일문화사.
최현섭(1985), "開化期 學部發行 國語敎科書의 編纂意圖", 『論文集』 第19輯, 인천교육대학.
홍웅선(1976), 『초등교과과정』, 교학사.
홍웅선 외(1963), 『국어교육』, 현대교육총서출판사.

03장 광복 이후의 국어교육

이 장에서는 먼저 국어교육의 위상이 어떻게 변모 발전되었는지를 살핀 다음, 광복 직후 교수요목기부터 90년대초인 제6차 교육과정기까지는 국어교육의 흐름을 교육과정과 교과서 및 국어 교수 기술로 나눠 기술하기로 한다. 그리고 1997년도 말에 공고된 제7차 교육과정과 2007년도이어 2009년도까지 두 번에 걸쳐서 나온 개정 국어과교육과정은 절을 따로 나눠서 그 변모상황을 종합적으로 기술하고자 한다.

I. 광복 이후의 국어교육의 위상

광복 직후 미군정기에 해당하는 교수요목기에는, 하마터면 잃을 뻔했던 우리말과 글을 되찾은 때였으므로 한글부터 깨치는 것이 국어교육의 지상과제였다. 광복 당시 우리나라 문맹률이 78%에 달했기 때문에, 전 교육계는 한글 깨치기야말로 교육활동의 기초도구라는 공감대를 가지고 한글 보급운동에 총력을 기울일 수밖에 없었다. 이 점은 당시 초등학교 전 수업시수 가운데 30%나 국어수업으로 충당한 것만 보아도 알 수 있다. 미군정기에 만든 '교수요목'과 이 시기에 배당된 국어과 수업시수만 보아도[1] 국어과교육을 교육 제반의 도구요, 구심적인 주체 교과로서 크게 중요시했던 점을 잘 드러내주고 있다.

이렇게 국어교육의 위상을 높인 것은 우리 말과 글을 되찾은 감격과 함께 우리 글을 소중히 익히고 다듬어야 할 필요성을 느낀 까닭이다. 그리고 아직 외래 문화사조에 물들기 전의 순수한 기백과 국민정신이 팽배해 있던 덕분이다. 이런 분위기 속에서 '한글전용법'이 공포되고, 7년을 끈 '한글파동'[2] 속에서도 당시 막강하던 이승만 대통령의 위세를 무릅쓰고

1) 광복 이후 1954년까지 이르는 교수요목기에 국어 수업시수는 다른 과에 비해 3~4배의 시간배당을 받았다.
2) 1949년 10월에 이승만 대통령이 담화문까지 내면서 '한글맞춤법통일안'에 따른 새 표기규정이 어려우니 예전대로 돌아가야 한다고 했으나, 한글학자들이 반대성명을 내며 끝까지 항거하자, 이 대통령이 1955

'한글맞춤법 통일안' 규정을 지켜낼 수 있었다.

그 후 대한민국 정부수립 후 문교부에서는 먼저 미군정기에 서둘러 마련했던 교육시책과 교수요목을 우리 실정에 맞는 것으로 개혁하고자 하는 의욕을 보이다가 6.25전쟁을 겪고 중지되고 말았다. 그러나 전시상황에서도 교육은 끊어지지 않았음을 다음 기록이 입증해 준다.

"(前略) 교외 어떤 산 위에서는 그 전 일본 신사 그늘에서, 어떤 국민학교는 개천가에서, 한 남자 중학교는 산밑 골짜기에서 각기 수업을 받고 있다. (中略) 여학생들은 닭을 치고 계란을 팔아서 학교를 돕는다. 安東에서는 학생들이 흙벽돌로 교사 세 채를 이미 건축하였다. (中略) 다수 학교의 파괴에도 불구하고 한국교육은 前進한다"(이병호, 1985: 47).

이와 같이 전시 하에서도 수업은 이루어졌는데, 이때에도 한글 보급 운동이 중시되고, 이를 통해 국어교육이야말로 모든 교육의 주춧돌 구실을 하는 주요과목임을 인정받아 왔다. 그것은 '전시하 교육특별조치요강' 아래 나온 각 교과목 시간배당표에서 국어과가 평균 35%를 차지한 것만 보아도 알 수 있다.

서울이 수복되고 전쟁의 상흔이 어느 정도 가신 뒤, 1955년도 8월에 1차 교육과정을 제정 공포했다. 이는 우리 손으로 이루어진 교육과정으로 처음이란 점에 의미가 있다. 그 가운데, '국어의 교육과정이 교과와 고립할 수 없으며, 모든 활동과 경험의 대부분을 차지하는 언어활동의 기초가 되어야 함'(문교부, 1955: 13)이란 진술내용이 있다. 이를 보더라도 그때부터 국어과가 도구교과라는 분명한 인식 아래, 국어과의 위상을 크게 두고 있음을 엿볼 수 있다. 아울러 구미의 생활중심, 경험중심의 진보주의 교육사조에 힘입어 국어의 의사소통 기능에 따른 사회 형성의 의의를 중시하고, 이를 바탕으로 실용적인 언어능력 신장에 근거하여 국어교육의 목표를 강조 부각하고 있다. 그리고 이에 근거하여 국어교육의 도구교과적 의의와 중요성을 강조하고 있다.

광복 이전에는 단지 간이한 표현이해의 기능학습 자체에만 목표를 두었던 데 비해, 광복 직후부터 국어교육을 통한 문화창달 및 국민정신 함

년에 그의 주장을 철회한 사건임.

양에의 큰 목표와 이를 향한 기상이 국어교육 현장에서는 하나의 전통으로 살아있었던 것이다. 그 후 4·19와 5·16 이후에 개정된 제2차 교육과정에서도 이런 기상과 지향점이 계속 이어져 왔는데, 이를 바탕으로 국어교육 목표에서 인간형성의 의의를 좀더 강화하면서 1차 교육과정 이후의 경험중심의 진보주의 교육사조를 더욱 다듬어 갔던 것이다.

1968년 국민교육헌장 선포와 10월유신 이후, 3차 교육과정이 개정되었다. 여기서는 지금까지 지켜오던 아동중심 교육에서 국가사회 중심교육으로 전환하는 사회적 분위기를 대변하고 있다. 아울러 국어과 교육도 민족의 정통성을 찾고 국가사회의 가치관을 쇄신하는 데 기초가 되는 교육이란 점에서 그 의의를 강조하고 있다. 아울러 언어사용을 사고차원으로 끌어 올려서 국어교육의 범주와 의의를 더욱 강화하고 있다.

또한 구미의 진보주의 교육사조가 본질주의로 바뀌면서 우리도 그에 영향을 받아 국어 특유의 지식체계로서의 어학과 문학에 관한 내용이 강조 부각되고 있다. 이런 학문중심 국어교육 관점은 '80년대에 들어 개정된 4차 교육과정기에 더욱 강조된다. 곧 언어지식과 문학을 각각 별개의 영역으로 교육과정에 설정해 둔 것이다. 이렇게 국어 관련 기존 학문에 바탕을 둔 언어지식과 문학영역을 강조함으로써, 국어 고유의 내용에 입각한 지도내용의 범주를 명시하고 있다.

그러다가 구미의 인지심리학의 성과가 소개되면서 1987년에 개정한 5차 교육과정부터는 학문중심의 국어교육 관점에서 기능중심의 국어교육관으로 바뀐다. 이 변모를 통해 국어교육은 언어사용 기능 신장을 핵심으로 하여 독자성과 체계성을 꾀하게 된다. 아울러 국어교육에서 언어를 수행하는 학습자의 주체성과 실제적 활동과정과 이를 위한 효과적인 전략추구가 중시된다. 그리고 이런 언어사용 과정이 사고력신장과 불가분의 관계에 있다는 점을 바탕으로 국어교육과 사고력신장과의 긴밀한 관계가 인식되면서 국어교육의 도구교과적 의의는 더욱 보강되어 간다.

이러한 국어교육의 특징과 위상은 '90년대초에 개정한 6차 교육과정에서 언어사용에 관한 원리학습과 전략을 강조하는 것을 통해 더욱 보완되고 다듬어진다. 그리고 6차 교육과정 서두부터 기존의 국어교육 관점과 이론 가운데 어느 하나에 매이기보다 이들 모두를 우리 실정에 맞게 종합적으로 수용하고자 하는 의지도 보인다.

그리고 '97년도 12월에 개정한 7차 국어과 교육과정은 초중고를 구분하지 않고 국민공통기본 교육기간 10년을 하나의 단위로 삼아 일원화할 뿐 아니라, 심화·보충형의 구조를 바탕으로 수준별 교육과정의 특성을 드러내 보인 것으로 일신된다. 곧, 학습자를 중시하여 개개인의 수준에 적절한 교육과정 운영이 되도록 하려는 지향점을 보인다.

결국, 국어과교육은 광복기를 지나 1차 교육과정기부터 기초 도구교과로서의 특성과 의의를 인정받아온 셈이다. 그러다가 3차 교육과정부터 서서히, 그리고 5, 6차 교육과정에서 더욱 분명히, 문식성과 더불어 사고력 신장요소가 국어과의 도구교과로서의 의의를 더욱 크게 하고 국어교육의 위상을 높이는 요소로 부각되고 있음을 알 수 있다. 또한 교수·학습 대상인 지식이나 능력 자체보다 교수·학습 주체인 학습자요인과 그 수준을 더 중시해가는 경향을 인지할 수 있다.

Ⅱ 광복 이후의 국어교육과정

(1) 교수요목기(蘇生期)

광복 직후 미군정청(美軍政廳) 학무국에서는 '조선 새교육 지침'과 '교수요목(敎授要目)'을 고지했다. 교수요목의 서두에는 국어과 일반목표를 기술한 '교수요지'와 구체적 목표를 기술한 '교수방침'이 있다. 이어서 '교수사항'에는 국어과 지도내용을 말하기, 듣기, 읽기, 짓기, 쓰기의 5대영역으로 구분하여 명시해 놓고 있다. 교수요목 말미에는 '교수의 주의' 항목을 달고서 국어과의 지도방법에 대한 것을 언급하고 있다. 여기서 특기할 사실은 가치관교육과 병행할 뿐 아니라 다른 교과와도 통합적으로 지도하기를 권장하는 점(이병호, 1985)이다. 그 밖에 지도영역을 짓기(作文)과 쓰기(書寫)로 나누어 강조하고 있다는 점과 듣기 영역이 다른 영역에 비해 소홀히 취급되고 있는 경향도 지적할 만하다.

(2) 1, 2차 교육과정기

이 시기 교육과정은 구미의 진보주의 교육사조에 영향을 받아 생활과 경험을 중요시하는 교육과정이란 점에 그 특징이 있다.

1955년도에 제정 공포된 1차 교육과정은 체제가 '국어교육의 목표→영역→학년 지도목표→학습지도 방법'순으로 되어서, 교수요목보다 좀더 정비된 모습을 보인다.

초등학교에서는 주로 일상생활에 필요한 언어기능을 익히고, 기본적인 언어습관과 태도를 기르는 데 초점을 둔 목표를 진술하고 있다. 이것은 홍웅선의 지적대로 '지식을 부여한다거나 이해력을 길러줌으로써 연역적으로 언어기술을 숙달하려고 한'(홍웅선, 1976: 78) 지금까지의 국어교육의 결점을 극복하고, 진보주의 교육사조의 영향 아래 도구교과로서의 국어교육의 위치를 새로이 하고 있다. 국어교육 목표도 경험중심으로 진술되고 있다. 국어목표 28가지를 음성언어 · 읽기 · 쓰기 영역별로 나누어 열거하고 있는데, 그 가운데 음성언어 영역과 관련된 것만 따로 들어보면 다음과 같다(문교부, 1955: 15~18).

① 일상 회화를 끝까지 정확하게 듣는다.
② 남의 이야기를 찬찬히 듣고 판단한다.
③ 표준이 되는 말을 사용한다.
④ 여러가지 형식의 인사를 한다.
⑤ 경어를 분간해서 쓴다.
⑥ 속어(俗語)와 비어(卑語)를 피하고 품위 있는 말을 한다.
⑦ 토의와 회의에 참여한다.
⑧ 의견과 연구를 발표한다.
⑨ 라디오, 영화, 연극에 취미를 갖는다.

이상과 같이 목표 진술도 일상생활에 필요한 국어사용 기능 및 태도 함양을 지향하되, 학습자의 언어활동 범위 안에서 아주 구체적으로 제시하고 있음을 알 수 있다. 그리하여 이를 구현하기 위한 교과서도 종래의 계통적 학습을 위주로 한 교과학습 배열을 버리고 생활중심으로 단원화하고 있음을 볼 수 있다.

1963년에 개정된 2차 교육과정도 1차 교육과정을 거의 그대로 이어받고 있다. 그래서 체험을 통한 국어사용 기능신장을 중시하고 일상생활에 기여하기 위한 실용적 목표를 지향하고 있다. 교육과정의 체제나 내용면에서도 거의 다를 바 없다. 다만 교육과정의 구성을 '개정의 요점, 일반목표, 학년목표, 지도내용, 지도상의 유의점'으로 나눔으로, 좀더 논리적이고 체계있는 진술형식이 되도록 다듬었다는 정도의 차이를 들 수 있다. 그리고 4개 항으로 간추린 일반목표에 대하여 그 설정이유를 '국어의 기능이나 이해를 통해서 바람직한 인간성을 형성하는 데 궁극의 목표가 있음을 명백히 하여야 된다는 것이다(이희복, 1962: 12)'라고 밝힌 데서도 나타나듯이, 국어교육의 궁극목표를 높여서 인간형성을 향한 가치목표로 하고 있다는 점에 차이가 있다.

그러나 정작 이를 구체화한 27개 목표는 1차 교육과정과 대동소이하고, 그 가운데 특별히 가치목표와 관련된 것은 찾아볼 수 없다. 학년별 목표는 1차와 마찬가지로 말하기 · 듣기 · 읽기 · 쓰기 영역별로 들고 있는데, 1차 때는 이해 · 기능 · 태도로 구분하여 모두 160여개 항을 든 데 비해, 2차 때는 여기에 노력점을 추가하여 모두 220여개 항이나 든 것도 서로 달라진 점이다.

그 밖에 한글전용 실시에 따라 한자교육을 거의 폐지한 것과 학교문법 통일안을 확정하여 실시토록 한 점 등을 차이로 들 수 있다. '지도상의 유의점'에 언급한 지도방법면에서는 1차의 단원학습을 강화하되, 언어경험을 바탕으로 한 종합적인 지도와 지역성과 학습자의 특성을 고려한 충실한 언어경험 수업이 되도록 보완하고, 강조하고 있음을 알 수 있다. 결국 1차 국어과 교육과정이 진보주의 교육사조에 바탕을 둔 경험주의 교육과정의 특성을 지녔다면, 2차에서는 이를 계속 유지 강화하면서도 거기에 인간형성 교육의 측면을 보완했다는 점을 주요 특성으로 들 만하다.

(3) 3, 4차 교육과정기

1973년에 개정한 제3차 교육과정은 경험주의 교육사조에 바탕을 둔 1, 2차 교육과정을 받아들이면서, 그 위에 본질주의 교육사조를 어느 정도 감안한 것이다. 또한 우리나라 국어교육의 이념과 목표를 모색하고 정립하고자 한 노력이 드러난다. 그것은 3차 교육과정의 3대 기본정신 가운데 '국민적 자질의 함양'이란 항목을 통해서도 엿볼 수 있다. 나머지 기본정신으로 '인간교육의 강화', '지식기술 교육의 쇄신'도 있는데, 이들이 3차 국어과 교육과정에서 구현된 면모는 교육내용 선정에서는 학문중심 교육과정에서 강조하는 각 교과의 기본개념이 중시되었고, 교육방법에서는 발견과 탐구학습을 강조한 점이다(곽병선, 1982: 158)라고 곽병선이 지적한 대로다. 3차 교육과정 체제는 '목표, 내용, 방법'의 3분법으로 되어 있어서 1, 2차에 비해 더욱 체계화된 셈이다.

이 가운데 '목표'항은 '일반목표'와 '학년목표'로 나누어 상술하고 있다. 4개 항으로 정선된 '일반목표'는 앞서 진술한 3대 기본정신을 바탕으로 개인적인 면에서의 자아실현 및 사회적인 면에서의 민주적 가치실현에 강조점을 두고 있다. '학년목표'는 각 학년마다 말하기 · 듣기 · 읽기 · 짓기 · 쓰기의 5대 영역별로 한 항목씩 구체 행동목표를 제시하여 모두 30개 항을 열거하고 있다. 목표의 학년별 위계는 '기초적 태도, 기초적 기능, 초보적 기능, 초보적 기능의 발전, 기능의 충실, 응용기능'으로 삼았는데 다소 작위적이고 막연하여 실제 의미를 명시하지 못하는 한계점이 보이기도 한다.

3차 교육과정의 '내용'항은 2차 교육과정에서 상세화시켜 열거한 222개 학년목표를 다듬어서 여기에 수록해 놓은 셈이 된다. 이 내용은 다시 '지도사항', '주요형식', '제재선정의 기준'으로 구성되어서 면밀하게 계열화되어 있다. 예컨대 3학년에 해당하는 지도사항으로 '어법에 맞게 말하기'를 지도하려면 3학년의 주요형식 가운데 설명문, 편지글, 생활감상문 등의 형식에서 선정해서 가르칠 수 있다. 이때 글 주제가 되도록 국어애(國語愛)를 돈독히 하는 것으로 고른다면 그것이 바로 '제재선정의 기준'이 되는 셈이다. 이때 제재선정의 기준으로는 대체로 국가애, 문화애, 자유애, 반공민주 정신, 사고력, 창의력 및 정서순화 등 19개 항이 있다.

3차 교육과정에서 '방법항'은 '지도상의 유의점'이라 하여, 주로 지도 방법상의 대체적인 방향을 14개 항에 걸쳐 제시하고 있다. 개괄적인 진술 가운데도, 글씨쓰기의 용구선정에 관한 지도방법까지 상세히 기술한 것도 있다. 그리고 말하기, 듣기, 읽기, 쓰기의 통합적 지도와 국어순화 강조 등 2차 교육과정과 연속된 경향도 보인다. 그러나 국어사용 기능신장과 가치관 교육의 조화를 도모하는 점들에서 3차 교육과정의 개정방향을 드러낸 부분도 있다.

1981년말에 개정된 4차 국어과 교육과정은 3차 때의 학문중심의 국어교육 관점과 가치관교육을 더욱 세련되게 다듬어 놓았다. 곧 기본방침 가운데 하나로 '국어과 특성의 명료화'라는 개정의 기본방침을 내세워서 문학교육 및 언어지식 교육을 독립항으로 부상시켰다. 그 결과로 국어과 내용을 언어기능, 문학, 언어지식의 3대 영역으로 명시해 놓음으로, 소위 국어과 교육의 고유성을 강조한 대신 가치관 교육은 폭을 줄이고 내면화시켜 놓은 셈이다. 곧 교육과정에서 문학과 언어영역을 위해 별도의 목표와 내용을 설정하여 중시한 대신 소위 '국민정신교육'의 내면화를 위해, '지도상의 유의점' 항목 안에다가 교과서의 제재 선정기준을 명시하는 항목을 따로 두고 있다.

학년목표도 3차 때의 작위적인 목표위계를 벗어날 만큼 좀더 구체성을 띤 진술을 하고 있다. 그러나 개중에는 지도내용 항목 가운데 대표적인 것 하나를 골라 목표로 진술하는 식이 되어서 목표와 내용간의 논리적 위계면에 나타나던 문제점을 벗어나지는 못했다.

학년 지도내용은 3차 때의 내용구성의 3요소 가운데 '지도사항'만을 중심으로 선정 조직했다. 3차 때 383개이던 지도사항 가운데 205개만을 정선하였다. 그리고 3차 교육과정까지는 평가에 관한 내용을 다루지 않았는데, 4차부터는 '지도 및 평가상의 유의점'이라 하여, 맨끝에 평가항목을 덧붙여서 교육과정의 체제를 좀더 잘 갖추고 있다는 점도 들만하다.

4차 교육과정에서 초등학교 경우에 특기할 일은 1, 2, 3학년 국어과 수업시수를 한 시간 늘린 것으로, 문식성에 바탕을 둔 도구교과로서의 국어의 의의를 인정하여 보강했다는 점이다. 그리고 1, 2학년의 도덕, 사회, 국어과를 통합하여 '바른생활'이라고 명명된 통합교과 운영의 길을 열어 놓았다는 점이다.

(4) 5, 6차 교육과정기

1987년에 개정 공포된 5차 교육과정기부터는 국어과 교육과정에 적잖은 변화를 보인다. 그 변화를 뒷받침한 것들 가운데는 구미에서 70년대 이후 각광을 받기 시작한 인지심리학의 연구성과와 화용론(話用論) 관점에서 언어를 보는 시각들에서 온 영향을 들 수 있다. 인지심리학의 주된 관점은 언어사용 결과로 나온 문장 자체의 내용보다 사람이 언어를 사용하면서 뜻을 해독, 해석하고 이를 정리하여 언어화하는 머리속의 현상에 더 관심을 두고 언어현상과 사고현상과의 관계를 중시하여 살피는 것이다. 화용론 관점에서 언어를 보는 시각이란 언어를 단순히 객관적 구조체계로 보기보다 화자와 청자간의 현상이요, 의사소통의 수단으로 보는 관점이다. 그러니까 관심의 대상도 언어 자체가 아니라 의사소통 과정 및 그에 미치는 모든 요인(화자, 청자, 상황, 매체, 메시지)으로 폭을 넓힌 셈이다. 교육과정 입안자들은 바로 이런 경향을 '기능중심 국어교육관'이란 명명으로 정리하여[3] 기존의 국어교육 개념과 차별을 두면서 다음 몇 가지 점에서 새로움을 드러낸다.

우선, 국어교육의 난체계성을 극복하고 국어과 나름의 독자성을 분명히 한다는 관점에서 국어교육과정 목표를 언어사용 기능신장으로 일원화하고 있다. 그리고 이를 구현하기 위하여 4차 교육과정에서 '표현 · 이해' 영역 속에 묶어두었던 말하기 · 듣기 · 읽기 · 쓰기를 풀어서 각각 독립된 주요 영역으로 설정하였다. 따라서 언어, 문학영역과 더불어 6대 영역으로 교육과정을 구성하고 있다. 학년별 목표는 1년씩 6단계로 벌이는 대신 발달심리학의 성과에 맞춰 저 · 중 · 고학년에 맞게 '언어활동에 즐겨 참여하기→내용의 정확한 선정과 조직→목적과 상황을 종합적으로 고려한 효과적인 언어사용' 순의 나선형식 순환적 위계를 이루게 했다.

그리고 국어과 각 영역의 지도내용도 되도록 국어과 교수학습의 주체를 학생이 되게 하여 언어사용 기능을 직접 익히는 기회를 가질 수 있게 할 뿐 아니라, 언어사용의 결과보다 과정을 중시하는 학습이 되도록 배려하고 있다. 곧 지식전수의 학습보다 학생이 언어와 사고를 상호 연결짓는 활동에 직접 참여할 수 있는 학습내용이 되도록 강조하고 있다. 또한 교

3) 노명완 외(1988)의 제1부 1장, 3장에 잘 드러나 있다.

육과정 자체의 논리적인 체계성보다는 교과서 제작 및 교육과정 운영 및 평가에 실질적인 도움을 줄 수 있는 좀더 실용적인 문서로서의 성격을 지향하는 경향을 보인다.

이처럼 5차 국어과 교육과정이 기능중심 국어교육관에서 언어사용기능과 도구교과로서의 실용성을 강조한 점에 대하여 일부로부터 반론이 있었다. 그 가운데는 '기능중심 국어교육관'이 사고력과 무관한 손끝 재주로만 여기는 오해에서 비롯된 것도 있다. 그러나 5차 교육과정이 국어과의 독자성을 확보한다는 입장에서 기존의 태도, 가치관적 측면까지 배제한 면이 있는데, 이 점은 비판의 여지가 있다고 본다. 국어의 특성 가운데 언어예절을 중심으로 한 가치관이 상존하고 있고, 국어사랑과 민족애를 함양하는 측면이 잠재해 있는 이상 국어교육에서 이들을 전혀 무시할 수는 없다고 보기 때문이다.

1992년에 개정 공포된 제6차 국어과 교육과정에서는 5차 교육과정의 미비한 점을 보완하고 기존의 여러 국어교육 관점을 포용한다는 관점에서 새로운 교육과정을 입안하고 있다. 그러나 기본노선은 5차와 대동소이하다.

5차와의 공통점으로는 인지심리학의 성과를 토대로 언어사용 과정에 내포된 인지적 측면에 주목하고, 화용론 관점에서 언어사용 기능에 관한 개념의 폭을 넓혀 놓았다는 점과 교육과정 자체의 논리적인 체계성보다는 실용적인 문서로서의 성격을 지향하고 있다는 점을 들 수 있다. 그러나 6차 국어과 교육과정 나름으로, 주로 기술체재상의 차이점이 보이는데 개조식으로 정리하면 다음과 같다.

첫째, 국어교과의 일반적인 성격을 규정하는 내용을 특별히 강조하여 전례없이 서두에 독립된 항으로 내세운 점이다. 본래 '국어과 교육과정 개정의 기본방향 및 중점사항'에서는 기존의 국어과 교육을 보는 관점을 '기능중심', '학문중심', '언어사용과 문학의 이원론적 관점' 등으로 분류한 뒤 이를 통합적으로 수용하여 국어과 교육의 성격을 규정하려는 의욕이 표명된 바 있다. 국어교과의 성격을 규정한 이 항목에는 바로 이런 절충 또는 통합에의 노력이 문맥 가운데 어느 정도 엿보이고 있다.

둘째, 국어교과의 '내용체계' 항을 따로 신설하여 말하기 · 듣기 · 읽기 ·

쓰기 · 언어 · 문학의 각 영역별 교수 · 학습 내용을 일목요연하게 체계화하려고 애쓴 점이다. '내용체계' 항은 각 영역에 대한 '본질', 그 기능을 익히기 위한 절차적 지식 또는 방법적인 '원리' 및 이에 따른 체계적인 연습의 '실제' 순으로 구성되어 있다. 곧 효과적인 기능 연마를 위해 본질에 관한 지식, 원리 등의 인지적 측면을 보강한 점에서 5차와의 차이점이 드러난다. 그리고 이러한 체계화는 국어과에서 다루어야 할 내용의 범주와 구조를 어느 정도 명시하여 짜임새있는 교과서 편찬과 합리적인 교육과정 운영에 좀 더 실질적인 도움을 주도록 꾀했다는 점에서 의의가 있다.

셋째, 학년별 목표진술을 생략하고 그 대신 '학년별 내용'을 도착점 행동형으로 진술하여 목표에 준하는 성격을 띠게 했다는 점이다. 그리하여 그동안 학년별 목표와 내용간의 논리적 위계성면에서 매끄럽지 못했던 점을 극복하려 한 점은 이해되나, 막연한 목표형식의 진술이 때로 교과서 편찬 등에 실질적인 도움을 줄 실용성에의 지향에 어긋나고, 5차 때의 활동자료적 진술흔적이 남는 등의 구석도 엿보인다.

넷째, 학년별 내용을 진술하는 데 인지적 요소, 기능적 요소, 정의적 요소(태도, 가치관)로 나누어 체계화를 꾀하고 있다는 점이다. 예컨대 말하기의 경우 '말하기의 본질'이란 소제목을 달아 인지적 요소를 명시했고, '말하기의 원리와 실제'라는 소제목 아래 주요 기능과 정의적 요소들을 담아 놓았다. 여기서 5차에 비해 기능연마를 위한 절차상의 원리에 대한 인지적 요소 및 기능활용과 관련되는 태도, 습관, 가치관 등의 정의적 측면이 강조되고 있음을 알 수 있다. 이는 국어교육 내용이 지식, 기능에 편중될 여지를 방지하고 학생의 전인적 성장을 돕도록 하는 데 기여할 수 있다고 본다.

다섯째, 5차 교육과정에서는 교수·학습 방법과 평가에 관한 사항을 '지도 및 평가상의 유의점'이란 장(章) 속에 몰아서 개괄적으로 다룬 데 비해, 6차에서는 '지도'와 '평가'라 하여 별개의 장으로 나누어 좀더 상세히 진술하고 있다는 점이다. '지도'항목을 통해서는 바람직한 교과서 및 자료의 선정과 제작에 대한 방향을 제시했고, 좀 더 이상적인 교수·학습 계획 등에 대한 지향점을 진술하면서 '직접교수법의 원리'등을 예시해 보이기까지 했다. '평가'항목도 이를 다시 목표와 방법으로 나누어 여러 가지 기본원칙을 명시하고, 방법면에서는 영역별로 평가방법의 예까지 들며 좀 더 상세한 설명이 되도록 노력한 흔적이 엿보인다.

Ⅲ 광복 이후의 국어교재

(1) 교수요목기(蘇生期)

광복 직후 '조선어학회'에서는 우리말 교과서를 시급히 만들어야 할 필요를 통감하고 '국어교과서 편찬위원회'를 만들었다. 그리고 국어교재를 편찬하여 반년 남짓 되는 동안에 『한글첫걸음』과 상 · 중 · 하 3권으로 된 『초등국어교본』, 『중등국어교본』 및 교사를 위한 『한글교수지침』을 만들어 군정청 학무국에 기증하는 형식을 거쳐 일반 교과용도서로 쓰게 하였다.

『한글첫걸음』은 당시 한글보급에 큰 몫을 한 책으로 약 50쪽짜리 초기 한글교습용 책자이다. 이것은 각급 학교 학생용과 일반인용을 구분하여 만들었는데, 41과로 된 학생용 교재는 주로 자모식 지도법을 바탕으로 편찬했다. 대부분의 과가 자모를 배합하여 음절이 되는 방식과 그 용례를 드는 형태로 구성되고, 뒤의 몇 과만 동시 · 우화 · 감상문 등의 읽을거리를 실어서 앞서 배운 문자를 익히도록 배려했다.

『초등국어교본』은 초등학교 어린이를 저 · 중 · 고학년의 3단계로 나누어 각각에 해당하는 상 · 중 · 하 3권으로 되어 있다. 상권은 주로 한글 해득에 초점을 둔 것인데, 『한글첫걸음』과 같이 한글을 자모식 지도법으로 가르치도록 편찬되어 있다. 중 · 하권은 설명문 · 동요 · 전기 · 언어교재 등과 같은 문종별로 과(課)를 구성하고 있는데, 각 과마다 따로 연습문제를 달지 않은 채 독본형태로만 되어 있다. 한정된 조선어학회회원들이 한정된 시간과 여건에서 응급조치로 만든 것이지만 잘된 점이 더 드러나는 것은 당시 저들의 국어와 국어교육에 대한 애정과 사명의식이 뛰어난 결과임을 알 수 있다.

그 후 1948년에 나온 『초등국어』부터는 국정교과서로서의 규모를 어느 정도 갖추기 시작한다. 학년별로 나왔는데, 1학년용 『초등국어』[4]는 기존

4) 『초등국어』 1-1을 일명 '바둑이와 철수'라고도 부른다. 단어식, 문장식지도의 효시가 되었다.

의 자모식 지도법 대신 단어, 문장식 지도법을 택하여 '시각어휘식(視覺語彙式)' 방법을 강조했다. 그리고 6학년까지의 『초등국어』 체제는 모두 생활중심의 단원으로 편성했다. 또 언어사용 기능계발이 가능한 다양한 제재를 학생의 흥미와 발달수준에 따라 폭넓게 쓰고 있다. 곧 과거의 주입식·획일적인 방식을 벗고, 미국의 듀이의 진보주의 교육사조에 영향을 받아 생활중심, 학생중심으로 편수한 것이다.

6·25전쟁이 발발하자 잠깐 선보인 『전시생활』, 『전시독본』 같은 초중등용 전시교재(戰時敎材)에도 위의 편찬방식은 지속된다.

1952년 이후부터는 『국어』 교재가 매학년 학기별로 나오는데, 앞서 나온 『초등국어』보다 더 다듬어져서 1학년 교재에는 권말에 새로 나온 낱말들을 들고, 3-1 교재 권말에는 교수상의 유의점을 제시했다. 그리고 4학년 이상의 교재부터는 각 단원별로 3-5항 정도의 학습문제를 제시해서 지도요점을 밝혀주고 있다.

(2) 1, 2차 교육과정기

1955년 우리 손으로 처음 만든 교육과정이 공포된 뒤, 이를 구현하기 위해 발간한 국어교재는 다음과 같은 특징들이 있다.

지금까지의 단원중심 편성을 더욱 발전시켜서 생활중심 학습을 더욱 강화할 수 있도록, 3학년 교과서부터는 소단원제를 대단원제로 바꾸었다. 단원의 구성도 '생활을 위주로 하는 단원', '기능을 위주로 하는 단원', '국어순화를 위주로 하는 단원' 등으로 구분할 만큼 경험과 실용성을 중시했다. 그래서 계통적인 개념중심의 교과학습 구성체재보다는 아동의 흥미중심의 활동위주로 단원을 짬으로써 생활과 경험을 토대로 한 이해와 기능의 확충을 꾀하도록 하였다. 그리고 교과서 제재선택에서 저학년에는 생활문을 많이 싣다가 고학년으로 갈수록 글 종류를 늘이면서 설명문과 논설문의 단원비중을 키워갔는데, 이 점에서, 학년간의 위계를 어느 정도 배려하여 편찬한 흔적도 보인다. 또 3학년 교재부터는 대단원 말미에 2~3항의 총괄문제를 두고 소단원 말미마다 3~8항의 학습문제를 두어서, 언어사용 기능을 골고루 계발하도록 배려하고 있다. 그러나 세부사항에서 음성언어 기능보다 읽기기능에 더 치중되고 있다는 일부 비판의 소리도

들을 만하다(이병호, 1984: 95). 이 시기에도 각 교재의 말미에 '지도하시는 분에게'라는 항목을 마련할 뿐 아니라, 『교사용지도서』를 따로 제작하여 단원마다 지도상의 지침을 제시했다.

2차 교육과정기에 들어와서는 4 · 19 후의 민주화 바람을 타고 국어교과서도 국정에서 검인정교과서로 바꾸자는 의견이 있었으나, 제3공화국이 들어서면서 무산되었다. 그리고 국어교과서는 1차와 마찬가지로 대단원제를 택하였다. 두세 단원마다 한두 쪽 분량의 '공부할 문제'를 넣어서 본문내용을 다시 익히고 평가할 수 있도록 한 점도 같다. 그리고 교과서 권말에는 부록형태로, 1학년의 경우 '새로 나온 낱말'을 넣고, 4학년부터는 '한자말 찾기'를 넣어 본문에 노출된 한자의 색인으로 사용할 수 있게 하였다. 내용상에서 특기할 점은 전기문 제재를 교과서 전체 40% 정도나 실어서 가치관 교육에 기여하고자 했다는 점이다.

1969년 9월에 '교육과정령 중 개정령'이 공포되어 초등학교에서의 한자 지도를 없애게 한 뒤에는 1차 교육과정기 이후 4학년 이상의 국어교과서 본문에 교육한자 600자 범주 내에서 괄호 안에 병기시켜 왔던 한자를 모두 없앴다. 그리고 1968년 이후에 '쓰기'와 '글본' 교과서를 펴냈다. 이것은 당시 학생들의 글씨쓰기 실태를 수집 분석한 연구결과(강윤호 외, 1967)를 바탕으로 하여 국어교과서의 단원구성에 따라 만든 것인데, 각 단원 학습과정에서 주로 글씨쓰기와 글짓기 요소를 따로 모아서 교과서의 빈칸에 직접 써보게 하는 형식으로 만든 보조교과서이다. 학년별, 단원별로 안배하여 모범적인 글씨체를 경필형태로 인쇄하였다는 점을 특징으로 들 수 있다. 이 시기에도 교사용 지도서가 '국민학교 학습지도지침'이란 이름으로 나왔는데, '편찬취지-지도목표-지도내용-단원별 지도해설'의 순서와 체제로 구성되어 있어, 1차 때의 지도서보다 더 짜임새를 보인다.

(3) 3, 4차 교육과정기

3차 교육과정기의 국어교과서부터는 기존의 교과서 분석연구 결과(문교부, 1969)와 학계에 위탁한 '우리말 문형에 관한 연구'(문교부, 1971) 결과를 토대로 했고, 실험용 교과서를 가지고 한 학기 실험연구한 결과(문교부, 1972)를 반영하여 편찬했다는 점에 특징이 있다. 2차 때와 같이 대단원 체재로 하되, 단원구성의 기준에는 생활중심 외에 글의 형식(문종)에 따른 방식도 첨가시켰다. 2차 때의 '쓰기'와 '글본' 교과서도 '쓰기'로 명칭을 통일하여 발행했는데, 1978년 이후에는 1교과 1교과서 정책에 밀려 폐기되었다. 교과서의 제재선정과 운영면에서는 한국적 주체의식과 가치관 교육에 관한 배려를 많이 했다는 점과 '공부할 문제'를 문형의 단계적 지도 등으로 좀 더 체계화시키고 내용도 확장했다는 점들을 특징으로 들 수 있다. 이 시기에 '국민학교 교사용 교과용 도서'라는 명칭으로 발행된 교사용 지도서는 2차 때의 단순한 지도 지침서의 성격 외에, 교재내용을 좀더 상세히 설명하는 교재해설서의 구실을 하고 있다.

4차 교육과정기에는 문교부에서 처음으로 연구기관인 한국교육개발원에 위탁하여 국정인 국어교과서를 개발하였다. 그리고 1, 2학년은 국어, 도덕, 사회를 합하여 '바른생활'이라는 통합교과서를 만들어 운영했다. 이것은 아직 미분화된 저학년 아동의 발달단계에 부합된 것으로 교과간의 중복을 피하고 다양한 경험을 주는 가운데 언어능력의 기초학습을 익히도록 한 것이다. 그러나 현장에서는 이 통합교과의 기본정신을 충분히 살리지 못하고 운영하다 보니, 도리어 문자해득 등의 기초언어 기능을 숙련하기에 부실한 교과서라는 비판을 받았다. 여기서 우리는 또한 교육과정을 비롯하여 모든 교육계획이나 현장의 준비도가 부실한 상태에서 교과서만 통합교과로 운영하도록 체새를 반든나고 한들 제대로 이루어질 수 없다는 점을 배우게 된 것이다.

3학년부터의 국어교과서의 단원은 주로 글의 종류(문종)를 중심으로 구성했는데 학년이 올라감에 따라 생활문, 동화, 전기문, 설명문, 논설문을 제재로 한 단원들을 많이 수록한 경향이 보인다. 그리고 4차 교육과정부터 '문학' 영역을 독립분야로 강조한 바대로 교과서에도 문학영역이 강조되어서 동화단원, 아동소설단원, 시단원, 극본단원으로 분류하여 게재되어 있다.

국어교과서의 각 단원들은 본문 말미마다 '본문공부'를 넣어서 본문학습의 길잡이 구실을 하게 했다. 이 안에는 '더 생각해보기'를 넣어서 사고력 신장에 도움을 주도록 했고, '알아두기' 항목을 넣어서 문종에 따른 글 형식의 특징과 이를 이해 감상하기 위한 기본지식을 다루고 있다. 단원 말미에는 이 외에도 말 익히기, 글짓기, 글씨쓰기 등의 항목을 마련해서 언어사용 기능신장도 배려하고 있다.

이 3, 4차 교육과정기의 그 밖의 특징으로 국민정신 교육을 고려하여 교육법과 국민교육헌장을 토대로 한 '제재선정기준'을 교육과정에 둠으로써 교과서 제재내용을 통한 가치관 교육도 배려하고 있다는 점을 들 수 있다.

(4) 5, 6차 교육과정기

이 시기의 가장 큰 특징은 지금까지 내려온 1교과 1교과서 정책을 버리고 한 국어과에 세 교과서를 발행했다는 점이다. 그것도 언어사용 기능을 지상의 목표로 강조한 5차 교육과정기 답게 '말하기·듣기', '읽기' 및 '쓰기'와 같이 각 영역별로 분책하여 냈다는 점이다. 이때에도 한국교육개발원에 위탁했는데, 4차와 마찬가지로 사전 조사연구 및 실험용 교과서를 통한 실험연구를 제대로 거쳐서 만들었다. 이번에는 교육과정에 제시된 각 언어사용 기능의 목표 중심으로 단원을 짜다보니 소단원제로 되었다. 다만, 한정된 인력으로 그 많은 책을 다 편찬하기 힘들어서 1, 2, 3학년만 교육개발원에서 만들고, 4, 5, 6학년 교과서는 '말하기·듣기' 교재를 서울대 어학연구소로, '읽기'를 서울교육대학으로, 그리고 '쓰기'를 인천교육대학으로 나눠 맡겼다. 그러다 보니 4, 5, 6학년의 영역별 교과서들은 각기 맡은 기관의 개성과 취향에 따라 단원을 따로 정하고 각각의 방식대로 운영하도록 편찬했다. 예컨대 말하기 · 듣기 교과서를 맡은 서울대 어학연구소에서는 특히 자모의 발음을 강조하여 거의 단원마다 제시하고 있다. 따라서 다른 영역의 교과서와 자연스런 연결도 안 되고 세 교과서를 통한 조화로운 운영을 하기 어렵게 만들었다. 특히 영역간의 통합적 지도를 해야 할 부분이 근본적으로 차단되는 결과를 가져왔다. 그러나 그 동안 소홀히 취급되었던 음성언어 영역과 쓰기 영역에 관한 교수 · 학습이 활성화되는 데는 도움이 되었다.

각 단원의 구성을 보면 첫면에 도입단계로서의 단원의 목표확인 및 동기유발을 줄 만한 삽화자료 등을 제시하고 있다. 그리고 이어서 한단원에 두세 가지의 학습활동 자료를 제시하여 학생 스스로 참여하여 활동할 수 있도록 했다. 그리고 각 단원의 말미에는 그 단원의 목표기능을 정착시키고 평가해주는 활동과 과제를 부가하고 있다. 그리하여 교사의 일방적인 지식주입보다는 학생의 직접참여를 통한 언어수행과정을 중시하는 교과서가 되도록 했다.

1학년의 '읽기' 교과서에는 5단원부터 본문 중에 기본음절표를 부분적으로 제시하기 시작하였다. 이 기본음절표를 교과서에 선보인 것은 4차 교육과정기의 1학년 교과서에서부터 비롯되는데, 5차에 와서 이를 더욱 보강하여 제시한 것이다. 이로써 4차 교육과정에 이어 5차 교육과정에 이르러 초기 문자해득 지도방식으로 음절식 지도법과 단어 문장식 지도법을 겸한 절충식 지도방법을 더욱 잘 다듬어 제시하고 있다.

이런 절충식 지도방법은 교과서의 영역별 교재편찬 및 목표중심의 단원구성 방식과 더불어 6차 교육과정기에도 그대로 이어진다. 그것은 5차와 같이 6차에서도 한국교육개발원이 교육부로부터 위탁을 받아 조사연구·편찬의 전체를 수행했기 때문이기도 하다.

다만 달라진 점은 4, 5, 6학년 교과서를 타 기관에 위임하지 않고 교육개발원에서 도맡아서 만들었다는 것과, 5, 6학년 교과서부터는 교과서를 둘로 나누어 '말하기 · 듣기 · 쓰기' 교과서와 '읽기' 교과서로 만들었다는 점이다. 그리하여 각 영역간의 유기적인 통합지도를 좀더 강조하여 꾸미도록 했다는 깃이다.

Ⅳ 광복 이후의 국어교수 기술

(1) 교수요목기(蘇生期)

이 시기는 한글 해득지도를 지상의 과제로 삼았던 시기답게 한글의 서법과 맞춤법 위주의 교육을 하였다. 아울러 이때의 교수 기술면의 주된 관심도 문자지도법이었다. 광복 직후의 문자지도 이론은 자모식 지도법이 중심을 이루었다. 반절식(半切式) 지도법은 일본의 음절문자에는 어울리지만, 24자모로 된 한글에는 자모식 지도법이 좀더 적합하다는 것이다(이호성, 1948: 36). 그러다가 1948년 정부수립 이후부터는 미국의 진보주의 교육사조와 문자지도 방식의 영향을 받으면서, 의미중심의 시각어휘식 지도법이 주류를 이루게 된다(홍웅선, 1963: 2~25). 그러나 자모식 지도법은 『성인용 한글첫걸음』(합동도서, 1949)에서도 보듯이 그 후에도 성인을 위한 지도법으로 계속 남아 이어진다.

(2) 1, 2차 교육과정기

이 시기는 듀이의 교육사조 영향 아래 학습자의 경험을 중시하여 교과서도 생활 중심의 대단원제를 택했던 시기이다. 그런 만큼, 교수기술 측면도 교사 중심의 주입식 지도방법을 지양하고 아동의 언어경험을 토대로 한 교수 · 학습기술을 계발함으로 좀 더 바람직한 언어기술 및 태도를 함양시키는 데 초점을 두어야 마땅했다. 그러나 실제는 그렇지 못하고 전통적인 교과중심의 수업에서 크게 벗어나지 못했다. 다만 한국국어교육연구회의 학회지 및 사범대와 교대의 국어교육과 교재로 나온 개론서들을 통해서 당시의 언어학과 교육학의 이론을 국어교육에 부분적으로 접맥시키려고 시도하는 모습을 엿볼 수 있다.[5] 그리고 생활전반에 걸친 국어교육의 경험 가운데 학교현장에서 다룰 수 있는 '국어교육'으로 다듬는 작업이 교육과정과 교과서 기획, 편찬과정에서 주요 관심사로 떠오른 점도 이 시기의 특징이다.

(3) 3, 4차 교육과정기

본질주의 교육사조의 영향 아래 지식교육의 쇄신과 함께 주요 관심사가 아동 중심으로부터 국가사회 중심의 교육으로 바뀌기 시작한 3차 교육과정기부터는 교수기술의 측면에서도 새로운 면모를 보인다. 곧 학문중심 교육과정답게 내용면에서 국어과의 기본개념이 중시되었다면 지도방법면에서는 발견과 탐구학습이 중시된다.

당시 국어교육은 주로 소슈르(Saussure) 및 블룸필드(Bloomfield)의 구조주의 언어학의 영향 아래 있었는데, 그를 바탕으로 국어를 행동자와 행동의 연합관계에 따라 8단계 문형으로 분석하기도 했다(강윤호 · 이병호, 1973:

---

5) 1, 2차 교육과정기에 나온 주요 국어교육 개론서들은 김성배(1958), 박태윤(1960), 이희복(1963), 홍웅선 외(1963), 교육대학 국어교재연구위원회(1970), 김민수 외(1973) 등을 들 수 있다.

218). 그리고 이를 토대로 한 문형학습(文型學習)이 이 시기의 주된 관심사였다.[6] 그리고 '공부할 문제' 가운데 '말의 쓰임 학습 항목'에는 적절한 시기에 기초→정리→발전의 3단계로 반복훈련시키는 소위 적시주의(適時主義) 문법지도(이병호, 1985: 191)의 적용이 엿보인다.

4차 교육과정기에는 읽기에서의 속독지도가 관심의 대상이 되었다. 그리하여 시폭을 넓히고 시선을 빨리 움직이는 기능을 반복 연습시키는 지도가 일시 시도된 적이 있었다. 그러나 이 속독은 독해력 신장의 주된 요소라기보다는 독해력이 신장되면 저절로 얻어지는 결과라는 인식을 하게 되면서 뒤에는 현장에서 자취를 감추게 된다.[7] 그리고 쓰기 지도방법으로는 쓰기 과정별로 단계적으로 접근해 가며 지도하는 부분적 접근법이 4차 교육과정기 이후 현장의 호응을 받는다.

(4) 5, 6차 교육과정기

언어사용 기능의 신장을 지상의 목표로 삼게 된 5차 교육과정기 이후부터는 교수기술면에서도 기존의 지식위주의 주입식 교수방법을 떠나서 학습자가 주체가 된 의미로운 언어경험을 중시하게 된다. 그리고 구미의 인지심리학에서 도출한 스키마(Schema) 이론과 또 화용론의 관점에서 국어과 교수기술에 필요한 여러 새로운 견해가 소개되고 천착되기에 이른다. 예컨대 독해지도 이론 가운데 텍스트 중심의 교수법에만 한정했던 것을 독자중심의 독해지도법을 상정할 뿐 아니라 나아가 텍스트와 독자간의 상호작용을 살펴서 읽기 지도의 상호보완 모형을 천착해내는 일 등이 그것이다(노명완, 1987).

특히 기능중심의 국어교육관을 표방하고 나온 5차 교육과정기부터는 지식이해가 아닌 언어사용 기능체득을 위한 학습으로서 '직접교수법'의 효율성에 대한 인식을 하기에 이른다. 그리고 그것이 6차 교육과정에 와서는 국어교육과정 '지도' 장에 하나의 모형으로 예시하기에까지 이르면서

6) 이 문형학습지도는 본래 다른 외국어학습에서 해당 언어의 문형을 익히는 일에서 생긴 발상인데, 뒤에 외국어 아닌 모어 학습에는 별 의미가 없다는 견해도 생기면서 차츰 이에 대한 관심도 사라져갔다. 그러나 당시 강윤호교수를 중심으로 한국 아동의 일상언어에 쓰이는 문형을 조사하여 그 객관적인 자료를 참고로, 당시 편수관이던 이병호를 중심으로 국어교과서를 만들고 문형을 제시한 점은 바람직하다고 하겠다.

7) 본래 속독은 구미에서 1960년대 인기를 끌던 것이 국어교육과정과 교과서에서 좋은 뜻으로 받아들여졌는데, 이를 장삿속으로 이용하는 경향이 생기면서 한때 '속독학원'이 전국적으로 번창하던 적이 있다.

현장 교수기술에 큰 영향력을 끼치게 된다.

교수 기술면과 관련되는 것으로 또 하나 들만 한 것은 서구의 '열린 교실'(Open Education)이 바로 1980년대 중반에 소개되면서 이 시기에 선풍적인 인기와 호응을 얻고 있다는 점이다.[8] 그리고 구미의 '총체적 언어교육 운동'(Whole Language)도 1990년대 초에 소개되고 일부 원용의 가능성을 모색하는 작업이 활발하게 이루어지고 있다는 점도 특기할 만한 일이다.[9]

1980년대 중반부터는 초등 국어교육이 하나의 학문으로서 정립하고 발전해갈 제도적 장치가 잡히기 시작하고 있다는 점에서도 의미를 둘만하다. 좀더 구체적으로 말한다면 전국 교육대학교에 초등교육대학원이 개설되어 초등국어교육 전공이 생겼고, 한국교원대학교 대학원에는 1986년도에 초등국어교육전공 석사과정이 개설되고, 1989년도에 박사과정이 개설되어서 초등국어교육학 박사를 배출하기에 이르렀다는 점이다. 이런 제도적 장치가 초등국어교육학의 발전에 도약대가 되어서, 앞으로 더욱 발전할 가능성으로 열려 있다는 전망을 하게 되니, 지금까지 국어교육을 일구어 온 자취들이 새삼 더욱 귀하게 여겨진다.

V 제7차 및 개정 국어과 교육과정의 특성

제7차 교육과정은 제6차 교육과정 개정 이후, 5년만인 1997년 12월에 고시하여 10년 이상 운영해온 것이다. 이 교육과정은 다시 2007년도에 개정했는데 7차 교육과정의 기조를 크게 벗어나지 않았다고 보아서 굳이 8차 교육과정이란 이름 대신, '7차 개정 교육과정'이란 명칭으로 고시하여 2009년 3월부터 초등학교 저학년부터 운영하기 시작했다.

여기서는 먼저 제7차 국어과 교육과정의 특징을 살펴 요점을 기술하고, 이어서 10년 후에 개정한 '7차 개정 국어과 교육과정'에서 새로와진 점을 살펴 요약해보기로 한다.

---

8) 1980년대 중반에 소수의 사립학교에서 시도한 이 교육운동은 10년도 안 되어 전국적으로 파급되면서 100여 개 학교가 이를 시행하고 있고 국가에서도 장려하고 있다.

9) 이 언어교육 운동의 소개와 가능성을 모색한 저서들로는 Goodman/이화자 역(1993), 김경자(1993), 이성은(1994), 신헌재 · 이재승(1994), 박성방(1995) 등을 들 수 있다.

(1) 7차 국어과 교육과정의 특성

7차 국어과 교육과정은 '21세기 세계화 · 정보화 시대를 주도할 자율적이고 창의적인 한국인 육성'이란 이념을 토대로 1997년 12월에 개정 고시되었다. 이 교육과정은 초 · 중등의 학교급 간을 없애는 대신 10년 간의 국민공통 기간을 설정하고, 수준별 교육과정으로 편성했다는 점에서 큰 특징을 보인다. 그리고 이 수준별 교육과정의 특성이 국어과의 경우, 초등학교부터 고등학교 1학년까지의 국민공통 기본교육 과정기간에는 '심화·보충형'이란 형태로 구현되고, 고등학교 2~3학년에는 과목선택형 수준별 교육과정으로 구성되고 있다.

7차 국어과 교육과정의 주요 특징을 정리하면 다음과 같다.

첫째, 교수 · 학습의 주체인 학습자를 중시하는 입장에서 우선 학습자 개개인에게 의미 있는 학습경험을 주려고 하고 있다. 곧, 학습자의 능력 수준을 연령 위주로 고정해놓고 그에 맞는 내용으로 획일화시키는 것이 아니라, 학습의 여러 요인에 따라 기본학습에 성공한 이와 실패한 이들 모두에게 각기 걸맞는 학습 경험을 주는 데 초점을 두고 있다.

둘째, 국어과의 필수 학습요소를 정선하고 이를 구조화함으로써 학습량을 최적하려고 하고 있다. 곧, 국어교육의 내용선정 준거 및 기준의 명료화와 내용의 구조화를 통해 학습량을 감축하고 영역 간에 중복된 것도 줄이고자 했다.

셋째, 학습자의 비판적 이해와 창의적 표현을 중시하고 있다. 이 점은 국어 교육과정 목표 항에 이미, '(전략) 다양한 유형의 국어자료를 비판적으로 이해하고 사상과 정서를 창의적으로 표현하는 능력을 기른다'라고 명시한 바 있다. 그리고 각 학년별 내용의 '수준별 학습활동 예'를 진술하는 중에 학습자 주체적 활동의 근간으로 이 점을 강조하고 있다.

넷째, '학년(단계)별 내용'의 제시방식을 개선하여, 학습내용을 목표형태로 제시하고, 그에 따른 학습활동을 수준별로 나눠서 구체적으로 제시하고 있다. 이로써 학습내용의 수준과 범위를 명시하고 성취기준으로서의 기능을 다하게 하는 한편, 학습활동의 구체성도 보이고 수준별 교육과정 운영을 제대로 안내하는 효과도 노렸다고 하겠다.

다섯째, 바른 교육은 학습의 개별화, 인격화, 자기 주도적 학습을 통해 구현해야 한다는 관점에서, '방법'과 '평가' 항목도 좀더 구체적인 지침을 제시하는 것으로 개선하고 있다. 그리하여 방법은 '교수학습계획', '교육학습방법', '교수학습자료'로 나눠 진술하되, 실현가능한 최근 언어교육 이론을 최대한 반영하여 학습자의 국어교육 질적 수준을 향상시키려 하고 있다. 평가도 '평가계획', '평가 목표와 내용', '평가결과의 활용'으로 나눠서 구체적으로 진술함으로 국어교육 평가개선에 기여하고자 했다.

이상의 국어과 교육과정 특성을 반영하기 위해 7차 교육과정기의 국어 교과서는 우선 국어교과서는 영역별로 나누되, '심화 · 보충형'수준별 교육과정을 담아내기 위해 다음 표에서 보듯이 대단원 체제로 구성했다.

〈표 1〉 **1~3학년 국어 교과서 대단원 구성 체제와 학습활동**

<table>
<tr><th rowspan="2">교과서명</th><th rowspan="2">마당
(대단원)</th><th rowspan="2" colspan="6">소단원1</th><th rowspan="2" colspan="6">소단원2</th><th colspan="3">한 걸음 더</th><th rowspan="2">쉼터</th></tr>
<tr><th>되돌아보기</th><th colspan="2">더 나아가기</th></tr>
<tr><td>말하기 · 듣기</td><td></td><td colspan="3">1차시</td><td colspan="3">2차시</td><td colspan="3">3차시</td><td colspan="3">4차시</td><td>5차시</td><td colspan="2">6차시</td><td></td></tr>
<tr><td>쓰기</td><td></td><td colspan="3">1차시</td><td colspan="3">2차시</td><td colspan="3">3차시</td><td colspan="3">4차시</td><td>5차시</td><td colspan="2">6차시</td><td></td></tr>
<tr><td>읽기</td><td></td><td colspan="2">1차시</td><td colspan="2">2차시</td><td colspan="2">3차시</td><td colspan="2">4차시</td><td colspan="2">5차시</td><td colspan="2">6차시</td><td>7차시</td><td>8차시</td><td>9차시</td><td></td></tr>
<tr><td rowspan="2"></td><td rowspan="2">도입
학습</td><td colspan="12">원리 학습+적용 학습</td><td rowspan="2">평가 학습</td><td rowspan="2" colspan="2">보충 ·
심화 학습</td><td rowspan="2"></td></tr>
<tr><td colspan="12">기본 학습</td></tr>
</table>

그리고 국어교수 · 학습의 효율성을 높이기 위해 〈국어과 교사용지도서〉에 부록에는 국어과에 주로 쓰일 만한 교수 · 학습 모형, 7가지를 넣어[10] 모형 개념, 적용절차, 유의점 및 해당 교수학습과정안을 예시하여 제시해놓았다. 이는 '직접교수법' 하나만 제시한 6차 때보다 진일보한 면모를 보여 준다.

10) 7대 교수·학습모형은 ① 직접교수, ② 문제해결학습, ③ 전문가협력학습, ④ 창의성계발학습, ⑤ 역할놀이학습, ⑥ 가치탐구학습, ⑦ 반응중심학습 순이다.

(2) 2007년 개정 국어과 교육과정의 특성

2007년도에 개정된 국어과 교육과정은 본디 수준별 교육과정을 수준별 수업으로 전환하면서 담화와 글의 생산 · 수용 활동에 작용하는 상황맥락과 사회문화적 맥락을 강조하고, '담화의 수준과 범위' 및, '내용 요소의 예'를 제시하여 현장에서 주도적으로 교육과정을 운영할 주체들과의 소통성을 높일 뿐 아니라, 언어환경의 변화에 따른 매체 관련 내용을 확대시키는 등으로 수정 보완되고 있음을 본다. 이런 특성에서 7차 국어과교육과정에 비해 새로워진 점을 좀더 구체적으로 기술하면 다음과 같다.

첫째, 말과 글을 표현 · 이해하는 언어사용 활동에서 '실제'를 강조하고, '맥락'을 강조하였다. 곧, 기존의 '교육과정 내용 체계'에서 실제를 상위에 제시할뿐더러, '본질 · 원리 · 태도'의 3분법을 '지식 · 기능 · 맥락'으로 대치함으로 맥락을 교육 내용의 주요 범주로 설정하고 있다. 그리하여 지식, 기능과 더불어 언어사용 실제에서 고려해야할 상황맥락과 사회 · 문화적 맥락을 중시한다는 관점에서 '국어과 교육과정 내용 체계'도 다음과 같이 바꿔 놓고 있다.

본 질	원 리	태 도
실 제		

[7차 국어과 교육과정 내용체계]

→

실 제	
지 식	기 능
맥 락	

[개정 국어과교육과정 내용체계]

둘째, 각 영역별 지도 내용을 '성취기준'이란 용어로 대치함으로, 지도 내용이야말로 학습자가 학습을 통해 도달시킬 국어능력의 내적 · 외적 특성임을 명시해 보였다. 그리고 이 성취기준은 담화와 글의 수준과 범위를 제어하는 가운데 드러난다는 관점에서, 성취기준별로 '담화(또는 글, 언어 자료, 작품)의 수준과 범위' 및 성취기준 도달에 필요한 '내용 요소의 예'를 첨가시킴으로 교수 · 학습 운용에의 기여도를 높이고, 교육과정 운영 주체 간의 상호소통성도 높이고자 했다.

셋째, 다매체 시대로 불리는 언어 환경의 변화에 대응하는 관점에서 매체 언어의 수용과 생산을 주요 교육 내용으로 삼음으로 국어교육의 외연을 확장하고 있다. 그리하여 초등학교의 경우, 그림동화, 만화, 애니메이션, 온라인 대화, 뉴스, 드라마 등, 다양한 매체 언어를 통한 의사소통 방식을 지도 내용으로 삼고 있다.

넷째, 학습자의 수준을 해석하고 규정하는 주체를 국가 교육과정으로부터 단위 학교와 수업 담당교사에게 양도한다는 관점에서 교육과정 상의 수준별 지도내용을 삭제했다. 그 대신 교육과정 '4. 교수 · 학습 방법'항에 수준별 수업 지원을 위한 '수준별 수업' 운영에 관한 사항을 명시적으로 제시해놓고 있다.

다섯째, 교수·학습 방법면에서는 자기 주도적 학습 능력 신장을 위한 의미 있는 국어 학습 경험을 강조하였다. 그리고 국어 활동의 총체성, 통합성을 강조하였다. 특히, 통합성을 강조하여 영역 간, 내용 요소 간 통합 원리와 방법을 구체적으로 제시하였다. 그리고 수준별 수업 지원을 위한 '수준별 수업' 운영에 관한 사항을 명시적으로 제시하였다.

여섯째, 변화된 내용 체계에 따라 평가 목표 및 방법을 보완하였다. '성취 기준', '텍스트', '내용 요소'를 종합적으로 고려하여 학년별 · 영역별 평가 내용 설정 방향을 제시하였다. 지필검사, 연구보고서법, 면접법, 구술시험, 토론법, 관찰법 등 국어 교육의 본질에 적합한 다양한 평가 방법을 제시하고, 영역별 특성을 반영하여 선택적으로 활용하도록 하였다. 특히, 평가 결과 보고 체계를 다양화할 필요성을 강조하였다.

〈표 2〉 **〈읽기〉 교과서 단원 구성 체제**

<table>
<tr><td colspan="2">1차시</td><td>2차시</td><td>3차시</td><td>4차시</td><td>5차시</td><td>6차시</td><td></td></tr>
<tr><td colspan="4">텍스트(글, 언어자료, 작품)</td><td colspan="3">텍스트(담화, 글, 언어자료, 작품)</td><td></td></tr>
<tr><td rowspan="2">도입</td><td colspan="5">전 개</td><td rowspan="2">정리</td><td rowspan="2">놀이터</td></tr>
<tr><td>이해 학습</td><td colspan="2">적용 학습</td><td>이해 학습</td><td>적용 학습</td></tr>
<tr><td>· 단원명
· 언어상황(목적)제시</td><td>· 차시목표
· 이해(지식, 기능, 맥락)학습 활동</td><td colspan="2">· 차시목표
· 적용학습 활동</td><td>· 차시목표
· 이해(지식, 기능, 맥락)학습 활동</td><td>· 차시목표
· 적용학습 활동</td><td>· 정리
· 평가
· 실천(생활)</td><td>사고 학습</td></tr>
<tr><td>· 1쪽</td><td>2쪽</td><td colspan="2">4, 6쪽</td><td>2쪽</td><td>4, 6쪽</td><td>1쪽</td><td>1쪽</td></tr>
</table>

이상의 국어과 개정 교육과정 특성을 반영하는 데 있어 개정 교육과정기의 국어교과서는 7차 교육과정기 교과서의 대단원체제가 지닌 단점을 극복하기 위해, 〈표 2〉 〈읽기〉 교과서의 예에서 보듯이 중단원 체제를 따랐다. 또 〈국어과 교사용지도서〉 부록에는 7차 교육과정기의 7대 '국어과 교수 · 학습모형'을 보완해서 아홉 가지[11]를 싣고, 각 모형별로 특징, 절차, 활용상의 유의점 순으로 기술해놓았다.

그리하여 국어과는 제1차 교육과정기 이후부터 7차 교육과정 및 개정 교육과정에 이르기까지, 국어를 통한 사고력 신장을 추구하는 것으로 도구교과적인 위상을 강화해왔다. 그리고 교육대상인 국어지식보다 교육주체인 학습자를 중시하는 방향으로 지향해왔음을 살펴볼 수 있다. 아울러 교육과정 운영 주체들이 실제 상황 맥락 속에서 보다 주도적이고 합리적으로 운영할 수 있도록 소통성을 강화시켜가는 면모도 함께 엿볼 수 있다.

(3) 2011년 개정 국어과 교육과정의 특성

2011 개정 국어과 교육과정은 창의성과 인성을 갖추어 미래 사회에 적합한 인재 양성을 기한다는 강조점은 다를 바 없지만, 영역 간, 학년간의 통합을 추구한다는 점에서 새로운 면을 보인다. 그리하여 기존의 내용 영역 중에서 '듣기'와 '말하기'를 '듣기 · 말하기' 영역으로 통합 구성하고, 학년별 교육과정이 아닌 학년군별 교육과정으로 내용 체계를 마련했다. 그리고 소위 국민 공통 교육과정을 10년에서 9년으로 줄이면서 고등학교 전 과정을 선택 과목 체제로 변경하였다. 이렇게 새로워진 2011 개정 국어과 교육과정의 특성을 좀더 구체적으로 서술하면 다음과 같다.

첫째, 국어과의 내용 영역을 '듣기 · 말하기, 읽기, 쓰기, 문법, 문학'의 5대 영역 구분으로 구성하고 있다. 이는 기존의 6대 영역 구분에서 '듣기' 영역과 '말하기' 영역을 '듣기 · 말하기' 영역으로 통합 구성한 결과인데, 이 두 영역의 통합은 구두의사소통의 동시성과 상호작용성의 관점에서 나

11) 9대 교수 · 학습모형은 ① 직접교수모형, ② 문제해결학습모형, ③ 창의성계발학습모형, ④ 지식탐구학습모형, ⑤ 반응중심학습모형, ⑥ 역할수행학습모형, ⑦ 가치탐구학습모형, ⑧ 전문가협동학습모형, ⑨ 토의 · 토론학습모형의 순이다.

온 것으로, 이를 통해 국어과 교육과정 안에서 유사 교육내용의 중복 문제를 해결한다는 측면의 긍정적인 효과를 꾀한 것이라고 하겠다.

둘째, 기존의 학년별 교육과정을 탈피하고 학년군제 교육과정을 도입하였다. 곧, 국민 공통 교육 기간 9년을 초등 1~2학년군, 초등 3~4학년군, 초등 5~6학년군, 중학교 7~9학년군의 4개 학년군으로 편성하고, 각 학년군에 적합한 성취기준을 제시하고 있다. 이와 같이 학년군 단위로 성취기준을 제시함으로써 교육과정의 비약이나 중복을 방지하고 내용의 연계성을 강화할 것을 기대하게 한다.

셋째, 2007 개정 교육과정에서 '실제, 지식, 기능, 맥락'으로 범주화하던 내용체계를, 2011 개정 교육과정에서는 '실제, 지식, 기능, 태도'로 바꿨다. '맥락'은 그 성격이 모호하여 실제 교육 상황에서 구체적인 교육 대상으로 삼는데 한계가 있다는 비판을 꾸준히 받아 왔다. 또 '태도'가 2007 개정 교육과정에서 삭제된 이후, 정의적 영역의 교육이 지나치게 소홀히 다루어지고 있다는 비판 역시 꾸준히 제기되어 왔다. 2011 개정 교육과정에서 '맥락'을 '지식' 범주에 포함하고, 태도 범주를 다시 설정한 것은 바로 이러한 비판을 수용한 결과라고 할 수 있다.

넷째, 국민 공통 교육 기간이 10년에서 9년으로 바뀌고, 국어과의 영역도 5개로 축소하고, 학년군제를 도입하면서 교육 내용도 대폭 경감하였다. 2007 개정 국어과 교육과정의 국민 공통교육 기간 10년간에 제시된 성취 기준의 수가 251개에 달한 데 비해, 2009개정 교육과정에서는 그 기간을 1년 줄였으니 성취 기준의 수도 151개로 제시되어 거의 40% 감축 효과를 보인 것이다.[12] 이처럼 교육 내용의 양을 경감함으로써 교사와 학습자의 부담을 줄이고 교육의 질을 높이고자 도모하고 있다.

다섯째, 국민 공통 교육 기간이 축소되면서 고등학교 전 과정을 선택교육과정으로 바꾸고, 〈국어Ⅰ〉, 〈국어Ⅱ〉, 〈화법과 작문〉, 〈독서와 문법〉, 〈문학〉, 〈고전〉의 6과목을 고등학교 보통 교과 선택 과목으로 정하였다. 이중 〈국어Ⅰ〉과 〈국어Ⅱ〉는 2007 개정 교육과정의 〈국어〉(상), (하)에 해당하는 내용을 담기 위해 신설한 과목으로 '국민 공통과정 → 국어Ⅰ,

12) 1학년부터 9학년까지의 성취기준만 비교했을 때 222개에서 151개로 줄인 것이므로 실제로는 약 30% 줄어든 셈이기도 하다.

국어Ⅱ → 화법과 작문, 독서와 문법, 문학, 고전' 이라는 3단계 위계를 이룬다. 새로 신설된 〈고전〉 과목은 인류의 고전을 제재로 한 통합적인 국어활동을 지향하고 수준 높은 국어 능력을 심화하고자 한 과목이다.

이상의 2011 개정 국어과 교육과정의 특성을 반영하는 데 있어 2012년부터 개발을 시작한 국어교과서는 '1교과 1책 주의'의 교과부 국정도서 정책에 따라, 기존의 영역별 목표중심의 교과서 분권체제에서 〈국어〉교과서 하나로 통합한 체제로 바뀌었다. 곧 통합적인 언어활동을 강조하기 위해 〈듣기 · 말하기 · 쓰기〉, 〈읽기〉의 분권 교과서를 〈국어〉교과서 하나로 통합한 것이다. 다만 학교 현장에서 운영의 융통성을 기하기 위해 기존 교과서를 따라 〈표 3〉과 같은 중단원 체제로 구성되어 있다.

〈표 3〉 **"국어" 교과서 단원 구성 체제 (기본형)**

도입 학습	이해 학습			적용 학습	정리 학습
도입	실제에 필요한 지식, 기능, 태도 학습			앞에서 배운 지식 · 기능 · 태도의 종합 적용 학습	정리
• 단원명 • 단원목표 관련상황 제시(삽화, 사진) • 단원의 학습 목표	〈지식학습〉 • 차시목표 • 원리(장르지식, 맥락파악 및 이해, 조건지식) 활동 • 통합활동	〈기능학습〉 • 차시목표 • 기능이해 활동 • 기능연습(안내된 연습활동) • 통합활동	〈태도학습〉 • 차시목표 • 태도학습 • 통합활동	• 차시 목표 • 과정 중심 활동 • 내용 이해 • 정서적 반응하기 • 태도 활동 • 통합 활동 • 맥락운용 및 점검	• 학습내용 정리 및 평가
2쪽	6~10쪽			6~10쪽	1쪽

그리고 〈국어〉교과서에서 배운 것을 학습자가 주도하여 각자의 삶 속에서 실천하여, 내면화, 습관화, 생활화할 것을 목적으로, 〈국어 활동〉이라는 보조교재를 개발하되, 다음과 같은 구성체제로 되어 있다.

〈표 4〉 "국어활동" 교과서 단원 구성 체제 (기본형)

학습 성격	도입	〈국어〉 단원 통합 활용 학습	독서 능력 배양과 습관화	우리말 이해와 사랑	창의·비판적 사고함양
활동명		삶 속에서 (생각 펼치기)	더 찾아 읽기	우리말 다지기	놀이터
국어 활동	· 단원명 · 단원 안내	· 단원학습 관련 통합, 적용, 활용학습 · 생활실천 활동 중심학습 · 언어태도 점검 및 습관화	– 단원관련주제, 소제, 구조, 장르, 작가 등의 상호텍스트적 읽기 학습 – 창의적 사고와 인성을 함양 – 독서능력 증진 – 독서 습관화	· 우리말의 정확한 이해와 사용 · 발음, 글씨쓰기, 읽기유창성 등의 기초 학습 · 우리말사랑과 실천	· 창의적 사고와 비판적 사고 함양
분량 (쪽)	2	4, 6	4-8	3	1

탐구과제

01 국어 교육과정을 우리 손으로 만든 1950년대부터 오늘에 이르기까지 변천과정의 중요한 면모들을 정리 요약해보시오.

02 그동안 우리나라 국어 교육과정의 변천과정을 종합해볼 때, 앞으로 우리나라 국어 교육과정이 지향해야 할 바는 어떤 것일지 말해보시오.

03 컴퓨터와 PC통신이 더욱 일반화되어 갈 미래에는 국어 교과서와 국어 교육방법이 어떻게 달라져 갈지 기술해보시오.

참고문헌

강윤호 외(1967), 『국민학교 아동의 글씨쓰기 개선을 위한 실태 조사 연구』, 문교부.

교육대학 국어교재연구위원회(1970), 『국어교육』, 신구문화사.

민현식 외(2011), 『2011 국어과 교육과정 개정을 위한 시안 개발 연구』, 교육과학기술부.

국어교육학개론

4부

국어교육의 실천

제 1 장 국어교육의 이론과 실제 169

제 2 장 듣기 교육 174

제 3 장 말하기 교육 227

제 4 장 읽기 교육 276

제 5 장 쓰기 교육 336

제 6 장 문법 교육 392

제 7 장 문학 교육 447

01장 국어교육의 이론과 실제

I. 국어교육의 이론과 모형과 실제의 관계

국어교육 연구가 단순한 경험적·기술적 처방에 그치는 것이 아니라, 하나의 학문적 체계로 자리잡기 위해서는 국어교육 현상을 설명하고, 통어하고, 창출하는 이론의 체계를 가지고 있어야 한다. 물론 그 이론이라는 것은 국어교육 현상을 포괄적으로 구조화할 수 있는 힘을 내적으로 지니고 있어야 하며, 국어교육을 구성하는 하위요소로서의 실제적인 현상들을 합리적으로 일반화하고 추상화할 수 있는 수준의 것이어야 한다.

국어교육을 논의하는 수준은 일반적으로 ① 이론(theory)의 수준, ② 모형(model)의 수준, ③ 전략(strategy)의 수준, ④ 실제(practice)의 수준으로 구분할 수 있다. 현재의 국어교육 연구는 ①의 연구를 지향하지 못하고, 주로 ②와 ③의 연구를 중심으로 하고 있다. 이것을 이론연구라는 이름으로 수행하고 있으며, 때로는 ④의 연구를 이론연구와 대치하려는 경향도 있다.

국어교육 연구에서 현장과 실제를 중시해야 한다는 것과 국어교육학의 이론이 필요하다는 것은 서로 상반되는 주장이 아니라, 오히려 서로 보완하고 협력하는 관계에 서는 것이다.

국어교육을 실천하는 현장의 교사들은 이론과 실천의 괴리를 비판한다. 이 경우에도 '이론'에 대한 잘못된 인식이 작용하는 경우가 적지 않다. 엄밀한 의미에서의 '이론'이라기보다는 현재 문제가 되고 있는 실제에 대한 임상적 처방을 이론으로 보려는 혼란이 있다. 이론은 속성상 상위적(meta적)·포괄적 적용력을 가지는 것이며, 그 자체가 장황한 부연을 요하는 것은 아니다. 국어교육을 구체적으로 실천하고자 할 때 모든 상황에 적절하게 대응되는 이론은 존재할 수 없기 때문에, 이론은 추상적이며 보편적인 것일 수밖에 없다. 실제와의 대응이 가능한 것은 오히려 '모형'이나 '전략'에 가까운 것이다. 물론 이론이 취약하면 모형이나 전략수준에서의 오류가 발생한다.

이러한 문제를 해소하고, 국어교육을 이론과 실제의 면에서 일관성 있는 체계를 구축하기 위해 국어교육의 이론화가 필요하다. 국어교육의 이론과 실제의 연계는 다음과 같은 의의를 갖게 된다.

첫째, 국어교육 연구의 학문적 정체성이 확보된다. 실제 국어교육이 이루어지는 현상을 토대로 하여 일차적인 연구를 거치고, 그것이 점차 전략과 모형, 이론의 수준으로 설명이 개입되어 이론개발이 가능하게 된다. 이를 통해 국어교육은 다른 학문과 대등한 위치에서 학문으로서의 정체성을 확보하게 된다.

둘째, 국어교육 연구의 방법 적합성을 확보하게 된다. 연구방법이 고유하고 합리적으로 갖추어지면 하나의 학문으로서의 위상을 확립할 수 있으므로, 국어교육 연구방법의 적합성은 국어교육을 이론화하는 선행적 과제라고 볼 수 있다.

셋째, 국어교육의 현장을 설득력 있게 견인하는 힘을 마련할 수 있다. 이론과 실제가 정당한 연계를 가지지 못할 때 이론은 이론으로서의 기능을 상실하는 것이다. 국어교육의 이론연구는 이론 자체로서만의 완결성에 치중하게 되면 국어교육의 현장을 바람직한 방향으로 이끌어 가지 못하게 된다. 그런 의미에서 현재 국어교육의 이론들 가운데 현장에서의 설득력이 미약한 것들을 반성적으로 검토해 볼 필요가 있다.

넷째, 국어교육 현상을 스스로 검증하고 결정하는 상위기제로서의 준거틀을 마련할 수 있게 된다. 즉, 국어교육을 발전시키고 개발하는 과정 속에서 목표 및 준거를 내적 타당성에 입각하여 구축할 수 있게 한다.

다섯째, 국어교육을 이론적으로 정립하게 되면 타 학문과의 학제적 연계가 가능해진다. 국어교육 연구는 구체적이고 역동적인 국어교육 실천현장을 전제로 한 것이기 때문에, 관련 학문분야와의 상호작용이 필요하다. 그러나 이러한 학제적 발전도 국어교육이 이론적으로 정립되어 있어야 여타 학문의 기여를 받아들여 상보적 · 상승적 관계를 형성할 수 있다.

Ⅱ 국어교육 내용의 이론화 및 방법의 이론화

국어교육의 이론화는 국어교육 내용의 이론화와 국어교육 실천의 이론화라는 두 가지 축을 통해 이루어진다. 국어교육의 내용과 실천은 서로 분리되어 운용되는 것이 아니라, 하나의 체계 속에서 밀접한 관련을 맺고 있다. 다시 말하면 국어교육의 내용은 국어교육 현장에서 실천되고, 국어교육의 실천은 바로 국어교육의 내용을 대상으로 하기 때문이다.

국어교육의 내용과 실천을 논의할 때 가장 기본이 되는 것은 국어교육과정이다. 현상적으로 교육과정은 ① 이념적 · 철학적 수준, ② 정책적 · 선택적 수준, ③ 실천적 · 운용적 수준이 복합되어 있는 모습으로 존재한다.

①은 국어교육의 이념과 가치, 그리고 국어교육이 다루는 교육적 지식이나 경험의 내적 합리성, 인식론적 의의 등을 연구함으로써 국어교육 과정의 철학과 방향성을 살피는 것이다. 그러나 현재 국어교육 과정은 이념적 · 철학적 적합성과 관련된 이론적 성과를 갖지 못하고 있다. ②는 ①의 하위수준으로 이념층위의 교육과정이 실제화되는 중간단계의 개념이다. ①보다는 더 구체화되고 구조화된 교육과정으로서 정책적 선택의 대상이 될 수 있을 정도로 구체화된 층위를 말한다. ③은 국어교육 실천의 현장에서 하나의 실제로서 실현되는 모습으로서, 구체적 수업 속에서 교사의 교수활동이나 학생의 경험 그 자체가 모두 실천적 운용적 수준의 교육과정이 된다. 이 세 가지 층위가 복합적으로 논의되고, 고구될 때 국어교육의 이론화가 가능해진다.

탐구과제

01 국어교육의 이론과 모형과 실제의 관계를 간단히 설명하시오.

02 국어교육의 이론과 실제의 연계가 갖는 의의를 정리하시오.

03 국어교육의 이론화를 위하여 교육과정을 논의하는 세 수준을 설명하시오.

참고문헌

박수자(1911), “국어와 교육에 대한 체계적 접근의 시론”, 『국어교육학연구』 제1집, 국어교육학회.

박인기(1993), “문학교육과정 개념의 이론적 함의”, 『선청어문』 제21집, 서울대사대 국어교육과.

박인기(1994), “문학교육과정의 구조에 관한 연구”, 서울대학교 박사학위논문.

Stern, H. H., 심영택 · 위호정 · 김봉순 공역(1995), 『언어교육의 기본개념』, 도서출판 하우.

02장 듣기 교육

I 듣기 교육의 이론적 고찰

(1) 듣기 본질

듣기는 말하는이[話者]가 음성언어로 표현하는 의미를 이해하는 과정이다. 즉, 듣기는 듣는이가 말하는이의 말을 듣고, 들은 정보를 종합, 분석, 비판, 감상하면서 의미를 새롭게 구성해 가는 인지적 사고 과정을 거친다. 듣는이는 이 과정에서 말소리를 낱말로 바꾸고, 낱말을 엮어 문장을 만들며, 문장을 연결하여 문단을 조직하고, 문단을 이어 더 큰 단위인 구성 단계를 거치면서 온전한 지식이나 정보 덩어리인 담화를 형성한다.

한편 듣기는 말하기와 함께 의사소통 참여자가 상호 교섭한다. 듣는이와 말하는이는 서로 발화의 순서를 바꿔가면서 함께 대화를 구성해 간다. 듣는이는 능동적으로 말하는이의 주장에 맞장구를 쳐주고, 때로는 질문도 하면서 말하는이와 호흡을 맞춘다. 듣는이가 말하는이의 발화에 적절히 반응을 주어야 말하는이는 자신의 발화가 제대로 전달되고 있는지 확인할 수 있고, 결과적으로 의사소통이 원활하게 이루어진다.

또한 듣기는 의사소통 참여자들이 서로의 삶을 공유한다. 의사소통은 말하기에서 시작되지만 듣기로 완성된다. 말하는이는 가능하면 발화를 잘 조직해서 발화가 자신의 의도대로 해석되기를 바란다. 그런데 말하는이의 발화를 해석하는 최종 권한은 듣는이가 가진다. 듣는이는 언표화된 메시지와 언표화되지 않았으나 간접 화행의 형태로 전달된 초메시지를 종합하여 말하는이의 속내를 읽는다. 이 과정에서 말하는이와 듣는이는 서로의 삶을 공유하게 된다. 단순히 필요한 정보를 취합하는 데서 그치지 않고, 서로의 삶을 이해하게 되고 서로의 삶에 관여하기에 이른다. 따라서 말을 잘 하는 것 못지 않게 말을 잘 들어주는 것이 중요하며, 그래서 듣기 교육에서 태도가 강조된다.

듣기가 중요한 까닭은 사람의 언어 활동 가운데 가장 많은 비중을 차지한다는 데서 발견된다. 사람은 매일 의사소통 활동에 많은 시간을 보내는데, 그 시간의 약 40~50%가 듣기에 해당한다. 이는 1926년에 랜킨(Rankin)이 조사한 자료에도 나타난다. 즉, 사람들의 의사소통 중에서 듣기가 차지하는 비중이 45%이며, 말하기가 30%, 읽기가 16%, 쓰기가 9%로 보고되었다. 랄프(Ralph)의 의사소통 습관에 관한 연구도 듣기 42%, 말하기 32%, 읽기 15%, 쓰기 11%의 수치를 보여주고 있어 듣기의 비중이 랜킨의 연구 결과와 크게 다르지 않다. 그런데 랄프는 이런 수치와는 달리 실제로 듣는 시간은 대개 전체 언어 생활의 60~70%를 차지한다고 보고하였다. 더욱이 학교 교육의 듣기 중요성에 관한 연구에 따르면, 학교에서 학습자가 듣는 시간은 66%에 이른다고 알려졌다(노명완 외, 1988: 139~140). 이와 같은 연구 결과로 미루어 보건대, 각종 언어 매체가 발달한 오늘날에는 듣기가 차지하는 비중이 더욱 높아졌음을 짐작할 수 있다.

또한 듣기는 사고 발달의 기초를 이루면서 다른 영역의 언어 기능 발달을 촉진한다. 사람들은 듣고 판단함으로써 사고하는 습관을 형성하고, 듣기를 발달시킴으로써 미처 인식하지 못했던 세계를 발견하는가 하면, 필요한 지식을 더 많이 얻기도 하고, 말하는이의 말을 비판할 줄도 알고, 평가도 하게 된다. 또한 듣기는 의사소통의 핵심 요소로서 말하기와도 서로 깊은 관련이 있다(박영목 외, 1995: 90). 우리가 수시로 들어온 담화 내용을 말할 때 활용하는 경우를 보더라도 듣기의 계발은 말하기의 발달을 이끌어낸다.

이렇게 듣기가 중요한데도 듣기에 관한 이해와 관심이 적었던 데는 까닭이 있다. 어린이가 학교에 입학하기 전에 이미 완전히 듣고 말할 수 있다고 생각하기 때문이다. 그런데 생각과는 달리 실상은 그렇지 않아서 제대로 듣지 못하는 어린이가 꽤 많다. 뿐만 아니라 어린이 가운데는 간단한 이야기인데도 무엇이 중요한지 잘 모르는가 하면, 자기가 들은 내용 중에 몇 가지만 이해하기도 하고, 심지어는 어른 가운데도 자신이 이해하지 못하는 까닭이 말하는이의 잘못 때문이라고 믿어버리는 경우도 없지 않다. 또 자신이 듣고 싶어하는 말에만 관심을 기울이거나 논리스런 것보다는 심정스러운 데 빠지기도 하며, 중요한 것과 중요하지 않은 것을 잘 구별하지 못하기도 한다. 이런 경우를 고려해 보건대, '생각하지 아니하면

들어도 들리지 않고 보아도 보이지 않는다[心不在焉 聽而不聞, 視而不見]'는 듣기와 보기의 본질을 꿰뚫은 격언이라 하겠다.

듣기가 학교 교육에서 소홀히 다루어진 또 다른 이유가 있다. 듣기의 본질과 특성을 파악하고, 그것을 활용할 기초 연구가 덜 되었기 때문이다. 듣기는 말하기 교육의 기초이고 모든 의사소통의 바탕임에도 연구 대상에 접근하거나 다루기가 어려워서 연구 결과가 축적되기 어려웠다. 이렇게 이론적인 연구가 덜 이루어져 현장의 듣기 교육도 중요하게 다루어지지 않았다. 특히 지금까지 학교 교육은 언어의 기능 중 문자언어로 이루어진 읽기가 중심이어서 듣기는 관심을 끌지 못하였다. 최근에 시청각 매체의 발달과 듣기의 중요성이 새삼 주목을 받으면서 듣기 · 말하기 · 읽기 · 쓰기를 균형 있게 지도하고자 하는 움직임이 연구에도 자극이 되어 새로운 국면에 접어들었음은 매우 뜻있는 일이다.[1)]

(2) 듣기 과정

듣기 과정은 말소리를 듣는 단계에서부터 들은 내용을 비판하고 감상하기까지 여러 단계의 심리적 과정을 거친다. 인지심리학의 연구 결과에 따르면, 듣기 과정에서 가장 먼저 일어나는 작용은, 첫째 듣는이가 말하는이의 말에 주의를 기울이고, 그 내용을 기억하는 정보 확인 단계이다. 이때 듣는이는 주의를 많이 기울일수록 더 많은 내용을 기억하게 된다. 둘째, 내용 이해 단계는 자신의 경험이나 배경지식을 적극적으로 동원하는 과정을 일컫는다. 말에 포함된 여러 생각 사이의 관계를 파악하고 이를 연결시키는 인지적 작용을 거친다고 한다. 셋째, 들은 내용을 분석하고 비판하며 종합해야 하는 판단 단계를 거친다. 이 단계에서 듣는이는 표면적인 내용과 뒤에 숨은 말하는이의 의도나 목적, 가치 등에 대하여 논리적 모순, 증거 불충분, 감정에의 호소 등이 있는지 살펴본다. 넷째, 감상 단계에서는 이해하고 비판한 의미에 대한 가치 판단이나 정서적인

1) 듣기의 위상을 다음과 같이 자리매김할 수 있다.
첫째, 언어 기능은 발달 관점에서 듣기와 보기를 바탕으로 이루어진다. 둘째, 듣기와 보기는 상호작용하여 사고를 자극하고 정교화한다. 셋째 다양하게 듣고 보아야 새로운 관점을 형성한다. 넷째 올바로 듣고 똑바로 보아야 정확히 표현할 수 있다. 다섯째 듣기와 보기가 창의성의 바탕이다. 여섯째 바람직한 듣기와 보기가 정서를 순화한다. 일곱째 듣기와 보기는 활동과 과정을 중시하는 영역이다. 여덟째 새로운 교학(교수 · 학습)체제 구축을 위해서 듣기와 보기 교육이 강화되어야 한다.

변화 등이 일어난다(박영목 외, 1997: 318~319). 이 단계에서 일어나는 감상은 개인의 정의적 판단에 근거하므로 정보의 확인에서부터 비판 단계에 이르는 온 과정에 걸쳐 이루어진다. 다섯째, 들은 내용에 대한 종합적인 이해를 바탕으로 듣는 중간에 말하는이에게 송환작용하는 반응 단계가 있다. 말을 듣고 있다는 것을 머리 끄덕임이나 맞장구로 반응하고, 의문이 나는 사항은 질문을 함으로써 적극적으로 듣고 있음을 나타낸다. 반응 단계는 심리적 과정은 아니지만 듣기 과정에서 이산적으로 일어나는 중요한 단계이다.

이와 같은 듣기의 과정은 정보 확인, 내용 이해, 내용에 대한 정리 및 비판, 감상, 반응 등의 단계를 거친다. 그런데 이런 과정이 듣기 교육에 적합하게 수용되었다고 보이지 않는다. 듣기 학습은 의도에 따라 얼마든지 바람직하게 지도할 수 있으므로 국어교육의 활성화를 위해 적극성을 띠어야 한다. 듣기 이론가인 칼 웨버(Carl Weaver)는 성인이 듣기 이해에 실패한 원인을 듣기 능력(listening capacity)과 듣기 수행(listening performance)의 차이점에서 찾았다. 이것은 듣기 습관이 중요하다는 의미로 받아들여진다. 듣기는 연습과 훈련으로 그 기능의 증진이 가능하다. 듣기 훈련을 받은 집단이 비교 집단보다 그 수행 검사에서 더 잘 했다는 실험 결과가 이를 말해 준다. 이제 듣기는 적극 참여로 변화를 가져올 수 있는 가능성의 영역이 되었다(박영목 외, 1995: 90).

듣기는 활동의 심도에 따라 '들리기(hearing)'와 '듣기(listening)', '깨닫기(auding)'로 나뉜다.[2] '들리기(hearing)'는 자신의 귀에 들리는 소리만을 인

2) 'auding'을 지금까지 청음, 청해, 이해하기 따위로 번역하였으나, 이들은 개념이 모호하고 조어 방법이 다르며 혼용되기도 한다. ≪국어교육학용어사전≫(1999)에서는 'auding'을 '청해'로 번역하여 기술하였다. 청음이나 이해하기보다는 적절한 용어라고 본다. 따라서 '청해'라는 용어를 부분적으로 사용하되, 차제에 그 개념을 분명히 하면서 조어 방법의 맥락도 고려하여 '깨닫기'로 쓰고자 한다. 이는 'auding'을 Hearing + Listening + Cognizing으로 정의한 것과도 일맥상통한다.
'auding'을 '깨닫기'로 보는 데는 듣기 교육의 궁극적인 목표 지향을 반영하고자 하는 의도이기도 하다. 그동안 사용한 청음이나 청해의 경우도 적합하겠으나, 한자어 '들을 청(聽)'의 개념이 들리기, 듣기, 깨닫기에 두루 적용될 수 있는 형태소여서 전문성이 떨어진다. '이해하기'는 듣기를 포괄하는 상위의 개념이어서 발달 과정이나 듣기 하위 명칭으로는 적절하지 못하다. 새로 쓰고자 하는 '깨닫기'는 청해나 이해하기보다 어떤 순간의 인식이나 각성을 의미하는 듯하나 듣기의 내포적 맥락에서 쓸 수 있다. 깨달으면 이해가 가능하고, 깨달음에서 판단이 나오고, 해석할 수 있는 능력도 생긴다. 또한 비판할 수 있는 경지는 깨달음이 있어야 한다. 따라서 'auding'을 '깨닫기'로 바꾸어 쓰면 듣기 교육의 궁극적 지향점을 뚜렷이 세울 수 있고, 듣기 발달 과정의 용어로서 개념, 조어 방법, 문맥적 함축성 관점에서도 적절히 대응될 수 있다고 판단된다.

지하는 행위를 일컫는다. 이에 비해 '듣기(listening)'는 들은 것에서 의미를 구성해내는 의도와 의식의 언어 활동으로서 부분으로는 물리 과정이지만, 본질로는 감각의 경험을 인지로 처리하는 심리 과정이다. '깨닫기(auding)'는 '듣기(listening)' 과정의 처리 결과를 종합적으로 이해하고, 해석하며, 또 여기에 말하는이 자신의 정의적인 반응까지 곁들이는 과정을 말한다. 즉, '깨닫기'는 연속적으로 이어지는 낱말을 종합하여 의미로 변환시키는 높은 수준의 인지적 · 통합적 · 정의적 처리 과정이다. 그러므로 이 단계에서는 듣는이의 비판적 사고 기능과 수용적 태도가 형성된다.

들리기 ↔ 듣기 ↔ 깨닫기

[그림 1] **듣기의 과정 유형**

듣기의 과정을 고려하면 듣기의 과정 가운데 듣기 교육의 궁극적 지향점이 되는 깨닫기의 중요성을 인식하게 된다. 깨닫기는 듣기보다 높은 이해 측면을 일컫는 용어이다. 더 나아가 깨닫기는 정보를 분석하고 비판하여 종합적으로 활용할 수 있는 상위 구조나 체계를 확립하는 행위를 말한다. 그래서 모든 정보를 연결하고 종합, 비판할 수 있는 수준의 사고 능력과 관련이 있다.

한편 듣기는 이해 관점에서 읽기와 구별된다. 듣기와 읽기는 언어를 이해한다는 관점에서는 서로 관련된 기능이다. 듣기가 입말과 글말 이해라는 관점에서 읽기와는 다른 특성을 가지므로, 글을 잘 읽는다고 반드시 남의 말을 잘 이해하는 것은 아니다. 글을 이해하지 못했을 때는 앞부분으로 되돌아가서 읽을 수 있으나, 말을 잘 듣지 못하면 되돌아가서 듣지는 못한다. 입말의 특성 때문이기도 하지만, 언어 예절 또는 상황 때문에 다시 묻지 못할 수도 있다. 또 읽기에서는 독자가 속도를 조절할 수 있으되 듣기에서는 말하는이의 화법에 따를 수밖에 없다. 독자는 자기가 읽은 것을 더 정확하고 잘 조직된 구조로 전언의 의미를 재생할 수 있는 데 비해 말하는이는 자기가 들은 내용을 일관되게 정리할 겨를을 갖지 못하는 경우도 생긴다. 그래서 듣기는 더욱 체계 있는 교육을 필요로 한다.

Ⅱ 듣기 교육의 목표 분석

(1) 듣기 교육 목표 분석의 의의

듣기 교육을 활성화하기 위하여 목표에 충실한 교수·학습이 이루어지도록 설계해야 한다. 이를테면 말하기를 유형화하여 대화, 연설, 토의, 토론 따위로 나누어 접근하는 것처럼 듣기도 유형과 과정에 따라 지도 내용을 세분하고, 그에 알맞은 목표를 추출해야 지도 체계를 갖출 수 있다. 지도 목표는 전통과 지향 관점에서 설정해 볼 만하다. 이런 목표 설정의 방향은 단순히 목표를 분석하기 위해서라기보다 듣기의 학문적 정체성 확립을 위해서 반드시 필요하다.

2007 개정 국어과 교육과정을 계승 발전시킨 2011 개정 국어과 교육과정(교육인적자원부 고시 제2011-361호)에서는 기존에 분리되어 있던 듣기 영역과 말하기 영역을 하나의 영역으로 통합하여 교육과정을 구안하였다. 듣기와 말하기 학습이 상호작용으로 이루어져야 하는 내용이 상당 부분 들어 있으나 듣기 기능의 특성을 살릴 목표와 내용의 제시가 약화된 것 같아 아쉽다. 따라서 듣기 교육의 중요성을 인식하고, 기초 기능의 목표 달성을 위한 구체적 전략이 검토되어야 하겠다.

이러한 관점에서 듣기의 목표를 새롭게 조명해야 그 기능을 활성화할 수 있다. 말하기의 상호작용 관점을 문화 맥락으로 바꾸면 가능해진다. 듣기의 본질을 생생한 음성언어에서 찾고, 의사소통 도구로 다루어온 듣기를 소통에서 수용의 관점으로까지 확장해 나아가야 한다. 그러면 듣기 능력을 향상시킴으로써 세계를 이해할 수 있는 길이 열린다. 자연의 소리, 사람의 소리, 현대 문명의 소리로 확장되어 들리기의 큰 흐름이 바뀌었듯이 듣기 목표도 새로운 개념으로 체계화해야 변화에 따르는 목표로 탈바꿈하게 된다.

(2) 듣기 교육의 고전 목표와 현실 목표

듣기 교육의 고전적 목표는 인격 형성에 있었다. 예가 아니면 듣지 말아야 하고 [非禮勿聽], 현명하게 들어야 하는 긍정적 태도 [聞思聰]가 이를 말해 준다. 선인의 가르침을 올바로 받아들여야 바른 길을 갈 수 있다는 전통에 입각한 듣기 교육관은 말이 많아 갈등이 증폭되는 심각한 현대에 더욱 강조되어야 할 덕목이다.

그러나 현실 맥락에서 듣기 교육의 목표는 정보 인식과 처리 능력을 중심으로 설정된다. 이 과정에서 정보의 중요성, 의미의 효용성, 소통의 파급성이 특히 주목받는다. 이런 듣기 체제에서 올바로 잘 듣기 위해서는 가치 중심의 선택적 듣기에 관심을 가져야 한다. 귀가 열려 있어 얼마든지 들을 수 있지만, 필요한 내용을 적시에 듣고 가치로운 내용을 알아듣기 위해서는 듣기 습관과 태도가 중요하다. 홍수처럼 밀려오는 청각 정보를 비판적으로 듣고 이해하는 능력을 길러 주는 목표가 핵심이다.

듣기 목표에서 태도 또한 중요하게 다루어야 한다. 현대 사회의 듣기는 매체의 영향으로 비중이 더 커졌다. 그런데 매체 언어를 받아들이는 듣기는 태도의 간섭을 받지 않고 이루어지므로 듣기 습관을 그릇되게 형성하기 쉽다. 이와 같은 측면까지도 고려하여 듣고 싶은 욕망을 억제하는 버릇 들이기와 말하고 싶어하는 만큼 듣기를 좋아하고, 들어주기를 즐겨하는 태도를 기를 수 있는 듣기 교육의 목표가 설정되어야 바람직하다. 이와 같은 듣기 태도는 인격 도야에도 좋은 영향을 미친다. 세계를 바라보는 열린 눈과 너와 함께 하는 어울리는 마음, 나를 되돌아보며 성찰하는 정신과 태도가 듣기 교육이 지향해야 할 궁극의 목표이다.

(3) 듣기 교육의 지향적 목표

(가) 시청각 훈련

듣기는 말소리를 의미있는 단위로 처리하는 과정이다. 이 과정은 말소리를 음향과 구분하여 언어로 인지하고, 분석하고 조직하며, 이 소리를 기억 속에 저장된 경험이나 지식과 연결 지음으로써 듣기의 바탕이 된다. 이를 기초로 듣기 과정의 처리 결과를 종합적으로 이해하고, 해석하며 또 여기에 듣는이 자신의 정의적인 반응까지 곁들이면 깨닫기(auding) 과정에 이른다(노명완, 1988).

그런데 깨닫기 과정에 이르기 위해서는 시청각 훈련이 중요한 구실을 한다. 자연의 모습을 보며 그 소리를 듣는 것은 무엇보다도 시청각 훈련에 좋은 경험이다. 물소리, 새소리, 목소리를 듣다가 흐름과 낢, 삶의 모습을 보고 그 소리와 관련시켜 의미에 이르게 되면 땅과 하늘과 사람의 모습과 소리를 관련시켜 생각하기에 이른다. 그러면 흐르는 구름, 뜨는 달과 지는 해, 스치는 바람 소리도 듣게 된다. 서로 다른 소리를 듣고 구분하고 알아차릴 수 있으면 그것이 바로 삶의 역동성을 깨치는 단계이다. 더 나아가면 말이 만들어내는 세계를 볼 수 있고 말의 힘도 기르게 되는데, 이것이 시청각 훈련의 새로운 세계를 보여준다. 즉, 보고, 듣고, 이해하고, 깨닫게 되기까지 시각과 청각이 주는 감각적이고, 인지적이고, 정의적인 통합 기능으로 확장되어야 듣기는 제 몫을 다한다. 따라서 듣기 교육의 지향적 목표는 학습자의 듣기 감각을 좀더 정련하는 데 있다.

(나) 상상력 계발

들은 만큼 안다는 말이 있다. 많이 들으면 많이 생각해서 더 많이 알게 된다는 뜻이다. 무엇을 어떻게 들을 것인가는 상상의 용량과 계발 가능성에 중대한 영향을 미친다. 자연의 소리를 듣는 것은 전통과 관련이 깊다. 흐르는 물소리, 다듬이 소리, 비행기 날아가는 소리, 애기 태어나는 소리를 떠올려 보자. 이 가운데는 이미 사라져 가는 소리도 있다. 거의 듣기 어려운 소리를 생각해 보면서 상상력을 키워 나가고, 그에 대체된 소리나 새로운 소리에 관심을 가지면 그에 상응하는 소리의 세계가 보이고 들리게 된다. 그것은 자연의 소리부터 인공의 소리, 나아가 생명의 소리까지 나름대로 보고 들어 깨치는 소리의 세계임이 분명하다.

이렇게 새로운 소리에 관심을 가지면 들리기와 듣기를 구분하게 되면서 마음의 소리와 남의 이야기를 들어 세계를 확장해 나갈 수 있다. 듣기가 자연의 소리를 듣는 데 그친다면 듣기 교육은 의도하지 않아도 이루어진다. 들리기를 의도적인 듣기로 발전시킬 때 발상이 바뀌고 상상력은 새로운 지평을 열어 나간다(최현섭 외, 1995: 130). 정보 수용과 처리에서, 느끼고 깨닫는 체험에서 새로운 상상의 세계가 창조될 수 있듯이, 듣기는 감각을 세련되게, 기능을 정교하게, 상상력을 체계적으로 구조화하는 데 이바지하게 된다.

그래서 소리의 새로운 세계가 창조된다. 환호로 탄생의 의미를, 포성을 축포의 의미로 받아들이기도 하며, 악기 소리로 연주의 세계를 펼친다. 의성어로 서정 세계를 묘사하고, 곡소리로 죽음과 슬픔을 표현한다. 이런 소리가 상상력을 계발하여 새로운 세계를 열어간다는 사실에 주목하면 듣기의 지향적 목표가 분명해진다.

(다) 태도 형성

잘 듣기 위해서는 정확히 보고 듣는 습관이 중요하다. 보고 듣거나 듣고 보거나 배경지식을 활용할 줄 아는 사람은 다른 사람의 말을 존중하고, 가치있는 정보를 들려주는 이에게 고마운 마음을 표현한다. 그래서 보고 듣고 쓸 줄 아는 사람은 더욱 폭넓게 세계를 인식하고 수용하는 태도를 갖추게 된다. 이런 태도가 비판적으로 듣고, 의미를 재구성하면서 새로운 세계를 열어간다.

듣기의 긍정적 태도는 깨달음에서 연유한다. 듣고 보거나 보고 들어도 깨치지 못하면 내면의 세계는 열리지 않는다. 이 닫힌 어둠이 판단을 흐리고, 행동을 그르친다. 그래서 생각이 미치지 못하면 어리석다. 이런 무지가 부정적 태도를 형성하는데, 이를 치료하는 방법은 눈을 뜨고 귀를 여는 길밖에 없다. 눈이 뜨이고 귀가 트이면 마음이 열려 새로운 태도로 바뀌기 때문이다.

이러한 태도의 전환을 철학하는 듣기라 부를 만하다. 이른바 철학하는 듣기는 열린 듣기를 말한다. 구성주의에서 강조하는 의미의 재구성을 수반하는 듣기로서 그 유형은 교환적 듣기, 작용적 듣기, 비판적 듣기, 창조적 듣기가 이에 해당한다. 그 가운데 가장 상위의 듣기 능력이란 당연히 창조적 듣기이다. 이 창조적 듣기가 태도로 형성되어야 듣기의 새로운 세계, 곧 듣기 문화로 바뀌어 나간다.

(라) 문화 고양

어머니 뱃속에서부터 듣기 시작한 듣기 기능은 태어나면서 사고를 자극하고 그 발달을 촉진한다. 듣기는 성장에 따라 사회성을 높여 주고, 대인관계에서 친화력을 발휘하며, 심미적인 태도를 형성할 뿐만 아니라 대화와 토론의 마당을 넓힌다. 더욱이 듣기의 대상인 소리는 그 세계가 다양하여 목소리는 음성언어의 이해 세계를, 악기소리는 협화음의 음악세계를 이루어낸다. 이렇게 듣기는 의사소통의 수용 수단으로 작용하고, 말하기의 표현 수단과 상호작용하며, 전혀 다른 세계를 들려줄 수도 있다.

그런데 올바른 듣기는 상대를 보고 이해하며 수용하는 자세를 갖추었을 때 가능하다. 반대를 위한 반대, 일방적인 자기 주장, 억압 체제의 닫힌 세계에서는 진정한 의사소통이나 수용, 감상 태도의 확립을 기대하기 어렵다. 사실 의사소통은 원만한 관계를 정립하고, 서로 믿음을 바탕으로 이해를 증진하며 낯설더라도 다른 세계를 인정하는 가능성의 문화공간을 열어 놓아야 더욱 깊어진다. 따라서 듣기 교육에서는 수용 개념을 좀더 긍정적으로 해석해야 바람직하다고 볼 수 있다.

이러한 듣기 개념을 포괄적으로 이해할 때 듣기는 폭넓은 수용 문화에 접맥된다. 이 과정의 수용적인 태도는 우리 문화의 정체성을 좀더 열어가는 데 이바지한다. 우리 민족의 정서에 잠재되어 있는 500년의 닫힌 정치 체제, 근대 민족주의 색채가 짙은 배타적 태도며, 전통과 권위 중심의 수직 관념을 듣기 교육의 참다운 목표 실현으로 극복할 수 있고, 그것을 믿는 마음, 열린 공간, 수용 태도로 바꿔 나가야 주변문화를 극복할 수 있다. 이것이 불교와 유교 문화를 받아들이면서 천도교의 독자성을 지닌 문화를 창조해 온 전통이고, 제국주의를 극복하고 구미 문화에 응전하는 우리 문화의 대응 논리이며, 축적돼 온 주변문화가 지배해 온 중심문화의 위치로 전환되는 생극문화의 개념이다(조동일, 1996). 새로운 세계를 열어갈 듣기 기능은 잠재되어 있던 능력이고 문화의 싹이다. 따라서 우리의 듣기 교육은 문화를 고양시키는 데까지 그 목표를 확장해 나가야 마땅하다.

III 듣기 교육의 내용 구성

(1) 듣기 교육 내용 선정의 원리

듣기 교육을 어떻게 할 것인가는 듣기 교육과정 논의의 핵심을 짚는 문제이다. 국가 수준의 의도된 교육과정은 학습자의 교육 성취와 국가 목표를 조화롭게 마련하는 계획이므로 다음 세대의 가치판단과 정신지향에 중대한 영향을 미친다. 개인의 발달, 사회의 발전, 내용의 확충이 교육과정 개정 요인으로 작용한다. 그래서 교육과정 개정에는 사회 변화의 큰 흐름이 반영된다.

제6차 국어과 교육과정에서는 '학년별 목표'와 '내용' 항목에서 듣기가 독자성을 확보하는 데까지 나아갔다. 여기에서는 듣기의 본질과 원리, 실제라는 내용 체계가 잡혔다. 또 '듣기의 본질'과 '듣기의 원리와 실제'로 제시되는 학년별 내용도 설정되었다. 그러나 그 내용이 말하기와 상호 관련시켜야 한다는 맥락에서 다루어져, 듣기 지도의 고유한 지도 내용을 구성하는 데까지는 나아가지 못하였다.

제7차 국어과 교육과정에서는 중대한 변화를 보여주었다. 듣기를 영역 맨 앞에 놓아 발달을 중시한 체계로 바로잡았고, 앞으로 분류와 논리에 근거한 영역 설정으로 발전할 전망까지 아울러 제시하여 듣기 교육의 방향을 밝혔다. 또한 듣기 영역의 내용 체계에 듣기의 '본질', '원리'와 함께 '태도', '실제'를 설정하여 구체적인 듣기 지도의 내용을 구성하고자 하였다.

2007 개정 국어과 교육과정에서는 제7차 국어과 교육과정의 틀을 유지하면서 '본질', '원리', '태도', '실제'에서 '지식', '기능', '맥락', '실제'로 변용하였다. 기존의 틀을 유지하되, 하위 범주의 내용에 걸맞게 명칭을 재조정하고, '태도'를 녹인 반면 '맥락'을 강조한 것이다.

2011 국어과 교육과정을 개정하면서 2007 개정 국어과 교육과정의 틀을 미세하게 조정하였다. 듣기 영역의 내용 체계를 '지식', '기능', '맥락', '실제'에서 '지식', '기능', '태도', '실제'로 변용한 것이다. 위상이 애매했던 '맥락'은 '지식'의 하위 범주로 내리고, 여러 범주에 흩어져 있던 '태도' 범주를 부활시켰다. 그러나 듣기 세계의 변화에 능동적으로 대처할 수 있는 듣기 교육의 내용을 구성하는 데는 한계를 드러내었다. 듣기 교육의 고전적 목표나 현실적 목표를 반영하고 지향적 목표를 개발 가능성으로 열어놓았을 뿐이다. 그래서 초등학교 듣기 교육의 내용 구성 원리는 더욱 중요한 의미를 갖는다.

듣기 교육 내용 구성 원리는 체제에 초점을 맞추어야 한다. 학습자가 우주론적 시각과 내면적 의식에 관심을 가지면 새로운 소리를 들을 수 있다. 그런데 새로운 소리나 의미는 현상적 보기나 듣기로 이루어지지 않는다. 이른바 깨닫기에 이르러야 하므로 자기성찰이 뒤따라야 가능하다. 자아를 응시하고 반성하는 태도는 내면의식의 발로이다. 보이는 현상과 들려오는 세계를 의식하고 작용하는 가운데 사고는 확장된다.

이렇게 듣기를 사고작용으로 이끌 때 새로운 세계인식과 창조가 이루어진다. 보지 못하면 생각지 못하고, 듣지 못하면 알지 못한다. 보고 들은 세계를 재인식할 때 새로운 사고교육이 가능하다. 이런 체제 모형이 개발되어야 듣기 원리도 제자리를 잡을 수 있게 된다. 보고 듣고 말하지 않을 수 없는 깨침은 새로운 세계 발견의 첫걸음이다. 이를 느낌에서 감각 훈련으로, 감각 훈련에서 사고작용으로, 생각을 미루어 새로운 세계를 인식하고 창조하는 과정에서 듣기 원리를 터득해야 사회가 요구하는 교육과정 정신에 충실할 수 있다.

듣기의 내용 구성을 위해서 먼저 단계를 설정하고 갈래 특성과 관련시켜 원리에 접근해야 한다. '보면서 듣기', '빠지면서 듣기', '말하면서 듣기', '따지면서 듣기', '생각하면서 듣기' 단계를 도입해 볼만하다(조동일, 2001). 큰 갈래로서 서정 양식일 때 의성어와 의태어로 된 시 낭송 듣기에서 출발하여 산문시 낭송 듣기로 확장하고, 서사 양식일 경우 전래동화 듣기에서 창삭동화로 심화시킬 수 있으며 교술 갈래일 경우 설명 갈래에서 논증 갈래로 접근이 가능하다. 뿐만 아니라 보기와 듣기를 통합할 수 있는 연설, 토의, 토론 등 '보면서 듣기'를 확장해 나가면 듣기로써 말하기를 촉진하고 사고를 확장해 나갈 수 있다. 이런 확장적 듣기 활동으로 국어교육의 균형 있는 지도가 이루어져야 이른바 통합 지도 체제를 갖추게 될 것이다.

듣기 기능 영역의 내용을 올비로 선정하고 조직하면 오렛동안의 과제를 해결할 수 있다. 올바로 내용을 선정하고 구조에 맞게 조직하면 새로운 교학 체제가 갖추어진다. 내용 구성의 원리는 기능 수행이 가능하도록 듣기의 본질, 원리, 태도의 범주에서 그 내용을 선정 조직한다. 그 원리는 선택, 확장, 배열, 통합, 전이로 꿰어야 표현 원리와 관련된다. 아울러 실제 범주의 교육 내용을 함께 고려하여 조직해야 체계를 갖춘다.

(2) 듣기 교육 내용 선정의 범주

겉으로 드러난 현상과 속에 들어 있는 의식은 전혀 다른 세계다. 겉만 보고 속을 들여다보지 못하거나 속만 파헤치고 겉을 살피지 못하여도 실존과는 거리가 멀다. 들을 수 있는 소리와 들을 수 없는 소리를 들을 수 있도록 듣기 영역을 넓혀야 다양한 소리 세계를 이해할 수 있다. 이를 위해 듣기의 본질과 관련시켜 작용, 구조, 기능, 맥락 관점에서 인지 작용, 담화 구조, 소통 기능, 의미 맥락을 듣기의 내용 범주로 구성한다.

(가) 인지 관점

인지심리학 관점에서 듣기는 정보를 받아들이고 지각하는 인지적 과정이다. 그럼에도 우리는 듣기를 가장 자연스럽게 또는 자연발생적으로 습득되는 기능으로 보고, 그 과정에서 일어나는 인지적 작용을 간과한 채 언어 기능 교육에 힘써 왔다. 아울러 인지 관점에서 듣기 과정을 검토하지 않고 듣기 기능 층위에서 접근했다. 하지만 정확하게 듣거나 들을 수 있다는 것은 전체 내용을 정보로서 지각하고 처리하는 능력을 갖추었다는 뜻이다. 그러므로 인지 관점에서 듣기 교육의 내용을 구성해야 한다.

듣기에 관한 인지 관점은 듣기 영역의 지식 기반을 형성한다. 듣기는 듣기에 관한 지식을 바탕으로 해야 그 능력이 신장된다. 가령 듣기 능력의 기초가 되는 '빠지면서 듣기'는 인지적 관점에서 듣기 교육의 주요 범주에 든다. '빠지면서 듣기'는 다른 사람의 말이나 이야기에 매료되어 빠지는 인지적 현상을 일컫는다. 그런데 그것은 정보 처리 과정에서 상대의 말이나 이야기가 빠질만하다는 인지적 판단이 선행된 빠짐이다. 빠지면서 듣는 인지적 과정에 관한 학제적 연구가 뒷받침되고, 거기에서 중요한 지식 기반을 추출하여 듣기 교육의 내용을 선정하면 듣기 교육이 가일층 발전할 뿐만 아니라 그 학문적 위상도 높아질 것이다.

이러한 지향적 관점에서 듣기 교육 내용은 보강되어야 한다. 정확한 표현, 적절한 활용, 정연한 전개를 고려하며 듣고, 전달 효과를 평가할 줄 아는 지도 내용이 중요하다. 의사소통의 체제가 바뀌어 듣기 상황은 매우 개선되었다. 화법이 강조되고, 논리 탐구 결과로 말하기 기능이 세련된 데다 매체의 발달로 듣기 기회는 확대되고 자료 또한 쉽게 구할 수 있다.

이런 변화를 수용하여 올바로 듣고, 폭넓게 이해함으로써 바람직한 행동이 뒤따르도록 평가가 이루어지도록 힘써야겠다.

듣기 교육 내용은 이러한 변화와 체제가 수렴되어야 한다. 한 주제에 대한 여러 사람의 말을 듣고 내용의 타당성, 주장의 정당성, 영향의 공정성을 판단할 줄 아는 능력이나, 주장하는 바가 옳은가, 누가 들어도 공감할 수 있는 내용인가, 그 내용이 언제나 타당한가를 판단하는 정확한 듣기 능력 등이 고려 대상이다. 이와 같은 듣기 능력은 바로 '빠지면서 듣기'에서 더 나아가 '따지면서 듣기'를 지향하는 듣기 교육 내용이다. '따지면서 듣기' 위해서는 다른 사람의 말을 똑바로 듣고, 말하는이의 의도나 목적, 상황을 고려하여 주제를 파악하는 전략을 마련할 필요가 있다. 듣기는 내용을 종합하여 주제를 파악하는 기능으로서 중요하다. 주제를 파악하기 위해서는 정보 확인과 그 정보를 활용하여 새로운 정보를 창출하는 능력을 길러 나간다. 이는 듣기가 일련의 정보를 바탕으로 의미를 다시 구성하는 능동적인 활동임을 말해 준다. 따라서 말하는이의 의도나 목적을 이해하기 위해서는 표현된 언어의 의미, 표출 상황, 보편적인 관습 따위를 종합적으로 따지면서 들어야 한다.

(나) 담화 관점

담화는 의미와 구조를 갖춘 언어 형식이다. 이 의미와 구조의 언어형식이 의사소통의 핵심이다. 그래서 올바른 듣기 기능은 다양한 형식의 말을 듣고 필요한 정보를 찾을 수 있는 능력을 일컫는다. 이 능력을 향상시키기 위해서는 듣기에 필요한 담화 양식을 이해해야 한다. 담화의 양식을 알아야 그 특성에 맞는 지도 내용을 추려낼 수 있기 때문이다.

2007 개정 국어과 교육과정은 국어 사용의 실제를 강조하면서 담화의 종류를 '정보 전달', '설득', '정서 표현', '사회적 상호작용'의 네 가지로 제시하였다. 2011 개정 국어과 교육과정에서는 '사회적 상호작용'이란 모호한 용어를 7차 국어과 교육과정 이전 시기부터 사용했던 '친교'로 바꾸어 '친교 및 정서 표현'으로 묶어서 제시하였다.

또한 담화의 종류는 그 형식에 따라 담화를 형식에 따라 공식, 의례, 친교 등 세 가지로 나눈다. 공식 담화는 연설, 토의, 토론, 강의 등과 같이 사전에 준비된 내용을 대중을 상대로 하는 담화이다. 의례 담화는 정치적 문화적 행사에서 의례 절차에 따라 하는 담화로 식사, 주례사가 이에 해당한다. 친교 담화는 매우 친근한 사람들 사이에 가장 자연스런 상태에서 떠오르는 대로 주고받는 담화로서 언어 활동의 중심을 차지한다.

담화 유형에 따른 듣기 능력을 기르기 위해 '구분하며 듣기'를 중심으로 교육 내용을 선정할 수 있다. 노래나 이야기를 듣고, 담화 유형을 구분하는 듣기 능력은 중요하다. 그것은 노래와 이야기 같은 문학적인 담화를 들을 때나 정보 전달을 위한 담화, 설득을 목적으로 하는 담화, 친교 성격의 담화 따위를 들을 때, 각 담화의 특성에 따라 말하는이의 의도를 구분하며 듣는 듣기 능력을 기르는 교육이다. 이런 교육 내용이 발달에 따라 위계적으로 선정되어야 듣기 교육이 정교해진다. 담화 구분은 갈래, 목적에 따라 가름하고, 이 둘을 듣기의 씨줄과 날줄로 삼아 내용을 조직한다.

실제 언어 수행 상황에서 '구분하며 듣기'를 위해서는 일상적으로 나누는 말에 귀 기울이고, 친구들과 나누는 친교의 말도 관심을 가지고 들어야 한다. 또 말에 담긴 정보를 파악하면서 들어야 하며, 주장하는 말의 설득 요소를 감지하면서 듣는 법을 익힌다. 뿐만 아니라 말하는이의 정서를 표현하는 말을 판단하며 듣는 힘도 필요하다. 앞뒤에 맞게, 화제에 어울리게, 분위기 살려 들을 줄 알아야 진정한 이해 세계를 넓혀 나갈 수 있다.

한편 담화의 갈래를 구분하여 듣게 되면 자연스럽게 그 갈래와 층위에 눈을 뜬다. 구분하면서 듣는 인지적 작용은 먼저 담화의 의도를 파악하고, 내용을 분류하는 데 이른다. 이런 분류의 인지 작용은 더 나아가 담화의 갈래에도 적용될 수 있다. 즉, 구분하며 듣는다는 행위를 출발점으로 삼아 분류의 인지 능력을 키우는 데까지 나아간다. 이렇게 담화의 갈래를 구분하여 들으면 분류의 인지 기법은 한층 정련된 기능으로 심화된다(최명환, 1998). 또 듣기에서 담화의 갈래를 구분할 줄 알면 각 담화의 층위를 나누어 보는 인식도 가능해진다.

'구분하며 듣기'는 남의 말을 잘 듣는 데서 끝나지 않는다. 저학년에서는 다른 사람의 말에 귀기울이는 태도를, 중학년에서는 비판하면서 듣는 태도를, 고학년에서는 평가하면서 듣는 태도를 형성한다. 내용을 비판적으로 수용하는 태도는 객관적인 자아를 형성하는 데 도움이 된다. 어려서부터 말하는이의 처지를 존중하면서 잘 듣는 태도를 중요하게 다루어야 하는 까닭이다. 누구나 상대방을 존중하는 마음이 있어야 듣고 싶어진다. 그렇기 때문에 열린 마음으로 가까운 사람과 나누는 일상의 대화를 잘 듣는 태도가 강조되어야 할 필요가 있다. 이와 같은 듣기 태도는 주로 저학년 듣기에서 다루어진다.

그러나 듣기만을 강조한다고 해서 사고력이 신장되고 상상력이 풍부해지는 것은 아니다. 들을 줄 아는 사람은 당연히 말할 줄 알고, 쓸 줄 알아야 하는데, 현장은 그렇게 단순하지만은 않다. 그런대로 듣는 듯싶은데 이해하지 못하고, 말은 잘 하는데 읽기에 자신이 없으며, 말을 잘 하고 읽기를 제법 하면서도 쓰기에는 자신 없어 하는 학습자가 의외로 많다. 듣기 교육에서 태도와 습관을 내용으로 선정해야 하는 까닭이다.

(다) 소통 관점

듣기 교육은 의사소통 특성을 잘 드러낸다. 의사소통 행위로서의 듣기는 말하는이, 듣는이, 전언, 맥락의 네 요소가 포함된다. 또 듣기가 음성언어로 정보를 지각, 판단, 해석하고 새 정보를 구성한다는 점도 매우 중요하다. 그래서 초등학교 듣기 교육의 내용 구성은 말하기, 읽기와 관련하여 소통 행위로서의 듣기 특성이 강조된다. 특히 일상생활에서 대부분 정보를 듣기로 획득하므로 생활과 긴밀히 연결시켜야 한다. 의사소통에 적극적으로 참여하는 태도는 내적 사고를 촉발하기 때문이다.

듣기의 본질을 알기 위해서는 의사소통 행위로서의 효과적인 듣기 방법을 알아야 할 필요가 있다. 의사소통 행위로서의 듣기는 크게 정보 알기와 이에 대한 반응이라는 절차를 거친다. 사람들은 정보를 알기 위해서 사람을 만나고 그들로부터 무엇인가를 듣는다. 요즘에는 방송매체로 아주 다양하고도 복합적인 정보를 얻는다. 이렇게 얻은 정보를 종합, 분석, 비판하고 내면화하면서 새로운 정보 형태로 기억 속에 저장하거나 다시 밖으로 표출해 낸다. 듣기 교육은 이런 듣기의 양상을 반영하여 말하기와 상호작용하면서 각 절차마다 적합한 듣기 전략을 사용할 수 있는 능력을 길러주어야 한다.

소통 관점을 중심으로 하는 구체적인 지도 내용에서는 제목이나 중요한 구절 따위로 전체 내용을 예측하고, 예측을 확인, 수정하면서 듣는 전략을 고학년 대상으로 선정한다. 여기서 정보는 꼭 언어로만 표출되는 것이 아니므로 실제 필요한 정보가 어떻게 전달되는지 관심거리다. 또 저학년에서는 말하는이의 의도를 파악하며 듣게 하거나 의도에 따라 내용을 정리해 보게 하는 전략을 선정해야 할 필요가 있다.

한편 소통적 관점에서 수용적 듣기를 교육 내용으로 다루려면 듣기 태도에 관한 교육이 필요하다. 이때 중요하게 다루어야 할 교육 내용은 올바른 태도로 듣기이다. 그런데 올바른 태도로 듣기는 듣기의 수용구조 못지않게 소통 구조를 중요하게 다루는 방식임을 뜻한다. 소통 구조를 중요하게 다루는 듣기는 본질적으로 일방향보다는 쌍방향 구조를 지니고 있다. 듣기 자체가 쌍방향이어야 듣는이와 말하는이 사이의 소통이 원활해지고, 듣기의 의미 창조에도 이바지하게 된다. 일방적 듣기에서 공감의 쌍방적 소통을 지향해야 하는 까닭이 분명해졌다.

올바르게 듣는 태도는 듣기를 일상적 의사소통 구조에서 정보 듣기, 정보 듣기에서 정보 알기, 정보 알기에서 세계 이해로 확장된다. 듣기 세계가 확장되면 수용적 듣기는 소통적 구조를 형성하게 되고, 더 나아가 삶의 창조적 언어 구조를 형성할 수도 있다. 다시 말해서 의사소통 층위의 듣기를 대화 층위의 듣기로, 대화 층위의 듣기를 이야기 층위의 듣기로 고양할 때, 이야기를 듣고 감동하고 감동을 바탕으로 새로운 세계를 체험하는 능동적 듣기로 이끌게 된다. 이와 같은 내용의 듣기 교육은 문화를 전승하는 듣기를 지향한다.

(라) 맥락 관점

듣기는 맥락과 상호작용하면서 의미를 창조한다. 관계, 담화, 문화 따위가 듣기에 작용하는 맥락 요인이다. 사회, 역사, 상황 맥락과 화제와 구조의 표현 문맥, 매체와 체제의 문화 맥락은 듣기에 크게 영향을 미친다. 이런 다양한 맥락의 말을 듣고 정보를 찾아 주요 내용을 간추릴 줄 아는 능력 곧, 말하는이의 의도를 파악하는 듣기가 중요함은 두말할 나위가 없다. 또한 들은 내용의 타당성과 공정성을 간파하는 판단력, 담화의 구조와 논리 전개와 표현력, 전달 효과 등을 평가하는 기능도 올바로 듣기에서만 가능하다. 그러므로 듣기 교육의 내용은 상대의 말을 올바로 이해하는 능력을 고려하여 설정되어야 한다.

이러한 듣기 능력은 토의나 토론에서 여러 사람의 의견을 비교하며 듣고 그 내용을 종합하는 데도 적용된다. 다른 사람의 의견을 비판적으로 듣고 자신의 의견을 논리적으로 밝혀 합리적인 결론을 이끌어내는 능력을 기르는 것은 듣기와 말하기의 바람직한 전략임에 틀림이 없다. 아울러 토의와 토론의 형식, 진행, 구실의 기초를 터득하게 함으로써 성숙한 토론 문화를 형성하는 듣기 교육이 필요하다.

사회 문화적 맥락에서 올바른 태도로 듣기 또한 강조되어야 할 내용이다. 이는 소통 관점에서와 마찬가지로 듣는이를 배려하는 태도에서 비롯된다. 많은 사람이 무엇인가를 주장하지만 상대의 말을 들을 줄 모르고, 듣지 않고 주장하기 때문에 토론이 잘 이루어지지 않는다. 인간 관계에서도 이해가 이루어진 뒤에 표현해야 의사소통이 자연스럽고 관계를 발전적으로 향상시킬 수 있는데, 그렇지 못하고 감정에 휩쓸리는 경우가 허다하다. 이런 문제는 올바른 태도와 듣기로 해결할 수 있다. 따라서 이와 같은 의미로서 올바른 태도로 듣는다는 것은 상대의 말을 들을 줄 알고, 이해를 지향하는 의사소통으로서의 듣기를 의미한다.

대화는 듣기와 말하기의 소통 구조로 이루어진다. 성숙한 대화의 열린 세계를 이루어내려면 바람직한 듣기 교육은 아주 중요하다. 듣기는 본질적으로 대화의 세계를 지향하는 행위이다. 라디오나 음악을 듣는 혼자 듣기도 그 과정에서는 들려오는 세계와의 대화를 형성한다. 그 과정은 자기 자신과 이야기를 나누는 부단한 대화이기도 하다. 따라서 듣기 교육은 이 대화의 세계를 열어 나가는 능력을 길러 주어야 한다.

이러한 맥락 관점의 중요성이 2011 개정 국어과 교육과정에 와서 반영되었다. 이 교육과정은 언어 사용 맥락의 중요성을 반영하여 '맥락'을 중요한 교육 내용으로 선정하였다. 듣기 · 말하기뿐만 아니라 나머지 4개 영역의 교육 내용도 '맥락' 관점에서 충분히 살려내었다.

(3) 듣기 교육 내용 구성의 실제

듣기 교육 내용 구성의 실제는 국어과 교육과정에서 확인할 수 있다. 제7차 국어과 교육과정에 반영된 듣기와 화법의 교육 내용은 다음과 같다.

〈표 1〉 **제7차 국어과 교육과정 듣기 영역 내용 체계(국민공통교육기간)**

<table>
<tr><td rowspan="2">듣기</td><td>• 듣기의 본질
– 필요성
– 목 적
– 개 념
– 방 법
– 상 황
– 특 성</td><td>• 듣기의 원리
– 청각적 식별
– 내용 확인
– 추론
– 평가와 감상</td><td>• 듣기의 태도
– 동 기
– 흥 미
– 습 관
– 가 치</td></tr>
<tr><td colspan="3">• 듣기의 실제
– 정보를 전달하는 말 듣기 – 설득하는 말 듣기
– 정서 표현의 말 듣기 – 친교의 말 듣기</td></tr>
</table>

〈표 2〉 **제7차 국어과 교육과정 〈화법〉 과목 내용 체계**

<table>
<tr><th colspan="2">1) 화법의 이론</th><th>2) 화법의 실제</th></tr>
<tr><td>가) 화법의 본질</td><td>① 화법의 정의
② 화법의 기능
③ 화법의 유형</td><td rowspan="3">가) 태 도
나) 연 설
다) 토 의
라) 토 론
마) 면 담</td></tr>
<tr><td>나) 화법의 원리</td><td>① 화법의 언어적 배경
㉮ 내용 선정 조직
㉯ 언어적 · 비언어적 표현과 이해
② 화법의 사회 · 문화적 배경
㉮ 사회 변인과 언어
㉯ 언어 예절
㉰ 정중 어법
③ 화법의 전략
㉮ 효과적인 의사소통
㉯ 의사소통의 문제 해결
㉰ 시청각 보조 자료 이용</td></tr>
<tr><td>다) 화법의 태도</td><td>① 말하는이의 태도
② 듣는이의 태도</td></tr>
</table>

제7차 국어과 교육과정의 듣기 영역과 화법 과목의 내용 체계표를 보면 듣기 영역의 교육은 국민 공통 기본 교육 기간으로, 화법 과목은 고등학교 선택 중심 교육과정으로 설정되어 있다. 여기에서 국민 공통 기본 교육 기간은 실제적으로 제1학년부터 제10학년, 즉 초등학교 1학년에서 고등학교 1학년에 해당한다. 그리고 고등학교 화법 과목은 고등학교 2, 3학년의 선택 과목이다.

여기에서 듣기 영역의 교육 내용 구성 방식인 국민 공통 기본 교육과정의 설정과 그 내용 체계는 각각의 장점과 단점을 드러낸다. 먼저 장점은 초등학교부터 고등학교 1학년에 이르기까지 통일되고 일관된 교육 내용 요소를 중심으로 듣기 교육이 이루어진다는 사실이다. 단점은 각 학교 급별로 각각 다른 듣기 교육의 특성을 반영하기가 어렵다는 한계에서 찾을 수 있다.

한편 제7차 국어과 교육과정에서는 듣기 영역이나 화법 과목의 내용 체계에 모두 '본질', '원리', '태도', '실제'라는 네 가지 하위 내용 범주를 설정하였다. '본질'은 앞의 '듣기 내용 구성의 범주'에서 논의한 바와 같이 효과적인 듣기 방법을 아는 일부터 의사소통 행위로서 여러 상황을 아는 힘까지 포함하는 내용 범주이다. 듣기의 본질에 관한 지식은 명제적 지식에 해당하며, 듣기의 원리를 습득하여 듣기 행위를 올바르게 하도록 해주는 본질적인 지식 기반을 이룬다. 이것은 아울러 듣기의 원리나 태도의 바탕이 된다. 듣기 영역의 경우 듣기의 필요성, 목적, 개념, 방법, 상황, 특성이 각각 1학년부터 6학년까지 차례로 제시되어 있다.

'원리'는 듣기의 절차적 지식을 진술한 것으로, 듣기 영역의 경우 듣기의 과정을 고려하여 청각적 식별, 내용 확인, 추론, 평가와 감상으로 조직되어 있다. 청각적 식별은 저학년의 교육 내용에 해당하는 것으로 여러 가지 소리를 구별하며 듣는 활동으로 듣기의 즐거움을 느끼며 듣기 교육으로 입문하는 단계이다. 이어지는 내용 확인에서는 말하는이가 발화하는 구체적인 정보를 확인하며 듣는 단계이다. 듣는이가 주의를 많이 기울일수록 그는 더 많은 내용을 기억할 수 있다. 다음은 자신의 경험이나 배경 지식을 적극적으로 동원하는 추론 단계를 살펴보자. 추론 단계에서는 말에 포함된 여러 생각 사이의 관계를 파악하고 이를 연결시킨다. 그리고 들은 내용을 분석하고 종합적으로 판단해야 하는 평가 단계가 이어진다. 이 단계에서 듣는이는 표면적인 내용 뒤에 숨겨진 의도나 가치 등에 대하여 의문을 품고, 말 속의 논리적 모순, 증거 불충분, 감정에의 호소 등이 있는지 살피게 된다. 감상 단계는 개인의 정의적 판단에 근거하므로 정보의 확인에서부터 평가 단계에 이르는 온 과정에 걸쳐 작용한다.

제7차 국어과 교육과정에 보였던 청각적 식별, 내용 확인, 추론, 평가와 감상 등의 하위 내용 가운데 '청각적 식별'을 제외한 나머지 세 가지 내용은 2007 개정 국어과 교육과정에 그대로 계승되었다.

'청각적 식별'로 시작되는 듣기의 '원리'는 결국 듣는이로 하여금 빠지면서, 말하면서, 따지면서, 생각하면서 올바른 태도로 듣기 위한 교육 내용과 관련된다. 이런 듣기의 교육 내용은 말소리를 듣는 단계에서부터 들은 내용에 대한 비판과 감상에 이르기까지의 온 과정에 걸쳐 그 원리를 가르쳐야 하는 듣기 교육 목적과도 맞닿는다.

'태도'는 듣기 교육내용으로서 제7차 국어과 교육과정에서 신설되었다. 이는 제7차 국어과 교육과정의 듣기 교육이나 화법 교육이 듣기와 말하기의 태도 교육을 중시하였음을 말해 준다. 그러나 2007 국어과 교육과정에서는 '태도' 범주의 교육내용이 삭제되었다. 정의적 영역의 교육에 대한 비중이 감소된 것(손영애, 2007: 122)으로 볼 수 있으나, 듣기 교육이나 말하기 교육의 태도는 읽기 교육이나 쓰기 교육과는 달리 교육내용으로서의 가치를 지닌다.

'실제'는 앞서 담화 관점에서 논한 담화의 유형을 고려하여 정보를 전달하는 말 듣기, 설득하는 말 듣기, 정서표현의 말 듣기, 친교의 말 듣기로 구성되어 있다. 〈표 2〉에서 '실제'와 다른 내용 범주('본질', '원리', '태도')의 관계를 점선으로 표시한 것은 7차 국어과 교육과정에서 실제적인 듣기의 교육을 대단히 중시하고 있음을 나타낸다. 즉, '본질'과 '원리' 등을 지식 그 자체로 외우지 말고, '실제'를 활용해 익히도록 의도하고 있다는 사실을 인식해야 한다.

이러한 제7차 국어과 교육과정의 듣기 영역 내용 체계 방식과 구성은 앞서 논한 인지, 담화, 소통, 맥락 관점과 관련이 깊다. 이 가운데 맥락 관점은 2007 개정 국어과 교육과정에서 더욱 부각되었다. '언어 행위를 성찰하는 학습자를 지향'하며, '담화와 담문의 생산과 수용을 중심으로 한 지식, 기능, 맥락의 통합'을 시도하고자 했던 2007 개정 국어과 교육과정은 듣기 교육에서 '실제'를 강조하고, '맥락'을 부각시켰다.[3] 6개 영역 체제를 그대로 유지한 2007 개정 국어과 교육과정 듣기 영역의 내용 체계는 다음과 같다.

〈표 3〉 **2007 개정 국어과 교육과정 듣기 영역 내용 체계**

듣기의 실제	
- 정보를 전달하는 말 듣기 - 사회적 상호 작용의 말 듣기	- 설득하는 말 듣기 - 정서 표현의 말 듣기
지 식	기 능
○ 소통의 본질 ○ 담화 특성 ○ 매체 특성	○ 내용 확인 ○ 추론 ○ 평가와 감상
맥 락	
○ 상황 맥락 ○ 사회 · 문화적 맥락	

2007 개정 국어과 교육과정은 제7차 국어과 교육과정의 내용으로 선정된 '본질', '원리', '태도', '실제'라는 네 가지 하위 내용 범주를 '실제', '지식', '기능', '맥락'으로 바꾸었다. 결과적으로 '태도' 범주가 빠지고, '맥락' 범주가 새로 설정되었다. 이런 변화는 듣기의 '실제'에 '맥락'이 중요하게 관련된다는 관점을 듣기 교육이 수용해야 하는 지향을 보여준다. 듣기 교육내용 선정의 원리 가운데 하나인 '맥락 관점'의 반영이기도 하다.

그런데 2007 개정 국어과 교육과정이 듣기 교육에서 보여준 실제의 강조와 맥락의 부각은 화법 과목에서는 다소 다른 양상으로 나타난다. 화법 과목의 '성격'에서 밝히고 있듯이, "일상생활은 물론 전문 분야의 활동에 필요한 대화, 면접, 토의, 토론, 협상, 발표, 연설 등 다양한 담화 유형을 익힘으로써 대인 관계와 사회 · 문화적 맥락에 효과적으로 대응할 수 있는 능력을 강조"하였고, "학습자가 자신과 다른 이의 화법을 점검하

3) 이재기(2007), 〈국어과 교육과정 개정의 방향 및 주요 개정 방향〉, 공주교육대학교 초등교육연구원, ≪국어과 제7차 교육과정과 새 교육과정 비교 분석≫, 31~34.

고 조정하는 능력을 기르는 데 중점을 둔" 과목으로서의 성격을 드러낸 결과이다.

화법 과목의 내용 체계는 다음과 같다.[4)]

〈표 4〉 2007 개정 국어과 교육과정 〈화법〉 과목 내용 체계

지식 / 기능	담화 유형
지식 ○ 화법의 성격 ○ 화법의 요소 ○ 화법의 유형 ○ 화법과 매체	**담화 유형** ○ 대 화 ○ 면 접 ○ 토 의 ○ 토 론 ○ 협 상 ○ 발 표 ○ 연 설
기능 ○ 수용과 생산 – 내용 구성 – 언어적 · 반언어적 · 비언어적 표현 – 의사소통 전략 – 매체 활용 ○ 사회적 상호 작용 – 참여자 인식 – 대인 관계의 형성과 발전 – 주도와 협력 – 말하기 불안 해소 ○ 의사소통의 점검과 조정 – 수용과 생산의 점검과 조정 – 사회적 상호 작용의 점검과 조정	

화법 과목의 교육내용은 보완될 필요가 있어 보인다. 화법 과목의 성격이 어떠하든 그 교육내용을 '지식', '기능', '담화 유형'으로만 선정하였음은 총체적인 화법 능력을 기르기에 부족하다. 화법 과목이 국민 공통 기본 교육과정의 '듣기', '말하기' 영역을 심화 · 발전시킨 과목이라면, 국민 공통 기본 교육과정의 듣기 영역의 내용으로 선정된 '맥락'이 빠져서는 곤란하다. 화법 과목의 세부 내용으로 선정된 내용 가운데 맥락 관점의 내

4) 내용 체계는 화법 과목의 목표를 기반으로 선정되었다. 화법 과목의 목표는 다음과 같다.
화법에 대한 올바른 이해와 폭넓은 담화 활동을 바탕으로 다양한 의사소통 맥락에 능동적으로 대처하는 능력을 신장하고 바람직한 우리말 문화를 창조하는 태도를 기른다.
가. 화법의 본질을 체계적으로 이해한다.
나. 화법의 절차와 전략을 익혀 효과적으로 의사소통을 한다.
다. 다양한 담화 활동에 능동적으로 참여하는 태도를 가진다.

용은 다음과 같다.

(1) 지식 범주
(나) 화법의 요소
③ 화법에서 시공간 및 사회 · 문화적 맥락의 기능을 이해한다.
(다) 화법의 유형
③ 의사소통 상황에 따른 화법 유형을 이해한다.
(2) 기능 범주
(가) 수용과 생산
① 내용 구성
㉰ 담화 유형, 화제 특성, 상황에 알맞게 내용을 조직한다.
② 언어적 · 반언어적 · 비언어적 표현
㉰ 내용과 상황에 어울리는 낱말을 선택하여 말한다.
㉱ 상황에 따라 표준어와 비표준어를 구별하여 말한다.
㉲ 공식적인 상황에서 표준 발음으로 정확하게 말한다.
㉳ 목적, 대상, 상황에 따라 적절한 억양, 성량, 속도, 어조로 말한다.
㉴ 목적, 대상, 상황에 따라 시선, 표정, 몸짓 등을 적절히 조절한다.
③ 의사소통 전략
㉴ 의사소통의 시공간 및 사회 · 문화적 맥락을 고려하여 이에 효과적으로 대처한다.
④ 매제 활용
㉱ 여러 가지 의사소통 상황에서 매체 활용의 적절성을 평가한다.
(나) 사회적 상호 작용
① 참여자 인식
㉯ 상황이나 상대에 따른 자신의 역할과 기여를 분석한다.
③ 주도와 협력
㉯ 의사소통 상황에 따라 주도자와 협력자의 역할을 효과적으로 수행한다.

2011 개정 국어과 교육과정에서는 듣기와 말하기를 통합하여 제시하는 방식을 취하였다. 성취 기준 감축이라는 2011 개정 교육과정 총론의 취지에 부응하기 위한 조처이기도 하지만, 듣기와 말하기가 상호 소통적으로 이루어지는 언어 활동이라는 점을 고려할 때 바람직한 조처이다. 2007 개

정 국어과 교육과정과 마찬가지로 국어 교육이 구체적인 담화와 글을 수용하고 생산하는 활동을 지향해야 한다는 관점에서 '실제' 범주를 상위 범주(1차 조직자)로 설정하고 내용 요소 범주('지식', '기능', '태도')를 실제 범주의 규정을 받는 하위 범주(2차 조직자)로 설정하는 방식을 고수하였다.

다만, 2007 개정 국어과 교육과정에 있던 '맥락' 범주를 '지식' 범주에 포함시키고, '태도' 범주를 부활시키는 등의 변화가 있었다. '맥락' 범주를 따로 설정하지 않은 것은 맥락의 개념이 다소 애매할 뿐만 아니라 지식의 성격이 강하다고 보아서이지 맥락이 국어 교육에서 중요한 개념이 아니라는 의미가 아니다. 한편, '태도' 범주는 전통적으로 교과를 구성하는 3요소인 지식 · 기능 · 태도의 하나였을 뿐만 아니라, 정의적 측면을 강조하는 교육과정 총론의 정신을 살려 별도의 범주로 부활시켰다. 2011 개정 국어과 교육과정의 듣기 · 말하기 영역 내용 체계는 다음과 같다.

〈표 5〉 **2011 개정 국어과 교육과정 듣기 · 말하기 영역 내용 체계**

실제		
• 다양한 목적의 듣기 · 말하기 – 정보를 전달하는 말 – 설득하는 말 – 친교 및 정서 표현의 말 • 듣기 · 말하기와 매체		
지식	**기능**	**태도**
• 듣기 · 말하기의 본질과 특성 • 듣기 · 말하기의 유형 • 듣기 · 말하기와 맥락	• 상황 이해와 내용 구성 • 표현과 전달 • 추론과 평가 • 상호 작용과 관계 형성 • 듣기 · 말하기 과정의 점검과 조정	• 가치와 중요성 • 동기와 흥미 • 공감과 배려 • 듣기 · 말하기의 윤리

2011 개정 국어과 교육과정에서 '실제'는 성취 기준 선정 범주에 해당한다. 실제 범주 중 '정보 전달', '설득', '친교 및 정서 표현'은 국어활동의 목적을 기준으로 설정한 것이고, '매체'는 국어활동이 이루어지는 상황을 고려하여 설정한 것이다.

'지식'은 담화와 글의 수용·생산 활동에서 요구되는 형식적, 본질적, 명제적 지식을 의미한다[5]. 하위 요소로 해당 영역의 개념과 특성, 글의 유형, 맥락이 포함되어 있다. 2007 개정 국어과 교육과정에서 별도의 범주로 존재하던 '맥락' 범주가 새 국어과 교육과정에서는 '지식'의 하위 요소로 조정되었음은 앞서 밝힌 바와 같다.

'기능'은 담화나 글의 수용·생산 활동에 관여하는 사고의 절차나 과정을 의미한다. 하위 요소는 상황 이해와 내용 구성, 표현과 전달, 추론과 평가, 상호 작용과 관계 형성, 듣기 · 말하기 과정의 점검과 조정 등이 포함되어 있다. 이전 국어과 교육과정에 있던 듣기 영역과 말하기 영역의 기능이 통합적으로 제시되어 있으나 여타 읽기나 쓰기 영역에 비해 체계성이 다소 떨어져 보인다. 한편, 2011 개정 국어과 교육과정의 내용 체계에서는 '듣기 · 말하기 과정의 점검과 조정'처럼 초인지의 활용을 강조하고 있는 점이 특징적이다.

'태도'는 담화나 글의 수용·생산 활동에서 수반되는 정의적인 요소들을 포함한다. 하위 요소로는 '가치와 중요성', '동기와 흥미' 이외에도 '공감과 배려', '듣기 · 말하기의 윤리' 등이 포함되어 있어 국어 교육을 둘러싼 환경의 변화에도 적극적으로 대응하고자 하였다.

한편, 2011 개정 국어과 교육과정에서 고등학교 선택과정에는 많은 체제 변화가 있었다. 2007 개정 국어과 교육과정 이전 시기에는 독립 과목으로 존재하던 〈화법〉 과목을 이번 국어과 교육과정에서는 〈작문〉 과목과 묶어서 〈화법과 작문〉으로 제시하였다. 성취 기준 감축을 이유로 양자를 하나의 과목으로 묶였다고 하나, 표현을 중심으로 묶인 성격이 강하여서 듣기 교육이 약화될 것이 우려된다. 〈화법과 작문〉의 내용 체계는 다음과 같다.

5) 민현식 외(2011), 〈2011 국어과 교육과정 개정을 위한 시안 개발 연구〉, 교육과학기술부, 80~81.

〈표 6〉 2011 개정 국어과 교육과정 〈화법과 작문〉 내용 체계

화법과 작문의 본질	• 화법과 작문의 사고 과정 • 화법과 작문의 사회적 기능 • 화법과 작문의 관습과 문화
정보 전달	• 상황 분석과 내용 조직 • 정보 해석과 매체 활용 • 정보 전달의 표현 전략
설득	• 상황 분석과 내용 조직 • 논증 원리와 논리적 오류 • 설득의 표현 전략
자기표현과 사회적 상호 작용	• 의사소통과 자아 인식 • 의사소통과 대인 관계 • 자기표현의 전략과 태도

2007 개정 국어과 교육과정 이전의 〈화법〉 내용 체계가 '지식', '기능', '담화 유형'처럼 초·중학교 수준과 유사한 내용 체계로 조직되어 있었다면, 2011 개정 국어과 교육과정의 〈화법과 작문〉 내용 체계는 '실제'를 중심으로 재편성되어 있다. 〈화법과 작문〉의 내용 체계는 고등학교 수준에서는 사적인 의사소통보다는 공적인 의사소통이 중시된다고 보아서 '정보 전달'과 '설득'을 중심축으로 구성하였다. 초·중학교 교육과정에 있는 '친교 및 정서 표현의 말'은 자기소개서 작성이나 (입시, 취업) 면접 등의 상황을 고려하여 실제적 활동이 되도록 '자기표현과 사회적 상호 작용'이라 하는 고등 단계의 표현으로 바꿔 제시하였다.

IV. 듣기 교육의 교학 전략

(1) 듣기 교학 전략의 필요성

듣기는 말을 들으면서 의미를 구성하는 사고 과정이다. 언어는 사고를 반영하기도 하지만, 사고를 촉발하고 계발하는 적극적인 기능을 맡는다. 인간은 유아기의 감각적인 사물 세계에서 영상적인 그림 세계로, 나아가 상징적인 언어 세계로 사고를 발전시킨다. 이 같은 발전은 현상과 관념

곧 언어와 사고의 긴밀한 상호작용에 따른다. 따라서 개인의 인지적 · 정의적 · 사회적 발달에 미치는 언어의 중요성을 바로 인식하는 차원에서 언어 지도를 위한 전략이 마련되어야 한다.

듣기 교육은 적절한 전략을 구사하기 위해서 과정 중심으로 이루어진다. 듣기 교육은 과정, 방법, 수행 측면이 강조되어야 하고, 구성주의에서 중시하는 초인지를 활용한 자기 조정 전략이 강조되어야 한다. 아울러 정보 처리 과정을 보기에서 들리기로, 들리기에서 듣기로, 듣기에서 깨닫기로 심화 단계를 거친다. 특히 듣기 전략은 수행 과정의 기능 신장에 도움이 된다.

흔히 국어 교과는 '내용'을 가르치기보다는 '방법'을 가르치는 교과라고 인식하지만, 어떤 방법으로 가르쳐야 국어교육의 목표를 성취하는 데 효율적인지에 대하여 체계적으로 논의되지는 못하였다(박영목, 1995). '말하기 · 듣기' 교육은 제5차 교육과정에 근거하여 영역별로 분책 개발할 때 적절한 교육 내용과 전략을 개발하는 대응도 부족했다. 그리고 제6차에는 5~6학년이 '말하기 · 듣기 · 쓰기'로 통합 · 개발되기에 이르렀다.[6] 이런 추세는 제7차 국어과 교육과정과 2007 개정 국어과 교육과정에도 그대로 나타난다. 단 2007 개정 국어과 교육과정 이후부터는 제7차 교육과정에서 보인 '교수 · 학습 방법'을 '교수 · 학습 운용'으로 용어를 바꾸어 제시하였고, 체세를 산넝하게 다듬었다. 교수 · 학습 방법의 중요성은 여전히 교육과정 안에서도 강조되고 있다는 뜻이다. 상황이 이런 만큼 듣기 · 말하기에 관한 교학은 전략을 필요로 하고, 실제로 개발 가능성이 열려 있다. 언어의 본질적인 속성, 발달, 수업 상황, 문화 전승, 자료 활용, 그리고 언어 교육의 새로운 전략에 관하여 탐구할 영역으로 각광받게 되었다.

(2) 듣기 교학 모형

의사소통에 가장 많이 쓰이는 듣기 기능을 국어 교학에서는 대개 말하기와 함께 연계하여 지도해 왔다. 그러나 듣기 중심의 지도만으로도 그 기능의 향상이 가능하고, 또한 그렇게 해야 듣기를 제대로 지도해 보겠다는

6) 신헌재 · 이재승(1994: 17~19)에서는 언어 기능지도의 통합 필요성을 첫째, 언어 기능의 상호보완성, 둘째 언어 사용의 실제성, 셋째 언어 기능의 집합성, 넷째 언어 자체의 전체성, 다섯째 다른 교과와의 관련성을 들어 통합 지도를 강조하였다.

전제에서 듣기 교육의 모형을 구안해 볼 수 있다. 그래야 국어 교육에서 소홀히 다루어 온 듣기 영역의 교학에 대한 개선이 가능하기 때문이다.

듣기는 말하기와 마찬가지로 말하는이[표현자], 듣는이[이해자], 전언[전달 내용], 그리고 상황의 네 가지 요인을 포함하고, 읽기와 마찬가지로 정보의 수용 또는 이해 행위를 전제한다. 따라서 듣기의 수업 모형은 다음과 같은 구안 원리를 바탕으로 마련해야 한다.

- 듣기 환경을 조성한다.
- 소통의 특성을 중시한다.
- 사고 기능 향상에 역점을 둔다.
- 세부 활동에서 내용 요소를 강조한다.
- 자료는 쉬운 것부터 어려운 것으로 배열한다.
- 화제 전개 시간을 5분 내외로 안배한다

다음의 듣기 교학 모형은 음성언어 기능 교수 모형을 근간으로 듣기 교학에 적합하다고 판단하는 요소만을 추출하여 재구성한 것으로서, 짧은 시간 안에 수행할 수 있는 모형이다. 이 모형 중 목표와 진단 단계는 본시 수업 이전에 수행해야 할 사항이고, 평가 단계 역시 형성 평가를 제외하면 실제 교학 단계에서 한 차시 수업 상황으로 이루어질 수 있다.

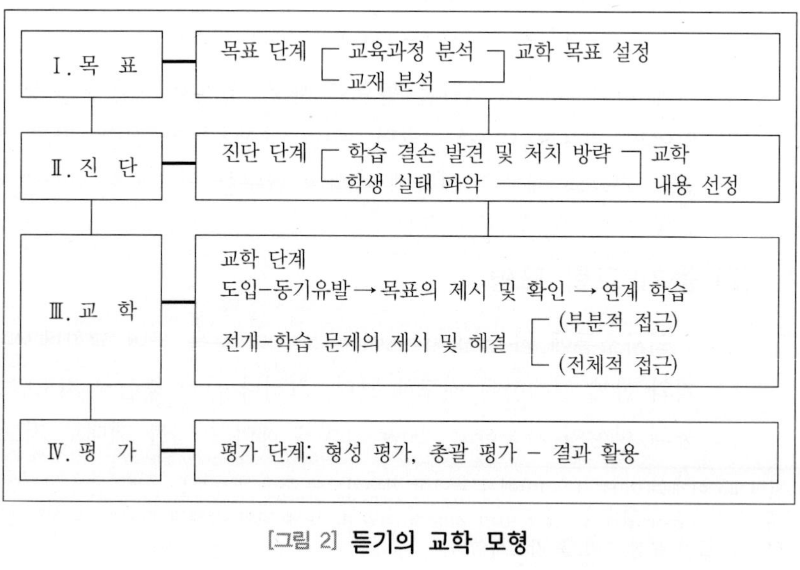

[그림 2] **듣기의 교학 모형**

먼저, 목표 단계에서 교육과정과 교재를 분석함으로써 단원 목표와 수업 목표를 확인한다. 진단 단계에서는 학습자의 듣기 능력과 지식 정도, 듣기 태도, 학습 방법, 듣기에 관한 분석 및 종합 능력 따위를 진단하여 그에 알맞은 듣기 교학의 내용과 방법을 찾는다. 질문지나 관찰 방법으로 듣기 학습 태도와 능력도 알아본다. 신체 장애, 학업 결손, 듣기 방법 미숙, 요령 부득이 있는지 살펴보아 문제를 발견하면 특별한 지도 과정을 갖는 일도 필요하다. 이를테면 청력은 간단한 초시계 검사로 확인할 수 있고, 단기 기억 장애는 낱말 카드를 활용한 기억력 검사로 확인할 수 있으며, 주의 집중력 장애나 흥미 부족은 학생과의 면담으로, 듣기 요령 부득으로 듣기 평가의 점수가 낮게 나오는 것인지는 읽기 평가와의 상관관계로 밝힌다. 읽기 평가의 점수는 높게 나오는데 듣기 평가의 점수가 낮다는 것은 이해력은 갖추었지만 듣기 상황에 따른 듣기 요령이 부족하다는 것을 방증해 준다.

교학 단계에서 듣기의 교학 모형은 크게 도입, 전개, 정착의 세 단계로 구성된다. 도입 단계에서는 학습 동기를 유발하고, 목표를 인지시키며, 선수 학습과 연계되도록 한다. 그리고 교학 활동 단계에서는 듣기 자료에 관하여 물음과 응답으로 부분 이해에 접근하고, 이해 단계를 거친 다음 전체 접근을 시도한다. 듣기 자료의 제시는 짧고 간단하고 쉬운 것부터 길고 복잡하고 어려운 내용을 담은 것으로 점차 이동해 간다. 듣기 자료를 제시하는 중간에 이해를 점검하는 지도가 가능하고, 듣기 자료를 다 들은 뒤에 그 결과로써 이해 정도와 방법 따위를 지도할 수 있다. 정착 단계에서는 수업 목표를 중심으로 지도한 내용을 정리하고, 학습자가 학습 내용을 정리할 수 있는 기회를 준다.

끝으로 교학 활동의 평가 단계에서는 형성 평가 또는 총괄 평가를 실시할 수 있다. 형성 평가와 총괄 평가 방법은 미리 계획을 세워 둔다. 각 평가의 횟수와 시기, 방법 등에 관한 계획을 미리 세워 그에 따른 체계적인 평가를 실시한다. 또 평가의 결과를 살펴 학습자의 목표 달성도를 측정하고, 교학 활동 방식의 적합성 따위를 점검하여 다음의 지도 단계에 다시 투입하도록 한다.

(3) 듣기 교학 전략

(가) 청각 능력 신장 전략

① **소리 감각 키우기**: 여러 곳에서 다양한 소리를 듣고 그에 관하여 발표한다. 주변에서 들을 수 있는 소리와 의도된 소리를 구별해서 들어 본다. 자연의 소리와 인공의 소리, 옛날 소리와 요즘 소리, 어울림 소리와 안어울림 소리를 듣고 느낀다. 소리의 다양함과 신비함, 감성의 소리와 자극의 소리를 듣고 느낌에 관하여 의견을 나눈다. 한편 녹음기에 교실 밖의 자연스런 소리와 교실 안의 목소리를 녹음하여 들어 보면서 낯익은 소리와 낯선 소리에 귀 기울여 소리에 대한 경험을 넓힌다. 믿음직한 목소리와 장난스런 목소리, 다정한 목소리와 짜증스런 목소리는 어떻게 다른가에 관하여 함께 생각하는 가운데 소리에 관한 감각은 발달된다.

처음에는 대상을 보고 듣게 한다. 소리만 들려주는 것보다 대상이나 상황, 매체를 보면서 들어야 내용 파악이 쉽다. 다시 말해서 보고 듣는 것이 상상하며 듣는 것보다 정확하고, 느낌도 다양하다. 입 모양, 얼굴 표정, 겉모습과 행동을 보고 듣는 것과 소리만 듣는 것은 확연히 다르다. 보지 않고 듣기와 비교하여 봄으로써 보고 듣기의 중요성을 확인해 보는 활동은 듣기 효과를 높여 준다. 이런 활동을 함으로써 보기가 듣기에 얼마나 큰 영향을 미치는지 학습자 스스로 깨달을 수 있다.

보고 듣기가 능숙해지면 다른 감각을 막아놓고 듣는 활동을 해 본다. 눈을 감고 듣기 감각에만 의지하여 사물이나 상황 등을 판단함으로써 듣기 감각을 키우는 활동이다. 늘 들을 수 있는 여러 가지 소리 듣기부터 악기 소리, 자연의 소리를 활용하여 듣기 감각을 키워 보는 방법을 활용한다. 또 눈을 감고 친구의 목소리를 듣고 구별하여 보게 한다거나 교사의 목소리를 듣고 마음 상태를 상상해 보는 활동은 주목을 끈다. 그렇게 하면 학습자가 마음으로 보는 능력을 키워 나가게 된다. 이때 학습자는 보기와 듣기가 인간의 인지 활동에 얼마나 중요한 구실을 하는지 스스로 깨닫게 된다.

② **청각 인지 훈련**: 일상생활과 학교 수업에서 듣기가 얼마나 중요한지

토의한다. 학습자의 일상 언어생활에서 말하기, 읽기, 쓰기에 보내는 시간과 듣기에 쓰는 시간을 비교하여 듣기의 중요성을 새삼 깨닫는다. 또 듣기만으로 의미를 파악할 수 있는 상황을 제시하여주고 청각에 의지하여 인지 활동을 할 수 있는 경험을 확장해 나간다. 예컨대 시냇물 소리, 파도 소리, 폭포 소리 등을 들려주고 소리가 나는 곳이 어디인가를 판단해 보게 하거나 웃음소리, 울음소리, 화난 소리, 고함소리, 탄성과 탄식 소리 따위를 들려주고 소리낸 사람의 정서 상태를 상상해 보게 해도 청각 인지 훈련이 이루어진다.

청각 훈련에서는 청각의 중요성을 인식하게 해야 한다. 예를 들어 초바늘이 없는 시계나 작은 종을 보여 주고 시계가 가는지 멈추었는지, 또 종이 울리는지 아닌지를 판단해 본다. 소리를 듣지 않으면 의미를 판단하기 어렵다. 전화벨도 소리를 들어야 울리는지 아닌지를 판단한다. 이런 경험으로 청각의 중요성을 인식할 수 있다. 청각의 중요성을 깨달으면, 듣기만으로 대상을 파악하고 의미를 구성해 보는 과제를 낸다. 시계소리, 종소리, 전화벨소리는 듣기만 해도 그것이 무엇인지 금방 안다. 좀 더 깊이 들어야 알아듣는 소리로서 네 계절의 바람소리나 여러 악기 소리를 들려주고 소리 분별하는 활동은 관심을 불러일으키게 된다. 이와 같이 청각을 자극하고 훈련하는 경험은 대상을 이해하고 의미를 생성하는데도 크게 영향을 미친다.

청각 훈련에서 개인차를 발견하는 경험도 의미가 크다. 교사는 교실에서 학습자에게 글(설명문 또는 이야기 글) 한 편을 들려준다. 학습자는 자유스런 분위기에서 그 내용을 입말로 요약한다. 몇몇 학습자가 요약한 내용을 서로 비교하다 보면 듣기 기능의 개인차를 실감할 수 있다. 이렇게 개인차를 발견하면 그것을 극복하기 위한 방안으로서 다시 소리 감각 기르기나 청각 인지 훈련에 들어간다.

(나) 이해 능력 신장 전략

① **배경지식 활성화**: 스키마는 정보를 이해하는 데 도움을 준다. 바렛(Bartlett, 1932)은 낯선 문화에 대한 글을 한 피험자에게 읽게 한 뒤, 그것을 두 번째 피험자에게 말해 주도록 하였다. 이어서 두 번째 피험자는 세 번째 피험자에게 말해 주게 하였으며, 이런 방식으로 열 번째

피험자까지 실험이 이루어졌다. 그 결과 열 번째 피험자에게 이르렀을 때 낯선 맥락의 이야기는 낯익은 내용으로 바뀌었고, 낯선 정보는 떨어져 나가고, 세부적인 내용은 몇 개만 유지되었으며, 전체 이야기는 피험자가 경험한 내용과 비슷하게 바뀌었음이 확인되었다. 결국 들어오는 정보는 피험자가 갖고 있는 기존 정보에 맞게 바뀌게 되었음을 밝혀내었다.[7] 이 연구 결과는 듣기와 읽기로 정보를 이해하는 데 배경지식이 얼마나 중요한 영향을 미치는지를 잘 알려준다. 실례로 다산 정약용의 삶에 관한 배경지식이 없거나 활성화되지 않을 경우, "강진에 가서 정약용의 삶을 생각해 보았다."는 말을 제대로 이해하기 어렵다.

듣기 지도에서 배경지식을 활성화하는 전략은 중요하다. 학습자에게 이야기를 들려주면 학습자는 관련 정보를 작동시키며 이야기를 듣는다. 옛날이야기를 들려줄 경우 이야기 세계의 여러 배경이나 사건과 관련된 배경지식이 작용하고, 정보를 전달하거나 설득을 목적으로 하는 말을 들을 경우 그와 관련된 정보를 활성화하게 된다. 그렇기 때문에 관련 배경지식이 부족한 경우나 정보 체제를 활용하지 못하면 듣기에 지장을 초래할 수 있다. 따라서 듣기 지도에서는 관련된 지식이나 경험을 떠올리게 하는 정보 체제 활성화가 긴요하다.

배경지식 활성화를 위한 세 가지 전략을 살펴보면 다음과 같다. 첫째 개별 학습자가 알고 있는 관련 지식이나 경험을 떠올린다. 둘째 다른 사람이 발표하는 배경지식이나 경험을 바탕으로 정보 체제를 작동시킨다. 셋째 교사가 미리 관련 자료나 이해를 돕는 내용을 제시하여 배경지식을 형성한다.

② **판단 훈련**: 학습자에게 적합하지 아니한 내용이 들어 있는 담화를 들려주고 부적합한 내용이 무엇인지, 왜 부적합한지를 논의해 본다.

㉠ 호피수첩은 이 세상에서 가장 품질 좋은 수첩이다. 수첩의 표지는 호랑이 가죽으로 만들어졌다. 이 세상에서 호피 표지로 만들어진 수첩은 이 호피수첩뿐이다. 그러므로 수첩의 품질은 누구라도 확인할 수 있다. 또 수첩 안에는

---

7) 이 인용은 김영채(1995)의 ≪사고와 문제해결심리학≫(박영사: 80)을 참조하였다. 김영채는 바렛의 다음 책을 참고 문헌 목록으로 제시하였다.
Bartlett, F. C. (1958), *Thinking*, London: Allen & Unwin.

위풍당당한 호랑이 그림이 그려져 있어 쓸 때마다 자부심을 갖게 해 준다.

㉡ 우리는 모두 홍길동을 지지했다. 홍길동은 소신을 지닌 정치인이다. 이십여 년이 넘게 야당의 지도자로 활약해 오면서 한 번도 정치 신념을 바꾸지 않았던 그의 정치 이력은 국민의 마음을 움직이기에 충분했다. 그래서 홍길동은 이번 선거에서도 패할 수밖에 없었다.

㉢ 이슬람은 유일신을 숭배하는 종교이다. 그들은 알라신을 믿는다. 기독교도 유일신을 숭배하는 종교이다. 하느님을 믿으며, 메시아로서의 예수를 인정한다. 그런데 이슬람과 기독교는 서로 자기네 신만을 유일신으로 내세우고, 다른 신이나 종교를 배척한다. 이슬람이 옳은가, 기독교가 옳은가?

위의 세 글을 학습자에게 들려준 뒤에는 각 담화의 목적을 파악해 본다. ㉠번 글은 설득, ㉡번 글은 정보 전달을 목적으로 하는 담문이다. ㉢번은 간단한 정보를 제시하고, 그와 관련된 판단을 묻고 있다. 각 담화의 목적을 파악한 다음에는 그 적합성을 판단한다. ㉠번에서는 설득에 적합하지 않은 부분을 찾아낸다. ㉡번 말은 인과 구조로 되어 있으니, 인과 관계가 적합한가를 판단하게 할 수 있다. ㉢번 경우에는 담화의 내용만으로는 누가 옳은가를 판단할 수 없음을 깨닫는다.

내용의 적합성 판단과 함께 교사는 말하는이의 편향성도 비판하도록 논의를 유도해야 한다. 위에서 예로 든 바와 같이 상품 광고, 정치적 소식, 종교적 판단 따위에 관한 듣기가 좋은 논의의 자료이다. 교사는 선성한 이야기를 들려주고, 각각의 말에 관하여 논의하는 과정에서 감정이 섞인 언어, 사실과 의견의 구분, 내용 선정의 편향 따위에도 학습자가 관심을 기울일 수 있도록 이끈다. 이렇게 하여 '경청과 대화', '물음과 응답', '맥락과 상호작용', '진화와 문화'와 같은 하위 항목을 중심으로 듣기와 관련시켜 다양한 세부 전략을 발전시킨다.

③ **사실과 의견 구분**: 교사는 어떠한 화제 하나(보기: '우리 아버지', '우리나라', '시험' 따위)를 제시해 주고 이 화제에 관하여 다섯 가지 정도의 낱말을 적도록 한다. 그리고 학습자가 적은 낱말을 하나하나 함께 확인하면서 그것을 중심으로 문장을 만든다. 그런 다음에 문장을 검토하여 각 문장이 사실을 진술하였는지 생각이나 의견을 진술하였는지 구분해 본다.

각자가 생성한 문장을 사실과 의견으로 구분하였으면, 사실을 진술한 문장을 중심으로 그 사실 여부를 파악해 보는 활동으로 발전시킬 수 있다. 또 의견을 진술한 문장은 그 의견의 타당성과 설득력을 판단한다. 특히 의견을 진술한 문장에서는 어느 것이 좋은지, 왜 좋은지에 관한 논의까지 하면 듣기 능력을 길러 준다. 즉 사실과 의견을 구분하여 듣고, 사실의 진위성과 의견의 타당성을 판단하며 듣는 훈련을 하면 듣기 기능을 정교화하는 데 효과를 높인다. 이런 듣기 전략은 ① 모방과 창조, ② 사투리와 표준 발음과 같은 발달 관점에서도 새로운 발상으로 활용해 볼 만하다.

④ **의도 파악**: 말하는이와 듣는이 사이의 소통이 이루어지려면 상대의 의도 파악이 중요하다. 이를 위한 전략으로서 어떤 화제 하나를 정해 주고 학습자 집단을 말하는이와 듣는이로 나눈 다음 말하는이와 듣는이 사이의 소통, 의도, 전달 양상을 확인해 보게 하는 활동을 해 본다. 구체적인 단계에서는 먼저 말하는이에게 화제에 관한 자기의 의도를 분명히 써 놓게 한 다음, 그에 관하여 말할 내용을 생성하게 한 뒤 그것을 듣는이에게 말한다. 다음으로 듣는이에게는 말하는이가 한 말을 듣고 어떤 의도를 그렇게 말했는가를 파악하여 적게 한 뒤 말하는이와 듣는이가 적은 내용을 비교해 본다. 말하는이와 듣는이가 적은 내용은 말의 의도를 보여준다. 그것이 서로 같은가 다른가를 확인하고, 적은 내용이 서로 다를 경우 왜 그렇게 되었는가를 토의하고 확인함으로써 말하는이의 의도를 파악하는 전략을 습득할 수 있다.

(다) 추론 능력 신장 전략

① **추론하기**: 교사는 몇 가지 소리(보기: 개짖는 소리, 의자가 넘어지는 소리, 여자의 비명 소리 따위)를 녹음하였다가 들려준다. 그리고 이 소리를 연결지어 무슨 일이 일어났는지 추측하게 한다(보기: 밤에 도둑이 들어왔다. 인기척을 들은 누나가 마루로 나갔다가 도둑을 발견하고 비명을 지른다. 놀란 도둑이 급히 정원으로 도망간다. 이때 현관문 옆에 받쳐 둔 화분을 건드려 의자가 넘어진다. 정원에서는 뛰어나가는 도둑을 보고 개가 더욱 극성스럽게 짖어댄다.). 이 같이 연습한 뒤에 각자 몇 가지 소리를 가정하고, 이 소리를 이어 자기 나름대로 이야기를 꾸밀 수 있다.

이야기의 앞부분이나 일정 부분을 들려주고, 추론하는 전략도 써 볼 만하다.

공기는 약간 차갑지만 그래도 꽤나 상큼했다. 간밤에 내린 비로 나뭇잎도, 풀잎도 물방울을 머금고 있다. 나는 심호흡을 하고, 저 아래 멀리 보이는 아직 안개 낀 작은 마을을 바라보았다.

위와 같은 담화를 들려주고, 다음과 같은 질문을 주어 추론하는 훈련을 시킨다. ① "말하는이는 지금 어디에 있는가?", ② "지금은 하루 중 어느 때인가?"(노명완 외, 1988: 190) 이 외에 다음과 같은 질문도 가능하다. ③ "담화의 배경이 되는 계절은 어느 때인가?", ④ "담화에 나오는 나는 어떤 자세로 안개 낀 작은 마을을 바라보고 있는가?"

①번 질문에 답하려면 나뭇잎, 풀잎 따위의 단서와 저 아래 멀리 작은 마을이 보인다는 단서를 바탕으로 '나'의 위치를 추론해야 한다. ②번 질문을 위해서는 공기가 약간 차갑고, 꽤나 상큼하다는 정보와 간밤에 내린 비로 나뭇잎과 풀잎이 물방울을 머금고 있다는 단서를 활용하여 하루 중 어느 때인가 추론해 본다. ③번 질문에 답하려면 고도의 추론 과정을 거친다. 즉 ②번 추론에서 하루 중 아침이라는 정보를 얻으면 이를 바탕으로 아침 공기가 약간 차갑고, 간밤의 비로 나뭇잎과 풀잎이 아침 이슬을 머금고 있는 계절을 추론해 낸다. ④번 질문도 마찬가지이다. ①번 추론의 결과 '나'가 산 위에서 마을을 바라보고 있다는 점을 알고, 나뭇잎과 풀잎이 이슬에 젖어 있음을 생각하면, '나'는 산에 앉아 있기보다는 서서 마을을 바라보고 있다는 처지를 추론하게 된다. 이와 같은 추론은 복합적인 인지 과정을 거친 추론 결과라 하겠다.

② **결과 예측하기**: 교사는 재미있는 동화를 읽어 주다가 어떤 부분(특히 사건이 전개되는 부분)에서 읽기를 멈춘다. 그리고 그 동화의 내용이 다음에 어떻게 이어질지 예측하여 말하게 해 본다. 그런데 그 같은 예측의 근거를 반드시 말하게 해야 한다. 예측의 근거는 지금까지 읽은 동화 내용에서 찾아도 좋고, 우리 일상생활에서의 경험이나 지식에서 찾는 방법도 가능하며, 이야기의 전형에서 찾을 수도 있다(노명완 외, 1988: 189~190).

결과를 예측하기에서 듣기의 과정을 중심으로 논리적 근거를 찾는 활동의 강조도 필요하다. 현장에서 가장 용이하게 접근할 수 있는 지도 내용으로는 '이어지는 부분 상상하기 활동'을 예로 들 수 있다. 보통 '이어지는 부분 상상하기 활동'은 상상력을 강조하면서 말이나 글의 구성적 맥락을 간과한 채 결과만을 상상하는 활동으로 흐르기 쉽다. 그러나 이렇게 해서는 듣기의 과정을 중심으로 이루어지는 결과 예측하기라고 보기 어렵다. 뒷부분 상상하기와 결과 예측하기는 서로 다른 맥락이기 때문이다. 따라서 이미 입수한 정보를 바탕으로 결과를 구성하여 보는 과정 중심의 결과 예측하기가 지도된다면 과정 중심의 듣기 지도가 이루어진다.

(라) 듣기 태도 형성 전략

① **언어 예절**: 듣기 능력을 향상시키려면 남이 말할 때 말하는 사람을 지켜보고 듣는 태도를 길러야 한다. 잘 들어야 자기 말에 책임을 질 수 있게 된다. 따라서 남의 말을 들을 때 갖추어야 할 예절에 관하여 토의해 보고, 자기가 하는 말을 남이 하는 말과 비교해 보도록 지도할 수 있다(노명완, 1988: 186).

- 말하는 사람을 바라본다.
- 내용에 관심을 갖는다.
- 끝까지 잘 듣는다.
- 궁금한 점이 있으면 묻는다.
- 적절한 반응을 보인다.

② **태도 형성**: 듣기 교육에서 교사 자신이 먼저 모범적으로 듣는이의 태도를 보여 주어야 한다. 학습자에게 관심과 애정을 갖고 긍정적인 반응을 보이면 협동하는 분위기가 이루어지고, 이런 분위기는 듣기 교육의 마당을 넓히어 듣기로 사고력을 기를 수 있는 태도 교육의 바탕을 마련하게 된다. 아울러 교사가 올바른 듣기 태도를 시범하는 전략은 학습자의 듣기 능력 형성 과정에서 발판 마련하기(scaffolding)의 효과를 거둘 수 있다.

듣기 습관이나 태도를 형성하는 가운데 메모하기는 듣기에 유효한 전략이다. 특히 이야기가 길어지면 내용의 기억이나 정리가 어려우므로 내용을 간략히 메모하는 것은 필수적이다. 말하는이(강연이나 강의)도 메모를 많이 이용한다. 그런데 교사들은 자신의 메모(또는 지도안)를 다른 교사들과 함께 공유하지 않는다. 교사는 이야기해 줄 내용을 간단히 메모하고, 이를 미리 나누어준다. 그러면 이야기를 들을 때 그 메모를 참고할 수 있다.

이 훈련으로 교사는 이야기를 바르게 잘 듣도록 학습자를 인도하는 교사로서의 능력을 획득하게 되며, 학습자에게 직접 메모하는 방법을 시범하기도 한다. 학습자에게 시범한 뒤 연습하기 단계에 들어가서는 학습자에게 이야기를 들려주면서 그 내용을 직접 메모하게 하고, 그런 뒤 몇몇 학습자에게 자기가 정리한 메모를 보면서 들은 이야기를 재생해 보게 함으로써 기능을 숙달시킨다. 짧은 이야기에서부터 점차 긴 이야기로 자료의 길이를 늘려가면서 연습을 하면 더욱 효과가 있다(노명완, 1988: 190~191).

(마) 그 밖의 듣기 교학 전략

① **총체적 언어 지도**: 최근까지만 해도 듣기, 말하기를 할 수 있어야 읽기를 할 수 있고, 읽기를 해야만 쓰기를 할 수 있다고 여겼다. 그러나 이들 기능 사이의 명백한 관계가 밝혀지면서 이들을 통합하여 보고, 듣고, 말할 수 있도록 지도해야 한다는 주장이 대두되었다. 슐즈비(Shulzby, 1991)는 어린이의 발생적 문식성(emergent literacy)은 보통 관습에 따라 읽기, 쓰기를 하기에 앞서 개발된다고 보았다. 이와 마찬가지로 슐즈비와 굳맨(Goodmann) 그리고 총체적 언어 지도를 고안한 사람들은 인간의 언어 학습은 사회적 맥락에서 언어의 네 기능이 통합되어 자연스럽게 일어나는 양상을 연구한 바 있는데, 특히 굳맨(1986)은 학교에 오는 어린이는 이미 듣기와 말하기 능력을 익히고 있으므로 학교에서는 입말로 읽기와 쓰기를 시작할 수 있다고 하였다.

이러한 연구 결과를 바탕으로 생각해 보면 어린 학습자의 경우 학습자가 이야기하는 것을 교사가 받아써서 그것을 읽게 하거나, 학습자끼리 서로 협동하여 이야기를 짓고, 이를 녹음, 기록하여 읽기 자료를 만든 뒤 듣기, 말하기, 읽기, 쓰기를 통합하여 지도하는 방안에 대한 시사점도 얻게 된다. 또 언어 맥락이 풍부한 문학 작품을 교실에 비치해 놓아 어린이가 언어의 다양한 형식과 기능을 이들 작품에서 자연스럽게 터득할 수 있도록 토대를 마련하는 일도 중요하다. 이때 교사는 학습자가 활동하는 동안 관찰(kid-watching)하고, 평가하고, 평가 결과를 수업에 다시 송환함으로써 총체적인 언어 학습을 유도할 수 있다(김경자, 1995: 20~21).

② **매체 활용:** 다양한 시청각 매체의 발달은 국어교육의 흐름을 바꾸어 놓았다. 라디오 듣기에서 영화 감상으로, 영화 감상에서 텔레비전 시청으로, 그리고 비디오 제작 활용 시대를 열었다. 특히 컴퓨터를 이용한 다양한 정보의 활용과 인터넷으로 정보를 수용하는 보기와 듣기 교육은 새로운 지평을 열어 간다.

이에 따라 국어교육에 다양한 매체를 적극 활용하게 되었다. 학교는 컴퓨터로 음성 서비스를 받을 수 있는 체제를 더욱 보완하는 등 새로운 시청각 기자재를 더 풍부하게 갖추어야 하고, 교사는 여러 매체로 수업에 효과를 올리며, 학습자는 능숙하게 매체를 다룰 수 있게 해야 한다. 이런 교육 체제를 갖추어 정확한 발음, 튼튼한 문장, 어울리는 담화를 듣게 함으로써 듣기 교육의 능률을 올릴 수 있다. 듣기 교육을 위해서 ① 라디오와 오디오, ② 텔레비전과 비디오, ③ 컴퓨터와 멀티미디어 활용은 필수 요건이다. 그러므로 다양한 매체를 올바르게 다루는 태도 형성도 아울러 지도할 필요가 절실하다.

V 듣기 교육의 평가 및 송환

(1) 듣기 평가의 목표와 방향

듣기 평가가 바르게 이루어지려면 듣기 평가의 목표를 확실히 정해야 한다. 제6차 교육과정부터는 교육과정에 평가 사항이 구체적으로 나와 있다. 제7차에서도 그런 관점에서 가) 평가 계획, 나) 평가 목표와 내용, 다) 평가 방법, 라) 평가 결과의 활용으로 세분하여 제시하였다(교육부, 1998: 152~160). 그리고 이 가운데 듣기 영역의 평가 목표를 듣기의 본질에 대한 이해, 청각 식별, 사실적 · 추론적 · 비판적 듣기, 듣기 태도의 변화에 중점을 두어 설정한다고 유의점을 밝혀 두었다. 이는 듣기 평가가 정보를 확인하고 내용을 이해하는 것에서 더 나아가 들은 내용을 비판하고 평가하고 감상하는 능력이나 수준을 지향한다는 뜻이다.

2007 개정 국어과 교육과정의 '평가' 계획은 제7차 국어과 교육과정을 그대로 계승하였다. '가. 평가 계획'부터 '나. 평가 목표와 내용', '다. 평가 방법', '라. 평가 결과의 활용'이 그대로 세부 범주의 계획으로 설정되었다. 다만 제7차 국어과 교육과정이 해설서의 수준으로 제시한 계획을 간명하게 다듬어 제시하였다.

2011 개정 국어과 교육과정에서는 이전 국어과 교육과정의 체제를 더욱 다듬어 '가. 평가 계획', '나. 평가 운용', '다. 평가 결과의 활용'으로 정련하여 제시하였다. 2007 개정 국어과 교육과정에 제시되어 있던 '나. 평가 목표와 내용', '다. 평가 방법'을 '나. 평가 운용'으로 묶어서 제시한 것이다. 상세성과 간명성의 차이는 복잡성과 불친절함이라는 장점과 단점을 각각 지니리라고 본다.

듣기도 언어 기능의 일종이므로 그에 관한 평가는 언어 기능 평가의 일반 특성과 같은 맥락에 놓인다. 즉, 언어 기능 평가라는 맥락에서 듣기 평가는 의사소통 능력을 중심으로 평가해야 하고, 유형 무형의 성장을 포함할 수 있는 평가까지 나아가야 한다. 또 평가 결과에서 학습자 지도의 자료를 얻어내고 그것을 송환 활동의 근거로 삼을 수 있도록 함이 중요하다. 평가 방법에서는 직접 평가이어야 하고, 절대기준 평가이어야 하며, 정규 평가와 수시 평가 방법을 둘 다 활용해야 그 타당도와 신뢰도를 높이게 된다. 그리고 듣기 영역의 평가 역시 학습자의 자기 평가 방법도 적용이 가능하다. 이상과 같은 여러 방법을 활용하면 듣기 기능을 두루 평가할 수 있다.

한편 평가할 때에 쓰이는 듣기 자료는 실제로 듣기 세계에 맞세 실질적이고 구체적으로 제시할 필요가 있다. 이는 평가 목표와 내용에서 각각의 요소를 골고루 평가해야 한다는 뜻이다. 듣기 평가의 효율성을 높이기 위해서는 다양한 형식의 자료를 활용하는 문제도 검토해 본다. 다양한 형식의 평가 자료는 대화, 소개, 연설, 토의, 토론 또는 설명, 주장, 보고 따위와 같은 여러 형식에 따라 적절하게 활용됨으로써 목적에 맞는 평가 항목을 선택하게 해 준다.

(2) 듣기 평가의 내용과 방법

듣기 평가의 내용은 목표와 지도 내용 및 방법과 관련시켜 설정한다. 그러나 평가 내용을 선정할 때에 듣기 능력 그 자체만을 엄밀하게 평가해야 하는 문제점에 부딪히게 된다. 듣기 지도는 학습자의 말하기 활동과 상호작용하며 이루어지는 경우가 많은 데 반하여 듣기 평가는 학습자의 말하기는 배제되고 오로지 듣는 활동만을 평가하는 우를 범할 수 있다. 이 경우 학습자는 평가 상황에서 더욱 긴장하고 혼란을 겪는다. 따라서 듣기 평가의 내용을 선정할 때는 듣기의 지도 상황도 대단히 중요하다.

듣기 평가는 언어 이해 능력을 측정한다. 언어 이해는 눈으로 관찰할 수 있는 정신 활동이 아니라서 이를 가시화할 수 있는 방법이 요구된다. 그래서 듣기 평가는 언어 이해 과정과 결과를 측정하는 방법으로 나뉜다. 언어 이해 과정은 듣기 과정의 현상을 관찰하는 기록 방법을 쓸 수 있고, 결과 평가는 지필 검사 방법의 채택도 가능하다. 이와 같이 듣기 평가는 과정 평가(관찰기록)와 결과 평가(지필검사) 방식을 적절하게 활용하는 것이 좋다. 이를 실천하기 위하여 다음과 같은 구체 요소를 고려할 수 있다.

첫째, 다른 영역과 관련된 평가 목표를 설정한다.
둘째, 목표와 내용을 통합한다.
셋째, 위계성과 연계성을 고려한다.
넷째, 다양한 방법을 적용한다.
다섯째, 영상매체를 활용한다.
여섯째, 정규 평가와 수시 평가로 실시한다.
일곱째, 결과는 성취 수준 측정과 교학 방법 개선에 활용한다.

이를 구체화하여 다음과 같은 평가 방법을 구안할 수 있다.

(가) 지필 평가

첫째, 듣기 내용을 여러 방법으로 측정한다. 본질, 원리, 태도, 과정에 관한 지식의 측면은 선다형이나 단답형, 서술형 따위로 측정할 수 있다. 다양한 출제 방식, 평가 시기가 고려된다. 형성평가는 간단한 평가지를 고안하여 활용하고, 총괄평가는 다른 영역의 문제와 함께 출제하여 평가하는 방법도 가능하다.

둘째, 듣기 기능 평가는 매체를 활용하여 다양하게 접근한다. 현재 시행되고 있는 대학수학능력 시험의 듣기 능력 평가와 같은 방법이 가능하다. 즉, 학습자에게 미리 답안지를 나누어 준 다음, 평가 문제를 직접, 또는 녹음 자료로 들려주면서 그 문제에 관한 답을 직접 답안지에 작성하게 하는 방법이다. 이는 언어 이해 결과를 측정하는 방법으로 내용이해, 정보 확인, 감상 따위에 중점을 두며, 총괄평가 문항지를 활용하여 측정할 수 있다. 이 경우 답안지는 평가 문제의 성격에 따라 단답형, 선택형, 서술형 등 여러 형식으로 작성하게 된다. 평가 내용은 음성, 어휘, 문장, 담화 따위의 여러 영역을 균형 있게 다룬다. 담화의 경우 대화, 소개, 토의와 토론, 연설, 강연, 설명, 주장, 보고 따위와 같은 여러 형식 중에서 평가의 목적에 따라 적절한 형식을 선택하여 평가가 이루어진다.

(나) 수행평가

수행평가는 제7차 교육과정에서 적극적으로 도입되었다. 이 평가는 원리이사 구체적 방법으로, 평가의 새로운 지평을 여는 교학 과정으로 해석된다. 수행평가는 평가와 교학을 통합시킴으로써 자연스럽고 효율적인 평가가 되게 해준다. 아울러 수행평가는 종래의 결과 중심 평가를 지양하며, 과정 중심 평가를 지향한다. 그리고 학습자 중심의 평가와 다양한 방법의 평가를 포괄할 수 있다.

국어과 수행평가는 국어과의 특성을 반영하여 언어 수행 과정을 평가하는 데 그 특성이 있다. 다시 말해 학습자의 구체적인 듣기 행위 자체가 평가 대상이다. 그런데 듣기 과정에서 일어나는 인지 양상이 보이지 않기 때문에 쉽지 않다. 그래서 수행평가에 필요한 평가 도구와 방법을 활용해야 한다. 예컨대 적으며 듣기, 간추리며 듣기, 중심 문장을 듣고 손을 들어 표시하기 등의 방법을 활용하고, 그에 적절한 평가 도구를 활용하는 방법도 유용하다. 아울러 말하기와 연계된 평가 방법으로서 구체적인 의사소통 상황을 제시하고, 듣고 말하는 내용과 태도를 평가하는 것도 듣기 평가 방법으로 쓰인다.

듣기 평가를 위하여 관찰 평가 방법이 많이 활용된다. 이는 듣기 활동과 습관을 관찰하여 평가하는 방법과 듣기의 이해 과정을 평가하는 방법으로 나뉜다. 관찰 평가는 교과 협의를 거쳐 가장 적합한 평가 항목을 갖춘 기록부를 만들어 부가하여 평가하면 활용도가 높아진다. 관찰 평가는 꼭 수업 상황이 아니어도 가능하다. 다양한 의사소통 상황에서 정보를 얼마나 적절히 수용하고 상황에 알맞게 대처하였는가를 관찰하여 평가하는가가 관건이다. 이해 과정 평가는 학습자가 토의나 토론에 참가하여 활동한 내용을 기준으로 삼아 측정할 수 있으나 말하기 평가와 함께 이루어져야 좋다. 또 듣기 기능에 관한 평가일지라도 객관도를 높이기 위해서는 지필 검사가 적합하나 이 방법으로는 활동 과정을 측정할 수 없으므로 평가표에 근거하여 활동을 관찰 측정하고, 그 결과를 누가 기록하여, 지필 검사 결과를 보완하는 자료로 활용하는 것이 평가의 타당도를 높일 수 있다.

Ⅵ 듣기 교육의 보완 및 확장

(1) 보기와 듣기의 관련

이제 듣기는 정보화 시대의 가장 중요한 기능 영역으로 떠올랐다. 먼저 보는 사람이 먼저 들을 수 있고, 이렇게 보고 듣는 정보가 새로운 세계를 열어 주는 세상이 도래하였다. 아무리 화법을 강조하더라도 보고 듣지 못하는 화법은 힘을 발휘하지 못한다. 정보화 시대에는 그에 맞는 듣기 교육이 필요하다 할 수 있다. 말하기보다 공간과 비중이 커진 듣기는 직접 대면 중심이던 시대에서 간접 영상매체로 전환되었다. 이런 상황의 듣기 기능 교육 목표는 미래 지향적으로 설정되어야 마땅하다.

정보 소통은 상호작용으로 연속해서 이루어진다. 들리기와 보이기, 말듣기와 글읽기는 청각과 시각 작용으로 이해 기능을 향상시키고, 말하기와 글쓰기는 입과 손으로 표현 기능을 신장시킨다. 이 네 기능은 서로 다른 기관에서 독립적으로 작용하지만 이해와 표현으로 수렴되고, 마침내 통합을 이루어 사고와 판단 능력을 형성한다.

그런데 이들 기능은 세로 작용의 특성을 보인다. 귀와 눈으로 듣기 · 보기 과정을 거친 내용과 대상은 이해로 수렴되고, 이를 바탕으로 통합적인 사고와 판단의 기초가 형성된다. 이것이 이해 과정의 상향 작용 모형이다. 이와 반대로 두뇌의 사고와 판단 명령은 표현 과정에서 입과 손을 거쳐 말하기와 글쓰기로 나타난다. 이것이 표현 과정의 하향 작용 모형을 뜻한다. 그런데 이들 상향과 하향 작용은 상호 순환함으로써 종합적 사고력과 판단력으로 정교화 할 수 있다. 이것이 언어 교육의 세로와 가로 작용이며 순환하는 체제를 가리킨다. 이를 그림으로 보이면 다음과 같다. 기능의 감각 기관을 동그라미로, 기능의 정형화를 네모로, 그리고 사고 · 판단 기관을 네모와 동그라미로 포갠 까닭은 통합과 순환을 보여주기 위함이다.

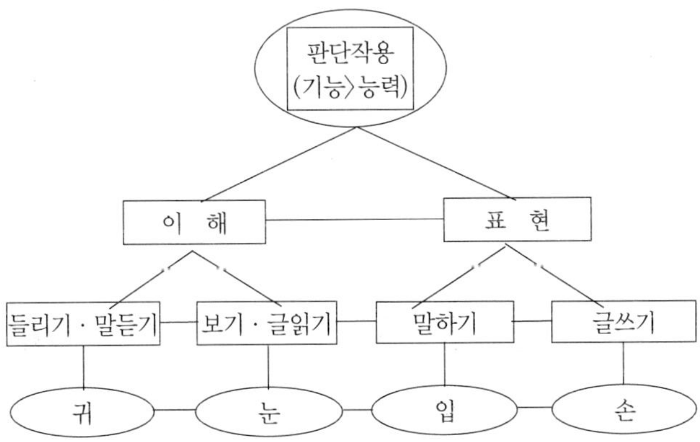

[그림 3] **기능과 사고의 순환작용 모형**

듣기 목표를 전략화하기 위하여 보기 영역을 설정해야 한다. '보기 · 듣기 · 말하기 · 읽기 · 쓰기'로 위계화하면 기능 교육은 기관의 작용과 깊이 관련된다. 눈, 귀, 입, 손, 발로 뻗어 나가는 기능의 발달 단계도 경이로울 뿐만 아니라 이 감각 기능이 통합적으로 작용하는 데서 기능을 극대화할 수 있다 '보기'를 예로 들어 보자. 보기는 듣기와 연결되고, 말하기를 자극하며 쓰기로 전이될 때 새로운 가치 창조가 이루어진다. 더욱이 읽기는 글자를 눈으로 보고 읽을 수도 있고, 입으로 발음하면서 읽는가 하면,

대개는 생각하면서 읽는다. 이 생각이 창조적 자극임은 두말할 나위가 없다. 그러므로 국어과 영역에 보기를 설정하여 보고 듣고 말하며 읽고 쓰는 통합 과정체제를 도입하는 것이 바람직하다(최명환, 2002).

(2) 듣기 교육 발상 전환

국어교육에서 듣기가 부진한 원인은 영역의 특성이 분명하지 못하고, 연구가 진척되지 못하여 현장에 새로운 바람을 일으키지 못한 데서 찾는다. 이보다 더욱 문제가 되는 배경은 표현 교육을 강화하고 이해 교육을 소홀히 한 데 원인이 있다. 그런데 이와 같은 국어 교육관은 매우 심각한 문제를 파생하기에 이르렀다. 그것은 결과 중심의 국어 교육을 초래하여 과정을 소홀히 하는 풍토가 조성되었고, 새로운 교육 환경에 적극 대응하지 못하였다. 그동안 학습자는 학교 밖의 교육 환경에 적응하고 새로운 요구를 적절히 수용하여 변화된 모습을 보여주었다. 흉내를 잘 내고, 틀에서 잘 벗어나며 말을 거침없이 하는 등 방송매체의 언어 감각을 능숙하게 구사하는 모습을 보이기도 한다.

이러한 현실을 참작할 때 듣기 교육에 관한 발상을 전환해야 마땅하다. 듣기의 새로운 큰 흐름에 주목하면 새로운 변화의 가능성을 기대할 수 있다. 듣기 교육을 변화해 보려는 시도는 듣기에 대한 위상 정립과 목표 설정의 타당성과 접근의 방법론 관점에서 이루어져야 한다. 언어 기능 영역의 자리매김은 당연히 발달, 논리, 맥락 차원에서 듣기, 말하기, 읽기, 쓰기로 자리매김해야 된다. 그리고 이해와 표현 교육을 조화롭게 운영하는 방향으로 교육 목표와 내용을 설정해야 국어교육의 궁극적인 목표 달성이 이루어진다. 그래야 국어교육이 인간성 교육이라는 궁극의 목표를 달성할 수 있을 것이다.

그동안 결과를 중시하는 표현 위주 교육은 과정을 경시함으로써 인간관계를 소외시키기에 이르렀다. 오직 언어를 도구로 사용하는 데만 급급하여 언어와 의미는 분리되어 마침내 언어는 인간으로부터 소외되고 의미만 남았다. 언어의 소외는 언어를 도구 대상으로만 보는 태도까지 미치게 되었다. 언어를 도구 대상으로만 보았을 때 언어도 그 사용 주체를 도구 대상으로 삼는 데 그 이유가 있다. 언어와 인간의 관계가 순전히 도구 대상과 사용 주체로서만 관계를 정립해서는 곤란하다. 인간이 언어를 이해하고 언어가 인간을 감싸 안는 상호작용을 전제할 때 인간과 언어는 태초의 관계로 돌아갈 수 있고 창조 논리에 충실할 수 있다. 그래야 인간은 언어로부터 자유로울 수 있고 언어는 인간으로부터 소외되지 않게 된다. 따라서 인간성 회복은 언어와 인간의 관계 회복이요 듣기의 가장 자연스런 원형 회귀로 인간 회복을 이룰 수 있을 것이다. 이것이 듣기 교육을 새롭게 조명해야 하는 논리요 이유이다.

(3) 듣기 수업 개선

광복 이후 반세기 동안 교육 방법을 개선해야 한다는 주장이 계속되었다. 이에 따라 교사들은 강의 중심 교육에서 벗어나 활동 중심의 교육을 시도하려고 노력하고 있다. 개별 학습의 효과를 살리고자 하며, 상호작용에 관한 기대와 보조 자료를 적극 활용하고자 노력한다. 물음과 응답의 탐구 양식으로부터 자발적 활동도 해 본다. 그래서 수업을 탈바꿈해 보려는 시도와 변화를 수용하려는 노력이 곳곳에서 다양하게 나타났다.

교사의 말은 학습자의 학습을 조성하는 가장 가까운 수단이 된다. 교사는 말로써 지식, 방법, 태도를 가르치고, 감정과 정서를 순화해서 교육하고, 질책, 비판, 자극함으로써 삶의 방향을 제시한다. 이같이 말은 이해와 공감과 감동과 전달의 매체여서 학교 수업에서 교사의 언술은 중요한 의미를 갖는다. 교수자의 말하기와 학습자의 듣기는 개별로 이루어지면서 상호작용 과정을 거친다. 바꿔 말해서 교사는 물으면서 새삼 깨닫고, 학습자는 응답하면서 세계를 인식한다. 이것이 듣기 지도의 전략이 될만하다. 여기서 교사가 주목해야 할 일은 지금까지의 연구 결과로 듣기 지도가 가능해졌고, 그에 관한 지도 전략이 적지 않게 개발되어 있으므로 이제는 교사 자신의 듣기 지도를 위한 전략과 실천이 남아 있을 뿐이라는 사실 확인이다.

한편, 보기의 중요성을 인식하여 듣기 수업의 개선을 이루는 시도가 필요하다. 보기는 첫째, 목소리를 조절해 준다. 둘째, 내용의 해석을 가능하게 한다. 셋째, 듣기 방법의 전환을 유도할 수 있다. 넷째, 상상력을 계발시킨다. 이와 같은 보기의 중요성은 그대로 듣기 수업의 개선에 활용된다. 예컨대 그림을 보고 어떤 소리를 들을 수 있는지 실제 예를 들어보고, 그것이 어떻게 나는 소리인지, 그 의미가 무엇인지 생각해 보게 하는 활동을 해 본다. 이처럼 보고 듣고 생각하는 경험이 풍부해지는 수업 경험은 양질의 듣기 수업을 열어 나갈 것이다.

(4) 문학으로 하는 듣기 활동

문학은 모든 영역의 국어교육에 효과적으로 활용될 수 있을 정도로 광범위하다. 특히 듣기 교육에서 문학 작품의 활용은 듣기 교육의 성과를 높이고 더 나아가 다른 영역의 교육에까지 전이되어 교육적 효과를 높여준다. 문학 작품이 풍부하고 질 높은 듣기 자료로 활용될 수 있기 때문이다. 더구나 문학 작품이 주는 재미와 감동을 고려한다면 듣기의 동기를 유발하고 집중력과 태도를 기르는 데도 아주 효과적으로 여겨진다.

최근 미국 교육성에서도 학교 교육의 효과를 높이기 위한 연구 결과 종합 보고서에서 '이야기 들려주기(story-telling)'의 교육 효과에 관하여 다음과 같이 정리하고 있다.

> 어린이에게 이야기를 들려주는 것은 그들이 책을 즐겨 읽을 수 있도록 동기화시켜 준다. 또한 이야기 들려주기는 어린이가 스스로 글을 읽고, 쓰고, 이야기할 수 있기 이전에 문화 가치와 문학 전통을 소개해 주는 구실을 한다.

초등학교 교사는 요정 이야기나 옛날이야기를 들려줌으로써 문학 공부를 할 수 있도록 일깨운다. 특히 학습 동기가 낮거나 지능이 떨어지는 학습자일수록 교사가 들려주는 이야기에 관심을 나타내고, 이야기를 듣고 공부에 관심을 보이는 수도 있다. 이는 빠지면서 들은 경험을 했기에 가능한 일이다. 빠지면서 듣는다는 것은 아주 복합적인 인지작용을 의미한다. 이야기에 빠지기 위해서는 빠질만한 인지작용이 전제되어야 하는데, 학습자가 빠질만하다고 판단하기까지에는 이야기의 내용 이해와 종합, 분석, 비판이라는 복합적인 사고작용이 먼저 일어난다. 따라서 빠지면서 듣게 하고, 빠지면서 듣고 생각하고, 또 다시 생각하면서 듣게 함은 다양하고 복합적인 사고작용을 유도할 수 있다. 우리는 여기에서 더 나아가 글쓰면서 듣는 과정으로까지 학습자를 이끌어야 할 것이다.

설화 문학의 구조는 영웅이 어려움을 극복하고 악마와 싸워 이기는 용기를 주제로 한다. 어린이들은 이런 이야기를 싫증내는 일 없이 듣고, 이야기의 내용에 관하여 즐겨 이야기하고, 또한 이야기의 주인공과 자연스럽게 하나 된다(남미영, 1989). 이런 어린이들은 교사의 재치 있는 발문에서 이들 이야기의 숨겨진 의미를 깊이 생각하는 방법을 배운다. 이른바 '영웅의 일대기'는 옛날이야기의 창고 구실을 해 준다(조동일, 1977: 246).

이러한 연구 결과는 '재미있는 이야기 들려주기'가 학습자의 학습 의욕을 고취하고, 학습에 적극 참여하도록 유도하며, 생각하는 방법을 터득하는 등의 학습에 매우 효과가 있다고 보고하고 있다. 이처럼 듣기는 적극 사고 과정이며 고차원의 정보 처리 과정이다. 교사는 듣기 수업에서 학습자의 적극적 사고를 유발하는 전략에 더 많은 관심을 기울여야 한다.

학습자의 듣기 능력은 교사의 설명만으로 향상되는 것이 아니다. 듣기 기능의 신장은 이미 타고난 인지적 능력을 실제로 활용하는 가운데 일어난다. 일상의 언어생활에서 우리는 어떤 '내용'을 듣고, 그 내용을 좀 더 잘 이해하기 위해서는 어떤 '사고'가 요구되며, 이 사고를 확장하기 위해서는 어떤 '자료'와 어떤 '방법'이 필요하다. 교사는 이런 사고 과정 · 자료 처리 · 탐구 방법을 존중하는 태도를 보여야 한다. 그런 교사'의 영향이 탐구하는 학습자, 창조하는 학습자, 착한 학습자, 남의 바른 말을 잘 듣는 학습자를 키울 수 있다. 그래서 보고 들으며, 들어 알고, 알아 깨닫는 데 닿을 수 있어야 진정 듣기 교육 목표가 달성될 것이다.

탐구과제

01 듣기의 본질에 대해 설명해 보시오.

02 듣기와 말하기, 보기의 상호 관련성에 관하여 말해 보시오.

03 듣기의 내용 선정과 조직 원리를 설명해 보시오.

04 듣기 기능의 목표 달성에 적절한 전략을 들고 설명해 보시오.

05 영상매체를 듣기 교육에 활용하는 방안을 구안하여 보시오.

06 듣기 교육의 문화 전승 기능에 관하여 설명해 보시오.

07 문학 교육을 듣기 교육에 어떻게 이용할 수 있는지 구체적 방안을 열거해 보시오.

참고문헌

교육인적자원부(1995), 『고등학교 교육과정 해설』, 대한교과서주식회사.

______(1998), 『초등학교 교육과정 해설 Ⅲ』, 서울특별시인쇄공업협동조합.

______(2007), 『국어과교육과정』, 교육인적자원부 고시 제2007-79호, 대한교과서주식회사.

김경자(1995), "성장모형에 기초한 학습자 중심 언어 지도법", 『학습자 중심의 국어 교육 방안 모색 세미나』, 공주교대 초등교육연구소.

김대행(1990), "언어 사용의 구조와 국어 교육", 『국어 교육』 제71 · 72호, 한국국어교육연구회.

김정우(2007), "개정 국어과 교육과정과 읽기 영역, 문학 영역의 개발 방향", 공주교육대학교 초등교육연구원, 『국어과 제7차 교육과정과 새 교육과정 비교 분석』.

김영채(1995), 『사고와 문제해결심리학』, 박영사.

김진우(1992), 『인간과 언어』, 집문당.

남미영(1989), "한국문학에 끼친 이솝우화의 영향 연구(Ⅰ)", 『새국어 교육』 제45호, 한국국어교육학회.

노명완(1988), 『국어 교육론』, 한샘.

______(1990), "국어과 교육에서의 평가", 서울대국어 교육과.

______(1992), "말하기 및 듣기의 본질과 평가의 방법", 『제3회 국어 교육연구 발표대회』, 한국국어교육연구회, 청주교육대학.

______(1993), 『인간과 언어와 사고: 아동의 언어 발달과 효율적인 언어 지도』, 서울교대초등교육연구소.

______(1997), "말하기 · 듣기 교육의 개념과 탐구 과제", 『국어교육연구소 학술발표회 자료집』, 서울대 국어교육연구소.

노명완 · 박영목 · 권경안(1988), 『국어과교육론』, 갑을출판사.

류성기(2003), 『초등 말하기 듣기 교육론』, 박이정.

민현식 외(2011), 『2011 국어과 교육과정 개정을 위한 시안 개발 연구』, 교육부.

박경현(1980), "듣기 교육에 관한 이론적 고찰", 『국어교육』 제16호, 한국국어교육연구회.

박붕배(1963), "듣기 학습을 위한 교재의 구성과 취급", 『국어교육』 제5호, 한국국어교육연구회.

박수자(1995), "말하기 · 듣기 교재의 체계화와 적용에 관한 연구", 『한국초등국어 교육』

제11집, 한국초등국어교육학회.
박영목(1992), "중 · 고등학교에서의 말하기 · 듣기 평가", 『제3회 국어 교육연구 발표대회』, 한국국어교육 연구회, 청주교육대학.
박영목 · 이인제 · 손영애 · 신난수(1992), 『제6차 교육과정 각론 개정 연구–국민학교 국어과–』, 한국교육개발원.
박영목 외(1993), 『초등학교 교육과정 해설(Ⅰ)』, 교육부.
박영목 · 윤희원 · 한철우(1995), 『국어과 교수 학습 방법 탐구』, 교학사.
____________________(1997), 『국어교육학 원론』, 교학사.
손영애(1991), "국민학교에서의 말하기 · 듣기 지도", 『국어교육』 제42호, 한국국어교육연구회.
손영애(2007), "새로운 국어과 교육과정 시안에 대한 몇 가지 소론", 한국어교육학회, 『국어교육』 제122호.
성일제 외(1988), 『사고력 신장을 위한 프로그램 개발 연구(Ⅱ)』, 한국교육개발원.
신헌재 · 이재승(1995), 『학습자 중심의 국어 교육』, 서광학술자료사.
심영택(1995), 『듣기 능력 향상을 위한 실험연구』, 서울대 국어교육연구회.
심정희(1994), "말하기 · 듣기 본질과 평가의 방향", 『초등국어교육』 제4호, 서울교육대학교 국어교육과.
양태식(1994), "말하기 · 듣기 지도의 얼안", 『초등국어교육』 제4호, 서울교육대학교 국어교육과.
원진숙(1992), "의사소통 능력 개발을 위한 교수 요목 설계", 『교육한글』 제5호, 한글학회.
원훈의(1989), 『국어음성언어교육연구』, 성균관대학교 대학원(박사).
유병학(1995), 『초등국어과교육』, 공주합동출판사.
윤희원(1991), "중 · 고등학교의 말하기 · 듣기 지도", 『국어교육』 제42호, 한국국어교육연구회.
윤희원 · 이주행(1995), 『고등학교 국어과 교육과정 해설』, 교육부.
이성영(1995), 『국어 교육의 내용 연구』, 서울대학교출판부.
이재기(2007), "국어과 교육과정 개정의 방향 및 주요 개정 방향", 『국어과 제7차 교육과정과 새 교육과정 비교 분석』, 공주교육대학교 초등교육연구원.
______(2007), "2007년 개정 국어과 교육과정의 특징과 실행 방안", 청람어문교육학회, 『청람어문교육』 제36호.
이재승(1997), "말하기 · 듣기 교수 학습 방안: 자기 조정 전략을 중심으로," 『국어교육연구소 학술발표대회 자료집』, 서울대 국어교육연구소.

이주섭(2001), "상황맥락을 반영한 말하기 · 듣기 교육의 내용 구성에 관한 연구", 한국교원대학교 박사학위논문.
이현복(1992), "≪말하기 · 듣기≫ 교과서와 발음 교육", 『교육한글』, 제5호, 한글학회.
이홍우(1995. 5판), 『교육과정탐구』, 박영사.
임천택(2007), "새 국어과 교육과정의 내용 선정 범주 '맥락'의 현장 소통 방안", 청람어문교육학회, 『청람어문교육』 제36호.
전은주(1998), "말하기 · 듣기 교육에 대한 개념적 접근", 『새국어교육』 제56호, 한국국어교육학회.
_____(1999), 『말하기 듣기 교육론』, 박이정.
전은주 · 옥현진(1997), "말하기 · 듣기에 대한 인식과 지도 실태 조사", 『국어교육연구소 학술발표대회 자료집』, 서울대 국어교육연구소.
정동화 · 이현복 · 최현섭(1990), 『국어과교육론』, 선일문화사.
정준섭(1992), "말하기 · 듣기 교육의 이해를 위한 국어과 교육", 『교육한글』 제5호, 한글학회.
_____(1995), 『국어과 교육과정의 변천』, 대한교과서주식회사.
조동일(1996), 『한국의 문학사와 철학사』, 지식산업사.
_____(1977), 『한국소설의 이론』, 지식산업사.
_____(2001), 『이 땅에서 학문하기』, 지식산업사.
조문제(1996), 『말하기 · 듣기 교수 학습의 이론과 방법』, 교학연구사.
차배근 외(1992), 『실득커뮤니케이션 개론』, 나남.
천경록(1997), "말하기 · 듣기의 교육 내용 구성과 교과서 개발", 『국어교육연구소 학술발표대회 자료집』, 서울대 국어교육연구소.
최명환(1998), "설명 담화 양식", 공주교대논총 제35집 1호.
_____(2001), "사고 확장의 원리-글씨쓰기 원리 탐구를 중심으로", 공주교대논총 제38집 1호.
_____(2002), "문자 언어교육과 문화창조", 진주교육대학교 초등국어교육학회 학술발표대회.
최현섭(1986), "국어과 교수-학습 모형의 탐색", 『논문집』 제20집, 인천교육대학교.
_____(1992), "국민학교 말하기 · 듣기 평가", 『제3회 국어 교육연구 발표 대회』, 한국국어교육연구회, 청주교육대학.
최현섭 · 최명환 · 신헌재 · 노명완 · 박인기(1995), 『국어 교육학의 이론화 탐색』, 일지사.
한병호(1965), "듣기 능력 향상을 위한 사례 연구", 『국어교육』 제11호, 한국국어교육연구회.

한철우 · 손영애 · 이인제(1990~1992), 『교육의 본질 추구를 위한 국어 교육 평가 체제 연구 (Ⅰ), (Ⅱ), (Ⅲ)』, 한국교육개발원.

허경철 외(1988), 『사고력 신장을 위한 프로그램 개발 연구(Ⅲ)』, 한국교육개발원.

Anderson, J., 이영애 역(1991), 『인지심리학』, 을유문화사.

Applbaun, L., K. W. E. Anatol, E. R. Hays, O. O. Jenson, R. E. Porter, & J. E. Mandel(1973), *Fundamental Concepts in Human Communication*, Harper & Low.

Meyer & Meyer./임칠성 역(1995), 『대인관계와 의사소통』, 집문당.

Moffett, J. & B. J. Wagner(1992), *Student Centered Language Arts, K-12*, Boynton/Cook Publisghers Heinemann, Portsmouth, NH.

Petty, W.T. & J. M. Jensen(1980), *Developing Chidren's Language*, Boston, Mass.: Allyn and Bacon.

Reardon, K. K./임칠성 역(1997), 『대인의사소통』, 한국문화사.

Rost, M.(1973), *Introducing Listening*, Penguin English.

Sperber, D. & D. Wilson/김태옥 · 이현호 역(1993), 『인지적 화용론-적합성 이론과 커뮤니케이션』, 한신문화사.

Taylor, S.(1973), *Listening: What Research Says to the Teacher*, Washington, D.C.: National Education Association.

Weaver, C.(1988), *Understanding Whole Language*, N.H.: Heinemann

Wilt, M.(1958), "A Study of Teacher Awareness of Listening as a Factor in Elementary Education", *Journal of Educational Research* 43.

03장 말하기 교육

Ⅰ 말하기 교육의 이론적 고찰

(1) 말하기의 본질

말하기는 말하는이가 듣는이에게 자신의 생각과 감정을 표현하는 과정이다. 즉, 말하기는 음성언어나 신체언어로 표현하여 다른 사람과 의사소통하는 복합적인 사고 과정을 거친다. 말하는이는 듣는이에게 말할 내용을 언어로 표현해야 한다. 말할 내용이 개념이면 말하는이는 이에 적합한 단어를 생각해 내어야 하고, 말할 내용이 명제이면 말하는이는 생각의 단위를 잘 드러내 주는 문장을 찾아야 하며, 말할 내용이 구조화된 큰 덩어리라면 그에 알맞은 말하기 형식을 마련해야 한다.

한편 말하기는 듣기와 함께 의사소통 참여자들이 상호교섭한다. 말하는이와 듣는이는 서로 발화의 순서를 바꿔가면서 함께 대화를 구성해 간다. 말하는이는 듣는이를 고려하며 듣는이의 응대에 따라 자신의 발화를 조절하며 호흡을 맞춘다. 토의나 토론, 대화와 같은 쌍방향적인 말하기 상황에서 뿐 아니라 연설과 같은 공식적이고 일방향적인 말하기 상황에서도 말하는이는 듣는이의 반응을 지속적으로 점검·반영하며 말하기의 내용과 형식을 변증법적으로 조정하는 과정을 거친다. 이런 점검과 조정으로 말하는이는 정확하고 효과적으로 내용을 전달할 뿐 아니라, 결과적으로 의사소통이 원활해진다.

또한 말하기는 의사소통 참여자들이 서로의 삶을 공유한다. 우리는 단지 자신의 주장을 상대에게 설득시키거나 정보를 상대에게 알리기 위해서만 말하기를 하는 것은 아니다. 말을 주고받는 과정에서 의사소통 참여자들이 가지고 있던 인식의 지평이 서로 융합된다. 대화는 서로의 생각이 물리적인 결합이 아닌, 화학적인 결합의 양상으로 얽히게 만든다. 그리고 이 과정에서 말하는이와 듣는이는 서로의 삶을 나눈다. 단순히 필요한 정보를 취합하는 데서 그치지 않고, 서로의 삶을 이해하게 되고 서로의 삶에 관여하기에 이른다. 마르틴 부버의 표현을 사용하면, '나'와 '그것'의 관계에서 '나'와 '너'의 관계로 전환이 일어나게 된다. 이는 말하기가 단순한 기능이 아니라, 인간의 실존과 직결되는 삶의 중요한 일부임을 보여준다.

우리는 말을 중요하게 여기는 전통이 있다. 사람됨의 네 가지 기준을 '신언서판(身言書判)'이라 하여 체모(體貌)의 풍위(豊偉), 언사(言辭)의 변정(辯正), 해법(楷法)의 준미(遵美), 문리(文理)의 우장(優長)을 들었다. 이들을 요즈음의 언어관에 맞게 풀이한다면 위엄을 갖춘 모습, 논리 정연한 언변이나 화법, 빼어난 글씨와 문장력, 냉철한 판단력 따위로 설명할 수 있다. 그런데 '신언서판'의 '신 · 판(身判)'은 대개 선천의 요인으로 분류하였고, 그에 비하여 '언 · 서(言書)'는 후천의 변인으로 다루었다. 그래서 글공부를 하면 '언서'의 능력이 향상되고, 말하고 쓰는 능력을 기르면 자연 위엄을 갖추게 되어 뜻을 이루고, 이름을 드날릴 수 있다고 믿기도 했다.

문자가 홍수처럼 넘쳐나는 현대 사회에서도 말하기의 중요성은 더욱 강조된다. 대중 매체와 핸드폰과 같은 통신 장비의 비약적인 발전으로 음성언어의 한계를 극복하여 시공간의 제약을 뛰어넘어 의사소통이 활발히 이루어지고 있다. 책이나 신문, 인터넷 등을 활용하여 풍부한 문자 문화를 향유하면서도 삶의 중요한 의사 결정은 여전히 관련 당사자들이 모여 대화를 나누는 과정에서 이루어진다. 대학이나 기업체에서 사람을 뽑을 때에 면접고사를 실시하는 것도 말하기의 중요성을 우리 사회가 인정하고 있음을 방증해 준다. 근자에 들어 말하기와 말하기 교육 연구가 활발히 이루어지고 있는 것은 말하기가 인간 삶에 차지하는 중요성에 비추어볼 때 고무적인 현상이라 하겠다.

(2) 말하기의 과정

말하기의 과정은 크게 네 단계를 거친다. 내용 생성, 내용 조직, 담화 구성 그리고 표현과 전달의 단계이다. 이런 말하기 단계는 표현 방법이 다를 뿐 글쓰기 과정과 같다. 말하기는 목구멍과 입을 거쳐 음성언어로 표출되고, 글쓰기는 손가락을 작용하여 문자언어로 표현된다.

말하기의 내용 생성 단계에서는 목적, 상황, 듣는이와의 관계 등과 같은 상황맥락을 고려하여 말할 내용을 생성한다. 가장 먼저 말하려는 의도를 주제로 나타낸다. 주제 선정은 말할 내용과 직접 관련되고, 특히 목적 달성에 효과적인 것을 고른다. 내용 생성 단계에서는 말하는이의 배경지식이 중요한 구실을 맡는다. 배경지식이 부족한 경우, 전문가와 인터뷰를 한다든지 관련 도서를 참고하여 필요한 정보와 자료를 탐색할 수 있다.

내용 조직 단계에서는 생성한 내용을 좀더 조리 있게 말할 계획을 세운다. 말할 내용의 조직은 화제 중심으로 상호교섭 차원에서 복합적으로 이루어진다. 화제는 말할 내용을 중심문장과 뒷받침문장으로 조직한다. 이때 논리 구조를 갖추어야 함은 두말할 나위가 없다.

담화 구성은 전통적인 관점에서 이루어진다. 담화는 3단이나 4단, 5단으로 구성한다. 3단 구성은 '여는말 → 펴는말 → 맺는말'의 구조로 열기에서 이야기를 도입하고, 듣는이의 주목을 끌어들인 뒤, 펴기에서 이야기를 구체적으로 전개하고, 맺기에서 이야기를 정리하는 방식을 보인다. 4단 구성은 '기 → 승 → 전 → 결'의 구조로 담화를 조직하는 방식으로 기(起)에서 이야기를 끄집어내고, 승(承)에서 이야기를 계속 이어나가다가 전(轉)에서 예상치 못한 국면을 전개시켜서 듣는이를 자극한 뒤, 결(結)에서 전체를 총괄하여 맺는다. 한시나 네컷 만화에서 주로 볼 수 있다. 5단 구성은 '주목 → 흥미 → 욕망 → 비교 → 행동'의 구조로 담화를 구성하는 방식으로 설득 화법에 주로 사용된다.

수사적 차원에서는 전달 효과를 높이기 위해서 말할 내용을 원인과 결과, 비교와 대조, 서사, 묘사, 분류, 분석과 같은 관계 구조로 조직한다. 원인과 결과는 두 사태가 서로 상관관계가 있으며 사태의 선후 관계를 설명할 수 있을 때, 먼저 일어난 사태를 원인으로 나중에 일어난 사태를 결과로 하여 내용을 조직하는 방식이다. 비교는 사태 사이의 공통점을 중심으로, 대조는 사태 사이의 차이점을 중심으로 내용이 구성된다. 시간의 흐름에 따른 행동 변화에 초점을 두어 내용을 구성하는 방식은 서사이고, 시간과 행동의 변화를 정지시킨 뒤 사태를 왼쪽에서 오른쪽으로 혹은 위에서 아래로 설명하는 방식으로 내용을 구성하는 방식은 묘사이다. 분류는 여러 대상을 묶어가는 방식으로 내용을 구성하는 방식이고, 분석은 하나의 대상을 의미 있는 부분으로 나누어가는 방식으로 내용을 조직한다.

상호교섭 차원에서는 말할 내용이 대화의 흐름에서 벗어나지 않도록 구성한다. 화제나 주제와 관련된 내용을 말해야만 통일성 있는 대화가 가능해지며, 대화 목적에 도달할 수 있다. 자기 주장을 펼치는 데 골몰하여서 대화의 흐름에서 벗어난 내용을 자주 말하면, 대화의 흐름이 끊어지고, 결과적으로 의사소통에 실패한다. 한편, 다른 사람의 말을 가로채지 않고 순서(turn)를 지켜 말하는 것도 중요하다. 상대의 말을 충분히 들을 수 있는 시간적 여유를 가짐으로써 자신의 발화가 상대의 발화와 관련을 맺는 데 기여할 수 있다.

표현과 전달 단계에서는 생성하고 조직한 내용을 구체적인 음성언어와 신체언어로 표현하게 된다. 말하는이는 이 단계에서 문장의 진술요소를 올바로 배치하기 위해서 적절한 낱말과 공감의 구절을 취한다. 격조 높은 화법을 위해서라면 고아한 어휘를 선택할 일이고, 시대 감각에 민감한 화술을 구사하려면 유행어를 활용한다. 듣는이에 따라 표준어를 쓰거나 구수한 고향의 말씨로 대화를 이끌어 발화 목적에 기여할 수도 있다. 학습자를 상대로 한 구성 요소는 쉬운 낱말과 관용구절, 짧은 문장으로 이루어진다. 그리고 상황에 맞는 효과적인 표정과 몸짓, 어조를 구사해야 할 필요성이 있다.

표현과 전달 단계를 수행하는 과정에서 말하는이는 다음과 같은 다섯 가지 요인을 적절하게 고려해야 한다.

① **대상인식**: 듣는이가 누구인지에 따라 말하는이는 말하기 방식을 달리 해야 하고, 무엇을 어느 정도 알고 있는지에 따라 다양하게 접근해야 한다.

② **신뢰지향**: 말하는이는 진실을 말해야 하고, 가치있는 정보를 제공해 주어야 하며, 상황에 어울리도록 주제를 명백히 해야 한다.

③ **상호작용**: 말하는이는 원인과 결과에 따른 논리와 공감을 바탕으로 듣는이가 받아들일 수 있는 내용을 말해야 한다.

④ **맥락존중**: 말하는이는 듣는이의 신분, 지위, 연령에 따라 또는 말하기 유형에 따라 사회적인 맥락을 존중해야 한다.

⑤ **언어장치**: 말하는이는 주제, 대상, 상황에 가장 잘 어울리는 구체적인 언어로 표현해야 한다.

최근에는 컴퓨터와 인터넷의 발달로 정보통신기술(ICT 프로그램)을 활용한 전달 기법이 주목을 끌고 있다. 초등학교 급에서 정보통신기술 프로그램의 제작과 활용에 대한 전문적인 내용을 지도하는 것은 어렵겠지만, 초보적인 수준에서 이들 내용에 대한 지도가 이루어지는 것이 필요하다. 지금은 컴퓨터 교육의 일환으로 이루어지고 있지만, 심도 깊은 연구를 바탕으로 컴퓨터를 활용한 전달기법 관련 지도 내용을 말하기 교육의 내용으로 가져와야 하겠다.

지금까지 설명한 내용 생성, 조직, 구성, 표현과 전달의 단계로 구분되는 말하기의 과정은 선조적이지 않다. 인지심리학의 연구 성과에 따르면, 초인지(meta-cognition) 능력을 갖춘 발화자는 발화 중에 이 과정을 지속적으로 조정하고 통제한다(전은주, 1999: 68). 말하기의 과정에서 상황에 따라 각 단계로 계속적인 환류가 이루어져야 하는 까닭이 여기에 있다.

(3) 말하기의 맥락

우리가 소통을 목적으로 하는 말하기를 살펴보면 크게 공식적 말하기와 일상적인 말하기로 나누어진다. 공식적인 말하기는 공공의 자리에서 여러 듣는이를 대상으로 하는 말하기이다. 이런 말하기를 잘 하려면 말하는 목적을 분명히 하고, 내용을 갖추어 올바른 태도로 말해야 한다. 공식적인 말하기에서 그 목적은 설득과 정보 전달, 친교와 정서 표현에 있다. 학급 임원 선거에 출마하여 소견 발표를 하거나 나의 주장 발표 대회 등에 참가해서 하는 말은 설득을 목적으로 하는 말하기이다. 수업 시간의 발표는 사실이나 정보를 알리는 말하기이다. 특별히 여러 친구 앞에서 생일 초대하는 말을 한다면 그 목적은 친교에 둔다. 각종 의례에서 말하기 역시 공식적인 말하기로서 그 목적이 분명하다. 다양한 목적으로 말하는 가운데 간간이 정서를 표현하는 말을 함으로써 말하는 목적을 효과적으로 달성할 수 있다.

공식적인 말하기의 목적을 분명히 했으면, 실제 말하기 방법을 지도한다. 공식적인 말하기를 이루는 요소는 언어 내적 요소와 언어 외적 요소로 나뉜다. 언어 내적 요소는 전언의 주제와 형식으로 구분된다. 이때 주제를 명료히 하고, 필요한 화제를 가려 구성하며, 그것을 체계적으로 조직해야 의미를 잘 드러낼 수 있다. 주제를 잘 드러내려면 음성과 발음, 속도와 억양, 어조와 성량 등도 고려 대상이다. 언어 외적 요소는 몸가짐이나 손짓, 표정 등이 중요하게 작용하는 경우가 많다. 또 청중의 실태를 미리 파악하여 그들의 관심 분야와 배경지식 등을 미리 조사해 두는 전략도 필요하다.

일상의 말하기는 생활하면서 나누는 대화를 가리킨다. 날마다 만나 나누는 말일지라도 의도와 목적이 분명해야 한다. 일상의 말하기에서 내용을 선정할 때에는 진실성, 정확성, 정교성, 참신성 등이 주요 요건이다. 맥락을 반영할 때에는 때와 곳, 목적과 대상, 환경과 소음 등의 고려가 중요하다. 그리고 듣는이를 배려하여 말하려면 듣는이에 대한 관심과 애정이 바탕이다.[1] 듣는이의 관심과 희망이 무엇인지, 배경지식이나 의견 등도 살필 필요가 있다. 반응을 고려하는 말하기에서는 융통성이나 신축성, 대응성을 살핀다. 담화 진행에 따라 변화하는 여러 가지 맥락을 파악하고, 거기에 맞추어 말하는 힘은 고차원의 말하기 능력이라 하겠다. 이처럼 말하기 교육은 다양하고 변화하는 일상의 담화 상황에 능동적으로 대처하면서 화법의 주체로서 말할 수 있는 능력을 기르도록 지도해야 한다.

한편, 말하기는 쓰기와 같은 표현 기능이지만 언어의 선조성, 발화의 즉시 소멸성, 말하는이와 듣는이의 직접 대면성, 음성언어의 제약성 등의 특성 때문에 쓰기와 구별된다. 말하기의 선조성이란 표현하고자 하는 음성언어를 시간 순서에 따라 소리로 연결하여 나타냄을 일컫는다. 다시 말해서 생각을 음성언어로 표출하려면 생각 자체를 선조적인 언어 구조로 바꾸어야 하고, 그 구조를 반드시 시간 순서에 따라 말로 표현해야 한다. 이런 선조적 특성 때문에 말하기 지도는 시간을 고려해야 하고, 의도적이고 체계적인 언어 학습과 훈련을 할 필요가 있다. 또 말하기는 회귀성을 갖지 못하므로, 신중하게 말하는 태도와 습관을 기르는 지도 내용도 중요하다.

발화의 소멸성이란 말하는이의 음성이 발화 순간에 사라짐을 뜻한다.

---

1) 듣는이를 배려하는 말하기 지도는 우리 화법 교육의 당면 과제이다. 요즘 초중등 학생들은 일상 대화에서 상대의 말에 귀 기울이기보다 자기 주장을 내세우는 경향이 두드러지다고 한다. 이 문제는 듣기 교육이 소홀히 다루어지고 말하기 교육이 강조된 데도 원인이 있다. 앞으로 말하기 교육은 듣는이를 배려하여 말하는 방법과 그 가치를 지도해야 할 것이다.

발화의 물리적인 음성은 입 밖으로 나오자마자 소멸된다. 그래서 한 번 잘못 말하면 취소하거나, 수정하기 어렵다. 잘못한 말을 뒤에 고쳐 말할 수는 있지만, 먼저 한 말이 없어지는 것은 아니다. 이 소멸성은 듣는이에게도 똑같은 영향을 미치기 마련이어서 말을 놓쳐 버리면 다시 요청할 수밖에 없다. 말하기 교육은 이런 특성을 반영하여 듣는이의 처지에서는 귀 기울여 듣는 태도를, 말하는이의 처지에서는 상대의 반응을 살피며 말하는 습관을 갖도록 지도해야 한다.

말하기의 대면성은 말하는이와 듣는이가 직접 만나 상호작용함을 말한다. 말하는이와 듣는이가 소통할 때에는 상황맥락을 공유하기 때문에 상대방에 대하여 많은 정보를 필요로 하지 않는다. 다만 말하기에서는 뜻을 분명히 하거나 강조하기 위해서 표정, 손짓, 몸짓 따위의 언어 외적 자질을 이용하는 경우가 있다. 이런 대면성이 상대를 존중하고 배려하는 태도를 강조하는 까닭이다.

음성언어는 시간과 공간의 제약을 받는다. 음성언어로서의 말은 일정한 시간과 공간을 벗어나서는 전달되지 못한다. 즉, 말하는이와 듣는이가 직접 만나서 말해야 대화 상황이 성립되고 소통이 이루어진다. 이 제약은 말하는이의 심리·성격과 관련될 수 있고, 사회적·관습적·문화적인 편견이나 선입견으로 작용하기도 하며, 청중 규모와 계층, 화제에 따른 반응에도 영향을 받는다. 우발적인 상황 변화도 시공의 제약 요인이다. 이런 제약성을 고려하고 대처해야 유창한 말하기를 수행할 수 있다.

말하기는 가장 오래 된 소통 양식이다. 표현 기능으로서의 말하기는 글쓰기와 깊이 관련되지만 원형은 말하기에서 비롯되었다. 말 문장이 짧고 글 문장이 긴 까닭은 인지 발달의 영향이다. 표현 기능으로서의 말하기는 글쓰기와 공통적인 구조를 갖추었으되 표현 방식이 다르므로 각 영역 특성에 따라 지도 방법이 개발되어야 한다.

Ⅱ 말하기 교육의 목표 분석

(1) 말하기 교육 목표 분석의 의의

말하기 교육 목표는 의사소통 원리를 반영한다. 국어과 교육 목표를 국어 사용 능력 신장 곧 의사소통 능력 신장으로 본다면, 말하기의 지도는 언어 구조보다 그 작용에 무게 중심이 놓인다. 의사소통 능력은 현실적인 언어 사용을 전제로 하므로 학습 내용의 조직이나 배열은 학문의 체계보다는 언어 사용의 양상에서 추출될 필요가 있다.

이러한 말하기의 원리와 목표는 의사소통 관점에서 접근해야 한다. 원래 말하기는 세계 인식과 표현에서 출발하여 인간 관계를 형성하고 새로운 세계를 창조해 왔다. 언어가 세계를 표현하는 도구임이 이를 말해 준다. 그래서 언어는 신과 인간, 자연과 인간, 너와 나 더 나아가서 나의 실존 문제를 다루었다.

이러한 말하기는 문명의 흐름을 이끌어 왔다. 음성언어에서 문자언어, 문자언어에서 방송언어로 소통 기능을 확대해 오면서 시간과 공간 제약을 받던 근대 이전의 말하기에서 시공을 초월할 수 있는 매체 등장 이후의 전언소통으로 그 유형이 점차 확장되었다. 다시 말해서 말하기는 개인 대 개인에서 개인 대 군중으로, 사람의 목소리에서 매체언어로 그 형식과 방법이 바뀌었다. 이에 따라 말하기는 의사소통 구실에서 설득과 선동으로 대중의 태도와 행동 변화를 꾀하는 데까지 이르렀다. 그리고 폭발적으로 늘어가는 정보 공급원으로 주목을 받게 되기에 이른다.

말하기는 현실적으로 사용되는 음성언어를 매체로 한 언어 기능이므로 자연 언어에 대한 사회 문화적 관점과 인지적인 언어 학습에 대한 관점을 기준으로 교육 내용을 조직해야 한다. 사회 문화적 관점에서는 발화 공동체의 언어 규범, 문화 전승과 창조를 고전적 목표로, 인지적 관점에서는 언어 기능과 습득 과정 및 기능에 주목할 필요가 있다.

(2) 말하기 교육의 고전 목표와 현실 목표

우리 조상은 말하기의 목표를 인격 형성에 두었다. 예가 아니면 말하지 말고[非禮勿言], 말은 삼가고 행동은 민첩하며[愼於言 敏於行], 말에 진실이 들어 있어야 한다[言思忠]는 따위가 이를 말해 준다. 발 없는 말이 천리 간다는 말의 전파성, 말 한마디로 천 냥 빚 갚는다는 말의 효용성, 말이 씨가 된다는 말의 주술성, 그리고 낮말은 새가 듣고 밤말은 쥐가 듣는다는 말의 신중성 등은 말의 의미와 말하기의 기능을 잘 나타내 주는 격언과 속담이다. 웅변은 은이요 침묵은 금이라는 잠언도 말하기를 빗댄 역설적 경구로서 이해된다. 그리고 이들 속담과 격언은 말하기의 고전적 목표를 함축한 언술임에 틀림없다.

인지언어학 관점에서 말하기 교육의 목표는 적절성(adequacy), 정상성(normality), 정확성(accuracy), 유창성(fluency)에 있다. 그러나 말하기 교육의 궁극적인 인간상이 말만 잘하는 소피스트가 아니라면, 기능 수준을 넘어서서 삶의 수준으로 말하기 교육의 목표를 확장해야 한다. 다시 말해서 말하기 교육의 목표를 말을 정확하고 효과적으로 표현하는 능력을 길러 주는 데에서 한 발 더 나아가, 서로의 의사소통으로 "인간과 인간이 관계를 맺고 삶을 좀더 풍요롭게 영위하는 데 필요한 능력을 길러 주는 데(교육인적자원부, 1997: 123)"까지 확장시켜야 한다. 그래야 말하기 교육이 학습자의 언어 사용뿐만 아니라 삶의 품격을 높이는 데에도 기여할 수 있으며, 나아가 문화 창달에 이바지하게 된다. 여기서 말하기 교육의 현실적인 목표가 우리 조상이 지향했던 목표와 다시 만난다.

(3) 말하기 교육의 지향 목표

(가) 표현력 신장

말하기의 기능 목표는 상황에 맞게 말할 내용을 잘 선정하고 구성하여 표현할 줄 아는 데 있다. 공식적인 말하기 상황에서 주제를 분명히 전달하기 위하여 표준어를 구사한다든지, 친교를 위한 만남에서 몸에 익은말로 분위기를 띄우는 것도 모두 표현 능력의 문제이다. 이와 같은 목적을 달성하고 대상과 상황에 맞는 말하기 능력을 키우기 위해서는 실제적으로 직접 말할 기회를 많이 가져야 한다. 따라서 말하기 유형에 맞는 표현 방법을 두루 익히는 것이 중요하다.

지금까지 말하기 교육은 사고의 대상을 찾는 기억에 의존해 왔다고 해도 지나치지 않다. 재인(recognition)이나 회상(recall) 수준의 말하기가 그것이다. 이제 말하기 교육은 대상에 어떤 변화를 꾀하는 창의적 사고 교육으로 전환해야 한다. 그것은 지각 · 개념 · 명제 단계의 언어 사용에서 담화 수준의 말하기 교육으로 전환되어야 한다는 뜻이다(노명완, 1992: 190~192). 따라서 표현력 계발을 위한 말하기 지도에서는 사고를 바탕으로 하는 담화 차원의 목표 지향이 중요하다.

(나) 창의성 계발

인간은 태어나면서 발달을 지향한다. 감각적이며 작동적인 현상 세계에서 영상적인 그림 세계로, 영상적인 그림 세계에서 언어의 상징 체계로 발전해 나아간다. 그리고는 언어가 지배하는 세계로 접어든다. 이런 발달 과정에서 어린이는 모방하면서 동시에 창조적으로 끊임없이 탈바꿈한다. 사실의 단순 기억에서 내용을 기술하고 설명하고, 논리성과 합리성을 추구하는 고등 수준의 사고로 정교화 과정을 거친다. 이것이 구비 전승의 음률 구조에서 사건 서술의 서사 구조로 진화하였음을 말해 준다.

말하기는 궁극적으로 소통의 공감을 꾀하지만 현실적으로 상대의 긴장을 유발하는 경우도 있다. 일상의 소통 공감이 평화를 의미한다면 극적으로 대립하는 긴장에 창조가 번뜩인다. 우리는 때때로 유창한 주장에 아무런 감동을 받지 못하다가 어눌한 태도나 시적인 발상에 관심을 보인다. 이런 말하기의 시적 긴장이 창의성을 자극한다.

시적 긴장이 불러일으키는 창의적 표현이란 무엇인가? 전통적인 대구 형식과 비유적 발상에서 찾아야 한다. 성인(聖人)이 썼던 표현 구조는 오늘날에도 생명력을 잃지 않는다. "배우되 생각하지 않으면 잊게 되고, 생각하되 배우지 않으면 위태로워진다(學而不思則罔 思而.不學則殆, ≪論語≫)."라든지 "상한 갈대를 꺾지 아니하며, 꺼져 가는 등불을 끄지 아니한다. ≪성서≫"는 대구요, 비유다. 경전은 이런 대구와 비유로 가득하다. 글을 읽으면서는 이런 보물창고에 빠져보아야 하고, 말하기에서는 이런 표현 방법을 터득할 필요가 있다. 그래야 시적 긴장으로 참신한 표현력을 갖출 수 있기 때문이다.

(다) 태도 함양

말하기는 말하는이와 듣는이가 서로 존중하는 마음을 가져야 한다. 의사소통은 서로 협력하고, 화제에 공감하며, 양해가 이루어질수록 관계를 발전시킬 수 있다. 이런 관계 향상을 위해서 말하기의 적절성(adequacy), 정상성(normality), 정확성(accuracy), 유창성(fluency)은 필수 요건이다. 말하는이는 듣는이가 누구인지, 주제가 가치 있는지, 논리가 호응을 이루는지, 분위기를 살리는지 두루 살펴야 한다.

예절바른 태도와 올바른 습관 형성은 말하기 지도의 중요한 목표로 설정되어 마땅하다. 일방적인 말하기란 존재하지 않는다. 독백조차도 소통의 관점에서 자아와 세계를 전제한다. 그러므로 상대를 고려한 올바른 말하기 태도는 말하기 교육의 상위 목표이자 지향적 목표이다. 그래야 바른 태도로 진지하게 말하고, 상대의 반응을 고려하며, 의미 전달의 효과를 도모하고, 소통 상황을 참작하는 말하기 능력을 기를 수 있다.

말하기의 기능 목표는 상상력이 풍부하고 표현력이 뛰어난 언어 구사력에 있지만, 궁극적인 목표는 진실한 말을 하고, 말하는 태도가 진중한 사람을 형성하는 데 있다. 이와 같은 말하기의 태도와 습관 형성은 일상의 삶에서 올바르게 언어를 사용할 때 형성된다. 올바른 삶과 참된 말하기 태도 형성을 위해서 대화에 능동적으로 참여하는 습관을 기르도록 배려하는 교육이 중요하다(최현섭 외, 1995: 116).

(라) 문화 고양

우리나라 사람은 감정이 풍부하다고 한다. 이 말은 정서적 경향성과 주장의 비일관성으로 해석되는 경우도 있다. 공개적인 토의와 토론 마당에서 사기와 견해를 달리하거나 비판적 발언에 감정을 드러내는 일도 이와 관련된다. 넘치는 것은 미치지 못하는 것과 같다는 잠언은 이를 두고 하는 말이다.

이러한 말하기는 어려서부터 대화에 익숙하지 못한 문화적 배경에서 형성된다. 그리고 초등학교 때부터 토의나 토론 과정에서 성숙한 말하기 태도를 익히지 못한 데도 그 원인이 있다. 결국 대화가 부족한 환경, 물음이 없는 교학 상황, 지시와 명령을 좇는 풍토가 바람직한 화법 문화를 형성하는 데 걸림돌이 될 수밖에 없다. 따라서 앞으로는 일상의 소통구조에 맞고 격식에 어울리는 다양한 담화 유형과 방법을 익힐 수 있는 말하기 지도 목표가 설정되어야 한다.

의사소통이나 정보 교환을 위한 말하기는 중요하다. 이럴 때 말 자체는 말하는이의 의사가 되고 어떤 정보를 드러내기도 한다. 여기에 감정이 개입되어 곤란한 경우가 있다. 오직 타당한 말, 합리적인 태도, 인간적인 관계가 의사와 정보, 감정 교류의 기초임은 두말할 나위가 없다. 우리는 이런 화법 문화를 정착시키기 위해서 말하기 교육을 활성화해야 하고, 실질적으로 과제를 수행할 수 있는 기능 목표를 설정해야 한다.

말문화를 고양시키려면 생각을 바꿔야 한다. 아직 어려서 말하지 못해도 웃는 아기의 모습은 천진스러움을 나타낸다. 외국인을 만났을 때 서로 말하지 않고 웃음으로 인사를 나누어도 반가움을 알 수 있다. 이런 웃음이 해학문학의 원천이다. 뿐만 아니라 너와 나의 관계를 대구 형식으로 표출하며, 함축과 상징으로 세계를 자아화하여 새로운 질서를 이루어 나갈 때 새로운 문학이 지평을 확장해 나간다. 반어와 역설이 쓴웃음을 자아내는 것도 같은 맥락이다.

문학적인 상상력으로 말문화를 끌어 올려야 한다. 요즘 젊은이들은 진달래꽃을 보고 날카로운 첫 키스의 추억을 떠올린다고 해서 육사의 '초인'과 윤동주의 '하늘'을 잊지 않는다. 청마의 '파도와 바위', 미당의 '국화와 질마재'가 한 시대를 감동시켰다. 김수영의 '노고지리'와 신동엽의 '껍데기'는 청사에 빛날 시어로 거듭났다. 한국인에게 율도국은 무릉도원이 아니다. 심청이 놀부네 마당에 나타나고, 난장이의 작은 공은 어느덧 촛불로 탈바꿈하였다. 이런 역사의 엄숙성과 문화의 역동성을 교육 마당에 펼쳐야 한다. 자아의 정체성은 이런 말문화의 토론 마당에서 긴장과 화해를 체험하는 가운데 형성된다. 그리고 뒤풀이에서는 이몽룡의 일탈과 김유정의 해학을 판에 올릴 수 있어야 새로운 문화의 씨앗을 뿌릴 수 있다.

Ⅲ 말하기 교육의 내용 구성

(1) 말하기 교육 내용 선정의 원리

말하기 교육의 내용 구성에 관한 논의는 말하기 교육과정의 핵심을 짚는 문제이다. 그리고 말하기 교육의 성격과 방향을 구체적으로 설정하는 것이기도 하다. 특히 초등학교 말하기 교육은 듣기 교육과 맞물려 논의되어 왔으면서도 실제로 깊이 있는 연구는 진척되지 못하였다. 그 까닭은 누구나 음성언어에 대해서는 그 기능 수행이 원활하다고 잘못 생각하고, 누구나 말할 수 있고 의사소통에 자신이 있다고 생각하였기 때문에 적극적으로 연구하지 않은 데서 찾을 수 있다. 그러나 말하기 교육은 말하기에 관한 깊이 있고 풍부한 연구를 바탕으로 삼고, 지금까지 이룩해 온 듣기와의 통합 지향적 관점을 보완하면서 말하기 교육의 독자성을 분명히 하는 언어 기능 지도가 이루어지도록 교육 내용을 선정하고 조직해야 한다.

우선 말하기 교육은 그 목적, 중요성, 방법 그리고 즐겨 참여하는 습관과 태도를 기본적인 학습 활동으로 구성해야 한다. 물론 말하기 교육에서 상황, 목적, 대상에 적합하게 말할 내용을 선정하여 그 내용을 효과적으로 구성, 표현하는 것도 중요하다. 그리고 말하고자 하는 내용을 음성언어로 표현하는 양식과 전달하는 방법에 관한 기능도 내용 구성에 반드시 포함시켜야 할 요소이다.

국어 과목의 내용 체계를 구성하고 있는 각 영역의 범주는 복합적인 차원에서 통합을 지향한다. 말하기 영역의 내용 체계는 말하기의 실제 활동, 즉 대화나 토론의 실제 과정에서 말하기의 본질에 관한 명제적 지식과 말하기의 원리에 관한 절차적 지식이 지도 내용으로 선정되어야 하며, 나아가서는 이런 지식을 바탕으로 말하는 학습 활동이 필수적으로 뒤따라야 기능 습득이 가능하다. 따라서 말하기 교육의 내용 구성 체계는 지식을 포괄하면서 활동을 강조하는 통합적이고 총체적인 방향을 지향해야 한다(교육부, 1998: 72).

(2) 말하기 교육 내용 선정의 방향

국어교육은 의사소통 능력 신장이라는 관점에서 말하기 활동을 중심으로 교육 내용을 구성한다. 말하기는 현실적으로 사용하는 음성언어를 매체로 한 언어 기능이므로 자연 언어에 대한 인지적 언어 학습과 사회 문화적 관점을 기준으로 교육 내용을 조직하게 된다. 그러려면 교육 활동의 목표를 분류하고, 학습자가 주어진 목표를 달성하는 데 필요한 방법적 기술도 빌어온다. 그래서 사회적 맥락과 관련된 언어 연구, 상호작용 규범, 발화 공동체의 문화 따위에 초점을 맞춰 교육 내용을 조직할 수 있다.

국어교육의 학습 목표를 소통 능력 신장에 둔다면 언어 개념, 구조, 기능 그 자체보다는 의사소통 과정에 초점을 맞추어야 한다. 다시 말해서 탐구 방법, 문화 감각 계발, 언어 사용 기능 증진 등의 목표가 설정된다. 이런 의사소통 능력 향상을 위하여 학습 내용을 조직하고 의사소통 활동 중심으로 언어교육을 실시하려면 학습자에게 '총체적 과제 수행 연습(whole-task practice)'을 제공하고, 학습 동기를 유발하며 자연스런 학습을 허용하고, 학습을 지원하는 환경(맥락)을 조성해야 한다. 따라서 교사의 구실은 필요한 언어 항목을 제시하거나 조언하고 학습자의 강점과 약점을 점검하며, 학습 목표 달성을 점검하는 데 있다.

이러한 관점에서 의사소통의 내용 선정 기준은 소통 구조의 여러 관점이 고려될 필요가 있다. 첫째 내용 선정에서는 학습자의 의사소통 목록 확장과 목표의 동기화를 기준으로 삼는다. 이때의 점검 대상은 말하기의 유형, 화제, 상황과 활동 따위이다. 둘째 학습 조직 관점을 고려한 내용 선정이다. 이때의 점검 대상은 언어의 개념, 구조, 기능, 맥락을 기초로 한 조직 단위가 적합하다. 셋째 교학 방법의 단계를 중요하게 다룬다. 이때는 용인 가능성의 구조적 활동, 유사한 의사소통 활동, 작용적 의사소통 활동, 그리고 사회적 상호작용 활동 등이 점검 대상이다. 넷째 평가에서는 송환 작용을 반영한다. 이때의 점검 대상은 구조적인 관점에서 정확성과 유창성을, 소통적 관점에서는 신속성과 효율성을 따른다.

한편 언어의 본질과 실상에 맞는 지도의 단계화도 중요하다. 초등학교 수준에서는 규범적 사용에 중점을 두되 적은 양의 창의적 사용을 교육하도록 하고, 점차 상급 학교로 나아갈수록 규범적 사용의 교육을 줄여 나가는 대신에 창의적 사용의 영역을 확대하는 방향으로 나아간다. 여기에서 언어 기호 그 자체에 비중을 두었다가 말하는이 또는 듣는이 그리고 지시 대상과의 관련을 판단하고, 그 정확성이나 의도성 그리고, 그 세계관의 문제에까지 나아가는 세밀한 단계화가 이루어지도록 한다(김대행, 1990: 192). 그래야 말하기 교육이 단순한 기능 교육이 아니라 사회 문화적 맥락의 전통을 잇는 교육으로서 사명을 다하게 된다. 이런 차원에서 말하기의 내용을 음성과 발음, 내용 선정과 조직, 맥락과 소통, 태도와 습관이 포함돼야 하겠다.

(3) 말하기 교육 내용 구성의 범주

(가) 발성과 발음

발음 지도는 발성에서 시작하여 발음으로 나아간다. 발성은 목소리를 내거나 목소리 자체이고, 발음은 음성을 내거나 또는 그 음성 자체이다. 음악 시간의 발성 연습과 국어 시간의 발음 연습을 연상하면 그 차이를 알 수 있다. 발성은 소리를 전제하고, 발음은 의미를 함축한다. 그래서 발음 지도는 소리내기의 발성에서 의미 표출의 발음으로 발전해 나아간다.

발성과 발음 지도는 단계를 밟아야 한다. 신생아의 발성과 유아의 발음은 확연히 구별된다. 신생아의 발성은 욕구 표현의 목소리이고 유아의 옹아리는 의사 표출의 발음이기 때문이다. 말하기에서 언급하는 발음은 모음 4각도에 근거하여 입 벌리기와 혀의 높낮이를 훈련하되 모음은 /아, 이, 우/, 자음은 /ㅂ, ㅁ, ㄷ, ㄴ/ 순서를 따른다. 특히 실어증 환자가 가장 먼저 상실하는 음소는 어린이가 가장 늦게 습득한 음소임에 주목할 만하다(로만 야콥슨, 권재일 번역, 1989: 260).

첫째, 정확하게 말하려면 발음 기관을 바르고 크게 움직여야 한다. 소리내기나 말하기에서 발성 기관은 매우 중요한 구실을 맡는다. 세종대왕이 한글을 창제할 때에도 발성 기관을 본떠 글자를 만든 배경이 이를 말해 준다. 말할 때에 발성 기관을 바르고 크게 움직여 말해야 정확히 발음할 수 있으므로, 발성 기관에 대한 탐구는 말하기의 첫걸음에 해당한다.

둘째, 입을 크게 벌려서 말을 천천히 하면 생각하며 말하는 기능을 터득할 수 있다. 입을 크게 벌려 발음하면 천천히 말하게 되고, 천천히 말하면 생각하면서 정확히 표현하게 된다. 이렇게 천천히 말하는 습관을 들여야 정확한 발음으로 명료한 생각을 올바로 전달하는 방법을 익힌다. 입을 크게 벌려 천천히 말해 버릇하면 자연스럽게 사고가 유연해지고 표현이 다듬어진다. 특히 말하기 기초 교육은 '천천히'에 유념해야 한다.

셋째, 입을 크게 벌려 말하면 발음 기관의 조작 기능을 촉진하여 사고를 발달시킨다. 뇌 과학자의 연구 결과에 따르면 사람의 두뇌 피질 가운데 혀의 조작을 담당한 부위가 가장 정교하게 발달되어 있다고 한다. 두뇌의 발음 관련 피질을 정교하게 발달시키려면 발음기관인 턱, 입술, 혀, 목구멍의 작용을 자극해 주면 도움이 된다. 따라서 발음 기관의 작용을 크게 부려 씀으로써 조작 기능을 향상시켜 사고력을 신장시킬 수 있다.

넷째, 입을 크게 벌려 말하는 훈련을 하면 여유를 갖고 상대를 배려하며 말할 수 있다. 우리는 말하면서 계속적으로 맥락을 파악하고 거기에 부응하려고 힘쓴다. 그런데 말하면서 생각하고, 생각하면서 말하기란 쉽지 않다. 실제로 말할 때에는 상대의 말을 듣고, 이해하고, 분석하고, 평가하는 복합적인 인지 작용이 일어난다. 또 상대의 반응이나 말의 효과 등도 확인해 가며 말한다. 그래서 말할 내용에 관하여 맥락을 고려하며 말하기에는 사고의 시간 여유를 충분히 갖기가 어렵다. 그러나 입을 크게 벌려 말하면 이런 어려움을 극복하는 데 도움이 된다. 결국 입을 크게 벌려 천천히 말하면 정확하게 생각하며 말함으로써 맥락도 고려하고 효과도 높인다.

입을 크게 벌려 말하기를 지도한 뒤에는 정확한 발음을 지도해야 한다. 낱소리 하나하나의 정확한 발음과 낱말, 구와 절, 문장과 문맥을 정확히 발음하는 것은 말하기의 가장 기초적인 지도 내용이다. 또한 소리와 소리가 이어질 때 '이어나는 소리' 발음하기와 '띄어소리내기' 발음 지도도 중요하다. 어절이나 구 단위를 끊어서는 발음해서는 안 되고, 절 중심으로 말하기를 지향해야 한다. 정확한 발음으로 말하기는 의미 전달과 의사소통의 기본이다.

소리의 억양(intonation) 지도가 이루어져야 한다. 특히 우리말에서는 높낮이가 의미 분화를 가져온다. 같은 형식의 문장이 의문문과 진술문으로 동시에 쓰이는 경우가 그러하다. 예컨대 “저 어리잖아요?”의 경우, 문장의 끝을 올려 말하면 ‘어리다’는 뜻을 강조한 의문문이 되고, 어조를 낮추어 말하면 ‘어리지 않다’는 뜻의 평서문이 된다. 그 밖에 “학교 가세요!”의 경우는 명령문이나 청유문으로도 쓰인다. 상황맥락이 개입하더라도 이처럼 말의 높낮이는 의미 전달에 영향을 미친다. 따라서 소리의 높낮이에 따른 의미 분화는 말하기의 주요 교육 내용으로 설정되어야 한다.

말하기 태도와 관련하여 어조(tone)도 지도 내용으로 다루어야 한다. 어조는 말하는이의 감정을 담아내는 기능이다. 부드럽고 세련된 어조로 듣는 사람을 배려하는 말하기 기능은 어조로써 가능하다. 또한 어조가 의미 분화의 기능을 갖는 경우도 있다. 이를테면 “잘 먹고 잘 살아라.”라고 할 때 비아냥거리는 어조일 때와 걱정스럽거나 염려스러운 어조일 때 그 의미는 판이하다. 전자의 경우 비꼬는 의미로 해석되지만 후자의 경우는 상대가 정말 잘 먹고 잘 살기를 바라는 마음을 전달하는 의미이다. 이렇게 같은 말을 하더라도 말하는이의 어조에 따라 의미가 달라지므로 어조를 나타내는 말하기 지도는 중요하다. 아울러 같은 말을 하더라도 부드럽고 친절한 어조로 말하면서 자신의 생각을 전달하는 말하기 기능과 태도를 지도해야 한다.

소리의 장단(length) 지도에 관해서는 새로운 각도에서 폭넓은 논의가 이루어져야 하겠다. 우리말은 원래 음의 고저장단이 분명하였으나, 현대에 와서는 점점 사라지는 추세를 보인다. 더구나 화용론의 부각으로 문맥 안에서의 의미 파악이 강조되면서 소리의 길고 짧음에 따른 의미 분화마저 그 기능을 잃어가고 있다. 예컨대 “눈이 내린다.”고 말할 때 ‘눈’을 길게 소리내든 짧게 내든 듣는이는 일반적으로 ‘눈’의 의미를 ‘하늘에서 내리는 눈’으로 받아들인다. 더구나 상황맥락이 개입한 상태라면 그 의미는 더욱 확실해진다. ‘말’, ‘발’, ‘밤’, ‘손’ 따위의 어휘도 모두 마찬가지다. 그러나 초등학교 말하기 교육에서 소리의 장단은 우리말의 어조와 관련하여 지도해야 한다.

(나) 내용 선정과 조직

말할 내용 선정은 여러 관점을 고려해야 한다. 주제, 목적, 배경, 시간 따위는 말할 것 없고, 그 표현 과정은 크게 문제 발견, 내용 선정 · 조직, 그리고 효과적인 표현의 절차를 거친다. 말할 내용 선정 전략을 지도하기 위해서는 자유연상으로 화제와 관련된 내용을 다양하게 말해 보게 한 뒤, 주제에 적합한 화제를 선정한다. 이때 선정 기준은 말하기 목적과 주제와의 관련성이며, 그 밖에도 주제의 범위, 듣는이의 수준과 요구, 주어진 시간도 반영된다.

선정된 화제는 효과적으로 조직해야 한다. 어떤 일에서든지 내용을 기준에 따라 분류하고 조직하는 방법은 매우 중요하다. 그 조직 원리는 시간과 공간 순서, 개념의 위계, 인과 관계, 중요도, 비교와 대조 따위이다. 이런 원리에 입각하여 주제에 알맞게 말하기 내용을 조직하는 훈련과정을 거쳐야 분류 기준을 설정하고 적용 능력을 기를 수 있다. 이를 위해서는 언제나 화제를 중심으로 관련 내용을 많이 찾아보게 한 다음, 그것을 스스로 정한 기준에 따라 분류하고 구성하는 데까지 나아가야 효과를 높인다.

조직한 내용은 알맞은 낱말, 정확한 문장, 표준어로 말하도록 지도해야 한다. 어휘 확장과 정확한 구문 의식 확립은 초등학교 국어교육의 가장 큰 목표이다. 낱말을 많이 알아야 다양한 문장을 구사할 수 있고, 다양한 문장을 표현할 수 있어야 말하기가 유창하다. 이런 관점에서 학습자 개인의 어휘량을 늘리도록 하고, 관용적 표현, 문맥 의미의 위계에 관한 내용도 다루어야 할 요소이다.

여기서 빠뜨릴 수 없는 것이 우리말 특성에 맞는 지도이고, 민족의 동질성 회복을 위한 표준어 교육이다. 표준어 교육은 표준 발음과 표준 화법을 포함한다. 우리의 시대적 사명에 부응하기 위해서라도 표준어 교육은 강조할 필요가 있다.

(다) 맥락과 소통

말하기에는 목적, 듣는이, 상황에 따라 속도, 어조, 성량 등이 조절되며, 어울리는 몸짓이나 표정도 선택된다. 말하기는 쓰기와 달리 다양한 방법으로 의사소통할 수 있다. 주제를 분명히 한다든지, 듣는이를 위해서 반복하거나 보충 설명을 곁들인다든지, 화제를 듣는이에게 맞춘다든지,

소리의 빠르기와 높낮이, 크기로 분위기를 띄운다든지, 몸짓을 나타내거나 표정을 짓는 것도 말하기의 기법이다. 따라서 의사소통에서 이런 다양한 언어 요소를 이해하고 이를 몸에 익혀 활용할 수 있도록 기능을 길러주어야 한다.

말하기의 전달 효과를 위해서 내용 전개의 순서를 조절하며 말할 줄 알아야 한다. 말하기 과정에서도 송환 작용은 상승적인 기능을 향상시킨다. 말하기는 상황 의존성이 강해 계획대로 이끌어가기가 쉽지 않은데, 이때 듣는이의 반응에 따라 내용을 조절하면서 말하는 능력에 초점을 맞춘다. 내용을 다시 짜야 할 때는 추가한다든지 생략하는 전략을 쓸 수 있다.

말하기의 전달 효과를 위하여 여러 시청각 자료를 쓰임새 있게 활용하는 방법도 중요하다. 효과적으로 표현하기 위해서는 몸짓과 표정, 관용 표현, 도표, 모형, 사진, 슬라이드 등의 시청각 보조 자료를 적절히 활용할 만하다. 특히 동영상이나 사진, 도표 등을 파워포인트와 결합시키면 말하기 효과를 극대화할 수 있다.

(라) 태도와 습관

말하기의 여러 상황에 적극적으로 참여하여 즐겁게 말하기 위해서는 다양한 화법을 익혀야 한다. 말하기는 상황에 따라 공식과 비공식으로, 형식에 따라 대화, 토론, 연설 따위로, 목적에 따라 전달, 설득, 친교로 나눌 수 있는데, 이런 다양한 말하기에 능동적으로 참여하는 경험이 필요하다. 특히 공식적인 말하기는 일정한 형식, 마련된 공간, 관용적 표현이 있어서 의도적으로 학습하지 않고서는 익히기 어렵다. 이런 말하기는 초보적인 단계에서부터 태도와 습관과 관련시켜 지도되어야 하겠다.

한편, 말의 빠르기, 높낮이, 크기는 성격에도 영향을 미친다. 말이 빠르면 서두르는 느낌을 주고, 서두르는 느낌은 안정감을 해칠 수도 있다. 말이 느리면 느슨한 느낌을 주지만 여유로워 보인다. 말의 높낮이가 일정하면 안정돼 보이지만 역동성은 느낄 수 없다. 말의 크기에 따라 느낌도 달라진다. 환호와 탄식을 나타내는 소리 크기는 전혀 다르다. 이런 말하기 용법은 태도와 관련되고 습관에서 우러난다. 그래서 어렸을 적부터 올바른 말버릇을 익히는 것이 중요하다.

(4) 말하기 교육 내용 구성의 실제

말하기 교육 내용 구성의 실제는 국어과 교육과정에서 확인할 수 있다. 제7차 국어과 교육과정에 반영된 말하기와 화법의 교육 내용은 다음과 같다.

〈표 1〉 **제7차 국어과 교육과정 말하기 영역 내용 체계(국민공통교육기간)**

• 말하기의 본질	• 말하기의 원리	• 말하기의 태도
– 필요성 – 목 적 – 개 념 – 방 법 – 상 황 – 특 성	– 발성과 발음 – 내용 생성 – 내용 조직 – 표현과 전달	– 동 기 – 흥 미 – 습 관 – 가 치
• 말하기의 실제 – 정보 전달의 말하기 – 설득의 말하기 – 정서 표현의 말하기 – 친교의 말하기		

〈표 2〉 **제7차 국어과 교육과정 〈화법〉 과목 내용 체계**

1) 화법의 이론		2) 화법의 실제
가) 화법의 본질	① 화법의 정의 ② 화법의 기능 ③ 화법의 유형	가) 태 도 나) 연 설 다) 토 의 라) 토 론 마) 면 담
나) 화법의 원리	① 화법의 언어적 배경 ㉮ 내용 선정 조직 ㉯ 언어적 · 비언어적 표현과 이해 ② 화법의 사회 · 문화적 배경 ㉮ 사회 변인과 언어 ㉯ 언어 예절 ㉰ 정중 어법 ③ 화법의 전략 ㉮ 효과적인 의사소통 ㉯ 의사소통의 문제 해결 ㉰ 시청각 보조 자료 이용	
다) 화법의 태도	① 말하는이의 태도 ② 듣는이의 태도	

제7차 국어과 교육과정의 말하기 영역과 화법 과목의 내용 체계표를 보면 말하기 영역의 교육은 국민 공통 기본 교육 기간으로, 화법 과목은 고등학교 선택 중심 교육과정으로 설정되어 있다. 여기에서 국민 공통 기본 교육 기간은 실제적으로 제1학년부터 제10학년, 즉 초등학교 1학년에서 고등학교 1학년에 해당한다. 그리고 고등학교 화법 과목은 고등학교 2, 3학년의 선택 과목이다.

위의 두 내용 체계는 모두 그 교육 내용으로 '본질', '원리', '태도', '실제'라는 네 가지 하위 내용 범주를 설정하고 있다. '본질'은 말하기에 관한 명제적 지식에 해당하며, 말하기의 원리를 습득하여 말하기 행위를 올바르게 하도록 해 주는 본질적인 지식 기반을 이룬다. 듣기 영역의 경우와 마찬가지로 말하기의 필요성, 목적, 개념, 방법, 상황, 특성이 각각 1학년부터 6학년까지 차례로 나타난다. '원리'는 말하기의 절차적 지식을 진술한 것으로, 말하기의 과정을 고려하여 발성과 발음, 내용 생성, 내용 조직, 표현과 전달로 조직되었다. '태도'는 국어과의 정의적 교육 내용으로서 동기, 흥미, 습관, 가치 등을 담고 있다. 제6차 국어과 교육과정에서 설정되어 있지 않던 '태도' 범주를 제7차 국어과 교육과정에서 따로 독립시킨 것은 말하기 교육의 목표를 기능 수준을 넘어서서 관계 수준으로 확장시켜 보았음을 말해 준다. '실제'는 다른 영역과 마찬가지로 담화의 유형을 고려하여 정보를 전달하는 말하기, 설득하는 말하기, 정서표현의 말하기, 친교의 말하기로 구성하였다. 〈표 1〉에서 '실제'와 다른 내용 범주('본질', '원리', '태도')의 관계를 점선으로 표시한 것은 7차 국어과 교육과정에서 활동 중심의 말하기 교육을 중시하고 있음을 보여 준다.

2007 개정 국어과 교육과정 말하기 영역의 국민 공통 기본 교육내용을 보면 다음과 같다.

〈표 3〉 **2007 개정 국어과 교육과정 말하기 영역 내용 체계**

<table>
<tr><td colspan="2">말하기의 실제

– 정보를 전달하는 말 하기 – 설득하는 말 하기
– 사회적 상호 작용의 말 하기 – 정서 표현의 말 하기</td></tr>
<tr><td>지 식

○ 소통의 본질
○ 담화 특성
○ 매체 특성</td><td>기 능

○ 내용 생성
○ 내용 조직
○ 표현과 전달</td></tr>
<tr><td colspan="2">맥 락

○ 상황 맥락
○ 사회 · 문화적 맥락</td></tr>
</table>

2007 개정 국어과 교육과정은 말하기 교육의 내용을 한층 정교화하였다. 말하기의 실제를 강조하기 위하여 '맥락'을 끌어들였다. 말하기 '맥락'은 2007 개정 국어과 교육과정에 처음으로 도입되었다. 실제로 같은 말이라 하더라도 상황에 따라 달리 말할 수 있고, 관점에 따라 달리 해석할 수 있도록 다양성을 보였다.

또한 2007 개정 국어과 교육과정의 화법 과목에서는 말하기의 '기능'과 '담화 유형'을 강조하였다. 화법 과목이 듣기와 말하기 능력을 동시에 기르는 교과여서 말하기를 강조하기 어렵지만, 듣기와 말하기 능력을 통합적으로 기르도록 해야겠다. 화법의 '기능' 범주를 다시 '수용과 생산', '사회적 상호작용', '의사소통의 점검과 조정'이라는 하위 범주로 선정하여 포괄적으로 지향하도록 꾀하였다.

화법 과목의 '기능' 범주에 해당하는 교육내용은 다음과 같다.

○ 수용과 생산
 – 내용 구성
 – 언어적 · 반언어적 · 비언어적 표현
 – 의사소통 전략
 – 매체 활용

○ 사회적 상호 작용
 – 참여자 인식
 – 대인 관계의 형성과 발전
 – 주도와 협력
 – 말하기 불안 해소
○ 의사소통의 점검과 조정
 – 수용과 생산의 점검과 조정
 – 사회적 상호 작용의 점검과 조정

화법 과목에서 말하기의 '담화 유형'을 강조하였음은 제7차 교육과정보다 한 발짝 나아간 결과로 보인다. '담화 유형'의 '대화', '면접', '토의', '토론', '협상', '발표', '연설' 등은 말하기 교육으로 길러야 할 학생의 능력임에 틀림없다. '대화'는 일상의 말하기이고, '발표', '토의', '토론' 따위는 일상에서도 활용되고, 학교의 수업 상황이나 특정 상황에서 의도적으로 활용된다. '면접'과 '협상'은 학교 수업에서는 가상의 상황으로, 현실에서는 아주 특별한 상황으로 이루어지는 특별한 말하기이다.

2011 개정 국어과 교육과정(교육인적자원부 고시 제2011-361호)에서는 듣기와 말하기를 통합하여 제시하는 방식을 취하였다. 2011 개정 국어과 교육과정에 따른 말하기 영역의 내용 체계는 본서(本書) 2장. 듣기 교육의 〈표 5〉, 〈표 6〉과 관련 내용을 참조하기 바란다.

Ⅳ 말하기 교육의 모형과 전략

(1) 말하기 교육 교학 모형과 전략의 필요성

사람은 언어로 생각하는 유일한 존재이다. 언어를 사용하는 유일한 존재라는 명제에는 여러 가지 의미가 들어 있다. 언어 사용의 주체, 공용의 소통 양식, 위대한 창조물, 총체적 표현 도구, 그리고 사람의 뛰어난 능력이라는 평가(김진우, 1992: 18~55) 따위가 이를 말해 준다.

그런데 여기서 말하는 '언어'는 두 가지 의미로 쓰인다. 문자 사용 이전의 음성언어와 문자 사용 이후의 문자언어가 그것이다. 서로 다른 기능을 가진 이 두 언어의 기원은 엄밀하게 말해서 음성언어에서 찾아야 하나, 진화된 모습은 문자언어에서 확인할 수 있다. 말하기 교학의 전략은 이런 배경을 바탕으로 효과적인 방법 모색과 새로운 전략 탐색 차원에서 접근해야 한다. 그래서 모형을 필요로 한다.

모형은 모양이 같은 물건을 만들기 위한 틀 또는 실물을 모방하여 만든 물건을 말한다. 미술에서는 작품을 만들기 전에 미리 만든 본보기나 또는 완성된 작품을 줄여서 만든 본보기를 일컫는다. 수업 모형은 교수 학습 진행 과정의 본보기이다. 이런 모형을 전제해야 다양한 전략을 개발할 수 있다.

말하기 교육의 가장 중요한 모형과 전략은 교사 자신의 본보기이다. 무엇보다도 교사는 모범을 보여야 한다. 교사가 표준 발음으로 논리에 맞게 말하고, 사투리로 구수하게 호소할 줄 알면 학습자는 자연스럽게 동화된다. 또 교수자는 화제를 유창하게 이끌되 품위를 유지해야 권위를 인정받는다. 이처럼 말하기 지도는 전략적 설계와 개별적 훈련 못지 않게 교사의 틀 보이기가 중요하다.

말하기 기능의 지도는 수업이 얼마나 전략적이냐에 따라 크게 달라진다. 교사는 유창한 말하기로 모범을 보이는 가운데 학습자가 인접 발달 영역(the zone of proximal development)으로 자연스럽게 들어오도록 유도해야 한다. 이런 방법론의 탐구는 언어의 본질을 이해하고 그 특성에 맞게 구안하며 발달도 고려해야 한다는 뜻이다. 말하기는 음성언어로서의 기능에 해당되는 전략이 수립되어야 하겠고, 듣기와의 상호작용이 강조되어야 한다는 뜻이다. 특히 초등 말하기 교육은 사고와 언어의 관계에서 언어 습득, 표준 발음, 언어 능력, 논리 전개, 상상력 신장, 문화 계승과 창조 맥락 따위의 관점에서 접근이 이루어져야 하겠다.

(2) 말하기 교학 모형

말하기 지도 모형은 국어과 교학 일반 모형을 원용할 수 있다. 다만 여기에 말하기 과정과 지도 내용을 고려하여 말하기 수업의 특수성이 살아나도록 하는 일이 중요하다. 언어 사용 기능으로 보아 말하기는 의사 표현이라는 관점에서 쓰기와 맥락을 같이 하고, 사용 매체가 음성이라는 관점에서 듣기와 관련이 있지만, 표현하는 순간의 제약이 심하다는 점과 소통 과정을 주체스럽게 이끌어간다는 점에서 이들과 다르다.

실제 말하기는 발화 순간마다 상황의 영향을 받으며, 그 결과 계획하였던 발화 내용이 상황에 따라 수정·보완의 과정을 거치면서 힘있게 이루어진다. 그리고 말하기에서는 언어 밖의 요소(심리요소)가 언어 안의 요소만큼이나 중요한 영향을 미친다. 이런 특성으로 말미암아 말하기 수업 모형을 구안할 때에는 능동 요소를 고려하여야 한다.

목표	• 말하기의 주제 결정 • 말하기의 성격 결정(정보 전달, 설명, 설득 따위) • 말하기의 대상과 상황 확인(집단 구성, 장소)
준비	• 듣는이의 분석(성별, 연령, 직업 따위) • 말하기의 방법 결정(대담, 토의, 토론, 강연 따위) • 말하기의 기법 결정(역할놀이, 묘사적 설명 따위) • 말할 내용과 자료 선정, 구성 • 교사의 시범
활동	• 말하기 활동(개인별, 모둠별) · 언어 밖 요소, 어조·성량 조절 따위에 유의 · 녹음기, 비디오 활용 · 듣는이의 반응에 적절히 대응
정리	• 말하기의 결과 정리 및 평가(내용 선정, 조직, 태도 따위) (자체 평가 및 상호 평가, 교사의 조언)

[그림 1] **말하기 교학 모형**

말하기 수업에서 활동의 중심은 교사가 아니라 학습자이다. 교사는 방향이나 기본 사항을 인도해 주고, 녹화 자료 소개나 시범을 한 뒤 점차 학습자가 이끌어나가야 바람직하다. 한편 수업에 필요한 지도안 설계에서는 교육과정과 교재 분석 결과가 수용될 필요가 있다. 교육과정의 말하기 지도 목표와 내용 요소는 수업에 반영할 수 있도록 설계해야 한다. 이런 배경에서 사고력 신장과 기능 훈련에 두루 유용하고 학습자 경험 중심의 활동으로 전개할 수 있는 모형을 구안해 볼 수 있다.

위 [그림 1]은 말하기 전개에 따른 학습자 활동 요목을 중심으로 구안된 모형(박영목 외, 1995)을 체계와 단계를 연계시켜 구안한 모형이다.

(3) 말하기 교학 전략

(가) 발음 기능 신장 전략

저학년 학습자에게 정확한 발음을 지도하려면 전략적으로 접근해야 한다. 우리말에서 잘못 발음되거나 발음하기 어려운 음소를 추출하여 체계 있게 반복 연습하면 교정 지도가 수월하다. 국어 모음 가운데서 조음 위치가 가까워 정확하게 발음하지 못하거나 서툰 발음에 관하여 초기 단계에 교정해 주면 지도의 능률을 높일 수 있다. 이를테면 모음 '에'와 '애'나 자음 가운데서 혀 구름 소리와 혀 옆 소리를 변별해서 발음하는 방법이 지름길이다.

'소리 흉내 내기'가 구체적인 전략이다. 옛날부터 들어왔고, 누구나 잘 알고 있으며 지금도 들을 수 있는 소리를 흉내 내기는 어렵지 않다. 이렇게 누구나 잘 알고, 많이 들어온 소리를 반복해서 훈련하는 방법을 '소리 흉내 내기'라 한다. 우리나라 모음 가운데서 '에'와 '애'의 소리 값을 바르게 소리내기가 가장 힘든 것으로 밝혀졌다. '에'를 '애'와 구별해서 발음하기 위해서는 먼저 말하는이가 직접 발음 부위의 감각을 느끼게 해 주어야 할 필요가 있다. 그래서 입술을 오므렸다 펴서 내는 소리로 '누에'를 반복 연습하면 효과를 거둔다.

한편 '애'를 분명히 발음하기 위해서 '애' 발음 과정을 3단계로 나누어 연습하면 효과가 크다. 특히 '애'를 발음하기 위해 입을 크게 벌려 가는 과정을 모음 4각도에 입각해 3단계로 설명하고, 이에 따라 누구나 잘 아는 소리를 찾아내어 훈련하면 '애' 표준 발음에 가까워진다. 주목할 일은 누구나 '맹꽁이'나 '매미'를 잘 알 뿐만 아니라 그 발음에 대해서도 이상을 느끼지 못하지만, 막상 '에'와 '애'를 정확히 구분해서 표준에 가깝게 발음하는 사람은 많지 않다. 대개 '에' 발음에는 문제가 없으나 '애' 표준 발음에 못 미치는 경우가 허다하다.

구체적인 지도 방법으로 '맹꽁이 소리 흉내 내기'가 있다. '애' 소리를 정확히 발음하기 위해서는 3단계 발음 연습이 중요하다. 1단계에 입을 벌리면서 자연스럽게 나오는 '매', 2단계에 입을 더 벌려 의도적으로 소리 내는 '애', 그리고 3단계에 입을 크고 둥글게 벌려 '앵'으로 넘어가기 직전의 소리 '애'를 길게 내면 재미있고 흥미롭게 표준발음에 가까운 '애' 소리를 짧은 시간 안에 익힐 수 있다. 연습 폭을 넓히기 위하여 '메기'와 매미'를 구별해서 정확히 발음해 본다. 우리 모음 발음에서 '에'와 '애'를 구별해서 유창하게 발음할 줄 알면 다른 모든 모음 발음도 정확히 소리 낸다.

그리고 자음 발음에서는 혀옆소리와 떨음소리를 변별하는 훈련으로 유창하게 소리 내는 방법을 익힐 수 있다. 이른바 '혀 짧은 소리'는 실제로 혀가 짧아서가 아니라 대개의 경우 떨음소리를 잘못 발음하기 때문이다. 발음 진단과 지도 과정에서 밝혀진 사실이지만 혀가 짧아서 '혀 짧은 소리'를 내는 경우는 1/1000 정도에 지나지 않는다. 혀가 짧은지 안 짧은지는 혀를 입술 밖으로 쭉 빼어 보면 확인이 가능하다. 이때 뺀 혀를 치켜들 수 있으면 발음에 장애를 받지 않는다[2].

혀가 정상임에도 떨음소리를 내지 못하는 경우가 있다. 그런 발음 장애는 대개 성장 과정의 음성 환경 때문이다. 집안에 혀 짧은 소리를 내는 사람이 있거나 말 배울 때 더듬거렸거나 외딴 집에서 자랐거나 형제와 터울이 심해서 대화 상대가 적은 경우가 원인으로 분석되었다. 이러한 학습자의 발음 장애는 교정 지도가 가능하다. 떨음소리를 제대로 내지 못하는 학습자에게 흥미와 관심을 불러일으키면서 누구나 알고 있는 소리로 친숙하게 훈련할 수 있도록 지도하면 우리말 표준 발음을 어렵지 않게 익힐 수 있다. 이를테면 자동차 엔진 돌아가는 소리, 옛 전화기 신호음, 다발총 소리를 흉내내면서 혀 놀림을 훈련해서 치료하는 방법 따위가 좋은 보기이다.

일반적으로 한 집단에서 50% 정도가 이 떨음소리를 유창하게 내지 못한다는 놀라운 사실도 밝혀졌다. 이들에게는 누구나 잘 아는 낯익은 소리를 들려주어야 한다. "부릉부릉 부르릉", "따릉따릉 따르릉", "따륵따륵 따르륵"을 들려주고, 소리내는 방법을 설명한 뒤 시범으로 유창한 떨음

2) 소대 또는 주름띠(tongue frenulum)가 짧은 경우에만 혀끝을 치켜들어 구름소리 /r/을 발음하지 못하는 경우가 있다.

소리를 내어 보면 대개의 학습자는 서투나마 목표 시간 안에 떨음소리를 흉내 낼 수 있게 된다. 그래서 소리내는 방법 자체에 관심을 가지면서 떨음소리에 친숙해져야 표준 발음에 가까워진다.

한편 학습자 발음 지도에서는 문법 기능과 지역 특성을 나타내는 발음에 특별한 관심이 필요하다. 형태소를 정확하게 발음함으로써 의미를 분명히 하고, 유사한 음성 특성을 지닌 자음과 모음의 발음을 정확히 하여 의미의 혼동을 막도록 지도해야 한다(이현복, 1989). 그리고 사투리가 쓰이는 지역에서는 모음 지도에 특별한 관심을 가져야 하며, 표준어에 관한 교육 활동에 큰 비중을 두어야 하겠다.

(나) 내용 생성 및 조직 전략

① **화제와 주제**: 저학년에서는 학습자에게 주제가 분명히 드러나 있는 여러 종류의 그림을 보여주면서 그 그림이 나타내고자 하는 중심생각이 무엇이며, 또한 그 중심생각을 뒷받침해 주는 세부 사실이 무엇인지를 설명해 보게 하는 활동부터 시작하는 것이 좋다. 그런 다음 주제와 그 주제를 뒷받침하는 세부 내용들이 분명히 진술되어 있는 짧은 글을 읽어 주고, 학습자가 주제와 그 주제를 뒷받침하는 세부 사실이 무엇인지를 파악하게 한다. 뒤에 읽어 준 글과 동일한 방식으로 중심생각과 세부 사실이 분명히 드러나도록 말하게 하는 연습을 하면 학습자에게 항상 화제를 생각하면서 말하게 하는 기능을 계발할 수 있다.

고학년에서는 사회 또는 자연 그 밖의 교과서에 나오는 내용과 관련하여 주제와 화제 관계 학습을 할 수 있다. 화제 하나를 제시하여 학습자가 그 화제와 관련된 중심생각과 그 중심생각을 뒷받침할 수 있는 세부 항목을 열거해 보도록 하는 학습 활동이 화제를 생각하면서 말하는 데 도움을 준다. 더 나아가서 학습자로 하여금 자신이 작성한 줄거리를 토대로 하여 다른 사람 앞에서 말해 보게 하는 연습이 필요하다(노명완, 1988: 347~348).

② **자유연상**: 자유연상은 과제를 효과적으로 수행하기 위해 빠른 시간 안에 다수 학습자가 자신의 생각을 이야기하게 하는 데 유용하다. 또한 이 전략은 다른 사람이 좋은 생각을 떠올릴 수 있도록 그들의 사고를 촉

진하는 데에도 효과적인 기술이다. 자유연상에서 중요한 것은 가능한 한 학습자가 많은 생각을 떠올릴 수 있도록 해야 한다. 학습자의 생각을 왕성하게 이끌어낼수록 그만큼 문제 해결은 쉬워진다(신헌재, 1994).

③ **분류와 조직**: 저학년 학습자가 생각을 잘 조직하여 말하기 위해서는 그 방법의 기초부터 학습해야 한다. 말하기 기능 신장은 비교, 분류, 인과, 시공의 순서 따위에 근거한 조직 방법을 터득해야 하기 때문이다. 이를 기초부터 익히려면 두 가지 대상물의 공통점과 차이점에 관해 말해 본다든지, 상위 개념과 하위 개념에 해당하는 낱말을 가름해 본다든지, 원인과 결과를 분석해 본다든지, 시간과 공간의 변화에 따라 어떤 대상의 변하는 모습을 간단히 묘사해 본다든지 하는 체계적인 학습 활동이 요구된다.

고학년에서는 비교와 대조 방법을 써서 보고서를 작성하여 발표하기, 식물 또는 동물에 관하여 생물학의 분류 방식을 적용하여 가름한 뒤 그 세부 사실을 발표하기, 또는 기록된 사건의 중요 내용을 시간 순서로 말하기, 사건의 원인과 결과를 밝히면서 말하기 활동을 할 수 있다(노명완, 1988: 349~350).

(다) 표현 및 전달 기능 신장 전략

① **형상과 인식**: 저학년에서는 여러 사물과 동작에 관하여 정확한 이름과 적합한 표현을 찾아내는 데에 초점을 맞추어야 한다. 또 정서와 감정을 나타내는 그림을 보여주거나 얼굴 표정을 지어 보이고 난 다음 거기에 적합한 낱말을 찾아내어 사용하는 활동도 효과가 있다. 고학년에서는 말하기에서 생생한 언어가 갖는 구실과 뜻이 명료한 언어가 듣는이에게 미치는 영향에 관하여 토론해 보는 활동이 적합하다. 한편 학습자가 흥미로운 장면과 대상을 묘사해서 말하도록 한 다음 어느 학습자의 묘사가 가장 생생하였는지, 그 까닭이 무엇인지 토론해 보면 학습 효율을 높일 수 있다(노명완, 1988: 348~349).

한편 문학은 형상이라는 점에서는 일상생활에서 쓰는 실용적인 말과 구별되고 인식이라는 점에서는 재미있기만 한 말장난과도 구별된다. 무엇을 만들어서 내보이면 형상이다. 형상은 실제로 존재하는 대상 또는 현실에서 일단 떠나는 즐거움을 갖게 해 준다. 모르고 있던 진실을 알아차리는 행위는 인식을 뜻한다. 인식은 실제로 존재하는 대상 또는 현실과 만나, 거기서 무엇을 발견하는 보람을 누리게 돕는다. 형상이면서 인식인 문학은 현실을 떠나면서 현실로 되돌아오고 떠나는 즐거움과 발견하는 보람을 함께 경험하게 하는 것을 그 구실로 삼는다(조동일, 2005: 21). 이런 형상과 인식 방법으로 말하기 훈련을 다양화할 수 있다.

② **한마디로 말하기**: 교사도 '한마디'가 무슨 뜻인지, 어떻게 하는 말놀이인지 거의 알지 못한다. 이른바 '한 마디'는 한 어절을 의미하고, '한마디로 말하기 놀이'는 활동 결과나 느낌을 한 어절로 표현하는 놀이 방식이다. 토론 결과나 수학여행 다녀온 느낌을 한마디로 말하기 놀이를 펼치면 신나는 상황이 벌어진다. 그래서 한마디로 말하기 놀이의 파급 효과가 크다.

그러나 처음에는 한마디로 말하기가 참으로 어렵다. 전혀 낯선 놀이인데다 서로 다른 어휘를 선택해야 할 뿐만 아니라 자신의 느낌을 나타내는 낱말을 고르기가 쉽지 않기 때문이다. 학습자 수만큼 다른 낱말을 찾아야 하는 긴장감, 시간이 흐를수록 머리 회전이 빨라져야 하는 긴박감, 내가 선택한 낱말을 앞 사람이 말했을 때의 허탈감, 참신한 어휘로 자극을 줄 수 있는 자신감이 어우러지는 한마디로 말하기 놀이는 낱말 찾기에 활력을 불어넣고, 우리말글교육에 재미를 더하며, 어휘력을 신장하는 아주 좋은 통합 전략이다.

한마디로 말하기 놀이는 표현 교육의 생동감을 자아내기도 한다. 이런 한마디로 말하기 놀이 과정에서 표현의 원리를 발견할 수 있다. 낱말 선택에서 사고 확장으로, 사고 확장 결과에서 배열 원리를, 더 나아가 통합과 전이 원리를 깨치게 되면 자연스럽게 학습자의 탐구 태도가 바뀐다. 교육학에서 탐구 학습을 강조하는 까닭이 여기에 있다. 이런 말하기놀이로 눈을 떠야 글쓰기놀이로 넘어간다. 한마디로 말하기에서 중심문장으로 말하고, 중심문장으로 말하기에서 문단으로 말하기에 이르면 글쓰기의 큰 고개를 넘어선다. 여기에서 글쓰기의 원리를 발견하도록 이끌어야 국어교육 심화 단계의 참맛을 경험하게 된다(최명환, 2007: 100).

③ **문장 화법**: 개념이 낱말로 떠오르듯이 생각은 문장 단위로 이루어져

야 한다. 그런데 성인의 경우에도 문장으로 말하지 못하는 사람이 있다. 문장 단위로 말하는 교육을 받지 못한 결과이다. 문장 단위로 말하게 하려면 학습자가 실제로 겪은 일을 완결된 문장으로 나타내는 연습이 필요하다. 예를 들어 학습자가 쉽게 대답할 수 있도록 물어 그 물음에 완결된 문장으로 응답하는 연습을 해 보아야 한다. 또 간단한 이야기를 읽어 주고 원인과 결과를 관련지어 사실이나 느낌을 문장으로 표현하게 하는 연습도 좋다. 뿐만 아니라 문장의 일부분만을 제시한 뒤 완결된 문장으로 말해 보면 완결된 문장으로 음성언어 표현 방법에 필요한 기초 기능을 길러줄 수 있다.

고학년에서는 문장 하나를 제시한 뒤 그 문장의 일부를 다른 말로 바꾸어 변형하거나 그 문장에 여러 세부 사실을 첨가하여 확장해 보는 연습이 가능하다. 또한 학습자가 주어진 문제에 관하여 자신의 생각을 말하며 녹음하고, 그것을 들으면서 완전하지 아니한 문장을 스스로 고치는 연습도 능률을 높이는 학습 활동으로 활용해 볼 만하다(노명완, 1988: 346~347).

④ **몸짓말 놀이**: 초등학교 저학년에서는 말로 하지 않고 몸짓만으로 자신의 의사를 남에게 전달할 수 있음을 인식할 필요가 있다. 이를 위해 몇몇 학습자를 지명하여 여러 몸동작을 한 다음, 다른 학습자으로 하여금 그 몸동자이 무엇은 뜻하는지를 알아맞히는 활동을 해 본다. 이 경우 그 몸동작의 종류는 쉬운 것에서 어려운 것으로, 단순한 것에서 복잡한 것으로 변화시켜 나가야 한다.

몸짓으로 말하기 놀이도 할 수 있다. 5-6명으로 한 편을 짜서 각 편에게 종이에 적힌 글을 보여주고, 그 내용을 몸짓으로 말하여 자기편에게 전하는 놀이이다. 맨 처음 글을 본 사람은 그 내용을 몸짓으로 표현하여 다음 사람에게 전하고, 다음 사람 역시 같은 방법으로 그 다음 사람에게 전하는 방식으로 하여 맨 끝에 있는 사람까지 전달한다. 몸짓으로 말하는 전달이 다 끝나면 맨 끝 사람은 바로 앞사람이 몸짓으로 말한 내용을 알아맞혀서 처음의 말과 비교해 본다. 이 놀이로 몸짓으로도 의미를 표현할 수 있음과 그것이 어렵다는 점을 깨닫는다. 아울러 말하기가 의미 표현에 얼마나 유용한가를 알아차린다.

⑤ **매체 활용**: 말하기의 전달 효과를 위하여 여러 시청각 자료를 쓰임새 있게 활용하는 기법도 중요하다. 효과적으로 전달하기 위해서는 몸짓과 표정, 관용 표현, 도표, 괘도, 모형, 사진, 슬라이드 필름 따위의 보조

자료를 써서 더욱 실감나게 표현해 본다. 특히 텔레비전, 영화, 비디오 따위의 영상매체를 활용하면 새로운 세대에 걸맞은 전략으로 말하기 효과를 높일 수 있다.

저학년에서 말하기 내용을 전달할 때 시각 자료를 활용하면 도움이 된다. 설명 과정에서 시각 자료를 사용하는 경우와 그렇지 아니한 경우를 비교하여 어느 쪽이 말할 내용을 조직하거나 의사를 전달하는 데 효과가 있는지를 말해 보면 학습 활동에 긍정적인 영향을 준다. 발달 단계로 보아 시각적인 구체물이 형식적 조작기의 학습자에게 말할 내용을 선정하고 조직하는 데 보조 구실을 할 수 있기 때문이다. 실례로 초등학교 저학년 학습자가 잠자리에 관하여 설명할 때 잠자리 그림이나 사진을 보면서 말하면 더 잘 한다.

고학년에서는 가지고 있는 물건이나 그림 따위에 관해 말해 본 다음, 말하는 과정에서 시각 자료가 어떻게 사용되는지에 관해 토론한다. 토론할 때에는 그 시각 자료를 듣는이가 볼 수 있도록 잘 사용하였는지, 그 시각 자료가 말하는이의 설명을 좀더 명료히 하였는지, 말하는이는 그 시각 자료를 알맞게 구성하고 사용하였는지 따위에 관해 토론해 볼 수 있다(노명완, 1988: 350~51).

(라) 말하기 태도 형성 전략

① **언어 순화**: 말하기에서 반드시 다루어야 할 지도 내용 가운데 하나가 언어 순화이다. 문체가 인격을 나타내듯이 말씨에서도 인격을 느낀다. 고운 말, 아름다운 말, 참된 말은 하루아침에 익힐 수 있는 것이 아니다. 그래서 우리 말하기 교육은 속어, 비어, 외래어, 외국어를 함부로 쓰는 학습자가 늘어가고 있는 현실을 똑바로 볼 필요가 있다. 이런 관점에서 순화된 말을 쓰는 습관, 언어 예절을 지키는 태도를 길러 인성 교육의 전략으로 활용해야 한다.

② **상대 고려**: 초등학교 저학년 학습자에게는 말하기의 여러 상황을 보여줄 필요가 있다. 선생님과 학습자, 어머니와 자식 또는 친구와 친구 사이 같은 장면을 설정하고 그에 적합한 구실을 해 보는 학습 활동은 말하기 과정에서 듣는 상대를 적절히 고려하여 말하는 능력을 길러 준다. 예

컨대 여러 말하기 장면에 나오는 인물의 말을 해 본 다음, 상대를 고려한 말과 그렇지 않은 말을 구분해 보고, 상대를 고려하지 않은 말은 왜 그런가를 따져본다. 여기서 더 나아간다면 상대를 고려하지 않은 말을 어떻게 바꾸어 말하면 좋은가를 생각해 보는 활동으로 발전한다. 각 장면에 따른 말하기의 차이점을 학습자와 함께 토론해 보면 학습자가 장차 맞게 될 다양한 말하기의 상황에 적합한 말을 할 수 있는 능력을 기르는 데도 효과적이다.

고학년의 경우에는 서로 다른 상대 또는 청중에 맞추어 구체적으로 연습한다. 말할 내용의 예를 하나 들고 그것을 듣는이가 아버지, 어머니, 친구, 동생, 선생님과 같이 바뀔 때마다 그 내용을 어떻게 달리 표현해야 할 것인지에 관해 여러 가지로 연습해 보는 것은 의미 있는 학습 활동이다. 그래서 학습자로 하여금 주어진 내용 외에 그들 자신의 경험에서 비롯한 실례를 적절하게 첨가할 수 있도록 지도해야 한다. 그리고 듣는 대상을 특정 개인에서 학급 전체, 전학년, 여러 학부모로 변화시킬 때 말하기의 방식은 어떻게 달라져야 하는지에 관한 지도를 병행할 수 있다(노명완 외, 1988: 339~340).

(마) 그 밖의 말하기 교학 전략

① **담화 유형 활용**: 저학년에서는 말하기의 여러 유형 중에서 주로 간단한 이야기하기와 토의하기에 관한 경험을 쌓게 하는 데 중점을 둘 필요가 있다. 이야기 유형과 관련된 학습에서는 자기가 읽거나 들은 이야기를 친구나 여러 사람 앞에서 들려주는 활동을 해 본다. 이 활동이 능숙한 학습자는 놀이 기구 따위와 같은 구체 대상물로 이야기를 꾸며 보거나 우주인, 또는 별나라와 같은 대상으로 상상력을 동원해서 이야기를 꾸며 보는 학습 활동으로 나아간다. 토의하기는 학교생활에서 해결해야 하는 사소한 문제를 주제로 삼아 개인의 다양한 의견을 모아 보고 거기에서 합당한 의견을 정해 보는 활동을 제시한다. 토의하기가 능숙해지면 토론 경험으로 발전시킨다.

고학년에서는 잘 짜여진 이야기를 구성하는 요소가 무엇인지를 학습자 스스로 깨닫도록 해야 한다. 또 이야기의 배경, 등장인물 및 그의 성격,

주요 사건, 사건이 진행되는 과정에서의 극적인 순간, 사건의 해결 따위와 같은 구성 요소가 이야기 전체에서 어떻게 연결되는지에 관하여 토론해 보는 것도 중요한 학습 전략이다(노명완 외, 1988: 338~339). 특히 고학년에서는 토론하기를 적극 활용해 본다. 독서 토론이나 관심 사안에 관하여 찬반 토론을 벌임으로써 소통과 맥락을 꿰고 창조하는 말하기 능력을 키우게 된다. 토론 유형의 말하기는 말하기의 좋은 태도와 습관도 길러준다.

② **연극 활용:** 희로애락의 정서를 언어로 표현하는 것은 매우 중요한 의미를 갖는다. 기쁨과 노여움, 슬픔과 즐거움은 삶의 다양한 모습이다. 이런 감정을 언어로 나타낼 수 있어야 살아 있는 언어 교육을 할 수 있다. 웃음이 넘치는 교실의 활력, 조용하기만 한 교실의 정숙을 조절할 줄 알아야 하지만, 학습자의 정서에 맞는 언어 교육 환경은 전자임이 분명하다. 따라서 말하기 교학 전략에서 반드시 웃음을 다루어야 하겠다.

아울러 연극을 말하기 교육과 관련시키는 전략도 개발해야 한다. 탈을 쓰고 배역에 맞는 말놀이로써 성격을 창조해 보면 말하기 교육의 새로운 지평을 확장해 낼 수 있다. 어린이 관점에서 성격을 분류하고 그에 맞는 역할놀이로 말하기 교육의 전략을 개발하면 흥미진진하다. 놀부와 흥부의 우애, 선한 콩쥐와 악한 팥쥐의 성격 대조, 이몽룡과 성춘향의 역동적인 만남, 홍길동과 박씨부인을 주제로 말하기의 마당을 새롭게 구성할 수 있을 것이다.

V 말하기 교육의 평가 및 송환

(1) 말하기 평가의 목표와 내용

말하기 평가의 목표와 내용은 지도 목표와 내용에 따른다. 실제로 말하기 평가는 지도 내용에 포함된 네 가지 범주를 모두 포함하되, 원리 중심의 평가가 이루어져야 평가의 의의를 살릴 수 있다. 그리고 본질과 태도 요소는 따로 평가하기보다는 원리 요소와 함께 평가하는 것이 좋다. 그러므로 말하기 평가는 말하기 지도의 목표와 내용에 부합하는 평가가 되어야 한다(박영목, 1995). 아울러 사회 문화적 맥락의 전통을 잇는 말하기의 잠재 목표를 평가하는 것이 바람직하다.

말하기 평가는 다른 언어 사용 기능의 평가보다 그 절차가 까다롭다. 겉으로 드러나는 객관적인 평가 요소 말고는 평가자의 인상에 의존하기 때문이다. 간단한 지식 차원의 검사에 그치는 경우가 이를 말해 준다. 그러나 지식이 곧 기능은 아니며, 말하기 능력은 실제 상황에서 자신의 의도, 목적, 실천, 효과 따위를 관철할 수 있는 수행 능력이라 할 수 있다. 그러므로 말하기 평가는 학습자가 자기의 생각을 바르게 전달할 수 있는가를 측정하는 말하기 수행 능력을 평가해야 마땅하다.

교육과정에서 말하기 평가의 계획은 제7차 국어과 교육과정의 제시가 상세한 반면에, 2007과 2011 개정 국어과 교육과정은 간명하게 요약하여 제시하였다. 제7차 교육과정에서 새롭게 선보인 평가 방법은 수행평가이다. 수행평가를 도입한 의도와 목적은 첫째 학습자가 인지적으로 아는 것도 중요하지만, 그들이 아는 것을 실제로 적용할 수 있는지 여부를 파악하는 것이 더 중요하다고 보았기 때문이다. 둘째 획일적인 표준화 검사를 적용하기 어려운 상황에서 타당한 평가를 하기 위한 방법이 선택되었다. 셋째 수행 평가가 여러 관점의 지식이나 능력을 지속적으로 평가하고자 하는 의도에서 이루어졌다. 넷째 학습자 개인에게 의미있는 학습 활동이 이루어지게 하기 위해서다. 다섯째 교학 목표와 평가 내용을 직접적으로 관련시킬 수 있다. 여섯째 교육 평가의 과정이 학습자의 학습과 이해를 직접적으로 조장할 수 있도록 하게 한다(국립교육평가원, 1996: 32~35).

제7차 국어과 교육과정 이후 국어과 교육과정에서는 지필평가, 관찰평가, 자료철[3] 등 상황에 적합한 방법을 다양하게 사용할 필요성을 제시하고, 아울러 학습자와 학습자 상호 평가나 학습자의 자기 평가 활동을 강조하였다. 이로써 평가가 학습한 결과를 평가하는 데 그치지 않고, 평가 자체를 교육의 과정이라고 보는 인식을 구현하는 방식이라고 말한 평가 방법에 관한 해설(교육부, 1988: 157)은 평가에 대한 통상의 개념을 바꾸어 준다. 한 차시의 수업이 평가를 위하여 할애되는가 하면 그 평가 활동 자

3) 2011 개정 국어과 교육과정에서는 '포트폴리오(portfolio)'란 외국어 대신에 '자료철'이라는 우리말 전문어를 제시하였다.

체가 학습자에게 의미 있는 한 차시의 학습 활동이 되기도 한다. 기존의 평가와는 개념이 다르다. 이때 사용되는 평가 방법으로 자기평가와 상호평가가 과감하게 도입된다. 이런 방향을 적극 수용하는 평가야말로 학습자의 진정한 말하기 기능을 평가할 수 있다.

(2) 말하기 평가의 방향과 방법

말하기 평가의 방향을 목표와 내용을 토대로 실제 평가할 때에는 일반적으로 다음과 같은 원리 및 방법을 도입해야 한다.

첫째, 일 년이나 한 학기 단위로 평가 계획을 세운다.
둘째, 평가 목표와 내용은 지도 목표와 그 내용을 근거로 선정한다.
셋째, 말하기의 특성이나 원리에 따라 수행 기능을 평가한다.
넷째, 평가 자료는 학습자가 해 보지 않은 내용에서 선정한다.
다섯째, 평가 목표와 기준을 학습자에게 미리 알려 준다.
여섯째, 평가표를 작성하여 사용하고, 누가적으로 평가한다.
일곱째, 평가 결과는 교학 방법 개선의 자료로 활용한다.

말하기 기능은 학습자의 의사소통 기능을 평가한다. 이 기능 평가는 말하기 참여도, 말할 내용의 적절한 선정과 조직, 담화 구성과 정확한 표현 따위에 중점을 둔다(한국교육개발원, 1992: 90). 아울러 말하기 기능 평가는 많은 부분이 말하기의 과정을 즉시 평가하는 수행평가로 이루어진다. 말하기 수행 과제는 2분 또는 3분 정도의 짧은 시간에 수행할 수 있는 자료를 제시한다.

평가 기준은 말하기의 형식과 목적을 고려하여 교사가 설정해야 하지만, 이 과정에 학습자를 참여시키는 방법도 좋다. 뿐만 아니라, 교수자는 학습자에게 평가의 기준을 명료하게 제시하고, 시범한 뒤 평가하면 더욱 바람직하다. 교수자는 평가 기준표 혹은 미리 고안한 평가표 따위를 활용하여 학습자의 말하기 수행 결과를 기록한다. 평가 결과는 교육과정의 목표와 관련하여 학습자에게 송환해 주는 자료를 활용할 수 있다.

다음은 연설하기 기능 평가 기준표이다(윤희원, 1997: 110~111). 학습자의 연령을 고려하여 간단한 형태로 변형시켜 활용할 수 있다.

정보 전달을 위한 말하기 평가표

이 름: ____________________

화 제: __________________ 시 간: ________ 등 급: ______

서론(15점): _____

- 청중의 관심을 끌었다.
- 말하는이에게 신뢰감을 주고 호의를 갖게 했다.
- 화제를 드러냈다.
- 전달하려는 중심 생각을 분명히 했다.
- 내용의 나머지 부분에 대해 청중이 준비하게 했다.(개관, 필요성, 정의)

본론(40점): _____

- 요점이 분명하게 상정되었다.
- 각 요점이 적절한 세부 내용과 더불어 전개되었다.
- 화제의 전개가 과제에 적절하였다.
- 생각이 논리적으로 배열되었다.
- 전환어가 효과적으로 사용되었다.
- 근거(사례, 검증, 통계)가 적절하였다.
- 인용의 출처가 분명하였다.
- 청중과 관계가 있는 내용이었고, 청중이 포함되었다.
- (필요한 경우에) 시청각 보조 자료를 적절히 사용하였다.

결론(15점): _____

- 청중에게 끝맺음을 준비하게 했다.
- 중심 생각을 재확인하였다.
- 활기있게 끝맺었다.

표현과 전달(30점): _____

- 즉석에서의 전달
- 시선
- 음성적 다양성
- 유창성
- 주제에 대한 열정
- 발음
- 제스처 및 동작
- 적절한 단어 선택
- 표정
- 생동감 있는 단어 선택

교사의 조언

- 너의 말하기에서 좋았던 점은: ______________________________
- 너의 말하기에서 좀더 개선해야 할 점은: ____________________

한편, 말하기 평가는 평가 주체에 따라 자기평가와 상호평가로 구분된다. 말하기 평가는 학습자 스스로 자신의 말하기 활동의 수행 과정을 평가할 수 있고, 학습자 상호평가도 가능하다. 학습자의 자기평가는 교사를 포함한 타인의 평가보다 송환 효과를 높인다. 그리고 상호평가는 궁극에 가서는 평가자로서의 권위와 책임을 느끼게 하여 말하기 활동에 긍정으로 작용할 수 있을뿐더러, 말하기 기능 평가의 객관도와 신뢰도를 높이게 될 것이다(박영목, 1995: 60~81). 따라서 자기평가와 상호평가 방법을 적절히 활용하여 평가의 새 지평을 열어야 한다.

자기평가나 상호평가를 하려면 평가자가 평가 내용과 평가 기준을 정확하고 명료하게 제시해 주어야 한다. 특히 초등학교 고학년이나 중등학교의 경우에 명확한 평가 요소와 기준만 제시하면 이런 평가가 충분히 가능하다. 제7차 국어과 교육과정의 경우에는 저학년 교과서에도 자기평가와 상호평가를 도입하였다. 특히 각 대단원의 기본 학습이 끝난 뒤에 제시된 평가표를 중심으로 학습 활동을 평가할 수 있다.

자기평가나 상호평가의 경우 객관성과 신뢰성을 확보하는 장치가 마련되어야 한다. 그러려면 자기평가와 상호평가를 병행할 필요가 있다. 자기평가에서 평가된 요소를 상호평가 방식으로 한 번 더 평가해 보고, 그 결과를 비교해 보는 방법도 평가의 신뢰도를 높여 준다. 상호평가도 한 학습자의 평가를 다른 학습자에게 전적으로 의존해서는 평가 결과에 대한 신뢰도를 확보하기 어렵다. 몇 개의 작은 모둠을 조직하여 작은 모둠 단위로 평가지를 작성하고 작은 모둠 구성원끼리 서로가 서로를 평가해 보는 방법이 가능하다. 그러면 한 사람이 4-5명을 평가하게 되고, 동시에 4-5명의 동료에게 평가를 받게 된다. 이 결과를 종합하여 보면 평가의 신뢰성이 높아진다. 실제로 자기평가나 상호평가의 결과가 교사의 평가와 크게 다르지 않다는 임상 결과는 이런 평가의 신뢰도를 확보하도록 돕는다.

자기평가나 상호평가는 평가를 교학 활동의 일환으로 활용하는 데 유익하다. 평가가 이루어지는 상황에서 학습자는 평가 요소와 평가 방법을 알게 되면서 교학 요소에 접근한다. 또한 평가 활동을 경험하면서 미처 학습하지 못한 학습 내용에 관하여 더 이해할 수 있는 기회를 갖게 된다.

그리고 평가를 받는 처지가 되어 넓은 시각으로 학습 경험도 조망할 수 있다. 이런 평가가 갖는 교학 활동으로서의 의의는 수행평가의 의의와도 상통한다. 이런 자기평가와 상호평가의 송환력은 다른 평가의 그것보다 월등하게 나타난다.

다음은 연설하기 기능 상호평가지이다(윤희원, 1997: 101~102).

정보 전달을 위한 말하기 상호 평가지

말하는이: __________
화 제: __________

안내문: 친구의 연설을 듣고 아래 각 항목의 적당한 빈칸에 ∨표시로써 평가하십시오. 여러분이 표시한 내용은 친구의 연설하기 기능과 태도를 개선하는 데 큰 도움이 될 것입니다.

내 용	우수	보통이상	보통	보통이하	아님
주의를 모으는 말을 하는가?					
목적을 분명하게 언급하는가?					
생각을 명료하게 조직했는가?					
언어를 효과적으로 사용하는가?					
시청각 보조 자료가 흥미로운가?					
중심 생각을 선정했는가?					
요약하는 말을 잘 했는가?					
끝맺음 말을 잘 했는가?					

전 달	우수	보통이상	보통	보통이하	아님
목소리 크기가 적절한가?					
시선이 자연스러운가?					
음성에 생동감이 있는가?					
표정이 자연스러운가?					
멈춤과 자기 조절이 적절한가?					
발음이 정확하고 잘 들리는가?					

〈도움말〉

- 너의 화법에서 가장 마음에 들었던 부분:
- 너의 화법에서 좀 더 개선해야 할 부분:

평가자: ______________

Ⅵ 말하기 교육의 보완 및 확장

(1) 보기와 말하기

'본다'는 행위는 사고 작용의 바탕이다. 크고 작은 부피와 무겁고 가벼운 질량을 눈으로 정확하게 구분할 줄 알고, 다양한 색채를 정확하게 인식하는 보기 기능이 뒷받침되어야 보는 세계를 사실대로 인식할 수 있고, 그래야 정상적인 사고로 표현할 줄 안다. 말하기의 과정에서 말하는이는 사고 작용의 결과를 음성언어로 표출한다. 말하기는 말할 내용을 구성하고 그것을 조직하고 발화하는 데까지 부단한 사고가 이루어지는 일련의 과정을 일컫는다. 보기에서 이루어지는 사고 작용이 말하기에 그대로 적용됨으로 결국 보기는 말하기의 바탕이 된다. 말하기 교육은 이런 점을 지향점으로 삼아 보완하고 확장해 나가야 하겠다.

보기, 듣기, 말하기, 읽기, 쓰기 기능은 사고와 깊이 관련된다. 보기, 듣기, 읽기는 표현의 기초를 이루는 기능이다. 이런 기초 기능을 단련시키는 탐구 과정이 초등교육의 핵심을 이루어야 한다. 그런데 그 바탕이 눈과 귀와 입과 손의 조작 기능에 달려 있다. 눈으로 보고 읽는 현상, 귀로 듣고 깨치는 세계, 입으로 하는 말과 손으로 쓰는 글이 사람을 감동시키고 세상을 바꾼다. 교육은 말로 이루어지고, 그 이론은 글로 표현된다. 이런 눈과 귀와 입과 손은 머리 밖으로 보이는 뇌의 일부분이다. 말하기 교육은 이런 기능 관점에서 접근해야 하겠다.

(2) 말하기 교육 발상 전환

말하기 교육도 발상 전환이 이루어져야 한다. 그 방향은 종래의 유창하고 능숙한 말하기를 목표로 삼았던 기능 중심의 말하기에서 감동을 주는 말하기로 말하기 교육을 전환하는 데 둔다. 아무리 유창하고 능숙한 말하기라 할지라도 진실을 말하지 않고, 상대에게 아무런 감동이나 울림을 주지 못하면 공허할 뿐이며 전달 효과도 올리지 못한다. 진실을 말해 소통이 이루어지고, 공감이 이루어져 감동을 자아내는 말하기 방향으로 발상을 전환해야 말하기 교육을 활성화할 수 있다.

말하기 교학의 핵심은 의미 구성과 전달에 있다. 의미 구성에서는 논리를 바탕으로 비유적이고 창의적인 표현에까지 나아가고, 풍부한 상상력을 구사할 수 있도록 지도한다. 의미 전달을 위해서는 표준 발음으로 말하며, 유창한 말하기를 익히도록 훈련해야 한다. 구체적인 예를 들면, 자모음 가운데 잘못 발음하는 음소를 추출하여 모음 4각도와 떨음소리로 저학년에서부터 표준 발음을 연습하고, 정확한 발음으로 생각을 논리에 맞게 펼치되, 진지한 모습과 활기찬 음성으로 목적, 대상, 상황에 맞는 말하기 능력을 길러야 한다. 말하기의 기초적인 기능이 향상되면 품위 있는 언어 구사력을 갖추는 데 한 걸음 더 나아갈 수 있다.

(3) 말하기 교육 개선

말하기 교육의 체제 변화를 위해서 다양한 프로그램을 마련해야 한다. 국제화 시대에 걸맞은 말하기는 소통 자체만을 뜻하지 않는다. 언어는 소통의 공시적 기능과 전승의 통시적 기능 그리고 지평 확대의 창조적 기능도 갖는다. 의사소통은 겨우 공시적 기능을 의미할 뿐이다. 인간은 언어로 세계를 표현해야 하기 때문에 소통 기능만으로는 문화적 욕구를 충족할 수 없다. 자아 표현과 상대 이해를 위해서 대화가 필요하고, 진실을 펼치기 위해서 주장해야 하며, 거짓을 밝히기 위해서 토론을 펼쳐야 한다. 이런 전달과 전승과 창조의 기능에 충실한 말하기를 위해서 남의 말을 바르게 듣는 교육이 필요하다. 따라서 말하기와 듣기의 상호작용 체제를 잘 이해하고 그 바탕 위에서 말하기 교육이 이루어져야 한다.

말하기 교육을 전략 차원에서 접근하려면 대화, 토의, 토론, 설득 방법을 구체적인 프로그램으로 개발해 내어야 한다. 그런 연구가 뒷받침되어야 교실 교육, 곧 말하기 활동으로 기능을 향상시킬 수 있다. 이런 노력은 말하기 교육 방법론 관점의 접근이다. 한자를 가르치자는 주장이나 조기에 영어 교육을 실시해야 한다는 사람들은 아직도 한자의 한계와 영어 중심의 사고에서 탈피하지 못한 경우라 하겠지만, 현실적인 추세와 경향을 외면하다가는 국어교육 특히 말하기 교육은 설 자리를 잃게 될지도 모른다. 한자의 조어력, 영어교육에 투입될 자료와 새로운 방법론을 예상해 보면 국어교육 자료와 방법론은 너무도 빈약하고 허술하기 이를 데 없다. 우리말글교육도 외국어 교육의 풍부한 자료와 다양한 방법론에 눈을 돌려야 경쟁력을 높여 나아갈 수 있다. 이런 응답의 하나로 구체적인 말하기 교학 프로그램 개발이 시급하다.

언어 기능 교육의 평가 체제도 보완해야 한다. 결과 중심이나 지식 위주의 평가는 기능 목표를 반영할 수 없다. 기능 목표를 포괄하면서 과정을 온전히, 언어의 총체성을 평가할 수 있는 체제가 필요하다. 시대적인 요구와 학습자의 발달 양상에 맞추어 이런 변화된 평가 체제가 마침내 말하기 교육 발상 전환에 원동력이 되고, 국어교육의 상황을 근본적으로 바꾸어 나갈 것이다.

(4) 문화 창조

인간의 문화 가운데 많은 것이 언어를 중심으로 형성된다. 그 가운데 말하기가 형성하는 문화의 양과 질은 인쇄매체에 못지않다. 말하기는 의사소통과 감정 표현과 문화 창조 기능을 두루 수행한다. 바람직한 말하기에 따른 소통은 원만한 인간관계를 형성해 준다. 말로써 감정을 표현하는 가운데 사람은 낯선 자아와 새로운 세계를 체험할 수 있다. 그 체험의 세계를 확장해 나갈 때 새로운 문화 창조에도 기여하게 된다.

말이 씨가 된다는 속담이 암시하는 바와 같이 말은 창조와 직결된다. 아기는 듣다가 옹알이 시기를 거쳐 낱말로 말하고, 문장 의식을 보이면서 마침내 언어를 습득한다. 언어 습득 과정과 발달 단계는 문화의 발전 단계와 깊이 관련되어 있다. 귀에서 입으로 음성이 의미로 바뀌는 과정은, 입에서 손으로 말이 글로 옮겨가는 과정과 비슷하다. 듣기 · 읽기의 수동성을 이해로, 말하기 · 쓰기의 능동성을 표현으로 나타내지만, 이 두 기능은 문화의 전승과 창조라는 엄청난 의미 차이를 보인다. 말하기 교육은 쓰기와 함께 이런 창조를 바탕으로 논의되어 마땅하다. 이때의 창조 개념은 훌륭한 연설이나 유명한 작품을 전제한다기보다 일상의 대화와 전자우편도 창조 정신의 발현이라는 의미로 해석되어야 할 것이다.

말하기 교육의 미래적인 전망을 획득하기 위해서는 말하기가 의사소통과 감정 표현, 문화 창조 기능을 두루 수행한다는 점을 중시해야 한다. 소통은 신뢰를 바탕으로 새로운 관계를 맺고, 말로써 감정을 교류하는 가운데 다른 세계를 이해하고, 체험한 세계를 확장해 나가면서 새로운 문화를 창조할 수 있다. 이런 말하기의 문화 창조 기능은 국어교육에 활력을 불어넣는 요소가 된다. 그래서 말하기의 문화 창조 기능은 국어교육의 위상을 더욱 높여 준다.

말하기의 문화 창조 기능은 국어 교육에 활력을 불어넣는 요소이다. 그 대표적인 보기로 해학을 들 수 있다. 해학은 우리의 선인들이 창조한 웃음에 깃든 문화 전통이다. 해학은 웃음과 철학이 깃든 또 다른 화법으로서 말하는이와 듣는이의 새로운 세상을 열어나가며 나름대로의 독특한 문화를 형성한다. 조선시대의 골계담과 고전소설에서 읽을 수 있는 눈물어린 웃음이 이런 전통에서 비롯되었다. 말하기 교육에서는 이런 전통 창조와 계승을 강조해야 마땅하다.

탐구과제

01 말하기 기능의 위계적 발달 단계를 설명해 보시오.

02 말하기 기능 목표와 관련하여 말할 내용을 선정하고 조직하는 기본 원리를 설명해 보시오.

03 말하기 교학에 적절한 전략을 세 가지 들고 설명해 보시오.

04 총체적 언어 관점에서 말하기 지도 방법에 대해서 설명해 보시오.

05 말하기와 보기 및 듣기의 상호작용에 관하여 설명해 보시오.

06 문화적 맥락에서 표준 발음 지도에 관하여 비판해 보시오.

참고문헌

공일주(1993), “한국어 숙달 지침과 말하기 능력 측정에 대하여”, 『교육한글』 제6호, 한글학회.

교육인적자원부(1997), 『국어과 교육과정』, 교육부 고시 제1997-15호 [별책 5].

______________(1998), 『초등학교 교육과정해설Ⅲ』, 서울특별시인쇄공업협동조합.

______________(2007), 『국어과교육과정』, 교육인적자원부 고시 제2007-79호, 대한교과서주식회사.

구현정(1997), 『대화의 기법』, 한국문화사.

국립교육평가원(1996), 『수행평가의 이론과 실제』, 대한교과서주식회사.

권재일(1992), “국민학교 국어과 말하기 교육에 대하여”, 『교육한글』 제5호, 한글학회.

김경자(1995), “성장모형에 기초한 학습자 중심 언어 지도법”, 『학습자 중심의 국어 교육 방안 모색 세미나』, 공주교대 초등교육연구소.

김광웅(1981), “스피치 교육 이론에 입각한 음성언어 지도 연구”, 『국어교육』 제20호, 한국국어교육연구회.

김대행(1990), “언어 사용의 구조와 국어 교육”, 『국어교육』 제71 · 72호, 한국국어교육연구회.

김정우(2007), “개정 국어과 교육과정과 읽기 영역, 문학 영역의 개발 방향”, 공주교육대학교 초등교육연구원, 『국어과 제7차 교육과정과 새 교육과정 비교 분석』.

김영임(1998), 『스피치 커뮤니케이션』, 나남출판.

김종택(1997), 『화법』, 동아서적(주).

김진우(1992), 『인간과 언어』, 집문당.

남미영(1989), “한국문학에 끼친 이솝우화의 영향 연구(Ⅰ)”, 『새국어 교육』 제45호, 한국국어교육학회.

노명완 · 박영목 · 권경안(1987), 『국어과교육론』, 갑을출판사.

노명완(1988), 『국어 교육론』, 한샘.

______(1992), “말하기 및 듣기의 본질과 평가의 방법”, 『제3회 국어 교육연구 발표대회』, 한국국어교육연구회.

______(1993), 『인간과 언어와 사고: 아동의 언어 발달과 효율적인 언어 지도』, 서울교대 초등교육연구소.

______(1997), “말하기 · 듣기 교육의 개념과 탐구 과제”, 『국어교육연구소 학술발표회

자료집』, 서울대 국어교육연구소.
류성기(1998), 『국어과 교육의 실제화 연구-말하기 · 듣기 언어 영역』, 교육과학사.
_____(2003), 『초등 말하기 듣기 교육론』, 박이정.
맹주원(1995), 『국어 모음의 반응 및 성음의 교정 교육을 위한 실험연구 -'ㅐ, ㅔ, ㅚ'를 중심으로-』, 서울대학교 국어교육연구회.
민현식 외(2011), 『2011 국어과 교육과정 개정을 위한 시안 개발 연구』, 교육부.
박붕배(1964), "말하기 학습을 위한 교재연구 방법", 『국어교육』 9집, 한국국어교육연구회.
박수자(1995), "말하기 · 듣기 교재의 체계화와 적용에 관한 연구", 『한국초등국어교육』 제11집, 한국초등국어교육학회.
박영목(1991), "말하기 능력 신장을 위한 국어과 수업 절차 모형", 『국어교육』 제75 · 76호, 한국국어교육연구회.
_____(1992), "중 · 고등학교에서의 말하기 · 듣기 평가", 『제3회 국어 교육 연구 발표대회』, 한국국어교육연구회, 청주교육대학.
박영목 · 이인제 · 손영애 · 신난수(1992), 『제6차 교육과정 각론 개정 연구-국민학교 국어과-』, 한국교육개발원.
박영목 · 윤희원 · 한철우(1995), 『국어과 교수 학습 방법 탐구』, 교학사.
박영목 외(1993), 『국민학교교육과정 해설(Ⅰ)』, 교육부.
박영순(1976), "국어 경어법의 사회언어학적 연구", 『국어국문학』 제76호, 국어국문학회.
박종태(1995), "목표지향 평가 자료의 개발과 활용을 통한 말하기 능력 신장", 『교육한글』 제8호, 한글학회.
서혁(1995), "언어 사용과 추론", 『국어교육』 제56호, 한국국어교육연구회.
손영애(1991), "국민학교에서의 말하기 · 듣기 지도", 『국어교육』 제42호, 한국국어교육연구회.
_____(2007), "새로운 국어과 교육과정 시안에 대한 몇 가지 소론", 한국어교육학회, 『국어교육』 제122호.
신헌재(1987), "초등국어과 말하기 지도 목표 및 내용의 구체화 양상 분석", 『사대논문집』, 한양대학교 사범대학.
신헌재 · 이재승(1995), 『학습자 중심의 국어 교육』, 서광학술자료사.
심영택(1995), 『듣기 능력 향상을 위한 실험연구』, 서울대 국어 교육연구회.
심정희(1994), "말하기 · 듣기 본질과 평가의 방향" 『초등국어교육』 제4호, 서울교육대학교 국어교육과.

양태식(1994), "말하기 · 듣기 지도의 얼안", 『초등국어교육』 제4호, 서울교육대학교 국어교육과.
원진숙(1992), "의사소통 능력 개발을 위한 교수 요목 설계", 『교육한글』 제5호, 한글학회.
원훈의(1989), "국어음성언어교육연구", 성균관대학교 박사학위 논문.
유동엽(1997), "대화 참여자의 대화 전략에 관한 연구 –상호작용을 위한 대화를 중심으로–", 서울대학교 석사학위 논문.
_____(2004), "논쟁의 불일치 조정 양상에 관한 연구", 서울대학교 박사학위 논문.
윤희원(1986), "말하기 교육에 관련된 수삼의 과제", 『국어 교육』 57 · 58호, 한국국어교육연구회.
_____(1991), "중 · 고등학교의 말하기 · 듣기 지도", 『국어교육』 제42호, 한국국어교육연구회.
_____(1997), 『국어과 학업 성취도의 기술적 평가 방법』, 책과사람들.
이성영(1994), "의사소통과 국어교육의 내용", 『국어교육학연구』 제4호, 국어교육확회.
_____(1995), 『국어 교육의 내용 연구』, 서울대학교출판부.
이응백 · 이주행(1992), "말을 어떻게 할 것인가", 『현대문학』.
이재기(2007), "국어과 교육과정 개정의 방향 및 주요 개정 방향", 공주교육대학교 초등교육연구원, 『국어과 제7차 교육과정과 새 교육과정 비교 분석』.
_____(2007), "2007년 개정 국어과 교육과정의 특징과 실행 방안", 청람어문교육학회, 『청람어문교육』 제36호.
이재승(1996), 『국어교육의 원리와 방법』, 박이정.
_____(1997), "말하기 · 듣기 교수 학습 방안: 자기 조정 전략을 중심으로." 서울대학교 국어교육연구소 학술발표대회 자료집.
이주섭(2001), "상황맥락을 반영한 말하기 · 듣기 교육의 내용 구성에 관한 연구", 한국교원대학교 박사학위논문.
이주행(1983), 『화법의 원리와 실제』, 경문사.
이창덕 · 임칠성 · 심영택 · 원진숙, 『삶과 화법』, 박이정.
이현복(1992), "≪말하기 · 듣기≫ 교과서와 발음 교육", 『교육한글』 제5호, 한글학회.
_____(1989), 『한국어 표준발음』, 교육과학사.
이홍우(1995. 5판), 『교육과정탐구』, 박영사.
임천택(2007), "새 국어과 교육과정의 내용 선정 범주 '맥락'의 현장 소통 방안", 청람어문교육학회, 『청람어문교육』 제36호.
임칠성(1997), "화법교육의 방향 연구", 『국어교육』 제94호, 한국국어교육연구회.

임태섭(1997), 『스피치커뮤니케이션』, 연암사.
박붕배(1964), "말하기 학습을 위한 교재연구 방법", 『국어교육』 제9호, 한국국어교육연구회.
전영우(1987), 『국어화법론』, 집문당.
전은주(1998), "말하기 · 듣기 교육에 대한 개념적 접근", 『새국어교육』 제56호, 한국국어교육학회.
______(1999), 『말하기 듣기 교육론』, 박이정.
전은주 · 옥현진(1997), "말하기 · 듣기에 대한 인식과 지도 실태 조사", 국어교육연구소 학술발표대회 자료집.
정동화 · 이현복 · 최현섭(1990), 『국어과교육론』, 선일문화사.
정재윤(1992), "국어과 교육과 말하기 지도", 『국어교육』 제77 · 78호, 한국국어교육연구회.
정준섭(1992), "말하기 · 듣기 교육의 이해를 위한 국어과 교육", 『교육한글』 제5호, 한글학회.
______(1995), 『국어과 교육과정의 변천』, 대한교과서주식회사.
조동일(1884), 『한국문학통사 1』, 지식산업사.
조문제(1996), 『말하기 · 듣기 교수 학습의 이론과 방법』, 교학연구사.
차배근(1997), 『화법』, 지학사.
차배근 외(1992), 『설득커뮤니케이션 개론』, 나남.
천경록(1997), "말하기 · 듣기의 교육 내용 구성과 교과서 개발", 국어교육연구소 학술발표대회 자료집.
최명환(2001), "사고 확장의 원리-글씨쓰기 원리 탐구를 중심으로-", 공주교대논총 제38집 1호.
______(2007), "통합 지향의 교학 전략", 공주교대논총 제44집 2호
최현섭(1986), "국어과 교수-학습 모형의 탐색", 『논문집』 제20집, 인천교육대학.
______(1992), "국민학교 말하기 · 듣기 평가", 『제3회 국어 교육연구 발표 대회』, 한국국어 교육연구회, 청주교육대학.
최현섭 외(1995), 『국어 교육학의 이론화 탐색』, 일지사.
한철우 · 손영애 · 이인제(1990~1992), 『교육의 본질 추구를 위한 국어 교육 평가 체제 연구 (Ⅰ), (Ⅱ), (Ⅲ)』, 한국교육개발원.
로만 야콥슨, 권재일 역(1989), 『일반언어학 이론』, 민음사.
Beaven, M. H.(1977), "Individualiged Goal Setting, self-evaluation and peer Evaluation", in Cooper, C. R., Odell, L., *Evaluating Writing*, State

University of New York at Buffalo.

Barrett, T.(1976), 'Taxonomy of Reading Comprehension', In R. Smith & T. Barrett(eds.), *Teaching Reading in the Middle Grades*, Reading Mass.: Addison Wesley.

Brown, G. & G. Yule(1983), *Teaching the Spoken Language: An Approach Based on the Analysis of Conversational English*, Cambridge University Press.

Clark, B. L.(1988), *Talking about Writing*, The University of Michigan Press.

D'angelo, F. J.(1980), *Process and Thought in Composition*, Cambridge, Massa–chusets.

Meyer & Meyer./임칠성 역(1995), 『대인관계와 의사소통』, 집문당.

Moffett, J. & B. J. Wagner(1992), *Student Centered Language Arts, K–12*, Boynton/Cook Publishers Heinemann, Portsmouth, NH.

Petty, W. T. & J. M. Jensen(1926), *Developing Children's Language*, Boston, Mass.: Allyn and Bacon.

Rankin, P.(1926), 'The Measurement of the Ability to Understand Spoken Language', Doctoral Dissertation, University of Michigan.

Reardon, K. K./임칠성 역(1997), 『대인의사소통』, 한국문화사.

Renkema/이원표 역(1992), 『담화연구의 기초』, 한국문화사.

Sperber, D. & D. Wilson/김태옥 · 이현호 역(1993), 『인지적 화용론–적합성 이론과 커뮤니케이션』, 한신문확사.

Taylor, S.(1973), *Listening: What Research Says to the Teacher*, Washington D.C.: National Education Association.

04장 읽기 교육

Ⅰ 읽기 교육의 이론적 고찰

(1) 읽기에 대한 이론적 접근

읽기는 간단하게 정의하면 문자언어를 통한 발신자와 수신자의 의사소통과정이다. 그러나 읽기를 바라보는 시각에 따라 매우 다양한 정의가 가능하다. 개인의 측면에서는 정보의 획득 및 처리를 위한 사고 과정이라고 볼 수도 있고, 문자 자극에 의해 읽기 주체의 정서 및 가치관이 변해 가는 과정이라고 볼 수도 있다. 공동체의 측면에서는 특정 언어 공동체를 통합하는 기제가 되기도 하고, 문자언어로 표상된 문화의 전승·전파 과정이 되기도 한다. 곧 읽기는 가치 지향적·유목적적 행위로서 인간 문화 현상에서 매우 중요한 부분을 담당하고 있는 하나의 '실체적 현상'이라고 할 수 있다.

읽기를 바라보는 시각이 다양하기 때문에 읽기를 한마디로 정의하기는 매우 어렵다. 읽기는 정의하는 사람이나 상황에 따라 조금씩 다르다는 것을 쉽게 알 수 있다. 이것은 읽기에 대한 이론적 연구가 아직 만족할만한 수준에 이르지 못했기 때문이기도 하지만, 그보다는 읽기 자체가 매우 다양한 측면을 포괄하고 있기 때문에 나타나는 문제이다. 읽기에 대한 연구는 기본적으로 전문가의 몫이긴 하지만, 읽기교육과 관계하는 모든 사람은 읽기와 관련된 모든 연구결과를 주목하고, 읽기 교육에 필요한 요소를 추출할 수 있어야 한다. 최종적으로는 읽기 교육현장에서 읽기에 대한 실제적 연구를 수행하기 위해서 읽기에 접근할 때 관점에 따라 목표와 내용 및 교수·학습이 어떻게 달라져야 하는지 이해할 필요가 있다. 우리가 읽기를 무엇이라고 생각하는가에 따라 우리의 읽기 교육의 목표와 방법이 달라지기 때문이다.

1920년대 이후 행동주의적 관점이 가장 지배적으로 읽기 이론에 영향을 미쳐왔다. 인간은 자극과 반응, 강화를 통하여 학습한다는 주장을 편파블로프(Pavlov), 손다이크(Thorndike), 스키너(Skinner) 등의 견해를 읽기 교육에 적용하면 처음에는 아주 작고 단순한 행동을 가르치고, 점차 복잡한 행동을 가르치게 된다. 음운 하나하나를 가르치는 것에서 시작하여 음운결합, 단어, 문장의 순서로 복합적인 행동을 형성하게 하면 읽기를 가르칠 수 있다는 것이다. 이때의 읽기 학습은 전체를 형성할 때까지 각 부분을 천천히 더해가는 첨가과정이라고 할 수 있다.

반면에 형태(Gestalt)심리학에서는 학습이 부분에서 전체로 이행하기보다는 전체에서 부분으로 이행한다고 보았다. 우리는 우리가 필요로 하는 것, 원하는 것을 보고, 기대나 이론과 같은 '전체'에 기반을 두고, '부분'을 인식한다. 결국 부분들을 합하여 전체를 인식하는 것이 아니라 한번에 전체를 인식한다는 것이다. 이러한 생각은 1980년대 이후 서구사회에서 다시 주목을 받기 시작하면서 우리나라에서도 읽기 이해에 변화를 일으키고 있다.

그러나 인지심리학이나 문화인류학에서 인간은 문제를 해결하는 존재로 인식된다. 문제해결은 예측과 가정을 만드는 것에서 시작된다. 우리는 예측(prediction)과 확인(confirmation)을 하며 산다. 인지심리학에 따르면 아동은 자신이 처한 환경을 탐색하고자 하는 강한 욕구를 갖고 세계에 대한 정보를 선택하고, 해석하고, 통합하려고 노력한다. 이러한 노력을 기반으로 하여 자신이 처한 세계의 움직임을 예측하고, 예측이 빗나가면 문제를 해결하고자 한다. 이것을 읽기에 적용하면 우리는 글을 읽으면서 문제를 발견하고, 그것을 해결하기 위하여 다각도로 노력하며, 적절한 해결 방법을 찾기 위해 수정하고 보완하는 과정을 거치게 된다.

이와 같이 여러 가지 이론을 읽기교육에 적용하고자 할 때 우리는 철학적인 결정을 하게 된다. 다음과 같은 자료를 읽을 때 사람들은 어떤 과정을 거치게 되는가? 인간의 사고를 설명하기 위해 어떤 이론을 선택해야 하는가?(F. B. May, 1990: 6)

-----------는(은) -----------를(을) 건너 항해했다.

행동주의자: 적절한 강화를 주면, 학습자가 문자나 단어, 빈칸 등에서 자극을 받아 빈칸을 채운다.

형태심리학자: 자신의 과거경험에서 얻은 다양한 '의미'로 빈칸을 채운다.
인지심리학자: 아동은 자신의 세계에 대한 모델을 이미 갖고 있으므로, 항해하는 것이 무엇인지 알고 있을 것이다. 학습자는 개인적 모델에 맞도록 빈칸을 채워 넣는다.
문화인류학자: 아동은 당면하고 있는 문제나 관심이 서로 다르므로, 이 글에서 무엇을 읽게 될지 알 수가 없다. 그 정보가 각 개인의 삶에 관련되는 방식의 차이를 알기 위해 관찰을 하게 된다.

우리가 문장을 읽는 방식에 따라 우리는 적절한 이론을 선택하게 된다. 만일 다른 사람에게 이 글을 읽히고 빈칸을 채워 넣으라고 하면 우리와 다른 방법을 사용하기도 할 것이다.

(2) 읽기의 본질

읽기 교육의 효과를 높이기 위해서는 읽기를 가르치는 사람이나 읽기를 배우는 사람이 읽기의 본질과 과정을 잘 이해하고 있어야 한다. 읽기는 바라보는 관점에 따라 읽기의 개념이 달라지며, 이것은 곧바로 읽기 교육에 영향을 미친다. 읽기를 연구하는 초기에는 문자를 해독(decoding)하는 것을 읽기의 본질로 생각하였으나, 점차 문자의 해독만으로는 의미를 획득하지 못하는 한계를 인식하게 되어 읽기에는 복잡한 정신능력이 작용한다고 보게 되었다. 이러한 변화에 따라 읽기의 개념도 여러가지로 달라지게 되었다.

행동주의 심리학의 영향을 받은 고전적 관점에서는 읽기를 기호해독 과정으로 본다. 이 관점은 해독 중심 읽기관이라고 할 수 있는데, 1920년대 이후 최근까지 읽기에 대한 연구에서 큰 영향을 끼치고 있다. 이에 따르면 읽기는 문자를 음성으로 바꾸고, 그 음성과 긴밀한 관련이 있는 의미를 찾는 과정으로 보기 때문에 단어의 발음을 재창조한 것으로 생각한다. 읽기 학습은 읽기 과정의 기본이 되는 과정으로서 문자를 음성으로 번역하는 과정을 중시한다. 이러한 관점에 따르면 읽기는 해독과 이해로 양분되고, 각각의 처리 과정에 따라 읽기 기능을 연구하게 된다.

반면에 인지심리학의 영향을 받아 1980년대 이후 등장한 읽기관에 따르면, 읽기는 독자가 이미 가지고 있는 개념을 조작하여 새로운 의미를 구성하는 것으로 본다. 이것은 텍스트를 구성하는 요소들을 기반으로 하여 이해가 이루어지는 것이 아니라, 독자의 지식구조를 중심으로 하여 여러가지 단서를 효율적으로 사용하여 이해가 이루어진다고 본다. 이것은 글 자체가 독자적인 의미를 구성하는 것이 아니라 독자가 글에 접할 때 비로소 의미를 갖게 된다는 독자 중심적 사고의 결과물로 이해(comprehension)중심의 읽기관이라고 할 수 있다.

인지심리학에 기초하여 읽기의 본질을 독자중심으로 파악하고자 할 때의 위험은 읽기를 '이해하기'로 제한하면서 해독의 중요성을 간과하게 되는 것이다. 읽기의 목적은 단순히 문자기호를 음성기호로 변환하는 것이 아니라, 내용을 이해하는 것이므로 읽기를 '이해하기'로 규정할 수 있으나, 이것은 해독이라는 필수적인 과정을 거쳐야 가능하다. 따라서 읽기를 '이해하기'로 규정하는 견해는 읽기에 대한 연구를 인간의 정신능력 중 고등사고 능력과 관련된 것에만 초점을 두게 된다. 이러한 연구는 읽기의 한 측면을 설명하는 데 매우 유용하기는 하지만, 읽기 그 자체의 본질적인 특성을 밝히지는 못한다.

사실 읽기는 그 어느 한 가지 면만을 갖고 있는 것이 아니다. 모든 언어활동은 반드시 기호를 해독하고, 해독한 기호를 이해하는 과정으로 구성된다. 기호의 해독과정과 이해과정은 언어활동의 영역에 따라 차이가 있을 수 있으나, 기본적인 처리과정은 동일하다. 읽기는 문자로 기록된 기호를 해독하는 과정이면서 동시에 이해를 위한 의사소통의 과정이다. 읽기 학습의 초기단계에서는 해독하는 과정이 매우 중요하며, 점차 이해하는 과정이 중요성을 갖게 된다. 읽기에 숙달된 독자는 글을 읽을 때 의미 이해에 중점을 두지만, 그도 읽기를 처음 배울 때에는 문자기호를 해독하는 과정을 거쳤고, 익숙해 진 후에도 읽기를 이해하려면 반드시 해독과정이 필요하기 때문에 해독과 이해는 읽기에서 분리할 수 없는 두 가지 측면이라고 할 수 있다.

과거의 읽기 연구에서는 읽기의 개념을 규정할 때 글의 의미를 이해하는 데 초점을 두어왔다. 특히 교육의 측면에서 읽기를 연구하는 경우에 기호해독 과정이 학교교육의 초기단계에 이루어지고, 이후 해독과정의 중요성이 상대적으로 줄어들기 때문에 읽기를 '이해하기'로 보아왔다. 그러나 읽기의 본질은 연구의 목적에 따라 유동적인 것이 아니다. 읽기는 본질적으로 해독과 이해의 두 과정으로 이루어지며, 읽기연구의 목적과 범위에 따라, 교육적 목적에 따라, 둘 중 어느 한 가지 과정에 초점을 둘 수 있을 뿐이다.[1)]

읽기의 두 가지 측면을 모두 고려하면서 읽기 교육과 관련시켜 읽기의 단계를 나누어 제시한 베크와 볼빈(Isabel L. Beck and John O. Bolvin, 1990)의 견해를 보면 다음과 같다.

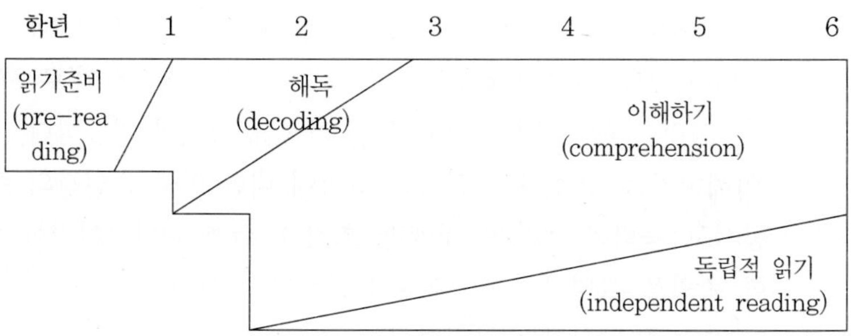

[그림 1] **읽기 지도 단계**

여기서 가장 기초가 되는 읽기 준비(pre-reading)단계는 해독과정을 시작할 때 필요한 것들로 구성된다. 즉, 문자의 이름을 알고, 문자와 소리의 관계를 인식하며, 단어군을 확인하는 등의 학습을 하게 된다. 다음 해독(decoding)단계에서는 글에 대한 언어적 접근이 이루어지고, 이해(comprehension)단계에서는 의미를 파악하기 위한 읽기 행동을 포함하여 문자적·해석적·평가적으로 이해하는 방법을 학습하게 된다. 그리고 마지막으로 학생의 흥미와 필요에 따라 적절한 글을 선택하여 읽는 단계로 나아가게 된다. 그러므로 특히 읽기 교육에서는 이러한 모든 단계가 읽기에 포함되는 것이기 때문에 읽기를 이해하기에 한정하기보다는 이들 모두를 포괄하는 것으로 보고, 교육에 접근하는 것이 바람직하다.

1) 읽기를 이해하기(comprehension)라고 볼 때 그 적용범위를 명확하게 해야 한다. 해독(decoding)을 문자와 음성의 대응관계를 찾는 것에 제한할 경우 이해하기는 단어수준의 의미파악을 포함하여야 한다. 단어 이상의 수준에서 의미가 고려될 경우 이미 이해하기의 영역에 속한다고 볼 경우 읽기를 '이해하기'로 규정하는 데 아무런 무리가 없다. 그러나 현실적으로 '이해하기'는 적어도 문장 이상의 수준에서만 논의되는 경향이 있으므로, 해독과 이해하기의 경계에 대한 인식을 정리할 필요가 있다.

(3) 읽기의 과정

글을 이해하기 위한 모든 활동은 여러가지 요인에 의해 영향을 받는다. 그 중 대표적인 요인은 독자요인, 글요인, 환경요인으로 나눌 수 있다. 독자요인은 독자 개인의 특성이며, 글요인은 읽기 자료와 그 특질이고, 환경요인은 목적 · 과제 · 여건과 같은 여타요인을 포함하는 것이다. 이 중에서 독자와 글을 중심으로 읽기를 설명하고자 하는 연구가 진행되고 있다.

사실 읽기는 필자가 의도한 의미의 원형을 구성하기 위해 문제해결 전략를 비롯한 여러가지 전략을 의식적 · 무의식적으로 사용하는 복잡한 행동이라고 할 수 있다. 이러한 읽기 정의는 최근 인지심리학을 비롯한 학문의 영향을 받은 것으로, 읽기 과정에 대한 관심을 집중시켰다.

읽기 과정에 대한 논의의 핵심은 글과 독자가 글 이해에 어떤 영향을 미치는가와 관련이 있다. 일반적으로 글에는 어떤 의미가 있다고 생각하기 때문에, 읽기에 대한 논의에서 무의미한 읽기는 관심의 대상이 되지 않는다.

읽기 과정에 대하여 관심을 갖게 된 것은 사람들이 생각하고, 학습하고, 기억하는 방식을 이해하고자 하는 정보처리과정에서 유추하여, 읽기를 설명하게 되면서부터이다. 사실 읽기와 사고는 서로 얽혀 있는 것이므로, 읽기 과정을 이해하는 데 매우 중요한 도움이 된다.

미시간연구소에서는 1970년대 말에 읽기 과정의 본질에 대한 교사들의 생각을 연구한 결과 크게 상향식(bottom-up)읽기와 하향식(top-down) 읽기의 두 가지 범주로 나눌 수 있다는 것을 알았다. 그 각각을 살펴보면 다음과 같다.

(가) 상향식 모형(bottom-up model)

상향식 모형의 관점에서의 읽기는 의미구성 과정이 아니라 문자의 해독과정이므로, 글 내용을 단순수용하는 것이라고 보게 된다. 이에 따라 읽기 과정을 세분하고, 위계적으로 유목화하여 문자기호를 정확하게 해독하고, 그것들을 서로 결합하여 점차 더 큰 단위로 만들어가면서 의미를 파악하게 된다. 이것은 경험주의적이며 귀납적인 성격을 갖는 것으로 앞서 살펴본 행동주의 이론에 기반을 두고 있다.

상향식 모형으로 읽기를 파악할 경우 읽기는 하위 기능들로 세분할 수 있고, 이들 하위기능들이 여러가지 방식으로 통합되어 읽기능력을 형성하게 되는 위계적 양상을 보이게 된다. 따라서 이러한 모형을 읽기교육에 적용할 경우, 학생이 문자와 소리를 연결시키는 것을 가장 기초적인 교육목표로 삼아, 언어단위의 가장 낮은 단계에서부터 읽기교육을 시작하려고 한다. 즉, 문자해독을 글 이해의 기초로 파악하고, 점차 큰 단위로 의미를 구성해가도록 한다. 그렇기 때문에 상향식 모형은 글 지향적 특성을 갖는다.

그러나 이 모형은 읽기를 매우 수동적인 것으로 제한하게 되어, 독자를 중심으로 한 유연하고 역동적인 의미구성 과정을 설명하지 못한다. 글과 독자의 관계를 설명할 때 독자는 글에 나타난 의미를 소극적으로 수용하는 존재가 된다. 이것은 글의 의미를 구성하는 인간 중심적 관점에 의해 비판을 받는다.

(나) 하향식 모형(top-down model)

하향식 모형에서는 글 자체보다는 글에 대한 독자의 적극적인 가정이나 추측을 토대로 의미를 파악하게 된다는 태도를 취한다. 이는 상향식 모형과는 달리 독자가 가정하거나 추측한 의미를 토대로 글을 읽어가면서 검증(top-down)하는 과정을 거치는 것으로, 의미의 원천은 글이 아니라 독자가 된다. 따라서 독자의 배경지식이 중요하기 때문에 글을 읽을 때 글 내용에 대한 독자의 배경지식이 많을수록 글에 대한 이해가 쉽다고 본다. 이것은 합리주의적이고 연역적인 성격의 모형으로, 독자 자신이 이미 갖고 있는 지식을 이끌어내는 독자지향적 읽기라고 할 수 있다. 이것을 읽기 교육에 적용할 경우, 글을 읽을 때 학생으로 하여금 글의 의미를 가정하거나 추측하는 사고활동을 강조하게 되고, 글과 관련된 독자의 배경지식을 활성화하는 방안을 가르치게 된다. 이것은 글을 읽기 전 단계에서 매우 중요한 역할을 하지만, 실제 글을 읽는 과정에서 이루어지는 모든 과정을 설명하지 못한다.

실제로 이 모형이 읽기 과정에서 독자의 중요성에 대한 인식을 제고하였지만, 글을 처리하는 과정을 제대로 설명하지 못한다는 비판을 받고 있다. 이 모형은 실체를 모르고 어떤 대상이 존재한다는 사실을 아는 것과 같이, 글의 의미는 알면서도 글의 의미와 글의 각 부분의 관계가 어떻게 연관되는지 분명하게 밝히지 못하는 문제를 안고 있다.

이 두 가지 읽기 과정모형의 특징은 다음과 같이 비교할 수 있다.[2)]

〈표 1〉 **읽기 과정의 비교표**

영역 / 과정	상향식 읽기	하향식 읽기
글의 의미 소재	글에 내재	글에서 독자가 구성
단어와 이해의 관계	단어 인지는 이해에 필수	단어를 몰라도 이해 가능
정보파악의 단서	단어, 음성-문자 단서 사용	의미, 문법적 단서 사용
읽기 진행방향	해독→어휘→통사→담화	담화, 통사, 어휘 지식→해독
읽기 구성방식	문자를 소리로, 소리를 의미로	의미의 예상과 확인
강조하는 언어 단위	문자, 문자와 음성의 연결, 단어	문장, 문단, 글
읽기 학습	단어인지 기능을 숙달하여 학습	유의미한 활동을 통해 학습
지도의 중점	단어의 정확한 인지	글의 의미 이해
학생평가의 중점	하위기능의 숙달	글에서 얻은 정보의 종류와 양

(다) 상호보완모형(interactive compensatory model)[3)]

실제로 사람들이 글을 읽을 때, '인간의 정보처리체계'의 두 측면이 동시에 상호작용하게 된다. 즉, 독자가 글에 들어있는 새로운 정보와 독자 자신이 갖고 있는 정보를 관련시키려고 하면서 이 두 과정전략이 상호영향을 주고 받으며, 동시에 작용하게 된다. 스타노비치(Stanovich, 1980: 63)에 따르면, 이 두 방식이 대등하게 사용되지는 않는다. 과정의 단계에 관계없이 어느 한 가지 정보의 원천이 부족하면 다른 정보에 더 많이 의존하게 된다. 즉, 독자가 단어를 처리할 때에는 잘 아는 주제에 대한 지식에 의존하지만, 주제를 잘 모를 경우에는 글을 이해하기 위해 단어지식에 의존한다.

2) 이 표는 읽기모형에 대한 여러 학자의 견해를 토대로 하여 필자가 새로 그린 것이다. 주로 고브(M. K. Gove, 1983)의 표와 류와 킨저(D. J. Leu, Jr. & C. K. Kinzer, 1987)의 견해를 참고하였다.
3) 상호보완모형이라는 용어에 대해서는 107쪽 주 4)를 참조할 것.

독자가 글을 대하게 되면, 표본을 추출하고, 자신의 지식과 비교하여 조화시키려 한다. 글 정보는 사전지식을 활성화시키고, 사전지식은 다시 글에 내재된 것에 대한 기대를 유발한다. 이것은 본래 무의식적이고 상호작용적인 과정으로 독자가 글과 사전지식을 조화시킬 때까지 계속되어, 결국 이해에 이르게 된다. 이러한 과정을 간단하게 도식하면 다음과 같다.4)

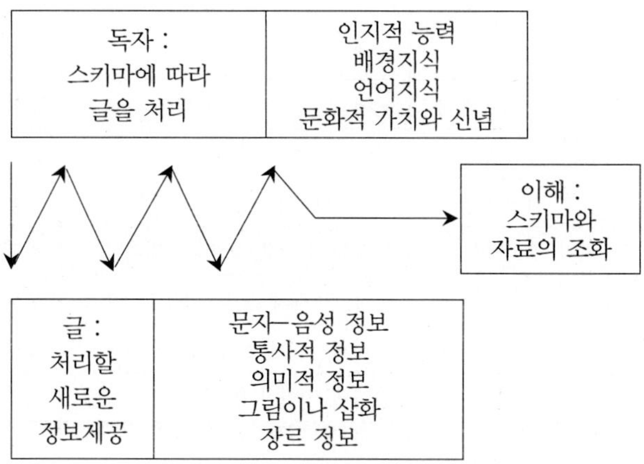

[그림 2] **읽기 과정의 상호보완 모형**

글에는 필자가 의도한 의미를 찾는 문자적 단서가 나타난다. 독자는 문자, 단어, 연상의미, 문장구조, 글씨체의 차이, 담화구조, 장르, 맥락, 기타 여러가지에 주목한다(이 단계를 위의 표에서 보면, 독자로부터 글로 화살표가 향하는 읽기 과정을 보인다.). 글의 자료와 사전지식을 일시적으로 조화시킬 때까지 글에서 표본을 추출하고 자료와 관련되는 스키마를 찾는다(이 단계에서는 글로부터 독자로 화살표가 향하게 된다.). 필자는 글을 쓰면서 독자가 찾아낼 수 있는 배경지식을 가정하게 되는데, 독자가 항상 필자가 의도한 의미를 해석해낼 수는 없다.

독자는 개념구조를 형성할 수 있는 인지적 · 인식적 능력이 있으며, 세계에 대한 지식을 글에서 찾을 수 있다. 그렇지만 독자의 머리 속에는 정

4) 이러한 도식은 심리언어학과 인지과학의 연구결과로 얻은 읽기과정에 대한 이해(B.S. Mikulecky, 1990: 3)를 토대로 하여 필자가 정리한 것이다.

보가 무작위로 들어가 있는 것이 아니라, 상호 관련된 정신구조가 스키마라는 체계로 저장되어 있다.

스키마는 유사하거나 관련이 있는 개념에 대한 일반적인 생각으로 모든 독자는 음성과 기호의 관련, 단어, 연상의미, 문장구조, 담화구조, 화용적 측면 등에 대한 개념적 틀(스키마)을 가지고 있다.

독자가 글을 이해할 때 영향을 미치는 읽기 환경요인에는 여러가지가 있다. 독자는 자신이 글을 읽는 목적을 알아야 하고, 그 목적을 달성하기 위해서는 어떤 전략을 사용해야 하는지 알아야 한다. 물론 읽기 목적과 전략은 독자와 글의 유형에 따라 달라지겠지만, 목적과 전략의 사용방법은 매우 중요하다. 이것은 독자의 의식적 사고과정에 영향을 미쳐 읽기 이해를 촉진시키고, 읽기 장애를 제거하여 효과적으로 이해에 도달할 수 있도록 돕는 것으로, 흔히 상위인지(metacognition)라고 부르는 과정과 관련이 있다. 상위인지는 인지(cognition)과정으로서의 읽기를 한 단계 위에서 살펴보고 조정하는(monitoring) 역할을 하는 것이다.

이러한 세 가지 읽기과정을 서로 다른 것으로 논의하기도 하지만, 하나의 축 위에서 설명할 수도 있다.

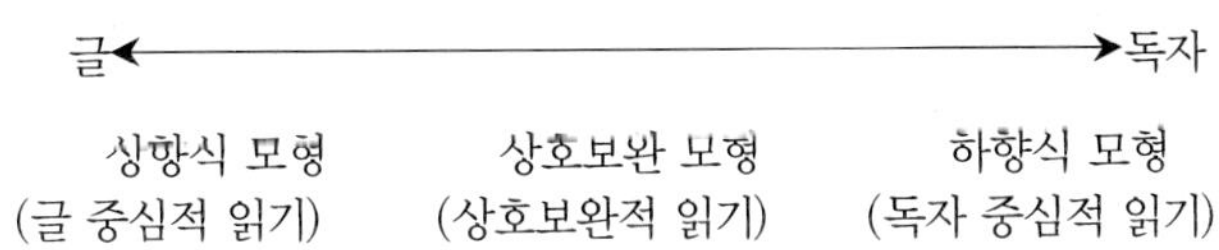

[그림 3] **읽기 과정의 연속성**

글 중심적 읽기와 독자 중심적 읽기는 읽기라는 하나의 축에서 양 극을 형성하는 것이다. 읽기는 결국 글과 독자의 관계에서 이루어지는 것이기 때문이다. 이들 두 극의 중간 어느 지점에 상호 자용적 읽기가 자리를 잡게 된다. 각각의 모형은 본질적으로 다른 것이 아니라, 글과 독자 중 어느 한 편에 더 중점을 두는가에 따라 달라지며, 이 둘의 중요성을 모두 고려하는 지점에서 상호 보완모형이 성립된다. 또한 이들 읽기 과정에 대한 관점은 읽기 교육에서 학습자의 학습능력이나 선수학습의 정도, 또는 읽기 교육의 목표에 따라 적절하게 선택될 수 있는 것으로 상호 배타적이기보다는, 보완적인 성격으로 보고 받아들일 필요가 있다.

(4) 읽기의 구성요소

읽기는 여러가지 요소가 복합된 과정이기 때문에 각각의 요소를 명확하게 구분하고, 객관적으로 연구하기는 어렵다. 그러나 연구를 위해서 읽기에 관련되는 요소들을 몇 가지로 유목화하여 살펴볼 수 있다. 이러한 분류는 읽기를 구성하는 요소, 단계 등을 암시하므로 읽기 전체 과정에 대한 이해와 연구를 촉진할 것이다.

읽기 과정을 어떤 모형으로 파악하든지 관계없이 읽기를 구성하는 요소는 매우 분명하다. 기본적으로 읽기를 구성하는 요소는 크게 몇 가지로 나눌 수 있다.

첫째, 읽기의 기반을 이루는 것으로 정신적 능력, 언어능력, 성숙 등이 포함된다. 이러한 요소가 부족하면 읽기 과정에 영향을 받거나 제한된다. 읽기를 가르칠 때 기초적인 능력을 사용할 수 있도록 안내하여야 한다. 마치 나무가 영양을 공급받고 튼튼하게 자라기 위해서 반드시 땅에 단단하게 자리를 잡고 있어야 하듯이, 읽기는 이러한 기초적인 능력에 기반을 두어야 한다.

둘째, 학생의 직접경험과 간접경험은 읽기를 구성하는 요소가 된다. 학생의 경험은 읽기의 모든 단계에서 중요한 기둥이 된다. 경험이 부족하면 정신적 능력이나 언어 능력이 있어도 글을 읽고 나서 그 의미를 이해하기 어렵다.

셋째, 단어 인지와 글의 이해는 읽기를 이루는 중요한 두 요소가 된다. 읽기가 글을 읽고 이해하는 것이라고 할 때 이 두 가지 요소는 읽기에서 대등한 가치를 갖는다. 단어 인지를 하지 못하면 글을 읽어도 이해할 수가 없고, 반대로 글을 이해하지 못하면 실제적인 면에서 단어 인지는 아무런 가치를 갖지 못하게 된다. 이 둘은 항상 함께 발달하게 된다.

마지막으로 읽은 결과를 활용하는 것이 중요하다. 읽기 훈련은 글에서 얻은 정보를 활용하도록 하는 것으로 구성되어야 하고, 실제 생활에 도움이 되도록 해야 한다. 학생이 글을 읽고 이해하여 얻은 아이디어나 사실 등을 활용하면 다른 것을 이해하고 받아들이는 데 도움이 된다.

Ⅱ 읽기 교육의 목표분석

(1) 읽기 교육 목표분석의 의의

읽기교육을 제대로 하기 위해서는 무엇을 가르칠 것인지, 왜 가르쳐야 하는지 알아야 한다. 읽기 교육 전체의 목적을 분명하게 정하고, 그것이 교육과정에서 가장 중요한 것이 되도록 하는 방법에 대한 연구는 읽기에 대한 정의에서부터 시작된다.

글을 읽는 까닭은 자신의 삶을 풍부하게 만들기 위해 적극적으로 언어를 사용하고 더 높은 사고를 하는 것이라고 할 수 있다. 읽기 교육의 목표를 논할 때 주의할 것은 글의 내용을 학습대상으로 하는 읽기(Reading to Learn)와 읽는 방법을 학습대상으로 하는 읽기(Learning to Read)를 구별하는 일이다. 전자는 학습하기 위해 내용을 배우는 것이므로 내용학습이라고 할 수 있고, 후자는 읽기를 배우는 것으로 방법학습이라고 할 수 있다. 읽기 교육에서 다루는 글의 내용은 그 자체가 읽기 교육의 목표가 아니라, 읽는 방법이 읽기 교육의 목표라는 점을 분명히 인식해야 한다. 다시 말하면 국어과에서 읽기 교육을 할 때 독해방법이 목표가 되어야 하며, 내용이해는 읽기 방법학습을 위해 필요한 것임을 분명히 알아야 한다.

흔히 읽기 교육을 글의 내용을 학습하는 것으로 잘못 알고, 내용중심으로 가르치기도 하는데, 이는 읽기 교육의 결과 학생이 자신의 삶 속에서 수행하는 읽기 형태이지, 읽기 교육을 통해 학습할 것이 아니다. 읽기 교육은 학생이 장차 다양한 삶의 현장에서 자신에게 필요한 내용을 적절하게 찾아 읽고 이해할 수 있도록 다양한 읽기 방법을 학습시키는 것이다.

결국 읽기 교육의 목표는 학생들이 자신의 삶을 풍부하게 만들기 위해 적극적으로 언어를 사용하고, 더 높은 수준의 사고를 하도록 하는 것이 된다. 학교에서의 읽기 교육이 잘 이루어지면, 그 결과가 사회에 반영될 것이다. 공공도서관에 있는 책을 빌려보는 사람들이 늘어날 것이고, 신문을 구독하는 사람이 늘 것이며, 서점이 더 많아질 것이다. 그러나 이런 것들보다 더 중요한 것은 학생들이 자신의 삶 속에서 읽기를 생활화하는 것이다. 직업에 따라서는 최신 정보를 얻기 위해 책을 읽어야 하는 경우도 있고, 사회가 복잡해질수록 더 많은 것을 읽을 기회도 증가할 것이다.

(2) 읽기 교육의 목표층위

읽기 교육에서 가장 중요한 것은 읽은 글의 내용을 이해하도록 하는 것이다. 언어의 여러가지 기능 중에서 기초적인 것은 의사소통 기능이기 때문에 읽기의 첫째 목표는 학생들이 읽은 것을 이해하도록 하는 것이다. 이와 함께 읽기 방법에 대한 상위인지를 갖도록 하는 것이다. 읽기를 잘하는 사람은 자신이 읽는 과정을 의식적으로 통제하여 목표를 지향할 수 있어야 하므로, 읽기 교육의 마지막 목표는 글을 읽고 이해하는 방법에 대한 상위인지를 갖는 것이다. 여기에는 읽기에 대한 긍정적인 태도를 갖도록 하는 것이 포함된다.

읽기의 둘째 목표는 읽기를 독해(reading comprehension)보다는 상위적 관점에서 바라보는 '문화'로서의 읽기를 생각하게 하는 것이다. 전자가 미시적으로 대응하는 독자의 정보처리 능력을 중심으로 접근하는 것이라면, 후자는 이러한 구체적인 독해의 집적이 한 개인의 '지식 및 정서 체계'에 작용하는 총체적 양상이라고 할 수 있다. 이 두 가지 목표층위는 지향하는 바가 다른 것으로 보이지만, 글을 통한 의사소통이라는 범주 속에서 각각의 고유가치를 부여받을 수 있는 중요한 위치를 차지한다.

(가) 해독하기(decoding)

읽기에서 가장 기본이 되는 것은 글을 읽는 일, 즉 해독하는 일이다. 문자기호가 어떤 의미를 전달하는 것인지 파악하는 일은 문자를 시각 자극을 통해 받아들이고, 일련의 정신과정을 거쳐 그 문자의 의미를 파악하는 일에서 시작된다. 글을 읽으면 반드시 그 의미를 알아야 하기 때문에 이해가 읽기에서 가장 중요한 것이라고 할 수 있으나, 이해를 가능하게 하는 것은 해독이라는 점도 간과해서는 안 된다.

읽기 교육이나 읽기에 대한 연구의 장에서 종종 문자 읽기, 즉 해독이 제외되거나 경시되는 경향이 있는데, 이는 읽기 전반을 균형있게 교육한다는 점에서 볼 때 문제가 된다. 문자해독은 초등학교나 그 이전에 문자를 접하는 아동들에게만 중요한 과정이고, 다른 사람들에게는 중요하지 않다는 생각은 잘못된 것이다. 해독은 어느 단계의 읽기에서든지 반드시 필요한 능력이기 때문이다. 그뿐 아니라 아직도 우리나라에는 성인 중에도 한글을 제대로 익히지 못한 사람이 있으며, 한국어를 배우려고 하는 외국인들도 적지 않기 때문이다. 따라서 문자를 학습하려는 사람의 연령이나 사회 문화적 배경, 모어배경 등과 관련하여 어떤 방법으로 문자 읽기를 지도하는 것이 가장 효과적이고 바람직한 것인지에 대한 연구와 실제 적용을 위한 노력이 필요하다.

(나) 이해하기(comprehension)

① 이해방법의 학습: 글을 이해하는 것은 읽기의 본질이므로 읽기 교육의 목표는 당연히 글을 이해하도록 가르치는 것이다. 필자는 의미를 전달하기 위해 글을 쓰고, 독자는 그 의미를 파악하기 위해 글을 읽는다. 글의 내용에 대한 이해는 주제에 대한 사전지식, 글 구조, 목적에 따라 달라진다. 이들 요소는 내용이해에 영향을 미친다.

글의 내용을 이해하는 능력은 독자가 그 주제에 대한 사전지식을 얼마나 갖고 있는가에 크게 좌우된다. 독자가 주제에 대해 많이 알면 주제와 연관된 단어의 의미를 알고, 메시지 내용을 이해할 것이다. 반면에 경험이 적으면 단어를 거의 몰라서 내용을 이해하지 못할 것이다. 내용목표를 가르치고자 할 때 독자가 사용된 모든 단어의 의미를 알지 못한다면, 그 의미를 알 수 있는 경험을 제공해야 한다.

글의 구조 역시 글을 이해하는 데 영향을 미친다. 글로 표현된 것은 다양한 형식을 갖고 있다. 서사적인 글은 이야기나 희곡, 설화체의 시 등이 포함되는 것으로 창조적인 글이라고 할 수 있고, 설명적인 글은 교재·신문·사전·요리책 등과 같이 정보를 전달하거나 설득하는 글로 기능적인 글이라고 할 수 있다. 이런 글들이 독자에게 요구하는 바가 다르다. 서사적인 글은 시공간적 장면을 설정하고, 등장인물을 소개한 후 문제나 갈등, 문제와 관련된 사건, 문제해결 등이 포함되는 구조를 갖게 되고, 설명적인 글은 말하고자 하는 것이 무엇인지 제시하는 서론과 실제 그것을 설명하는 본론, 그리고 결론으로 구성된다. 사업상의 편지를 쓸 때에는 그에 맞는 구조를 사용해야 하고, 뉴스를 쓸 때에는 첫째 단락에 6하원칙이 들어가도록 쓰고 나서 중요도의 순서에 따라 사실들을 배열하게 된다. 학생들에게 다양한 글을 가르치려면 다양한 글을 읽을 기회를 제공하고, 글의 구조에 대한 정보를 제공하면서 글을 읽을 수 있는 안내를 해야 한다.

글을 읽는 목적도 글을 이해하는 데 중요한 영향을 미친다. 예를 들면, 야구경기에 대한 신문기사에서는 어느 팀이 이겼는지, 경기결과 그 팀이 몇 위가 되었는지, 그 경기에서 스타가 된 선수와의 경기 후 인터뷰 기사 등이 실린다. 독자는 그의 목적에 따라 글을 이해한다. 학생들이 주어진 목적 중에서 목적을 선택하거나, 스스로 목적을 정하고 글을 읽어서 이해하도록 가르쳐야 한다.

그러나 읽기를 효과적으로 가르치기 위해 우리는 읽기 이해와 혼란을 일으킬 수 있는 것들을 구별할 필요가 있다. 가장 먼저 생각해야 할 혼란은 읽기 이해를 단어인지나 어휘이해와 구별하지 못하는 것이다. 단어인지나 어휘이해는 읽기를 배우는 초기단계에서 늘 강조되는 것이다. 단어의 의미에 대한 이해와 인식은 이해의 기초가 되기 때문이다. 그러나 독자가 실제로 글의 의미를 파악할 때 개별 단어의 의미보다는 전체의 의미가 중요하므로 단어인지는 이해과정의 한 부분이 된다. 이러한 미묘한 관계를 이해해야만 읽기를 가르칠 때 단어지식과 이해지도의 균형을 유지할 수 있다. 단어인지는 이해의 선결조건이기는 하지만, 전체 과정에서 볼 때 작은 부분일 뿐이다. 어떤 단어를 발음할 수 있다는 것은 그 의미를 반드시 이해한다는 뜻은 아니다.

다음은 사실에 대한 기억과 이해를 혼동하는 것이다. 교사들 중에는 독자가 교재에 포함된 정보를 중요하게 생각하고 회상할 수 있는지 확인하기 위해 정보에 대한 질문을 한다. 그러나 이해와 정보는 다른 것이다. 이해는 글에서 얻은 새로운 정보와 독자가 가지고 있는 사전 지식을 조화시키고, 새로운 해석을 구성하여 필자가 전하고자 하는 바를 재구성한 것이다. 글에 어떤 내용이 있는가 기억하고 회상하는 것은 매우 중요하지만, 글의 의미를 재구성하는 것과는 다르다. 회상하는 것은 재구성하는 것이 아니라 기억하는 것이다. 독자는 필자가 전하는 바를 재구성하기 위해 이해과정을 사용하며, 내용에 대한 기억은 시험이나 기타 다른 목적을 위해 사용한다. 기억전략은 이해전략과 구별되고 학습전략이라는 측면에서 다루어져야 한다.

마지막으로 이해과정과 내용은 구별해야 한다. 글 내용을 이해하기 위해 독자는 정신적인 과정을 진행시킨다. 두 가지 목적이 상호 관련되지만, 내용을 안다는 것이 사고과정을 이해하는 것은 아니라는 점을 기억해야 한다. 읽기 이해는 독자가 단순히 사실을 회상하는 것이 아니라 과정을 학습하는 것이어야 한다.

과정과 내용은 목적과 수단의 관계이다. 이해의 결과 특정 내용을 이해하게 되지만, 그 이해의 방법은 글을 재구성하는 데 사용된 사고이다. 이해지도를 글 내용에 제한하게 되면, 독자는 이해방법에 대한 정보를 얻지 못하고, 이해과정을 통제할 수 있는 능력을 기르지 못하게 된다. 독자에게 이해에 대한 질문을 하면 중요한 내용에 집중하게 되지만, 상대적으로 이해과정에는 집중을 하지 않게 된다. 독자가 글의 의미를 잘 이해하게 하려면 읽는 동안 글의 의미를 찾는 과정을 학습하도록 해야 한다. 풍부한 언어배경을 갖고 있는 독자는 읽으면서 이러한 정신적 과정을 발견하기도 하지만, 일반적으로는 읽기 과정을 이해하면서 동시에 내용에 대한 질문에 답하는 것을 매우 혼란스러워한다. 이들에게는 이해방법을 시범으로 보여주고, 그 과정을 사용하여 연습할 수 있도록 해 주어야 한다.

읽기 과정에 대한 이해는 문제를 발견하고, 해결하기 위해 여러가지 결정을 하는 기반을 제공하게 된다. 이것은 학습하는 단계에서 매우 복잡한 양상을 보이지만, 일단 학습하고 나면 자동화되어 실제 읽기를 수행할 때에는 거의 주목하지 않게 된다. 읽기를 배우는 과정은 여러 단계를 거치게 된다. 일단 첫 단계인 인지단계에서는 학생의 연습을 안내하고 집중적으로 연습하게 한다. 많은 시간과 노력이 필요하기 때문에 실제교육에서는 이 단계의 중요성이 커진다. 다음 단계에서는 각각의 인지적 단계에서 얻은 결과들이 더 큰 단위로 통합되고, 마지막으로 이들을 자동적으로 조정할 수 있게 된다. 이 단계가 되면 학습자는 빠른 시간에 정확하게 자신의 목표를 달성하게 되지만, 자신의 행동에 대한 의식적인 접근을 하지 않게 된다. 따라서 그 과정을 기술하거나 변화시키지 못하게 된다. 읽기 교육에서는 문제에 직면할 때마다 멈추어 서서, 문제의 원인을 밝히고, 해결방법을 결정하여 적용할 수 있는 능력을 길러 주어야 한다.

② **읽기 방법에 대한 상위인지 학습**: 최근 각 영역별 지도에서 상위인지(metacognition) 학습의 중요성이 강조되고 있다. 특히 기억이나 문제해

결, 의사소통과 관련하여 상위인지에 대한 연구에 관심이 집중되고 있다. 언어사용과 관련된 상위인지에 대한 연구는 루리아(Luria, 1961), 비고츠키(Vygotsky, 1962), 피아제(Piaget, 1974)에 뿌리를 두고 있다. 상위인지의 개념은 인지에 대한 인지(cognition about cognition)라는 것에서 출발해서 개인의 인지과정과 관련된 자신의 지식과 그 결과를 지칭하다가, 인지적인 목적과 자료를 관련시켜서 학습자가 능동적으로 자기를 점검하고 조정하는 개념으로 확대되었다. 프레벨(Flavell, 1981)은 인간의 인지점검 모델을 구성하는 요소로 인지적 목표, 인지적 행동, 상위인지적 지식, 상위인지적 경험을 제시하고, 상위인지 지식은 관련된 인간과 과제 및 전략으로 세분되고, 상위인지 경험은 아이디어와 사고, 느낌 등으로 세분된다고 하였다. 그러나 최근에는 이 개념을 확장하여 상위인지를 감정과 동기 등에도 적용하고 있다. 결국 상위인지란 학습자가 자신의 인지적 상황에 유의하면서 이것에 대해 통제를 가하는 것을 의미한다. 인지적 상황에 대한 인식은 학습자가 자신의 근본적 인지상태를 알고, 자신이 참여한 학습상황을 파악하며, 자신의 인지상황과 학습상황의 관계를 이해한다는 것을 말한다. 상위인지 활동은 인지자료에 대한 개인의 지식, 과제에 대한 지식, 자신의 학습책략, 자신에 대한 이해를 포함한다.

이러한 상위인지 학습은 각 영역에서의 학습에 영향을 미칠 뿐 아니라 언어사용 전반에 걸쳐 영향을 미친다. 다시 말하면 언어사용과 관련된 상위인지를 통해 언어사용의 중요성과 사용방법을 익힐 수 있다는 뜻이다.

읽기에서의 상위인지 학습이란 독자가 읽기가 무엇이고, 왜 가치가 있는지, 자신의 읽기 목표나 태도는 어떠한지에 대한 인식을 갖도록 하는 것이다. 상위인지적 인식은 학생과의 대화에서 확인할 수 있다. 읽기가 무엇인가라는 질문을 받았을 때 '읽기는 필자가 전달하는 것을 받아들이는 것'이라고 대답하는 독자가 '단어를 발음하는 것'이라고 대답하는 독자보다 더 정확한 개념을 갖고 있으며, 읽기는 무슨 가치가 있는가라는 질문에 '메시지를 전달하는 데 유용하다'고 대답한 독자가 '학교에서 사용한다'고 대답한 독자보다 정확한 개념을 갖고 있다. 이러한 태도는 학습동기 유발에 중요한 기초가 된다.

읽기 태도를 잘 가르치는 것은 중요한 읽기 교육의 목표가 된다. '태도'

라는 말은 읽기에 별로 동기를 갖지 못하는 독자를 가리킬 때 사용되기도 하는데, 그런 의미보다는 읽기에 대한 개념적 이해와 느낌을 지시하는 말로 보아야 한다. 그래서 태도를 가르친다는 말은 정확한 개념과 긍정적인 느낌을 갖도록 하는 것이다. 그렇게 되면 읽기에 대하여 잘못된 개념이나 느낌을 갖게 된 장애를 제거할 수 있을 것이다. 독자의 태도는 읽기 능력을 발달시키는 데 결정적인 역할을 한다. 이러한 태도 목표는 초등 읽기 교육과정에서 중요한 부분으로 다루어지고, 나중에는 점차 축소되어야 한다. 미국의 경우 유치원 교사는 50% 정도를 이 목표에 할당하고 있으나, 중학교에서는 20% 정도만 할당하고 있다. 따라서 초등학교의 읽기 프로그램에서는 교육과정의 기초에 태도목표가 포함되어야 한다. 초기 문식단계나 저학년에서 읽기는 즐겁고 유용한 활동으로 구성되어야 한다. 대부분의 시간과 노력이 태도 목표를 발달시키는 데 집중되어야 한다.

(다) 독서문화의 형성

글을 통하여 인격을 도야하고 문화를 표상하고자 하는 거시적 관점의 독서는 개인의 지적인 특성을 형성하는 기제가 되며, 문화적 주체로서의 개인의 지적 결정력과 문화적 교섭력을 확충하는 바탕이 된다. 이러한 개인은 이들이 모여 사는 사회(일종의 '독서사회'라 명명할 수 있다.)의 정신적 원동력이 되며, 궁극적으로는 하나의 정신문화적 시향(mentality)으로 자리 잡게 된다.

문화로서의 독서는 실용적이며 사무적인 정보전달 위주의 독서에서 벗어나, 자율적인 독서원리를 주조로 이상적으로는 '자기 교육'의 상태를 추구하게 된다. 이것은 곧 문학독서의 성격과 궤를 같이하는 것이기도 하다.

이러한 목표를 달성하기 위해서는 독자 자신의 독서행위에 대한 가치부여에서 시작해야 한다. 독서를 통하여 무엇인가를 달성하고자 하는 목표지향적 사고에 머물지 않고, 독서행위 자체를 하나의 문화적 맥락에서 파악하고, 그 자체에 가치를 부여하고자 하는 것이다. 이러한 독서행위의 자율성과 독서행위에 대한 적극적인 가치부여는 오늘날 단순한 흥미와 말초적 즐거움에 함몰하는 독서경향을 변별해내기 위해서라도 중요한 전제가 되어야 한다.

또한 이해하기를 목표로 하는 기술적인 수준의 독서방법과도 구별하여 미시적인 관점과 거시적인 관점의 조화를 모색할 필요가 있다. 이것은 어느 하나의 목표가 읽기를 전적으로 대표하는 것이 아니라, 각각 고유의 역할을 가지고 읽기 범주를 형성하는 것으로 인식하고, 균형있는 접근을 하게 하는 장치가 될 것이다.

Ⅲ 읽기 교육의 내용구성

(1) 읽기 교육 내용구성의 방향

글을 읽고 쓸 수 있는 사람을 기르기 위한 읽기 교육은 결국 학교에서 이루어진다. 학교에서는 학생들이 자신의 삶을 개척하고, 발전시키기 위해 언어를 잘 사용하도록 가르쳐야 하는데, 그 일이 쉽지는 않다. 학교는 인위적인 요소가 많기 때문에 언어를 사용하는 실제적인 생활과 괴리될 수 있기 때문이다. 학생들이 교육을 받을 때 적극적으로 읽기에 참여할 수 있도록 하는 프로그램이 적을 뿐 아니라, 읽기 프로그램을 선택하는 일이나 가르칠 내용을 선정하는 일이 학생의 필요를 고려하지 않고 교사가 직접 결정하는 경우가 많다. 결과적으로 학생은 실제적인 읽기를 경험할 수 없기 때문에 학교를 나서면 읽기교육의 결과를 전혀 활용하지 못하는 경우가 많다.

그렇기 때문에 읽기 교육의 교육과정에는 실제 삶에서의 읽기를 위한 내용이 반영되어야 한다. 교육과정은 가르칠 내용을 기술한 것이다. 교사들은 자신이 학교에 다닐 때 학습한 것을 기억하고, 읽기와 관련된 기능이나 전략을 찾아내려고 한다. 그러나 교육과정은 교사가 자의적으로 가르치고자 하는 기능이나 전략의 목록이어서는 안 된다. 교육과정은 공동체의 읽기 교육목표에 의해 결정되는 것이다. 읽기 교육의 목표가 글을 읽고 쓰는 사람을 만들기 위한 것이므로, 학생들에게 실제 읽고 쓸 수 있는 경험을 제공하는 것을 최우선 과제로 생각해야 한다.

읽기 교육의 목표는 인지와 상위인지를 포함하고 있다. 인지는 글의 의미를 이해하기 위해 거치게 되는 다양한 정신적 과정을 나타내는 말이고, 상위인지는 그 정신적인 과정에 대한 인식, 즉 인지에 대한 인지(cognition about cognition)이다. 그러므로 글을 읽을 때 글을 이해할 뿐 아니라, 이해하는 정신과정을 인식하고, 이러한 인식을 읽는 과정을 통제하는 데 사용한다. 이 두 가지 목표는 서로 분리되어 있으나, 실제 읽기에서는 분리되지 않는다. 이 목표들은 상호작용을 하면서 서로 영향을 주고 받는다. 학교에서 읽기를 가르치는 동안 어느 한 가지 목표에 집중하면서 다른 목표는 배제할 수 없다. 그러나 실제 교육에서는 이들 목표를 관련된 것을 묶어서 제시하는 방법을 취하게 된다.

(2) 읽기 관에 따른 내용구성

(가) 읽기 기능의 지도내용

읽기를 바라보는 관점에 따라 읽기 교육의 목표와 내용구성은 달라진다. 읽기를 상향식 모형으로 파악하고, 단순한 하위기능에서부터 점차 복잡한 상위기능으로 통합하는 방향을 취하고자 하는 기능적 관점에서는 읽기 기능들의 위계와 배열에 관심을 갖는다. 이러한 관점을 대표하는 것으로 바렛(Barrett, 1976)이 있다.

(a) 축어적 재인 및 회상(Literal recognition and recall): ① 세부 내용에 대한 재인 또는 회상, ② 중심 생각의 재인 또는 회상, ③ 줄거리의 재인 또는 회상, ④ 비교의 재인 또는 회상, ⑤ 원인 결과 관계의 재인 또는 회상, ⑥ 인물의 특성에 대한 재인 또는 회상
(b) 재조직(Reorganization): ① 유목화, ② 개요, ③ 요약, ④ 종합,
(c) 추론(Inference): ① 뒷받침이 되는 세부 내용 추론, ② 중심 생각 추론, ③ 줄거리 추론, ④ 비교 추론, ⑤ 원인과 결과 관계의 추론, ⑥ 인물의 특성 추론, ⑦ 결과 예측, ⑧ 비유적 언어 해석
(d) 평가(Evaluation): ① 현실과 환상의 판단, ② 사실과 의견의 판단, ③ 정확성과 타당성의 판단, ④ 적절성의 판단, ⑤ 수용가능성의 판단
(e) 감상(Appreciation): ① 주제나 구성에 대한 정의적 반응, ② 인물이나 사건에 대한 공감, ③ 자기가 사용한 언어에 대한 반응, ④ 심상

읽기를 구성하는 하위기능들(subskills)은 여러가지로 분류될 수 있다. 연구자에 따라 읽기의 하위기능들의 분류체계도 일정하지 않으며, 여러가지 읽기기능들이 각각 글의 이해에 어떻게 관련되는지 이론적으로 설명하기도 어렵지만, 읽기의 하위기능들을 확인하는 것은 읽기교육에서 학습내용을 선정하는데 중요한 자료가 된다.

그러나 이러한 기능지도가 읽기 맥락과 무관하게 이루어질 경우 읽기교육이 효과를 거두지 못하게 된다. 읽기를 구성하는 하위기능들에 대한 지도가 곧바로 읽기 능력을 신장시키지 못하는 까닭은 읽기의 하위기능들을 통합하여 운용할 수 있도록 지도하지 못하기 때문이다. 실제로 이들 하위기능들을 지도하는 과정 중에도 학생들은 글을 읽고 이해할 수 있다. 읽기 교육에서 하위기능들을 지도하는 것은 이들 하위기능들을 학습하고, 학생 스스로 목적에 따라 하위기능들을 통합할 수 있는 능력을 길러주기 위해서이다. 읽기 기능에 대한 비판이 적지 않으나, 그 비판은 읽기 기능 그 자체를 필요없는 것이라고 보지 않고, 기능에만 제한된 지도가 효과를 거두지 못한다는 것으로 인식해야 한다.

(나) 읽기 전략의 지도내용

읽기 기능을 세분하여 지도하는 것은 읽기 과정상 개별기능을 통합하는 과정을 포함하지 않기 때문에 결과적으로 각각의 기능을 통합하는 것은 학생들에게 맡기게 된다. 이렇게 되면 결국 읽기 기능은 지도될 수 없다는 주장도 가능하게 되는데, 이러한 문제를 해결하고자 하는 것이 읽기 전략관이다.

전략은 특정행위나 기술을 사용할 때 드러나는 것으로, 관찰이 가능한 경우도 있고, 불가능한 경우도 있다. 문제를 발견하고 해결하는 과정에서 잘 드러나고, 학습에 직접적으로 기여하고 의식적으로 선택되는 것으로 변화가 가능하다는 특성을 갖는다.

읽기 교육에서 전략은 구성주의적 관점에서 독해 증진을 위한 학습을 유도한다는 점에서 학생의 인지적인 변화를 이끌어내는 데 유용하다. 이것이 바로 상위인지와 관련이 있다. 읽기의 궁극적인 목표는 독해이므로, 읽기 전략은 읽기 능력, 읽기 기능향상을 목표로 하면서, 그 자체를 위계적으로 접근하여 지도하는 읽기 기능관의 지도방법과는 달라야 한다.

박수자(1994)는 읽기 전략관에 입각하여 가르칠 내용으로서의 읽기전략을 다음과 같이 제시하였다.

① 읽기 모형(상향식 · 하향식 · 상호작용식)전략
② 글 구조파악 전략
③ 문단관계 파악전략
④ 담화구조 파악전략
⑤ 중심내용 파악전략
⑥ 관계짓기 전략
⑦ 문맥단서 전략
⑧ 예측하기 전략
⑨ 재구성 전략
⑩ 초인지 전략(자기 점검)

박수자(1994)에 따르면, 읽기 전략의 학습은 단지 읽기 전략만의 학습이 아니라, 읽기 과제를 통한 문제해결 학습으로 독해방법에 대한 상위인지적 측면이 반영되어 있어야 한다. 읽기 전략 중심의 지도에 수업전략이라는 개념을 도입하지 않으면 읽기 기능지도와 유사한 문제에 직면하게 되므로, 이러한 문제를 해결하기 위해 여러가지 전략적인 수업모형이 필요하게 된다.

(다) 기능과 전략의 통합

읽기는 기호를 해독하고, 해독한 기호를 이해하는 두 가지 과정으로 이루어진 것으로 볼 때, 읽기 과정에 관여하는 요소들이 무엇인지 밝히는 것은 읽기 교육에서 매우 중요하다. 그러나 읽기를 여러가지 하위기능들로 구성되는 것으로 보는 견해에 대하여 부정적인 입장도 있다. 읽기 능력은 하위기능들로 분석할 수 없기 때문에 하위기능이라는 개념을 설정할 수 없다는 것이다.

읽기의 하위기능들을 부정하는 사람들은 읽기를 낮은 단계에서 높은 단계로 위계적으로 진행된다는 가정을 비판하고, 각 단계를 분절하여 분석된 하위기능들이 총체적으로 작용하여 읽기가 이루어진다는 상향식 모형의 한계를 지적한다.[5] 그리고 읽기는 하위기능들이 복합된 것이 아니라 하나의 읽기 행동 전체에 걸쳐서 목적이나 과제에 알맞은 형태로 변형되는 것이라고 한다. 즉, 개인이 가지고 있는 지식조건이나 상황에 따라 요구되는 인지적 조건에 따라 적절한 형태의 읽기가 이루어진다는 것이다. 따라서 이러한 견해를 기반으로 하여 읽기교육을 할 때 하위기능들을 단계적으로 가르치거나 평가하지 않고, 하나의 과제를 수행하는 데 작용하는 전체로서의 읽기를 가르치고 평가하도록 한다. 이러한 비판은 읽기 과정모형의 변천에 따라 매우 보편적으로 수용되는 것이다.

읽기에 대한 이러한 관점이 선적이고 절차적이며 일정한 틀을 가진 것으로, 기능의 획득을 통해 읽기 능력이 향상될 수 있다고 보는 기능관(skill-and-drill practice)이었다면, 1980년대 후반부터는 읽기를 글을 독해하기 위한 유목적 의미 구성과정으로 보아 읽기 과정 자체를 통제하고 관리하는 부분이 읽기 과정 속에 통합되어야 한다는 전략관이 대두되었다. 읽기 과정 자체를 관리하는 전략은 읽기 전에 학생의 선행지식과 경험을 활성화하고, 목적을 명시하며, 글 내용을 예측하고, 읽으면서 예측한 내용과 글의 내용을 비교하고, 새로운 정보를 정리하는 등의 과정을 포함한다.

그러나 이러한 변화에도 불구하고 읽기가 여러가지 하위기능들로 구성된다는 점은 명백하다. 읽기를 해독과 이해의 두 과정으로 나눌 때, 해독의 과정에서 해독하는 기능은 반드시 필요한 것이며, 이해의 과정에서도 기능은 필요하다. 이해의 과정은 크게 둘로 나눌 수 있는데, 그 하나는 문자 · 단어 · 어구 · 문장 · 단락 등 여러 요소들의 의미와 관계를 이해하는 과정이고, 다른 하나는 글 자체의 내용에 대하여 독자의 지식과 경험을 관련지어 이해하는 과정이다. 읽기의 하위기능을 부정하는 사람들은 읽기의 본질 중에서 이해의 측면을, 이해의 측면 중에서 독자의 경험과 지식을 글 내용과 관련시키는 측면만을 강조하기 때문에 다른 단계에서의 읽기 기능을 부정하게 된다.

5) 상향식 모형이 안고 있는 문제점이 곧 읽기를 구성하는 하위기능들에 대한 부정을 의미하지는 않는다. 읽기는 여러가지 하위기능들로 구성되어 있으며, 이러한 기능들이 읽기에서 밀접하게 관련된다고 본다. 다만 그 관련방식을 명확하게 드러내기 어려울 뿐이다.

기능과 전략은 서로 상반된 개념이 아니라, 동일한 과정과 요소를 보는 관점의 차이에 기인한 것이다. '기능'은 능력을 보는 개념으로, 학생의 실제행동의 변화를 기술하는 면이 있으나, 실제로는 의도적인 학습을 통하여 가시적으로 성과가 나타나는지 확인하기가 매우 곤란하다. 반면에 '전략'은 학습가능성 또는 학습방법을 중심으로 한 심리적인 것으로 과정중심적이라고 할 수 있다. 이 양자는 매우 다른 것으로 보이지만, 읽기를 정밀하게 분석하면 매우 유사하다는 것을 알게 된다. 일반적으로 기능을 세분하여 제시한 자료는 매우 많지만, 전략을 세부적으로 제시한 것은 없다. 전략이 단순히 하위기능들의 복합이 아니며, 하나의 통합체로서 독자적인 가치를 갖는다는 점을 인정한다고 해도, 각각의 읽기 전략이 어떤 과정을 통해 이루어지는지에 대한 명확한 틀을 제시하는 학자는 없다. 전략이라는 것이 학습자와 글의 상호 작용과정에 개입하는 것이기 때문에 개인마다 전략이 다르다고 해도 어떤 하나의 읽기전략을 구성하는 기본적인 요소는 같을 것이다.

예를 들면 중심내용 파악전략이라는 읽기 전략을 설명할 때 중심 소재, 주제, 요지, 대의의 양적 · 질적인 관계에 대한 개념을 안내하고 찾는 방법을 지도하는 것으로 그 과정을 제시한다. 중심소재는 글에서 반복되는 단어를 찾도록 하고, 글의 제목과 비교하게 하여 그 관계를 확인하고, 주제는 중심소재에 대한 한 문장정도의 서술분을 찾게 하는 것이며, 요지는 주제를 한 단락 정도로 확장하는 것, 대의는 문단별로 요지를 모아 놓은 것이기 때문에 글 의미내용의 이해결과를 확인하는 것이다. 따라서 중심소재와 주제를 찾는 법을 익히면, 요약하기를 통해서 이해결과를 확인할 수 있게 된다. 중심내용을 파악하는 전략은 결국 중심소재와 주제를 찾아내는 방법에 의해 좌우된다고 볼 수 있다. 이러한 중심내용 파악전략은 기능관에서 제시하는 여러가지 하위기능, 하위기능 분류체계를 제시한 바렛(Barrett, 1976)에서 중심생각의 재인 또는 회상, 줄거리의 재인 또는 회상, 요약 등의 하위기능과 같은 것을 담고 있다. 다만 기능관에서는 이러한 기능을 독립적인 것으로 제시하고, 그 각각의 기능을 익히는 데 초점을 두지만, 전략을 강조하는 입장에서는 이러한 하위기능의 사용과정과 사용방법에 초점을 둔다는 점이 다르다.

읽기 기능을 부정하고 전략을 중심으로 논의하더라도 중심내용 찾기와 같은 전략은 다시 과정과 방법을 구체화하기 위하여 중심소재 찾기나 주제 찾기와 같은(하위) 전략으로 세분되고, 이러한 과정이 반복되면 결국 최소단위의 전략이 추출되어야 한다. 최소단위의 전략이 다양한 방식으로 결합되어 점차 상위전략을 구성하게 되는 것이다. 그렇다면 학생은 최소단위 전략을 가지고 있어야만 상위전략을 구성할 수 있다. 음운, 형태, 통사적 능력이 있어야 언어를 사용할 수 있는 것과 마찬가지로, 언어사용의 세부기능들을 갖추고 있어야 언어를 사용할 수 있다는 말이다. 각 영역에 대한 이해와 사용능력이 없으면 언어를 전혀 사용할 수 없지만, 부분적으로 갖추고 있을 경우 그것을 적절히 조작하여 언어를 사용할 수 있듯이, 읽기 전략에서도 이러한 최소단위의 전략이 부족할 경우 이것을 상쇄하는 다른 전략을 사용하여 읽기를 보완하게 된다. 이때의 문제는 최소단위의 전략이 무엇인가에 대한 논란이다. 현재까지의 연구에 의하면 읽기를 전략 중심으로 논의하여야 한다는 주장은 있으나 그 구체적인 과정과 방법 및 그에 동원되는 요소가 무엇인지 밝히지 못하고 있다. 다만 현재까지의 연구에 의하면 읽기 전략의 과정과 방법을 구체화하는 과정에서 제시된 요소들이 읽기의 하위기능(subskills)과 거의 같다. 따라서 전략을 구성하는 요소로 하위기능을 인정하고 논의하는 것이 가능하다.[6]

결국 읽기를 인간중심으로 볼 때 전략이라는 개념을 사용하게 되고, 읽기 자체를 중심으로 볼 때 기능이라는 개념을 사용하게 된다. 그러나 이것은 전혀 다른 두 가지 개념이 아니라 하나의 틀 속에서 논의가 가능한 것이다. 학생이 전략을 중심으로 읽기를 진행한다고 해도, 그 속에서 사용하는 여러가지 단계 또는 과정이 있는데, 전략관을 가진 사람들은 이것을 단지 하위기능이라고 부르지 않을 뿐이다.

즉, 전략은 기능을 기반으로 하여 그것의 적용, 운용까지 다루도록 하는 것이다. 다시 말해서 전략이란 읽기에 대한 논의범위를 변화시킨 것이 아니라, 기능관의 연구결과를 전제로 하여 실제 과정과 방법까지 다루도

6) 읽기전략을 최소단위 전략으로 세분하는 방식은 말하기, 듣기, 쓰기에서도 가능하다. 이러한 방식은 각 영역의 공통점과 차이점을 밝히는 데 매우 유용할 것이며, 이러한 연구결과로 현재 영역별로 분리되어 있는 교육과정 및 교재의 재구성 방안을 마련할 수 있을 것이다. 이에 대한 관련 논의는 최영환(1994)을 참조할 것.

록 범위를 확장한 것이다. 그러므로 읽기 전략을 논의할 때 기능에 대한 논의는 반드시 전제가 되며, 그것의 사용 과정과 방법에 대한 연구가 뒷받침되어야 읽기를 바로 이해하고, 지도할 수 있게 된다.

(3) 읽기 교육의 교육과정 내용

읽기 교육의 내용은 기본적으로 읽기의 특성, 읽기의 기본원리, 목적, 대상, 상황을 고려하여 읽기 등이 포함되어야 한다. 2007 개정 국어과 교육과정에서는 읽기 교육 내용의 체계를 다음과 같이 제시하고 있다.

〈표 2〉 **2007 개정 교육과정 읽기 영역 내용체계**

<table>
<tr><th colspan="2">읽기의 실제</th></tr>
<tr><td colspan="2">- 정보를 전달하는 글 읽기
- 사회적 상호 작용의 글 읽기
- 설득하는 글 읽기
- 정서 표현의 글 읽기</td></tr>
<tr><th>지 식</th><th>기 능</th></tr>
<tr><td>○ 소통의 본질
○ 글의 특성
○ 매체 특성</td><td>○ 내용 확인
○ 추론
○ 평가와 감상</td></tr>
<tr><th colspan="2">맥 락</th></tr>
<tr><td colspan="2">○ 상황 맥락
○ 사회 · 문화적 맥락</td></tr>
</table>

읽기 영역의 내용 체계는 읽기의 실제를 상위 범주로 설정하여 읽기교육의 궁극적 목표가 무엇인지 분명하게 밝히고, 지식과 기능 및 맥락이 내용 요소로 실제 범주를 규정하는 하위 범주가 되게 한 것이다. 이는 제7차 교육과정의 내용 체계에서 내용 범주인 본질, 원리, 태도가 상위 범주에 속하고, 실제 범주는 하위 범주처럼 보이던 체계표상의 문제를 해결한 것이다.[7]

체계표에 나타나는 '지식'은 '글의 수용에서 요구되는 형식적, 본질적, 명제적 지식'을 의미하고, '기능'은 '글의 수용 활동에 관여하는 사고의 절

7) 제7차 국어과 교육과정의 읽기 내용 체계는 다음과 같다.

차나 과정'을 의미한다. 이는 제7차 교육과정의 '본질', '원리'가 서로 유사하여 명확하게 설명하기 어려웠던 문제를 해결하기 위한 시도이다. 읽기 교육의 내용을 일단 '지식'과 '기능'이라는 두 가지 핵심 요소로 구분하려는 시도는 매우 의미있는 것이지만, '지식'의 의미를 '조건적 지식'이나 '절차적 지식'을 배제한 '명제적 지식'에 제한하고 있다는 점이 문제이며, '기능'의 의미도 '사고의 절차나 과정'으로 규정함으로써 일반적으로 알려진 기능(技能, skills)의 의미와는 다르게 제시하는 점도 문제라고 할 수 있다. '기능'을 이렇게 규정할 경우 '전략'과 구별이 모호해지며, 이로 인해 '기능'과 '전략'의 상호 작용에 의한 읽기 능력의 신장이라는 과제에 접근하는데 혼란이 나타날 수 있다.

2007 개정 교육과정에서는 읽기의 태도 범주를 삭제하고 '동기', '흥미', '습관', '가치'를 학년별, 영역별로 제시하여 전 학년에 걸쳐 교육할 수 있도록 하였다.

결국 읽기 교육의 내용은 크게 읽기에 대한 지식 학습, 읽기에 대한 기능 학습, 그리고 상황 맥락에 따른 읽기를 기반으로 하여, 이러한 세 가지 요소가 실제 생활에서 '정보를 전달하는 글 읽기', '설득하는 글 읽기', '사회적 상호 작용의 글 읽기', '정서 표현의 글 읽기'로 통합할 수 있도록 구성되었다.

그러나 2011 개정 국어과 교육과정에서는 내용 체계를 다음과 같이 변경하였다.

〈표 3〉 **제7차 교육과정 읽기 영역 내용체계**

<table>
<tr><td rowspan="2">읽기</td><td>• 읽기의 본질
- 필요성
- 목적
- 개념
- 방법
- 상황
- 특성</td><td>• 읽기의 원리
- 낱말 이해
- 내용 확인
- 추론
- 평가와 감상</td><td>• 읽기의 태도
- 동 기
- 흥 미
- 습 관
- 가 치</td></tr>
<tr><td colspan="3">• 읽기의 실제
- 정보를 전달하는 글 읽기 - 설득하는 글 읽기
- 정서 표현의 글 읽기 - 친교의 글 읽기</td></tr>
</table>

〈표 4〉 2011 개정 교육과정 읽기 영역 내용체계[8)]

<table>
<tr><th colspan="3">실제</th></tr>
<tr><td colspan="3">• 다양한 목적의 글 읽기
– 정보를 전달하는 글
– 설득하는 글
– 친교 및 정서 표현의 글
• 읽기와 매체</td></tr>
<tr><th>지식</th><th>기능</th><th>태도</th></tr>
<tr><td>• 읽기의 본질과 특성
• 글의 유형
• 읽기와 맥락</td><td>• 낱말 및 문장의 이해
• 내용 확인
• 추론
• 평가와 감상
• 읽기 과정의 점검과 조정</td><td>• 가치와 중요성
• 동기와 흥미
• 읽기의 생활화</td></tr>
</table>

〈표 4〉에 의하면 2007 교육과정에서 내용 체계 중 맥락은 실제와 밀접한 관련을 맺고 있는 것으로 보고 삭제한 반면, '태도'를 신설하여 '지식', '기능'과 함께 읽기를 구성하는 중요 요소로 제시하였다. 세부 항목에서도 다양한 목적의 글을 '정보', '설득', '친교 및 정서 표현'으로 하여 2007년의 '사회적 상호작용의 글'을 '정서 표현'과 통합하였다. 또한 매체를 지식에서 실제로 이동시켜 읽기의 기본 요소가 아닌 실제 맥락에서 나타나는 것으로 처리하였다. 이와 함께 기능에서도 읽기의 하위 요소 중 '낱말 및 문장의 이해', '읽기 과정의 점검과 조정'을 추가하여 과거 내용 확인 이상의 차원에서 다루던 읽기를 해독 및 어휘 수준에서 출발하도록 하였고, 상위 인지를 이용한 읽기 능력도 중요한 요소라는 점을 반영하였다. '태도'는 읽기 주체의 참여와 주도적 활동을 위한 것으로 읽기의 가치를 인정하고 흥미를 갖게 하며 생활 속에서 지속적으로 읽을 수 있도록 하려는 의도를 반영한 것이다.

읽기 교육과정과 밀접한 관련을 갖고 있는 고등학교 선택 과목인 '독서'의 내용 체계 역시 기본적인 면은 읽기의 내용 체계와 같다.

8) 교육과학부 고시 제 2011-361호[별책 5]에 의함.

〈표 5〉 **2007 개정 교육과정 고등학교 독서 과목 내용체계**

<table>
<tr><td>지 식

○ 독서의 특성
○ 글의 특성
○ 독서의 과정과 방법
○ 독서의 맥락
○ 독서의 역사와 가치</td><td rowspan="2">글의 유형

○ 목적: 정보 전달, 설득, 사회적 상호 작용, 정서 표현
○ 제재: 인문, 사회, 과학, 예술
○ 시대: 고대, 중세, 근대
○ 지역: 국내외</td></tr>
<tr><td>기 능

○ 독서의 준비
○ 독서의 수행
- 사실적 독해
- 추론적 독해
- 비판적 독해
- 감상적 독해
- 창조적 독해
○ 독서의 성찰과 조절
○ 독서의 활용</td></tr>
</table>

다만, 독서의 내용 체계에서는 하위 범주 중 '맥락'을 제외하고, 상위 범주인 '실제'도 삭제하였다. 그리고 맥락과 실제를 포괄하는 것으로 볼 수 있는 '글의 유형'을 제시하여 독서의 '지식'과 '기능'이 구현되도록 했다.

그러나 2011 개정 교육과정에서는 국어 Ⅰ의 '독서' 과목을 통해 내용 체계를 다음과 같이 정리하였다.

〈표 6〉 **2011 개정 교육과정 독서 과목의 내용 체계**[9)]

국어Ⅰ	• 독서 특성의 이해	• 독서 상황과 독서의 방법	• 자율적 독서의 생활화
국어Ⅱ	• 독서 문화의 이해	• 독서와 문제 해결	• 매체 자료의 분석과 비판적 태도

이와 같은 체계에 따라 '독서와 문법'이라는 과목을 통합 제시하였는데, 그 내용 체계는 이질적인 요소의 불완전한 결합 양상을 보인다.

9) 2011 개정 교육과정에서 국어Ⅰ, 국어Ⅱ의 '독서' 과목의 표를 재정리한 것임.

〈표 7〉 2011 개정 교육과정 '독서와 문법' 과목의 내용 체계

독서와 언어의 본질	• 독서의 본질 • 언어의 본질
국어 구조의 이해	• 음운 • 단어 • 문장 • 담화
글의 구조와 독서의 방법	• 글의 구성 원리 • 독서의 방법
독서의 실제와 국어 자료의 탐구	• 독서와 국어 생활 • 국어 자료의 탐구 • 독서의 가치와 성찰

위 표에서 보는 바와 같이 '읽기'와 '독서', 그리고 '독서와 문법'의 내용 체계는 상당 부분 일치하기는 하지만, 기본 틀이 다소 차이가 있으며, 세부 내용은 더욱 차이를 드러내고 있다. 이것을 통해 '읽기'와 '독서'에서 가르치고자 하는 바에 대한 명확한 목표 및 내용에 대한 연구 결과가 부족하거나 연구자들 사이의 합의를 도출하는 데 어려움이 있었다는 것을 짐작할 수 있다.

읽기 영역의 내용 체계에 따라 2011 개정 국어과 교육과정에서는 여영 성취기순, 내용 성취 기순 능을 학년군별, 학교급별, 과목별로 제시하고 있다.

〈표 8〉 2011 개정 교육과정의 읽기 목표[10)]

1-2학년군	영역	글을 소리 내어 유창하게 읽으며, 읽기의 즐거움을 경험하고 글을 즐겨 읽는 태도를 지닌다.
	내용	(1) 글자의 짜임을 이해하여 글자를 읽고, 읽기에 관심을 가진다. (2) 낱말과 문장을 정확하게 소리 내어 읽는다. (3) 의미가 잘 드러나도록 글을 알맞게 띄어 읽는다. (4) 글의 분위기를 살려 효과적으로 낭독하고 읽기의 재미를 느낀다. (5) 글의 내용을 자신이 겪은 일과 관련지어 이해한다. (6) 글을 읽고 중요한 내용을 확인한다.

10) 2011 개정 국어과 교육과정 내용 중에서 읽기 관련 '영역 성취 기준'을 정리한 것임.

3-4학년군	영역	읽기의 기초적 전략을 활용하여 글을 읽고, 읽은 글에 대한 생각과 느낌을 타인과 공유하려는 태도를 지닌다.
	내용	(1) 글을 읽고 대강의 내용을 간추린다. (2) 글쓴이의 마음이나 인물의 마음을 짐작하며 글을 읽는다. (3) 읽기 과정에서 지식과 경험을 적극적으로 활용하며 글을 읽는다. (4) 글을 읽고 중심 생각을 파악한다. (5) 글쓴이가 제시한 의견의 타당성을 평가한다. (6) 글에 대한 경험과 반응을 다른 사람과 나눈다.
5-6학년군	영역	지식과 경험, 글의 정보를 활용하여 내용을 추론하는 능력을 기르고, 글을 비판적으로 읽는 데 필요한 핵심적 능력을 길러 읽기를 생활화하는 태도를 지닌다.
	내용	(1) 문맥을 고려하여 낱말의 의미를 파악하며 글을 읽는다. (2) 글의 짜임에 다라 글 전체의 내용을 요약한다. (3) 내용을 추론하며 글을 읽는다. (4) 여러 가지 독서 방법이 있음을 알고 이를 적용한다. (5) 글에 나타난 글쓴이의 관점이나 의도를 파악한다. (6) 주장의 타당성을 판단하며 주장하는 글을 읽는다. (7) 다양한 읽을거리를 스스로 찾아 읽고, 자신의 독서 습관을 점검한다.
중1-3학년군	영역	다양한 유형의 글을 읽기 목적과 상황에 따라 적절한 읽기 전략을 사용하여 비판적으로 읽고, 능동적으로 글을 읽는 태도를 지닌다.
	내용	(1) 지식과 경험, 글의 정보, 읽기 맥락을 토대로 내용을 예측하며 글을 읽는다. (2) 글이나 매체에 제시된 다양한 자료의 효과와 적절성을 평가하며 읽는다. (3) 읽기 목적에 따라 적절한 방법으로 글의 내용을 요약한다. (4) 설명 방식을 파악하며 설명하는 글을 읽는다. (5) 논증 방식을 파악하며 주장하는 글을 읽는다. (6) 글의 내용을 토대로 질문을 생성하며 능동적으로 글을 읽는다. (7) 동일한 대상을 다룬 서로 다른 글을 읽고 관점과 내용의 차이를 비교한다. (8) 글의 표현 방식을 파악하고 표현의 효과를 평가한다. (9) 자신의 삶과 관련지으며 글의 의미를 해석하고 독자의 정체성을 형성한다. (10) 읽기의 과정과 원리를 이해하고 자신의 읽기 과정을 점검하며 조절한다. (11) 읽기의 가치와 중요성을 깨닫고, 읽기를 생활화하려는 태도를 지닌다.
고등학교 국어 Ⅰ	내용	(4) 글의 의미를 구성하는 사고 과정으로서 독서의 특성을 이해한다.[11]

11) 국어 Ⅰ, 국어 Ⅱ에서 '독서' 과목의 번호가 (1)에서 시작하지 않는 이유는, 화법 과목부터 번호를 순차적으로 부여하기 때문이다.

고등학교 국어 I	내용	(5) 여러 가지 독서 방법을 이해하고 상황에 맞는 독서 방법을 적용하여 글을 읽는다. (6) 독서의 목적과 상황, 독자의 흥미나 가치관 등을 고려하여 글을 스스로 선택하여 읽는 태도를 기른다.
고등학교 국어 II I	내용	(4) 시대에 따라 글쓰기의 관습이나 독서 문화가 다름을 이해한다. (5) 문제 해결적 사고 과정으로서 독서의 특성을 이해하며 다양한 유형의 글을 읽는다. (6) 다양한 매체 자료를 비판적으로 분석하고 평가하며 읽는다.
고등학교 독서와 문법	내용	- 독서의 본질 (1) 사회적 소통 및 지식 창출의 행위로서 독서의 특성을 이해한다. (2) 독해의 원리, 과정, 방법을 통합적으로 이해한다. 글의 구성 원리 (15) 글의 구성 요소를 이해하고, 글의 담화적 특성을 판단하며 읽는 능력을 기른다.[12)] (16) 글의 기본 구조와 전개 방식에 대한 이해를 바탕으로 사고 전개 과정의 특징을 파악하며 읽는다. 독서의 방법 (17) 글의 구성단위들 간의 관계를 이해하고 글의 중심 내용을 파악하며 읽는다. (18) 필자의 의도나 목적, 숨겨진 주제, 생략된 내용 등을 추론하며 읽는다. (19) 글의 내용이나 자료, 관점 등에 나타난 필자의 생각을 비판하며 읽는다. (20) 글에서 공감하거나 감동적인 부분을 찾아 그 내용을 감상하며 읽는다. (21) 글의 화제나 주제, 필자의 관점 등에 대한 자기의 견해를 논리적으로 구성하여 창의적으로 문제를 해결하는 방법을 발견한다. 독서와 국어 생활 (22) 동일한 화제에 대한 다양한 관점의 글을 읽고 비판적으로 재구성한다. (23) 시대에 따라 글쓰기의 관습이나 독서 문화가 달랐음을 알고 사회·문화적 맥락을 구성하며 글을 읽는다. (24) 지역별 문화의 특성이 글에 반영되어 있음을 이해하고 창의적으로 글을 읽는다. (25) 정보화 시대의 다양한 독서 매체의 특성을 이해하고, 이를 효과적으로 활용하여 읽는다. -독서의 가치와 성찰- (30) 사회적 공동체의 독서 활동을 통하여 다른 사람과 교감하며 글을 읽고 삶을 성찰한다. (31) 다매체 사회에서 인터넷 등 다양한 경로를 통해 독서에 관한 정보를 얻고 활용한다. (32) 자신의 독서 이력을 성찰하고 독서 계획을 세워 실천한다.

12) '독서와 문법' 과목의 내용 중 '독서' 관련 항목의 번호가 이어지지 않는 이유는, '문법' 관련 항목을 제외하였기 때문이다.

학년군별 목표는 읽기 능력의 낮은 수준에서부터 높은 수준으로 점차 확장되도록 구성하여 교육적 체계를 의도하였다. 다만 학년군별 목표의 진술 방식이 어떤 체계를 갖는지 명확하지 않으며, '영역 성취 기준'이라는 진술 아래 제시하는 '내용 성취 기준'이라는 것은 2007 국어과 교육과정 내용과 크게 다르지 않다. 이것은 읽기 목표가 시대나 상황에 따라 크게 변하지 않는 본질적 특성을 지니고 있기 때문이라고 볼 수 있다.

Ⅳ 읽기 교육의 교수·학습 전략

(1) 읽기 과정에 따른 전략

읽기 교육에서 가장 중요한 것은 읽기 목표를 달성하기 위한 구체적인 전략을 학습하는 일이다. 읽기 목표는 단일한 것이 아니라 매우 복잡하고 다양하기 때문에 각각의 읽기 목표를 달성하기 위한 전략은 수도 많을 뿐 아니라, 그 관계도 복잡하다. 읽기 교육은 이러한 전략을 하나씩 가르칠 뿐 아니라, 문제상황에 따라 전략을 통합하여 해결할 수 있는 능력도 길러주는 것이기 때문에, 읽기 교육에서 활용할 수 있는 전략이 무엇이며, 그 전략은 어떤 방식으로 통합될 수 있는지 살펴보는 일이 중요하다.

(가) 읽기 전 독자사고의 활성화 전략

독자는 글을 읽기 전에 글과 관련된 자신의 스키마를 활성화하고, 읽는 과정에서 글과 적극적으로 상호 작용하기 위한 준비가 필요하다. 이를 위해 읽기 교육에서는 읽기 전 독자사고를 활성화하는 전략을 가르치고 잘 사용할 수 있도록 도와주어야 한다.

① 연상하기: 효과적인 읽기를 위해 선행지식을 회상하고, 그것을 활성화함으로써 글 속에 들어있는 정보와의 교섭이 가능하도록 만드는 과정이 읽기 이해의 첫 단계에서 이루어져야 한다. 연상하기는 이러한 과정에서 자주 사용되는 방법이다. 연상하기는 주로 제목을 보거나 교사가 제시한 자료에 기초하여 학생 자신이 이미 알고 있는 것을 브레인스토밍하고, 그것을 토대로 하여 학생이 가장 흥미있는 것을 골라 그에 대한 질문과 답

을 기록하게 한 후, 글을 읽으면서 그 자료의 빈 곳에 정보를 채워가는 방식으로 읽기를 진행하게 한다. 글의 종류에 따라 글을 읽지 않은 상태에서 글에 나오는 핵심단어·중요구절·주제와 관련된 그림을 제시하면 학생이 그에 대한 토의를 하여 브레인스토밍을 하는 방식을 취하기도 한다. 다만, 연상하기는 다른 전략보다는 글 내용과의 긴밀도가 낮기 때문에 실제로 글을 읽기 위해서는 다른 전략의 도움이 필요하다.

② **예측하기**: 우리는 책을 읽기 전에 읽을 책의 제목, 사진, 기타 정보를 대하면서 읽기를 멈추고 책에 있는 내용을 추측할 수 있다. 이것을 예측하기라고 부른다. 예측을 할 때 다음과 같은 사항을 알게 된다. 첫째, 읽을 책의 종류를 알게 된다. 신문사설인지, 이야기인지, 광고인지, 교과서인지, 그리고 편지나 그 밖의 무엇인지 알게 된다. 둘째, 우리가 읽을 책의 내용에 대해 이미 우리가 알고 있는 것이 무엇인지 파악하게 된다. 셋째, 그 책을 얼마나 주의깊게 읽을 것인지 결정할 수 있게 된다. 모든 단어를 자세히 읽을 것인가? 대충 훑어볼 것인가? 즐기면서 읽을 것이라면 굳이 내용을 기억하려고 애쓰지 않아도 된다. 주로 제목이나 글의 첫 부분을 중심으로 예측을 하고, 그 내용을 토대로 글 전체를 몇 부분으로 나누어 예측을 진행하면서 수정하고 보완하는 과정을 거치게 된다. 이때 중요한 것은 글을 읽기 전에 예측을 하고, 글 모두를 읽은 후 비교하는 것이 아니라, 글을 읽어 가면서 몇 단계로 나누어 예측을 진행한다는 점이다. 이것은 글에 대한 능동적인 자세와 동기유발에 효과적이며, 스키마 활성화라는 면에서 매우 중요한 과정이다.

③ **미리보기**: 우리는 여행을 하기 전에 여행에 대한 정보를 얻기 위해 지도를 살펴본다. 우리가 여행을 할 도로의 상태, 지나가게 될 도시들, 걸리는 시간, 가면서 볼 수 있는 것들을 살펴본다. 무작정 여행을 떠나는 것보다는 이런 준비를 하면 여행이 더 즐거워진다. 이와 마찬가지로 책을 읽을 때에도, 읽기 전에 미리보기를 하면, 책의 내용을 이해하고 기억하기가 훨씬 쉬워진다. 사실, 우리는 매일매일 거의 자동적으로 읽기 전에 미리보기를 한다. 우리는 편지를 받으면, 뜯어 보기 전에 주소와 발신자, 봉투의 크기와 무게, 용지의 형식, 필체 등을 미리 보고 그 내용을 상당부분 파악한다. 책을 사거나 읽기 전에도 책의 앞 뒷면, 제목, 저자의 이름,

책의 두께 등을 미리 살펴본다. 제목이나 그림을 보고, 글의 단락을 인지한 후, 각 단락의 첫 문장과 마지막 문장을 읽고, 글 속에 있는 이름이나, 수·날짜·눈에 띄는 단어들을 주목한다. 이것은 글의 장르, 문맥, 제재, 글 난도, 글 조직에 대한 정보를 파악하는 데 중요한 구실을 한다.

미리보기는 빨리 읽는 능력과 관계가 있다. 책의 정보를 가정하고, 자신이 이미 알고 있는 정보와 책의 내용을 연관시켜 봄으로써 책에서 필요한 정보를 얻고자 할 때 사용하는 능력이다. 학생들은 이러한 능력을 길러서 자신들에게 소개된 책 중에서 필요한 것을 골라 읽을 수 있게 된다. 글을 전부 읽지 않고도 글의 내용에 대해 생각해 보는 것은 독자의 사고를 활성화시키고, 읽기에 능동적인 자세를 갖게 하며, 흥미를 유발하기도 한다. 일반적으로 짧은 글을 미리 보는 것과 책 전체를 미리 보는 것이 서로 다르게 보이지만, 그 기본적인 과정은 동일하다. 이 둘의 차이는 전체 과정 내에서 나타나는 세부적인 차이일 뿐이다.

(나) 읽는 중 전략

읽는 중 전략은 읽기의 핵심부분이다. 읽는 중에 이해를 중심으로 하는 대부분의 읽기 목표를 달성하기 때문이다. 읽는 중 이해에 기초한 전략을 제시하는 것에 초점을 두고 몇 가지 전략을 제시하면 다음과 같다.

① **훑어보기**: 훑어보기는 특정 정보를 얻기 위해 글을 읽을 때 사용하는 빠른 속도의 읽기 능력이다. 이것은 책을 전부 읽지 않고도 정보를 파악하는 방법으로 전화번호부에서 필요한 번호 찾기, 사전에서 필요한 단어 찾기, 열차시간표에서 원하는 차편 찾기와 같은 것이 대표적인 예이다. 학생이 훑어보기를 배우고 나면, 책을 전부 읽지 않고도 필요한 정보를 얻을 수 있게 된다. 이와 함께 단어를 시각화하는 능력도 배우게 된다. 또한 책을 읽을 때 속도를 높이기 위한 전략으로 사용할 수도 있다. 훑어보기 교재는 교사가 직접 구안할 수 있는데, 주로 신문이나 잡지, 목록 등에서 재미있는 것을 골라 쓴다. 때로는 음식점의 메뉴판, 텔레비전 방송안내, 신문의 기사, 음식점 탐방, 영화상영 안내, 기타 대중적인 자료를 사용할 수도 있다. 훑어보기를 지도할 때에는 다양한 질문을 해야 한다. 동일한 자료를 갖고도 다양한 질문을 하면 폭넓은 사고능력을 기를 수 있다.

② **중심생각 찾기**: 글을 이해한다는 것은 필자가 말하고자 하는 바를 아는 것이다. 이것이 바로 중심생각으로, 내용의 합리적인 전개를 위해 구체적인 세부내용의 지원을 받게 된다. 글을 읽을 때는 이러한 관계를 파악하는 것이 반드시 기초가 되어야 한다. 중심 생각을 찾는 것은 비판적 읽기, 창조적 읽기를 비롯한 다양한 읽기의 기반이 되는 것이기 때문에 읽기 교육에서 가장 중요한 부분이다. 따라서 이 목표를 달성하기 위한 구체적인 전략을 학습하는 일은 읽기 교육에서 가장 중요하게 다루어야 할 요소이다.

글의 중심생각은 핵심어 찾기에서부터 시작된다. 글에서 중요한 내용과 관련된 단어는 반복해서 사용되는데, 이것 중에서 가장 중요한 것이 제재이며, 일반적으로 제목으로 드러나게 된다. 제목의 효과와 기능에 대한 지식도 중심내용 찾기에서 중요한 기반지식이다. 또한 제재에 대한 일반적인 진술을 찾는 것도 글의 중심생각을 찾는 방법의 하나이다. 또한 지나치게 상세하거나 반복되는 내용을 삭제하기, 하위어를 상위어로 바꾸기를 비롯한 다양한 전략이 있다.

③ **글구조 파악하기**: 글은 필자의 개요에 따라 구성된 것이다. 글을 이해하는 과정은 바로 그 개요를 포착하는 것이기도 하다. 글의 조직에 관심을 가지면, 글의 세부사항에 몰입하지 않게 되고, 글 전체를 한눈으로 보는 능력이 생긴다. 글의 구조를 쉽게 파악하기 위한 대표적인 전략은 그래픽 조직자이다. 글의 내용을 학습할 때 여러가지 그래픽 조직자를 사용하는 것이 효과적이라고 알려져 있다. 대개 벤 다이어그램, 시간순서도, 중심 아이디어표, 이야기 그물, 인물분석표, 비교 · 대조표, 의미망 등이 포함된다. 형태가 어떤 것이든 그래픽 조직자는 각 부분의 관계 및 전체의 핵심을 모두 보여주기 때문에 이것을 통해 글에 표현된 주제, 개념, 아이디어들을 선제적으로 이해할 수 있나. 그래픽 조직자를 만드는 데 학생 간의 차이가 발생하는데, 이것은 관점 · 태도 · 분석 및 해석의 차이를 보이는 것이며, 이러한 차이는 학생이 자신이 하는 일을 설명하고 방어하는 토론에서 발판이 될 수 있다.

④ **추론하기**: 우리는 글을 쓸 때 모든 정보를 담지 못한다. 적절한 간격을 두고 내용을 전개하면서 내용의 긴밀성을 유지하려고 한다. 내용을 지

나치게 생략하여 글을 쓰면 글의 응집성과 통일성이 없어 이해하기 어렵고, 너무 많은 내용을 상세하게 다루게 되면 산만하게 된다. 따라서 글의 내용을 전개하면서 글의 전후 맥락이나 독자의 사전경험과 지식으로 쉽게 보충할 수 있는 내용을 생략하여 적절한 긴장을 유지한다. 이처럼 모든 글은 완전히 명시적인 형태를 갖추지 않기 때문에, 독자는 글을 읽을 때마다 생략된 부분의 정보를 보완하면서 이해하게 된다. 이러한 이해과정에서 가장 중요하게 작용하는 것이 추론이다. 추론은 독자의 사전지식을 토대로 하여 문장과 문장, 문단과 문단 사이의 정보비약을 채우게 된다. 일반적으로 예측하기와 혼동되기도 하는데, 그 기능상 중요한 차이가 있다. 초기단계에는 문장과 문장의 연결에서 추론을 지도할 수 있고, 점차 문단이나 글로 이행하면서 지도할 수 있다. 글에서 얻은 정보와 자신의 지식, 그리고 그에 기반을 둔 추론을 비교하는 방식으로 읽도록 하면 효과적으로 추론을 하게 할 수 있다.

⑤ **건너뛰며 읽기**: 건너뛰며 읽기는 매우 빠른 속도로 읽는 능력으로, 글 전체를 한눈에 파악하기 위해 빠르게 책을 읽어가는 과정을 포함한다. 이것은 특정 정보를 찾기 위해 사용하는 빨리 읽기 방법으로, 글 속의 단어를 모두 읽지 않고, 필요한 정보에 주목하는 것이다. 이를 위해서는 지면 전체를 한눈으로 보는 눈이 필요하고, 그에 대한 훈련을 적절하게 투입하여야 한다. 또한 글의 구조에 대한 지식, 관점에 따른 어휘적 단서에 대한 인식, 중심 생각을 추론할 능력, 기타 여러가지 능력이 필요하다.

건너뛰며 읽기는 미리보기와도 비슷하지만, 목적이 다르다. 미리보기는 책을 읽기 전에 내용을 대충 알아보는 것이지만, 건너뛰며 읽기는 글의 내용과 형식, 필자의 주된 관점과 문체, 강조점, 독자의 배경지식과 관심을 관련시키는 방법 등에 대한 정보를 얻기 위한 것이다. 이러한 정보를 얻고 나면, 글을 얼마나 철저하게 읽어야 하는지 결정할 수 있게 된다. 따라서 건너뛰며 읽기 전략은 신문사설이나 잡지를 읽을 때처럼 독자가 원하는 정보를 신속히 얻는 데 필요하기도 하고, 책을 세심하게 읽을 것인가 대충 읽을 것인가를 결정하거나, 이미 읽을 글을 다시 한번 살펴볼 것인지 결정하기 위해 필요하기도 하다.

(다) 읽은 후 전략

글을 읽은 후에는 그것을 독자 자신의 것으로 삼고 새로운 사고로 나아가기 위한 전략이 필요하다. 이를 위해 읽은 내용을 정리하기도 하고, 읽은 내용을 토대로 다양한 사고활동을 하기도 한다.

① 요약하기: 요약하기는 매우 중요한 읽기 능력이지만, 종종 그것을 깨닫지 못하는 사람들도 있다. 흔히 내용에 대한 기억이나 회상을 요약이라고 생각한다. 그러나 글의 구조가 좋지 않거나 내용이 복잡할 경우에는 독자가 자신의 방식으로 재구성하는 것이 중요하다. 요약하기는 읽기의 여러가지 능력을 함께 적용해야 하는 복잡한 능력이다. 요약하기는 상향식 읽기 과정과 하향식 읽기 과정의 상호작용을 강화시키며, 글에 대해 독자 자신이 이해한 것을 인식하게 한다. 또한 요약하기는 독자가 이해를 위해 사용하는 전략을 의식할 수 있게 해 준다. 글을 읽은 다음에 글 전체의 내용을 제대로 파악하는지 판단하기 위한 자료로 활용하는 요약은 주로 독해의 결과를 평가하는 수단으로 사용하였다. 그러나 이것은 글의 내용 이해를 심화시키는 역할을 하는 것으로 읽은 후 심화전략의 핵심이 된다.

요약하기는 ㉠ 불필요한 부분, 중요하지 않은 정보는 삭제하고, ㉡ 중요하더라도 지나치게 많은 정보는 삭제하고, ㉢ 항목이 나열될 경우 상위어로 대치하며(의자, 책상, 탁자 등은 가구로 대치), ㉣ 행동의 하위구성요소들은 포괄적인 행동으로 대치하고('상민은 집을 떠나 역으로 갔다. 그는 차표를 구입하고.....'와 같은 문장을 '상민은 서울로 갔다'로 정리한다.), ㉤ 주제문장을 표현하고, ㉥ 글 전체 구조(비교, 연대기, 과정, 인과 분석 등)를 파악하는 과정을 거친다. 이러한 과정은 중심 내용 찾기와 매우 유사하다.

② 비판적으로 읽기: 비판적 읽기는 읽기를 통하여 독자가 올바른 사고를 할 수 있도록 하는 것을 목표로 한다. 이것은 읽은 내용에 대한 독자의 생각을 관련시키는 방법의 하나로, 그 비판의 폭이 넓다. 제목이나 제재에 대한 비판으로부터 필자의 관점, 글의 구성, 내용이 포함되며, 글의 자료가 되는 정보의 신빙성이나 기타 자료의 적절성에 이르기까지 매우 다양하게 나타난다. 따라서 구체적으로 지도할 때에는 지도 단계와 대상을 세분하여야 한다.

③ **창조적으로 읽기**: 창조적 읽기는 글 내용에 대한 독자의 사고작용의 확산방법이다. 글 속에 새로운 정보가 새로운 환경이나 상황에서 어떻게 적용될 수 있는가, 또는 어떤 측면에서 유용할 것인가 판단하는 능력과 관련된다. 주로 쓰기나 말하기와 관련시켜 지도하게 되는데, 그 이유는 읽은 내용을 토대로 독자가 새로운 생각을 전개하도록 하기 때문이다. 이것은 읽기지도의 최종단계가 될 수 있을 것이다.

(라) 읽기 전략의 통합

읽기 교육에서 읽기 과정에 따른 여러가지 전략을 각각 분리하여 가르칠 수 있으나, 궁극적으로는 읽기 과정별 전략이 일정한 형태로 통합되어야 한다. 독자가 글을 읽을 때에는 읽기 목표를 고려하여 읽기 전 전략 중 필요한 것을 골라 사용하고 본격적으로 읽기 목표를 달성할 수 있는 전략을 사용하고, 필요에 따라 읽은 후 전략을 사용하게 된다. 따라서 독자는 앞에 제시한 읽기 전략을 독립적으로 배우는 데에서 한걸음 더 나아가 전략의 통합을 통해 더욱 복잡하고 다양한 전략을 갖게 된다.

(2) 읽기 교육 교수 · 학습 전략의 필요성

읽기는 글을 읽으면서 그 의미를 구성하는 개인적 과정이다. 그러나 읽기 지도는 교사와 학생 사이의 상호작용에 기반을 둔 사회적 과정이다. 읽기는 개인적인 과정이기 때문에 학생에게 읽기 과제를 부과하거나 글 내용을 해석해주는 것은 아무런 도움이 되지 않는다. 학생에게 중요한 것은 과제를 처리하는 과정, 내용을 해석하는 과정인데, 과제 부과나 해석 제공만으로는 적절한 학습이라는 것이 전혀 없으므로 학생의 능력이 향상되지 않기 때문이다.

읽기 지도는 학습활동을 촉진시키기 위해 학생의 내적 · 외적 조건을 체계적으로 조성하고자 한다. 과거에는 이를 위해 읽기교육에서 하위기능들을 개별적으로 훈련시키면 글을 읽는 능력을 신장시킬 수 있다고 생각하기도 했다. 그러나 실제적으로 학생에게 필요한 것은 여러 가지 하위기능이 아니라 이러한 기능을 사용하여 읽기 목적을 달성할 수 있는 방법이다. 그런데 교사가 읽기 기능을 직접 가르칠 수 없을 뿐 아니라, 학생이 글을 읽을 때 상위인지적 요소가 영향을 미친다면 읽기의 교수 · 학습에서는 글을 읽는 상황을 마련하고, 그 문제상황에서 학생이 스스로 문제를 해결하기 위해 여러가지 기능들을 통합적으로 운용할 수 있는 전략을 사용하게 해야 한다. 이것이 바로 교수 · 학습 전략이 필요해지는 단계이다.

글을 읽고 이해할 때에는 읽기 전략이 필요하고, 읽기를 지도할 때에는 읽기의 교수 · 학습 전략이 필요하다. 읽기의 교수 · 학습 전략은 읽기전략과 구별되는 것으로, 교사들에게 필요하다. 학생들은 읽기 전략을 배우는 것이 목적이지만, 교사는 학생이 읽기 전략을 좀더 쉽고 효과적으로 학습할 수 있도록 지도하기 위해 교수 · 학습 전략을 활용해야 한다.

(3) 읽기 교육에 유용한 교수 · 학습 모형[13)]

전략 중심의 읽기 지도를 다른 말로 하면 읽기 전략을 가르치기 위한 교수 · 학습 전략이라고 할 수 있다. 즉, 먼저 학생이 학습해야 할 읽기 전략을 결정하여야 하고, 그 다음에 비로소 그것을 가장 효과적으로 가르치기 위한 교수 · 학습 전략을 선택하여야 한다. 교사가 사용하는 교수 · 학습 전략은 그 자체가 가치있는 것이 아니라 읽기 학습을 효율적으로 도와주기 위한 것으로서 가치가 있기 때문에 읽기 전략을 먼저 살펴보고 결정해야 한다는 원칙을 유념하지 않으면 안 된다.[14)] 이러한 관점에 따라, '읽기 과제를 통한 읽기지도 맥락의 조성'에 많은 관심을 기울이게 되었고, 그 결과 여러가지 전략수업 모형을 적용할 수 있게 되었다. 교수 · 학습 전략은 교사가 일방적으로 학생들에게 읽기를 훈련시키지 않고, 학생 스스로 전략을 알고 활용할 수 있도록 하는 것을 말한다. 이러한 전략으로는 여러가지 방법이 제시되고 있다.

버드(Bird, 1980)는 설명과 시범의 직접교수 방법이 목표행동의 이용에 향상을 가져올 것이라는 가정하에 연구를 진행하여 긍정적인 결과를 얻었다.

---

13) 교수 · 학습 모형에 대한 자세한 논의는 박수자(1994), 최현섭 외(1995) 등을 참조할 것.

14) 물론, 교수 · 학습 전략이나 모형 자체가 가치를 갖는 경우도 있을 수 있다. 예를 들면 협동심을 길러주기 위한 협동학습 모형이나 인성교육을 위한 교수 · 학습 모형, 또는 학생이 학습할 전략을 포함하고 있는 교수 · 학습 모형이나 전략은 그 나름대로 가치가 있다. 그러나 일반적으로는 이것 자체는 국어과의 목표가 아니기 때문에 위의 순서를 지키는 것이 중요하다.

직접교수법(Direct Instruction)은 학생들에게 수업의 목표를 명확하게 제시하고, 목표에 도달하기까지 지속적으로 수업시간을 충분히 배당하고, 단위수업에서 많은 내용의 범위를 다루며, 학생의 수행을 계속적으로 점검하는 수업형태이다. 이것은 행동주의이론에 기반을 두고 단계적으로 학습하도록 하되, 짧은 시간에 집중적으로 연습하게 하고, 교사는 교정적인 피드백을 하여 효과를 극대화하려는 것이다. 즉, 목표나 과제를 설정하고, 그것을 하위과제들로 세분해서, 세분된 과제를 수행하기 위한 훈련활동을 개발하고, 하나의 하위과제에서 다른 하위과제로 전환하도록 하는 것으로, 모든 교육목표에 적합한 것은 아니며, 모든 학생에게 적용가능한 것도 아니지만, 사회경제적 지위가 낮은 학생들에게 효과적이며, 읽기에 효과적인 것으로 나타났다.

현시적 수업모형(Explicit Instruction)은 직접교수법과는 다르다. 직접교수가 교사의 효율성에 그 초점을 두고 있다면, 현시적 교수는 직접교수에서의 선언적이며 절차적인 지식요인뿐 아니라 효율적인 전략 이용에 필요한 조건적인 지식에도 관심을 갖기 때문에 더욱 유연한 수업모형이다. 여기서 '현시적'이라는 말은 언어사용의 지적과정을 밖으로 끌어내어 명료하게 하는 점을 강조한 것이다. 학생들은 자신의 지적작용을 의식하면서 적절하게 활용할 수 있는 능력을 길러야 한다. 따라서 현시적 수업에서는 학생들에게 전략이 무엇이고, 왜, 언제, 어떤 상황에서 활용하며, 그 과정이나 결과를 어떻게 평가해야 하는가에 대해 알도록 하고, 행할 수 있도록 지도한다. 이런 점에서 현시적 수업모형은 결국 다음과 같은 세 가지 측면에서 다른 수업과 차이를 보인다. 첫째, 교사는 기능이나 전략을 설명해 줄 뿐 아니라 직접 시범(modeling)을 통해 그 기능이나 전략을 활용하는 방법을 보여준다. 그리고 전략사용의 상황, 목적, 시기, 방법, 이유 등도 상세하게 설명한다. 둘째, 교사는 학생들이 스스로 과제를 수행해 나갈 수 있을 때까지 안내를 하고 연습을 시킨다(guided practice). 셋째, 교사는 학생들의 수행을 관찰하고 평가하면서 교정할 수 있도록 송환(feed back)할 수 있게 하며, 학습한 전략을 다른 상황에서도 적용할 수 있도록 한다.

현시적 수업에서 공동작업은 교사의 시범으로 시작한다. 처음에는 독해의 책임을 전적으로 교사가 지고, 교사는 독해의 시범을 통해 이러한 책임을 담당한다. 일단 교사가 적절한 시범을 보인 후에는 교사가 독해하는 방법을 안내하고, 연습할 수 있도록 지도하여 독해의 책임이 점차 학생에게로 이양되도록 한다. 이 과정에서 독해의 책임은 교사와 학생이 공동으로 지게 된다. 이것을 안내된 연습이라고 한다. 이 단계에서 교사는 학생의 지적 사고활동을 촉진시키고, 자신의 언어사용에 대하여 반성적으로 사고할 수 있는 질문을 하여 학생들이 능동적으로 자료를 활용하여 독해를 하도록 한다. 일단 이 단계에 들어서면 교사는 독해의 책임이 학생에게 이양되도록 점진적으로 독해과정을 조정해야 하며, 학생 스스로 새로운 상황에서의 독해에 적응할 수 있을 때까지 이 과정이 지속된다. 이 모형의 최종단계에 이르면 학생 스스로 독해를 하게 된다.

상보적 교수모형(Reciprocal Teaching)은 읽기 이해의 사고과정을 언어로 표현하면서 살펴볼 수 있도록 하는 방법이다. 학생은 자신의 사고과정을 모두 언어화하면서 문제를 해결하는 방식을 배울 수 있다. 상보적 교수란 참여자들 사이의 협동적인 학습환경을 조성하는 것을 특징으로 하는 '안내되고 협동적인 학습형태'(a form of guided, coorperative learnig)이다. 이러한 교수의 특징은 글 내용 이해와 기억을 목표로 하여 집단 토론(기술)을 도입하는 것인데, 이때의 집단은 개인에게 사회적 지원을 하고 전문적 지식을 공유하며, 역할시범을 제공한다. 이 과정에서 교사는 전문적인 발판(scaffolding)을 제공한다. 상보적 교수에서는 교사와 학생 사이의 대화가 중요하다. 교사는 글에 대한 질문을 만드는 구실을 하는데, 이러한 방식을 통해 학생은 '자신의 방식대로 글을 읽는' 전략을 배울 수 있게 된다. 상보적 교수의 목표는 학생이 글의 의미를 효과적으로 구성하는 방법을 배우고, 글을 읽어가면서 자기 조정을 할 수 있도록 하는 것이다. 여기에는 질문 만들기(generating questions), 요약하기(summarizing), 분류하기(clarifying), 예측하기(predicting) 등의 전략이 포함된다(T.Salinger, 1993: 182~183). 질문 만들기는 독자가 다양한 방법으로 글의 특정 정보에 대하여 생각할 수 있도록 하는 데 초점을 두고, 요약하기는 중요한 정보를 강조하고, 독자의 활동을 포함시킨다. 분류하기는 복잡한 글을 살펴보고, 정리하는 전략을 사용하도록 하는 것이며, 예측하기는 글에 포함된 단서와 내용에 대한 배경지식을 활용하여 글의 내용을 미리 알아보게 하는 것이다.

상보적 교수에서는 학생이 자신의 책임을 점차로 확대하도록 세심하게 지도해야 한다. 상보적 교수가 읽기 단계에 관계없이 매우 효과적이라는 연구결과가 있다. 학생들이 자신을 조절할 수 있고, 질문을 받을 때 부담을 덜 느끼게 하며, 질문하고 이해하는 전략을 사용하는 동료들을 관찰하게 되어 교사가 구두로 설명하는 것보다 더 효과를 거둘 수 있다. 상보적 교수절차는 시범으로 시작해서 학생들에게 전략 획득과 적용에 대한 동기를 부여하고, 전략을 숙달할 수 있는 적절한 기회를 제공한다. 이 과정 속에서 교사는 자신의 책임을 유지하되, 점차 학생에게 학습의 책임을 양도해 나간다는 점에서 현시적 수업모형으로 볼 수 있다.

(4) 읽기 전략의 통합모형

읽기 학습이라는 용어는 학생이 특정 지식과 과정을 이해하고, 기억하며, 사용하기 위해 신중하게 노력해야 한다는 의미를 담고 있다. 읽기 교육을 통해 학습한 것은 다른 시간에 다른 상황에서 사용하기 위해 기억해야 하므로, 학생은 학습하기 위해 읽는 것이 아니고, 읽기를 배운다. 학습이론, 인지심리학, 인지 스타일, 읽기, 쓰기과정, 기타 영역은 학습을 발달시키는 방법들에 대한 새로운 이해의 관점에서 볼 때 상호작용하고 있다. 서로 다른 이론과 자료가 각각 새로운 자료와 이론을 이끌어내며, 학습에 대한 탐구에 다른 방법을 제공한다.

읽기에서 논의되는 기능과 전략, 체계는 바로 이러한 움직임과 같은 맥락에서 파악할 수 있다. 읽기 기능을 가르치려는 것은 시간과 노력을 낭비하는 경향이 있으므로 전략을 가르쳐서 효율성을 높이고자 한다. 이러한 효율성을 지향한 결과, 이제는 어떤 문제상황에서 문제를 해결할 때 관련되는 두 가지 이상의 전략을 묶어서 하나의 체계(system)로 만들고자 한다. 기능을 배우는 것이나 전략을 배우는 것, 전략이 통합된 체계를 배우는 것은 모두 읽기의 일반목표를 지향하면서 학생이 독립적으로 읽기를 배우도록 한다.

이 중에서 읽기 체계학습은 전략의 효과를 높이기 위해 특정전략을 조합한 것이다. 가장 오래되고, 잘 알려진 것은 SQ3R(survey, question, read, recite, review)이다. 이러한 접근을 통해 학생들은 글에 있는 일반적인 아이디어를 개관하고, 글의 표제나 부제에서 질문을 만들고, 스스로 만든 질문에 대한 대답을 하기 위해 글을 읽고, 그 대답을 글이나 말로 쓰거나 낭독하고, 마지막으로 그 대답의 타당성을 확인하기 위해 다시 읽으면서 점검한다.[15)]

이러한 읽기 체계학습은 이것을 구성하는 각각의 구성요소들에 대한 연구를 토대로 하여 이루어지는 것으로, 다른 수업모형과 충돌을 일으키지 않는다. 오히려 교사가 수업을 구성하고 통제하는 데 도움을 주는데, 예를 들면 안내된 읽기 활동(DRA: Direct Reading Activity) 모형은 발견 · 배경지식구성 · 읽기 · 토의 · 확장으로 구성되고, 교사는 각 단계에서 학습을 통제할 수 있다.

그러나 다음과 같은 점을 주의 깊게 고려해야 한다. 첫째, 학생들은 학습도구의 목록이 필요하다. 하나의 기능, 전략이나 체계가 반드시 다른 기능, 전략, 체계보다 더 낫다는 증거는 없다. 둘째, 학생들에게 시험과 같은 장치가 필요하다. 기능, 전략, 체계 학습은 시험이라는 측정방법이 사용되는 학교환경에서 발달된다. 교사는 시험을 통해 학생들의 읽기 학습도구를 발달시킨다. 셋째, 읽기 수업에서 학생들은 읽기 방법을 배우는 것이 중요하며, 모든 읽기 수업에서 교사의 도움이 필요하다. 읽기 교육의 핵심은 읽기 방법을 배우는 것이다. 이 목표를 달성하기 위해 전략들을 통합하고, 통합된 체계로서의 전략들을 적절한 교수 · 학습 전략을 통해 지도하는 것이 결국 읽기 교육이 된다.

15) 로빈슨(Robinson)이 1940년대 초에 이 체계를 처음 기술한 이후, 교사와 학생들이 이것을 발달시켜 유사한 체계를 만들었다. PQRST(Preview, Question, Read, State, Test), Triple S Technique (Scan, Search, Summarize), OARWET(Overview, Archieve, Write, Evaluate, Test), OK5R (Overview, Key, Idea, Read, Record, Recite, Review, Reflect), PQ4R(Preview, Question, Read, Reflect, Recite, Review), PQ5R(Preview, Question, Read, Record, Recite, Review, reflect), SRUN(Survey, read, underline, take notes) 등이 그 예이다.

V 읽기 교육의 평가 및 송환

(1) 읽기 평가의 목적과 원리

평가의 목적이 무엇인가에 대한 견해는 평가에 관한 학문의 발전과 밀접한 관련이 있다. 평가에 대한 관점의 변화는 여러 학자의 견해를 참고할 수 있지만, 구바와 링컨(E.G. Guba and Y.S. Lincoln, 1989)은 평가관의 변화를 네 단계로 나누고 있다.[16] 이러한 시대구분은 읽기 평가를 논의하는 데 유용하다. 과거의 평가에서와는 달리 현재의 평가는 여러가지 교육적인 측면에서 중요한 정보를 제공한다. 즉, 평가는 여러 가지 교육적인 결정을 하는 데 필요한 다양한 정보를 수집하는 것을 일차적인 목적으로 한다.[17]

읽기 평가가 교사와 학생에게 도움이 되도록 하려면 반드시 수업에 기반을 두어야 한다. 이러한 기반 위에서 읽기 평가의 원리를 제시하면 다음과 같다(Terry Salinger, 1993: 37~40).

첫째, 읽기 평가는 지속적이어야 한다. 교사는 때로는 의식을 하면서, 때로는 의식하지 못하면서도 지속적으로 학생을 평가한다. 교사는 자신의 학생과 수업을 가장 잘 알기 때문에 교사의 평가는 가장 타당성이 있고 신뢰도가 높을 수 있다. 그러나 이러한 지속적인 평가가 항상 점수로 환산되는 것은 아니며, 그렇게 해서도 안 된다. 평가를 통해 얻은 정보는 교사와 학생 모두에게 유용한 정보가 된다.

---

16) 제1세대 평가관은 측정(measurement)이다. 이것은 1930년대 심리측정 운동의 영향을 받은 것으로, 학생의 여러가지 특성 중 평가대상이 되는 특성에 평가의 주안점을 두고, 평가자는 프로그램의 성패보다는 측정 전문가로서의 역할을 수행하도록 한다. 제2세대 평가관은 기술(description)이다. 이것은 과학적 관리운동과 실용주의의 영향을 받은 것으로, 이러한 평가관에서의 평가란 프로그램을 성공적으로 이수한 후에 나타날 행동을 기술하고, 실제에서 얻은 자료와 비교하는 것이다. 제3세대 평가관은 판단(judgement)이다. 이것은 평가대상에 대한 전문가가 내리는 전문적 판단을 평가라고 본다. 제4세대 평가관은 선별적 접근(alternative approach)이다. 1980년대 인접과학의 현상학 발흥에 영향을 받은 것으로, 평가란 관련된 이해 당사자(평가결과에 의해 직접, 간접으로 영향을 받는 개인이나 집단으로, 교사, 학생, 학부모, 프로그램 제작자, 재정 후원자 등)의 요구에 부응하는 것이라는 입장이다. 이와 같은 평가관의 변화는 평가를 통하여 얻는 정보의 특성을 변화시켰다.

17) 평가를 통해 다음과 같은 여러가지 교육적인 결정(Educational Decisions)을 하기 위한 정보를 얻는다. ① 지도, ② 등급, ③ 진단, ④ 선발, ⑤ 배치, ⑥ 상담과 안내, ⑦ 프로그램이나 교육과정, ⑧ 정책. 이와 관련된 자세한 내용은 쿠비친과 볼리치(T. Kubiszyn and G. Borich, 1993: 14~18)를 참조할 것.

둘째, 읽기 평가는 학생이 평가의 과정에 참여하는 공동의 과정이다. 학생들은 자신이 생각하고 있는 것을 보여주고, 읽기를 학습하였음을 입증할 방법을 제시하고, 그 과정을 증명하고, 자기평가나 자기반성을 하라는 요구를 받는다. 학생은 유목적적 자기평가를 하기 위해 평가의 기반이 되는 기준을 이해해야 한다.

셋째, 읽기 평가는 교사에 의해 수행될 때에는 읽는 맥락과 내용에 대한 지식에 기반을 두어야 한다. 맥락에 대한 교사의 지식은 교사가 학생과 수업, 교육과정의 목표를 아는 것이고, 내용에 대한 지식은 평가하고자 하는 내용의 구조를 파악하고, 각각의 내용영역에 적절한 교육적 원리를 아는 것이다. 외부에서 부과되는 평가는 교사가 갖고 있는 다양한 지식 기반을 무시하며, 한번의 평가로 학생이 학습한 것을 측정할 수 없다는 것을 인식하지 못하기도 한다. 반면에 학생에 의해 수행될 때에는 읽기 전략에 관한 지식과 읽는 상황, 자신의 전략 사용 과정 등이 평가의 대상이 된다. 이것은 반드시 상위인지적인 과정을 거쳐 자신이 읽는 과정이나 전략을 수정, 보완하여 읽는 능력을 향상시키는 과정으로 송환되는 자기 점검과정이어야 한다.

넷째, 읽기 평가는 실제적이어야 한다. 평가기관이나 교사가 제작한 대부분의 평가는 인위적이다. 선택형 질문이나 연결하기와 같은 형식으로 제시되는 읽기 평가는 실제 읽기 활동과는 거리가 있다. 예를 들면 맥락에서 단어의 의미 찾기를 평가할 때 '맥락'이 한 문장 이상으로 제시되지 않는 경우가 많다. 실제 읽기에서는 맥락에서 더 다양한 단서를 사용하기도 하고, 그림이나 사진을 이용하기도 한다. 그러므로 읽기 평가는 실제 언어사용 상황에서 실시되어야 그 핵심을 파악할 수 있다.

그러나 실제로 교사가 학생을 평가할 때 평가의 목적에서 벗어나는 경우가 많다. 학생에 대한 이해보다는 통계나 점검표를 더 신뢰하기도 한다. 때로는 단어의 의미를 잘 모르거나 받아쓰기를 잘못하는 것을 심각한 문제로 인식하면서도 읽기와 관련된 사고나 전략사용을 잘못하는 것은 별로 심각하게 생각하지 않는다. 이러한 혼란은 단어의미나 받아쓰기와 같은 것들이 비교적 평가하기가 쉽기 때문에 생긴다. 평가의 어려움을 해결하기 위하여 평가과정에서 참고할 기준이 필요하다. 메이(F. B. May, 1990

: 367)는 다음과 같은 기준을 제시한다.

① 학생을 분류하거나 배치하기보다는 이해하기 위해 평가한다.
② 통계처리의 대상이 아니라 유일한 대상으로 학생을 대한다.
③ 학생의 읽기 과정 개념에 대한 인식이 증진되어야 한다.
④ 학생의 읽기 전략에 대한 이해가 증진되어야 한다.
⑤ 학생의 상호 작용적 읽기 능력을 점검하고 판단하는 데 도움이 되어야 한다.
⑥ 학생에게 너무 어렵지 않은 지도 자료를 찾는 교사의 능력에 대한 확신을 증진시키는 것이어야 한다.

(2) 읽기 평가의 방안

일반적으로 평가라는 용어는 학생에 대한 정보를 얻기 위해 행하는 형식적 · 비형식적 수단을 의미하는데, 교사나 부모는 이러한 일을 하기 위해 어떤 틀이 필요하다는 것을 인정하지 않는 사람은 없다.

읽기 평가는 크게 규준지향 평가(Norm-referenced tests)와 목표지향 평가(Criterion-referenced tests)로 나누어 각각 그 특성을 설명하기도 하고, 표준화 평가와 비형식적 평가로 나누어 설명하기도 한다.[18)]

평가의 목표와 평가를 통해 얻고자 하는 정보, 그리고 필요한 평가 유형을 그림으로 그리면 다음과 같다(T. Kubiszyn & G. Borich, 1993: 27~33).

18) 읽기 평가방안을 구체적을 살펴보기 전에 읽기 평가방법을 몇 가지 범주로 나누고, 유형별로 정리해 두는 것은 읽기 평가에 대한 거시적인 시각을 제공한다는 점에서 반드시 필요하다. 최현섭 외(1995: 294)에서는 읽기 평가의 범주와 유형을 〈범주 1〉 수업의 일반절차에 따른 읽기 평가방법, 〈범주 2〉 독해자의 인지적 과정에 따른 읽기 평가방법, 〈범주 3〉 도구의 표준화 정도에 따른 읽기 평가방법, 〈범주 4〉 읽기기능의 분절정도에 따른 읽기 평가방법, 〈범주 5〉 평가주체에 따른 읽기 평가방법, 〈범주 6〉 읽기 활동의 주변적 요인에 대한 평가로 나누어 제시하고, 구체적인 예를 보이고 있다.

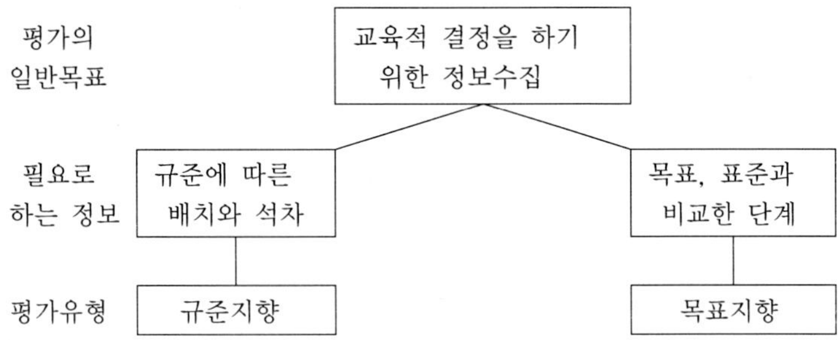

[그림 4] **평가목표와 유형**

평가의 일반적인 목적은 무엇인가에 대하여 더 좋은 정보를 얻어서 교육적인 결정을 하려는 것이다. 이러한 목적으로 정보를 수집할 때 목적을 구체화해야 하는데, 선발이나 배치와 같이 학생의 상대적인 위치에 대한 정보를 얻기 위한 평가목적에서는 규준지향 평가, 표준화 평가를 선택하는 것이고, 학생의 지도와 수업에서의 송환을 위한 정보를 얻기 위한 평가에서는 목표지향 평가, 비형식적 평가를 선택한다.

이러한 선택 여부가 곧바로 평가의 방법을 결정하지는 않는다. 평가의 범주와 유형에 대한 상세한 구분은 매우 중요한 것이며, 그 특성에 대한 이해는 교사에게 필수적인 지식이 되지만, 어떤 읽기 평가이든지 읽기 평가는 결국 읽기 과정평가, 읽기 결과평가, 상위인지 평가가 포함되어야 한다.[19)]

(가) 읽기 결과평가

① **자유회상**(free recall): 읽었던 글에 대해서 학생들이 내용을 자유롭게 회상하고, 평가자는 회상된 자료를 분석하여 기억의 양, 내용, 기억이 조직된 방식, 기억내용을 인출하는 전략, 추론의 과정 등을 알아낸다. 평가하기는 쉽지만, 평가결과를 해석하기가 어렵다는 단점이 있다. 읽기의 개인적 차이를 밝히는 데 유효한 평가방법이다. 자유 회상 이전에 읽기 자료를 의도적으로 선정하고 부과하는 일이 중요하다. 해당자료의 읽기 평가적 특성과 전략을 평가자가 잘 알고 있어야 하기 때문이다.

19) 이 부분의 내용은 노명완 외(1988: 246~254)와 최현섭 외(1995: 298~301), T. Kubiszyn et al.(1993), T. Salinger(1993)을 기초로 하여 내용을 보완하였음.

② **탐문**(probe question): 읽기 활동이 끝난 후 검사자가 피험 아동들에게 읽고 기억한 내용을 인출할 수 있도록 질문을 주는 방식이다. 자유회상이 잘 되지 않으면 평가자가 내용을 회상할 수 있는 질문을 제시하여 회상을 유도하는 방법을 사용할 수 있다. 개인별 언어이해의 수준을 심층적으로 파악한다는 장점이 있지만, 반면에 평가를 실시하는 데 시간이 많이 소요되고 자료의 해석과 평가가 어렵다는 단점이 있다. 이 평가방법은 탐문의 내용과 순서를 평가목적에 맞도록 정교하게 구성하는 데 성패가 달려 있다. 이것은 읽기 수업 중에 이루어지는 일반적인 탐문식 활동과는 구별하여야 한다.

③ **진위문항**(true-false question): 진위문항은 쓰기 쉽고 시간이 절약되므로 많이 이용하는 평가방법이다. 실제로 진위문항은 다른 형식보다 시간이 적게 들지만, 항상 쉽고 간편하지는 않다. 문항을 읽지 않고 답하더라도 최소한 정답률 50%의 확률을 갖고 있으므로 적용에 주의를 기울여야 한다. 문항의 진위를 선택하면서 중요한 부분에 밑줄을 긋게 하거나, 그 이유를 설명하는 공간을 만들어 쓰게 하면 이러한 문제를 감소시킬 수 있다.

④ **연결하기**(matching): 연결하기는 진위문항처럼 자주 사용하는 방법이지만, 항상 쉽고 시간이 절약되는 것은 아니다. 단일항목에 대한 질문은 연결하기 방법을 사용하지 않고, 진위문항이나 완성, 선택형문항을 사용하게 된다. 이것은 항목의 배열순서, 항목의 유사성 등을 고려하여야 하는 등 세심한 주의를 요한다. 연결하기 문항을 제작할 때 연결하는 양쪽항목이 동일한 수가 되지 않도록 해야 한다. 가능한 한 오른쪽 항목의 수를 많게 하여 읽기 능력 이외의 다른 편법에 의해 연결할 수도 있는 가능성을 미리 제거해야 한다.

⑤ **선택질문**(multiple-choice question): 집단검사에서 효율적이라는 점 때문에 가장 선호되는 평가방법으로 누구나 한번 이상은 이 방법을 접해 보았을 것이다. 초등에서보다는 중등에서 더 많이 사용하는 방법이지만, 이것이 초등에 부적합하기 때문은 아니다. 오히려 어린 학생들에게 사용하려면 더 주의를 기울여야 한다는 뜻이다. 선택형 질문은 4지 택일형이 주류를 이루었지만, 최근 수학능력 시험에서는 5지 택이형으로 확대되었

고, 선택지의 수는 얼마든지 넓힐 수 있다. 선택지가 많아질수록 더욱 정밀하고 정확한 지식을 평가할 수 있다. 이러한 평가방법은 크게 단순지식을 묻는 차원에서 시작되지만, 문두와 선택지를 기술적으로 다듬어서 사고력으로서의 언어능력을 측정할 수 있도록 해야 한다.

⑥ **완성형 문항**(completion question): 진위형 문항과 마찬가지로 완성형 문항도 비교적 쓰기 쉽고 간단하다. 아마 학교에서 교사가 가장 먼저 사용하고, 학생도 처음으로 접하는 평가방법이 완성형일 것이다. 평가문항을 만들 때 한 단어나 간단한 진술로 답할 수 있는 것부터 시작해야 한다. 여러가지 단어로 답할 수 있는 긴 문장의 답을 요구하는 것은 평가의 목표에서 벗어날 가능성이 있다. 완성형을 만들 때에는 주어진 글에서 정보를 그대로 옮겨오는 것이 아니라 독자의 생각을 반영할 수 있는 항목으로 제작해야 한다.

(나) 읽기 과정평가

① **오독 분석**(miscue analyses): 읽기 활동을 글자의 모양, 문장구조, 문맥, 의미, 텍스트 구조 등의 체계적인 활용이라고 한다면 이것들은 읽기를 작동시키는 여러가지 단서가 된다. 이들 단서들이 잘못 적용되면 오독이 발생한다고 볼 수 있는데, 이러한 오독을 분석하여 읽기과정을 평가한다. 즉, 읽기에서 아동들이 범하는 오독은 어떤 읽기 단서들이 잘못 작용하였기 때문에 일어난 것인가를 분석한다. 초등에서는 읽기의 오독원인을 언어적 구조에 따라 분석해 볼 수도 있고, 배경지식의 동원방식에 따라 분석해 볼 수도 있다. 오독의 형태는 글에 있는 단어나 구, 발음을 빠뜨리고 읽지 않는 것부터 글에 없는 것을 첨가하는 것, 단어나 구를 대치하는 것, 단어나 구를 반복해서 읽는 것, 읽으면서 휴지를 두거나 머뭇거리는 것, 구성성분의 위치를 바꾸는 것 등 다양하게 나타난다. 이러한 현상을 분석해서 학생이 잘하는 것과 잘못하는 것을 찾아내고, 가르치는 데 참고하게 된다.

② **빈칸 메우기 검사**(cloze test): 교사가 아무런 질문도 하지 않고 학생이 직접 글을 읽고 빈칸을 채우는 평가방법으로, 매우 광범위하게 사용되어 왔다. 이는 형태심리학에 뿌리를 두고 있으며, 불완전한 항목을 채우

고자 하는 인간의 심리를 반영한 것이다. 읽기에서는 빈칸이 있는 글을 읽고 맥락을 이용하여 채우는 방식으로 전환되었다. 이 방법은 집단이나 개인평가에 유용하며, 학생의 읽기 수준을 파악하는 데 도움이 된다. 빈칸 메우기 점수를 토대로 읽기 수준을 평가할 수 있다. 채점기준은 단어의 정확성에 둘 수도 있고, 허용할 수 있는 단어를 모두 포함시킬 수도 있다.

이 평가방법은 학생평가 이외에 다른 목적으로도 사용할 수 있다. 보통 수준의 읽기 능력을 가진 학생들을 대상으로 실시하면 읽기 교재의 난도를 결정하는 자료를 얻을 수 있고, 교수기술로 사용하여 빈 칸을 채우기 위해 선택한 단어나 구의 적절성, 선택이유 등에 대해 서로 토론하게 할 수도 있다.

③ **그래픽 조직자 완성**(graphic organizers)[20]: 읽기 수업에서 그래픽 조직자는 글의 구조를 파악하고, 내용을 이해하고, 독자의 생각이나 반응을 일목요연하게 보여주는 데 중요한 방법이다. 읽기 전이나 읽는 중, 읽은 후에 그래픽 조직자를 보여주게 되면 정보나, 개념 등을 정리하는 데 도움이 되고, 새로운 정보와 학생의 사전지식을 연결하는 데도 도움이 된다. 더 나아가 개요를 작성하거나 카드를 정리하는 것보다 정보를 효과적으로 기억하고 재생할 수 있으며, 글 구조를 시각화할 수 있게 한다. 대표적인 그래픽 조직자로는 벤다이어그램, 수형도, 시간표, 사건 흐름도, 인물분석표, 비교표, 의미망 등이 있다. 이것은 전체구조와 각 부분들 사이의 관계가 잘 나타나게 구성하여 주제, 개념, 아이디어 등을 전체적으로 이해하도록 해야 한다. 이것을 위해 교사는 먼저 주제와 관련된 사전지식을 활성화시키고, 적절한 그래픽 조직자를 보여주면서 학생이 글을 읽고 찾아야 할 정보를 미리 정하게 하고, 읽으면서 채우도록 한다. 이것은 읽기 지도에서 활용하는 읽기 전략이면서 동시에 평가에서도 활용하는 방법이다.

(다) 상위인지 평가

① **자기 평가**(self-appraisal): 상위인지를 사용한 학생이 자신이 학습한

20) 이 부분은 T. Salinger(1993: 184~187)의 견해를 중심으로 정리하였다. 여기에서는 설명적인 글과 서사적을 글을 중심으로 여러가지 그래픽 조직자의 모형을 제시하고 있다.

방법, 학습과제를 처리할 때 개인적인 장단점 등을 파악하는 방법이다. 학생은 주어진 과제의 난이도, 자신이 사용한 학습전략, 발생가능성이 있는 문제, 성공가능성 등을 평가하기 위해 자기 자신에게 질문을 한다. 예를 들면, 읽는 동안에 스스로 다음과 같은 질문을 하는 것이다.

주어진 과제를 정확하게 이해하고 있는가?
글을 이해하기 위해 어떤 노력을 기울이고 있는가?
주제에 대한 사전지식은 무엇이고, 그것이 이해에 도움이 되는가?
글을 이해하는 데 가장 효과적인 방법은 무엇인가?
어려운 부분을 이해하기 위해 어떻게 해야 하는가?
읽은 다음에 글을 이해하고 있는가?

글을 읽을 때 자신을 조절하는 방법을 배우고, 스스로 질문을 통해 학습하게 되면, 학생은 다른 학생보다 더 효과적으로 읽는 능력을 향상시킬 수 있게 된다.

② **프로토콜 분석**(protocol analysis): 1970년대 후반부터 많이 활용되는 방법으로, 글을 읽으면서 머릿속에 떠오르는 생각을 소리내어 표현하는 것이다. 이것은 글 이해과정을 생생하게 보여주며, 학생이 사용하는 전략을 드러내는 방법으로 가장 좋다. 즉, 이것은 글을 읽고 이해하는 과정을 모두 음성언어로 표현하도록 하는 것이다. 자신이 글을 읽어가면서 머릿속에서 이루어지는 모든 사고를 언어로 표현하게 되면 사고의 유연성이 발달하고, 주어진 과제를 해결하기 위해 다양한 방법을 사용하는 능력을 길러주게 된다. 교사는 학생들에게 직접교수의 방법으로 가르치기보다는 교사 자신이 모델이 되어야 한다. 교사가 여러차례 모델이 되어 시범을 보이고, 학생들이 둘씩 짝을 이루거나 소집단을 만들어 서로 이해과정을 살펴보고 수정하게 한다. 이러한 과정을 통해 학생은 글을 읽을 때 상위인지를 사용하는 능력이 향상되며, 이러한 방법을 통해 학생의 상위인지 사용능력을 평가할 수 있다.

③ **자율적 수정**(self-correction): 학생들이 글을 잘못 읽었을 때, 이를 모르고 그냥 계속 읽다가 나중에야 오독을 깨닫고 잘못 읽은 부분으로 되돌아와 이를 정정한다. 이때 학생들은 자신이 잘못 읽은 것을 어떻게 알

게 되었는지 자율적 수정의 단서를 찾아내는 방법이다. 이와 같은 분석을 통해 학생들의 읽기 전략과 그것을 사용하는 단서를 확인할 수 있다.

④ **오류발견 과제**(error detection task): 글 속에 오류나 불완전한 요소를 미리 포함시키고, 학생들이 이것을 발견할 수 있는지 알아보는 방식의 평가이다. 학생들이 부과된 읽기 과제를 어느 정도 분명하게 알고 있는지를 검사하는 방법으로 활용할 수 있다. 글 속에 포함시키는 오류는 철저히 의도적인 것이어야 한다. 음운차원의 오류에서부터 형태, 통사, 의미, 텍스트 차원에 이르기까지 검사목적에 맞는 오류를 글 속에 포함시키고, 그것을 평가하여야 한다.

(3) 읽기 교수·학습과 평가의 통합

읽기 교수·학습은 곧 읽기 평가이기도 하다. 일반적으로 평가를 교수·학습과 분리하여 생각하는 경향이 있었지만 최근에는 수행평가라는 개념이 도입되면서 교수·학습과 평가가 분리되지 않는 상황에 이르게 되었다.

읽기 교수·학습과 평가에 대한 논의에 앞서, 현재 우리나라에서 사용되는 '수행평가'라는 용어는 엄밀한 의미에서 수행중심 평가(performance-based assessment)라는 점을 알아야 한다. 즉 읽기를 학습하는 학생은 당연히 읽기를 '수행'할 수 있어야 하지만, 이것만으로는 학생의 능력이나 학업성취 정도를 판단할 수 없기 때문에 수행을 중심으로 하면서 다른 평가측면도 고려해야 한다는 뜻이다.

일단 이 점을 염두에 두면, 읽기 교수·학습은 평가과정이 된다. 학생이 읽기 과제를 처리하는 사고과정과 실제 수행과정을 살펴볼 수 있기 때문이다.

(가) 읽기 전략학습과 평가의 통합

읽기 교육이 학생들에게 읽기 전략을 가르치는 것이라고 할 때, 읽기 전략을 가르치는 일이 가장 중요하다. 전략학습은 단계적으로 이루어질 수밖에 없고, 각 단계별 학습을 거치는 과정에서 학생의 학습정도를 파악할 수 있기 때문에 교사는 가르치는 동안 학생을 평가하고, 그 평가 결과를 곧바로 교수·학습에 되돌려 반영하는 과정을 끊임없이 거친다. 즉, 현재 교실에서 교사들이 일부 사용하고 있는 방법이 곧 읽기 교육과 평가를 통합한 모양이 된다는 뜻이다. 다만, 이것이 가능하게 하기 위해서는 반드시 읽기 목표를 달성할 수 있는 구체적인 전략이 선택되고, 그 전략이 교수·학습의 내용이 되어야 한다. 이것은 읽기 전략을 가르치는 경우에는 학교급에 관계없이 교수·학습과 평가를 연계할 수 있게 만든다. 따라서 모든 교실에서 대부분의 수업은 바로 이러한 모습으로 진행될 것이기 때문에, 별도의 평가를 위한 시간이나 장치는 현저하게 줄어들게 되며, 교육효과는 더 높아지게 된다. 이러한 방식의 교수·학습과 평가의 통합은 평가를 분석/통합, 분절/종합, 구조적/구성적 등으로 양분하면서 특정평가를 그 한 쪽에 배치하던 제약을 깨고 어떤 평가형태가 되든지 평가의 모양을 자유롭게 바꾸면서 평가 본래의 모습을 갖출 수 있게 된다.

(나) 통합을 위한 평가방법

교수·학습과 평가를 통합하려고 할 때 교수·학습의 목표를 달성하기 위해 동원되는 지식과 기능의 정도에 따라 평가방법이 달라진다. 즉, 하위목표를 달성하기 위한 구체적인 한 가지 전략을 학습할 경우에는 평가 그 자체를 위해 별도의 방법을 마련하지 않고 학습과정을 관찰하는 것만으로도 충분히 통합이 가능하다.

그러나 고도로 복잡한 능력을 필요로 하는 읽기 목표를 달성하기 위한 교수·학습의 경우에는 동원되는 지식이나 기능이 많기 때문에 한번에 평가를 통합하기 어렵다. 이 경우에는 포트폴리오와 점검표(체크리스트)을 동시에 사용해야 한다. 포트폴리오는 읽기 과제를 처리한 결과를 단순히 모아놓는 것이 아니라 목표별, 전략별로 정리하여야 학생의 능력변화 과정과 발달정도를 알 수 있다. 이때 포트폴리오 그 자체는 아무런 정보를 제공하지 못한다. 각 자료를 일정한 기준에 따라 변화를 기록해야 하기 때문에 점검표가 필요하다.

이와 같이 평가는 교수·학습에서 자연스럽게 이루어질 수도 있고, 별도로 평가 시간과 노력이 필요한 경우도 있다. 어떤 평가방법을 사용하든지 평가 그 자체가 가치를 갖는 것은 아니다. 반드시 그 결과는 학생이 읽기 능력을 기르는데 도움이 되는 것이어야 한다. 따라서 새로운 평가방법뿐 아니라 기존의 평가방법도 이러한 목표에 도움을 주는 것이라면 사용할 수 있다.

Ⅵ 읽기 교육의 보완과 확장

읽기에 대한 현재까지의 논의결과를 읽기의 본질에 대한 이론적 고찰, 읽기의 목표 및 내용구성, 교수·학습 전략, 평가 및 송환으로 나누어 간략하게 살펴보았다. 이는 지금까지의 연구결과와 현재 연구 중인 과제를 중심으로 제시한 것이므로, 앞으로 읽기 교육의 방향을 모색하는 데 도움이 될 것이다. 이제는 앞서 논의한 것 중에서 부족한 부분을 보완하기 위해 기초적인 안내를 하고, 새로운 연구의 방향을 모색하기 위한 방안을 제시해 본다.

읽기 교육에 대한 연구와 실천은 크게 미시적인 영역과 거시적인 영역으로 나누어 살펴볼 수 있다. 미시적인 영역은 읽기 내적인 것으로서 이미 앞에서 논의한 바와 관련시켜 읽기의 본질에 대한 면밀한 재검토가 이루어져야 하며, 이를 토대로 하여 읽기 이론을 재정립하고, 읽기 과정에 대한 다양한 이론을 고구하며, 읽기의 목표와 내용에 대한 폭넓은 논의가 필요하다. 이것은 읽기 교육이 존재하는 한 반드시 병행되어야 할 필수적 과제로서, 이러한 연구를 토대로 하여 읽기 교육의 발전이 이루어질 것이다.

다음으로 읽기에 대한 거시적인 연구가 필요하다. 이는 읽기 외적인 것으로서 읽기가 이루어지는 사회·문화적인 차원에서의 연구를 말한다. 사회·문화와 읽기의 관계에 대한 논의는 크게 두 가지로 나눌 수 있다. 하나는 정보를 중심으로 한 미래사회에서의 읽기 교육이고, 다른 하나는 인간과 가치체계를 연계시키는 읽기 문화로서의 읽기 교육이다.

우선, 정보를 중심으로 읽기 교육을 전망해 보자. 읽기 교육의 궁극적인 목적은 다양한 읽기 상황과 환경에서 목적에 따라 글을 읽는 능력을 길러 주는 것이므로 사회·문화와 관련시켜 읽기를 연구해야 한다. 미래

사회는 정보화 사회라고 한다. 정보화 사회에서 읽기의 중요성은 더욱 커질 것이다. 다양한 매체를 통한 정보전달이 이루어지겠지만, 문자를 통한 정보전달의 방법이 급속하게 발달하고 있고, 국내외를 하나로 묶는 정보망의 건설로 정보의 양도 상상할 수 없을 정도로 늘어날 것이다. 이러한 사회적 환경에서 필요에 따라 적절한 읽기 자료를 선정하고, 목적에 맞는 읽기 방법을 사용하며, 비판적 · 창조적인 사고를 할 수 있도록 하려면 정보화 사회에서 읽기의 위상에 대한 인식의 전환이 필요하다.

읽기 문화의 면에서 읽기 교육을 살펴보면, 읽기 그 자체에 대한 가치부여에서부터 시작하여 글 향유방식에까지 연구가 확장되어야 한다. 과거 읽기 교육은 인쇄매체를 중심으로 이루어졌지만, 현대사회는 컴퓨터를 비롯한 각종 매체를 통해 소설을 읽기도 하고, 토론이 이루어지기도 하며, 광고 및 홍보가 이루어지기도 한다. 즉, 인쇄매체 이외의 다양한 매체를 통한 글 향유방식이 생기고 있다. 따라서 읽기 교육은 이러한 향유방식에 따른 차이를 고려해야 한다. 또한 지금까지의 읽기교육은 개인간, 사회 · 문화간의 차이를 고려하기보다는 공통된 특성을 중심으로 이루어졌다. 그러나 앞으로의 읽기 교육은 사회 · 문화적인 차이에 따른 읽기 방식의 차이와 향유방식의 차이를 인정하고 개별성을 고려하는 연구가 진행되어야 한다.

읽기 교육에서 가장 중요한 것은 학습자가 글을 읽는 데 영향을 미치는 최상의 환경을 조성하는 것이다. 이는 단순히 책상과 의자, 조명, 시간과 장소만을 의미하는 것이 아니라 사회 전체가 읽기 환경을 담고 있는 읽기 공동체의 모습을 갖추어야 한다는 뜻이다. 사회 전체가 읽기의 중요성에 대한 인식을 같이하고, 읽기 문화를 형성하며, 다양한 읽기 양상을 이해하여 정보전달에서 문화의 향유 및 전승에까지 범주를 확장하는 인식의 전환이 필요하다. 이러한 진환에서 가장 중요한 역할을 하는 사람이 바로 교사이다. 교사는 읽기 전문가 집단에 소속되어 서로 새로운 아이디어를 탐구하고, 교환하는 연구풍토를 조성해야 한다. 여기에서 읽기 지도를 위한 지도모델을 찾아 실험하기도 하고, 학습자를 관찰하고 돕는 안내자로서, 또는 연구자로서 자신의 능력을 재확인할 필요가 있다.

탐구과제

01 읽기 과정에 대한 이론을 비교하고, 차이를 설명하시오.

02 읽기 교육의 목표를 두 가지로 나누어 설명하시오.

03 읽기 기능관과 전략관에 따른 지도내용을 비교하고, 기능과 전략의 통합 가능성에 대하여 자신의 생각을 말해 보시오.

04 읽기 교수 · 학습 전략을 비교 설명하시오.

05 읽기 과정평가, 결과평가, 상위인지평가의 구체적인 방법을 간단히 설명하고, 평가문항을 작성하시오.

06 읽기 교수 · 학습과 평가의 통합이 어떻게 이루어질 수 있는지 설명하시오.

07 문자 읽기 이외에 영상 매체를 비롯한 다양한 매체를 통해 의미를 파악하는 것은 읽기와 어떤 점에서 비교할 수 있는지 설명하고, 그 가치에 대해 논하시오.

참고문헌

노명완(1990), "읽기의 개념과 읽기지도의 문제점,"『교육한글』 3호, 한글학회.
노명완 · 박영목 · 권경안(1988),『국어과교육론』, 갑을출판사.
박수자(1994),『독해와 읽기지도』, 국학자료원.
박영목(1996), "학습 사회와 독서",『독서교육』 창간호, 한국독서학회.
박인기(1994), "문학 독서 방법의 상위적 이해",『국어교육연구』 1집, 서울대학교 사범대학 국어교육연구소.
______(1996), "독서와 매체 환경,"『독서연구』 창간호, 한국독서학회.
이경화(1991), "독해점검전략의 상보적 수업을 통한 아동들의 독해력 향상에 관한 연구," 숙명여자대학교 박사학위논문.
초등국어교육학회(1999),『읽기 수업 방법』, 도서출판 박이정.
최영환(1994), "읽기 평가의 개선 방안에 대한 연구,"『한국초등국어교육』 제10집, 한국초등국어교육학회.
______(1997), "기능과 전략 중심의 교육과정 설계 방안,"『국어교육』 95, 한국국어교육연구회.
______(1997), "상위언어적 능력의 국어교육적 의의,"『국어교육학연구』 제7집, 국어교육학회.
______(1998), "매체 변화에 대응하는 국어교육,"『국어교육』 98, 한국국어교육연구회.
최현섭 · 최명환 · 신헌재 · 노명완 · 박인기(1995),『국어교육학의 이론화 탐색』, 일지사.
Atkinson, R. H. & D. G. Longman(1990), *Reading Enhancement and Development*, West Publishing Company.
Duffy, G. G. & L. R. Roehler(1993), *Improving Classroom Reading Instruction: A Decision-Making Approach*, McGraw-Hill, Inc.
Irwin, J. W., I. Baker(1989), *Prompting Active Reading Comprehension Strategies: A Resource Book for Teachers*, Prentice Hall.
Kennedy, E. C.(1981), *Methods in Teaching Developmental Reading*, 2nd ed., F. E. Peacock Publishers, Inc.
Kubiszyn, T. & G. Borich(1993), *Educational Testing and Measurement: Classroom Application and Practice*, Harper Collins College Publishers.
Leu, Jr. D. J. & C. K. Kinzer(1987), *Effective Reading Instruction in the Elementary*

Grades, Merrill Publishing Company.
May, F. B.(1990), *Reading as Communication: An Interactive Approach*, Merrill Publishing Company.
Mikulecky, B. S.(1990), *A Short Course in Teaching Reading Skills,* Addison-Wesley Publishing Company.
Resnick, L. B.(1989), *Knowing, Learning and Instruction*, Lawrence Erlbaum Associates, Publishers.
Salinger, T.(1993), *Models of Literacy Instruction*, Macmillan Publishing Company.

05장 쓰기 교육

I. 쓰기 교육의 이론적 고찰

(1) 쓰기의 개념

쓰기(writing)란 무엇인가?

쓰기의 의미를 한 마디로 규정하기는 매우 어렵지만 쓰기는 일차적으로 문자 언어를 통하여 의미를 표현하고 전달하는 일체의 행위로 정의될 수 있을 것이다. 이러한 쓰기 개념에는 이제 막 글자를 배우기 시작한 아동이 삐뚤삐뚤한 글씨로 'ㄱ', 'ㄴ', 'ㄷ', 'ㅏ', 'ㅑ', 'ㅓ', 'ㅕ'와 같은 한글 자모를 결합하여 '엄마', '나비'와 같은 낱말이나 '나는 학교에 갑니다'와 같은 문장을 베껴쓰는 전사 행위(transcribing)로부터 고도의 인지적 사고 능력을 동원하여 새로운 의미를 발견하고 만들어 가는 의미 구성 행위(meaning making)로서의 글쓰기 개념까지도 포함되어 있다.

(가) 텍스트 언어학적 관점에서 본 쓰기 개념

우리는 '글을 쓴다'고 할 때 단순히 문장들을 나열한다고 해서 이것을 '글(text)'이라 하지 않는다. 텍스트의 어원이 날실과 씨실이 교직되어 구성되는 '텍스타일(textile)'이라는 말에서 온 것처럼, 텍스트란 문장과 문장이 서로 긴밀하게 교직(交織)해서 이루어지는 유의적 구성체(有意的 構成體)로서 텍스트가 텍스트다워지기 위해서는 적어도 내용적 측면의 결속성(coherence)과 형식적 측면의 응집성(cohesion) 요건을 갖춰야 한다.

결속성이란 나열된 문장들을 읽고 나서 파악할 수 있는 일종의 의미선(意味線)과 같은 것으로서 텍스트 안에서 활성화되어 나타나는 개념들 사이에 존재하는 의의(意義)의 연속성이라 할 수 있다. 텍스트는 이 내용적 결속성으로 인해 비로소 의미론적으로 완결된 하나의 글이 될 수 있는 것이다.

결속성(coherence)이 텍스트의 내적 의미에 관한 것이라면 응집성(cohesion)은 텍스트 표층의 구성 요소들간의 통사적인 의존 관계를 바탕으로 서로 관련을 맺는 방식을 지칭한다. 문장과 문장이 날실과 씨실처럼 서로 긴밀하게 교직되어 응집력 있는 글이 되려면, 일련의 응집 장치(cohesive device)들에 의해 텍스트를 구성할 수 있어야 한다. 이러한 응집 장치에는 문장과 문장간의 논리적 연결 관계를 드러내 주는 '-지만', '-니까', '-아/어서', '-아/어도'와 같은 접속(接續), 앞에 언급된 내용을 다시 반복하지 않는 생략(省略), 주요한 핵심 어휘 내지는 유사 어휘의 반복적 사용을 통해 텍스트의 의미선을 확보해 주는 어휘적 응집(語彙的 凝集), 선행 문장에서 언급된 내용 요소들을 '이', '그', '저'와 같은 지시어를 통해 문장간의 응집력을 확보할 수 있도록 하는 대용(代用) 등이 포함된다. 이러한 응집 장치들을 통해서 텍스트는 문장과 문장들이 서로 긴밀한 관련을 맺게 되어 탄탄한 응집력을 확보하게 될 뿐만 아니라 내용적인 결속성까지도 확보하게 되는 것이다. 결국 텍스트를 텍스트답게 만들어주는 형식적 응집 장치들은 문장간의 응집력은 물론 내용적 통일성을 갖춘 글이 되도록 하는 데 결정적으로 중요한 요소들이라 할 수 있다.

요컨대, 형식적 응집성과 내용적 결속성을 함께 갖춘 글을 쓸 수 있을 때 우리는 비로소 '글을 쓸 줄 안다'는 말을 할 수 있다. 이렇게 학습자들이 제대로 된 글을 쓸 줄 아는 수준에 도달하기 위해서는 상당 기간의 글쓰기 교육과 훈련이 뒷받침되어야 한다.

(나) 수사학적 관점에서 본 쓰기 개념

쓰기 개념은 단순히 필자가 전달하고자 하는 메시지를 문자 언어로 기호화하여 형식적인 응집성과 내용적인 결속성의 요건을 갖춘 글을 쓰는 일체의 행위로만 이해할 수 없다. 쓰기는 어떤 경우라도 진공 상태 속에서 이루어지는 법이 없기 때문이다. 필자는 고독하게 밀실에 앉아 개인적인 통찰력이나 영감에 의존해서 글을 쓰는 것이 아니라, 언제나 읽을 이를 전제로 어떤 방식으로든 자신이 의도하는 방향으로 영향을 미치기 위해 글을 쓰게 마련이다.

수사학(Rhetorics)이 발달했던 고대 그리스에서는 노예와 외국인, 여성을 제외한 모든 아테네 시민들이 아고라 광장과 같은 공개적인 공간에서 자신의 재산권과 정치적 권리를 '말'을 통해서 주장하고 행사하였다. 수사학(Rhetorics)의 '레토(Rhetor)'가 '나는 말한다(I speak)'라는 의미이듯이, 수사학[1]은 기본적으로 아고라 광장의 많은 사람들에게 스피치를 통해서 납득할 만한 논거를 제시하면서 다른 사람을 설득하던 '레토(Rhetor)'의 이미지가 시사해 주는 바와 같이 사람들에게 '말과 글'로써 영향을 미치기 위해 필요한 지식과 기술을 다루는 학문이라 할 수 있다.

이러한 수사학적 관점에서 본다면, 쓰기는 구체적인 상황 맥락 안에서 필자 자신이 의도한 메시지를 글을 읽게 될 독자를 염두에 두고 그에게 뭔가 영향을 미치기 위한 목적으로 글을 쓰는 사회적인 의사소통행위라 볼 수 있다. 필자는 진공 상태 속에서 글을 쓰는 것이 아니라 구체적인 상황 맥락 속에서 글을 읽게 될 독자를 염두에 두고 그에게 뭔가 영향을 미치기 위해 글을 쓰기 때문이다. 글을 쓸 때 필자는 언제나 구체적인 상황 맥락 속에서 '나는 왜 이 글을 쓰는가?', '내 글을 읽는 사람은 누구인가?', '독자는 어떤 내용을 기대할까?', '이 글을 통해서 내가 정말 하고 싶은 말은 무엇인가?'와 같은 수사학적 문제들을 고민하면서 글을 쓰게 된다. 결국 수사학적 관점에서 본다면 쓰기란 필자와 독자, 그리고 글(text)의 삼각 구도 속에서 글쓰기를 둘러싼 수사적 맥락의 영향을 받으면서 이루어지는 의사소통 행위라 할 수 있다.

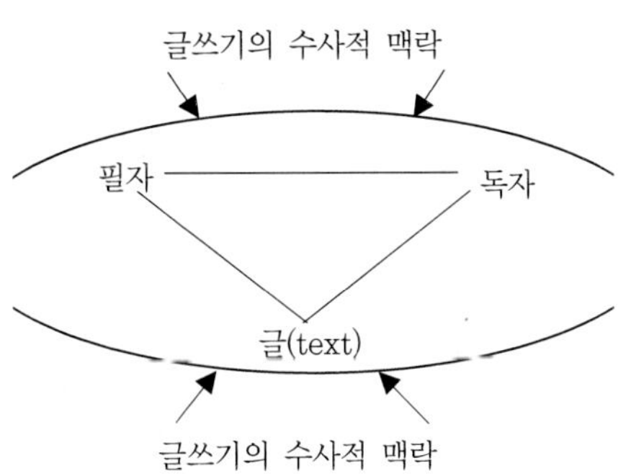

[그림 1] **쓰기를 둘러싼 의사소통의 삼각형**

1) 박영목(2008)은 수사학이 여러 가지 중복되는 의미를 지니고 있음을 언급하면서, 수사학이 지칭하는 의미에는 웅변술 훈련, 효과적인 연설 전략 연구, 정보 전달이나 설득을 위한 언어의 사용, 언어의 설득적 효과 연구, 언어와 지식 사이의 관계 연구, 문채(文彩) 및 문양(文樣)의 분류와 활용, 선전술의 한 형식으로서의 가전제(假前提)와 의사진리(疑似眞理)의 활용 등이 있음을 지적하고 있다.

(다) 인지주의 작문 이론의 관점에서 본 쓰기 개념

인지주의 작문 이론에서는 쓰기를 고도의 인지적인 사고 과정을 통해 일련의 문제들을 해결해 가는 목표 지향적인 문제 해결 과정(원진숙·황정현 역, 1998)으로 본다. 세상 사람들이 쓰기에 대해서 가지고 있는 통념은 대개 쓰기란 타고난 재능의 문제이거나 영감의 산물이라고 보는 것인 데 비해서 인지주의 작문 이론에서는 쓰기란 필자의 머릿속에서 이루어지는 인지적인 사고 과정이라고 전제한다.

우리는 누구나 종이 위에 연필로 뭔가를 끼적여 봄으로써 실타래처럼 얽혀 있던 머릿속 생각들이 명료하게 정리되거나 막연한 수준의 앎이었던 어떤 대상이 보다 구체화된 실체로 확연해지는 경험을 해 본 적이 있을 것이다. 이렇게 쓰기는 머릿속에서 혼란스럽게 얽혀 있는 생각들을 명료하게 정돈해 주기도 하고 여러 아이디어들 간의 연결 관계 속에서 또 다른 생각들을 만들어 냄으로써 새로운 지식을 생성해 내기도 하는 신비한 마력을 가지고 있다. 우리는 쓰기를 통해 사물들간의 관계를 이해하기도 하고, 자신은 물론 자신을 둘러싼 여러 대상들에 대해 깊이 있게 통찰하고, 문제에 대한 새로운 해결책을 찾기도 한다. 이런 점에서 볼 때 쓰기는 단순히 낱말들을 연결해서 문장을 엮어 나가는 단순 기능이 아니라 생각을 정련하고 구조화하고 재조정하는 고차원적인 고등 정신 기능이며, 우리 머리 속에서 이루어지는 인지적인 사고 과정이라 할 수 있을 것이다.

우리는 쓰기를 통해 사고하고, 글을 써야 하는 문제 상황에서 아이디어를 생성하고, 조직하고, 초고를 쓰고, 쓴 글을 다시 고쳐 써 나가는 일련의 과정 속에서 접하게 되는 여러 가지 문제들-작게는 띄어쓰기, 맞춤법과 같은 기계적인 문제에서부터 단어의 선택, 문장의 구조, 문장간의 논리적 연결 관계, 글 구성 조직, 문체, 더 나아가 글을 쓰는 목적, 장르의 특성, 예상되는 독자의 기대와 반응 등과 같은 수사적 문제에 이르기까지 여러 가지 복잡다기한 문제들-을 해결하면서 목표 지향적으로 글을 써 나가야 한다. 이와 같이 여러 가지 문제들을 동시에 처리하기 위해서 필자는 상당 수준의 지식을 바탕으로 적절히 시간을 배분하면서 쓰기의 여러 하위 과정들을 자동적으로 처리해 나갈 수 있어야 한다.

쓰기를 인지적인 사고 과정을 통해 일련의 문제들을 해결해 나가는 목표 지향적인 문제 해결 과정으로 보는 인지주의 작문 이론에서는 쓰기를 통해 사고하는 방법 내지는 능숙한 필자들이 쓰기 과정을 통해서 접하게 되는 문제들을 해결해 가는 방법들을 '쓰기 전략'이라는 이름으로 목록화하여 쓰기 교육의 내용으로 삼는다.

(2) 쓰기의 과정

사람들은 어떤 과정을 거쳐서 글을 쓰게 될까?

사실 이 물음에 답하기란 쉽지 않다. 쓰기 과정이 일반적인 사고 과정처럼 겉으로 분명히 드러나지 않고 머릿속에서 은밀하게 이루어지기 때문이다. 사람들은 한밤중에 글을 쓰기 시작했다거나 글을 쓰다가 파일을 날려버렸다거나 하는 행위만 기억할 뿐 글을 쓰면서 자신의 내면에서 이루어지는 정신 활동에 대해서는 좀처럼 주의를 기울이지 못한다.

하지만 사람들은 글을 쓰면서 수없이 계획을 세우고 수정하고, 이 과정에서 새로운 아이디어를 생성해 내기도 하고, 가지고 있던 생각으로부터 아이디어들간의 관계나 유형을 찾아내기도 하고, 전혀 새로운 것을 추론해 내기도 하고, 생각의 편린들을 초고 형태로 끼적여 보기도 하고, 초고 상태의 글을 다시 읽어보면서 문제점이나 오류를 진단해 보기도 하는 행위를 반복한다.

이제까지 많은 작문 연구가들은 이러한 쓰기 과정에 대해 관심을 가지고 연구를 해 오면서 다음과 같은 쓰기 과정 모형들을 개발해 왔다.

(가) 단계적 쓰기 과정 모형

쓰기 과정에 대해 1960년대 이후 많은 작문 연구가들이 관심을 가지기 시작하였다. 그 가운데 가장 초창기 연구로서 Rohman & Weleck(1964)를 들 수 있는데, 이들은 쓰기 과정이 다음 [그림 2]와 같이 쓰기 전(prewriting), 쓰기(writing), 쓰기 후(rewriting) 단계[2]를 거쳐 선조적으로 이루어진다고

2) 이와 비슷한 논의로 일련의 글쓰기 과정을 개념(conception), 부화(incubation), 산출(production)로 나누어 설명한 Britton(1970)을 들 수 있다. Britton (1970)은 개념 단계에서는 글을 무엇으로 쓸 것인지에 대한 화제를 선택하고, 부화 단계에서는 관련된 정보를 모으면서 화제를 보다 심층적으로 발전시키고, 산출 단계에서는 초고를 쓰고 수정을 하고, 편집을 하는 것으로 보았다.

보았다.

단계적 쓰기 모형은 일단 쓰기 과정에서 '쓰기 전 단계'를 설정함으로써 글을 쓰기 전의 활동을 교육 대상으로 삼을 수 있도록 기여했다는 점에서 그 교육적 의의가 인정되지만 쓰기 과정을 지나치게 선조적(lineal)인 것으로 파악하고 실제 글을 쓰는 사람들의 머리 속에서 일어나는 의미 구성 과정 자체를 제대로 밝혀내지 못했다는 점에서 한계를 보인다.

쓰기 전(prewriting) → 쓰기(writing) → 쓰기 후(postwriting)

[그림 2] **단계적 쓰기 모형**

(나) Flower & Hayes(1981)의 인지적 쓰기 과정 모형

쓰기 과정[3]에 대한 연구는 Flower & Hayes(1981)에서 본격화된다. 미국 카네기 멜론 대학에 함께 근무하던 작문 연구가 Linda Flower와 인지 심리학자 John Hayes는 당시 발달해 있던 인지 심리학의 학문적 연구 성과를 기반으로 하여 인지적 쓰기 과정 모형을 개발하였다. 이들은 대학생들을 대상으로 실제 쓰기 과정에서 일어나는 필자의 인지적인 사고 과정을 말로 구술하게 하는 사고 구술법(think-aloud procedure)과 이 사고 구술 과정을 전사한 프로토콜(protocol)[4]을 분석함으로써 필자들이 쓰기 과정에서 사용하는 인지 전략을 분석하고 이를 바탕으로 그 유명한 인지적 쓰기 과정 모형([그림 3])을 개발해 내었다.

Flower & Hayes(1981)에 의해 제안된 이 인지적 쓰기 과정 모형에서는 계층적 구조를 지닌 쓰기 과정-계획하기, 표현하기, 재고하기-을 일련의 계속되는 단계로 보지 않고 필자가 글을 쓰는 단계에서 적절히 조절하고 통제해야 하는 몇 가지 하위 과정들의 집합으로 본다. 인지적 쓰기 과정

3) 쓰기 과정에 대한 본격적인 연구는 Emig(1971)에서 비롯된다. Emig은 그녀의 박사 논문을 통해서 쓰기 과정을 선조적인 것으로 본 기존의 논의들을 비판하고 고등학생 12학년 학생들의 글쓰기 과정을 사례별로 면밀히 관찰함으로써 실제 쓰기 과정에서 이루어지는 의미 구성 행위를 밝혀낸 바 있다. Emig은 학생 필자들이 글을 쓰면서 머릿속에서 이루어지는 사고의 흐름을 소리내어 말해 보게 하는 사고구술법(think-aloud procedure)을 활용하여 프로토콜을 작성하고 이를 분석하는 연구 방법론을 통해서 쓰기 과정이 선조적인 것이 아니라 회귀적인 것임을 주장하기도 하였다.

4) 프로토콜(protocol)이란 필자가 글을 쓰면서 생각하는 것을 자연스럽게 구술하게 하고서 그 내용을 전사한 자료를 말한다.

모형에서는 다음의 [그림 3]에서와 같이 쓰기를 작문 과정 환경, 필자의 장기 기억, 작문 과정 이 3가지 요소가 서로 상호 작용하는 과정으로 파악한다.

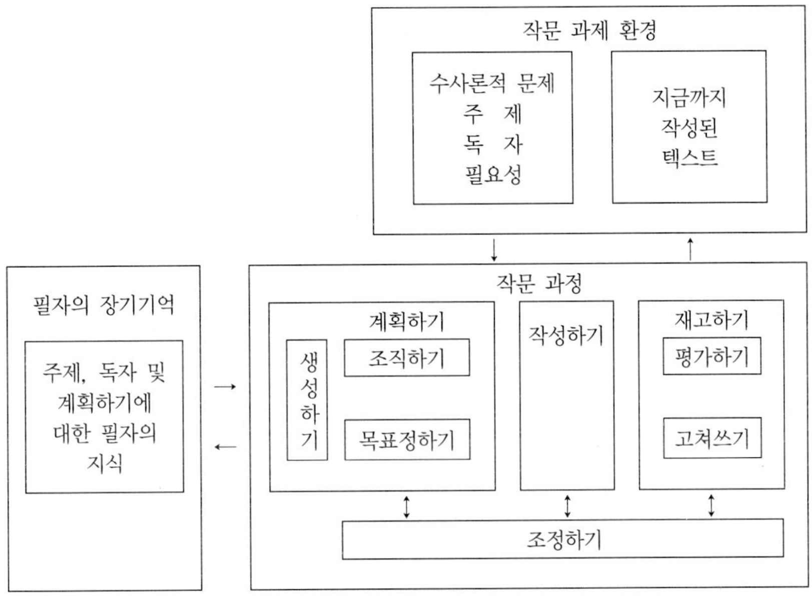

[그림 3] **인지적인 쓰기 과정 모형**

그러면 이들 각각의 요소를 중심으로 인지적 쓰기 과정 모형의 특성을 살펴보기로 하자.

① 작문 과제 환경

작문 과제 환경은 필자의 인지 작용 외부에 존재하면서 작문 행위에 영향을 미치는 환경적인 요인들인 작문 주제, 작문의 필요성, 예상 독자 등의 수사적 문제와 이제까지 작성된 텍스트 등을 포함한다. 글을 쓰는 행위는 진공 상태 속에서 이루어지는 법이 없이 언제나 이러한 과제 환경 속에서 이루어진다.

② 필자의 장기 기억

사람들이 쓰기 과정에서 직면하게 되는 가장 심각한 문제는 '지식의 문제'[5]이다. 이때의 '지식'이란 학생들이 주어진 과제로서의 문제를 해결해 나가는데 필요한 배경 지식을 의미한다. 필자의 장기 기억은 작문 주제 및 독자에 대한 지식은 물론 작문의 계획 및 절차에 관한 지식, 작문 원리 및 수사론적 원리들에 대한 지식을 포함한다. 단기 기억(short-term memory)이 제한되고 고정된 용량 하에서 의식적인 주의력과 활동적인 처리 능력을 특징으로 하는 것에 비해 장기 기억은 상대적으로 안정되고 고유한 내적 정보 구성을 특징으로 하며 수용 능력도 무한하다. 장기 기억 과정에서는 일단 단기 기억 과정으로부터 걸러진 정보를 수용하며 기억된 정보들을 동원하여 분석하고, 관계짓고, 비교하고, 판단하며, 정리하는 일을 한다. 이 장기 기억 과정에서 일어나는 복잡한 사고 과정은 각 개인이 지닌 배경 지식 정보에 따라 다르다. 필자는 이 장기 기억 속에서 작문의 주제나 아이디어 개발에 관련되는 지식을 선택하여 활용함으로써 텍스트를 생산한다.

③ 작문 과정

㉠ **계획하기(Planning) 단계**: 필자가 실제로 아이디어를 문자 언어화하기 이전의 모든 사고 활동을 포함하는 단계이다. 이 단계에서는 작문에 사용하게 될 지식의 내적인 표상을 형성한다. 이러한 계획하기 단계에서는 장기 기억으로부터 주어진 문제와 관련되는 정보를 발견하고 기존의 아이디어를 활용하여 새로운 아이디어를 창조해 내는 아이디어 생성하기, 아이디어를 더욱 발전시키고 주어진 문제에 초점을 맞추어 조직하는 아이디어 조직하기, 구체적인 쓰기 목표 정하기 등의 하위 과정을 포함한다.

㉡ **작성하기(Translating) 단계**: 계획하기 과정에서 형상화된 아이디어를 구체적인 언어로 옮겨 표현하는 인지 과정이다. 문장에 대한 훈련이 잘 되어 있는 필자라면 이 과정이 무의식적이고 자동적으로 이루어질 수 있지만 그렇지 못한 경우라면 필자는 이 과정에서 많은 어려움을 겪게 된다.

5) Applebee(1984)는 쓰기와 관련되는 지식의 범주로 언어에 대한 지식, 주변 세계에 대한 지식, 독자의 지식으로 설정하였다. 또한 언어에 대한 지식은 단어 및 문장 수준에서의 지식, 텍스트 수준에서의 지식, 그리고 상위인지 수준에서의 지식으로 보다 세분화할 수 있다고 보았다. 박영목(2008)에서는 작문교육에서는 1) 텍스트 수준에서의 언어 지식은 물론 텍스트를 생산하는 과정에서의 조정과 통제에 필요한 상위인지적 전략에 관한 지식, 2) 주변 세계 지식을 주어진 작문 상황에 알맞게 선정하거나 확장하는 데 필요한 지식, 그리고 3) 독자의 지식 정도를 예측하고 그 정도에 적합하게 텍스트를 생성해 내는 방법에 관한 지식들을 강조해야 함을 주장하였다.

ⓒ 재고하기(Reviewing) 단계: 지금까지 작성된 글의 내용을 의미를 중심으로 검토하고 다시 고쳐쓰는 과정이다. 일반적으로 능숙한 필자일수록 이 재고하기 단계에 많은 시간과 정성을 할애하면서 글의 전체적인 내용과 구조에서부터 문장, 어휘 수준까지 글을 다시 고쳐쓰는 과정을 거치게 된다.

ⓔ 조정하기(Monitoring) 단계: 상위인지(metacognition)에 의해 이루어지는 이 조정하기 단계가 있음으로 해서 필자는 작문의 여러 가지 하위 과정들을 자유로이 넘나들면서 자신의 쓰기 과정을 점검하고 평가하면서 문제들을 조정해 나가게 되는 것이다.

인지적 쓰기 과정 모형은 일단 쓰기 과정 자체를 목표 지향적인 사고 과정으로 파악한다. 필자는 인지적인 쓰기 과정을 통해서 새로운 통찰력과 지식을 얻게 되고, 이에 기초해 자신의 쓰기 목표를 정련하고 구체화시켜 나가게 되는 것이다.

Flower & Hayes(1981)의 인지적 쓰기 과정 모형은 쓰기 과정을 해결해 가는 필자의 인지 과정과 이 과정에 영향을 미치는 내적·외적 요인들에 대하여 총체적인 입장에서 설명을 가능하게 해 주었다는 점에서 높이 평가할 만하다. 그러나 이들 요인들이 표현 과정에서 어떠한 역할을 하고 있는지에 대해서는 별다른 설명을 제공하지 못한다는 점에서 한계점이 있다.

(다) Beaugrande(1984)의 평행적 상호작용 모형

Beaugrande(1984: 87-213)에 의해 제안된 평행적 상호작용 모형(parallel-stage interaction model)은 쓰기의 각 단계들이 순차적으로 진행되는 것이 아니라, 동시에 평행직으로 상호 작용하면서 결과물을 산출하는 것으로 보았다. Beaugrande는 이 각각의 단계들은 시간적 단위가 아닌 기능적 단위들로 구성되며 각 단계들은 적절한 조건이 주어졌을 때 상호작용적으로 기능하는 것이라고 보았다.

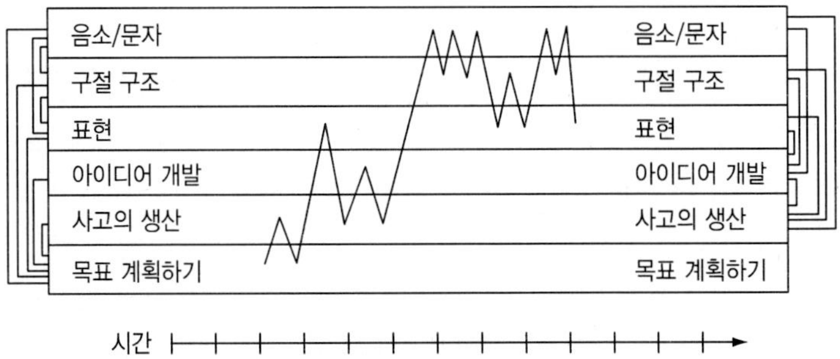

[그림 4] **평행적 상호작용 모형**

평행적 상호작용 모형은 언어 표현의 각 단계들이 순차적으로 이루어지는 것이 아니라 적절한 조건이 주어졌을 때 역동적이며 상호 작용적으로 기능하는 것으로 보았다는 점에서 일단 쓰기라는 인지적 사고 과정의 본질적인 측면에 한층 다가선 것으로 평가된다. 그러나 Beaugrande의 모형은 인지적 과정 자체에만 집중하고 있을 뿐 쓰기 과정에 영향을 미치는 기타 제반 요인들은 고려하고 있지 못할 뿐만 아니라 표현 과정상의 여러 단계들을 지나치게 추상적으로 기술하고 있다는 점에서 한계점이 지적된다.

(라) Hayes(2000)의 새로운 쓰기 과정 모형

Hayes(2000)는 의미 구성 과정으로서의 쓰기 과정을 더욱 체계적으로 설명하기 위해서 Flower & Hayes(1981)의 모형을 수정·보완하여 다음 [그림 5]와 같은 새로운 모형을 제시하였다. 이 모형은 [그림 5]에서 알 수 있는 바와 같이 '과제 환경'과 '개인' 크게 두 부분을 축으로 하고 있는 바, 필자 개인과 필자를 둘러싸고 있는 사회적 환경 및 물리적 환경의 상호 교섭 작용을 중시하고 있다. 또한 이 모형은 필자 개인과 필자를 둘러싸고 있는 사회적 환경과 물리적 환경의 상호 교섭 작용을 기반으로 한 작문 과제 환경의 비중을 한층 강화하고, Flower & Hayes(1981)에서 별도로 분리해서 제시했던 필자의 인지 과정과 장기 기억을 통합하여 필자 개인 안에 포함시켜 놓았다. 또한 필자 개인 내부에서 이루어지는 의미 구성 작용에 영향을 미치는 요인들을 매우 체계적으로 정리하여 제시하고 있다는 점에서 주목할 만하다.

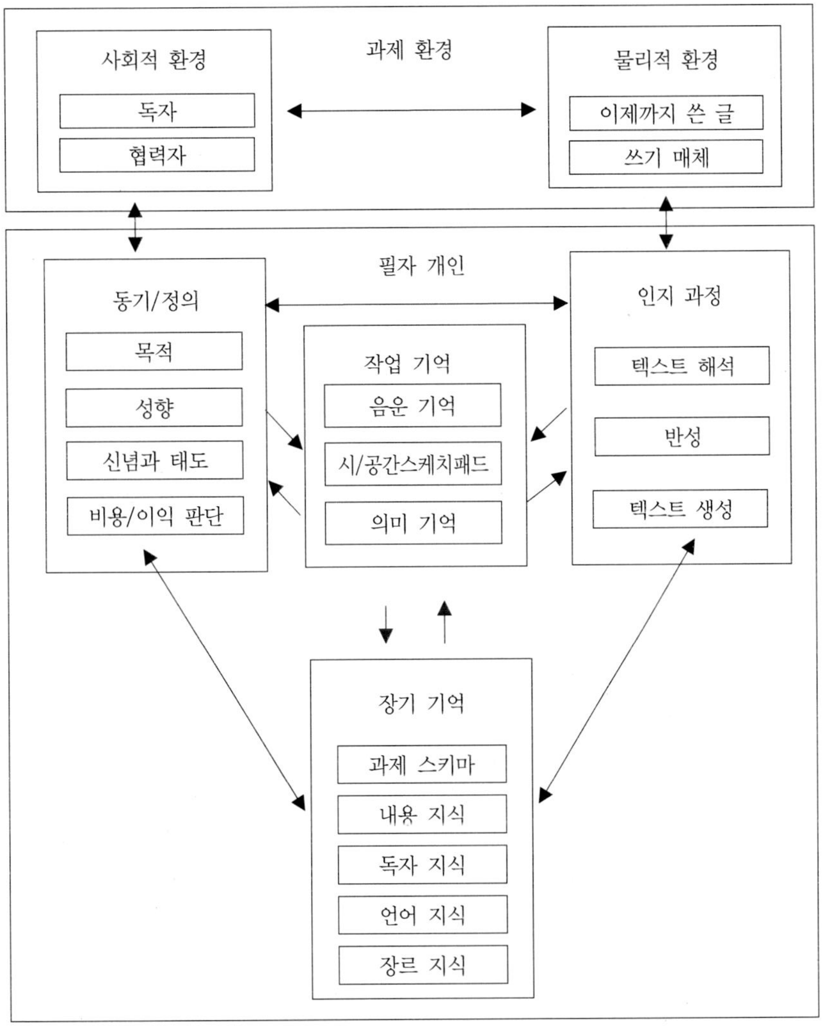

[그림 5] **Hayes(2000)의 새로운 쓰기 과정 모형**

Hayes(2000)가 Flower & Hayes(1981)의 모형을 대폭 수정해서 만든 이 새로운 쓰기 과정 모형은 다음과 같은 부분들로 이루어져 있다.

① 과제 환경

이전 모델과 달리 새로운 쓰기 과정 모형에서는 쓰기의 사회적 환경을 크게 강조함으로써 쓰기가 사회적 활동이라는 점을 분명히 부각시키고 있다. 또한 필자가 글을 써 나가는 과정에서 이제까지 생성한 글과 컴퓨터

워드 프로세서와 같은 쓰기 매체를 포함하는 물리적 작문 과제 환경이 개인의 쓰기 행위에 상당한 영향을 미칠 수 있음을 보여주고 있다.

② 필자 개인

새로운 쓰기 과정 모형에서는 인지적 과정 외에도 정의적인 동기/정의 요인, 쓰기와 관련된 제반 지식 요인을 망라하는 장기 기억, 그래프나 도표 등과 같은 시/공간적 지각 요소 등을 포함하는 작업 기억(working memory) 등 여러 가지 요인들이 개인 필자가 의미를 구성하는 과정에 상호 교섭적으로 작용하고 있음을 명료하게 밝혀 주고 있다.

Hayes(2000: 11)는 자신의 새로운 쓰기 과정 모형이 옛 모델과 다른 점을 쓰기 과정에서 작업 기억의 중요성을 강조했다는 점, 언어적 표상뿐만 아니라 시각적, 공간적 요소도 중시했다는 점, 쓰기 과정에 동기나 정의와 같은 요인을 통합했다는 점, 종래 고쳐쓰기를 '텍스트 해석'으로, 계획하기를 '반성'으로, 번역하기를 '텍스트 생산' 등과 같이 인지 과정을 재조직화하여 새롭게 정리했다는 점 등으로 요약하고 있다.

이 새로운 모형은 여전히 필자 개인의 인지적 관점을 중시하면서도 글쓰기에 대한 사회적 관점을 적극적으로 수용했다는 점에서 앞선 작문 모형에 비해 진일보한 모습을 보여주고 있다.

(3) 쓰기에 대한 이론적 접근

이제까지 축적되어 온 일련의 작문 관련 연구들은 쓰기 행위를 보다 타당하고 설득력 있게 설명할 수 있는 이론적 틀을 찾는 데 주력해 왔다. 작문 연구는 한 마디로 쓰기 행위를 통한 의미의 구성 현상에 관한 연구라 할 수 있다. 작문 연구를 제대로 하려면 언어와 사고와의 관계는 물론 언어와 사회와의 관계, 필자의 의미 구성 과정에 영향을 미치는 내적 요인과 외적 요인의 특성이 함께 규명되어야 할 것이다.

국내외에서 이루어져 온 작문 이론[6]의 통시적 흐름을 개괄해 본다면 크게 형식주의 작문 이론, 인지주의 작문 이론, 사회 구성주의 작문 이론,

6) 쓰기에 대한 이론적 접근 방식을 이재승(2002)에서는 크게 형식적 관점, 인지적 관점, 사회적 관점으로 나누어 설명하는가 하면, 박영민(2003)에서는 작문 이론이 쓰기의 주요 세 가지 변인인 텍스트, 필자, 예상 독자 가운데 무엇을 강조하느냐에 따라 형식주의 작문 이론에서부터 인지주의 작문 이론, 사회 구성주의 작문 이론으로 발전해 왔다고 보고 있다.

장르 중심 작문 이론 등으로 발전해 왔음을 알 수 있다(Nystrand M., Greene S., Wiemelt J., 1993, 박영목, 1994: 199-219). 이들 주요 작문 이론의 특징적인 경향을 살펴보면 다음과 같다.

(가) 형식주의 작문 이론

1960년대를 주도했던 형식주의 작문 이론은 신비평(New Criticism) 이론의 영향을 받아 규범 문법의 준수와 어법의 정확성을 중시한다. 형식주의 작문 이론에서는 텍스트를 의미를 온전히 담고 있는 자율적인 실체로 규정하고, 쓰기란 쓰기와 관련된 지식을 객관화된 작문 절차와 장르 규범, 규칙에 따라 글로 실현하는 과정으로 정의한다. 또한 쓰기 과정을 '예비 작문하기(prewrite) → 작문하기(write) → 다시쓰기(rewrite)'와 같은 선조적인 것으로 보면서, 쓰기의 결과로 생산된 결과물로서의 글(text)에 최우선적인 가치를 둔다.

형식주의 작문 이론은 행동주의 심리학의 영향으로 쓰기 능력은 체계적인 모방과 연습을 통해 신장시킬 수 있다는 관점을 취한다. 또한 쓰기를 가르치는 교사가 해야 할 일은 모범적인 글을 생산하는 데 필요한 객관화된 지식을 전수해 주고, 정확성 측면에서 완성된 학생의 작품에서 나타나는 오류를 지적하고 교정해 주는 것이 된다. 또한 학생들이 글을 잘 쓰기 위해서는 모범적인 글을 많이 보고, 모방하고, 숙달될 때까지 체계적이고 반복적으로 글쓰기를 연습하는 것이 중요하다고 보았다.

이러한 형식주의 작문 이론은 완성된 텍스트 자체의 정확성만 강조한 나머지 능동적으로 의미를 구성하는 필자의 역할이나 그 글이 받아들여지는 사회적 맥락과 같은 쓰기 관련 요인들을 제대로 인식하지 못했다는 점에서 한계점이 지적된다. 그러나 쓰기 결과물로서의 텍스트 자체를 강조하는 형식주의 작문 이론은 나름대로 충분한 교육적 의미를 지닌다. 오류 없이 정확한 글을 쓸 수 있는 능력 역시 분명 우리가 쓰기 교육을 통해 도달하고자 하는 매우 중요한 교육적 목표일 것이기 때문이다. 또한 모범적인 글에 대한 모방을 강조하는 것도 글쓰기 교육 초기 단계에서 미숙한 수준의 필자로 하여금 일단 글을 쓸 수 있는 힘을 갖도록 하는 데 매우 유용한 교육적 처방이 될 수 있다는 점에서 교수 학습 현장에서 적극적으로 원용할 필요가 있다.

(나) 인지 구성주의 작문 이론

1960년대 후반기에 접어들면서 형식주의 작문 이론은 쇠퇴하기 시작하고 1970년대에 들어서면서부터는 작문의 과정을 중시하는 인지 구성주의 작문 이론이 새롭게 등장하기 시작한다. Emig(1970)은 작문 교육의 문제와 관련하여 쓰기의 결과물로서의 텍스트보다는 회귀적인 과정을 거치면서 새롭게 의미를 창조하는 쓰기 교육에 지도의 초점을 두어야 한다고 주장한 바 있다. 인지 심리학과 Chomsky 언어학, 수사학 이론 등의 결합을 통해 대두된 인지 구성주의 작문 이론은 개별적 작문 행위를 분석의 대상으로 삼으며, 텍스트의 개념을 필자의 쓰기 계획과 목적, 사고를 언어로 번역한 것이라 규정한다. 이 이론에서는 필자를 수사론적 문제 해결자로, 독자를 능동적이고 목표 지향적인 해석자로 보며, 텍스트를 통한 의미 구성 능력은 개인의 목적 의식과 사고 능력의 계발을 통해 신장되는 것으로 보았다.

인지 구성주의 작문 이론에서는 쓰기를 개인적인 필자가 일련의 목표 지향적인 문제 해결 과정을 통해서 한 편의 글을 완성해 가는 사고 과정으로 본다(Applebee(1981), Flower & Hayes(1981)). 인지 구성주의 작문 이론에서는 쓰기 행위를 고정된 단계로 보지 않고 필자가 쓰기 과정에서 조절하고 통제해야 하는 몇 가지 하위 과정들의 집합으로 본다. 즉, 쓰기란 글쓰기가 이루어지는 작문 과제 환경과 필자의 지식, 그리고 계획하기, 아이디어 생성하기, 아이디어 구성하기, 초고쓰기, 고쳐쓰기 등과 같은 일련의 의미 구성 과정을 통해 이루어지는 일련의 문제 해결 과정이요, 사고 과정이라는 것이다. 이러한 인지 구성주의 작문 이론에서는 기존의 결과 중심의 쓰기 교육을 지양하고 일련의 쓰기 과정을 조절하고 통제할 수 있는 기능이나 전략을 쓰기 교육의 주된 내용으로 삼고 있다.

인지 구성주의 작문 이론에 입각한 과정 중심 쓰기 교육에서는 교사와 학생의 역할도 달라질 수밖에 없다. 교사는 글을 쓰는 전 과정에 적극적으로 참여하여 학생들로 하여금 필자로서의 책무성을 인식하도록 도와주고 일련의 쓰기 과정을 이끌어갈 수 있도록 안내해 주는 비계 제공자(scaffolder)로서의 역할을 하게 된다.

인지 구성주의 작문 이론에 기반을 둔 이른바 과정 중심 쓰기 지도법은 대번에 완벽한 글을 쓰도록 요구하지 않고 학습자들로 하여금 일련의 문제 해결 과정으로서의 쓰기를 교사의 지원 하에 경험하도록 함으로써 글을 쓰는 것 자체에 대한 부담이나 두려움을 줄여주고 쓰기에 대한 자기 조정 능력을 갖게 해 준다는 긍정적인 측면을 지니고 있다.

그러나 인지 구성주의 작문 이론은 쓰기를 개인에 한정된 문제로만 인식할 뿐 쓰기가 이루어지는 구체적인 사회 문화적 상황이나 맥락을 간과하고 있다는 점에서 그 문제점이 지적될 수 있다. 또한 지나치게 글쓰기가 이루어지는 인지적 의미 구성 자체에만 초점을 둔 나머지 결과물로서의 글 자체에 대해서 소홀했다는 점 역시 문제점으로 지적될 수 있다. 쓰기의 궁극적 목적이 결국은 결과물로서의 좋은 글을 생산해 내는 것이어야 한다면 쓰기의 과정 못지 않게 결과물로서의 글 자체도 중시하는 균형적인 접근법이 강구되어야 할 필요가 있다.

(다) 사회 구성주의 작문 이론

1970년대가 쓰기의 인지적 과정을 규명한 시기였다면, 1980년대는 쓰기에 영향을 미치는 사회적 맥락의 역할을 규명한 시기로 규정될 수 있을 것이다. 1980년대에 새롭게 대두된 사회구성주의 작문 이론은 지식이 사회적으로 합의된 결과물이라는 견해를 바탕으로 개인의 쓰기 행위보다는 필자를 둘러싸고 있는 사회적 환경 내지 사회적 맥락에 관심을 갖기 시작한다.

Shaughnessy(1977)는 영어가 모국어가 아닌 학생들이 쓴 글에 나타난 오류를 분석하면서 그 원인이 개인의 문제라기보다는 글을 쓰는 데 필요한 사회 문화적 배경적 지식의 결핍에 있다고 보았다. 쓰기가 하나의 사회적 행위이자 담화 관습의 체계이기 때문에, 외국인 학습자들이 글을 쓰면서 생성하는 오류는 그들이 새롭게 접하게 된 담화 공동체의 글쓰기 형식이나 쓰기 관습에 친숙하지 않기 때문에 발생하는 것으로 보아야 한다는 것이다. 또한 Faigley(1985)는 언어 공동체 내에서 사람들은 특수한 형태의 담화 능력을 획득함으로써 특정 사회 집단에 참여할 수 있게 된다는 사실을 예로 들면서 작문의 사회적 측면을 강조하였다. 이러한 관점은 각각의 담화공동체에는 그 안에서 통용되는 의사소통 방식이 있고 준수되어야 할 담화 관습이 있는데 이것들이 쓰기를 통해 실현된다고 보는 것이다. 따라서 어떤 담화 공동체에 입문하고자 하는 사람은 무엇보다 먼저 그 담화 공동체에서 통용되는 의사소통 방식으로서의 담화 관습을 학습하지 않으면 안 되는 것이다.

사회 구성주의 작문 이론에 따르면, 쓰기는 일종의 사회적·문화적 행위이다. 사회 구성주의 작문 이론에서는 쓰기를 객관화된 지식을 실현하는 과정도, 순수하게 개인적인 의미 구성 과정도 아닌 담화 공동체 구성원들과의 상호 작용을 통한 의미 구성 과정으로 본다. 필자는 사회 문화적 상황 맥락 안에서 담화 공동체 구성원들과 상호작용을 하면서 글을 쓰는 존재이며 또 이러한 필자가 생성해 낸 글은 필자 개인이 생성한 결과라기보다는 담화 공동체 안에서 교사나 동료와의 의미 협상을 통한 상호작용의 결과로 보아야 할 것이다.

사회 구성주의 작문 이론에서는 사고가 개인의 것이 아니라 담화 공동체 구성원들간에 이루어지는 언어적 대화가 내면화된 것이라는 Vygotsky (1978)의 관점을 받아들여 작문을 필자가 담화 공동체 구성원들과 나누는 대화의 과정으로 본다. 필자는 고립된 주체로서 의미를 구성하는 것이 아니라 다양한 목소리가 존재하는 사회·문화적 환경에서 예상 독자의 관심과 요구에 부응하도록 의미를 구성해야 한다는 것이다. 이 과정에서 필자는 예상 독자와 대화하고 협상을 진행하면서 합의되고 타협된 의미를 구성하게 된다.

작문을 담화 공동체 구성원들과의 사회적인 대화 과정으로 파악하는 이 이론에서는 학습을 사회적 맥락 안에서 이루어지는 전문가와 초보자의 인지적 도제 관계에 의한 전수 과정으로 파악한다. 이러한 관점은 Vygotsky의 '근접발달영역(Zone of proximal development: ZPD)' 개념에 기초하는데, 근접발달영역이란 개인이 혼자서는 해결할 수 없는 수준의 과제를 자신보다 뛰어난 타인과의 사회적 상호작용에서의 비계 지원(scaffolding)을 통해서 해결할 수 있는 영역을 말한다. 학습자는 학습 시발 단계에서는 초보자로서 근접발달영역(ZPD) 안에서 전문가인 교사나 자기보다 뛰어난 다른 학생들의 비계 지원을 받으면서 과제를 해결해 나가게 된다는 것이다.

이와 같이 사회 구성주의 작문 이론에서는 작문 과정에서 전문성을 갖춘 교수자와 잠재적인 가능성은 있지만 아직 스스로 과제를 해결하지 못하는 학습자, 그리고 우수한 또래 학습자간의 대화적 상호작용을 통해서 자기주도적인 쓰기 능력이 신장될 수 있다고 본다.

그러나 사회구성주의 작문 이론은 Bruffee(1984)와 같은 협동 학습 이론이 결합된 소집단 작문 활동을 제안하는 정도에 그쳤을 뿐, 형식주의 작문 이론이나 인지 구성주의 작문 이론과 같이 실제적인 수준의 작문 교육에 대한 논의로는 발전되지 못했다는 한계점을 보이고 있다.

(라) 장르 중심 작문 이론

1980년대 이후, 작문의 사회적 성격을 강조하는 사회 구성주의 작문 이론과 함께 새롭게 담화 공동체 구성원들의 의사소통을 실현하는 도구로서의 '장르'를 강조하는 장르 중심 작문 이론이 부상하기 시작했다.

이때 '장르'의 개념은 종래 문학 이론 분야에서 시, 소설, 희곡 등의 분류 방식으로 사용해 오던 것과는 다르다. Miller(1994)는 장르를 유사하게 반복되는 상황에 대한 수사학적 반응의 개념으로 설명하면서 사회 문화적 맥락 안에서 일어나는 사회적 행위로 파악하고 있다. 이러한 장르 개념은 그동안 장르를 고정적이고 폐쇄적인 것으로 바라보아 왔던 것과는 달리 장르를 매우 역동적인 것으로 인식할 수 있게 해 주는 발판을 마련해 주었다.

Halliday & Hasan(1989) 등으로 대표되는 체계 기능 언어학(Systemic Functional View)에서는 장르가 사회적인 맥락에 의해 결정되고 이러한 장르는 텍스트의 언어적 형식과 밀접하게 연관되어 있다고 설명하면서 장르 특징에 따른 언어 형식과 문법을 강조한다.[7] 반면 Miller(1994) 등의 신수사학적 접근법(New Rhetoric View)에서는 장르는 사회적인 행위이며 고

7) Halliday & Hasan(1989)은 개념역(register)의 개념을 통해 텍스트와 맥락 사이의 관계를 설명한다. 그는 상황 맥락(context of situation)의 관점에서 직접적인 사회 행위가 이루어지는 공간으로서의 場(Field, 내용), 상호작용에 참여하는 주체(Tenor), 구두 언어 혹은 문자 언어, 혹은 이 양자의 결합과 같은 의사소통 채널을 지칭하는 의사소통 방식으로서의 양식(Mode)의 3요소가 있는데 이것들이 텍스트의 의미를 결정하는 상황 맥락을 해석할 수 있는 기반으로서의 개념역(register)을 결정짓게 된다고 보았다.

정된 것이 아니라 역동적인 것으로 담화 공동체와의 상호작용을 통해 생성되는 것으로 보았다.

장르를 바라보는 이 두 가지 관점은 결국 텍스트에 대한 사회적인 맥락의 영향력을 말해 주는 것으로 작문 교육에서 이러한 사회적 맥락 요소를 무엇보다 중요하게 고려해야 할 필요가 있음을 시사해 준다. 사람들은 각기 나름의 의사소통 목적을 실현하기 위해 언어를 사용하는데, 이때 중요한 것은 담화 공동체에 의해 합의된 방식의 언어를 사용해야 한다는 것이다. 각각의 사회적 맥락의 영향을 받는 장르는 각기 그 텍스트에서 독자들이 기대하는 내용과 형식이 존재하기 마련이며, 이를 지키지 않을 경우에는 의사소통이 제대로 이루어지기 어렵기 때문이다. 따라서 글을 쓰는 사람은 그 장르에 대하여 담화 공동체가 요구하는 내용과 형식, 그리고 개념역(概念域)을 염두에 두고 글을 써야 한다.

장르 중심 작문 이론에서는 쓰기에 작용하는 사회적인 맥락을 인식하고 담화 공동체가 요구하는 내용의 형식 요건에 맞는 글을 쓸 수 있도록 교육해야 한다는 입장을 취한다. 따라서 장르 중심 교육에서는 학습자들이 글을 쓰는 목적을 인식해야 하며, 각 장르에 따른 전형적인 구조와 표현을 배워서 활용할 수 있어야 한다고 본다. 결국 장르 중심 교육은 쓰기와 관련된 상황 맥락과 텍스트에 관심을 두는 교수법을 강조한다고 보아야 할 것이다.

그러나 이러한 장르 중심 교수법은 상대적으로 글을 쓰는 필자의 역할이나 실제 글쓰기가 어떻게 이루어지는지에 대한 과정적 측면에 대해서는 충분히 고려하지 않았다는 점에서 한계점이 지적된다(정다운, 2009: 40).

Ⅱ 쓰기 교육의 목표 분석

(1) 쓰기 교육 목표 분석의 의의

쓰기교육을 제대로 하기 위해서는 무엇보다 왜, 무엇을 가르쳐야 하는가의 문제를 분명히 해야 할 필요가 있다. 쓰기 교육의 목표를 바르게 설정하는 일은 쓰기 교육의 목적과 내용, 방법, 더 나아가 평가의 문제까지도 아우르는 쓰기 교육의 큰 틀을 세우는 데 기초적인 토대가 되기 때문이다.

쓰기 교육의 궁극적인 목표는 학습자로 하여금 장차 이 사회에서 행복하고 성공적인 삶을 살아가는 데 필요한 쓰기 능력을 갖춘 유능한 필자로 키워내는 데 있다. 특히 오늘날과 같은 지식 기반 정보화 사회에서 쓰기 능력은 단순히 의미를 문자 언어로 표현하고 전달하는 차원을 넘어서서 쏟아져 나오는 정보를 처리하고 이를 바탕으로 유용한 지식을 새롭게 구성해 내는 지식 생산 능력의 의미까지도 함의하고 있다는 점에서 사회적으로 매우 중요한 의미가 있다. 또한 이 사회 속에서 이루어지는 대부분의 공식적 활동이 주로 말보다는 글로 된 문서로 이루어지고 있다는 것을 유념할 필요가 있다. 뿐만 아니라 쓰기 능력은 매우 유용한 의사소통 도구라는 차원에서, 전문성을 갖춘 지식인으로서 성공적인 사회 생활을 하는 데 절실하게 요구되는 사회적 경쟁력 차원에서도 상당한 '힘'을 발휘한다. 자신의 앎이나 경험을 다른 사람에게 글을 통해 전달하고 영향을 미칠 수 있는 쓰기 능력이야말로 가장 강력한 사회적 경쟁력일 수 있기 때문이다.

쓰기 능력은 이렇게 사회적인 측면에서뿐만 아니라 개인적인 측면에서도 매우 강력한 힘을 발휘한다. 개인적인 측면에서 우리는 쓰기를 통해서 사물들 간의 관계를 이해하고, 다양한 경험들에 대해 질서를 부여하기도 하고, 우리를 둘러싼 주변 대상들에 대해 통찰함으로써 자신은 물론 세상에 대한 보다 깊이 있는 앎을 형성할 수 있게 된다. 또한 우리는 일기 쓰기와 같은 자기 표현적 쓰기 활동을 통해서 내면에 집중하면서 반성적으로 자신을 성찰하면서 문제에 대한 새로운 해결책을 얻기도 하고, 스스로의 감정을 조절하고 치유하기도 하고, 긍정적인 정서를 강화할 수도 있다. 이렇듯 쓰기는 내재적·존재적 목적을 위해서도 중요한 기능을 발휘하지만, 필자 외부에 존재하는 지식이나 정보를 받아들이기 위한 수단으로서도 매우 탁월한 기능을 발휘한다. 쓰기는 범교과적으로 모든 학습의 도구로서의 효능도 높기 때문이다.

이러한 쓰기 능력은 자신의 생각을 논리적인 언어로 정확하고 설득력 있게 전달할 수 있는 의사 소통 능력일 뿐만 아니라 사고를 언어로 옮겨서 표현해 내는 고등 정신 기능을 바탕으로 하는 고차원적인 문제 해결 능력이라 할 수 있다. 이 능력은 문자 언어로 표현하는 데 있어서의 유창성, 내용 생성의 능숙성, 작문의 일반적인 규칙과 관습에 대한 통달, 글을 쓰는 상황을 적절히 고려할 수 있는 사회적 인지 능력, 우수한 글을 판단할 수 있는 감상력과 비판력, 통합적 사고력과 통찰력 등의 하위 기능으로 구성되어 있다(교육부, 1998: 137).

이러한 쓰기 능력 신장을 위해 개정 2011 개정 국어과 교육과정에서는 쓰기 영역의 교육 목표를 별도로 제시하지 않고 하위 영역의 구별없이 국민 공통 기본 교육기간인 1학년부터 9학년까지 통합적으로 국어 교과의 교육 목표를 다음과 같이 제시하고 있다.

국어 활동과 국어와 문학을 총체적으로 이해하고, 국어 활동의 맥락을 고려하여 국어를 정확하고 효과적으로 사용하며, 국어를 사랑하고 국어 문화를 누리면서 국어의 창의적 발전과 국어 문화 창조에 이바지할 수 있는 능력과 태도를 기른다.

가. 국어 활동과 국어와 문학에 대한 기본적인 지식을 익힌다.
나. 다양한 유형의 담화와 글을 비판적이고 창의적으로 수용하고 생산한다.
다. 국어의 가치와 중요성을 인식하고 국어 생활을 능동적으로 하는 태도를 기른다.

이 같은 국어과 교육이 목표를 쓰기 교육과 관련하여 그 목표를 추출해 보면, 새 교육과정에서는 쓰기 교육의 목표를 쓰기 활동에 대해 총체적으로 이해하고 쓰기 활동의 맥락을 고려하여 정확하고 효과적으로 글을 쓸 수 있는 능력과 태도를 신장하는 데 두고 있음을 알 수 있다. 즉, 쓰기 교육의 목표로 쓰기 활동에 대한 기본적인 지식을 익히고, 다양한 유형의 글을 창의적으로 쓸 수 있는 기능과 쓰기의 가치와 중요성을 인식하고 생활 속에서 능동적으로 글을 즐겨 쓰는 정의적인 태도를 기르는 것이라 보고 있는 것이다. 이렇게 지식, 기능, 태도의 세 가지 층위로 이루어진 목표 설정은 학습자들을 쓰기 능력을 갖춘 유능한 생애 필자(生涯 筆者)로 키우고자 하는 쓰기 교육의 궁극적 목표가 쓰기의 본질과 원리를 이해하고,

쓰기 기능을 체계적으로 습득하며, 쓰기에 대한 올바른 태도와 습관을 형성하는 데 있다고 보았기 때문이다.

(2) 쓰기 교육의 세부 목표 층위

(가) 지식 관련 목표 층위

국가 수준의 교육과정에서 지향하는 국어과 쓰기 교육의 지식 관련 목표는 쓰기 활동에 대한 기본적인 지식을 익힘으로써 실제 쓰기 상황에서 활용할 수 있도록 해야 한다는 것이다. 그렇다면 쓰기 활동에 대한 기본적인 지식이란 무엇일까?

쓰기 지식에 대한 분류는 학자들마다 다양하다. Steve(1993)는 선언적 지식, 절차적 지식, 상황적 지식으로, Faigley & Skinner(1982)는 선언적 지식과 전략적 지식으로, 노명완(1990)은 언어에 대한 지식, 주변 세계에 대한 지식, 독자에 대한 지식으로, Alexander 등(1991)은 사회·문화적 지식, 개념적 지식, 상위인지 지식으로 나누고 있다(최현섭 외 2005: 383). 또한 Applebee(1982: 365-368)는 쓰기에 관련된 지식 범주를 크게 언어에 대한 지식, 주제에 대한 지식, 독자에 대한 지식의 세 범주로 나누었고, Hillocks(1987)은 글 쓸 주제와 관련된 내용 지식, 한 편의 글을 쓰기 위해서 아이디어를 어떻게 생성하고 조직해야 하는지에 대한 쓰기 방법과 관련된 절차적 지식, 글 주조와 형식, 띄어쓰기, 맞춤법 등 제반 쓰기의 관습적 규약에 관한 지식, 이러한 여러 유형의 지식을 모두 통합해서 글을 구성할 줄 아는 방법에 관한 지식 등을 필요로 한다고 보았다. 한편 Tribble(1997: 71)은 일반적으로 쓰기에 필요한 지식으로 써야 할 글의 주제와 관련되는 내용 지식, 쓰기 목적, 예상 독자의 지식 정도나 기대 등을 고려할 수 있는 맥락 지식, 쓰기 과제를 완수하는 데 필요한 언어 체계에 관한 제반 지식, 쓰기 과제를 적절한 방식으로 수행하는 데 필요한 쓰기 과정에 관한 지식을 들고 있다. 이러한 구분은 용어 사용이나 구분 기준이 다소 차이가 있지만 그 내용에 있어서는 큰 차이가 없다.

본절에서는 이러한 기존의 논의를 바탕으로 쓰기를 하는 데 필요한 지식 범주를 크게 내용 지식, 맥락 지식, 담화 지식, 상위인지 지식으로 나누어 정리해 보기로 한다. 이러한 지식들을 쓰기 과제를 수행하기 위해 서로 긴밀한 상호 작용을 한다.

① 내용 지식

내용 지식은 필자가 글에서 다룰 주제(topic)와 관련된 지식으로서, 이러한 지식은 독서 등을 통한 간접 경험과 직접 경험으로 축적된다. 내용 지식은 크게 필자가 글 쓸 주제에 대해 이미 알고 있던 '기존 지식'과 글을 쓰는 과정에서 참고 자료의 수집과 독서, 또는 다른 사람들과의 토론 등을 통해 새롭게 얻게 된 '상호텍스트적 지식', 그리고 지식들을 서로 관련짓고 통합하는 '지식 통합 지식'으로 이루어진다(최은지, 2009: 53). 내용 지식이 풍부한 필자는 그렇지 않은 필자보다 글을 쓰는 데 필요한 아이디어를 생성하고 이를 효과적으로 조직하는 데 훨씬 유리할 수밖에 없다. 글쓰기가 결국 지식의 문제이고 보면, 글 쓸 주제와 관련된 내용 지식은 생각을 이끌어내는 '마중물 한 바가지'와 같은 역할을 하기 때문이다. 이러한 내용 지식에 대한 평가 요소로는 내용의 풍부성, 내용의 다양성, 내용의 적합성 등을 들 수 있다.

② 맥락 지식

쓰기가 진공 상태에서 이루어지는 행위가 아니라 언제나 구체적인 상황 맥락 안에서 이루어지는 의미 구성 행위이기 때문에 필자가 작문이 이루어지는 상황 맥락이나 사회 · 문화적 맥락에 대한 지식 없이 글을 쓴다면 그 의도하는 바를 제대로 표현할 수 없을 뿐만 아니라 독자에게 영향을 미치는 글도 쓸 수 없다. 맥락 지식에는 글쓰기 상황에 직접적으로 영향을 미치는 상황 맥락 지식과 좀 더 거시적인 차원의 사회 문화적 맥락 지식이 있다. 상황 맥락 지식이란 예상 독자, 글의 주제, 글의 목적 등에 대한 지식으로 쓰기 과정에 보다 직접적인 영향을 미친다. 이에 비해 사회·문화적 맥락은 현재 필자가 속해 있는 담화 공동체가 공유하고 있는 신념이나 가치, 내재된 믿음이나 규범 및 관습에 대한 지식으로서 상황 맥락보다는 쓰기 과정에 간접적으로 작용하지만 글의 내용을 선정하고 표현하는 전 과정에 걸쳐 영향을 미치면서 글이 해당 담화 공동체 안에서 소통되는 글이 되도록 하는 데 매우 중요한 역할을 한다.

③ 담화 지식

담화 지식은 언어 체계와 언어의 활용에 관련된 지식으로 글자, 어휘, 문장, 문단, 글 수준에 걸쳐서 모두 작용하는 지식이다. 응집력 있는 글을 쓰기 위해 반드시 필요한 이 담화 지식은 문장 안에서는 물론 문장과 문장 간, 문단 간의 응집성을 갖춘 탄탄한 글이 되도록 하는 데 결정적으로 필요한 지식이라 할 수 있다. 일반적으로 능숙한 필자는 미숙한 필자에 비해 복잡한 통사 구조에 기반한 문장을 쓰는 경향이 있지만, 그렇다고 복잡한 통사 구조로 글을 쓰는 것이 반드시 좋은 글이라고 보기는 어렵다. 이러한 담화 지식을 평가하는 요소로는 정서법, 어휘 사용의 적절성과 풍부성, 문장 또는 문단 간의 의미의 연결성 등을 들 수 있다.

④ 상위인지 지식

필자가 내용 지식과 담화 지식을 충분히 가지고 있다 하더라도 이를 과제 상황에 맞게 어떤 내용을 어떤 방식으로 표현해야 할지 모른다면 아무 소용이 없다. 내용 지식, 맥락 지식, 담화 지식과 같은 쓰기 관련 제반 지식들을 쓰기 과제 상황에 맞게 적절히 활용하기 위해서는 자신의 쓰기 과정을 점검하고 평가하고 문제점들을 조정할 수 있는 상위인지 지식이 필요하다.

상위인지 지식에는 크게 필자 자신에 대한 인식, 쓰기 과제 및 전략에 대한 인식, 문제 해결 과정의 조정과 관련된 지식이 포함된다. 이 가운데 필자 자신에 대한 지식은 특정 상황에서 다양한 과제를 얼마나 잘 수행할 수 있는가에 대한 자각으로 필자의 동기화에 많은 영향을 미친다. 또한 과제에 대한 지식은 필자가 과제를 분석하고, 과제 해결에 필요한 정보를 모으고, 모은 정보를 어떻게 배열해야 할 것인지를 결정하는 데 필요한 지식이며, 전략에 대한 지식은 쓰기 과제를 해결하는 데 적절한 특정 전략을 신택하고 정교화할 수 있는 시식은 물론 이 선략의 효율성을 점검할 수 있는 지식을 말한다.

상위인지 지식은 이를테면 바둑의 고수가 바둑판을 지배하는 원리와 주요 포석 유형을 잘 알고 적절한 수를 빨리 결정하는 데 필요한 절차적 지식과도 같은 것이다. 바둑판 위의 규칙을 알고 있는 것 자체는 '무엇이 어떻다'라는 선언적 지식(declarative knowledge)의 형태이며, 적절한 수를 결정하는 데 필요한 지식은 '무엇을 어떻게 하는가'에 관련된 절차적 지식(procedural knowledge)이라고 할 수 있다. 이러한 상위인지 지식은 쓰기의 활용과 조정에 관한 지식으로서 가시적으로 드러나지 않는 경우가 많다. 따라서 쓰기 과정을 관찰하거나 결과물을 분석함으로써 지식의 습득이나 활용 여부를 추론할 수 있다(최현섭 외, 2005: 385).

결국 유능한 필자란 쓰기가 이루어지는 상황 맥락을 정확하게 파악하고, 이에 필요한 내용적 지식, 맥락적 지식, 언어적 지식, 상위인지 지식 등을 접목하여 활용할 수 있는 능력을 갖춘 사람이라 할 수 있을 것이고, 쓰기 교육의 목표 역시 이러한 지식을 갖춘 유능한 필자를 교육하는 데 초점이 맞춰져야 할 것이다.

(나) 기능 목표 관련 층위

쓰기 영역에서는 작문 내용의 생성, 내용의 조직 및 전개, 작문 내용의 표현과 관련된 기능을 익히도록 하는 것을 주된 목표로 강조해 왔다. 쓰기가 아이디어 생성하기, 아이디어 조직하기, 초고쓰기, 고쳐쓰기와 같은 일련의 과정을 거쳐 이루어지는데 이 과정에서 접하게 되는 여러 가지 어려움이나 문제들을 해결하기 위해서는 이와 관련된 기본적인 기능을 숙달하고 있어야 하기 때문이다.

'기능(skill)' 개념은 가끔 '전략(strategy)' 개념과 혼동되어 사용되기도 하는데, 전략은 속성상 복합적인 사고 과정이면서 사고 조작으로 볼 수 있고, 기능은 훈련을 통해서 숙달되는 능력 개념으로 다분히 자동화 지향성을 지니고 있다. 우리는 일상의 여러 문제 상황에서 몸으로 체득해 온 기능을 거의 무의식적으로 사용하고, 전략적으로 생각하면서 문제를 해결한다. 여기에서 전략은 복잡한 사고 과정과 조작을 수반하는 일종의 문제 해결 기제라고 볼 수 있다.

예를 들어 우리는 운전을 처음 배울 때 전략과 기능을 함께 배운다. 시동 거는 법, 좌회전하는 법, 정면으로 주차하는 법은 반복적인 연습과 훈련을 통해서 체득함으로써 거의 자동화된 수준으로 수행할 수 있는 기능이 된다. 그러나 앞 차와의 안전 거리를 유지하면서 방어 운전을 하는 방법이나 바짝 뒤따라오는 차를 먼저 보내는 방법 등은 속도, 거리, 도로 상황 등의 변인을 종합적으로 고려해야 가능한 전략의 차원이다. 주차를 능숙하게 하는 기능 역시 어느 정도는 전략이 뒷받침되어야 한다. 거리, 각도, 회전 반경, 옆 차와의 간격 등의 다양한 변인을 고려해야 하기 때문이다. 그러나 이러한 과정이나 전략이 연습을 통하여 익숙해지면 그 과정이나 전략 자체가 하나의 자동화된 기능이 된다(최현섭 외, 2005: 386).

학생 필자들이 온전한 글쓰기를 하기 위해서는 쓰기를 하는 데 필요한 기능과 전략을 학습하고 사용할 줄 알아야 한다. 전략적인 필자는 의식적으로 적절한 전략을 선택하고 활용하면서 쓰기를 계획하고 아이디어를 조직하고 자신의 글을 점검하고 의미를 교정해 나간다. 어찌 보면 쓰기 교육의 목표는 능숙한 필자들이 글을 쓰면서 사용하는 방법들을 학생들에게 쓰기 전략의 목록으로 제공하고 이를 체계적인 교육 프로그램을 통해서 훈련시킴으로써 학생 필자로 하여금 자동화된 수준의 쓰기 기능을 갖게 하는 것일지도 모른다.

다음의 〈표 1〉은 쓰기 과정별 전략을 목록으로 제시한 것이다.

〈표 1〉 **쓰기 과정별 전략**(원진숙 · 황정현 역(1998: 387))

쓰기 과정	쓰기 전략
계획하기	1단계: 수사적 문제를 탐구하라 전략 1 자신이 생가하는 문제이 이미지를 관찰하라 전략 2 자신에게 해야 할 과제를 설명해 보라 2단계: 계획을 세우라 전략 1 해야 할 일들에 대한 계획과 무엇을 말할 것인지에 대한 계획을 세워라 전략 2 목표를 보다 실행가능한 것이 되도록 만들어라 전략 3 직관의 소리에 귀 기울여서 계획을 변경하라 전략 4 독자에게 계획하고 있는 바를 설명해 보라 전략 5 협조적 계획하기를 이용하라
아이디어 생성하기	3단계: 새로운 아이디어를 생성하라 전략 1 잘 써야 한다는 생각은 접어두고 자유롭게 브레인스토밍을 하라 전략 2 독자에게 이야기하라 전략 3 체계를 세워서 주제를 탐색하라 전략 4 푹 쉬면서 계획을 구체화하라
아이디어 조직하기	4단계: 아이디어를 조직하라 전략 1 자기 나름의 암호어를 확장시켜라 전략 2 아이디어를 요약해서 누군가에게 가르쳐 보아라 전략 3 개념구조도를 구성하라

독자를 위해 글 설계하기	5단계: 독자의 요구를 파악하라 전략 1 독자를 분석하라 전략 2 독자의 반응을 예상하라 전략 3 창조적 독자를 위해 글을 조직하라
독자 중심의 글쓰기	6단계: 필자 중심의 글을 독자 중심으로 변형시키라 전략 1 공유된 목표를 설정하라 전략 2 독자 중심의 글 구조를 개발하라 전략 3 독자에게 단서를 제공하라 전략 4 설득력 있는 논거를 발전시켜라
교정하기	7단계: 글과 글쓰기 목표를 검토하라 전략 1 글쓰기 목표, 요점, 그리고 새롭게 발견한 내용들을 검토해 보라 전략 2 문제점을 찾아서 진단해 보고 교정하라

반면, 기능은 필자가 글을 쓸 때 글자 수준, 문장 수준, 문단 수준, 전체 글 수준을 망라하여 특별히 의식하지 않고서도 거의 자동화된 수준으로 동원하여 사용할 수 있는 요소라 할 수 있다. 이렇게 자동화된 수준의 쓰기 기능을 체득하지 못한 미숙한 필자들은 글을 쓸 때 의미 구성 자체에 집중하기 어려운 반면, 자동화된 수준의 쓰기 기능의 목록을 많이 가지고 있는 능숙한 필자는 의미 구성에만 집중할 수 있기 때문에 훨씬 더 효율적으로 글쓰기에 임할 수 있게 된다.

다음의 〈표 2〉는 쓰기 기능을 글자 쓰기 기능, 맞춤법 기능, 구조화 기능, 표현 기능, 참조 기능의 다섯 가지 범주로 구분하여 예시한 것이다.

〈표 2〉 **쓰기 기능 범주와 세부 항목**(최현섭 외 2005: 388)

기능	세부 항목
글자 쓰기 기능	필순에 맞게 쓰기, 자형에 맞게 쓰기, 글자나 낱말 간에 적당한 공간을 두며 쓰기 등
맞춤법 기능	문장 부호 바르게 사용하기, 낱자를 맞춤법에 맞게 쓰기, 바르게 띄어 쓰기 등
구조화 기능	완결된 문장 쓰기, 중심 문장과 뒷받침 문장으로 문단 구성하기, 시간이나 공간 변화에 따라 내용 배열하기, 화제 범주화하기, 비교·대조하기, 원인과 결과 제시하기, 형식에 알맞은 조직 패턴 사용하기, 문장 결합하기 등
표현 기능	비유 사용하기, 관용어 사용하기, 동의어와 반의어 사용하기, 문맥에 적절하게 쓰기, 개성적인 문체 사용하기
자료 활용 기능	사전 사용하기, 참고 도서에서 정보 찾기

그렇지만 기능과 전략은 반드시 위에서 제시한 표와 같이 엄밀하게 구분될 수 있는 것만은 아니다. 쓰기 과정에 관여하는 기능과 전략은 학습자의 발달 단계에 따라 달리 규정되기 때문이다. 예컨대 초보 수준의 필자에겐 글자를 철자에 맞게 쓰기가 자동화되어 있지 못하기 때문에 의식적으로 접근해야 하는 전략일 수 있지만 차츰 능숙한 필자가 되어 감에 따라 철자에 맞게 바르게 쓰기는 특별한 의식 없이도 자동화된 수준으로 운용되는 기능으로 전환된다.

요컨대, 이러한 쓰기 기능과 전략은 쓰기 교수 학습 현장에서 최우선적으로 강조해서 가르쳐야 할 교육의 내용이면서 도달해야 할 교수 학습의 목표라 할 수 있다.

(다) 태도 관련 목표 층위

학교에서 이루어지는 쓰기 교육은 쓰기에 대한 지식과 기능을 익혀 글을 잘 쓰도록 하는 것에 그치지 않고 자신의 삶 속에서 글쓰기를 생활화하고 즐겨하는 평생필자로 만드는 것을 매우 중요한 교육의 목표로 지양할 필요가 있다.

일반적으로 쓰기 태도는 쓰기에 대한 '동기, 흥미, 습관, 자세, 태도, 가치'를 포함한, 정의적 영역을 나타내는 포괄적인 범주를 지칭하는 개념이다. '동기'는 사람으로 하여금 행동을 일으키게 하는 심리적 요소이며, '습관'은 반복의 결과로 굳어진 심리적, 신체적 경향이나 버릇이다. '흥미'란 쓰기 영역이나 특정 쓰기 과제에 대한 일종의 관심이며, '자세'와 '태도'는 학습자가 가지는 외적 몸가짐이고 내적 마음가짐이다. '가치란 주체가 가지고 있는 가치로운 속성으로서의 의미와 어떤 사물에 대하여 주체가 중요하다고 판단하는 일종의 신념으로서의 이원적인 의미 개념이다(최현섭 외, 2005: 389).

이러한 쓰기 태도는 크게 쓰기에 대한 감정, 쓰기에 대한 준비 태세, 쓰기에 관한 필자 나름의 평가 등 세 가지 측면으로 구성된다. 일반적으로 쓰기에 대하여 필자가 느끼는 긍정적인 감정, 필자가 스스로를 인식하는 긍정적인 평가와 긍정적인 행동 성향은 쓰기 전반에 대하여 긍정적인 태도를 형성한다. 이러한 긍정적인 쓰기 태도는 쓰기 과제를 성공적으로 수행할 수 있을 것이라는 기대를 의미하는 쓰기 효능감(writing self-efficacy)과 직결된다.

쓰기 능력을 신장시키기 위해서는 쓰기에 대한 올바른 태도와 습관을 갖도록[8] 하는 일이 무엇보다 중요하다. 이를 위해서는 쓰기의 중요성과 그 가치를 바르게 인식하고, 글 쓸 내용을 필자 자신의 실제 삶과 연결지어 보면서 글을 쓰는 경험을 많이 갖는 것이 중요하다. 바람직한 쓰기 태도와 습관은 단기간에 형성되는 것이 아니라 오랜 기간에 걸쳐 생활 속에서 많이 읽고, 생각하고, 자신의 생각을 글로 써 보는 과정을 통해서 형성되는 것이기 때문이다.

Kellog(1994)는 쓰기가 성취 동기, 내적 동기, 외적 동기와 같은 여러 종류의 동기와 관련되어 있음을 논의하고, 생산적이고 창조적인 필자가 되기 위해선 무엇보다 이러한 동기가 뒷받침되어야 함을 강조하고 있다. 박영민(2006)은 쓰기 동기에 영향을 미치는 요인들로 협력적 상호작용, 쓰기 효능감, 경쟁적 노력, 도전적 과제 등을 꼽으면서 이 가운데 사회적 상호작용이 쓰기 동기에 가장 큰 영향을 미치고 있다고 지적하고 있다. 이러한 지적은 긍정적인 쓰기 동기와 태도를 신장시키기 위해서는 학습자로 하여금 유의미한 쓰기 경험을 할 수 있도록 학습자들이 서로 사회적 상호작용을 할 수 있도록 적절한 교육 환경을 제공해 주는 것이 중요하다는 것을 시사해 준다.

Ⅲ 쓰기 교육의 내용 구성

(1) 국민 공통 기본 교육과정 '쓰기' 영역의 지도 내용

전통적으로 쓰기 교육은 도구적인 관점에서 일관되게 실제적인 쓰기 능력의 신장을 강조해 왔다. 다만 쓰기의 결과물로서의 글을 강조하느냐, 결과물로서의 글에 이르기까지 필자의 머릿속에서 이루어지는 인지적인 사고 과정에 따른 쓰기 과정과 방법을 강조하느냐, 다양한 쓰기 장르에

8) Bruning & Horn(2000)에서는 쓰기 동기를 신장시키기 위해서는 학습자의 쓰기에 대한 기능적 신념을 형성해 주고, 학습자로 하여금 진정한 쓰기 목적 및 맥락을 반영한 쓰기 활동에 참여시키고, 쓰기 활동을 지원하기 위한 안내를 제공하며 긍정적인 정서적 환경을 구축해 주는 것이 필요함을 역설하고 있다.

따른 담화 공동체의 쓰기 관습을 강조하느냐에 따라 그 구체적인 쓰기 교육의 내용과 방법의 강조점이 달라져 왔을 뿐이다.

예컨대 결과물로서의 글을 강조하던 4차 교육과정기에서는 쓰기와 관련된 수사적 지식을 주요 지도 내용을 삼았고, 쓰기 과정을 강조하던 5차와 6차 교육과정기에는 쓰기 방법으로서의 쓰기 전략을 주요 지도 내용으로 삼았다. 또 수준별 교육과정을 지향하던 7차 교육과정기에는 학년별 교육 내용에 '수준별 학습 활동의 예'가 기본 활동과 심화 활동의 형태로 제시되었다. 그런가 하면 장르 이론이 주류를 이루던 2007 개정 교육과정기에는 쓰기를 둘러싼 맥락과 실제적인 쓰기 활동이 강조되면서 주요 쓰기 교육의 내용이 다양한 장르에 따른 글쓰기의 특성과 방법에 대한 지식, 기능, 맥락이 주요한 교육 내용으로 제시되었다.

2011 개정 국어과 교육과정에서는 학습 내용의 적정화를 지향하면서도 쓰기 기능과 과정의 균형잡힌 교육에 대한 요구, 태도 교육의 강화, 매체의 변화에 따른 복합 양식 텍스트의 생산 및 쓰기 윤리에 대한 요구, 개인적 행위로서의 쓰기뿐만 아니라 사회적 행위로서의 쓰기 특징에 주목해 협의와 공유 활동을 강조하는 쓰기 교수 학습 방법으로의 변화 등 최근의 쓰기 교육 이론의 동향을 최대한 반영하여 쓰기 교육의 내용을 새롭게 체계화하였다.

쓰기 활동에 대해 총체적으로 이해하고 쓰기 활동의 맥락을 고려하여 정확하고 효과적으로 글을 쓸 수 있는 능력과 태도를 함양하는 것에 둔 쓰기 교육의 목표를 달성하기 위해 2011 개정 국어과 교육과정에서는 쓰기 영역의 지도 내용을 다음 〈표 3〉과 같은 내용체계표로 구조화하여 제시하고 있다. 주지하는 바와 같이 이 '내용 체계'는 내용 성취 기준을 선정하는 준거의 기능을 하는데, 2007 개정 교육과정에서 '실제, 지식, 기능, 맥락'으로 범주화한 것을 2011 개정 교육과정에서는 다음 〈표 3〉에서 보는 바와 같이 '실제, 지식, 기능, 태도'로 범주화하였다.

〈표 3〉 **2011 개정 국어과 교육과정의 '쓰기' 영역 내용 체계**

<table>
<tr><th colspan="3">실제</th></tr>
<tr><td colspan="3">• 다양한 목적의 글쓰기
- 정보를 전달하는 글
- 설득하는 글
- 친교 및 정서 표현의 글
• 쓰기와 매체</td></tr>
<tr><th>지식</th><th>기능</th><th>태도</th></tr>
<tr><td>• 쓰기의 본질과 특성
• 글의 유형
• 쓰기와 맥락</td><td>• 글씨 쓰기
• 쓰기의 계획
• 내용 생성과 조직
• 표현하기와 고쳐쓰기
• 쓰기 과정의 점검과 조정</td><td>• 가치와 중요성
• 동기와 흥미
• 쓰기의 윤리
• 쓰기의 생활화</td></tr>
</table>

위의 〈표 3〉에서 알 수 있는 바와 같이 2011 개정 교육과정에서는 쓰기 교육이 다양한 목적-정보 전달, 설득, 친교 및 정서 표현-으로 글을 쓸 수 있음은 물론 쓰기 활동이 이루어지는 상황을 고려하여 매체까지도 포함하여 표현하는 능력을 함양해야 한다는 관점에서 실제 범주를 1차 조직자인 상위 범주로 설정하고, 지식, 기능, 태도와 같은 내용 요소 범주를 2차 조직자인 하위 범주로 설정하고 있다. 이때 '실제' 범주는 성취 기준 선정 범주로서 글을 수용하고 생산하는 국어 활동을 의미하며, '지식', '기능', '태도' 는 내용 요소 선정 범주에 해당하며 다음과 같은 내용을 포함하고 있다. 쓰기에 관한 개념적 '지식' 범주의 내용으로는 텍스트 생산 활동에서 요구되는 '쓰기의 본질과 특성'에 대한 명제적 지식, 다양한 '글의 유형'에 관련된 장르적 지식, '쓰기와 맥락'과 같은 쓰기를 둘러싼 상황 맥락과 사회 문화적 맥락에 관한 맥락적 지식을 포함하고 있다. 또한 쓰기를 훈련을 통해서 숙달하도록 하는 '기능' 범주는 '글씨 쓰기'와 같은 기초 기능뿐만 아니라 '쓰기의 계획', '내용 생성과 조직', '표현하기와 고쳐쓰기', '쓰기 과정의 점검과 조정'과 같이 쓰기 과정별로 접하게 되는 어려움들을 해결하는 데 필요한 실제적인 쓰기 방법에 관한 절차적 지식을 교육 내용으로 삼고 있다. 아울러 쓰기에 관한 정의적인 영역인 '태도' 범주에

서는 쓰기가 삶에서 얼마나 소중한 것인가에 대한 '가치와 중요성', 실제 삶 속에서 글쓰기에 흥미를 가지고 적극적이면서도 능동적인 태도로 글을 쓰도록 하는 '동기와 흥미', 정직하면서도 책임감 있는 태도로 글을 써야 함을 강조하는 '쓰기의 윤리', 더 나아가 학생들로 하여금 글쓰기를 생활하는 평생 필자로 성장하도록 하는 '쓰기의 생활화'를 주요 교육 내용으로 삼고 있다.

이러한 쓰기 영역의 내용 체계는 바람직한 쓰기 교육이란 정보 전달, 설득, 친교 및 정서 표현 등을 목적으로 하는 실제적인 쓰기 활동을 통해 '지식'과 '기능', '태도'의 요소가 유기적으로 통합되어 이루어지는 것이어야 함을 보여주고 있다. 즉, 쓰기 교육에서 개별적인 지식, 기능, 태도의 요소도 매우 중요한 교육의 내용 요소이지만 이러한 요소들은 분절적으로 가르칠 것이 아니라 실제적인 쓰기 활동을 통해서 통합적으로 교육해야 한다는 것이다.

2011 개정 국어과 교육과정 쓰기 영역에서는 세부 교육 내용을 이러한 내용 체계를 근간으로 하여 각 학년군의 특징에 맞추어 글을 쓰는 데 필요한 기능과 전략, 쓰기 과정에 대한 학습과 실제로 다양한 유형의 글을 쓰는 것을 중심으로 쓰기 영역의 성취기준을 마련하였다. 1-2학년군에서는 글자를 익혀 글씨를 쓰고 문장을 구성하여 글을 쓰는 데 필수적인 기초 기능을 익히도록 하였다. 3-4학년군에서는 문자 언어의 관습을 익힐 수 있도록 맞춤법에 맞게 문장을 쓰고 문단 수준의 글을 쓸 수 있도록 하였다. 5-6학년군에서는 쓰기 과정과 각 과정에서 해야 할 활동과 전략에 대해 익히도록 했으며 특히 목적과 내용에 따라 글의 내용을 마련하여 글을 쓰고 고쳐쓰는 활동을 중심 내용으로 제시하였다. 7-9학년군에서는 자신의 쓰기 과정을 성찰하는 것을 통해서 자신만의 쓰기 과정과 전략을 마련하도록 의도하였다. 2011 개정 국어과 교육과정에서는 쓰기 영역의 교육 내용을 다음 〈표 4〉와 같이 학년군별로 '영역 성취 기준'과 이를 상세화하는 '내용 성취 기준', 그리고 '국어 자료의 예'를 통해 정리하여 제시하고 있다.

〈표 4〉 **공통 교육과정의 쓰기 영역 학년군별 영역 성취 기준과 내용 성취 기준**

학년군	영역 성취 기준	내용 성취 기준	'국어 자료의 예'중 '쓰기' 부분
1-2 학년군	글자를 익혀 자신의 생각과 느낌을 간단한 글로 표현하고, 쓰기가 자신을 표현하는 유용한 방법임을 안다.	(1)글자를 익혀 글씨를 바르게 쓴다. (2)자신의 생각을 문장으로 정확하게 표현한다. (3)대상의 특징이 드러나게 짧은 글을 쓴다. (4)자신의 주변에서 일어난 일에 대한 생각을 글로 쓴다. (5)인상 깊었던 일이나 겪은 일을 글로 쓴다.	(글) -우리말 자음과 모음의 짜임을 다양하게 보여 주는 낱말 -친숙하고 쉬운 낱말과 문장, 짧은 글 -흔히 접하는 일이나 사물에 관한 정보를 담은 글 -대상의 특징이 드러나는 짧은 글 -주변에서 일어난 일에 대한 자신의 생각을 중심으로 쓴 글 -일상생활의 경험을 짧은 글이나 그림책 -인상 깊었던 일이나 겪은 일 등이 나타난 그림일기, 일기
3-4 학년군	쓰기의 규범과 관습을 익혀 두세 문단 정도의 글을 쓰고, 일상생활에서 즐겨 쓰는 습관을 기른다.	(1)맞춤법에 맞게 문장을 쓴다. (2)중심 문장과 뒷받침 문장을 갖추어 문단을 짜임새 있게 쓴다. (3)알맞은 낱말을 사용하여 설명하는 글을 쓴다. (4)알맞은 이유를 들어 자신의 의견이 드러나게 글을 쓴다. (5)독자를 고려하여 자신의 마음을 표현하는 글을 쓴다. (6)다양한 매체를 활용하여 생각과 느낌을 효과적으로 표현한다.	-중심 내용이 잘 드러나는 문단이나 짧은 글 -설명하는 대상의 특징이 나타나는 글 -글쓴이의 중심 생각이 분명하게 드러난 글 -글쓴이의 의견과 이유가 드러나는 글 -글쓴이와 인물의 마음이 잘 드러난 생활문, 편지 -글쓴이의 생각과 느낌이 잘 나타난 여러 가지 글, 감상문, 기행문 -문자, 사진, 동영상, 그림 등이 통합된 글
5-6 학년군	쓰기 과정에 따라 알맞은 핵심적 전략을 체계적으로 익혀 다양한 목적의 글을 쓰고, 이를 통해 쓰기의 가치를 인식하고 글쓰기를 생활화한다.	(1)쓰기의 과정을 이해하고 과정에 따라 글을 쓴다. (2)목적과 주제를 고려하여 내용을 조직하여 글을 쓴다. (3)적절한 설명 방법을 사용하여 대상의 특징이 드러나게 글을 쓴다. (4)적절한 이유나 근거를 들어 주장하는 글을 쓴다. (5)견문과 감상이 잘 드러나게 글을 쓴다.	-글의 짜임이 잘 나타난 설명문, 논설문, 이야기 -일의 절차나 방법, 둘 이상의 대상, 사건 등에 대해 설명하는 글 -다양한 매체서 조사한 내용을 바탕으로 쓴 글 -사실이나 사건에 대한 글쓴이의 관점이나 의도가 분명하게 드러난 글 -주장과 근거가 잘 나타난 글 -견문과 감상이 드러난 기행문,

		(6)다양한 매체에서 조사한 내용을 바탕으로 쓰기 윤리를 지키며 글을 쓴다. (7)자신이 쓴 글을 내용과 표현을 중심으로 고쳐 쓴다.	견학 보고서, 감상문 -다양한 매체의 광고, 일상적 경험을 다룬 영상물, 인터넷 게시물
7-9 학년군	쓰기의 본질과 특성에 대한 이해를 바탕으로 맥락과 목적에 맞게 적절하고 효과적으로 글을 쓰고, 쓰기의 윤리를 지켜 책임감 있는 태도로 글을 쓴다.	(1)주제, 목적, 독자를 고려하여 쓰기 과정을 계획하고, 점검하고 조정한다. (2)설명하고자 하는 대상이나 개념에 맞게 적절한 설명 방법을 사용하여 독자가 이해하기 쉽게 글을 쓴다. (3)관찰, 조사, 실험한 내용을 절차와 결과가 드러나게 보고하는 글을 쓴다. (4)의견의 차이가 드러나는 문제에 대해 타당한 근거를 들어 주장하는 글을 쓴다. (5)학교나 지역 사회에서 일어난 일에 대해 문제 해결 방안이나 요구 사항을 담은 글을 쓴다. (6)자신의 삶과 경험을 바탕으로 독자에게 감동이나 즐거움을 주는 글을 쓴다. (7)자신의 삶을 성찰하고 계획하는 글을 쓴다. (8)영상언어의 특성을 살려 영상으로 이야기를 구성한다. (9)매체의 특성이 쓰기의 내용과 형식에 미치는 영향을 고려하여 글을 효과적으로 쓴다. (10)쓰기 윤리의 중요성을 인식하고 책임감 있는 태도로 글을 쓴다.	-학습자의 지식과 경험, 수준에 맞는 설명문 -비교·대조, 분류, 분석, 정의 등의 설명 방식이 잘 나타난 설명문 -관찰, 조사, 실험한 내용을 바탕으로 절차와 결과가 드러나게 쓴 보고하는 글 -의견의 차이가 드러나는 문제에 대해 타당한 근거를 들어 주장하는 글 -학교나 지역 사회에서 일어난 일을 소재로 하여 건의하는 글 -주장과 근거가 분명한 논설문이나 시평 -글감이나 대상이 같은 둘 이상의 사설, 기사문 -시대적·사회적 배경이 잘 드러나는 글, 전기문이나 평전 -생활 체험을 바탕으로 자신의 생각이나 느낌을 담은 수필 -자신의 삶을 성찰하는 자서전이나 삶에 대해 계획하는 글 -읽기의 과정과 원리를 설명한 글 -매체 특성이 잘 나타난 문자 메시지, 전자 우편, 인터넷 게시판, 블로그 등

(2) 고등학교 선택 과목 〈작문〉의 지도 내용

고등학교 〈작문〉 영역의 지도 내용은 선택 교육과정 〈국어 I〉과 〈국어 II〉, 〈화법과 작문〉을 통해서 살펴보기로 한다.

(가) 〈국어 I〉과 〈국어 II〉의 '작문' 영역 지도 내용

〈국어 I〉, 〈국어 II〉에서 '작문' 영역은 작문 이론에 대한 기본적 이해를 바탕으로 학문적 상황에서 필요한 글쓰기 능력을 증진하는 데 초점을 두고, 학습 상황에서 필요한 각종 보고서나 요약문 등을 다루되 범교과적으로 필요한 학문적 글쓰기 능력을 기르는 데 중점을 두고 있다. 공통 교육과정의 국어과 내용을 고등학교 수준에서 종합한 과목인 〈국어 I〉은 〈국어 II〉의 선수 과목의 성격을 지니는 교양 일반 과목으로 '작문 특성의 이해', '정보의 선정과 내용 조직', '바람직한 글쓰기 습관'으로 작문 내용을 체계화하였다. 또한 〈국어 II〉에서는 〈국어 I〉의 연계 과목의 성격을 지니는 교양 심화 과목으로 '작문 맥락의 이해', '정보의 조직과 논거의 이해', '매체의 특성과 글쓰기의 원리'를 중심축으로 하여 지도 내용을 체계화하고 있다.

〈표 5〉 **〈국어 I〉, 〈국어 II〉의 작문 영역 성취 기준의 내용 체계**

		지 식	기 능	태 도
작문	국어I	작문 특성의 이해	정보의 선정과 내용 조직	바람직한 글쓰기 습관
	국어II	작문 맥락의 이해	정보의 조직과 논거의 이해	매체의 특성과 글쓰기의 원리

위의 내용 체계에 기반하여 마련된 작문 영역 성취 기준은 다음과 같다.

국어 I-(7) 글을 쓰는 데 필요한 작문의 과정과 관습을 이해한다.

국어 I-(8) 다양한 매체에서 얻은 정보를 작문 상황에 맞게 조직하여 통일성과 응집성을 갖춘 글을 쓴다.

국어 I-(9) 여러 가지 표현 기법과 적절한 문체를 사용하여 글을 쓰고 자신이 쓴 글을 점검하며 고쳐쓴다.

국어 II-(7) 핵심적인 정보를 선별하고 작문 맥락에 맞게 정보를 조직하여 설명하는 글을 쓴다.

국어 II-(8) 작문 맥락에 대한 분석을 바탕으로 여러 가지 타당한 근거를 제시하여 주장하는 글을 쓴다.

국어 II-(9) 글의 전달과 사회적 파급력과 연관된 매체의 효과와 특성을 고려하여 내용을 선정하고 조직하여 책임감 있게 인터넷상의 글쓰기를 한다.

(나) 〈화법과 작문〉의 지도 내용

선택 교육과정 〈화법과 작문〉은 '화법' 영역과 '작문' 영역이 화학적으로 결합된 과목으로 장차 다양한 학문과 직업 분야에서 공동체 구성원들과 원활하게 소통하는 데 필요한 실제적인 말하기와 쓰기 능력 함양을 강조하고 있다. 〈화법과 작문〉은 '표현'이라는 공통 분모를 설정하여 두 영역의 공통 원리를 다루는 부문을 설정하면서, '설득의 원리', '정보 전달의 원리', '자기 표현과 사회적 상호 작용의 원리'에서 말과 글의 보편 원리로 작용하는 교육 내용들을 담아 제시하였다.

2011 개정 국어과 교육과정의 〈화법과 작문〉에서는 담화와 글을 실제적으로 수용하고 생산할 수 있는 능력을 중시하는 영역의 특성에 따라 '실제'를 중시하여 다음 〈표 6〉과 같이 '정보 전달', '설득', '자기 표현과 사회적 상호작용'의 언어 사용 목적을 1차 조직자로 선정한 내용 체계표를 제시하였다.

〈표 6〉 **〈화법과 작문〉 과목의 내용 체계**

화법과 작문의 본질	. 화법과 작문의 사고 과정 . 화법과 작문의 사회적 기능 . 화법과 작문의 관습과 문화
정보 전달	. 상황 분석과 내용 조직 . 정보 해석과 매체 활용 . 정보 전달의 표현 전략
설득	. 상황 분석과 내용 조직 . 논증 원리의 논리적 오류 . 설득의 표현 전략
자기표현과 사회적 상호작용	. 의사소통과 자아 인식 . 의사소통과 대인 관계 . 자기 표현의 전략과 태도

〈화법과 작문〉 과목의 보다 구체적인 세부 내용을 표로 정리하여 제시하면 다음의 〈표 7〉과 같다. 정보 전달을 위한 작문에서는 정보의 선별, 내용의 조직, 다양한 표현 방법, 고쳐쓰기와 관련된 성취 기준을 제시하였다. 설득을 위한 작문에서는 내용과 관점이 명료한 글, 타당한 논거 제시, 설득력 있

는 표현 전략, 고쳐쓰기와 관련된 성취 기준을 제시하였다. 아울러 자기 표현과 사회적 상호 작용을 위한 작문에서는 자신의 삶을 성찰하는 습관 형성, 맥락에 맞는 자기 소개의 글쓰기를 강조하였다.

〈표 7〉 **〈화법과 작문〉 과목의 세부 내용**

<table>
<tr><td>화법과 작문의 본질</td><td colspan="2">[화법과 작문의 본질]
(1) 화법과 작문에 필요한 사고 과정을 이해하고 자신의 의사소통 행위를 성찰한다.
(2) 사회적 의사소통 행위로서 화법과 작문의 성격과 기능을 이해한다.
(3) 언어 공동체의 담화 관습을 이해하고 화법과 작문의 윤리를 인식한다.</td></tr>
<tr><td rowspan="2">정보 전달</td><td colspan="2">[정보 전달의 원리]
(4) 정보를 수집・분류・체계화하여 청자나 독자가 이해하기 쉽도록 재구성한다.
(5) 정보를 전달하는 담화나 글의 구조와 내용 조직 원리를 이해하고 목적과 대상에 적합하게 내용을 구성한다.
(6) 사실적 정보를 전달할 때는 객관적인 관점으로 간명한 언어를 사용하는 태도를 지닌다.</td></tr>
<tr><td>[정보 전달을 위한 화법]
(7) 다양한 매체 자료를 효과적으로 활용하여 청자의 이해를 돕도록 내용을 구성한다.
(8) 시각 자료를 해석하여 핵심 정보로 내용을 구성하여 발표한다.
(9) 청자의 이해를 돕기 위한 언어적・반언어적・비언어적 표현 전략을 사용한다.
(10) 핵심 정보를 파악하며 듣고 효과적으로 질문하여 필요한 정보를 능동적으로 수용한다.</td><td>[정보 전달을 위한 작문]
(11) 다양한 방법으로 자료를 수집하고 가치 있고 신뢰할 만한 정보를 선별하여 글을 쓴다.
(12) 정보의 속성에 적합하게 내용을 조직하여 글을 쓴다.
(13) 정보를 효과적으로 전달하기 위해 다양한 표현 방법을 활용하여 글을 쓴다.
(14) 정보의 효용성, 조직의 체계성, 표현의 적절성, 정보 윤리를 점검하여 고쳐쓴다.</td></tr>
<tr><td rowspan="2">설득</td><td colspan="2">[설득의 원리]
(15) 논증의 원리와 방법을 이해하고 새로운 주장을 입증할 책임이 자신에게 있음을 안다.
(16) 설득하는 담화나 글의 구조와 내용 조직의 원리를 이해하고 청자와 독자를 고려하여 내용을 구성한다.
(17) 논리적 오류의 유형을 이해하고 내용의 신뢰성・타당성・공정성을 파악한다.</td></tr>
<tr><td>[설득을 위한 화법]
(18) 화자의 공신력을 이해하고 이성적・감성적 설득 전략을 사용하여 효과적으로 연설한다.
(19) 공동의 의사결정 단계를 이해하여 공동체의 문제를 합리적으로 해결하기 위해 토의한다.</td><td>[설득을 위한 작문]
(22) 주장하는 내용과 관점이 명료하게 글을 쓰며 글의 영향과 사회적 책임을 인식한다.
(23) 언어 공동체의 쓰기 관습을 고려하여 적합하고 타당한 논거를 들어 글을 쓴다.</td></tr>
</table>

	(20) 논제의 필수 쟁점을 분석하여 쟁점별로 논증을 구성하여 토론한다. (21) 주장의 논리적 오류를 파악하여 듣고 합리적으로 반박한다.	(24) 독자나 글의 유형에 적합하고 설득력 있는 표현 전략을 활용하여 주장하는 글을 쓴다. (25) 논거의 타당성, 조직의 효과성, 표현의 적절성을 점검하여 고쳐 쓴다.
자기 표현과 사회적 상호 작용	[자기표현과 사회적 상호 작용의 원리] (26) 의사소통에서 진정성이 중요함을 인식하고 진솔한 마음이 드러나도록 표현한다. (27) 갈등을 유발하는 상호 작용의 장애 요인을 점검하여 원활하게 의사소통한다.	
	[자기표현과 사회적 상호 작용을 위한 화법] (28) 대화 방식에 영향을 미치는 자아를 인식하고 관계 형성에 적절한 방식으로 자기를 표현한다. (29) 면접 답변 전략을 이해하고 질문자의 의도를 파악하며 듣고 효과적으로 답변한다.	[자기표현과 사회적 상호 작용을 위한 작문] (30) 생활 속의 체험이나 깨달음을 글로 씀으로써 삶의 체험을 기록하고 자신의 삶을 성찰하는 습관을 기른다. (31) 맥락을 고려하여 창의적이고 품격 있는 표현으로 자기를 효과적으로 소개하는 글을 쓴다.

Ⅳ 쓰기 교육의 교수 학습 전략

(1) 쓰기 과정에 따른 전략

(가) 계획하기 단계

계획하기는 문자 그대로 글을 쓰기 전에 글 쓸 준비를 하는 단계를 말한다. 이 단계에서는 일차적으로 쓰기 목적, 주제, 예상 독자 등과 같은 작문 상황을 분석하고, 작문 과정에서 활용할 수 있는 주요 정보들에는 어떤 것들이 있는지를 파악한다. 글의 제목이나 대략적인 내용을 생각하고, 글의 구조나 전개 등을 메모를 통해 간단히 정리하기도 하고, 전체적인 작문 과정에 대한 계획을 세운다.

일반적으로 미숙한 필자들은 계획하기 단계 없이 바로 집필로 들어가는 데 반해서, 능숙한 필자들은 계획하기 단계에 상당한 시간을 투자한다. 능숙한 필자들은 계획하기 단계에서 '나는 이 글을 왜 쓰는가?', '내

글을 읽을 사람은 누구인가?', '독자는 내 글에서 어떤 내용을 기대할까?', '내가 쓰고 싶은 글은 무엇인가?', '어떻게 글을 써야 독자에게 영향을 미칠 수 있을까?'와 같은 쓰기를 둘러싸고 있는 수사적 맥락을 분석하기도 하고, 작문 과정에 대한 전반적인 계획을 세우고 그에 따른 결과를 예측해 보기도 한다.

이 계획하기 단계에서는 쓰고자 하는 글에 대한 수사적 문제를 탐구하는 전략을 수립하고, 글쓰기 과정 전반적인 실행 계획을 세우는 것이 무엇보다 중요하다. 이를 위해서는 자기 자신에게 스스로 사고구술법 등과 같은 방법을 활용해 글쓰기에 대한 계획을 설명해 보거나 협조적인 친구와 함께 쓰기 과제에 대해 대화를 나누는 방법 등을 통해서 글 쓸 내용에 대한 내용 중심 계획과 어떤 과정과 절차, 방법을 동원하여 글을 쓸 것인지에 대한 실행 중심 계획을 함께 수립해 나가도록 한다.

(나) 아이디어 생성하기 단계

아이디어 생성하기 단계에서는 체계적이고 창의적인 사고 활동을 통해 써야 할 글의 내용을 충분히 마련하는 일이 중요하다. 좋은 글을 쓰기 위해서는 무엇보다 글에 담을 내용을 풍부하게 마련하는 일이 선행될 필요가 있다. 글에 양질의 정보나 내용이 많을수록 글의 질이 우수해지기 때문이다.

아이디어 생성하기 단계에서는 필자의 머릿속에 있는 생각을 최대한 많이 끌어내는 확산적 사고가 필요한데, 이를 위해서는 주제와 관련해 떠오르는 생각들을 자유롭게 빠른 속도로 적어나가는 브레인스토밍(Brain storming) 전략이나 머릿속 생각을 도형이나 패턴 등을 활용해서 시각화하는 생각그물 짜기(mind mapping) 전략 등이 많이 활용된다.

(다) 아이디어 조직하기 단계

'구슬이 서 말이라도 꿰어야 보배다'라는 말이 있듯이, 아이디어 생성하기 단계에서 아무리 많은 아이디어들을 생성했더라도 이를 적절히 조직하지 못하면 아무 의미가 없다. 아이디어 조직하기 단계에서는 확산적 사고에 기반을 두고 생성한 아이디어들을 글의 통일성과 응집성을 고려하면서 불필요한 부분들을 쳐내는 수렴적 사고에 기반을 두고, 그 내용의 위계, 구조, 중요성, 순서 등을 고려하여 조직하고 전개해 나가도록 한다. 이때 글을 어떻게 조직화하고 전개할 것인가는 글의 내용적 특징을 고려하여 결정한다.

내용을 전개하고 조직하는 가장 일반적인 방법은 '처음', '중간', '끝'의 순서를 활용하는 것이다. 서론에 해당하는 '처음' 부분에는 글을 쓰는 이유와 목적 등의 내용을 배치하며, 본론에 해당하는 '중간' 부분에는 글의 중심 내용과 뒷받침 내용을 그 내용적 특성에 맞게 배열하도록 한다. 또 결론에 해당하는 '끝' 부분에는 주요 내용을 요약하고 주제를 다시 부각시키는 방식으로 글을 마무리 짓도록 한다.

또 다른 내용 전개 방법으로 시간적 순서의 원리, 공간적 순서의 원리, 논리적 순서의 원리와 같은 방식이나 '주제 제시 및 예시', '문제 제기 및 문제 해결', '원인과 결과', '비교 및 대조' 등을 고려하는 것도 매우 유용하다.

아이디어 조직하기 단계에서 활용되는 이러한 여러 가지 내용 전개 방법들은 글의 결속성과 응집성을 확보하는 데 있어 크게 기여할 수 있다. 글의 내용이 하나의 주제로 긴밀하게 연결되어야 하는 결속성과 글의 여러 문장들이 문법적으로 긴밀하게 연결되어야 하는 응집성을 확보하기 위해서는 무엇보다 아이디어들이 긴밀하게 배열되고 조직되는 것이 중요하기 때문이다.

요컨대 아이디어 조직하기 단계에서는 아이디어들간의 관계를 파악하여 이들을 적절하게 배열하는 일이 무엇보다 중요한데 이를 위해서는 생성한 아이디어를 관련 있는 것끼리 묶어 나가는 다발짓기(clustering) 전략이 유용하다. 글의 설계도면에 해당하는 개요 역시 이 단계에서 많이 활용되는 다발짓기를 형시화하여 정리한 것이라 할 수 있다.

(라) 초고쓰기 단계

초고쓰기 단계에서는 이전의 아이디어 생성하기 및 조직하기 단계를 거쳐 정리된 내용을 바탕으로 초고(rough draft)를 쓰도록 하는 단계이다. 이 단계에서 중요하게 고려해야 할 것은 초고는 완벽한 글이 아니라는 점이다. 일반적으로 미숙한 필자일수록 대번에 완벽한 글을 쓰고자 하는 경향성이 두드러지는 데 비해 능숙한 필자는 일단 자신의 생각을 초고 형태로 표현해 놓고 충분한 시간을 두고 고쳐쓰기 단계를 통해 글을 다듬어 나간다.

초고 단계부터 글씨나 맞춤법 등과 같은 글의 형식적 측면에 집착하면서 대번에 완벽한 글을 쓰려고 하다 보면 자칫 사고의 흐름이나 글의 전체적인 흐름을 놓쳐 버릴 수 있게 될 가능성이 높다는 점에서 주의를 요한다. 생각의 속도와 글쓰기 속도가 서로 다르기 때문에 초고 쓰기 단계에서는 일단 글의 형식적 측면은 무시하면서 쓰고자 하는 것을 처음부터 끝까지 빠른 속도로 쭉 내려 씀으로써 표현하고자 하는 의미를 놓치지 않도록 하는 얼른쓰기 전략(speed writing)을 활용하는 것이 유용하다.

(마) 고쳐쓰기 단계

고쳐쓰기(revising) 단계는 초고를 완성된 글로 만들어가기 위해 그 내용의 적절성이나 통일성 등을 고려하여 적절하지 못한 부분을 다시 고쳐 쓰는 과정이다. 이 단계에서 필자는 쓰기의 목적이나 필요성, 예상 독자 등 쓰기 맥락을 고려하면서 당초 세웠던 계획이나 의도했던 내용, 조직과 전개 방법이 글에 잘 반영되어 있는지를 검토하고 평가하면서 주로 글의 의미를 중심으로 수정하고 보완하게 된다. 필자는 이 단계에서 자신이 써 놓은 글을 꼼꼼히 다시 읽어 보면서 고쳐 나가기도 하고, 교사나 학생, 또는 다른 친구들과의 협의 과정을 거쳐서 그 의견을 반영하여 글을 고쳐나가기도 한다.

일반적으로 고쳐쓰기는 크게 단어, 구, 문장, 문단, 전체 글의 주제 수준에서 첨가, 삭제, 대체, 이동, 재배열 등의 형태로 이루어지는데, 능숙한 필자일수록 글의 표기 오류 등과 같은 지엽적인 문제보다는 상위 수준에서 글의 의미에 초점을 두어 수정하는 경향이 있다. 고쳐쓰기는 글을 쓰고 난 후, 하루나 이틀 시간을 두었다가 다시 고쳐쓰는 것이 바람직한데, 이는 시간을 두고서 글을 접하게 되면 필자 자신이 글을 보다 신선한 시각으로 객관화해서 볼 수 있기 때문이다.

(바) 편집하기 단계

편집하기(editing)는 글을 완성하기 위한 마지막 단계이다. 고쳐쓰기 단계가 주로 글의 내용을 중심으로 다듬어 나가는 것이었다면, 편집하기 단계에서는 출판을 하기 위한 전 단계로 띄어쓰기나 맞춤법 등의 지엽적인 오류 수정에 주안점을 두도록 한다. 편집하기의 근본 목적은 원고를 독자들이 읽기 쉬운 상태의 글로 만드는 것이다. 이 과정에서는 주로 글을 한 줄 한 줄 꼼꼼히 읽어 가면서 잘 읽히는 매끄러운 상태의 글로 다듬는 교열 작업 위주로 작업을 하게 된다.

(2) 쓰기 교육에 유용한 교수 학습 모형

(가) 쓰기 전략 지도를 위한 현시적 교수 학습 모형

쓰기 전략 지도를 위한 현시적(顯示的) 교수 학습 모형은 교사의 설명과 시범, 교사 안내 중심 쓰기 활동, 개별 학생 중심의 독립적 쓰기 활동, 실제 쓰기 상황에서의 쓰기 전략 적용 단계로 구분된다. 현시적 교수 학습 모형은 교사의 쓰기 전략에 대한 설명과 시범, 구조화되고 점진적인 연습의 제공을 통해 쓰기 과제 수행에 대한 책임을 점차 교사에게서 학생에게로 이양해 가는 책임 이양 원리를 근간으로 한다.

학습 초기 단계의 학습자들은 글을 쓸 수 있는 잠재력만 있을 뿐 아직 자기 주도적으로 글쓰기를 이끌어 갈 만한 지식이나 능력이 부족하다. 따라서 학습 시발 단계에서는 교사가 수업에의 주도권을 가지고 쓰기 과제를 해결하는 데 필요한 전략을 설명하고 이 전략을 실제 쓰기에 적용하는 사고 과정 내지 방법을 사고 구술법(think aloud) 등을 통해서 현시적(顯示的)으로 시범을 보이면서 점차 쓰기 과제 수행에 대한 학습자의 책임을 증대시킨다. 숙련된 필자로서 교사는 인지적인 사고 과정을 학습자들에게 시범보이고 협동적인 대화를 통해서 전략의 사용법을 충분히 교수해 주어야 하며, 학습자는 교사의 안내와 지원을 받으면서 연습을 통해 쓰기 전략을 자신의 쓰기 과제에 적용해 보고 미진한 문제에 대해서는 질문을 하기도 하면서 차츰 자기 주도적으로 쓰기 과제를 해결해 나가는 능력을 신장시켜 나가게 된다.

비고츠키(Vygotsky)는 성공적인 학습은 학습자의 근접 발달 영역(Zone of proximal development) 안에서 이루어지는 것으로 보았는데, 이때 근접 발달 영역이란 교사나 유능한 동료의 도움을 받으면서 과제를 해결할 수 있는 잠정적 발달 수준과 학습자 스스로 과제를 해결할 수 있는 실제적 발달 수준 사이의 거리를 뜻한다. 학습자들은 이 근접 발달 영역 안에서 숙련된 필자인 교사가 제공해 주는 안내와 지원하에 차츰 자기 주도적인 쓰기 능력을 신장시켜 나갈 수 있게 된다.

〈표 8〉 **쓰기 전략 지도를 위한 현시적 교수 학습 모형**(박영목: 2008)

지도 단계	교수 학습 활동
1. 교사의 설명과 시범	① 쓰기 전략에 대한 교사의 설명 ② 쓰기 전략의 성공적인 적용 방법에 관한 교사의 시범 ③ 쓰기의 심리적 과정을 드러내기 위한 사고 구술
2. 교사 안내 중심 쓰기 활동	① 쓰기 과제 수행을 위한 학생들의 책임을 점진적으로 증대 ② 교사와 학생이 함께 쓰기 전략의 적용을 위한 연습 활동 ③ 학생의 사고 활동 지원, 질문과 토론 과정에 적절한 피드백 제공 ④ 소집단 혹은 전체 집단 활동 과정에서 사고 과정 공유
3. 개별 학생 중심 독립적 쓰기 활동	① 학생 개인별로 쓰기 전략의 적용을 위한 연습 활동 ② 개별 학생들에 대한 교사 또는 동료 학생의 주기적인 피드백 제공
4. 실제 쓰기 상황에서의 쓰기 전략 적용 활동	① 새로운 장르 혹은 구조의 글에 대한 쓰기전략의 적용 활동 ② 더욱 난해한 글에 대한 쓰기 전략의 효과적인 사용 방법에 대한 학생들의 발표 활동

(나) 워크숍 중심 쓰기 교수 학습 모형

워크숍 중심 쓰기 교수 학습 모형은 교사의 지도와 안내에 따라 학습자들이 모둠 활동 등을 통해 실제 쓰기 수행을 중심으로 한 쓰기 과정에 적극적으로 참여함으로써 결과물로서의 글을 생산해 낼 수 있도록 하는 것에 최우선적인 목표를 둔다.

교사와 동료 학습자들간의 협력을 통해서 사회적이면서도 실제적인 맥락 안에서 한 편의 글을 직접 생산해 볼 수 있도록 하는 워크숍 중심 쓰기 교수 학습 모형은 교사의 미니 레슨, 동료 협의와 공유하기를 기반으로 한 일련의 쓰기 과정(계획하기, 초고 쓰기, 고쳐쓰기, 편집하기, 출판하기)을 거치면서 이루어진다. 기존의 과정 중심 쓰기 지도 모형이 지나치게 개별적

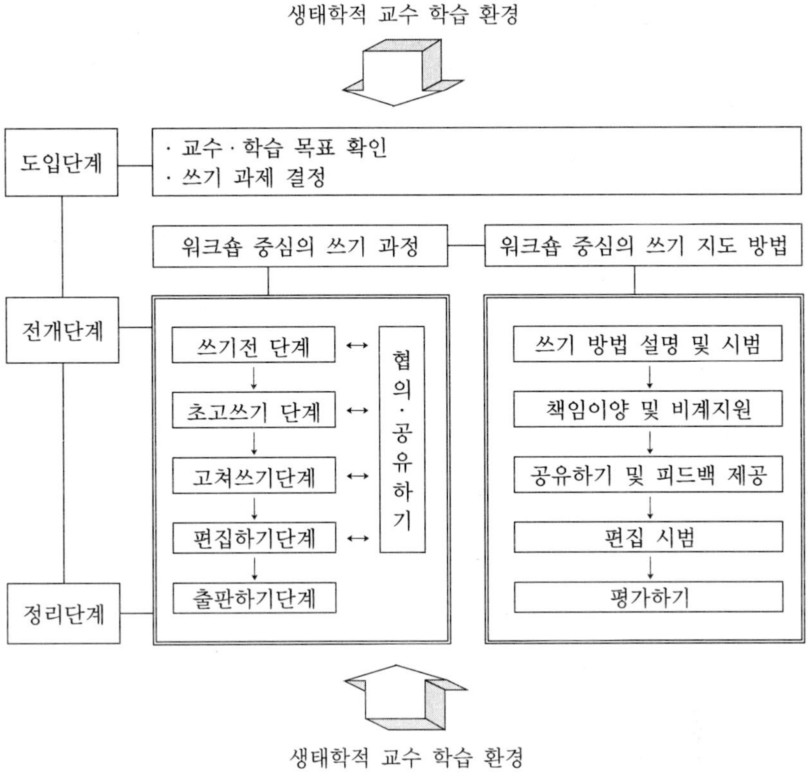

[그림 6] **워크숍 중심의 쓰기 교수 학습 모형**(원진숙, 2001에서 재인용)

인 쓰기 기능이나 전략에만 치우쳐 오던 것과 달리 이 워크숍 중심 쓰기 교수 학습 모형은 과정과 결과의 균형잡힌 쓰기 교육을 실천할 수 있다는 점에서 매우 바람직한 교육 대안이 될 수 있다.

워크숍 중심 쓰기 교수 학습 모형을 실제 교수 학습 현장에서 적용할 때 특히 주의해야 할 점은 미니레슨, 글쓰기, 협의하기, 공유하기의 시간 배분이 적절히 이루어져야 한다는 것이다.

(다) 장르 중심 쓰기 교수 학습 모형

장르 중심 교수 학습 모형은 '맥락과 텍스트의 모형화하기(modeling)', '교사와 학생이 함께 쓰기(joint negotiation of text)', '학생 혼자 쓰기(independent construction of text)'의 세 단계를 기본 축으로 이루어져 있다. 우선 '맥락과 텍스트의 모형화하기' 단계에서는 교수 학습의 목표가 되는 핵심 장르를 모델로 제시하고, 이러한 장르가 어떠한 사회적 맥락 안에서 활용되고 소통되는지, 그 원형적인 구성 요소는 무엇인지, 특징적인 언어 구조와 표현들에는 어떠한 것들이 있는지를 제공함으로써 학습자로 하여금 해당 장르에 대한 원형적 틀과 형식적 표지 등을 인식할 수 있게 한다. 다음 '교사와 학생이 함께 쓰기 단계'에서는 새로운 글을 쓸 수 있도록 학습자를 준비시키는 단계로 교사와 학생이 함께 맥락적 요소와 장르의 구조 및 특질 등에 대한 지식을 공유하면서 글을 쓰는 훈련을 하도록 한다. 마지막으로 '학생 혼자 쓰기' 단계에서는 학습자가 이전 단계에서 내재화한 지식을 바탕으로 교사의 지원 없이 자기 주도적으로 텍스트를 생산하는 단계이다.

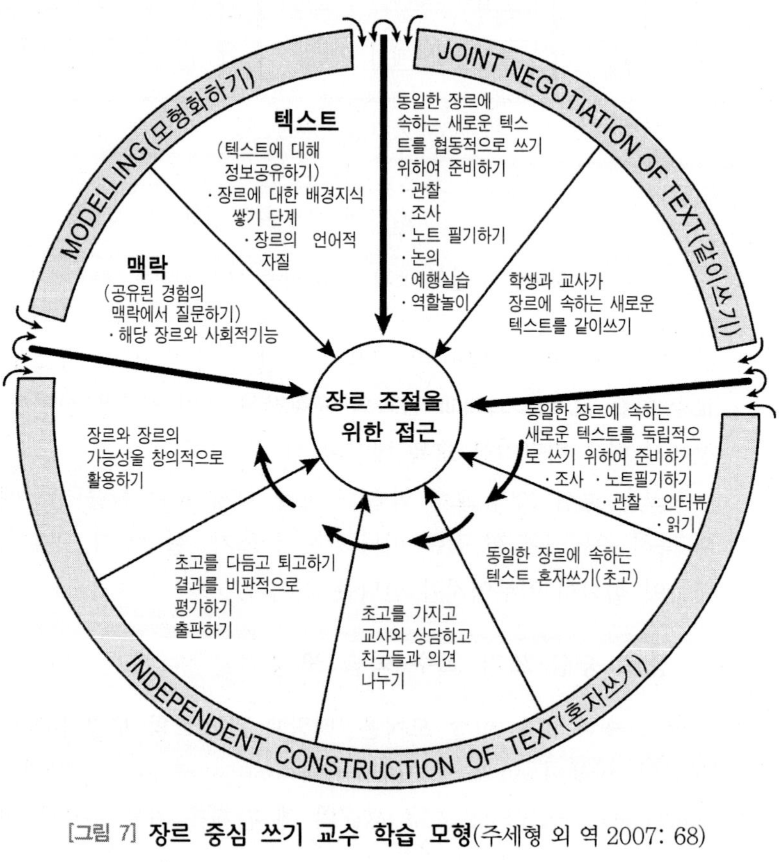

[그림 7] **장르 중심 쓰기 교수 학습 모형**(주세형 외 역 2007: 68)

쓰기에 작용하는 사회적 맥락을 인식하고 각 장르의 형식적 요건에 따른 전형적인 구조와 표현을 익힐 수 있도록 하는 데 초점을 두고 있는 이 '장르 중심 쓰기 교수 학습 모형'은 학습자로 하여금 장르에 대한 인식 및 실제적인 장르 중심의 쓰기 능력을 신장시키는 데 매우 효율적인 방안을 제시해 주고 있다.

그러나 이 모형은 자칫 일련의 텍스트 유형을 반복 재생산하도록 유도함으로써 다양성과 창조성을 기반으로 하는 쓰기 능력을 신장시키는 데 저해 요인이 될 수도 있다는 점에서 주의를 요한다.

V 쓰기 교육의 평가 및 송환

(1) 쓰기 평가의 목적과 방향

쓰기 평가는 쓰기 교육 전반에 걸쳐서 가치로운 정보를 수집하고 교육적으로 전문적인 판단을 하는 체계적인 과정이라는 측면에서 접근될 필요가 있다. 이러한 쓰기 평가는 거시적으로는 쓰기 영역의 교수 학습 과정의 질적 개선을 도모하고 미시적으로는 학습자 개개인의 교육적 성장을 돕는 데에 그 목적을 둔다. 쓰기 평가 본연의 기능이 단지 글을 잘 쓰는 학생과 못 쓰는 학생을 구별하여 그 상대적인 서열을 정하는 데 있는 것이 아니라 학생 개개인의 쓰기 능력에 대한 가치로운 정보를 제공함으로써 조화로운 발전과 성장을 촉진해 나가는 데 있는 것이라면 쓰기 평가 방법 역시 쓰기 교수 학습 결과뿐만 아니라 그 과정까지도 함께 평가할 수 있도록 계획할 필요가 있다.

쓰기 평가는 또한 학습자마다 학습 능력이나 학습 속도, 관심사 등에 있어서 개인차가 존재한다는 점을 인정하고, 좀더 다원화되고 개별화된 평가를 통해서 학습자의 성장과 발달을 도모하는 것에 최우선적 가치를 두어야 한다. 이를 위해서는 특정 주제를 주고 제한된 시간 안에 글 한 편을 쓸 것을 요구하고 그 결과물로서의 글을 평정하는 일회적인 평가보다는 일정 기간을 두고 여러 차례에 걸쳐 지속적으로 학습자들이 교수 ·

학습 과정에서 보여주는 다양한 쓰기 수행 국면들을 포착하여 기술하고 해석해 가는 평가 방식이 바람직하다. 또한 평가 주체 역시 교사만의 일방적인 평가보다는 교사와 학생간, 또는 동료들 사이에서 이루어지는 상호 평가 방식을 통해 수업에 대한 책무성(responsibility)을 갖도록 할 필요성이 있다.

(2) 쓰기 평가 유형

(가) 간접 평가와 직접 평가

간접 평가는 학생의 쓰기 능력이나 쓰기 태도를 간접적으로 평가하는 방식이다. 간접 평가는 쓰기에 관한 지식이 많으면 쓰기 능력이나 태도도 더 우수할 것이라는 전제하에 글의 주제나 문단 개념 등 작문의 지식을 선다형과 같은 지필 평가 방법을 적용하여 시행하도록 한다. 이때 유의해야 할 점은 평가 문항을 구성할 때 지엽적인 지식을 묻는 문제는 피하고, 쓰기와 관련성이 높은 필수적인 지식에만 한정해야 한다는 것이다. 물론 문단의 개념이나 문단 구성의 방법에 대해서 잘 알고 있다면 문단 쓰기를 제대로 잘 할 수 있는 가능성이 높긴 하겠지만, 이러한 지식이 반드시 실제적인 쓰기 능력과 연계된다고 보기도 어렵고 자칫 쓰기와 관련된 필수적인 지식을 벗어나면 쓰기 평가의 본질을 흐리게 할 가능성이 높기 때문이다.

쓰기 평가는 가급적 학생이 쓴 글을 직접 읽어보고 평가하는 직접 평가 방식을 통해 평가하는 것이 바람직하다. 직접 평가는 학생이 자신의 생각을 어떻게 글로 표현하는지, 주장을 뒷받침하기 위해 논거를 어떻게 조직하는지와 같은 문제를 파악할 수 있게 해 줄 뿐만 아니라 교사로 하여금 학생이 쓰기 과정 중에 어떤 어려움을 겪는지에 대한 진단적 정보도 파악할 수 있게 해 주기 때문에 교육적인 활용도가 높은 평가 방식이다.

(나) 결과 평가와 과정 평가

결과 평가는 학생들이 완성해 낸 결과물로서의 글을 대상으로 하는 가장 보편적인 쓰기 평가 방식이다. 교사는 평가 목표와 내용을 고려하여 학생들에게 쓰기 과제를 부과하고, 학생들은 제시된 과제에 따라 글을 써서 제출하면 그것을 평가 대상으로 삼도록 한다. 그러나 이러한 결과 평가는 학생들이 어떤 과정을 거쳐 글을 완성하는지에 대해서는 관심을 두지 않기 때문에 교육적인 측면에서 활용도가 낮다.

이에 비해 과정 평가는 제시된 글 못지 않게 그 글을 완성하기까지의 과정을 중시하는 평가로 학습자의 쓰기 과정에 대한 진단적 정보를 얻을 수 있어 교육적 활용도가 높을 뿐만 아니라 교수 학습 과정과 통합해서 시행할 수 있다는 긍정적인 측면이 있다. 과정 평가 방식으로는 교사의 전문적인 관찰, 학습자가 일정 기간을 두고 쓴 여러 편의 작품철을 평가하는 포트폴리오, 쓰기 과정에서 떠오르는 모든 생각을 말로 구술함으로써 쓰기 과정을 분석하여 평가하는 사고구술법, 글을 완성하기까지의 과정을 주제로 다시 글을 쓰게 하는 반성적 쓰기 등의 방법이 있다.

(다) 형식적 평가와 비형식적 평가

형식적 평가는 체계화된 규정과 단계에 따라 교사가 엄격하게 계획하고 시행하는 평가 방식이다. 이러한 평가는 행정적인 목적을 달성하는 데는 효과적일 수 있으나 자칫 교사만이 평가의 모든 권한을 독점함으로써 학생들이 교수 학습 과정에 능동적으로 참여할 수 있는 기회를 제한할 수 있다는 문제점이 있나. 이에 비해 비형식적 평가는 교사와 학생의 협의, 학생의 자기 평가, 동료 상호 평가 방식 등의 방식으로 교육 관여 주체로 하여금 교수 학습 과정 및 평가에 대한 책무성을 나눌 수 있으며, 진행 중인 교수 학습 과정에 긍정적으로 기여하는 바가 크다. 교사는 평가 목적에 맞게 형식적 평가와 비형식적 평가를 적절히 운용할 수 있도록 해야 할 것이다.

(3) 쓰기 평가 기준

학생의 글을 평가하는 데 있어 가장 중요한 것은 무엇을 기준으로 평가해야 하는가의 문제이다. 평가자마다 좋은 글을 바라보는 관점도 다르고 심지어는 평가자가 어떤 상태에서 평가를 하는가에 따라서 그 평가 결과가 다를 수 있기 때문에 타당도와 신뢰도를 확보할 수 있는 객관적인 쓰기 평가 기준을 마련하는 것이 무엇보다 중요하다. 좀 오래된 연구 결과이긴 하지만 Diederich(1974)는 대학 1학년 학생들이 작성한 300편의 글을 작문 능력이 탁월하다고 인정되는 60명의 평가자로 하여금 평가하게 한 다음 그 결과를 분석하였는데, 전체 글의 94%에 이르는 282편의 글이 7개 이상의 등급에 걸치는 평가를 받고 60명의 평가자 사이의 신뢰도도 0.31에 불과하였다. 이러한 평가 결과는 좋은 글에 대한 관점이나 기준이 저마다 다 다를 수 있다는 사실을 뒷받침해 줄 뿐만 아니라 쓰기 평가가 원천적으로 신뢰도를 확보하기가 대단히 어렵다는 것을 시사해 준다.

일반적으로 쓰기 평가 기준은 평가의 목적이나 학습자들의 수준, 글의 장르 등에 따라 다를 수 밖에 없지만 대체로 글의 내용, 조직, 표현의 세 가지 범주를 중심으로 설정되어 왔다. 다음은 대표적인 쓰기 평가 기준으로 널리 사용되고 있는 예들이다(박영목 외, 1988: 379).

① 디드리히(Diederich, 1974)**의 평가 범주**

내용, 형태, 문체, 맞춤법(어법, 철자, 구두점, 필체), 어휘

② 퍼브스(Purves, 1984)**의 평가 범주**

내용/사고 범주 – 정보의 풍부성, 정보의 정확성, 정보의 관련성, 추론적 사고, 종합적 사고, 비판적 사고, 대안의 제시

조직 범주 – 글의 구조, 구성의 일관성, 구성의 통일성

문체/유창성 범주 – 표현의 객관성, 표현의 공정성, 표현의 유창성

③ 국제교육평가협의회(IEA, 1988)**의 평가 범주**

작문 능력의 구성 요인	평가 기준
A. 텍스트 구조화 기능	
가. 인지적 기능(의미 처리 작용)	
1) 아이디어 생성	--------〉 아이디어의 질과 범위
2) 아이디어 조직	--------〉 내용의 조직과 전개
나. 사회적 기능(사회적 상호작용)	
1) 표현의 규준 및 관습에 대한 숙달	--〉 문체 및 어조의 적절성
B. 텍스트 산출 기능	
가. 텍스트 관련 문법적 기능	--------〉 어법 및 문장구조의 적절성
나. 심동적 기능	--------〉 글씨

(4) 채점 방법

(가) 총체적 채점 방법

학생의 글을 통합적인 관점에서 채점하는 총체적 채점 방식(holistic scoring method)은 평가자가 글 전체를 하나의 단위로 보고 글에 대한 전체적 인상에 의해 평가하는 방식이다. 총체적 채점 방식은 글의 질을 전체적으로 평가하면서 빠른 시간 안에 채점할 수 있기 때문에 대단위 평가를 해야 하는 상황이나 등급 판정을 해야 하는 상황에서 효율적인 반면 글의 문제점을 진단하거나 교정하는 데 활용하기 어렵고 평가자간 신뢰도도 확보하기 어렵다는 단점이 지적된다.

총체적 채점 방법을 효과적으로 사용하기 위해서는 체계적인 절차를 강화함으로써 평가자간 신뢰도를 확보하는 것이 무엇보다 중요하다. 평가자간 신뢰도는 일반적으로 반복해서 평가하고 그 결과를 누가 기록하는 방식을 통해 확보될 수 있다. 총체적 평가 방법을 적용할 때는 대개 평가자들이 평가 등급의 수와 등급 판정을 위한 평가 기준을 결정하고, 이를 공유하고 내면화하기 위해 협의 과정을 거친다. 이후 무선 표집된 학생의 글을 평가자들이 돌려 읽으면서 각 등급별 예시 답안(anchor paper)을 선정한다. 이 예시 답안을 참고하여 나머지 다른 글들을 비교 대조하면서 평가하되, 등급 판정이 평가자들간에 차이가 나면 수시로 협의하여 조정하도록 한다.

(나) 분석적 채점 방법

분석적 채점 방식(analytic scoring method)은 구체적인 평가 범주 및 평가 기준을 설정하여 이를 중심으로 학생들의 글을 평가하기 때문에 개개 학생들의 글이 지닌 장단점에 대해 진단적 정보를 제공해 줄 수 있을 뿐만 아니라 총체적 채점 방식에 비해 보다 높은 객관도와 신뢰도를 확보할 수 있다는 장점이 있다. 또한 분석적 채점 방식은 인상적으로 전체적인 글쓰기의 수준만을 판단하는 총체적 채점 방식에 비해 교수-학습 활동의 효과를 검증하거나 그 결과를 다시 교수-학습 활동에 재투입하는 데 유용한 정보를 제공해 줄 수 있다는 점에서 교육적인 활용도가 매우 높은 평가 방식이라 할 수 있다.

분석적 채점 방법을 적용할 때는 글의 내용, 구성, 표현 등과 같은 질적 요소를 평가 범주로 설정하고, 각 평가 범주별로 일정한 평가 기준과 점수 척도를 부여한다. 평가자는 평가 기준에 따라 글을 채점한 후, 요소별 점수를 합산한다. 이러한 분석적 채점 방법이 그 교육적 효과를 달성하기 위해서는 무엇보다 타당성과 객관적인 신뢰성을 갖춘 평가 범주 및 평가 기준을 확립하는 것이 중요하다.

Ⅵ. 쓰기 교육의 보완과 확장

본장에서는 이제까지 학계에서 논의되어 온 연구 성과들을 바탕으로 쓰기 교육을 크게 쓰기의 개념과 과정, 쓰기 교육의 이론적 고찰, 쓰기 교육의 목표 및 내용, 쓰기 교육의 교수 학습 전략, 쓰기 평가 및 송환 등의 문제를 중심으로 살펴보았다. 5차 교육과정기 이래로 쓰기 교육 분야는 양적으로나 질적으로 내실있는 연구 성과들을 차근히 축적해 왔고, 또 이러한 연구 성과들은 교육과정과 교과서, 교수 학습 방법론 등을 통해 실제 쓰기 수업이 이루어지는 교수 학습 현장을 바람직한 방향으로 견인하는 데 크게 기여해 왔다 해도 과언이 아닐 것이다.

오늘날과 같은 21세기 지식 기반 정보화 사회에서 쓰기 능력에 대한 사회적 요구는 매우 각별하다. 의미 구성 행위를 본질로 하는 쓰기 능력은 단순히 의미를 문자 언어로 표현하고 전달하는 차원을 넘어서서 쏟아져 나오는 정보를 처리하고 이를 바탕으로 유용한 지식을 새롭게 창출해 내는 지식 생산 능력의 의미까지도 함의하기 때문이다(원진숙, 2008: 241). 또한 문서화된 형태로 소통되는 쓰기는 사회적으로도 매우 강력한 힘을 발휘하는 의사소통 도구로서, 성공적인 사회 생활을 하는 데 가장 중요하게 요구되는 사회적 경쟁력으로서, 생각하는 힘을 갖게 해 주는 도구로서, 범교과적인 학습의 도구로서, 긍정적이고 바람직한 정서 강화의 수단으로서 매우 중요한 효용성을 지니고 있다. 앞으로 이러한 쓰기의 '힘'에 주목하는 쓰기 연구 및 쓰기 교육 연구가 더욱 심도 깊게 이루어질 필요가 있다.

박영목(1995)은 앞으로 전개될 쓰기 연구의 방향을 대략 다음의 세 가지 차원–쓰기 과정에 대한 연구, 쓰기의 사회적 맥락에 대한 연구, 쓰기 능력 신장을 목적으로 한 쓰기 교육에 대한 연구–에서 이루어질 것으로 전망한 바 있다. 이 가운데 쓰기 과정에 대한 연구는 이미 인지 심리학 등의 연구 성과에 힘입어 학문적으로 상당 부분 체계적으로 정리되어 오긴 했지만, 이 분야의 연구는 쓰기의 본질과 관련하여 쓰기 이론의 토대를 보다 깊이 천착될 필요가 있다.

보다 거시적 차원에서 쓰기의 사회적 맥락에 관한 연구는 쓰기에 관한 사회적 요구 등과 맞물려서 사회적 맥락이 쓰기에 미치는 영향, 장르에 따라 분화되는 언어의 구조와 의미, 담화 공동체 안에서 달라지는 소통 방식으로서의 글쓰기와 언어 관습의 문제 등이 보다 활발하게 논의될 필요가 있다.

또한 쓰기 교육에 관한 연구에서는 학습자로 하여금 기능적 문식력과 비판적 문식력을 함양하여 유능하고 사려깊은 필자로 성장할 수 있도록 교육하기 위한 작문 교육의 내용과 방법에 대한 논의들이 다각도로 모색되어야 할 것이다. 아동의 쓰기 발달 단계와 양상, 발달 단계별 쓰기 지도법, 쓰기 능력의 구성 요인, 범교과적인 쓰기 교육 방법론, 논술 교육 내용 및 방법, 쓰기 평가 이론 및 타당도 높은 쓰기 능력 평가를 위한 방법론, 쓰기 과정별 쓰기 전략 교수 방법, 다양한 장르 중심의 교수 방법, 학술적 쓰기와 비학술적 쓰기 특성 및 지도 방법 등에 관한 실증적인 성격의 연구들이 보다 활발하게 이루어져야 할 것이다.

아울러 최근 논란이 되고 있는 표절 문제 등을 미연에 방지하기 위한 윤리적 글쓰기 교육의 문제, 새로운 매체 환경에서 요구되는 전자 작문, 문자 언어와 음성 언어, 시각 언어 등을 활용한 하이퍼 미디어 텍스트 생산 기법, 학습자의 발달 단계에 맞게 각 학교급별(초·중·고등학교·대학교) 작문 교육의 내용과 방법 등이 보다 심도 깊게 이루어질 필요가 있다. 또한 우리나라 전통적인 글쓰기의 문화적 전통과 글쓰기 방법 등에 대한 연구와 이를 오늘날의 쓰기 교육 현실과 접목시키는 연구도 함께 이루어질 필요가 있다.

탐구과제

01 흔히 글쓰기의 본질을 선조적인 것이 아니라 회귀적인 것에서 찾는 경향이 있다. 이 회귀성의 관점에서 글쓰기 과정을 설명해 보시오.

02 미숙한 필자의 쓰기 과정과 방법을 능숙한 필자의 쓰기 과정과 방법과 비교하여 논술하시오.

03 인지주의 작문 이론과 사회구성주의 작문 이론을 비교하고 그 각각의 이론이 갖는 긍정적인 측면과 한계점을 지적하시오.

04 김 교사는 국어과 쓰기 영역의 평가를 한 학기동안 포트폴리오 평가를 중심으로 시행하려고 하지만 무엇을 어떻게 평가해야 할지 몰라 고민하고 있다. 무엇을 어떻게 평가하는 것이 좋을지 김 교사에게 조언을 해 보시오.

05 새 교육과정의 쓰기 교육 내용 체계표에 새롭게 도입된 태도 영역의 교육 요소들을 중심으로 바람직한 쓰기 태도를 함양하기 위한 구체적인 교육 방법을 제안해 보시오.

참고문헌

김동희 역(2004), 로츠 폰 베르더·바바라 슐테-슈타이니케 지음, 『교양인이 되기 위한 즐거운 글쓰기』, 들녘.
김라연(2007), "총체적 쓰기 평가와 분석적 쓰기 평가의 상관 연구," 『이중언어학』 35, 이중언어학회.
김명순(2003), "국어과 쓰기 교육과 쓰기 활동의 이해," 『교육과정연구』 21-1.
김정자(2004), "텍스트 언어학과 작문 교육", 『텍스트 언어학』 17.
민현식(2011), 2011 국어과 교육과정 개정을 위한 시안 개발 연구, 교육과학기술부.
박영민(2003), "자료 텍스트의 관계 유형과 작문 교육," 『청람어문학』 27.
_____(2003), "과학 영역의 작문에서 예상 독자 유형과 은유의 전략," 『국어교육학연구』 16.
_____(2006), "중학생의 쓰기 동기에 영향을 미치는 요인," 『국어교육학연구』 26.
_____(2007), "작문 교육 교육과정의 개정 중점과 작문 교육의 방향," 『작문연구』 4집, 작문학회.
박영목(1994), "의미 구성에 관한 설명 방식" 『선청어문』 22, 서울대학교 국어교육과.
_____(1999), "작문 능력 평가 방법과 절차" 『국어교육』 99.
_____ 외(2001), 『국어과 교수 학습론』, 교학사.
_____(2002), "협상을 통한 의미 구성과 협동 작문", 『국어교육』 107.
_____(2008), 『작문교육론』, 역락.
박태호(1999), "장르 중심 작문 교육의 내용 체계," 『국어교육학 연구』 9.
_____(2000), 『장르 중심 작문 교수 학습론』, 박이정.
원진숙(1995), 『논술교육론』, 박이정.
원진숙·황정현 역(1999), 『글쓰기의 문제해결전략』, 동문선.
원진숙(1999), "쓰기 영역 평가의 생태학적 접근: 대안적 평가방법으로서의 포트폴리오를 중심으로," 『한국어학』 10, 한국어학회.
_____(2001), "구성주의와 작문," 『초등국어교육』 18, 초등국어교육학회.
_____ 역(2004), 『생태학적 문식성 평가』, 한국문화사.
원진숙 외(2001), 장르 기반 환경적 쓰기 교수학습 모형 개발 연구, 한국초등교육, 22-2.
이삼형 외(2000), 『국어교육학』, 소명출판.

이수진(2001), “과정 중심 작문 이론의 한계와 극복 방안 탐구-포스트 모더니즘 패러다임의 영향을 중심으로,” 『청람어문교육』 23.

_____(2007), 『쓰기 수업 현상의 이해』, 박이정.

이은희(1998), “쓰기 영역 교육과정의 교수 학습 방법,” 『국어교육』 97.

이재기(2006), “쓰기 교육에서 학생 필자의 자리,” 『청람어문교육』 33.

이재승(2002), 『글쓰기 교육의 원리와 방법-과정 중심 접근』, 교육과학사.

_____(1998), “과정 중심 쓰기 교육의 구현 방안,” 『청람어문학』 20.

임재춘(2005), 『한국의 직장인은 글쓰기가 두렵다』, 북 코리아.

정다운(2009), 『‘장르’와 ‘과정’의 통합적 쓰기 교육 방안 연구』, 고려대 박사 논문.

정미현(2003), “협의 중심의 과정 중심 글쓰기의 효율성”, 『국어교육』 112.

정희모·이재성(2005), 『글쓰기의 전략』, 들녘.

정희모(2006), 『글쓰기 교육과 협력 학습』, 삼인.

최미숙(2002), “표현교육 연구의 반성과 제언,” 『국어교육학 연구』 14.

_______외(2008), 『국어교육의 이해』, 사회평론.

최은지(2009), 『사회적 구성주의에 기반한 학문 목적 한국어 작문 교육 연구』, 고려대 박사 논문.

최인자(2000), “장르의 역동성과 쓰기 교육의 방향성,” 『문학교육학』 5, 한국문학교육학회.

_____(2000), “대화주의 이론과 작문 교육의 문화생산 모델,” 『국어교육연구』 7, 서울대 국어교육연구소.

최현섭 · 박태호 · 이정숙(2000), 『구성주의 작문 교수 학습론』, 박이정.

Alexander, P. A., Schallet, D.L., & Hare, U. C.(1991), “How researcher in learning and literacy talk about knowledge,” *Review of Educational Research*, 61, 315-343. Department of Public Ins., ED 268-554.

Applebee, A. N.(1982), “Writing and learning in school settings,” In M. Nystrand(ed.) *What Writers Know*, NY: Academic Press.

Applebee, A. N.(1984), *Contexts for learning to writing: Studies of secondary school instruction*, NJ. Ablex Publishing Corporation.

Bereiter, C.(1980), “Development in Writing,” *Cognitive Process in Writing*, Gregg, L. W & Steinerg, E.R(eds), Hillsdale, N.J: LEA.

Britton, J.(1970), *Language and thought*, Harmondswroth: Penguin.

de Beaugrande, R.(1984), *Text production: Toward a science of composition*, Norwood, N.J: Ablex.

Britton, J.(1979), "The composing process and the function of wriitng," In C.R. Cooper & L. Odell(eds.), *Research on Composing*, Urbana, IL: NCTE.

Bruffee, K. A.(1984), "Collaborative learning and the conversation of mankind", *College English* 46.

Bruning, R. & Horn, C.(2000), "Developing motivation to write", *Educational Psychology*, 35(1). 25-37.

Diederich, P. B.(1974), *Measuring growth in English*, IL: NCTE.

Emig, J.(1970), *The Composing process of twelfth graders*, IL: NCTE.

Faigley L.(1985), "Nonacademic writing: The social perspective," In L. Odell & D. Goswami (eds.), *Writing in nonacademic settings*, NY: Guilford.

Flower, L. & Hayes, J.R.(1981), "A Cognitive Process theory of witing," College *Cmposition and Communication* vol. 32.

Grabe, W. & R.B. Kaplan(1996), *Theory and Practice of Writing*. 허선익 역(2008), 『쓰기 이론과 실천 사례』, 박이정.

Halliday, M. A. K. and R. Hasan(1989), *Language, context, and text: Aspects of language in a social semiotic perspective*, Oxford and New York: Oxford University Press.

Halliday, M. A. K.(1994), *An Introduction to Functional Grammar*, London: Edward Arnold.

Hayes, J. R.(2000), "A new framework for understanding cognition and affect in writing," In Indrisano R. & Squire J. R. (eds), *Perspectives on writing*, IRA.

Hillocks, G., Jr.(1995), *Teaching Writing as Reflective Practice*, Teachers College Press.

Hyland, K.(2002), T*eaching and Researching Writing*, Person Education: Longman.

_________(2003), *Second Language Writing*, Cambridge University Press.

Kellog, R. T.(1994), *The Psychology of Writing*, New York, NY: Oxford University Press.

Knapp, P. & Watkins, M.(2005), *Genre, Text, Grammar-Technologies for Teaching and Assessing Writing*, UNSW Press. 주세형 · 김승성 · 남가영 역(2007), 『장르, 텍스트, 문법』, 박이정.

Miller, C. R.(1994), "Genre as social action", in Freedman & Medway. *Genre and the new Rhetoric*, London: Taylor & Francis Press.

Nystrand, M.(1989), "A social-interactive model of writing," Written Communication. 6(1). 66-85.

Nystrand, M., Greene, S., Wiemelt, J.,(1993), "Where did composition studies come from?", *Written Communication* 10/3.

Rohman, D.G. & Welecke A.(1964), "Pre-writing: The construction and application of models for concept formation in writing," *US. Office of Education Cooperative Research Project*, Michigan State University.

Shaughnessy, M.(1977), *Errors and expectations*, Oxford University Press.

Spivey, N. N.(1997), *Constuctive Metaphor: reading, writing and the making of meaning*. 신헌재 역(2002), 『구성주의와 읽기 · 쓰기』, 박이정.

Swales, J.(1990), *Genre Analysis*, Cambridge: Cambridge University Press.

Tompkins, G. E.(2008), *Teaching Writing: Balancing Process and Product*, 5th ed. Perarson Education, INC.

Tribble, C.(1997), *Writing*, Cambridge University Press.

Vygotsky, L. S.(1978), *Mind in Society: The development of higher psychological process*, MA: Harvard University Press.

06 장 문법 교육

I. 문법 교육의 이론적 고찰

(1) 문법 교육 이론의 필요성

교실에서 문법 수업을 잘 하기 위해서는, 문법 교육이 무엇인지 잘 알아야 한다. 물론 문법 교육에 대해 매우 많이 알고 깊이 있게 이해하고 있다고 해도, 실제 수업을 못할 수 있다. 지식의 양과 질이 수행의 수준을 절대적으로 보장해 주지 않기 때문이다. 특히 교실 안의 역동적인 상호작용은 단지 앎만으로 예측하고 조절하기 힘들다. 그러나 문법 교육에 대해 잘 알면 문법 수업을 잘 할 수 있는 확률이 그렇지 않은 경우보다 훨씬 높아지는 점은 부인할 수 없는 사실이다. 문법 교육에 대한 깊이 있는 앎은, 문법 수업 설계에 길라잡이이고, 문법 수업 과정에서 균형을 잃지 않게끔 하는 조절 장치이며, 문법 수업 후의 비판적 점검에 적절한 도구이기도 하다. 결국 문법 교육에 대한 이해는 더 나은 문법 수업을 준비하고 계획하는 데 기본적인 토대가 된다.

그런데 문법이 무엇인지 매우 잘 알기 때문에 이와 더불어 문법 교육이 무엇인지 잘 알고 있다고 생각하는 경우가 많다. 또는 학교에서 겪은 문법 수업 경험으로, 문법 교육에 대해 잘 알고 있다고 생각하는 경우도 많다. 이와 같은 일상적 지식과 경험으로 파악된 것도 문법 교육의 한 모습이기는 하다. 그러나 일상적 지식과 경험에 의해 파악된 것은, 각각의 개별성이 두드러진 문법 교육의 편린들이기 때문에, 이를 좀 더 논리적이고 체계적인 틀로 정교하게 밝혀 보편성을 가진 실체로 정리해야 한다. 문법 교육에 대한 깊이 있는 이해는 일상적인 앎만으로 가능하지 않다. 문법 교육에 대한 깊이 있는 이해는 학문적인 앎의 체계 안에서 문법 교육을 조망할 때 비로소 도달할 수 있는 목표이다. 문법 교육에 대한 학문적인 앎의 체계가 바로 문법 교육 이론이다. 그리고 이것이 있어야만 문법 교육을 문법 교육답게 파악하여 문법 수업 등의 문법 교육의 실제를 짜임새 있게 수행할 수 있다.

(2) 문법 이론과 문법 교육 이론

문법 교육 이론이란 문법 교육에 대한 학문적인 앎의 체계이다. 이를 다르게 표현하면, 문법 교육 이론이란 문법 교육이라는 대상을 학문적 논리에 따라 메타적으로 설명해 놓은 앎의 체계이다.

그렇다면 문법 교육 이론이 구체적으로 어떤 것들을 가리키는지 떠올려 보자. 이러한 요구를 받았을 때 사람들은 대부분 국어 음운론, 형태론이나 통사론 등의 문법 이론(엄밀히 말하면, 국어학 이론)을 떠올리곤 한다. 물론 이런 국어학의 지식 체계가 문법 교육 이론과 전혀 관련성을 가지지 않는다고 할 수 없다. 그러나 이것은 문법을 대상으로 하는 이론이지, 문법 교육을 대상으로 하는 이론이 아니다. 문법 이론과 문법 교육 이론은 학문적으로 각기 다른 차원과 영역에 속한다. 문법 이론은 문법 자체에 대한 이론이다. 문법에 대해 잘 설명하고자 마련된 이론이다. 즉, 국어의 음성과 음운, 형태와 통사, 담화와 의미에 대한 학문적 이해를 목표로 한다. 이와는 달리, 문법 교육 이론은 문법 교육에 대한 이론이다. 문법 교육에 대한 학문적 이해를 목표로 한다. 문법 교육의 가치와 목표, 내용과 방법, 평가 등을 잘 설명하여 실제로 문법 교육이 잘 되게끔 하는 데 기저 역할을 하는 것이다. 이런 까닭으로, 문법 이론은 문법 교육의 전 국면을 총체적으로 설명해 주지 못한다. 이것은 문법 교육 내용 차원에서 참조 이론으로 기능을 발휘할 수 있지만 그 이상은 담당할 수 없다.[1)]

이런 점에서, 문법 교육 이론의 대상이 '문법 교육'이라는 점은 매우 중요하다. 문법 교육 이론이 '문법'이라는 특수한 교과를 가르치고 배우는 현상에 대해 밝혀 놓은 메타 설명 체계라는 기술은, 문법 교육 이론이 밝

---

1) 예를 들어, 단어의 파생은 문법 이론에서도 다루고, 문법 교육 이론에서도 다룬다. 그런데 문법 이론에서는 단어의 파생 현상의 원리와 구조를 밝히는 것을 목적으로 한다. 한편, 문법 교육 이론에서도 단어의 파생 현상에 관심을 갖는다. 특히 문법 교육 내용 이론을 구축하는 과정에서 상세 문법 항목으로 단어의 파생 현상이 다루어진다. 문법교육학자는 문법 교육의 관점과 목표, 타 영역과의 통합 여부, 학습자의 수준, 교실 수업의 조건 등을 고려하여 단어 파생 현상을 어떻게 교육내용화할 것인지를 결정하고 교육적 적실성을 가늠한다. 이 과정에서 국어학적 이론의 정밀성보다는 교수학적 기준에 의한 적절한 변환성이 더 우위에 설 수도 있다. 문법 교육 이론에서 근본적으로 문제 삼는 것은 교육적 장면에서의 문법이고, 문법을 가르치고 배우는 활동이기 때문이다.

히고자 하는 대상이 '문법' 그 자체가 아니라 '문법 교육'이라는 점에 강조를 두어 이해되어야 한다. 이러한 대상의 차이는 곧 문법 이론과 문법 교육 이론의 차이를 낳으며, 결국에는 국어학과 문법교육학의 차이를 낳는다.

(3) 문법 교육의 이론적 개념화

문법 교육을 이론적으로 개념화하기 위해서는 두 가지 점을 집중적으로 논의해야 한다.

첫째, 교과로서의 문법의 의미는 무엇인가?

둘째, 문법 교육에서 가르침과 배움의 대상이 되는 국어 활동은 무엇인가?

첫째 질문은 문법을 특수한 목적 아래 교육적 체제 안에서 가르칠 교과로서 규정해야 함을 말한다. 문법 교육은 엄밀하게 교육과학의 테두리 안에서 그 의미가 밝혀져야 한다. 이 작업은 문법 교육 이론을 구성하는 가장 기초적이고 토대적인 성격을 띤다. 둘째 질문은 교과로서 문법을 규정했을 때 문법이라는 특수 교과에서 가르치고 배우는 언어활동의 정체성을 밝혀야 함을 의미한다. "문법 교과에서 문법을 가르치지 또 다른 무엇을 가르치느냐?"라고 물을 수 있겠다. 이러한 물음은, 한편으로는 그간 문법이라는 대상이 매우 인상적으로 각인되어 온 원형적 의미가 강하기 때문에, 또 다른 한편으로는 문법 교육을 입체적인 교육 현상으로 바라보는 관점에 익숙하지 않기 때문에 나올 수 있다.

교과의 이름이 곧 교과에서 가르치고자 하는 전부를 압축적으로 담고 있는 경우는 거의 없다. 국사 교과는 그 이름대로만 보면, 우리나라의 역사를 가르치고 배우는 교과이다. 그러나 국사 교육에서 추구하는 것이 우리나라의 역사를 연대순으로 고스란히 재현해 내는 지적 성취만은 아닐 것이다. 또 다른 지적 성취로서, 일련의 역사적 인물이나 사건을 이해하고 현대적 관점에서 해석하는 역사적 사고력도 추구할 수 있을 것이다. 실제로 학생들이 국사라는 교과를 접할 때 행하는 활동에 이러한 측면이 있다면, 국사 교육에 대한 이론적 접근에서는 국사 교수-학습 현상의 이러한 입체적 속성을 국사 교육 이론이라는 이름 아래 분석하여 정교화한다. 이러한 논리는 문법 교육 이론에도 마찬가지로 적용된다. 문법 교육 이론은 문법을 가르치고 배우는 행위에 대한 입체적 조망을 시도하고, 그러한 시도의 결과로서 문법 교육 현상의 속성과 구조를 구체화한다.

① 교과로서의 문법

문법이라는 말은 매우 다양한 의미로 쓰이고 있다. 관점에 따라 문법을 바라보는 시각이 다르기도 하고, 일상적 장면(예: 연애 문법, 이탈리아 요리의 문법 등)과 학문적 장면에서 두루 쓰이기 때문에 쓰이는 장면에 따라 그 의미역이 넓어지거나 좁아질 수 있기 때문이다.

전통적으로 언어학에서는 문법이라는 말을 단어 단위를 다루는 형태론과 문장 단위를 다루는 통사론에 한정하여 사용하였다. 이보다 더 작은 범위로 문법이라는 말을 사용하기도 하는데, 이는 오직 문장 차원의 통사론만을 의미하는 것이다. 이것은 문법이 가장 협소한 의미로 쓰이는 경우이다. 그러나 현대로 올수록 문법은 그 의미가 전통적인 형태 · 통사론을 넘어서서 음운론, 의미론 등을 포함하는 방향으로 확장되어, 결국 언어에 대한 전반적인 설명 체계를 뜻하게 되었다. 이상과 같이 문법은 관점에 따라 폭과 깊이가 매우 달라질 수 있는 탄력성 있는 용어이다. 게다가 '문법'이라는 용어의 의미적 탄력성은, '교육'과 결합되었을 때 더욱 증폭되는 경향이 있다.

서로 다른 문법 교육의 상(象)을 머릿속에 그려놓은 상태에서 문법 교육에 대해 논하게 되면, 그 결과 소통은 불능 상태에 빠지게 되기 쉽다. 이상과 같은 난맥을 정리하는 길은, 문법 교육의 '문법'은 자연적 의미에서의 문법이 아니라 가르치고 배울 교과로서의 문법이라는 점에서 출발하여 정의를 내리는 것이다. 이러한 구분은 필연적이다. 문법이라는 말이 교육이라는 말과 나란히 이어서 쓰이게 되면 당위적으로 이때의 문법은 가르칠 대상으로서의 문법, 즉 교과로서의 문법의 의미를 갖게 되기 때문이다.

(가) 나는 문법을 모르겠어.
(나) 나는 학교 다니면서 문법 교육을 제대로 받아본 적이 없거든.

(가)와 (나)의 '문법'은 표면적으로는 동일하지만, 실질적으로는 동일하지 않다. (가)는 한 언어의 문법이면서, 정서법일 수도 있고, 형태론적 지식일 수도 있는 폭넓은 의미를 가진 것이라면, (나)는 교육적 논리로 다듬어진 하나의 독립된 교과로서의 문법이기 때문이다. (가)는 (나)의 토대이지만, (가)가 곧 (나)일 수는 없다. 역으로 (나)는 (가)의 요소를 어느 정도

가지고 있지만, (나)가 곧 (가)일 수는 없다. 예를 들면, 조선어 학회 사건은 (가)의 예로 적절치 않지만, (나)의 예로는 적절할 수 있다. 조선어 학회 사건은 자연적 의미에서의 국어 문법은 아니지만, 국어 문법이라는 교과에서 국어에 대한 태도를 신장시키기 위해 다룰 수 있는 문화사적 지식으로 충분히 가치가 있기 때문이다.

이렇게 문법을 자연적 의미와 교과적 의미로 나누어 파악하게 되면, 적어도 문법 교육을 정의할 때 문법이 갖는 의미는 교육적 관점에 따라 얼마든지 재구성될 수 있게 된다.[2] 교과로서의 문법은, 기본적으로 언어에 내재한 원리와 규칙이라는 문법의 자연적 의미에 토대를 둔다. 이러한 자연적 의미를 바탕으로 교과로서의 문법은, 전통적으로 문법의 핵심으로 간주된 형태-통사론적 지식을 중심으로 하여 점점 더 그 내용을 확장해 왔다. 따라서 적어도 국어과 내의 문법은 더 이상 언어의 형식적인 틀로서만 간주될 수 없는 상황이다. 과거의 '국어지식 교육(영역)'의 용어가 지향했던 바가 언어 체계 자체에 대한 협의적 관심에서 언어 전반으로의 시각 확대라는 점은, 하나의 언어 구조체로서 국어가 더 이상 정서법이나 형태-통사론적인 관점으로만 메타적으로 기술되고 이해되어서는 충분치 못하다는 사실을 보여준다. 그러므로 언어 단위 차원에서는 담화/텍스트 차원까지 확장하여, 그리고 지속적 체계로서의 국어뿐만 아니라 사용으로서의 국어까지 포함하며, 문어 대상 문법만이 아니라 구어 대상 문법까지 포괄하는 확장적 의미에서의 '문법'이 '문법 교육'의 대상임을 분명히 해야 한다.

② 문법 교육의 대상이 되는 국어 활동

국어 교육은 국어 학습자를 발전·성장시키기 위하여 교육적으로 유의미한 학습 경험을 제공해야 한다. 이 학습 경험은 국어로 이루어지는 언어적 경험으로 다른 교과 학습 경험과 대별된다. 국어과 안에서도 영역에 따라 각기 다른 언어적 경험이 추구된다. 듣기 영역에서는 목적적이고 체계적으로 구성된 듣기 활동을 수행함으로써 국어과 학습자에게 유의미한

2) 이것을 일러 '교육적 재개념화'라고 한다. 역대 국어과 교육과정이 개편되는 과정에서 문법 영역에 포함된 내용이 점점 더 확대되거나 심화되었던 흐름도, 교과로서의 문법의 특성이 크게는 국어과 전체, 작게는 문법 영역 내부의 변화와 함께 바뀌고 수정되면서 재개념화 과정을 거친 것이다.

듣기 경험을 갖게끔 한다. 문법 교육에서도 문법을 가지고 모종의 언어 활동을 한다. 다음은 문법 교수–학습 과정에서 학습자가 행하는 활동을 이상적으로 정리한 것이다.

과정	㉮ 학습자는 국어를 메타적으로 대상화한다.
	㉯ 학습자는 메타적으로 대상화한 국어를 가지고 특수한 사고 활동을 한다. 이들은 국어를 분석하고, 분석한 사실을 실제 언어 자료에 적용해 보고, 국어의 기능에 대해 관찰하기도 한다.

㉮와 ㉯는 문법 학습자가 특별히 겪는 언어적 경험의 과정에 해당하는 것으로, 문법 학습을 경험한다는 것이 무엇인가에 대한 답을 알려준다. 문법 학습자가 겪는 특수한 언어적 경험을 가장 간략하게 요약하면, '국어에 대한 사고 활동'이라고 할 수 있을 것이다. '국어에 대한'에 이미 '국어'를 메타적으로 대상화하였음이 전제되어 있기 때문에 '국어에 대한 사고 활동'이라고 하면, 학습자의 언어적 경험을 무리 없이 대표할 수 있다.

문법 학습은 국어에 대해 사고하는 활동으로 이루어지지만, 그 사고 활동은 다시 인식 활동이라고 좁힐 수 있다. 문법 학습에서 이루어지는 활동은 국어를 알아가는 활동이다. 학습자는 국어를 대상화하고 대상화한 국어에 주목하여 국어가 작동하는 세계 안에서 국어를 알아간다. 학습자는 국어에 대해 사고하면서 국어의 다양한 부면을 발견하고 그러한 발견의 결과로 국어의 정체에 대해 안다. 이 활동은, 활동의 최종 목적을 고려할 때는 '국어 인식 활동'이라고 할 수 있고, 국어를 알아가면서 사고하는 과정을 고려할 때는 '국어 탐구 활동'이라고 할 수 있으나, 이 둘은 문법 학습에서 학습자가 수행하는 특유한 언어 활동을 어떤 점에 초점을 두어 명명하느냐에 따라 달라질 뿐, 실제 가리키는 것은 동일하다.

그런데 국어 인식 활동은 처음부터 문법 수업을 위해서 만들어진 것은 아니다. 대부분의 모어 화자들은 나면서부터 일상생활 속에서 자신의 언어를 대상화하여 나름대로 분석하고 판단한다. 국어, 더 나아가 언어에 대한 이해는 처음부터 문법 교육의 틀 안에서 인위적으로 추구된 것은 아니다. 이것은 인간이 언어를 갖게 되면서부터 시작된 언어에 대한 사고 활동에서부터 시작됐다. 한 인간으로 보자면, 사람은 자신의 언어를 갖기 위하여 모어에 대해 인식하기 시작하고, 의사소통이 가능하게 된 연후에도 계속해서 자신의 언어를 대상화하면서 살아간다. 그 결과 개인의 이해물로서의 국어가 존재하게 된다. 문법 교육은 이와 같은 인간의 언어 인식 활동에 뿌리를 둔 교육 활동이다. 본래적인 국어 인식 활동을 더 북돋아서, 본격적인 탐구의 과정을 거쳐 국어에 대한 이해가 폭넓고 깊이 있게 되기를 기대하는 교육 활동, 이것이 문법 교육이다.

Ⅱ 문법 교육의 목표 분석

(1) 문법 교육의 본질적 목표 : 총체로서의 국어 알기

문법 교육은 다양하고 깊이 있는 국어 탐구 활동을 통해 학습자의 국어에 대한 이해의 폭과 깊이를 최대한 확장하고 심화시켜서, 결국에는 국어에 대해 총체적으로 이해하도록 한다.

'국어에 대한 총체적 이해'란 무엇인가. 이것은 단지 국어에 대한 지식을 많이 소유한다는 것을 의미하지 않는다. 사동법과 피동법, 복문(複文)의 종류에 관한 지식을 가진 사람이 국어를 잘 안다고 말할 수 없다. 이 사람은 국어의 특정 분야와 차원에 국한된 지식을 많이 알 뿐이다. 국어는 의사소통의 도구이기도 하지만, 진정한 의사소통을 가로막는 장애이기도 하다. 또한, 한 사람의 사회적 정체성 실현의 표지이면서 그 사람의 사회적 위치를 단번에 알려주는 표식 기능을 하기도 한다. 국어는 민족 문화의 정수이면서 동시에 국민성 함양을 위한 도구적 수단이기도 하다. 국어는 단 하나의 속성에 기대어 정의될 수 없는, 이질적 속성을 가진 대상이다. 이와 같이 국어의 다양한 부면과 속성, 기능을 속속들이 접하여 깨닫는 것이 국어에 대한 총체적 이해이다. 형태소가 실질 형태소와 형식 형태소로 나뉜다는 지식을 알되, 언어가 체계를 가진 구조이며 그렇기 때문에 각 언어 단위의 관계망 속에서 각각의 단위가 의미와 기능을 갖게 된다는 앎에 이르지 못한 학습자는 국어라는 실체를 아직은 충분히 알지 못하는 학습자이다.

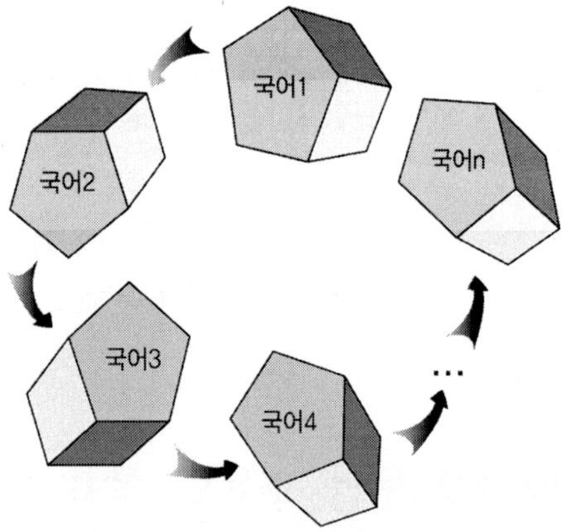

[그림 1] **국어에 대한 총체적 이해**

국어를 다양한 방향에서 다양한 눈으로 인식하게 하여 국어를 총체적으로 알게 하는 것이 문법 교육의 본질적 목표이다. [그림 1]은 국어가 수많은 면을 가진 입체물임을 보여준다. 학습자는 문법 교육의 장에서 '국어 1', '국어 2', '국어 3' 등등 국어를 다양한 각도에서 입체적으로 조망하는 경험을 쌓는다. 그만큼 국어는 입체적이고 다각적인 접근이 가능한 대상이다. 문법 교육에서는 국어의 몇 가지 단면을 깊이 있게 볼 수 있도록 하는 데도 주력해야 하지만, 궁극적으로는 이와 같이 국어가 복합적이고 다층적인 대상임을 알게 하는 데 목표점을 두어야 한다. 바로 이와 같이 국어가 다양한 속성, 다양한 기능을 가진 복합체임을 알게 되었을 때, 비로소 국어('국어 n')에 대한 총체적 이해에 도달했다고 볼 수 있다.

결국, 문법 교육은 국어에 대한 메타적인 설명 체계를 익히게끔 하는 것을 궁극적인 목적으로 하지 않는다. 문법 교육은 언어 주체로 하여금 '나'의 언어가 무엇인가, '나'에게 한국어라는 언어가 어떤 의미를 가지는가에 대한 질문을 갖고 그 답을 찾아가는 다양한 길을 안내해 주는 것을 소임으로 한다. 그러므로 문법 교육에서 길러낼 수 있는 가장 이상적인 학습자는, 민감한 언어적 감수성을 가지고 능동적으로 탐구하는 과정을 통해 한국어를 속속들이 잘 알아서 언어적으로 충족된 삶을 살아갈 수 있는 사람이다.

(2) 문법 교육의 실제적 목표

문법 교육의 목표는 문법 교육의 본질에 맞게 설정되고 추구되어야 한다. 문법 교육은 국어 인식 활동을 촉진하고자 하는 교육이고, 이것은 결국 국어를 잘 알게 하는 것, 또는 국어를 총체적으로 알게 하는 것을 본질적 목표로 한다. 그런데 교육은 진공 속에서 행해지지 않기 때문에 이러한 본질적 목표는 관점과 상황적 조건에 따라 강조점을 달리 두어 실제적 목표로 구체화된다.

① **사고력 신장을 위한 국어 알기**(고전적 목표)

예로부터 문법은 사고력을 키우는 데 도움이 되는 교과로 널리 인식되었다. 문법을 배운다는 것은, 한 언어의 규칙과 체계를 익히는 것이기 때문에 이 과정에서 특히 논리적 사고력이 신장될 수 있다. 이런 점 때문에 문법은 언어 관련 교과이면서도 논리과학적 사고를 촉진하는 교과에 포함되곤 한다. 이러한 시각은 고대부터 현대에 이르기까지 지속적으로 존재해 왔다.[3]

교육의 주요 목표 중의 하나가 인간 지력(知力)의 신장이고, 인간 지력을 다시 사고력으로 구체화하였을 때, 이러한 사고력 신장은 보통 각 교과 교육에서 추구된다. 사고 관련 교과가 따로 마련되는 경우는 거의 드물기 때문이다. 따라서 문법 교육에서 추구하는 논리과학적 사고력의 신장이라는 목표는, 고전적인 교육 일반의 목표가 국어교육이라는 교과 교육에서 구체적으로 실현된 것이라고 볼 수 있다.

그렇지만 이때 추구되는 사고 교육은 절대로 일반적 차원에서 실행되는 것은 아니다. 이것은 국어교육의 틀 안에서 실행되기 때문에 일반적 사고력 신장을 추구하는 것이 아니라, 국어적 사고력의 신장을 추구한다. 따라서 국어적 사고력의 신장을 국어과의 중핵 목표로 두었을 때, 문법 영역은 중요한 위상을 지닌다.[4] 그리고 이러한 관점 아래서는 문법 교육은 특정한 규칙과 원리 아래 구성되는 체계로서의 한국어가 강조되고, 한국어 현상에서 특정한 규칙과 원리를 발견하는 앎의 과정이 주요한 교육 내용으로 부각된다.[5]

---

3) 문법 학습은 이해, 변별, 논리적 정의 등을 통하여 영혼의 지시력을 계발하게끔 한다는 믿음(Harris, 1888)이나, 문법 교육이 사고를 논리적으로 진개하는 방법을 가르치기 때문에 지엽적인 지식보다 체계를 이해시키는 데 집중해야 한다는 논의(남기심 · 고영근, 1988)에서 이 점을 확인할 수 있다.

4) 다만, 이러한 위상을 더욱 명료히 하기 위해서는 국어적 사고력의 구성 요소로서 문법 교육에서 직접적으로 다루는 국어에 대한 메타적 사고 능력이 어떻게 존재하고 특정한 기능을 하는지에 대해 상세하게 밝혀야 할 것이다. 즉 사고력 신장이라는 고전적 목표를 현대적 시각에 맞게 국어교육적으로 재조명해야 한다.

5) 그런데 학습자 개인의 배움과 성장의 계속적 발전을 고려해 볼 때, 국어적 사고력의 신장이 더 일반적 차원인 언어적 사고력의 신장으로 확장될 수 있다는 점을 간과하지 말아야 한다. 한국어를 가지고 언어를 과학적으로 다루어 보는 경험은, 다른 언어를 대상으로 확장될 수 있고, 이러한 경험은 범언어적인 언어과학적 경험으로 수렴될 수 있다. 예를 들어 국제 언어학 올림피아드에서는 세계 각국의 학생을 대

② **국어 표현 · 이해 능력 신장을 위한 국어 알기**(실용적 목표)

국어에 대한 앎은 국어 표현 및 이해 능력의 신장을 위해서도 강조된다. 문법을 배움으로써 국어를 잘 듣고, 말하고, 읽고, 쓸 수 있다고 보는 것이다.

첫째, 국어에 대한 앎은 국어 표현 및 이해 활동의 정확성을 높이는 데 도움을 줄 수 있다. 예를 들어, 국어 정서법에 대한 지식은 정확하고 바른 국어 표현의 토대가 된다. 또 국어의 통사적 특성에 대한 지식을 가지고 있으면, 다소 길고 복잡한 문장을 구성하거나 해독하는 데 참조점으로 활용할 수 있다. 이것은 국어과에서 문법 영역과 표현 및 이해 영역의 관계를 소극적으로 설정한 경우이다.

둘째, 국어에 대한 앎 자체가 국어 표현 · 이해 활동을 적극적으로 이끄는 역할을 수행하기도 한다. 이때의 문법은, 어떤 사태를 표현하거나, 이미 표현된 언어 자료를 독해할 때 언어 활동 주체의 의도를 드러내는 적극적인 언어적 구성 장치로서의 성격이 두드러진다. 그러므로 동일한 문법적 내용이 전통적인 기술 방향과는 매우 다르게 구성된다. 예컨대, 명사화 구성의 경우, 통사론적 차원에서 명사화 구성의 개념과 원리를 설명하기보다는 표현의 측면에서 어떤 기능과 표현 효과를 가지는지를 중심으로 설명된다.

(가) 이 문건의 요점은, 사람들이 진실을 밝히고 일을 사리에 맞게 처리하기를 바란다는 점이다.
(나) 이 문건의 요점은, 진실 규명과 일의 합리적 처리에 대한 요구이다.

(가)와 달리 명사화 구성을 이용하여 표현한 (나)의 경우, 명제적 의미는 거의 같지만 필자가 요약적으로 내용을 제시하거나 좀 더 추상적으로 표현하기에 유리하다. 표현 주체에 따라서는 전달하고자 하는 사태에서 별 의미가 없다고 판단되는 '사람들이'라는 행위주를 드러내고 싶지 않을 때 명사화 구성을 적극적으로 이용할 수도 있다.

상으로 범언어적인 과학적 사고력을 측정한다. 그리고 범언어적인 언어과학적 경험은, 궁극적으로 과학적 사고력 신장이라는 고전적인 중핵 목표로 최종적으로 수렴된다. 서구에서 과학적 사고를 신장시키기 위한 프로그램에 '언어' 관련 섹션이 들어가는 것을 그 예로 들 수 있다. 결국, 국어 문법 교육은 이러한 계속적 발전을 위한 출발점이다.

이와 같이 표현 활동의 근저에서 실제적 수행을 안내해 주는 국어적 앎을 강조하는 관점에서는, 문법 학습과 국어 표현·이해 학습의 관계를 좀 더 적극적으로 설정하고자 한다. 따라서 문법 교육은 국어 표현·이해 활동과 특별히 긴밀한 관계를 맺거나, 이러한 능력 신장에 효용성을 갖는 내용으로 꾸려지게 된다. 이를 위해서는 언어 주체가 표현하고 이해하는 구체적인 텍스트가 어떤 형식적 장치를 통하여 효과적으로 구성되고 특정한 기능을 수행하는지를 밝혀서, 국어 표현 및 이해 활동과 유기적으로 결합되어 실질적 수행력을 보장하는 문법적 앎의 체계를 정밀하게 제시하여야 한다.

③ 언어적 자아정체성 형성을 위한 국어 알기(발달적 목표)

국어는 진공 상태의 시험관 안에 넣어 놓은 관찰 대상이 아니다. 국어는 사람들이 듣고, 말하고, 읽고, 쓰는 것이기 때문에, 국어를 잘 알기 위해서는 그 국어를 말하는 언어 주체까지 고려해야 한다. 이런 점에서 국어를 안다는 것은 곧 국어로 삶을 살아가는 사람을 이해한다는 것이다. 주지하다시피, 인간은 언어적 존재이다. 모든 사람은 어머니의 뱃속에서부터 언어의 싹을 가지고 태어나고, 특정한 언어공동체에 속하여 언어의 꽃봉오리를 만들고, 이 꽃봉오리를 활짝 피우면서 성장한다. 사람은 이와 같이 어머니 무릎 아래서부터 배운 하나 이상의 언어가 충족되었을 때 완진한 한 사람으로서 살아갈 수 있다. 그러므로 '언어로 구성되는 나', 역으로 '내가 만들어 가는 나의 언어'에 대한 성찰은, "국어를 앎"이라는 행위에 깊고 풍성한 의미를 더해준다. 이것은 정련된 학문적 지식 체계를 갖는 것과는 다른 차원의 앎이면서, 동시에 국어를 안다는 것의 의미를 입체화해주는 것이기도 한다.

이러한 성찰의 과정을 통해, 문법 학습자는 나에게 언어란 무엇인가, 나는 언어적으로 내 자신을 긍정하는가, 나는 충분히 세련된 언어적 자아를 가지고 있는가, 나에게 언어적 자신감은 충분한가, 내가 속한 언어공동체의 중요한 언어적 가치는 무엇인가, 그리고 그러한 가치는 나에게 어떤 의미를 가지는가 등의 질문에 대한 답을 찾게 된다. 곧, 언어적 존재로서의 나에 대해 근본적으로 통찰함으로써, 한편으로는 한 개인으로서 또 다른 한편으로는 특정 언어공동체를 구성하는 성원으로서 언어적 자아의 성장과 발달을 경험하게 되는 것이다.

이상과 같이 개인의 언어적 성장과 발달의 측면에 초점을 두는 문법 교육에서는, 한국어로 일상의 삶을 영위하는 언어 주체를 전면에 부각시켜 교육 내용을 구성하게 된다. 예를 들어, 어린이의 언어발달, 사투리로 말하는 나 또는 타인에 대한 인식, 삶의 여러 국면에서 나타나는 언어변이와 그것으로 표현되는 언어적 정체성, 민족어로서의 국어에 대한 태도, 다문화 사회에서의 언어적 관용 등과 같은 내용이 다루어지게 된다.

이외에도 국어교육 전체 지형도의 변화와 문법 교수·학습 조건에 따라 다양한 실제적 목표가 설정될 수 있다. 이와 같은 실제적 목표 중 어떤 하나만이 절대적 진리치를 가진 목표가 될 수 없다. 국어교육, 더 좁게는 문법 교육의 실제적 목표는 시간과 공간의 변화에 따라 상대적으로 바뀔 수 있다. 중요한 점은, 그러한 목표 설정이 특정 상황에서 가장 적절하고 타당했느냐는 것이다. 국어 표현·이해 능력의 신장이 절실하게 요구되는 시점에서는 실용적 목표가 더 부각되고, 나머지 목표는 이를 보조해 주는 위상을 갖게 되는 것이며, 사고력 신장을 강조하는 시기에는 고전적 목표를 중심으로 나머지 목표들이 추구되는 것이다.

또한 하나의 실제적 목표의 강조는 배타적 선택을 요구하는 것이 아니라는 점에도 주의해야 한다. 사고력 신장을 위한 국어 알기에서는 체계로서의 속성을 갖고 있는 국어를, 국어 표현·이해 능력의 신장을 위한 국어 알기에서는 사용으로서의 국어를, 언어적 자아정체성 형성을 위한 국어 알기에서는 언어적 자아 구성에 관여하는 국어를 집중적으로 조명하되, 전체적으로는 이러한 국어의 속성을 고루 접하여서 국어의 속살을 온전하게 경험할 수 있도록 해야 한다.

결국 문법 교육의 목표 설정에서 가장 중요한 점은, 실질적 목표의 추구가 종국에는 문법 교육의 본질적 목표로 귀결되어야 한다는 것이다. 실질적 목표가 문법 학습을 통하여 가시적으로 얻을 수 있는 성과를 효용의 측면에서 드러낸 것이라고 한다면, 본질적 목표는 이러한 효용성을 문법 교육의 본질 안에서 제어하고 조절하여 준다. 문법 교육의 목표는 문법 교육의 내재적 본질과 가치에 기초하여 설정되어야 하기 때문에, 이러한 관계 설정은 매우 중요하다.

(3) 교육과정에 반영된 문법 교육의 목표

이론적 차원의 문법 교육의 목표는, 국어과 교육과정이라는 실제적 차원의 관문을 통과하면서 교육과정의 논리에 따라 조정된다. 2011년 개정 국어과 교육과정을 중심으로 이 점을 간략하게 살펴보도록 하자.

〈표 1〉 2011 개정 국어과 교육과정의 '문법' 영역 목표

구분	과목	목표
공통 교육 과정	국어	국어 활동과 국어와 문학을 총체적으로 이해하고, 국어 활동의 맥락을 고려하여 국어를 정확하고 효과적으로 사용하며, 국어를 사랑하고 국어 문화를 누리면서 국어의 창의적 발전과 국어 문화 창조에 이바지할 수 있는 능력과 태도를 기른다. 가. 국어 활동과 국어와 문학에 대한 기본적인 지식을 익힌다. 나. 다양한 유형의 담화와 글을 비판적이고 창의적으로 수용하고 생산한다. 다. 국어의 가치와 중요성을 인식하고 국어 생활을 능동적으로 하는 태도를 기른다.
선택 중심 교육 과정	국어 I	국어 활동과 국어와 문학을 총체적으로 이해하고, 건전한 교양인으로서 갖추어야 할 일반적인 국어 능력을 신장시켜 국어의 발전과 국어 문화 창조에 이바지할 수 있는 능력과 태도를 기르는 것을 목표로 한다. 가. 국어 활동과 국어와 문학에 대한 일반적인 지식을 바탕으로 다양한 상황에서 국어를 창의적으로 사용한다. 나. 다양한 유형의 담화와 글을 능동적이고 적극적으로 수용·생산함으로써 교양인이 갖추어야 할 일반적인 국어 능력을 함양한다. 다. 국어 문화에 흥미를 가지고 국어 현상을 탐구하여 국어 생활과 국어의 발전에 이바지하는 태도를 기른다.
	국어 II	국어 활동과 국어와 문학을 심층적으로 이해하고, 성숙한 교양인으로서 갖추어야 할 전문적인 국어 능력을 신장시켜 국어의 발전과 국어 문화 창조에 이바지할 수 있는 능력과 태도를 기르는 것을 목표로 한다. 가. 국어 활동과 국어와 문학에 대한 전문적이고 심화된 지식을 익혀 다양한 상황에서 국어를 창의적으로 사용한다. 나. 다양한 유형의 담화와 글을 비판적이고 창의적으로 수용·생산함으로써 교양인이 갖추어야 할 심화된 국어 능력을 함양한다. 다. 국어 문화에 대한 폭넓은 이해를 바탕으로 미래 지향적인 국어 문화를 창조하는 태도를 기른다.

	독서와 문법	'독서와 문법'은 '국어'와 '국어Ⅰ', '국어Ⅱ'에서 학습한 지식, 기능, 태도를 바탕으로 다양한 학문과 직업에서 생산되는 담화와 글을 정확하고 효과적으로 독해하고 국어를 올바르게 사용하는 전문 능력을 기르는 데 중점을 둔다. 즉 다양한 전문 분야의 독서 활동과 국어에 대한 탐구 활동을 바탕으로 비판적이고 창의적으로 독해하며, 정확하고 효과적으로 국어를 사용하여, 문제를 해결하는 통합적이고 전문적인 국어 능력을 신장하고, 국어와 삶과 사회에 대한 성찰을 통해 독서 문화와 국어 문화를 발전시켜 나가는 태도를 기르는 것을 목표로 한다. 가. 독서와 언어의 본질을 사회 문화적 소통 차원에서 체계적이고 전문적으로 이해한다. 나. 국어 현상을 탐구하고 다양한 자료를 분석하며 비판적 · 창의적 문제 해결 능력을 기른다. 다. 다양한 관점의 글을 비판적으로 읽고 논리적으로 의미를 재구성하며 사회적 공동체의 독서 활동에 능동적으로 참여한다. 라. 독서와 문법을 통하여 개인의 삶과 사회 현상을 성찰하며 국어 문화를 창의적으로 발전시키는 태도를 기른다.

공통 교육과정과 선택 중심 교육과정의 각 과목에서 문법 영역 목표는 해당 과목의 성격에 따라 조금씩 변주되어 설정되었다. 전반적으로 검토하여 볼 때, 1학년부터 12학년에 이르기까지 문법 교육은 '총체적 이해→ 심층적 이해'를 도모하고, 이에 따라 학습자가 익혀야 할 지식은 '기본적인 지식→일반적 지식→전문적이고 심화된 지식'으로 위계화된다. 그리고 이러한 지식을 익힘으로써 문법 학습자는 '비판적이고 창의적인 국어 사용 능력과 문제해결 능력'을 갖추는 것으로 목표가 설정되어 있다.

이와 같은 목표 설정은 앞서 살펴본 세 가지의 문법 교육의 목표, 즉 고전적 목표, 실용적 목표, 발달적 목표가 고루 반영되어 있는 것으로 보인다. 2011 개정 교육과정에서는 문법 영역의 경우 세 가지 목표를 선택적으로 강조하여 제시하였다기보다는 조화롭게 고루 제시하되 교육과정의 종류에 따른 위계와 각 과목의 성격에 따라 그 수위를 적절히 조절하였다. 그럼에도 불구하고, 문법 교육의 최종 심화 단계인 〈독서와 문법〉에서 고전적 목표인 사고력 중심의 목표 설정이 명시되어 있는 점이 특기할 만하다. 적어도 심화 수준의 문법 교육에서는 과학적 탐구 대상으로서의 국어 현상을 전면에 부각시키고 이를 통해 비판적이고 창의적인 문제 해결 능력을 기르도록 함으로써, 문법 교육 자체의 본질에 직선으로 가닿는 중핵적 목표를 명시하고 있는 것이다.

Ⅲ 문법 교육의 내용 구성

문법 교육의 내용 구성은 그 접근법에 따라 크게 결과 중심 내용 구성과 과정 중심 내용 구성으로 나눌 수 있다. 결과 중심 접근법은 문법 교육으로 얻게 되는 최종 성과를 중심으로 내용을 구성하고자 하는 것이고, 과정 중심 접근법은 문법 교육에서 성과를 얻어내는 과정에 초점을 두어 내용을 구성하고자 하는 것이다.

(1) 결과 중심 문법 교육 내용 구성

(가) 내용 구성의 핵심 요소: 지식과 태도

문법 교육은 국어를 총체적으로 이해하는 것을 목적으로 한다. 국어에 대한 총체적 이해에 도달한 학습자가 최종적으로 얻을 성과를 고려할 때 교육 내용의 핵심 요소는 지식과 태도이다.

이해를 증명하는 가시적인 성과는 지식이다. 지식은 이해의 결과이다. 따라서 어떤 대상에 대한 이해를 위한 교육을 할 때 우리가 가시적인 교육 내용으로 잡을 수 있는 것은 이해의 결과인 지식이다. 그러한 지식을 매재(媒材)로 하여 대상에 대한 이해를 도모해야 한다.

그런데 지식의 양이 대상에 대한 이해를 보장하지는 않는다. 국어의 총체적 이해를 최대한 보장해 주는 것은 지식의 양보다는 지식의 질이다. 주어진 지식을 수동적으로 수용하지 않고, 직접 그 지식을 다루어 보거나 더 나아가 지식의 생성 과정을 체험해 본 학습자는 해당 지식을 내면화한다. 내면화된 지식은 그렇지 못한 지식과는 다르게 질적인 측면을 가질 수밖에 없는데, 그것은 바로 지식 대상이나 지식 자체에 대한 태도적 측면이다.

지식과 태도, 이러한 성과는 정확하게 말하면 문법 교육의 결과로서 얻은 것들이다. 지식과 태도의 결합이 곧 이해는 아니다. 그러나 이해를 한 학습자에게서 우리가 가시적으로 확인할 수 있는 성과는 지식과 태도이다. 문법 교육은 학습자에게 국어에 대한 총체적 이해에 도달할 수 있는 학습 활동을 하게끔 해야 하고, 이러한 문법 학습 활동은 종국에는 지식과 태도를 성과로 거둘 수 있게끔 설계되어야 한다.

① 일원적 내용 구성: 지식

전통적으로 문법 교육 내용은 지식 요소를 중심으로 구성되어 왔다. 문법 교육을 이론적으로 체계화하기 이전부터 지식은 내용 구성의 중핵 요소였고, 그 이후에도 이 사실은 크게 변함이 없다. 다만, 문법 교육관의 차이에 따라 지식의 종류가 조정되었을 뿐이다.

■ 권재일(1995)

ㄱ. 언어의 이해: 언어의 본질 / 언어와 인간 / 국어의 특질 / 국어 연구의 발자취

ㄴ. 국어의 역사와 문자: 국어의 계통 / 국어의 역사 / 국어의 문자

ㄷ. 현대 국어의 구조: 음운 / 단어 / 문장 / 의미

ㄹ. 국어의 올바른 사용: 국어의 규범 / 올바른 국어 사용 / 국어의 앞날

■ 최영환(1995)

ㄱ. 언어 구조에 대한 지식: 음운과 문자 / 단어 / 문장 / 담화

ㄴ. 언어 본질 및 사용에 대한 지식: 언어의 본질 / 언어와 인간 / 국어의 사용

권재일(1995)은 국어학적 관점에서 설계한 내용 체계이다. '언어의 이해', '국어의 역사와 문자', '현대 국어의 구조'는 국어학의 핵심 내용 요소를 축약한 것이다. 이 체계 설정의 기본 관점은, 국어에 대한 앎은 그 자체로 교육적 가치를 충분히 갖는다는 것이다. 문법 교육 이론에서는 이 내용 체계가 보이고 있는 관점을 독자적 관점이라고 부른다.[6]

최영환(1995)은 국어 표현 및 이해 능력의 신장의 관점에서 설계한 내용

6) 그러나 이른바 독자적 관점이 문법과 국어 표현 및 이해 능력의 신장의 상관성을 원천적으로 배제한 것은 아니라는 점을 기억해 둘 필요가 있다. 이 체계에서 '국어의 올바른 사용' 범주가 설정된 것에서 볼 수 있듯이, 여기서는 문법 영역의 이러한 도구적 기여성을 인정하되, 문법 영역의 교육적 가치를 '다른 영역에의 기여도'가 아닌, 문법 영역 그 자체에서 찾아야 한다는 점을 강조한 것이다. 이와 같은 내재적 정당화 과정을 거친 문법 교육의 관점은 꾸준히 발전되어 최근에 '신독자론'이라는 명명 아래 새롭게 정리된 바 있다. 이에 대해서는 신명선(2006)을 참고할 수 있다.

체계이다. 이 체계는 구성의 일차적 기준이 '국어 표현 및 이해 능력의 신장에 기여하는 문법'이다. 그러므로 이러한 기준에 적합한 문법 내용만으로 체계가 구성된다. 이 체계는 '언어 구조에 대한 지식'과 '언어 본질과 사용에 관한 지식'의 두 범주로만 이루어졌다. 문법 교육 이론에서는 이 내용 체계의 관점을 통합적 관점이라고 부른다. 다른 언어 기능 또는 영역과 문법과의 통합을 적극적으로 고려하기 때문이다.[7)]

이상의 내용 체계는 모두 지식 요소를 중심으로 한다. 그러나 다루어진 지식의 성격이 모두 동일한 것은 아니다. 우선 내용 체계의 근간이 되는 관점에 따라 다르다. 국어학적 이해에 초점을 두는 지식, 사용과 연관성을 강조하는 지식의 성격은 서로 다르다. 또한 같은 관점 안에서도 지식의 성격은 다르게 나타난다. 근본적으로 문법적 지식의 이해에 초점을 두더라도 올바른 사용에 관한 지식을 포함하기도 하고, 역으로 사용을 강조한 지식을 주로 하더라도 언어 본질에 대한 지식을 포함하기도 한다.

② 이원적 내용 구성: 지식과 태도

문법 교육에 대한 학문적 관심이 높아지면서 점차 문법 교육 내용을 교육과학적 시각으로 구성하고자 하는 변화가 생겨나기 시작했다. 무엇보다도 문법 교육의 내용을 지적 사고 능력과 관련된 인지적 영역(cognitive domain)과 심리적 태세와 관련된 정의적 영역(affective domain)으로 이원화하게 되었다. 지식과 태도의 두 요소로 문법 교육 내용을 구성하게 된 것이다.

■ 김광해(1997)

ㄱ. 지식: 우리말 알기

① 언어 규범: 맞춤법 / 표준어 / 표준 발음 / 한자

② 언어 일반: 언어의 본질 / 언어와 사고 / 언어 현상 / 언어와 국어

③ 국어 문화: 국어의 특질 / 우리말의 역사 / 한글의 역사 및 가치 / 우리말을 빛낸 인물

④ 국어 탐구: 말소리 / 형태소 / 단어 / 품사 / 어휘 / 문장(문법 요소) / 의미 / 이야기

ㄴ. 태도: 우리말 가꾸기

7) 그러나 비교해 보면, 이 체계가 앞의 권재일(1995)의 체계와 근본적으로 다른 점은 두드러져 보이지 않는다. 이것은 체계 설정의 관점이 실제 체계에 온전하게 반영되지 못했기 때문인 것으로 보인다.

① 바른 언어 생활: 정확한 단어 구사 / 정확한 문장 구사 / 논리적 텍스트 생산
② 풍부한 언어 생활, 국어 사랑의 태도: 풍부한 어휘 구사 / 어휘력 증진의 방법 / 국어 문제의 인식 / 국어 발전을 향한 정신

■ 이관규(1998)
ㄱ. 지식 영역: ① 언어 일반-언어의 본질/언어와 인간 ② 국어 특수-현대말(음운론, 형태론, 문장론, 의미론, 화용론) / 옛말(옛말의 문법, 국어사)
ㄴ. 사용 영역: ① 어문 규정-어문 규정/기본 어휘 ② 국어 생활-바른 국어 생활/풍부한 국어 생활
ㄷ. 태도 영역: ① 한글 가치-한글의 역사/한글의 가치 ② 국어 사랑-국어를 빛낸 인물, 국어의 발전 방향

김광해(1997)는 지식 요소로 '우리말 알기'를, 태도 요소로 '우리말 가꾸기'를 설정하였다. 이러한 구분은 문법 교육 내용을 인지적 영역과 정의적 영역으로 나누어 명시화한 최초의 시도이다. 이 체계의 바탕을 이루는 관점을 문법 교육 이론에서 '상호보완론적 관점'이라 한다. 국어 자체에 대한 이해와 국어 표현 · 이해 능력의 신장이라는 두 가지 목표를 폭넓게 싸안은 대안적 성격을 가지기 때문이다. 그런데 이와 같은 구분이 평면적인 것이 아니라는 점에 유의해야 한다. 이 이원화된 내용 체계를 가능하게 한 중핵적 요소는 '국어 탐구'라는 활동 과정과, '국어 문화'라는 맥락적 요소이다. 김광해(1997)는 문법 학습에서 얻어지는 지식과 태도는 학습자가 스스로 문법에 대한 앎을 구성하는 국어 탐구 활동을 과정적으로 경험하면서 '내면화된 지식', '실천을 지향하는 태도'로 의미화된다고 보았다. 또한 태도 요소를 국어 문화라는 큰 맥락 안에서 설정하여 문법 교육 내용의 입체화를 꾀하였다.

이관규(1998)는 근본적으로 김광해(1997)와 그 성격이 동일하나, 김광해(1997)의 체계에서 부조화스러운 부분들을 보정한 체계이다. 이것은 형식적으로는 '지식', '사용', '태도'의 3원 체계이나, 실질적으로는 '지식'과 '태도'의 2원 체계로 보아도 무방하다. 왜냐하면 '사용'은 내용 요소라기보다는 내용 요소의 목적이나 지향점을 분명히 드러내는 요소이기 때문이다.

'지식' 요소 중에서 순수하게 자율적 구조체로서의 국어를 이해하기 위한 것과 사용과 연관 지어 익힐 수 있는 것을 구분해 낼 수 있다는 점을 볼 때, 이와 같은 세부적인 분류는 지식 요소의 성격이 다르다는 점을 드러내기 위한 장치로서 해석될 수 있다.

문법 교육의 내용은 최근 들어 더욱 더 정교하게 다듬어지고 있다. 이를 두고 문법 교육 내용의 정련화라고 할 수 있을 터인데, 그 구체적인 방향은 다음과 같다.

첫째, '국어를 앎'을 강조한다.

문법 교육에서는 주로 국어학의 연구 성과를 압축적으로 정리한 지식 체계를 학교 문법이라는 이름으로 교육 내용으로 구성해 왔다. 이것은 대체로 언어단위별로 구성되는데, 음운/단어/문장/이야기 등의 내용 요소를 중심으로 하고 언어 일반론/국어사/규범론 등의 내용 요소가 부차적으로 결합된다. 이 내용 요소들은 언어학적 방식으로 밝혀진 국어에 대한 지식을 확충하고 심화하는 데 기여할 수 있다.

그런데 이와는 달리 국어 그 자체에 대한 앎, 즉 국어를 알게 하는 교육에 초점을 두어 문법 교육 내용을 구성하기도 한다. 김수업(2000: 187)은 "국어의 온갖 요소와 거기서 솟아날 수 있는 힘의 본질을 제대로 알" 필요가 있다고 보고, 다음과 같은 내용 체계를 제시하였다.

일상 국어의 앎	공시적 앎	추상 존재	철학 (국어 철학)
		현상 존재	문법 (국어 문법)
	통시적 앎	변화 존재	역사 (국어 역사)

이 체계의 독특한 점은, 한국어가 추상 존재로서 이념적인 것이고, 현상 존재로서 구조를 가진 것이며, 변화 존재로서 역사적인 것이라는 사실이, 이러한 사실을 기술한 결과물인 '국어 철학', '국어 문법', '국어 역사'보다 앞선다는 것이다. 전자를 '국어를 앎'이라고 한다면, 후자를 '국어에 대한 지식의 앎'이라 할 수 있다. 이 두 가지 앎은 모두 중요하지만, 선후(先後)와 본말(本末)을 따진다면 전자가 앞선 것이고 본을 이루는 것이다. 한국어 조사와 어미의 체계를 아는 것이 궁극적으로 '구조적 체계로서 존

재하는 한국어를 앎'으로 귀결되지 않는다면, 조사와 어미 체계에 대한 앎은 의미 없는 파편에 지나지 않게 된다. 국어에 대한 총체적 이해를 도모할 때 적어도 다음과 같은 국어의 속성은 문법 교육의 내용으로 제시되어야 한다.8)

- 국어는 기호이다.
- 국어는 체계이다.
- 국어는 의사소통의 수단이다.
- 국어는 힘 그 자체로서, 세계를 구성하고 만들어 낸다.
- 국어는 한국 언어공동체의 정신이다.

둘째, 통합론적 내용을 좀 더 충실하게 보완하고 확충하고 있다.

통합론, 즉 국어 표현·이해 능력의 신장에 기여하는 문법 교육을 실현하기 위한 관점은, 실용성의 측면에서 가장 강력한 국어교육의 패러다임과 함께 맞물리면서 문법 교육의 기획과 실행에 많은 영향을 끼쳐 왔다. 그런데 엄밀하게 따져 볼 때 실행 측면에서는 뚜렷한 성과를 거두지는 못했다. 무엇보다도 표현·이해 능력과 관련되는 새로운 문법의 구성과 기술이 용이치 않기 때문이었다. 그런데 장르 기반 문법이나 수사적 문법의 등장과 함께, 이런 난점이 점차 해결될 실마리가 제시되기 시작했다. 특히 문법을 의미 구성의 핵으로 보는 적극적인 관점에서는 기존 학교 문법과는 다른 논리로 국어 표현 및 이해 과정에서 작용하는 문법을 새로이 구성하는 작업을 진행하고 있다. 아직 내용이 완전하지 않지만, 이러한 작업이 진행됨에 따라 의사소통의 중핵적 도구로서 문법 지식을 활용하고, 더 나아가 의사소통 수단으로서 적극적으로 작용하는 국어의 양상을 정밀하게 아는 데 필요한 교육 내용의 정련화가 가능해질 것으로 보인다.9)

이상에서 검토한 결과 중심 접근법은 문법 교육 내용론에서 가장 전통

8) 근래 문법 교과에서 일차적이고 본질적인 앎의 대상은 국어 그 자체에 대한 것이라는 주장이 다시금 새롭게 제기되고 있다. 체계로서의 국어, 규범으로 통어되는 국어, 가치와 이데올로기의 반영체이자 실현체인 국어, 창의적 산물이자 과정으로서의 국어 등의 4가지 부문의 앎을 제시한 김은성(2006)이나, 자율적 구조체로서의 국어, 실천적 작용소로서의 국어, 관념적 반영체로서의 국어 등의 3가지 부분의 앎을 제시한 남가영(2008)의 제안이 이에 해당한다.

9) 통합론적 문법 교육의 모색의 실상을 확인하기 위해서는 주세형(2006)을 참고할 수 있다.

적인 접근법에 해당한다. 도달점을 명시적으로 제시하는 교육 내용은, 가르칠 거리의 가시화를 손쉽게 한다는 점에서 극대화된 효용성을 가진다. 그럼에도 불구하고 실질적으로 내용이라기보다는 목표에 더 가깝기 때문에, 도달점만 명료하게 보여줄 뿐 그 도달점에 이르기 위해 준비하고 실행해야 할 구체적 내용에 대해 충분히 안내해 주지 못한다는 점에서 한계점을 가진다. 무엇보다도 특정 지식과 태도를 가지게 되는 언어 주체인 학습자의 능동성을 적극적으로 고려하지 못한다는 점은 근본적인 한계이다.

(2) 과정 중심 문법 교육 내용 구성

문법 교육의 이론적 발전에 따라 문법 교육 내용 구성에도 이전과는 다른 새로운 변화의 흐름이 생기기 시작했다. 언어 주체로서 문법 학습자가 행하는 문법 학습 활동은 무엇인가, 그리고 이러한 것이 궁극적으로 어떤 언어적 경험을 이루는가, 이로 인해 학습자들이 어떻게 바람직하게 성장하는가 등의 주제를 중심으로 이와 같은 변화의 기류가 형성되었다.

(가) 내용 구성의 핵심 요소 : 활동과 경험

과정 중심 접근법에서는 문법 교육 내용 구성에서 문법 학습의 결과를 이끌어 내는 과정에 초점을 둔다. 특히 지식의 내면화, 실천 의지가 수반된 태도 형성을 위해서라면, 내면화 및 형성의 과정이 완전하게 경험될 수 있는 '과정의 섬세한 설계'가 내용 구성에서 매우 중요하게 다루어져야 한다고 본다.[10] 이런 시각에서 새롭게 떠오른 핵심어는 '활동'과 '경험'이다. 결과인 지식과 태도만 보지 않고, 이러한 지식과 태도가 습득되고 형성되는 과정을 포함하여 봄으로써, 지식과 태도의 소유자인 학습자가 실제로 하게 되는 활동과 경험까지 고려하게 된 것이다.[11]

① 활동 중심 문법 교육 내용 구성

문법 교실에서 학생들은 국어 탐구 활동 또는 국어 인식 활동을 통해

10) 이러한 변화의 씨앗은 김광해(1992)의 탐구학습 논의에서 발견할 수 있다. 교수 · 학습 방법 차원에서 제시된 탐구학습은 근본적으로 학습자 주도의 지식의 구성을 강조한 것이었기 때문이다. 김광해(1997)에서는 지식과 태도를 중심으로 교육 내용을 체계화하였지만, 이때의 지식과 태도는 탐구라는 구체적인 활동을 전제한 것이었다.

11) 이상과 같은 변화의 흐름은 2007년 개정 국어과 교육과정에서 확연하게 드러난다.

특정한 지식과 태도를 갖추게 된다. 그러므로 문법 교육 내용 설계의 근본은 국어 탐구 활동 또는 국어 인식 활동의 설계이다. 이러한 큰 틀 아래 다루어야 할 지식과 태도 요소를 소화할 수 있어야 한다. 그러므로 평면적 차원에서의 지식과 태도 요소의 목록화에 머무르면 안 된다. 입체적 차원에서 지식과 태도 요소를 다룰 수 있도록 문법 학습자의 국어 탐구 또는 인식 활동을 문법 교육 내용의 요소로 삼아야 한다.

지식과 태도를 포함하는 국어에 대한 총체적 이해에 도달하기 위하여, 국어 인식 활동은 다음과 같은 요건을 갖추어서 설계해야 한다.

- 국어 인식 활동의 대상 : 다양한 변이형으로 실현되는 살아 있는 실제 국어의 양상 인식하기
- 국어 인식 활동의 초점 : 체계, 정체성의 표지, 가치의 매개체, 문화(요소) 등으로 존재하는 국어의 속성 인식하기
- 국어 인식 활동의 성격 : 분석적, 규범적, 비판적, 창의적으로 국어를 인식하기

첫째, 국어 인식 활동의 대상인 국어를 생생한 실현체로서, 다양한 변이형들의 복합체로서 보아야 한다. 국어는 머릿속에 있는 추상적이고 단일한 언어가 아니다. 학습자가 접하는 국어는 자신의 말로, 교사의 강의로, 작가의 글로, 텔레비전 드라마의 대사로 실현된다. 전라도 방언 화자의 말과, 막 말을 배우기 시작하는 아이의 말도 국어의 일종이다. 이와 같이 국어는 단일한 하나의 언어가 아니라 수많은 변이형의 집합으로서 존재하는 언어이다.

문법 교육에서는 어떻게 실현된 국어를 인식 활동의 대상으로 하는 것이 가장 적절하고 타당한 선택인지 결정해야 한다. 이 결정은 교수-학습의 상황적 배경에 따라, 그 시대 학습자의 요구에 따라 달라질 것이다. 그러나 어떤 국어 실현체를 인식 대상으로 결정할 것인가보다 더 중요한 것은, 국어 실현체를 다양하게, 특히 국어의 생생한 실체성과 다양한 변이성을 체험할 수 있도록 결정하는 것이다. 학습자들은 이러한 특정한 국어의 변이형들을 접함으로써, 국어의 특수성과 개별성을 깨달을 수 있을 것이다. 또한 이러한 특수성과 개별성의 집합이자 복합체로서 하나의 언어

를 이루는 국어의 보편성과 일반성을 깨달을 수 있을 것이다.

둘째, 국어의 다양한 속성을 알 수 있도록 국어 인식 활동의 초점을 다양화해야 한다. 국어는 하나의 언어로서 체계를 이루며, 한편으로는 화자의 사회적 정체성의 표지이면서 정체성을 구성하는 핵심 요소이기도 하다. 또한, 가치와 이데올로기를 표현하고, 실현하는 매체이기도 하며, 더 나아가 문화 그 자체이자 문화의 핵심 구성 요소이기도 하다.

셋째, 국어를 다양한 각도에서 인식할 수 있도록 인식 활동의 성격 또한 다원화할 필요가 있다. 그간 문법 교육에서 주로 한 국어 인식 활동은 대부분 분석적인 것이었다. 보통 현상의 구조를 파악하는 작업을 일러 분석이라고 한다. 언어는 구조를 이룬 하나의 체계이기 때문에 언어로서의 국어를 알기 위해서 국어의 구조를 파악하는 작업이 이루어져야 함은 당연하다. 그러나 실제 생활 속에서 국어 화자가 행하는 국어 인식 활동 역시 오직 분석적인 것만은 아니다. 국어 화자들은 국어를 구조적으로 분석하면서, 동시에 규범적 눈으로 바라보기도 하고, 국어가 실현하는 가치를 비판적으로 읽어내기도 하며, 국어 자체를 유희의 대상으로 즐기기도 한다. 이런 점을 문법 교실에서 더욱 더 정교한 교육 활동으로 수행할 수 있어야 한다.

이제까지 살펴본 바와 같이 장기적으로는 국어의 총체적 이해에 도달하기 위하여, 단기적으로 국어 인식 능력을 기르기 위하여 국어 인식 활동은 대상, 초점, 성격의 면에서 다양하게 다층적으로 설계되어야 할 것이다.

② 경험 중심 문법 교육 내용 구성

문법 교육 내용을 새롭게 구성하고자 경험 요소를 내용화하기도 한다. 문법 교실에서 학생들이 구체적으로 겪는 언어적 경험까지 문법 교육 내용으로 보는 것이다. 이것은 문법 교실에서의 앎을 진공 속에서의 앎이 아닌, 특정한 경험 속에서의 앎으로 맥락화함을 의미한다. 남가영(2008)에서는 특히 '문법 탐구 경험'을 중심으로 경험 중심 문법 교육 내용 구성의 방안을 제안하였다. 이 연구에 따르면, '문법 탐구 경험'은 문법을 문법답게 다루는 경험인 동시에 문법적으로 사고하는 경험, 즉 문법적 사고를 동반한 수행의 경험으로서, 결과적으로는 문법 지식의 체득을 이끌고 국어에 대한 태도를 신장시키며, 외적으로는 실제 언어 사용의 국면과도 계기적으로 연계되어 긍정적인 영향을 미칠 수 있다. 그 구체적인 내용 체계는 다음과 같다(남가영, 2008: 193).

- 언어를 자율적 구조체로 다루어 보는 경험
  - 계열 관계 따지기
  - 통합 관계 따지기
- 언어를 실천적 작용소로 다루어 보는 경험
  - 의미-형태의 선택 관계 따지기
  - 주어진 제약과 약속 따지기
  - 암묵적 전제와 가정 따지기
- 언어를 관념적 반영체로 다루어 보는 경험
  - 국어에 담긴 사고 따지기
  - 국어의 실천 양상 살피기

이 체계에서 목록화된 경험의 종류는 앞의 활동 중심 내용 체계의 국어 인식 활동의 속성과 일맥상통한다. 이 사실은 이 체계에서 교육 내용으로 경험을 설계할 때, 국어의 속성을 일차적 요소로 하였음을 보여준다. 그렇지만 이것은 하나의 안일 뿐이다. 경험의 성격이나 복잡성의 정도 등의 기준으로도 또 다른 내용 체계를 만들 수 있을 것이다. 한편 이 체계의 내용 요소가 '계열 관계 따지기', '주어진 제약과 약속 따지기' 등으로 구체화된 것은 특별히 주의 깊게 살펴볼 필요가 있다. 이 내용 요소들은, 전통적인 '형태소의 종류', '문장의 짜임', '높임법' 등의 내용 요소와는 성격이 다르다. 이것들은 문법을 배우는 학생들이 교실에서 꼭 해보아야 하는 문법 교과 특유의 활동을 명세화한 것으로서, 과정 중심의 접근법 아래서 도출 가능한 목록이다. 지식 중심 목록과 비교할 때, 실제 문법을 배우는 학생들의 수행과 실제로 해야 하는 활동의 주제가 내용 요소로 자리잡게 되었음을 알 수 있다.

지금까지 검토한 과정 중심 문법 교육 내용은 문법 교육 내용을 입체화하고 맥락화한 시도의 결과이다. 문법 교육의 내용을, 첫째, 가르쳐야 할 지식과 태도 요소에서 문법 교실에서 학생들이 실제로 수행하는 언어 활동으로 입체화하고, 둘째, 궁극적으로 갖게 될 지식과 태도 요소를 위해 특정한 활동을 어떤 경험으로 설계할 것인지를 맥락화한 것이다. 이와 같은 시도는 아직까지 시작의 단계에 불과하지만 문법 교육 내용을 충실하게 다듬고 확장하여 나가는 데 의미 있는 결과를 가져올 것으로 보인다.

문법 교육 내용은 처음부터 정해져 있는 것도 아니고, 마지막까지 한 가지로만 확정되는 것도 아니다. 이것은 교육적 관점과 상황적 조건에 따라 타당한 논리 아래 조정되고 변화될 수 있는 것이다. 상기(上記)한 결과 중심 접근법과 과정 중심 접근법 역시 이러한 시각에서 이해되어야 한다. 결과 없는 과정은 없고, 과정 없는 결과 역시 없다. 과정과 결과를 고르게 고려하면서 상황에 맞게 강약을 조정하는 내용 체계화의 전략이 특별히 요구된다.

(3) 교육과정에 반영된 문법 교육 내용

문법 교육 내용은 2011 개정 국어과 교육과정에서 공통 교육과정 〈국어〉와 선택 중심 교육과정 〈국어 Ⅰ〉, 〈국어 Ⅱ〉, 〈문법〉에 '내용 체계'와 '학년군별 교육 내용(〈국어〉의 경우)/세부 내용(〈문법〉의 경우)'으로 구현되었다. 교육과정에서 문법 교육 내용이 제시된 형식과 논리를 파악하는 지름길은 내용 체계의 구성 원리를 보는 것이다. 내용 체계는 각 교육과정의 속성에 맞게 문법 영역의 내용이 구성된 논리를 보여주는 핵심 지도이다. 학년군별 교육 내용 및 세부 내용은 내용 체계의 구성 원리에 따라 학년군별로 위계화한 내용을 상세하게 제시한 것이다.

(가) 공통 교육과정 〈국어〉: 초등학교와 중학교의 문법

〈국어〉의 문법 영역 내용 체계는, 국어과 전체 5개 영역('듣기 · 말하기', '읽기', '쓰기', '문법', '문학')에 공통적으로 적용된 틀 아래 총 4개의 범주로 구성되었다. 공통의 틀은, 구체적인 담화와 글의 수용과 생산이라는 국어 활동을 중심으로 한 '실제' 범주를 상위 범주로, 이를 위해 필요한 지식, 기능, 맥락을 하위 범주로 설정한 것이다. 따라서 〈국어〉의 문법 영역 내용 체계에 반영된 내용들은 근본적으로 단일 영역 과목 〈문법〉을 위한 내용이 아니라 국어과 5개 영역을 종합한 과목 〈국어〉를 위한 내용

〈표 2〉 **공통 교육과정 〈국어〉 중 문법 영역의 내용 체계**

<table>
<tr><th colspan="3">실제</th></tr>
<tr><td colspan="3">• 국어 문화와 자료
– 구어 자료, 문어 자료
• 다양한 매체와 국어 자료</td></tr>
<tr><th>지식</th><th>탐구와 적용</th><th>태도</th></tr>
<tr><td>• 언어의 특성
• 국어의 구조
• 국어의 규범</td><td>• 국어의 분석과 탐구
• 국어 지식의 적용
• 국어 생활의 점검과 문제 해결</td><td>• 국어의 가치와 중요성
• 국어 탐구에 대한 흥미
• 국어 의식과 국어 사랑</td></tr>
</table>

임에 주의해야 한다.

[실제]는 담화와 글의 수용·생산이라는 국어 이해 및 표현 활동을 위해 집중적으로 다루어야 할 국어 자료들을 제시한 것이다. 이 범주는 내용 체계의 상위 범주로서, 하위 범주인 [지식], [탐구와 적용], [태도] 범주의 성격과 범위를 한정해 준다.

[지식]은 [실제]에 소용되는 형식적, 본질적, 명제적 지식이다. 이 범주는 문법 영역의 내용 요소의 한 축이 '지식'임을 알려주기도 한다.

[탐구와 적용]은 2007 개정 교육과정에서 [탐구]라는 이름으로 처음으로 독립 범주로 제시된 것이 변화된 것으로서, 문법 영역에서 지식을 학습하는 과정과 방향을 교육 내용으로 구체화한 것이다. 쉽게 말하면 이 범주는 문법 영역에서 학습자가 수행해야 하는 기능을 좀 더 명시적으로 명명한 것이다. [탐구와 적용] 범주는 2007 개정 교육과정에서 '탐구'라는 사고 활동이 문법의 대표적 지도법인 탐구학습법의 하위 단계와 상응하게 단계화되어 제시되었던 것과는 달리, 좀 더 포괄적이고 일반적인 차원에서 제시되고 대신에 '적용'이라는 활동이 '탐구'와 병행되어야 하는 내용 요소로 설정되었다.

[태도]는 7차 교육과정까지 주요 범주였으나, 이후 교육과정 개정에서 삭제되었던 범주이다. 그러나 정의적 측면의 교육 내용 요소가 명시적으로 반영되어야 한다는 그간의 중론을 반영하여, 2011 개정 교육과정에서는 다시 새롭게 하위 범주로 등장하였다. 내용 체계의 논리에 따르면 특정한 국어 자료를 가지고 '실제' 범주에 속하는 활동을 할 때 인지적 요소

인 '지식'과 '탐구와 적용'의 부분은 반드시 '태도'와 어우러져 실행되어야 한다[12].

한편, 2011 개정 교육과정에 따른 공통 교육과정 〈국어〉의 문법 영역의 세부 내용은 이전 교육과정과는 달리 학년군별로 그 내용을 제시해 놓은 점이 특징적이다. 학년군별로 내용을 제시함으로써 기존 교육과정의 학년별 내용 제시에 비하여 학습자의 발달 및 학습 위계에 따라 교육 내용을 좀 더 유연하게 조정할 수 있게 되었다.

다음은 공통 교육과정 〈국어〉의 학년군별 영역 성취 기준과 내용 성취 기준을 하나의 표로 정리한 것이다. 영역 성취 기준은 해당 학년군에서 성취해야 하는 내용을 개괄한 것이고, 내용 성취 기준은 영역 성취 기준을 달성하기 위해서 세부적으로 다루어야 하는 내용 요소들이다.

〈표 3〉 **공통 교육과정 〈국어〉의 문법 영역 성취 기준**

1-2 학년군	영역	우리 말글의 소중함을 알고 낱말과 문장을 올바르게 이해·표현하는 초보적 지식을 익히며 국어에 대한 관심과 호기심을 갖는다.
	내용	(1) 한글 자모의 이름과 소릿값을 알고 정확하게 발음하고 쓴다. (2) 다양한 고유어를 익히고 소중히 여기는 태도를 기른다. (3) 낱말과 낱말의 의미 관계를 알고 활용한다. (4) 문장의 개념을 이해하고 문장 부호를 바르게 쓴다.
3-4 학년군	영역	국어의 구조에 대한 기초적 이해를 바탕으로 어휘를 넓혀 나가며, 자연스러운 문장을 생산하고, 국어 현상을 즐겨 관찰하는 태도를 지닌다.
	내용	(1) 소리와 표기가 다를 수 있음을 알고 낱말을 바르게 발음하고 쓴다. (2) 표준어와 방언의 가치를 알고 상황에 따라 효과적으로 사용한다. (3) 국어의 낱말 확장 방법을 알고 다양한 어휘를 익힌다. (4) 낱말들을 분류해 보고 국어사전에서 낱말을 찾아본다. (5) 문장을 끝내는 다양한 방식을 알고 자신의 의도에 맞게 문장을 사용할 수 있다. (6) 높임법을 알고 언어 예절에 맞게 사용한다.

12) 2007 개정 교육과정의 '맥락' 범주가 '태도' 범주로 대치된 것이 아님에 유의해야 한다. '맥락' 범주는 그 개념이 이론적으로 명료하게 공준되지 못했다는 문제, 현실 적용이 어렵다는 문제, 실행 양상을 따져볼 때 '맥락'은 '지식'의 모습으로 드러나기 쉽다는 문제 등을 고려하여 2011 개정 교육과정에서는 '지식' 범주의 하위 내용 요소로 흡수되었다.

5-6 학년군	영역	국어의 구조에 대한 핵심적 원리를 이해하고 자연스러운 낱말 · 문장 · 담화를 생산하며 국어 사랑의 태도를 지닌다.
	내용	(1) 발음과 표기가 혼동되는 낱말을 찾아 익힌다. (2) 낱말이 상황에 따라 다양하게 해석됨을 이해하고, 효과적으로 표현할 수 있다. (3) 고유어, 한자어, 외래어의 개념과 특성을 알고 국어 어휘의 특징을 이해한다. (4) 절을 연결하는 다양한 방식을 알고 표현 의도에 맞게 문장을 구성한다. (5) 국어의 기본적인 문장성분을 이해하고 성분 사이의 호응 관계가 올바른 문장을 구성한다. (6) 관용 표현의 특징을 알고 담화 상황에 맞게 사용한다.
7-9 학년군	영역	국어 운용의 원리에 대한 이해와 탐구를 통해 문법을 체계적으로 이해하고, 국어에 대한 사랑을 바탕으로 국어 발전에 대한 능동적인 태도를 기른다.
	내용	(1) 언어의 본질과 기능을 이해한다. (2) 음운체계를 탐구하고 그 특징을 이해한다. (3) 음운변동의 규칙성을 탐구하고 자연스러운 발음의 원리를 이해한다. (4) 어문 규범의 기본 원리와 내용을 이해한다. (5) 어휘의 유형과 의미 관계를 이해하고 활용한다. (6) 단어의 짜임을 분석하고 새말이 만들어지는 원리를 이해한다. (7) 품사의 개념과 특성을 이해하고 단어를 적절하게 사용한다. (8) 문장의 구조를 탐구하고 자신의 생각을 다양한 구조의 문장으로 표현할 수 있다. (9) 문법적 기능을 담당하는 요소들의 특징을 이해하고 담화 상황에 맞게 사용할 수 있다. (10) 담화의 개념과 특성을 이해하고 담화 상황에 적합한 국어 생활을 한다. (11) 한글의 창제 원리와 가치를 이해한다.

이상에서 제시한 공통 교육과정 〈국어〉에 반영된 문법 교육 내용은, 문법 영역의 주요 내용 주제에 따라 학년군별로 위계화할 수 있다. 이 결과를 통하여 문법 영역에서 특정 내용 주제가 학년군의 변화에 따라 그 선정과 배열이 달라짐을 확인할 수 있다.

〈표 4〉 **공통 교육과정 〈문법〉 교육 내용의 위계화(민현식 외, 2011: 135)**

	1-2학년군	3-4학년군	5-6학년군	7-9학년군
언어의 본질				언어의 본질과 기능
어문규범	한글 자모의 이름과 소릿값	발음과 표기 (한글맞춤법)	발음과 표기 (한글맞춤법)	어문규범

음운				• 음운체계 • 음운변동
낱말 (단어) · 어휘	• 고유어 익히기 • 낱말의 의미 관계	• 표준어와 방언 • 국어의 낱말 확장 방법 • 국어사전(품사 분류, 동음이의어와 다의어)	• 고유어, 한자어, 외래어 • 낱말의 의미(다의어, 동음이의어) • 관용 표현	• 어휘의 유형과 의미 관계 • 단어의 짜임 • 품사의 개념과 특성
문장	문장의 개념	• 문장 종결 • 높임법	• 문장 접속 • 문장성분과 호응	• 문장성분과 문장구조 • 문법적 기능(높임 표현, 시간 표현, 피 · 사동 표현, 부정 표현)
담화				담화의 개념과 특성
국어의 역사				한글 창제 원리와 가치

위계화 결과에 따르면, 초등학교 수준에서는 '어문규범', '낱말과 어휘', '문장'을 다루고, 중학교 수준에서야 비로소 문법 영역의 주요 주제들을 온전히 다루게 된다.

(나) 선택 중심 교육과정 〈국어Ⅰ〉, 〈국어Ⅱ〉: 고등학교의 문법

선택 중심 교육과정에서의 문법 교육 내용은 고등학교 수준에서 설계된 것으로서, 〈국어Ⅰ〉, 〈국어Ⅱ〉, 〈독서와 문법〉으로 나뉘어서 제시된다.

먼저 〈국어Ⅰ〉과 〈국어Ⅱ〉[13]에서 다루는 문법 교육 내용 역시 '내용 체계'와 '세부 내용'에서 확인할 수 있다.

내용 체계는 문법 영역에서 "교양인으로서 갖추어야 할 반드시 필요한 성취 기준을 '지식, 기능, 태도' 등과 관련된 내용 요소의 측면에서 각각 2개씩 선정하되, 서로 위계화가 되도록 구성(민현식 외, 2011: 157~158)"한 것이다[14].

13) 〈국어Ⅰ〉과 〈국어Ⅱ〉는 이전 국민 공통 교육과정의 10학년 〈국어〉가 선택 중심 교육과정으로 소속이 바뀌면서 분할된 과목이다. 그러나 초등학교와 중학교급에서 다룬 내용을 아울러서 종합적으로 다룬다는 점에서 크게 차이는 없다.

14) 여기에서 내용 체계에 '지식', '기능', '태도'라는 범주명을 명시적으로 지정하지 않은 데 주목할 필요가 있다. 개발진은 공통 교육과정 내용 체계의 틀을 내용 요소 선정의 기본적인 틀로 준용하되, 그것을 범주명으로 확정하여 제시하지는 않았다. 이는 그 선정과 위계화의 결과가 반드시 '지식', '기능', '태도' 범주로 일대일 대응되지 않는 부분이 있기 때문이다. 문법 영역의 경우 〈국어Ⅱ〉는 세 개의 범주가 '지

〈표 5〉 **선택 중심 교육과정 〈국어Ⅰ〉, 〈국어Ⅱ〉의 문법 영역 내용 체계와 세부 내용**

	내용 체계	세부 내용
국어Ⅰ | 교양 (일반)	• 음운과 어휘의 이해	• 국어Ⅰ-(10) 음운과 음운체계를 이해하고 교양 있는 발음 생활에 대해 알아본다.
	• 음운과 어휘 지식의 활용	• 국어Ⅰ-(11) 어휘의 체계와 양상을 이해하고 그것을 상황에 맞게 활용한다.
	• 올바른 국어 사용의 생활화	• 국어Ⅰ-(12) 한글맞춤법의 원리와 내용을 알고 교양 있는 표기 생활에 대해 알아본다.
국어Ⅱ | 교양 (심화)	• 문장과 담화의 이해	• 국어Ⅱ-(10) 올바른 문장 표현과 효과적인 담화 표현의 양상을 탐구한다.
	• 국어의 변천과 발전 방향	• 국어Ⅱ-(11) 국어의 변천을 이해하고 국어의 발전 방향을 탐구한다.
	• 한글의 가치와 국어 사랑	• 국어Ⅱ-(12) 한글의 제자 원리와 가치를 이해하고 우리 말글을 사랑하는 태도를 기른다.

그리하여 선택 교육과정 〈국어Ⅰ〉, 〈국어Ⅱ〉는 총 6개의 내용 요소에 대응하는 총 6개의 세부 성취 기준으로 틀이 짜였다.

세부 내용은, 〈국어Ⅰ〉은 '음운와 어휘의 이해와 적용', '한글맞춤법을 중심으로 한 올바른 국어 생활'을 주요 내용으로 제시하였고, 〈국어Ⅱ〉는 '문장과 담화의 이해', '국어사와 국어 발전', '한글과 국어 사랑'을 주요 내용으로 제시하여, 교양 일반과 교양 심화의 차이를 드러내었다.

식', '기능', '태도'로 일대일 대응한다고 볼 수 없다. 엄밀하게 따지면, 앞의 두 개는 탐구와 적용에 관한 '기능' 범주에 속한다고 보는 것이 타당할 것이다. 그러므로 적어도 〈국어Ⅰ〉, 〈국어Ⅱ〉의 문법 영역 내용 체계의 범주들을 기계적으로 '지식', '기능', '태도'에 대응시키기보다는, 해당 내용 체계를 구성할 때 기준이 '지식', '기능', '태도'이고, 그러한 기준에 따라 세 가지를 두루 아우르는 세부 내용들이 선정되었다고 해석하는 것이 설명적 타당성을 높일 수 있는 방향이다.

(다) 선택 중심 교육과정 〈독서와 문법〉: 고등학교의 문법

〈독서와 문법〉은 중등 교육에서 가장 마지막 단계의 심화된 문법 교육 내용을 다루는 과목이다. 2009 개정 교육과정 전까지 독립된 심화 과목으로 그 위상을 갖추었으나 과목 통합 방침에 따라 독서와 결합하게 되었다. 물론 문법의 교과로서의 독자적 특수성 때문에 그 통합이 상당히 어려우나, 독서 과목이 언어학에 속하는 텍스트언어학의 연구 성과를 상당 부분 반영한 것이며, 독서의 읽기 제재로 문법 내용에 제시될 수 있다는 점에 근거하여 두 과목 간의 통합이 이루어졌다(민현식 외, 2011: 185~186 참고).

이상의 〈독서와 문법〉 과목의 태생적 배경을 전제로 하여 문법 영역에 집중하여 '내용 체계'와 '세부 내용'을 중심으로 살펴보도록 하자. 내용 체계는 독서와 문법이 계기적으로 통합된 부분과 문법만 독자적으로 제시된 부분으로 이루어져 있다. 〈표 6〉의 음영 부분이 문법 영역과 관련된 내용으로, 문법만 독자적으로 제시한 부분인 '국어 구조의 이해'를 제외한 음영 처리된 나머지 부분은 독서 영역과 관련된 내용과 함께 제시되어 있는 부분이다.

〈표 6〉 **선택 중심 교육과정 〈독서와 문법〉의 내용 체계**

영역	내용
독서와 언어의 본질	• 독서의 본질 • 언어의 본질
국어 구조의 이해	• 음운 • 단어 • 문장 • 담화
글의 구조와 독서의 방법	• 글의 구성 원리 • 독서의 방법
독서의 실제와 국어 자료의 탐구	• 독서와 국어 생활 • 국어 자료의 탐구 • 독서의 가치와 성찰

문법과 관련된 내용들만 집중하여 볼 때 '언어의 본질', '국어의 구조(음운/단어/문장/담화)'는 기존의 심화 선택 과목인 〈문법〉의 내용 체계와 크게 다르지 않다. 관건은, '국어 자료의 탐구'의 성격이다. 어떤 종류의 국어 자료를 다루느냐에 따라 그 내용 주제가 달라지는데, 아래의 세부 내용을 보면 그 구성이 '국어사', '국어에 대한 태도'와 관련된 내용이 제시되어 있어 현재의 〈독서와 문법〉의 내용 체계에 반영된 문법 관련 내용은 근본적으로 그 틀이 예전의 심화 선택 과목 〈문법〉의 것과 거의 동일한 것으로 보인다.

다만, 세부 내용에서 특기할 만한 부분으로 〈독서와 문법〉에 태도 관련 내용 요소가 범주명에서는 드러나지 않지만, 대체로 '국어 자료의 탐구'의 구체적인 내용 요소에 매우 적극적으로 반영되어 있다는 점을 들 수 있다.

〈표 7〉 **선택 중심 교육과정 〈독서와 문법〉의 세부 내용**

대범주	중범주	세부 내용
[1] 독서와 언어의 본질	나. 언어의 본질	(3) 언어와 사고, 언어와 사회, 언어와 문화의 관계를 탐구하고 이해한다. (4) 언어가 갖는 특성인 기호성, 규칙성, 창조성, 사회성, 역사성을 탐구하고 이해한다.
[2] 국어 구조의 이해	가. 음운	(5) 음성, 음운의 세계를 탐구하고 올바르게 발음 생활을 한다. (6) 음운의 변동을 탐구하고 올바르게 발음하며 표기하는 생활을 한다.
	나. 단어	(7) 품사 분류를 통해서 개별 단어의 특성을 이해한다. (8) 단어의 형성 과정을 이해하고 새말이 만들어지는 원리를 탐구한다. (9) 외래어 표기법과 로마자 표기법을 이해하고 국어 생활에서 활용하도록 한다. (10) 단어의 의미 관계와 의미 변화의 양상을 탐구하고 이해한다.
	다. 문장	(11) 문장의 짜임을 탐구하여 이해하고 정확한 문장을 사용한다. (12) 의미 구성에 기여하는 문법 요소의 개념과 표현 효과를 탐구한다.
	라. 담화	(13) 담화의 개념과 특성을 이해하여 적절하고 효과적인 국어 생활을 하도록 한다. (14) 담화에서 지시, 대용, 접속 표현의 기능과 효과를 이해한다.
[4] 독서의 실제와 국어자료의 탐구	나. 국어 자료의 탐구	(26) 국어 자료를 읽고 국어의 변천을 탐구한다. (27) 선인들의 삶을 통하여 국어 수난과 발전의 역사를 이해한다. (28) 남북한 언어의 차이점을 이해하고 동질성을 회복하는 방안을 탐구한다. (29) 세계 속의 한국어 위상을 이해하고 국어의 발전 방안을 모색한다.

Ⅳ 문법 교육의 교수 · 학습 방법

문법 교수 · 학습 모형은 학습 조건 모형과 일반 절차 모형으로 나누어 살펴볼 수 있다. 학습 조건 모형은 학습이 일어나는 조건 또는 상황을 중심으로 수업 형태나 방식을 드러내어 체계화한 것이고, 일반 절차 모형이란 수업의 진행 절차를 중심으로 체계화한 것이다(김창원 외, 2005: 39).

(1) 학습 조건 모형

대부분의 문법 수업은 문법 지식을 이해하거나 문법적 사고력을 기르는 것을 가장 중요한 목표로 하여 설계된다. 이러한 목표 아래 전통적으로 문법 수업은 교사가 주도하는 설명식 수업이 선호되었다. 한편, 설명식 수업과 달리 학생의 역할이 훨씬 강화된 탐구식 수업도 많은 사람들의 지지를 받고 있다. 여기서는 이 두 가지를 설명 중심 교수 · 학습 모형과 탐구 중심 교수 · 학습 모형으로 정리하고자 한다.

(가) 설명 중심 교수 · 학습 모형

설명 중심 교수 · 학습 모형은 교사가 가르칠 내용을 수업 조건과 학습자 상황에 맞게 설명하여 제시하고 학습자는 이에 반응하여 배울 내용을 내면화하는 것을 골자로 한다. 이 모형은 학습자가 최종적으로 알기를 기대하는 내용을 처음부터 정리하여 전달한다는 점에서 결과 중심 모형이고, 이러한 과업이 전적으로 교사의 설명에 집중된다는 점에서 교사 주도 모형이라고 할 수 있다. 이것은 상대적으로 짧은 시간 안에 많은 양의 문법 지식을 효과적으로 가르칠 수 있다는 점에서 전통적으로 문법 수업의 대표적인 본보기로 생각되어 왔다. 특히 문법 과목은 다른 과목에 비하여 형태소, 홑문장, 음운동화 등 전문어에 해당하는 고난이도의 개념어가 빈번히 사용되고 구체적인 개념이나 개념 간의 관계가 고도의 구조적인 논리 체계 아래 조직된 것이어서, 교사의 세심하고 정확한 안내가 입문자인 학생의 이해도에 크게 영향을 끼친다. 문법 과목의 핵심 내용들을 충실하게 다루고자 하는 문법 수업에서는 정해진 시간 안에 문법 학습자의 학습량과 학습의 질을 효과적으로 관리하기 위해서 설명 중심 교수 · 학습 모형을 택하는 것이 유리할 수 있다. 또한 교육과정상의 정해진 수업 시수의 한계, 문법 수업의 실질적 시수 확보를 불리하게 하는 학교 현장의 유동적인 교육과정 운영 현실 등의 이유로 많은 교사들이 설명 중심 교수·학습 모형을 선택한다.

설명 중심 문법 교수·학습 모형의 개요는 다음과 같다(이대규, 1994).

설명	—	이해	—	저장	—	재생	—	사용

[1단계] 설명: 문법적 개념·명제·절차 설명하기, 구체적인 예 제시하기
[2단계] 이해: 수업 내용 기억하기, 질문을 통해 이해 여부 확인하기, 다시 질문하기
[3단계] 저장: 수업 내용 저장하기
[4단계] 재생: 연습 문제 풀기
[5단계] 사용: 학습한 수업 내용을 새로운 예와 관련짓기

이 모형은 문법적 사고력의 신장보다는 문법 지식을 익히는 데 초점을 둔 것이다. 이대규(1994)는 문법 교과에서 익혀야 할 지식의 체계를 문법적 개념, 문법적 명제, 문법적 절차로 구조화하였다. 문법적 개념은 '성분, 주어, 서술어' 등과 같은 것이고, 문법적 명제는 '서술어부는 서술어 하나만으로 이루어질 수 있다'와 같은 것이며, 문법적 절차는 '두 문장을 이어서 확장하기'와 같은 것이다. 문법적 개념은 둘 이상이 모여 문법적 명제를 이루며, 문법적 명제는 특정한 집합을 이루어 문법적 절차가 된다. 이 세 가지 구성 요소가 가르쳐야 할 수업 내용이다.

수업 내용인 문법 지식이 문법 학습자에게 설명되어 이해되는 과정은 정보 처리 관점에서 이해될 수 있다. 교사가 관련 문법 지식을 설명과 질문을 통해 투입하면, 학습자는 이것을 기억하고 저장한 후 재생하여 적용하여 산출한다.

많은 장점에도 불구하고, 설명 중심 문법 교수·학습 모형은 학습의 주체인 학습자의 지식 구성 과정에 대해서는 적극적인 고려를 하지 않는다는 점에서 한계를 가진다. '단순 암기 위주의 문법 교육'이라는 비판을 불러 일으켰고, 그리하여 '국어교육에는 문법 교육은 필요 없다'는 극단적 주장까지 촉발시켰으며, 지금까지도 학교 현장에서 문법을 배우기 싫어하

는 학생과 이러한 학생 시절을 거쳐 문법을 가르치기 싫어하는 교사로서 교단에 선 국어 교사들을 쉽게 만날 수 있게 만든 것은 분명 설명식 문법 수업이었다.

그렇지만 설명식 문법 수업은 현실적으로 학교 현장의 상황에 적합하고 학습의 효과도 충분히 거둘 수 있는 문법 교수·학습 방법이다. 과거의 폐단은 설명식 문법 수업 자체의 문제라기보다는 설명식 문법 수업을 체계적이고 세련되게 행하지 못했기 때문에 생긴 것이라고 보는 것이 더 정확하다. 교사의 주도 아래 구조적으로 잘 조직되어 수행되는 설명식 문법 수업은, 뚜렷한 목표 없이 학습자의 참여만 강조하는 불안정한 문법 수업보다 더 나은 대안이 될 수 있다. 관건은, 설명식 수업이 꼭 필요한 상황적 조건을 잘 판단하고 그 조건에 맞게 최대의 효과를 낼 수 있는 설명식 수업을 설계하는 기획 능력과 잘 실행하는 실천 능력의 유무(有無)이다.

(나) 탐구 중심 교수·학습 모형

탐구 중심 교수·학습 모형은 교사의 안내 아래 학생이 실제 언어 자료를 가지고 절차에 따라 탐구하면서 특정한 문법 지식을 구성하는 과정을 경험하게 하는 것을 골자로 한다. 이 모형은 학습자가 문법 지식을 스스로 만들어 가게 한다는 점에서 과정 중심 모형이고, 이러한 과업이 학생의 역할이 극대화된 상태에서 수행된다는 점에서 학생 주도 모형이라고 할 수 있다.

탐구 중심 교수·학습 모형은 문법교육사(文法教育史)의 측면에서 볼 때 암기 중심 문법 교육을 지양하고 새로운 시각으로 문법 교육의 쇄신을 꾀할 때 가장 강력한 원동력이 되어 준 핵심 주제이다. 이것은 처음부터 교수·학습 방법의 차원에서 논의되었고, 지금까지도 방법에 국한하여 논의되는 경향이 있지만, 이 모형의 본질적인 의의는 인식론적인 측면에서 찾을 수 있다. 탐구 학습을 통해 획득한 문법 지식은 교과서에 나온 결과로서의 지식이 아니라, 학습자가 그 지식을 만들어 가는 과정에 처음부터 끝까지 참여하는 체험에서 얻게 되는 지식이다. 이를 통해 정적(靜的) 지식 체계로서 간주되었던 문법 지식 체계에 지식 획득의 과정이 적극적으로 반영되면서 문법 지식 체계가 동적(動的)인 것으로 변화된다. 동시에 문법 학습자 역시 수동적 지식 수용자에서 능동적 지식 구성자로 그 역할이 판이하게 달라지게 된다.

그러므로 이론적 차원에서 볼 때 탐구 중심 교수·학습 모형에서 가장 주목할 점은, 특정한 교수·학습 방법으로서의 기능과 역할이기보다는, 이 모형이 근본적으로 가져온 문법 교육 관점 및 목표의 변화이다. 탐구 중심 교수·학습 모형은 문법 교육을 구성주의적 시각에서 재개념화하게 했고, 활동이나 경험 중심으로 문법 교수·학습 현상을 개념화 할 수 있는 단초를 제공하였으며, 지식의 습득을 넘어서 특정한 문법 지식을 구성하는 과정에서 길러질 수 있는 탐구 능력, 즉 문법적 사고력에 초점을 두는 문법 수업의 목표를 다시금 새롭게 제시해 주었다.

이와 같은 가치를 가진 탐구 중심 문법 교수·학습 모형은 6차 교육과정부터 문법 영역의 대표적 교수·학습 모형으로 자리잡게 되었고, 이러한 흐름은 7차를 거쳐 2007년 개정 교육과정에 이르기까지 일관되게 유지되고 있다. 특히, 2007년 개정 국어과 교육과정에서는 탐구 중심 문법 교수·학습 모형의 절차 내용이 내용 체계의 범주로서 구체적으로 제시되었다.

탐구 중심 문법 교수·학습 모형의 개요는 다음과 같다(김광해, 1992).

탐구 목표 (문제의 정의) → 가설의 설정 → 가설의 검증 → 결론 도출 → 결론의 적용 및 일반화

[1단계] 탐구 목표: 문제, 의문 사항의 인식, 문제에 의미 부여, 문제의 처리 방법 모색
[2단계] 가설 설정: 유용한 자료 조사, 추리, 관계 파악, 가설 세우기
[3단계] 가설 검증: 증거 수집, 증거 정리, 증거 분석
[4단계] 결론 도출: 증거와 가설 사이의 관계 검토, 결론 추출
[5단계] 결론의 적용: 새로운 자료에 결론 적용, 결론의 일반화 적용 및 일반화

탐구 중심 교수·학습 모형으로 문법 수업을 설계하고 실행할 때 주의할 점은, 학생 역할이 강화되었다고 해서 교사의 할 일이 그만큼 줄어드는 것은 아니라는 사실이다. 교사는 가시적으로 학생들을 이끌어 가는 것이 아닐 뿐, 학생들이 실제 언어 자료를 가지고 문제를 인식하고 가설을 설정해서 분석 및 추론 과정을 거쳐 결론을 도출하기까지, 절차에 따라

용인가능한 수준의 활동을 하고 끝으로 유의미한 성과를 거둘 수 있게끔 주도면밀하게 수업 상황 및 조건을 관찰하고 조정해야 한다. 교사가 학생들의 탐구 활동을 안내하고 촉진해주는 질문이나 설명을 할 때도 그 발화는 탐구 학습에 최적화된 것이어야 한다. 또한 교사는 탐구 주제에 대해 심도 있게 이해하며 관련된 언어 자료를 능숙하게 다룰 수 있어야 한다. 동시에 학교 교육과정 운영의 현실 조건에 맞게 시간이 많이 걸리는 탐구 중심 문법 수업을 실행하는 외적 조건의 조정도 교사의 중요한 임무이다.

이런 점 때문에 탐구 중심 교수·학습 모형은 그 가치와 장점에도 불구하고 학교 현장에서 적극적으로 활용되지 못하는 감이 있다. 따라서 탐구 학습의 장점을 살리면서도 현실적인 요구를 받아들여 단점을 보완한 대안적 모형을 모색하는 등의 보완 작업이 이루어지고 있다.

다음은 교사의 직접 참여율을 50%로 상향 조정하여 교사 안내 부문을 강화한 절충식 탐구학습 모형이다(이관규, 2001).

문제 제기 및 가설 설정	→	자료 수집 및 분석	→	가설 검증 및 결론 도출

[1단계] 문제 제기 및 가설 설정(20%)

- 교사(15%) 선행 학습 확인 → 본시 문제 관련 자료 확인 → 문제 제기 → 가설 설정
- 학생(5%) 배경지식 동원 → 유관 자료 제시 → 문제 제기 동의 → 가설 설정

[2단계] 자료 수집 및 분석(40%)

- 교사(10%) 탐구에 따른 위험 요소 제거 → 주시(관찰 및 기록) → 수행평가
- 학생(30%) 자료수집(개인 또는 집단) → 자료 분석 → 자료 분석 합의

[3단계] 가설 검증 및 결론 도출(40%)

- 교사(25%) 가설 검증 → 결론 도출 → 새로운 문제 동의 및 제기
- 학생(15%) 가설 검증(발표) → 결론 도출 → 새로운 문제 제기

이 모형은 기존 탐구 학습 모형을 3단계로 간소화하고 설명 중심 교수·학습 모형의 장점을 취하여 교사의 역할을 강화하여, 기존 탐구 학습 모형의 이상성을 교육 현실에 맞게 현실화한 의의가 있다.

지금까지 검토한 문법 교수·학습의 학습 조건 모형들은 모두 인지적 측면에 초점을 둔 것으로, 문법 지식 이해 및 문법적 사고력 신장을 목표

로 하는 수업을 위한 것이다. 그런데 문법 수업에서는 언어적 정체성 및 국어에 대한 태도 형성 등의 정의적 측면을 다루기도 한다. 이것은 앞서 살핀 인지적 모형으로 해결되기 힘들기 때문에, 따로 목표 및 내용의 정의적 속성을 충분히 살린 정의적 모형이 마련되어야 한다. 아직까지 문법 교육에서는 정의적 문법 교수·학습을 위한 모형 연구가 충분히 되지 않은 상태에서 인간 모델링이나 역할극 등의 기법 차원에서 방법 문제가 논의되고 있다. 우선 다른 교과의 가치 명료화 모형이나, 역할 놀이 모형, 비지시적 모형, 정체감 모형 등을 참고하여 문법 영역에 특화된 모형을 개발해야 할 것이다.

(2) 일반 절차 모형

문법 교수·학습의 일반 절차 모형은 문법 수업의 절차적 전개를 중심으로 한 모형이다. 일반 절차 모형은 수업의 일반적인 절차를 따르되 설계자의 관점에 따라 문법 수업의 특수성을 다양하게 부각시켜 설계할 수 있다. 이 점을 다음의 두 가지 사례를 통해 확인해 보도록 하자.

(가) 일반 절차 모형 I

수업 목표 설정·조직	→	내적 조건 조정	→	외적 조건 조정	→	수업 목표 평가

[1단계] 수업 목표 설정·조직: 문법 수업 목표 분류 및 내용 분석, 문법 수업 목표 조직
[2단계] 내적 조건 조정: 진단 평가를 통한 학습자의 선행 수업 목표 학습 여부 판단 및 결손 보완
[3단계] 외적 조건 조정: 설명식 수업 활동 / 발견식 수업 활동
[4단계] 수업 목표 평가: 형성 평가와 총괄 평가

이 모형은 이대규(1994)를 근간으로 하여 이춘근(2002)에서 제안된 절차 모형이다. 이 모형은 문법 수업의 내·외적 조건의 조정을 통하여 이른바 공학적 관점에서 체제적 설계를 시도한 것이다. 수업 목표를 수업 내용(개념–원리–절차)과 행동 수준(발견–적용–기억)으로 이원화된 행렬의 조합으로 구조화하고, 이 틀에 따라 내용을 분석하였다. 학습자 요소는 내적 조건 조정에서 다루었고, 수업 활동 요소는 외적 조건 조정에서 다루되, 그 가

능항을 설명과 발견으로 제시하여 교사 중심 수업 활동과 학생 중심 수업 활동을 두루 아우르도록 했다.

(나) 일반 절차 모형Ⅱ

목표 설정 → 기본 학습 → 탐구 학습 → 발전 학습 → 평가

[1단계] 목표 설정:	단원 내용 구조 분석 및 학습 목표 설정, 전시 학습 확인, 본시 예습 확인
[2단계] 기본 학습:	지식의 제공을 통한 기본 개념 이해, 현상의 발견을 통한 문제 제기
[3단계] 탐구 학습:	소집단 토의를 통한 개념과 원리의 심층적 이해
[4단계] 발전 학습:	이해 내용의 적용 및 정리
[5단계] 평가:	교사 평가 및 자기 평가, 평가 과정에 대한 반성

이 모형은 박영목 · 한철우 · 윤희원(2006)에서 제안된 것으로, 학습 조건을 탐구 학습으로 일원화한 절차 모형이라는 점에서 앞의 모형과 다르다. 물론 각 단계별 설명에서 알 수 있듯이 여기서의 탐구 학습은 본격적이고 전체적으로 이루어진다기보다는 교사의 안내와 설명이 부가된 형태로 진행된다. 이 모형은 문법 영역의 기본적 성격이 개념 습득 과정이고, 이러한 과정이 진행되는 과정에서 가치관과 태도의 변화(발전 학습 단계)까지 이끌어 낼 수 있다는 관점 아래 설계되었다. 주요 강조점은, 학생 주도의 사고 및 판단 능력 배양, 개념 습득 과정에서의 능동적 · 창의적 사고의 신장, 학생의 언어생활 및 언어활동과의 밀접한 연관성 유지 등이다.

(3) 교육과정에 반영된 문법 교수 · 학습 방법

2011년 개정 국어과 교육과정에서는 공통 교육과정 〈국어〉와 선택 중심 교육과정 〈국어Ⅰ〉, 〈국어Ⅱ〉, 〈문법〉에 문법 교수 · 학습 계획과 문법 교수 · 학습 운용의 유의 사항을 제시하였다. 이 중에서 국어과에 공통되는 일반적 사항이 제시되어 있는 부분을 제외하고, 문법 과목과 관련된 주요 내용을 중심으로 살펴보도록 하자.

〈표 8〉 **공통 교육과정과 선택 중심 교육과정의 문법 교수·학습 유의 사항**

과목	교수·학습의 유의 사항
국어	'문법' 지도에서는 문법 교육 내용이 위계적으로 반복·심화될 수 있도록 지도하되, 다양한 국어 현상을 원리 중심으로 탐구하여 언어 지식을 생성하는 경험을 강조하고, 학습한 내용이 바람직한 국어 생활에 활용될 수 있도록 한다. 문법은 특정 문법 단원에서만 지도할 것이 아니라 매 단원에서 새로 등장하는 단어의 뜻과 문장의 어법을 익힐 때나 연습 문제 활동을 통하여 이전에 배운 문법과 규범에 관련된 사항을 환기시켜 지속적으로 지도한다.
국어Ⅰ · 국어Ⅱ	'문법' 영역의 지도에서는 실제 국어 자료를 탐구하여 국어 지식을 이해하는 경험을 갖게 하며, 그런 과정을 통해서 이해력, 사고력, 창의력을 기르는 교수·학습이 이루어지도록 한다. 특히 개별적 언어 탐구 활동과 협력적 언어 이해 및 활용 활동을 강조한다.
독서와 문법	[교수·학습 계획] (가) 국어에 대한 지식을 맹목적으로 이해하게 하지 말고, 국어에 대한 탐구 활동을 하는 과정에서 그것을 자연스럽게 터득할 수 있도록 한다. (나) 음운, 단어, 문장, 담화와 같은 언어 단위의 이해를 통해서 국어 지식을 신장하게 하되, 특히 실제적인 국어 생활 속의 자료를 교수·학습에서 많이 사용하도록 한다. (다) 국어의 인식과 탐구 활동을 통해서 국어 의식을 고양하고 나아가서는 국어 문화의 발달에 이바지할 수 있도록 한다. (라) 여러 매체 자료에 나타난 매체 언어 현상을 활용하여 학습자 스스로 탐구할 수 있도록 계획하며, 언어문화와 대중문화를 주체적으로 이해하고 향유할 수 있도록 계획한다. [교수·학습 운용] (가) 실제 국어 자료나 현상을 제시하고 학습자가 원리나 규칙을 스스로 도출하도록 지도한다. 음운, 단어, 문장 차원에서뿐만 아니라 실제 담화 차원에서도 교수·학습이 이루어지도록 한다. (나) 국어 자료를 다루는 문법 교수·학습에서는 문제 제기, 가설 설정, 가설 증명, 결론 도출, 결론의 일반화와 같은 학습자의 탐구 학습이 이루어지도록 지도한다.

〈표 8〉에서 알 수 있는 교수·학습 유의 사항의 주요 특징은 다음과 같다. 공통 교육과정 〈국어〉에서는 문법 지식을 일상생활에서 적용하고, 규범 등을 반복·심화하는 데 주력한다. 선택 중심 교육과정 〈국어Ⅰ〉, 〈국어Ⅱ〉, 〈독서와 문법〉은 실제 언어 자료를 재료로 하여 체계적인 탐구 활동을 하는 데 초점이 있다. 그리고 그 수준은 〈국어Ⅰ〉에서 〈독서와 문법〉으로 갈수록 심화된다[15].

15) 문법과 관련된 내용으로 '어휘와 어법'에 대한 교수·학습의 유의사항이 공통 교육과정과 선택 중심 교육과정에 모두 제시되어 있다. 이는 이전 교육과정에서는 없었던 부분으로 '국어 자료'를 다룰 때 매우

V 문법 교육의 평가 및 송환

문법 교육이 이루어지는 일련의 과정을 정리할 때 제일 마지막에 위치하는 것이 평가이다. 평가 단계를 마무리함으로써, 문법 교육의 한 주기가 마감된다. 그러나 평가는 일회적 마무리일 뿐, 최종 마무리는 아니다. '평가'에 '송환'이 함께 묶여 있는 것은, 문법 교육 평가의 본질이 문법 교육의 성과를 확인하는 데서 더 나아가 문법 교육의 메타 점검을 통해 문법 수업 실행과 관련된 상세한 정보를 수집하여, 더 나은 수업을 계획하고 실행하기 위함이다. 그러므로 문법 교사는 평가를 문법 수업의 마무리가 아닌, 문법 수업의 과정과 결과를 끊임없이 되돌아보게 하는 순환적 점검 장치로 보아야 한다.

그런데 문법 교육 평가의 본질과 방법에 대해서는 아직 이론적 연구가 충분히 쌓이지 못한 상태이다. 그러므로 문법 교육 평가를 개략적으로나마 파악하기 위하여 여러 기준에 따라 달리 실현되는 문법 교육 평가의 양상을 짚어 보는 간접적 방식으로 문법 교육 평가가 어떤 규모와 내용을 가진 대상인지 살펴보는 것이 좋겠다.

가장 먼저 고려해 볼 수 있는 기준은 평가 대상이다. 문법 교육 평가는 평가 대상이 문법 학습자인 '문법 성취도 평가'와, 평가 대상이 문법 수업, 특히 문법 교수의 주체인 교사를 중심으로 하는 '문법 수업 평가'로 나뉠 수 있다. 이 두 가지 평가는 문법 교수 · 학습에 모두 중요한 의미를 갖는다. 문법 성취도 평가가 잘 되어야만 학생들이 문법 학습을 통해 어느 정도 성장하고 발전했는지, 어떤 부분이 취약하고 보완이 필요한지 알 수 있다. 문법 수업 평가도 중요하다. 학생들이 문법 과목에서 좋은 성취도를 보이기 위해서는 문법 수업의 질이 높아야 한다. 문법 수업의 질을 유지하거나 높이기 위해서는 정기적인 문법 수업 평가를 꼭 해야 한다. 이와 같은 중요성에도 불구하고 문법 수업 평가는 현장에서 잘 실시되지 않고 있으며 이론적으로도 충분히 연구되지 않고 있다. 현실적으로 문법 수업이 활발하게 이루어지지 않고 있는 상황적 조건 때문인 것으로 보인다. 따라서 문법 교육 평가 관련 내용은 문법 성취도 평가에 초점을 두어 정

기초적인 교수 · 학습 요소로 어휘와 어법을 강조하는 것이다.

리하고자 한다.

(1) 평가 목표 및 내용에 따른 문법 평가

문법 수업을 통해 학습자가 이룰 수 있는 성취는 크게 인지적 영역의 성취와 정의적 영역의 성취로 나뉜다. 문법 영역 평가에서는 크게 이 두 가지 목표와 내용에 따라 평가 계획을 세우고 평가 문항을 작성하여 평가에 임해야 한다. 인지적 영역의 평가는 다시 문법 관련 지식을 얼마나 충분히 익혔느냐를 평가하는 '문법 지식 평가'와 국어 자료를 선택하고 절차에 따라 분석하여 의미화할 수 있는 탐구 능력을 평가하는 '문법적 사고력 평가'로 나뉠 수 있다. 정의적 영역의 평가는 문법 관련 태도 평가로 구체화된다.

인지적 영역	㉮ 문법 지식 평가
	㉠ 문법 지식 이해 ㉡ 문법 지식 활용
	㉯ 문법적 사고력 평가
	㉠ 규칙 도출에 적합한 언어 자료 선정 능력 ㉡ 합리적 과정에 따른 규칙 및 원리 발견 능력 ㉢ 도출된 규칙이나 원리의 적절성 확인 능력
정의적 영역	㉰ 문법 관련 태도 평가
	㉠ 국어에 대한 태도 ㉡ 언어적 관용 ㉢ 문법 학습 태도

인지적 영역의 평가는 문법 지식 평가와 문법적 사고력 평가로 구성된다. '㉮ 문법 지식 평가'는 문법 영역 평가의 가장 대표적인 평가 방식으로, 학교 현장의 평가에서 보편적으로 활용된다. 대부분 선다형이나 단답형 문항으로 출제된다. 이것은 성격에 따라 지식 이해와 활용 평가로 나뉜다.

㉠ 문법 지식 이해: 문법적 개념, 명제, 절차 등을 알고 있는지를 평가한다.

ⓛ **문법 지식 활용**: 문법적 개념, 명제, 절차 등을 실제 국어 생활 속에서 활용하여 표현 및 이해 관련 문제를 해결할 수 있는지를 평가한다.

'㉯ 문법적 사고력 평가'는 언어 자료를 탐구 절차에 맞게 다루어서 규칙이나 원리를 도출해 내는 능력을 평가하는 것이다. 탐구 중심 문법 교육을 뒷받침할 평가 방식으로, 문법 학습자의 문법 영역 성취도를 질적으로 평가할 수 있는 장점을 가지고 있다. 그러나 이 유형의 평가는 아직까지 적극적으로 개발·활용되지 못하고 있다. 문법적 사고력을 평가에 용이하도록 조작적으로 정의하고, 그에 따라 핵심 요소별로 분석적으로 평가할 수 있는 틀과 문법적 사고력을 종합적으로 평가할 수 있는 틀을 마련해야 한다. 여기서 제시한 것은 분석적 평가의 틀의 한 예이다.

㉠ **규칙 도출에 적합한 언어 자료 선정**: 설정한 가설의 검증은, 최적의 언어 자료를 선정할 수 있어야만 순조롭게 이루어질 수 있다. 설명력이 떨어지는 언어 자료를 부차적 자료로 처리하고, 규칙 도출에 가장 적합한 대표적인 언어 자료를 선정할 수 있는 능력을 가졌는지를 평가한다. 논쟁적인 주제를 다루는 탐구 학습에서라면, 반례로 들 수 있으면서 원래의 예로 설명할 수 있는 내용을 다른 관점에서 설명할 수 있는 자료를 선정하는 능력을 평가해야 한다.

ⓛ **합리적 과정에 따른 규칙 및 원리 발견**: 이것은 선정한 언어 자료에서 가설을 검증하여 그 결과로서 규칙과 원리를 도출해 내는 과정의 합리성을 평가하는 것이다. 논리적으로 적절한 전개 과정을 거쳤는지를 중점적으로 보되, 특히 한정된 언어 자료를 가지고 무리한 추론 및 과도한 일반화를 꾀하지는 않았는지를 평가해야 한다. 설명되지 않은 부분을 언어 세계의 모호성으로 용인하고 인정하면서, 가능성으로 남겨둘 수 있는지도 판단해야 한다.

ⓒ **도출된 규칙이나 원리의 적절성 확인**: 탐구 활동의 최종 결과인 도출된 규칙이나 원리가 형식과 내용면에서 적절한지를 평가한다. 규칙이나 원리의 완성도는 형식적인 면에서는 규칙이나 원리

의 경제적 표현, 내용적인 면에서는 규칙이나 원리의 일반적 설명력에서 판단할 수 있다.

정의적 영역의 평가는 문법 관련 태도 평가이다. 여기서의 '태도'는 학습자의 정의적 특성 중 하나인 태도(attitude)만을 가리키는 단일 개념이 아니라, 문법 학습자의 정의적 특성을 모두 싸잡는 집합 개념이다. 흥미, 동기, 정체성, 관용, 태도, 가치 등을 모두 포괄한다. 문법 관련 태도 평가는 학습 내용에 대한 평가와 문법 학습 자체에 대한 평가로 나뉠 수 있다. '국어에 대한 태도'와 '언어적 관용'은 학습 내용에 대한 평가의 대표적 예이며, '문법 학습 태도'는 문법 학습 자체에 대한 평가의 예이다.

㉠ **국어에 대한 태도**: 국어에 대한 태도는 국어에 대한 관심을 가지고 국어를 아끼고 사랑하며 국어 발전에 기여하고자 하는 심리적 태세를 의미한다. 국어에 대한 태도에는 태도 대상인 국어에 대한 정보적 지식(인지적 요소), 국어에 대한 감정적 색채(정의적 요소), 국어 관련 문제에 적극적으로 관여하려는 실천적 의지(행동적 요소) 등의 세 요소가 모두 들어 있다. 따라서 국어에 대한 태도를 이와 같은 세 요소를 중심으로 조작적으로 정의하면, 국어에 대한 태도의 분석적 평가가 용이해질 수 있다. 한편 국어에 대한 태도를 각각의 세 요소 중 하나에 초점을 두어 특화시켜 평가할 수도 있다. 인지적 요소에 초점을 둔 평가의 예로서, 영어 공용화 논쟁에서 전제되는 각기 다른 국어에 대한 가치 평가 관점을 분석하고, 가장 옳다고 생각되는 관점을 선택하고 정리해보게 하는 평가 문항을 제시할 수 있다. 행동적 요소에 초점을 둔 평가는 다른 것보다는 더 섬세하게 설계하여야 하는 어려움이 있다. 왜냐하면 사람들은 다른 사람들이 바람직하다고 생각하는 방향으로 자신을 드러내고자 하는 사회적 자아를 가지고 있기 때문이다. 그래서 실제 상황에서는 그렇게 하지 않을 확률이 높으면서도, 평가받는 상황에서는 평가자가 보기에 옳은 방향으로 행동하려는 의지를 보이는 경우가 많다. 이런 점에서 행동적 요소 중심의 태도 평가는 투

사적 기법 등의 간접적인 기법으로 문항을 설계해야 하는 경우가 많다.

㉡ **언어적 관용**: 이것은 국어에 대한 태도만을 강조해 왔던 그간의 문법 교육의 정의적 목표가 확장되었을 때 가능한 평가 항목이다. 최근 들어 한국 언어 사회에는 다른 언어 문화를 배경으로 가진 한국어 화자가 급속도로 유입되고 있다. 노동 이민자, 결혼 이주민, 새터민 등으로 대표되는 이러한 새로운 유형의 한국어 화자는 한국에서의 언어적 적응 과정을 거쳐 이제까지 한국 언어 사회에서 소통되고 있던 한국어와는 또 다른 한국어를 구사하고 있다. 그런데 언어는 사회적 반영체이므로 이들에 대한 사회적 가치 평가는 이들이 구사하는 언어에 일정한 편견으로 작용하기 쉽다. 사실 이러한 사례는 순정한 한국 언어공동체를 상정했던 예전에도 이미 존재했었다. 표준어와 방언에 부가되는 언어적 편견은 한국 부모 아래서 나고 자란 사람들도 충분히 경험한 것이다. 이러한 편견의 구도가 한국 언어 사회의 급격한 변화 속에 좀 더 다층적 · 다차원적으로 확대 · 심화된 것일 뿐이다. 이러한 다문화 사회의 틀 안에서 한국 언어공동체의 소통과 공존을 위해서는 언어적 관용이라는 정의적 태세의 확립이 매우 절실하게 요청된다. 특히, 굴절된 역사적 배경으로 인해 민족어에 대한 태도, 한국어로 상징되는 한국적 가치가 강조되어 왔던 우리 언어공동체의 특수성에 비추어 볼 때, 국어에 대한 태도 교육과 함께 다문화 시대의 중요한 정의 교육 항목으로 언어적 관용 교육을 병행하는 것은 매우 중요한 과업이다. 이러한 과업을 가장 강력하게 수행하기 위해서 내용을 마련하는 것과 함께 체계적인 평가 도구를 마련해야 한다. 이를 위해서는 우선적으로 언어적 관용을 평가 가능한 수준으로 조작적으로 정의하고, 이러한 정의에 따라 구인들에 따른 평가 도구를 개발하여야 한다.

㉢ **문법 학습 태도**: 문법 학습 활동의 질을 판단하기 위해서는 학습자의 인지적 측면의 성취와 함께 정의적 측면의 성취를 고려해야

한다. 아무리 높은 수준의 탐구 결과를 내었다 할지라도, 그 활동을 재미있고 신나게, 몰입하면서 즐겁게 행하지 않았다면 그 학습은 진정한 유의미 학습이라고 하기 어렵다. 문법 학습자의 문법 학습 활동을 촉진하기 위하여 문법 평가에서 문법 학습 태도를 지속적으로 점검해야 하는 이유이다. 문법 학습 태도는 교사의 관찰로 가장 손쉽게 평가될 수 있다. 또는 학습자의 자기 보고법으로 평가될 수 있는데, 학습자의 수준에 따라 구술해서 보고하게 할 수도 있고, 글로 써서 보고하게 할 수도 있다. 대규모 집단의 문법 학습 태도를 짧은 시간 동안 계량화해서 평가해야 하는 상황에서라면 리커르트 척도 등을 활용한 객관식 설문지법을 활용할 수 있다.

(2) 평가 구성 형식에 따른 문법 평가

문법 평가는 문법 영역만 평가하느냐, 아니면 문법 영역과 국어과 다른 영역을 통합하여 평가하느냐에 따라 그 종류를 나눌 수 있다. 전자를 영역 단독 평가라고 하고, 후자를 영역 통합 평가라고 한다.

(가) 영역 단독 평가

영역 단독 평가는 문법 영역 평가의 내용 영역 내에서 평가 요소를 추려 내어 평가하는 것이다. 문법 영역 내의 평가 요소끼리의 결합도 가능하다. 문법 교실에서 교사와 학습자가 가장 많이 접하는 유형의 평가 방식이 영역 단독 평가이다. 초·중등 학교 교실에서 경험한 국어 시험의 문법 관련 문항의 대부분이 영역 단독형 평가 문항이다. 문법 영역은 교수·학습 차원에서는 현장 교사의 선호도가 상대적으로 높다 할 수 없지만, 평가 차원에서는 상당히 선호도가 높은 것이 사실이다. 상대적으로 문항 출제 및 채점 등의 관리가 다른 영역에 비해 덜 복잡하다는 시각이 존재하는 것으로 보인다. 그런데 평가 결과를 공유한 후에 피평가자의 의문 제기를 많이 받는 대표적인 영역이 문법이라는 점을 잊지 말아야 한다. 선다형 문항이나 단답형 문항의 경우에 여러 각도에서 설명이 가능한 이론적 근거가 존재하므로 답지 구성에 조금이라도 소홀하면 의도하지 않은 복수 정답이 나올 확률이 높다. 또한 피평가자는 문법 지식의 의식적 환기에 능숙하지 않더라도 이미 무의식적으로 체화된 모어 문법 지식을 가지고 있기 때문에 나름대로의 문법적 직관으로 반례를 들어 평가 문항의 문제점을 제시하는 경우도 종종 있다. 특히 문법 내용만을 충실하게 다룰 수 있는 영역 단독형 문항에서는 이런 점을 고려하여 평가 문항을 이원목표분류표의 활용, 성취 기준에서 출발하는 평가 기준의 상세 도출, 채점 기준의 명세화 등의 과정을 거쳐 출제해야 할 것이다.

(나) 영역 통합 평가

문법 교육은 구체적인 언어 생활의 장면 속에서 이루어져 점점 더 심화되어 갈 수 있다. 교실에서도 문법은 문법의 테두리 안에서만 엄격하게 교육되는 것보다 말하기 활동에서 문법적인 부분을 함께 다루고, 문법적인 부분을 쓰기와 연관지어 확장하는 활동을 함으로써 듣고, 말하고, 읽고, 쓰는 언어 활동에 드러나는 규칙과 원리를 정리한 지식 체계라는 문법의 의미에 맞는 문법 교육 활동을 수행할 수 있다. 이러한 측면의 문법 교육 활동은 평가를 통해서도 촉진될 수 있다. 문법 영역과 국어 표현 영역과의 통합, 국어 이해 영역과 문법 영역의 통합, 문학 영역과 문법 영역의 통합 등을 다양한 경로로 시도함으로써, 이제까지와는 다른 새롭고 의미 있는 문법 평가 문항이 개발될 수 있을 것이다.

(3) 교육과정에 반영된 문법 교육 평가

2011 개정 국어과 교육과정에서는 공통 교육과정 〈국어〉와 선택 중심 교육과정 〈국어Ⅰ〉, 〈국어Ⅱ〉, 〈문법〉에 문법 평가 계획, 평가 운용, 평가 결과 활용의 유의 사항을 제시하였다. 이 중에서 국어과에 공통되는 일반적 사항이 제시되어 있는 부분을 제외하고, 문법 과목과 관련된 주요 내용을 중심으로 살펴보도록 하자.

〈표 9〉 **공통 교육과정과 선택 중심 교육과정의 문법 평가 유의 사항**

과목	평가의 유의 사항
국어	'문법' 영역의 평가 목표는 문법 지식의 이해와 탐구 및 적용 중심으로 설정하되, 문법 지식의 단순한 암기가 아닌 국어의 구조와 문법의 작동 원리를 파악하고 생활 속에 적용, 실천하는 능력에 중점을 두어 설정한다. 어휘와 어법 관련 평가 목표는 개별 단어의 발음, 표기, 뜻에 대한 정확한 이해, 의사소통 상황에서 어휘 사용의 적절성, 창의적인 어휘 사용 능력, 올바른 어법에 따른 문장 구사 능력에 중점을 두어 설정한다.
국어Ⅰ · 국어Ⅱ	'문법' 영역의 평가 목표는 국어의 탐구와 이해 및 그 지식의 적용에 중점을 두며, 학습자의 이해력, 사고력, 창의력 신장에 주목하도록 한다. 어휘와 어법 관련 평가 목표는 개별 단어의 발음, 표기, 뜻에 대한 정확한 이해, 의사소통 상황에서 어휘 사용의 적절성, 창의적인 어휘 사용 능력, 올바른 어법에 따른 문장 구사 능력에 중점을 두어 설정한다.
독서와 문법	'국어 구조의 이해'에 관한 평가는 국어의 여러 단위인 '음운–단어–문장–담화'가 가지는 특성을 이해하였는지 지식 차원으로 평가할 수 있고 실제적인 기능과 가치관적 태도 차원에서도 평가할 수 있다. 음운, 단어, 문장 자료뿐만 아니라 실제적인 담화 자료 및 매체 자료를 활용하되 교과서의 것과 교과서 밖의 것을 균형 있게 사용하며, 표현과 이해 활동을 통해서도 문법 능력을 평가한다.

〈표 9〉에서 알 수 있는 평가 유의 사항의 주요 특징은 다음과 같다. 공통 교육과정 〈국어〉에서는 문법 지식을 일상생활에서 적용할 수 있는 능력을 중심으로 평가한다. 선택 중심 교육과정 〈국어Ⅰ〉, 〈국어Ⅱ〉는 실제 언어 자료의 체계적 탐구 능력을 사고력과 창의력 중심으로 평가하는 데 주력한다. 〈독서와 문법〉은 '지식', '기능', '태도'의 세 측면에서 각종 자료를 활용하여 다양한 방식으로 문법 능력을 평가하는 데 초점을 둔다. 〈독서와 문법〉 평가의 성격은 심화와 종합으로 요약될 수 있겠다.

Ⅵ 문법 교육의 보완과 확장

문법 교육은 이론과 실제의 조화 속에 발전할 수 있다. 문법 교육 이론을 토대로 하여 문법 교육 실제가 잘 운용될 수 있으며, 역으로 문법 교육의 실제를 바탕으로 문법 교육 이론이 견고하게 구축될 수 있다. 그러므로 문법 교육의 보완과 확장은 이론과 실제 면을 두루 아울러서 이루어져야 한다.

(1) 문법 교실에서 출발하는 문법 교육 연구

문법 교실에서는 문법 교육의 꽃인 문법 수업이 행해진다. 문법 수업의 풍경 속에 문법 교사가 있고, 문법 학습자가 있다. 이들의 유기적 상호작용이, 곧 문법 교육의 실현이다. 문법 교육에 대한 이해는 문법 교실에서 이루어지는 문법 수업을 중심으로 이루어져야 한다. 이렇게 현장을 기반으로 해서 구축된 이론은 문법 교육의 실제를 매우 견고하게 뒷받침해 줄 수 있을 것이다. 이와 관련하여 문법 수업 의사소통에 대한 연구, 문법 지식의 교수학적 변환, 문법 교수 · 학습 상황론, 문법 학습자 연구(문법 학습자의 앎의 양상, 오개념, 문법 학습에 대한 인식과 태도), 문법 교사 연구(문법 교사의 문법 지식, 문법 교사의 문법 교수에 대한 인식과 태도) 등이 새로운 연구 과제로 설정될 수 있다.

(2) 문법 교육의 내용 충실화

그간 문법 교육 이론은 가치론적 토대를 마련하는 데 집중되었기 때문에 문법 교육 각론의 내용이 성글게 짜여 있는 상태이다. 무엇보다도 문법 교육 내용 부문의 충실화가 시급하게 요청된다. 교육 문법의 가치와 필요성에 대해서는 모두 공감하나, 구체적인 성과를 만들어가는 움직임이 활발하지는 않다. 표현 및 이해 능력 신장을 위한 문법, 텍스트 기반 문법, 구어 문법과 문어 문법 등을 교육 문법의 주요한 하위 주제로 삼아 완성해야 한다. 한편 문법 탐구 활동의 내용적 정밀화를 꾀해야 한다. 문법 탐구 활동의 내적 구조와 원리를 밝혀서 실제로 문법 학습자의 탐구 능력을 신장시킬 수 있는 교육 내용으로 정련해야 한다.

(3) 문법 교육의 기초 자료 구축

문법 교육의 근간을 다지는 작업으로, 대규모의 기초 자료를 장기간 동안 모아서 정리해야 한다. 한국어 화자의 메타언어적 능력 발달에 대한 실증적 자료, 문법 교재의 용어 빈도와 내용 구조, 한국어 화자의 언어 태도 및 언어 충성도 자료, 다문화 배경 이주민과 2세들의 한국어 문법 습득 및 발달 자료 등을 조사 설계를 바탕으로 수집하여 체계적인 데이터베

이스로 만들어야 한다. 이런 자료들이 있을 때 문법 교육을 과학적인 근거 아래 계획하고 실행할 수 있게 된다.

이 밖에도 이야기 활용, 멀티미디어 활용, 실생활 기반 교재 개발 등 문법 과목에 대한 호감도를 높이기 위한 방법을 적극적으로 모색하고, 문법 평가의 전문화와 다양화를 추구하여 문법 수업으로의 체계적 송환을 꾀하여야 한다. 특히 문법 평가와 관련하여 2012년 6월 모의 대학수학능력시험에서 가시화된 근래의 변화를 언급하지 않을 수 없다. 한국교육과정평가원에서 실시한 6월 모의 시험에서 전체 문항의 12%(총 50문항 중 6문항)에 달하는 문법 문항이 제시되었다. 이는 어휘 문제를 제외한 문법 문항의 개수로서 이전 수능과는 다른 비중으로 문법이 반영되기 시작했다는 점을 보여준다. 문항의 내용 역시 문법에 대한 구체적인 지식과 탐구 능력을 직접적으로 다루는 문제로서 그간의 어법 차원의 내용과는 성격이 다르다. 이러한 변화를 계기로, 문법 평가 문항의 평가 타당성 제고와 문항 유형과 구성의 세련화를 위한 창의적 개발에 집중해야 할 것이다. 대학수학능력시험이라는 현실적으로 위력적인 평가 도구로부터 시작된 이 변화가, 학교 현장의 문법 수업에 강력하고 근본적인 변화를 이끌어 내는 시발점이 되기를 기대한다. 이와 함께 문법 교사의 전문성 신장에도 지속적으로 관심을 기울여야 하겠다. 문법 교사의 전문성은, 좋은 문법 수업이 적극적으로 이루어질 수 있는 가장 좋은 촉매제이기 때문이다.

탐구과제

01 문법 교육 이론의 개념과 필요성을 구체적 예를 들어 설명하시오.

02 문법 교육의 본질적 목표와 실제적 목표에 대해 설명하고, 국어 교사가 되어 문법을 가르칠 때 실천하고자 하는 문법 수업의 목표를 체계화하시오.

03 문법 교육의 관점에 따른 교육 내용의 차이를 설명하고, 자신의 문법 교육관에 비추어 볼 때 가장 적절하다고 판단되는 교육 내용 체계를 선택하여 관점에 맞게 수정·보완하시오.

04 탐구 중심 문법 교수·학습 방법의 장점과 단점을 설명하고, 단점을 보완할 수 있는 보완책을 제시하시오.

05 국어 탐구 활동을 체계적으로 평가할 수 있는 방안을 제시하시오.

06 가종 평가에서 제시된 문법 문항을 대표적인 예를 골라, 각 평가의 성격과 목적에 따라 문법 문항이 어떻게 다르게 구성되었는지 분석하고, 수정·보완할 점을 찾아 제시하시오.

참고문헌

교육과학기술부(2011), 『국어과 교육과정』.

구본관 · 신명선(2011), "원리 중심의 문법 교육에 대한 연구", 국어교육연구 27, 서울대학교 국어교육연구소, 261~297쪽.

권재일(1995), "국어학적 관점에서 본 언어 지식 영역의 지도 내용", 국어교육연구 2, 서울대 국어교육연구소, 159~175쪽.

김광해(1992), "문법과 탐구학습", 선청어문 20, 서울대학교 국어교육과, 81~101쪽.

김광해 외(2000), 『국어지식 탐구』, 박이정.

김광해(1997), 『국어지식교육론』, 서울대학교 출판부.

김대행(2002ㄱ), "국어교과학을 위한 언어 재개념화", 선청어문 30, 서울대학교 국어교육과, 29~54쪽.

______(2005), "수행적 이론의 연구를 위하여", 국어교육학연구 22, 국어교육학회, 1~29쪽.

김상대(2001), 『국어문법의 대안적 접근』, 국학자료원.

김성일(2000), "태도 변화의 원리에 의한 가치관 교육", 황정규 편, 『현대교육심리학의 전망』, 교육과학사, 379~442쪽.

김수업(2000), 『국어 교육의 길』, 나라말.

김은성(2005), "국어지식교육의 현상", 국어교육 116, 한국어교육학회, 1~34쪽.

______(2006), "국어 문법 교육의 태도 교육 내용 연구", 서울대학교 국어교육과 박사학위논문.

김은성 · 남가영 · 김호정 · 박재현(2007), "국어 문법 학습자의 음운에 대한 앎의 양상 연구", 언어과학연구 42, 언어과학회, 1~25쪽.

김창원 · 정유진 · 우주연 · 함욱 · 이지영 · 양경희 · 김수진(2005), 『국어과 수업 모형』, 삼지원.

김혜정(2002), "텍스트 이해의 과정과 전략에 관한 연구: '비판적 읽기' 이론 정립을 위한 학제적 접근", 서울대학교 국어교육과 박사학위논문.

김호정 · 박재현 · 김은성 · 남가영(2007), "문법 용어를 통한 문법 지식 체계 구조화 연구(Ⅰ): 음운", 국어교육학연구 28, 국어교육학회, 275-300.

남가영(2008), "문법 탐구 경험의 교육 내용 연구", 서울대학교 국어교육과 박사학위논문.

남기심 · 고영근(1988), 『표준국어문법론』, 탑출판사.
노은희 외(2008), "고등학교 국어과 교육과정 해설 연구 개발", 연구보고 CRC 2008-8, 한국교육과정평가원.
민현식(2000), 『국어교육을 위한 응용국어학 연구』, 서울대학교 출판부.
______(2002), "국어지식의 위계화 방안 연구", 국어교육 108, 한국국어교육연구학회, 71~129쪽.
민현식 외(2011), "2011 국어과 교육과정 개정을 위한 시안 개발 연구", 교육과학기술부.
박영목 · 한철우 · 윤희원(2006), 『국어과 교수 학습론(4판)』, 교학사.
박영순(2005), 『국어문법 교육론』, 박이정.
박재현 · 김은성 · 남가영 · 김호정(2007), "음운 지식 관련 문법 용어 계량 연구", 새국어교육, 76, 한국국어교육학회, 175~196쪽.
박형우(2003), "국어지식영역의 방향과 교과서", 청람어문교육학 22, 청람어문교육학회, 325~357쪽.
서혁(1996), "담화의 구조와 주제 구성에 관한 연구", 서울대학교 국어교육과 박사학위논문.
송현정(2006), "교육과정 개정 시안 문법 영역의 개정 방향과 과제", 문법 교육 5, 한국문법교육학회, 1~16쪽.
______(2006), 『문법 교육의 이해와 실제』, 한국문화사.
신명선(2006), "개정 문법 교육과정의 지향점과 교과서 개발의 방향에 관한 연구", 문법 교육 5, 한국문법교육학회, 49~80쪽.
______(2008), "개정 국어과 교육과정의 문법 교육 내용에 대한 고찰", 국어교육학연구 31, 국어교육학회, 357~392쪽.
(2008ㄴ), 『의미, 텍스트, 교육』, 한국문화사.
심영택(2002), "국어적 지식의 교수학적 변환 연구", 국어교육 108, 한국어교육학회, 105~179쪽.
______(2004), "문법 지식의 교수학적 변환 연구: 문법 교육의 학습 환경을 중심으로", 국어교육학연구 21, 국어교육학회, 355~390쪽.
왕한석(2007), 『또 다른 한국어: 국제결혼 이주여성의 언어 적응에 관한 인류학적 연구』, 교문사.
______(2008), 『한국어와 한국사회』, 교문사.
이관규(1998), "학교 문법의 내용 체계", 새국어교육 56, 한국국어교육학회, 73~92쪽.
______(2001), "학교 문법 교육에 있어서 탐구 학습의 효율성과 한계점에 대한 실증적 연구", 국어교육 106, 한국어교육학회, 31~63쪽.

______(2002), 『학교문법론』, 월인.
______(2005), 『국어교육을 위한 국어 문법론』, 집문당.
______(2008), 『학교 문법 교육론』, 고려대학교 민족문화연구원.
이대규(1994), "문법 수업 설계 방법", 선청어문 22, 서울대학교 국어교육과, 415~455쪽.
______(2001), 『국어교육론』, 교육과학사.
이문규(2002), "국어지식교육과 문화창조", 한국초등국어교육 20, 한국초등국어교육학회, 68~106쪽.
이병규(2005), "국어 지식 교육의 성격과 국어과 교육의 영역 체계", 국어교육학연구 22, 국어교육학회, 243~272쪽.
이성영(1998), "교육문법의 체제 연구", 국어교육학연구 8, 국어교육학회, 199~243쪽.
이은희(2000), 『텍스트 언어학과 국어교육』, 서울대학교 출판부.
이춘근(2002), 『문법교육론』, 이회.
이충우(1997), "국어 교육 문법 연구", 국어교육학연구 7, 국어교육학회, 1~29쪽.
임지룡 · 이은규 · 김종록 · 송창선 · 황미향 · 이문규 · 최웅환(2005), 『학교 문법과 문법 교육』, 박이정.
정혜승(2002), 『국어과 교육과정 실행 연구』, 박이정.
제민경(2007), "언어 단위 교육 내용 연구", 서울대학교 국어교육과 석사학위논문.
주세형(2006), 『문법교육론과 국어학적 지식의 지평 확장』, 역락.
______(2008), "교실 문화 개선을 위한 문법 교수 · 학습 방법 개발의 방향", 청람어문교육 38, 청람어문교육학회, 67~104쪽.
최영환(2003), 『국어교육학의 지향』, 삼지원.
최지현 · 서혁 · 심영택 · 이도영 · 최미숙 · 김정자 · 김혜정(2007), 『국어과 교수 · 학습 방법』, 역락.
Andrews, L.(1998), *Language Exploration and Awareness: A Resource Book for Teachers*, 2nd edition, Mahwha, New Jersey : Lawrence Erlbaum.
Arndt, V., Harvey, P. & Nuttall, J.(2000), *Alive to Language: Perspective on language awareness for English language teachers*, Cambridge: Cambridge University Press.
Carter, R. (ed.)(1990), *Knowledge about Language and the Curriculum: The LINC Reader*, London: Hodder & Stoughton.
Corson, D.(1993), *Language, Minority Education and Gender: Linking Social Justice and Power*, Clevedon: Multilingual Matters LTD.
Denham, K. & Lobeck, A.(2010), *Linguistics at School: Language Awareness in*

Primary and Secondary Education, Cambridge.

Egan-Robertson, A. & Bloome, D.(eds.)(1997), *Students as Researchers of Cultural and Language in Their Own Communities,* Cresskill: Hampton Press.

Fairclough, N.(Ed.)(1992a), *Critical Language Awareness,* London: Longman.

Gee, J. P.(1999), *An Introduction to Discourse Analysis: Theory and Method,* London: Routledge.

Harris, W. T.(1988), "What shall the public schools teach?", *Forum* vol. IV, Feb. pp. 573-581.

Hudson, R.(1992), *Teaching Grammar: A Guide for the National Curriculum,* Oxford: Blackwell.

Ivanič, R.(1990), "Critical Language Awareness in Action", In Carter, R. (ed.), *Knowledge about Language and the Curriculum: The LINC Reader,* London: Hodder & Stoughton.

Knapp, P. & Watkins, M.(2005), *Genre, Text, grammar: Technologies for teaching assessing writing,* The UNSW Press.

Kolln, M.(2003), *Rhetorical Grammar: Grammatical Choices*(Fourth Edition), New York: Longman.

Locke, T.(2010), *Beyond The Grammar Wars: A Resource for Teachers and Students on Developing Language Knowledge in The English/Literacy Classroom,* Routledge.

Maturana, H. R. & Varela, F. J.(1987), *Der Baum der Erkenntnis: Die biologischen Wurzeln des menschlichen Erkennens:* 최호영 옮김(1995), 『인식의 나무: 인식활동의 생물학적 뿌리』, 자작아카데미.

Miller, J. P.(1976), *Humanizing the Classroom: Models of Teaching in Affective Education:* 김호권 역(1982), 『학습지도의 인간화: 정의적 교육을 위한 제교수모형』, 배영사.

Sotto, E.(1994), *When Teaching Becomes Learning: A Theory and Practice of Teaching, Cassell publisher:* 전성연 외 옮김(2003), 『학습과 교수에 대한 이해』, 교육과학사.

Sünkel, W.(1996), *Phänomenologie des Unterrichts;* 권민철 역(2005), 『수업현상학』, 학지사.

van Lier, L.(1996), *Interaction in the Language Curriculum: Awareness, autonomy and authenticity,* London and New York: Longman.

07장 문학 교육

I. 문학교육의 본질과 위상

(1) 문학교육의 성격

문학교육은 학습자로 하여금 문학이 발현하는 인간/세계 이해의 요소를 언어 미학적 경험으로 갖도록 한다. 동시에 문학교육은 텍스트와 더불어 언어 미학적 경험을 하는 동안에 생겨 나오는 인문 가치를 교육적 경험으로 내면화 하게 하는 역할을 한다.

문학교육이 제공하는 교육 내용의 대부분은 인간 이해와 관련된 폭넓은 텍스트 경험이다. 문학에서 얻는 인간 이해의 경험은 일종의 미적 경험, 즉 일종의 감동 기제로 겪어나가도록 한다는 데에 특징이 있다. 문학은 형상화 된 작품으로 향수(享受)되기 때문에 인간 삶과 세계의 작용을 재현하는 과정에서 여러 상상력과 미의식들을 느끼게 한다. 학생들은 형상화된 문학 세계의 모습으로 경험하면서, 동시에 이를 상상하고, 해석하고, 가치화 하고, 반성하고 실천하려 하는 정신적 경험을 길러 나간다. 여기에 문학교육의 본질이 있다.

문학교육에서 문학을 교육적으로 경험시키는 유형은 다양하다. 1) 문학적 언어를 일상에서 경험하든 2) 구체적 문학 텍스트를 경험하든, 3) 문학 텍스트를 생산하는 경험을 하든, 4) 문학과 유관한 맥락적 경험을 하든, 5) 나아가서 문학 텍스트의 중층적 확장을 경험하든, 이는 삶의 총체성을 향한 사유를 필연적으로 내포하게 됨을 의미한다. 삶의 총체성을 향한 사유는 잡다한 사건(경험 소재)을 모아놓는다고 해서 작동하는 것은 아니다. 일련의 경험과 의식과 정서가 융합하여 어떤 감동의 기제 속에서 의미를 만들어내고 의미를 삶의 다른 정황에 부여함으로써 가능해 지는 것이다. 문학 가운데서도 특히 소설은 삶과 관련하여 '의미를 부여하는 삶의 총체성'과 긴밀히 연관된다.

의미를 부여하는 일은 일종의 반성적·비판적 사고를 동반함으로써 가능한 일이다. 반성적·비판적 사고는, 상당한 인지적 발달의 수준 없이는 기대할 수 없는 고등 정신 기능이다. 또한 반성적·비판적 사고는 일정한 도덕적 성찰의 기반을 필요로 하는 정신 능력이다. 문학은 사고와 발달과 언어적 기능 등이 상호 형성하는 관계의 망을 만들어 주는 데 유용하다. 굳이 문학교육이라는 틀에 가두어 두지 않더라도 문학이 인간의 발달에 드리우는 그 작용의 가치를 잘 이해할 수 있다. 그리고 그 작용은 인지적 발달과 정서적 발달은 물론이고 윤리성과 사회성의 영역에까지 미칠 수 있다는 것을 쉽사리 발견할 수 있을 것이다.

전통적으로 문학교육은 문학사적 가치가 두드러진 기존 거대 텍스트의 가치와 그것에 대한 거대 담론들을 바탕으로 문학교육의 교육과정론적 전통성을 중시해 왔다. 교육 내용 선정에 있어서도 서사의 경우, 거대서사가 지니는 서사 본질의 가치를 내용 준거로 인정하는 데 우선적 가치를 두었다. 이는 문학교육의 정전이 지니는 문제적 위상으로 지적되기도 했다(정재찬, 2003). 그러나 이러한 방식이 실제로 얻을 수 있는 교육적 효과에 대해서는 재고가 필요하다고 본다.

미디어 환경의 변화와 대중문화 영역의 팽창으로 대량 대중 소통의 공간이 문학교육의 생태 환경으로 변화되어 가고 있기 때문이다. 정전 전통에서 벗어나는 당대적 주변적 문학 현상의 대두는 현대 사회와 삶의 양태를 발생적 차원에서 반영하는 면이 있다.

문학교육은 전통적 순문학주의 인식론에 바탕을 둔 패러다임의 변화를 요구 받고 있다. 이는 현대사회에서 문학교육이 내적인 역동성을 갖추어야 하는 요구에 직면해 있음을 의미한다. 문학과 문화의 상호작용을 현실 속에서 중시함으로써 문학교육의 문화교육 기능을 극대화 할 필요가 있다는 것이다. 현재의 교육 생태에 부합하는 문학교육의 본실을 보색해야 하는 것이라 할 수 있다.

예컨대 정전적 전통과 탈정전적 도전을 학습자들이 경험적으로 호응할 수 있는 문학교육 내용을 고민해야 한다. 탈정전적 현상 가운데는 종전의 문학 가치로는 설명할 수 없는 것들이 등장할 수도 있다. 교육의 열림을 지향하는 패러다임 속에서 경험적 호응이란 단순한 배합을 의미하는 것은 아니다. 정전적 전통의 경험을 가지고 탈정전의 문학 현상들을 수용자 중심으로 탐구하고 통찰하게 하는 방식을 모색하는 것이 필요할 것이다. 동시에 탈정전의 경험을 가지고 지금 여기의 문학 텍스트들을 찾아가는 징검다리로 삼는 방식을 모색하자는 것이다. 이는 궁극적으로 앞으로의 문학교육이 텍스트의 울타리에 갇혀 있는 학문 탐구 방식의 문학교육을 넘어서서, 문학텍스트가 사회적 · 문화적 · 예술적 공간에서 작용하고 변이하는 현상에 대해서 이해하고 참여하고 소통하는 능력과 안목을 길러 주는 데로 나아가야 할 것이다. 이는 곧 문화교육의 장으로 나아감을 의미한다. 현 시점에서 문학교육의 본질 모색 가운데 가장 두드러진 점이라 할 수 있겠다.

문학교육의 문화교육으로서의 역할을 강조하는 연장선에 '문학을 통한 교육'이 문학교육의 본질 요소로 대두할 수 있다. 이는 문학교육이 곧 삶의 교육이라는 관점에서도 문화교육적 자질을 인정받을 수 있다. 궁극적으로 교육은 개체로 하여금 어떤 특정의 문화에 기술적으로 이념적으로 참여하게 하는 것을 돕는 과정이라는 것을 주목하자는 것이다. 현대 사회의 다양한 문학 경험을 통해서 수행되기를 바라는 개인의 사회 · 문화적 발달 과업이라는 것도 결국은 사회 · 문화적 소통에 특정의 문학적 이슈를 가지고 참여할 수 있는 능력으로 귀결된다. 우리가 교육에서 길러주고자 하는 기능(skill)이라는 것도 그 자체가 중요하기보다는, 넓게 보면 일종의 문화적 컨텍스트 안에서 유용하고 합당한 역할과 자리를 찾아 가게 함으로써 가능한 것이다. 이렇게 보면 문학교육은 다양한 역할 층위를 가지고 다양한 교육적 코드를 발현하는 역동적 영역임을 재인식할 수 있다.

(2) 문학교육의 위상

'문학'과 '일상 경험'의 관련, 또는 '문학'과 '교육'의 관련을 잘 이해함으로써 문학교육의 본질을 이해할 수 있다. 그리하여 '문학교육'이 그 인접에 있는 '문학'이나 '교육'과 어떤 관계를 맺고 어떤 위상을 가지며 존재하는 것인지를 이해할 수 있다. 문학은 가치 있는 체험의 형상화라고 정의되기도 한다. 가치 있는 체험을 형상화하기 위해서는 발견의 능력과 표현 능력의 동시 발달을 전제로 해야 한다.

여기서 '가치 있는 체험'은 '일상 경험'의 영역이고, '형상화'는 문학의 영역이고, '발견의 능력'과 '표현 능력'은 '교육'의 영역에 속하는 것이라 할 수 있다. 물론 발견의 능력은 삶의 과정에서 가치 있는 일에 대한 감수성 및 그것을 기반으로 한 성찰의 능력을 전제로 발달한다는 점에서 더욱 교육적 노력을 필요로 하는 것이다. 그러나 이러한 능력은 문학과 관련이 있기는 하지만 아직 그 자체로 문학인 것은 아니다. 발견된 가치 있는 체험이 문학적으로 유의미한 것이 되려면 문학적 갈래의 특성과 규칙 그리고 문학 언어의 특성에 따른 문학 작품으로서의 질서를 갖추어서 표현하고 이해할 수 있는 능력의 발달이 필요한 것이다. 이러한 능력의 발달을 감당하는 영역이 바로 문학교육의 영역인 것이다.

이렇듯 문학의 이해를 실행하는 동안에, 문학의 갈래와 형식과 규칙을 알고, 이를 바탕으로 공감과 해석과 비평의 정신 작용을 하면서, 텍스트 세계에 공감하고, 어떤 가치를 심미적으로 수용하면서 내면화 하는 과정과 능력은 문학교육의 과정이며 내용에 해당하는 것이다.

문학적 표현의 실행을 하는 경우도 마찬가지이다. 발견한 체험에 공감하고 내면화하는 자기화의 절차를 통해서 문학적 표현의 능력을 길러 가는 것인데, 이 역시 문학 그 자체라기보다는 문학교육의 영역에 해당하는 것으로 볼 수 있다. 요컨대 문학적 이해와 표현을 실행하는 과정에서 발견한 체험에 공감하고 내면화하고 자기화 하는 과정을 문학교육의 영역이라고 할 수 있다. 따라서 문학이론이나 개별 텍스트를 일반 학습 경험으로 배우는 것이 문학교육이라고 생각하는 것은 문제가 있다.

논리적으로 말하면 문학은 문학텍스트를 바탕으로 그것을 의미화 하고 설명하는 일체의 현상이라 할 수 있는 반면에 문학교육은 문학을 배우고 가르치는 현상의 총체를 의미한다. 물론 문학을 가르치고 배우는 현상, 즉 문학교육현상 속에는 문학현상이 자연스럽게 개입하거나 맥락화 할 수 있다. 그렇다고 해서 문학교육의 본질을 문학현상 그 자체로 설정할 수는 없다. 문학교육은 인간이해의 인식론에 터를 두고, 텍스트를 포함한 문학현상을 유의미적으로 선택하고 조직하고, 소통하는 일련의 과정 체제이다. 이 과정 체제에는 교육이 지향하는 이념, 목적, 가치, 체제, 맥락 등이 작용하고, 교육 운용 체제의 차원에서는 교육철학, 교육과정, 교재 조직, 교수·학습 방법, 평가 등의 기제에 호응하는 것이기도 하다. 문학연구와 문학교육연구가 텍스트 구조 등에서는 동일 차원에 놓이면서도, 수용, 소통, 발달, 가치화, 평가 등의 차원에서는 문학교육연구 고유의 영역으로 자리 잡을 수밖에 없다.

그러나 문학현상과 문학교육현상의 관계를 좀더 단순화 시켜서 융통성있게 생각해 보면, 이들 모두가 인류가 산출해 놓은 의미 있는 문학 텍스트를 원천적 토대로 한다는 데서 그 공통 기반을 확인할 수 있다. 문학현상에서는 이들 텍스트를 중심부로 인문적 가치를 논하는 것이 상대적으로 기울어 있다면, 문학교육현상은 이들 텍스트를 수용하고 소통하는 발달과정의 인간을 중심부로 하는 데에 더 많이 기울어져 있는 것으로 볼 수도 있다. 문학현상에서 논의 중심이 기성의 텍스트와 기성의 작가에게 놓여 있다면, 문학교육에서는 발달 과정의 학습자가 텍스트에 다가가는 과정(이해의 과정이든 표현의 과정이든)에 더 많이 기울어져 있다고 할 수 있다.

예컨대 문학영역에서 문학비평의 방법을 이론으로 개발하고, 그것을 기성 작품에 실천으로 적용하는 데에 주력한다면, 문학교육에서는 이들 비평 이론이 학습자의 수준에서 작품 해석하는 데에 어떻게 교육적으로 재개념화 되어 학습자에게 유용할 수 있는지를 주목한다. 물론 학습자들은 기초 단계에서 작품을 비평적으로 해석한다는 것이 무엇이며, 해석에 관여하는 비평적 요소는 무엇이고, 해석에는 어떤 관점과 근거가 동원되고 있는가를 이해할 필요가 있다. 이러한 이해에는 비평이론 자체 이외에 다른 교육적 요소들이 고려되고 반영되어야 한다. 이것이 전제되었을 때 해석 방법에 대한 이해가 깊어질 것이고 이러한 해석 내용과 해석 방법에 대한 자기 이해에 근거해서 학습자는 제시된 다양한 해석 방법 가운데 자신에게 유용한 것들을 적절히 선별하기에 이르게 된다.

(3) 문학교육의 생태와 미디어 현상[1]

'미디어 현상이 문학교육의 생태이다.'는 말은 구체적으로 무엇을 의미하는가. 이를 알아보기 위해서는 미디어 현상이 문학교육의 핵심적 요소와 어떻게 연관되는지를 이해해야 한다. 미디어 현상이 문학교육의 생태

1) 박인기(2003), '미디어 현상의 교육적 수용과 교육과정론적 의의' 중 일부를 발췌하여 재구성한 것이다.

로 인식되어야 한다. 문학이 '언어', '사회', '문화' 등의 영역과 상호작용하고 이들을 가로질러서 통섭하게 하는 데에는 미디어의 작용을 반드시 고려해야 하기 때문이다. 즉 문학이 언어 현상으로 존재하는데, 이 언어 현상에는 미디어 현상도 함께 나타난다. 요컨대 문학은 언어 현상이다. 미디어 또한 언어 현상의 일종이다. 이러한 상호성은 문학과 사회와 미디어, 문학과 문화와 미디어 사이에도 마찬가지로 일어난다.

첫째, 문학교육은 전통적으로 언어적 구조물인 '텍스트'를 다룬다. 미디어 현상 역시 언어 현상의 측면을 가진다. 미디어가 메시지 운반 수단으로서(앞에서도 밝힌 바와 같이, 현대 미디어는 단순한 전달 수단으로서의 기능적 의미를 넘어선다) 실어 나르는 메시지들은 언어적 구조물이거나 언어 사용의 기제를 가지고 있다. 어떤 미디어 작용도 언어가 배제되는 의미 작용은 생각하기 어렵다. 오늘날의 주류 언어학으로 부각되는 텍스트 언어학 이론 역시 언어의 존재 방식을 소통론적 입장에서 궁구한다. 언어의 의미 작용을 소통의 맥락에서 궁구함으로써 실제적 화용의 의미를 찾고 언어와 문화의 상관 범주를 설명할 수 있다고 보는 것이다. 미디어 현상이 언어현상의 요소를 한 축으로 하고 있음을 보여 주는 극명한 예이다.

둘째, 문학교육은 문학 텍스트를 텍스트 내적 논리로만 다루지 않는다. 텍스트의 사회적 기능이나 텍스트가 유발하는 사회적 긴장관계 등에 대해서 주목해야 한다. 이는 문학교육이 대상으로 하는 '문학'이라는 존재 자체가 사회적 존재이기 때문이다. 마찬가지로 미디어 현상은 사회 현상의 측면을 가진다. 원초적 설명이지만 사회현상은 개인이 타자와 관계를 맺는 양상과 방식에서 발생되는 것이다. 그리고 그것이 공공의 영역으로 확장되어 마침내 제도나 관습의 차원으로 자리 잡는 것으로 설명된다. 오늘날 미디어는 사람들의 가장 공적인 영역이 되었다. 사회적 함의가 높은 공공의 일들이 미디어를 통하여 이루어진다. 무엇보다 미디어를 통해 이루어지는 사회적 함의가 높은 공공의 일들에는 문학교육의 본질적 요소들이 중핵적 역할을 하고 있다. 가령, 전통적으로 비문학 텍스트로 분류되던 뉴스나 공공연설 등에서 드러나는 수사적 요소들에는 풍자, 비유 등의 문학교육 요소들이 깊이 관여하고 있다. 최근에는 분야를 막론하고 스토리텔링 관련 요소들을 소통의 기법으로 채택하고 있는데, 스토리텔링 관련 요소들은 또한 미디어와 깊숙이 결부되어 있다. 따라서 미디어 현상이 갖는 사회 현상의 측면은 역시 문학교육의 생태로 인식되어야 한다.

셋째, 미디어 현상은 문화 현상의 측면을 가진다는 점에서 문학교육의 생태로 인식되어야 한다. 문화를 정의하는 방식은 여러 가지이지만 여기서는 의미를 공유하는 현상 또는 과정 그 자체를 문화 현상으로 보는 관점을 취하고자 한다. 어떤 공동체가 의미의 생성과 유지를 공유하고 그 의미의 소통에 공통된 관심과 가치를 부여하는 양상이 있다면 그것은 문화현상이라 할 수 있다. 문학은 이러한 관점에서 대표적인 문화현상으로 인류 역사와 더불어 이어져 오고 있는 것이다. 오늘날 의미의 생성과 유지를 공유하는 일이 미디어와 무관하게 일어날 수 있다고 보는 사람은 없다. 거의 대부분의 대중문화는 매스 미디어와 높은 상관성을 유지하면서 생성되고 소통된다. 뿐만 아니라 '고급문화'로 일컬어지는 문화 현상 역시 미디어와 긴밀한 관계를 형성하고 있다는 점에서 문학교육은 고전부터 현대 문학에 이르기까지 미디어 현상과의 관련성을 주목할 필요가 있다.

넷째, 문학교육은 문학 텍스트 자체의 완결성만이 아니라 문학 텍스트가 어떠한 소통 과정을 거치는가에 주목해야 한다. 미디어 현상은 바로 이러한 소통 현상의 측면에서 유의미하다. 미디어 현상이 소통 현상의 측면을 가진다는 명제는 동어반복적인 면이 있다. 미디어 자체가 소통 기제 바로 그것이기 때문이다. 그럼에도 불구하고 이러한 측면을 강조하는 것은 우리 삶의 상당 부분이 미디어적인 생태나 그 기제를 따라가고 있다는 점을 강조하기 위해서이다. 정치도 예술도 그러하고 교육 또한 마찬가지이다. 즉 의사소통론적 접근으로 새로운 패러다임을 구축하려는 움직임이 있어 왔던 것이다. 문학교육이 의사소통론적 접근을 취함으로써 학습자의 실제 삶 속에서 채택되고 의미를 생성해 나가는 문학 텍스트를 다룰 수 있게 될 것이다.

Ⅱ 문학교육에 대한 이론적 이해

(1) 문학교육 이론의 역할

문학교육 이론은 문학교육을 연구하고 실천하는 기본 원리를 생성하는 내적인 체계이고 그것을 설명하는 메타 인식의 틀이라 할 수 있다. 따라서 문학교육 이론은 문학교육을 발전시키는 방향으로서 또 토대로서 그 의의를 가진다. 문학교육의 본질과 현상이 균형 있게 발전하기 위한 기본 토대로서 문학교육이론이 놓여 있어야 하는 것이다.

문학교육 실천면에서 보면, 문학교육 이론은 '문학을 배우고 가르치는 일'의 합당한 토대를 제공한다. 즉, 문학교육이 합목적적이고, 타당한 내용과 방법과 원리에 따라 이루어지기 위해서는 문학교육이론이 필요한 것이다.

일반적으로 '이론'은 '현상'을 조회(照會)하는 기준이 되고, 현상의 불합리를 조정하며, 나아가 현상을 바람직하게 변화시키는 역할을 한다. 문학교육이론은 '문학교육 현장'의 실제적 모습이나 활동(activity)을 일관되게 설명하고 가치화할 수 있는 일정한 논리적 체계이다.

문학교육의 현장은 일차적으로는 문학수업이 이루어지는 교실현장이 된다. 그러나 문학교육은 사실 교실 바깥에서도 광범위하게 이루어지므로 '문학교육 현장의 개념'을 너무 협소하고 경직되게 인식해서는 아니 될 것이다. 문학 텍스트가 창작되는 현장, 문학 텍스트가 소통 · 수용되는 현장, 문학교육 과정이 개정되는 현장, 문학관련 교과서가 개발되는 현장, 교사들의 연수가 이루어지는 현장 등등이 모두 '문학교육 현장'에 해당하는 것이라고 할 수 있다. 문학을 지도하는 교사는 문학현상의 이러한 역동성을 포괄적으로, 그리고 상호관련 하에서 파악하는 안목이 필요하다.

좋은 문학교육 이론은 문학교육의 실제를 바람직하게 바꾸어 갈 수 있는 토대가 된다. 즉, '문학교육의 모형'과 '문학교육의 전략'과 '문학교육의 실제'를 '지금 여기'의 문학교육 상황에 맞게 생성해낼 수 있는 것이 바로 문학교육 이론이다(이 책 제1부 2장 Ⅳ절 '국어교육학의 탐구 수준' 참조). 문학교육의 실제적 장면을 질서 있는 하나의 체계로서 유지 · 발전시키며, 그것을 토대로 더 나은 문학교육의 방향을 모색해 갈 수 있는 힘이 바로 이론의 힘인 것이다.

문학을 가르치는 교사의 처지에서 보면 이론보다는 실제적 교수 기술이 필요할 듯하지만 반드시 그렇지는 않다. 실제적 기술을 효과적으로 만들어 내고 관장하는 안목을 가지기 위해서는 이론의 이해가 필수적이다. 또 교사 자신이 수행하는 문학교수의 질을 스스로 평가할 수 있는 준거로서 문학교육 이론이 요청된다. 그리고 더 나은 문학 교수·학습 방법을 모색하게 될 때에도 문학교육 이론의 도움이 절대적으로 필요하다. 어떤 문학교재에 대한 대안적 비판을 마련할 때에도 문학교육 이론을 통한 반성적 조회(照會)가 따라야 하는 것이다.

문학교육 이론은 문학이론과 깊은 상호성을 가지지만 문학이론 자체가 문학교육 이론이 될 수는 없다. 국어교육에 대한 논의가 전문적으로 분화되기 이전까지만 해도 문학교육의 이론으로 문학이론을 다루는 경향이 많았다. 이러한 풍토에서는 문학교육 이론이 문학이론으로 환원되는 모습을 피할 수 없었다.[2)]

그러나 이는 문학교육에 대한 입체적 인식이 부족한 데서 온 것이라 할 수 있다. 교육현상의 역동성을 고려치 않고, 문학교육의 내용은 문학지식(또는 이론)을 가르치는 것이 주종이 되어야 한다는 학문중심의 교육과정관(教育課程觀)을 따르는 데서 오는 것이었다. 문학지식 일변도의 문학교육 이론은 문학교육 실제와의 호환성이 경직될 수밖에 없다.

문학이론과 문학교육 이론을 소박하게 구분해 보기로 하자. 문학이론은 문학현상, 즉 문학 텍스트의 존재현상에서부터 문학이 생산되고 수용되는 일련의 현상, 그리고 이러한 문학이 사회나 현실과 교섭하는 현상을 설명하는 이론이라 할 수 있다. 여기에 비해서 문학교육 이론은 문학교육이 이루어지는 현상과 관련한 설명체계라 할 수 있다. 즉, 문학교육 과정과 관련된 이론, 문학교재의 개발과 관련된 이론, 문학 교수·학습과 관련된 이론, 학습자의 문학수용 과정과 관련된 이론, 문학 텍스트가 변용되어 교육에 영향을 미치는 것을 탐구하는 이론들이 문학교육 이론의 중심 자리에 놓인다.

그러나 문학이론과 문학교육 이론이 확연하게 범주를 달리하는 것은

2) 박인기 '문학교육학의 이론토양 생성하기', 문학교육학, 2012. 8. 문학교육학 이론의 고유성과 독립성에 대한 반성과 전망이 제시되었다.

아니다. 문학이론은 문학교육 이론에 높은 상관성을 지니면서, 상호 작용한다고 보아야 할 것이다. 예를 들어보자. 문학교재 이론을 개발할 때, 작품의 구조특성이나 작품에 반영된 사회상 등이 어떠한지를 판별함으로써 이 텍스트가 학습자의 어떤 동기와 연결될 수 있는지, 또는 학습자의 어떤 발달수준과 적합한지를 정리할 수 있다. 전래동화를 문학교재로 선정할 때, 어떤 텍스트가 어떤 정도의 구비전승 분포를 보이는지를 살펴보는 일도 문학이론 내지는 문학연구 쪽의 도움을 받지 아니하고서는 불가능하다. 문학이론이 문학교육에 관여하는 것은 비단 교육내용으로서 문학 텍스트를 상정하는 경우에만 국한되지 아니한다. 문학을 읽고 감상하는 방법과 전략에서도 문학이론의 성과들이 큰 영향을 미치는 것을 볼 수 있다. 예를 들어 문학이론으로서의 독자반응 이론이 문학교육, 특히 감상지도의 원리를 개발하는 데에 많은 시사를 주며, 문학사회학의 이론은 문학교육의 사회·문화적 맥락(context)을 결정하는 데에 많은 도움을 준다. 이는 유능한 문학교사의 거시교수 전략을 수립하는 데에 바탕을 제공하기도 한다.[3)]

응용과학으로서 '국어교육학'을 주창하는 관점에서 보더라도 문학교육과 관련된 요소들 간의 상호성은 강조된다. 내용과 방법의 상호작용, 즉 교육의 내용 속에 교육방법의 가능성이 있고, 방법 속에 내용의 규정이 드러나는 체제를 문학교육의 탐구체제로 본다. 이러한 관점에 서면 문학교육 이론은 문학이론을 참조의 준거로 삼으면서, 문학교육 현상을 설명하고 생성하는 이론체계를 독자적으로 가져야 하는 것이다.

교육과정의 전체 구조 속에서 문학교육은 국어교육의 하위양상으로 커리큘럼화되어 있다. 따라서 현재의 우리 문학교육은 국어교육 일반이 그러하듯이 일종의 응용학문이라 할 수 있다.[4)] 응용학문의 성격은 그 이론

3) 중요한 문예학이론은 각기 그 나름의 문학이해(해석)의 방법론으로 작용하기 때문에 교육적 전이가 잠재되어 있다고 보아야 한다. 이 점을 잘 원리화하는 것이 문학교육연구자들의 과제이기도 하다. 1930년대 로젠블렛(Rosenblatt) 등에 의해서 주창된 '독자반응이론'은 유럽의 수용미학이론과 더불어 '학습자중심' 교육철학과 상호성을 발휘하는 쪽으로 개발된다. 또한 반영이론의 맥락 속에서 문학과 현실의 교호작용을 문학학습의 주요기제로 파악한다든지 하는 것을 유의할 필요가 있다.

4) 일반적으로 학문분야를 3구분해 온, 이른바 자연과학/인문과학/사회과학의 구분법으로 보면 국어교육학은 이들 기본학문 범주에 들기보다는 이를 응용하는 응용학문으로 보지만, 그와 다른 견해도 있다. 국어교육학은 그 자체로서 독자적인 대상, 내용, 방법론을 지니므로 독자적 '과학(science)'이 될 수 있다는 것이다.

체계가 순수하고 단일한 학문성에 의존한다기보다는, 다원적으로 복합된 여러 학문의 상호작용에 의존하는 면이 강하다. 응용의 구조가 어떠한가 응용의 효과가 무엇을 노리느냐에 따라서 응용학문의 정체와 본질은 부단히 새롭게 정립된다. 따라서 응용학문은 그 배경을 이루는 기초학문이나 보조학문 영역으로부터 어떤 이론적 근거를 참조하여 자신의 이론적 토대를 재구성, 재개념화해야 하는 것이다. 즉, 배경학문이나 보조학문이 제공하는 이론적 시사(示唆)들을 응용학문 자신의 형편과 요구에 맞게 재개념화하면서, 그것을 응용학문의 이론으로 만들어 스스로 뿌리내리게 해야 한다.

문학교육의 경우, 이른바 배경학문에 해당되는 문학학(문예학), 심리학, 사회학, 언어학, 교육학, 문화이론, 의사소통 이론 등의 이론적 요소를 문학교육의 장면과 요구에 맞게 재개념화함으로써 문학교육의 이론을 확충해 나갈 수 있다.[5] 이러한 배경학문으로부터 문학교육은 내용과 관련되는 이론뿐만 아니라 문학교육의 방법과 관련되는 이론들을 모색하고 추출하게 된다. 이러한 재개념화(이론화)의 과정은 어떤 절대적 법칙이 있어서 그것을 찾아가는 것이라기보다 '지금 여기'의 문학교육의 현상적 조건을 고려함으로써 이루어진다. 이렇게 형성된 문학교육 이론은 이론으로서의 살아 있는 힘을 가진다.

(2) 문학교육 이론의 범주

문학교육을 실천하는 상위의 원리 체계를 문학교육 이론이라 한다. 문학교육이론은 다양한 문학교육현상을 일반화 하여 질서 있게 설명하는 상위적 설명 체계라 할 수 있다. 이러한 문학교육 이론을 그냥 객관적 지식으로만 접근하려하기보다는, 문학교육 이론 전체를 하나의 그물[網]로 파악하는 접근법이 바람직하다. 그러기 위해서는 문학교육 이론이 존재하는 범주를 체계 있게 설정하고 이해할 수 있어야 한다.

이를 '이론의 범주화'라 할 수 있는데, 문학교육 현상을 설명하고 바로잡아 나가는 문학교육 이론을 어떻게 규정하고 파악할 것인가를 먼저 생각해 보아야 한다. 더구나 문학교육 이론의 독자성을 고려하기 위해서는

5) 문학교육 이론의 재개념화 및 그 의미에 대해서는 박인기(1995, 1996) 참조.

어떤 이론범주들을 설정하는 것이 합리적일 것인가, 문학교육 이론과 일정한 상관성을 가지고 개입해 오는 문학이론의 위상은 어떻게 정리해야 할 것인가 등을 검토해야 한다.

문학교육 이론을 범주화하기 위해서는 일차적으로 '문학'으로 인해 빚어지는 여러 현상에 대한 철학적 조명이 있어야 한다. 문학으로 인해 빚어지는 여러 현상 가운데는 먼저 문학 텍스트도 있을 수 있고, 문학이 여러 분야에 영향을 미치는 현상이 있을 수 있다. 그 중에는 문학을 가르치는 교육도 있을 수 있다. 이들의 기능과 층위는 각기 다르지만 이들은 모두 문학교육 이론을 발생시키는 현상과 질료이다.

이런 현상들을 토대로 우리는 문학교육을 어떻게 인식할 것인지를 살피는 작업을 하게 되는데, 이를 문학교육에 대한 인식론적 탐구라 할 수 있다. 문학교육이란 무엇인지를 살펴보는 모든 논의가 여기에 해당하는 것이다. 당연히 '문학이란 무엇인가?'의 문제와 '교육이란 무엇인가?'를 논하게 되고, 이들이 문학교육의 본질을 규정하는 참조 준거로서 등장하게 될 것이다. 이를 토대로 문학교육의 내적 정체(正體)를 규정하는 논의가 자리 잡게 될 것이다.

최근의 연구 성과들은 문학교육이 내용으로서의 '문학'과 방법으로서의 '교육'이 단순 결합하는 방식으로 문학교육을 보지 않는다(구인환 외, 2008, 우한용 외, 1996). 즉, '내용이 요구하는 방법'과 '방법이 요청하는 내용'을 정밀하게 개발할 것을 강조한다. 그리고 이들 양자가 상호작용적으로 고려되어야 하는 쪽으로 나아가고 있다.

마찬가지로 문학에 대한 가치론적 논의는 문학교육의 가치론적 문제를 살피는 작업에 직결된다. 문학교육의 가치를 논하는 작업은 궁극적으로 '문학교육과정 이론'으로 귀결되는데, 여기에는 문학 내적인 논리와 문학 외적인 논리가 균형 있게 개입해야 한다. 전자가 문예학적 원리들에 의존해야 하는 성격을 지니고 있다면, 후자는 교육학, 사회학, 심리학의 조건들에 비추어 보아야 하는 문제이다. 문학교육의 가치 가운데 문화전승의 가치, 상상력계발, 삶의 총체성 이해 등이 문학 내적인 것에 토대를 둔 가치논의의 대종이라면, 문화이론과의 연관, 전인성, 언어능력의 세련, 발달적 가치, 민족 교육적 가치 등등은 문학 외적 범주에서 들여다 볼 수 있는 문학교육 가치론에 해당하는 것이 된다. 물론 이들 양자가 상호작용되는 면모를 놓치지 아니하는 데에 문학교육 이론의 역할이 드러난다 하겠다.

문학교육의 이론을 인식론과 가치론에 기초하여 살펴보는 일은 문학교육(국어교육)을 학문의 수준에서 이론화하기 위한 것이다. 이는 국어교육의 전체적 모습을 좀더 총체적이고 입체적으로 확충해서 보고, 그것을 바탕으로 이론적 작업을 해야 한다는 것을 의미한다. 지금까지 문학교육의 모습을 문학 텍스트 구조론으로만 설명하려 했다. 그 결과 정태적 내용체계로만 보려고 한 면이 있었고, 그런가하면 오로지 교육방법의 기제 속에서만 문학교육을 좁게 파악하여 기술적 처방으로만 보고자 하는 면이 있었다.[6)]

이러한 편향성과 단순성을 극복하고자 하는 것으로서, 이른바 국어과교육을 생태학적 관점에서 역동적인 구조로 파악하고자 하는 관점이 대두되었다(박인기, 1995). 이러한 관점은 모두 문학교육의 이론적 마당을 어떻게 접근해 가야할지에 대한 새로운 안목을 제시하는 것이라 할 수 있다. 또한 문학교육이 문학의 작품(구조/주제)을 가르쳐야 하는 국면과, 문학의 속성을 익혀서 내면화하게 해야 하는 국면으로 분화하여 생각해 보는 접근들이 생겨나고 있다(김대행 외, 2000).

또 문학을 습득하는 학습자 관점에서 새롭게 설명해야 할 현상과 그에 따른 이론이 다양하게 제시 · 검증되어 왔다. 여기에는 물론 문학교육연구의 사회과학적 속성에 따른 연구 방법론이 문학교육 연구에 도입되었다. 이는 모두 문학교육의 현상을 넓고 깊게 확장 · 심화함으로써, 문학교육을 설명할 수 있는 이론이 더욱 독창적이고 고유하게 정립될 수 있음을 보여주는 것이라 할 수 있다.

6) 전자는 주로 중등 문학교육의 전통 속에 남아 있고, 후자는 주로 초등 문학교육의 특징으로 부각된다. 이러한 입장이 극단화되면 '문학교육' 자체의 교과 정체성이 위협받는다.

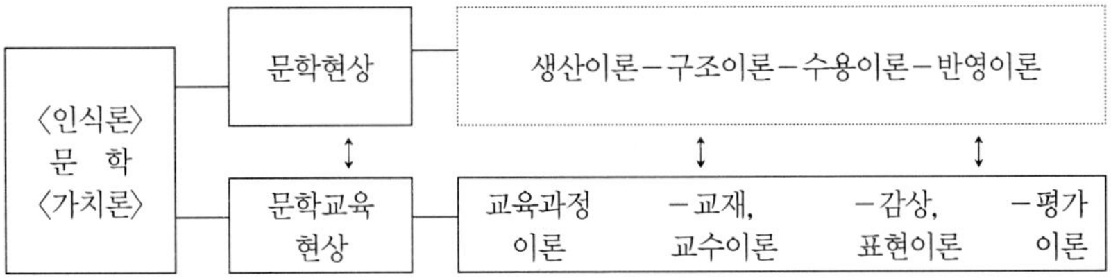

[그림 1] **문학교육 이론 범주**

문학 텍스트는 문학교육 논의의 중심을 차지하는 부분이다. 문학 텍스트는 '문학이 존재하는 현상 그 자체'이기도 하며, 문학교육 교재의 기본 단위에 해당하기 때문이다. 문학 텍스트를 중심으로 문학교육 이론이 등장하게 되는 것은 당연한 현상이라 할 수 있다. 문학현상의 중심에 문학 텍스트를 두면, 이 텍스트를 생산해 내는 축과 이것을 수용하는 축 사이에서 여러 가지 문학현상들이 생겨난다. 이러한 문학현상을 연구대상으로 하는 문학이론은 ① 생산이론, ② 구조이론, ③ 수용이론, ④ 반영이론 등으로 범주화해 볼 수 있다. 이는 물론 문학이론에 해당하는 것이지만 문학교육 이론에도 일정한 시사를 제공하는 하나의 틀로서 작용한다는 점에서 문학교육 이론에도 하나의 내적 기저를 제공하는 것으로 보아야 할 것이다. 앞의 [그림 1]에서 이러한 문학현상을 조명하는 이론들을 점선의 테두리로 제시한 것은 바로 이러한 이유에서이다.

문학교육 이론의 표면적 범주에 해당하는 것으로는 교육과정 이론, 교재 및 교수 이론, 감상 및 표현 이론, 평가이론 등을 제기할 수 있다. 이는 대체로 문학교육이 이루어지는 실천 현상을 중심으로 제기될 수 있는 범주들이다. 이들 이론범주는 [그림 1]에 따르면 내적 기저 범주에 대응하는 표면적 범주로 볼 수 있다. 보는이에 따라서는 이 표면적 범주를 교육 방법상의 범주로 규정할 수도 있겠지만, 내용과 방법의 상호성을 전제로 접근하는 것이 바람직하다.7)

중요한 것은 문학교육 이론이 온전한 설득력을 가지기 위해서는 위의 내적 기저 범주와 표면적 범주 사이의 상호성을 발견해 내고, 그것을 문

7) 내용범주와 방법범주로 이원화하여 결정론적으로 확정짓는 것은 바람직한 인식은 아니다. 일례로 교육과정 이론은 내용적 논의가 포괄될 수 있음으로 해서 가능해지는 것이고, 감상이나 표현이론도 장르 이론이나 수용이론과 밀접한 상호성을 지닌다는 전제하에서 내적 합리성을 가지게 되는 것이다. 그러나 여기서는 이해의 편의상 일단 이렇게 범주화해 본다.

학교육의 이론으로 구축해 나가야 한다는 점이다.

III 문학교육의 목표분석

(1) 문학교육 목표분석의 의의

일반적으로 교육의 목표는 두 가지 층위에서 거론된다. 하나는 그 과목의 성격과 본질에 비추어 그 과목의 교육이 나아가야 할 방향과 지표를 총체적 인식으로 제안하는 층위이다. 해당 과목의 교육이 어떤 철학적 인식과 가치를 향하여 나아가야 할 것인지를 밝히는 수준의 목표이다. 현재 문서교육과정에서 과목의 성격에서 진술하고 있는 것이 이와 같은 거시적 목표 개념을 담고 있다. 다른 하나의 목표 층위는 구체적 교육과정과 구체적 교재 단원과 구체적 수업 사태에서 교육공학적으로 분절되어 설정되는 목표이다. 이는 실제로 일정한 교재 상황과 일정한 수업 시공을 전제로 설정하기 때문에 분절되고, 해당 교재 단원의 기능과 해당 수업의 조건에 종속되기 때문에 기술적 차원의 목표로 나타난다. 따라서 이러한 목표는 미시적 목표 개념이다. 이론적으로만 말하면 분절적으로 구분된 미시적 목표들의 총합이 거시적 목표를 형성하는 것으로 보아야겠지만, 반드시 그렇지는 않다. 특히 문학교육에서는 더러 거시적 목표와 미시적 목표 사이에 거리가 생길 수도 있다.

문학교육의 본질이 이론으로 잘 정립되면, 문학교육의 목표 체계가 합리성을 갖추면서 구체화된다. 합리적으로 구체화된 문학교육의 목표들은 문학교육의 실천 장면에서 문학교재의 활성도를 높이고, 문학교사의 수업을 명료하게 전략화 한다. 문학교육의 거시적 목표개념을 총체적 인식으로 유지함으로써 문학교육 실천 과정에서 문학교육의 방향과 철학을 일관성 있는 토대로 견지할 수 있다. 또 교재와 수업의 차원에서 미시적 목표를 온전하게 이해함으로써 타당하고도 효과적이고 문학교육 활동을 운영하고 평가할 수 있는 기술적 전문성을 기를 수 있다.

목표를 분석할 수 있다는 것은 문학교육의 방향과 의의를 교사가 이해하고 통제할 수 있는 능력을 지니고 있다는 것을 의미한다. 그리고 목표에 진술된 개념 하나하나에 대해서 그 내포적 의미와 실천적 의미를, 문학교육 과정의 관점에서 충분히 파악할 수 있음을 의미한다. 따라서 목표분석을 제대로 하기 위해서는 문학과 교육의 여러 변인을 총체적인 맥락에서 볼 수 있는 안목을 요청한다. 목표에 대한 확실한 이해가 없으면 문학교육의 구체적 내용이나 방법이 온전하게 조직, 운영될 수 없기 때문이다.

목표인식의 중요성은 또 있다. 목표를 온전하게 이해하고 설명한다는 것은 문학교육 연구를 지배하는 패러다임[8]을 이해한다는 것과 같다. 문학을 가르치는 전문적 교사가 된다는 것은 문학교육 연구 및 실천에서 과거와 현재의 패러다임의 변화를 읽고 이해할 수 있는 능력이 있다는 것을 의미한다.

특히 문학교육의 목표분석은 문학 자체가 가지는 다양성과 다면성으로 인해서 매우 복합적인 성격을 지니기 때문에, 올바른 목표인식이 서지 아니하면 문학내용의 선정이나 구체적 지도에서 오류를 범할 수 있다. 일반 언어교육에서는 그 목표가 언어사용 기능의 함양으로 단일하게 수렴되는 데 비해서, 문학교육의 목표는 텍스트 내용의 일차적 이해 (이해 기능) 이외에도 또 다른 정신능력의 발현으로 이어진다. 이른바 '감동'과 '내면화' 그리고 창작적 요구 표출로 이어지는 교육적 목표들을 상정해야 하는 것이다. 이렇듯 문학교육의 목표는 인지적 요인은 물론이고, 심미적 요인과 사회 문화적 요인을 함께 고려해야 하는 것이다.

문학교육의 목표를 통합된 인식론의 차원에서 거시적으로 설정하든, 아니면 단원 차원의 분절된 공학적 기능적 목표로 미시적인 설정을 하든 항상 중요하게 고려되어야 할 것은 모든 문학적 경험은 감동과 내면화에 연계되어야 한다는 점이다. 감동이란 읽고 있는 문학 텍스트가 제시하고 있는 세계에 대해서 독자가 일종의 정서적 감염을 경험하는 과정이다. 그러한 정서적 감염은 문학이 가지는 예술적 장치에 의해서 하나의 '울림'처럼 독자의 영혼이나 정신을 흔들어 놓는 것이라 할 수 있다. 이는 달리 말하면 '세계'를 문학을 향유하는 학습자의 주관과 가치에 의하여 재구성하는 경험이다.

내면화는 감동의 한 과정이면서 동시에 감동 이후에 독자에게서 일어

8) 패러다임(paradigm)이란 어떤 분야의 연구자들이 그 분야의 탐구내용이나 탐구방법과 관련하여 모두가 함께 인정하고 받아들이는 공통된 인식의 틀 또는 체계를 말한다.

날 수 있는 정신작용이다. 즉, 감동의 내용과 가치적 요소를 오랜 시간을 통하여 독자의 인격에 내면적으로 용해시키는 과정이다. 이런 과정에서 창작적 욕구의 표출은 '세계 재구성'이라는 능동적 정신활동에서 매우 중요한 출발점이 된다. 이렇듯 문학교육의 목표체계는 복잡하고, 그것의 분석에는 문학교육 이론이 있어야 한다.

(2) 문학교육의 항존적 목표와 현존적 목표

인간이 언어와 의식(儀式)을 향유하기 시작한 때부터 문학은 이미 교육의 작용을 하면서 존재했었다. 원시 종합예술의 형태가 바로 문학의 분화 이전 원형이었다. 이렇게 오래도록 인류의 삶에 내재하는 노래와 이야기의 작용이 있었던 것이다. 개인의 정서와 감정을 표상하던 일차적 수단으로서의 노래나 이야기는 그 나름의 변할 수 없는 기능과 가치를 지녔던 것이다.

문화전승의 중요한 통로로서 문학은 오랜 연원을 두고 존재해 왔다. 심미적 본능으로서 언어문화를 창조하고 향유했던 데서 문학의 변하지 아니하는 기능과 가치가 인정되는데, 바로 이러한 점에서 문학교육의 당위와 가치를 목표로 끌어낸 것이 문학교육의 항존적 목표에 해당하는 것이라 할 수 있다. 즉, 시간과 공간이 변하는 것에 구애받지 아니하고 영속적으로 인정되는 문학의 가치를 교육적으로도 타당하게 승인하고 목표로 삼은 것을 문학교육의 항존적 목표라 한다. 문학은 항존적 목표의 가치가 비교적 강하게 인식되어 온 교과이다. 그만큼 동서고금을 통하여 문학은 교육의 기능을 강하게 발현해 온 것이라 할 수 있다.

현존적 목표는 항존적 목표에 상대되는 목표개념이라 할 수 있다. '지금 여기'의 교육현실이 문학교육에 요구해 오는 목표들이 바로 현존적 목표에 해당하는 것이다. 예를 들어서 민족의 현실이 어떤 위기에 처하거나 심하게 왜곡될 처지에 있을 때, 문학교육이 현실적 문제나 가치를 교육목표로 중시하게 된다면 이는 바로 현존적 목표에 해당하는 것이 된다. 물론 현실주의(realism) 자체는 문학의 보편적 자질에 속하는 것으로 항존적 목표의 성격을 띠는 것이기도 하다.

문학교육의 현존적 목표를 이끌어 내는 근원은 학습자들이 지금 여기

살고 있는 삶과 문화의 현장이라 할 수 있다. 그 중에는 문학을 가르치고 배우는 문학교육의 현장도 문학교육의 현존적 목표를 이끌어내는 중요한 공간이다. 물론 문학교육의 현존적 목표는 문학교육의 항존적 목표와 조화를 잘 이루도록 해야 한다.

(3) 문학교육의 주요 목표들

(가) 문학적 문화의 고양(高揚)

인간을 이성적 존재로 파악하는 것을 바탕으로, 인간 활동을 이성적·과학적 체제로 강화하고 가치화 하는 의식과 성향을 '과학 기술적 문화'라고 칭한다면, '문학적 문화'는 그 상대적인 자리에서 인간과 인간의 세계를 이해하려는 문화이다. 문학은 본래 인간의 모순과 부조리에 대한 따뜻한 이해와 공감에 바탕을 둔 것이다. 이것이 '문학적 문화'를 형성하는 것이고, 바로 이 점을 교육적 목표로 강조한다. 문학적 문화를 고양하겠다는 이 목표는 문학의 본질적 기능과 효과를 교육의 측면에서 그대로 강조하는 것이다. 그런 점에서 이 목표는 문학교육의 항존적 목표에 해당하는 것이다.

정보화 사회의 전개와 과학기술 문명의 지배로 인간성의 말살과 인간소외 등 인간존재에 대한 조건을 새롭게 성찰하고 인간의 가치를 고양하고, 인문적 정신을 옹호하는 일이 더할 수 없이 중요하게 요청되는 상황에서 문학적 문화의 필요성과 가치는 중시되어야 한다. '문학적 문화의 고양'은 이런 관점에서 문학교육목표로서의 의의를 지닌다. 이는 문학의 작용 속성과 문학교육의 목표를 일원화시킨다는 점에서 동어반복과도 같은 인상을 준다. 그만큼 목표로서의 당위성이 강하다 할 수 있다.

(나) 상상력의 발달

문학을 통해서 계발되는 상상력은 언어적 상상력이다. 문학교육에서 말하는 언어적 상상력이란 우리가 살고 있는 이 세계를 언어로써 의미 있게 재구성해 보일 수 있는 능력을 말한다. 서정양식의 문학은 세계를 자아화(自我化)하는 방식으로 우리들의 상상력을 계발하고, 서사양식이나 극양식의 문학은 세계와 자아의 대립을 통하여 세계를 의미 있게 발견하는 상상력을 가져다 준다. 또한 문학에서의 상상력은 일반 이성적 정신활동과는 달리 현실의 시간과 공간을 자유롭게 초월하는 경험을 가능하게 해 준다.

학생들에게 이러한 초월적 사고경험은 꿈과 이상을 설계하게 하는 힘을 가지게 해 준다. 이러한 정신경험은 한 개인이 지적·정서적으로 발달해 가는 과정에서 교육적으로 중요한 기제로 작동한다. 그런 점에서 '상상력 계발'은 문학교육 목표로서의 타당성을 확보한다.

(다) 삶의 총체적 이해

문학은 우리들 삶을 총체적으로 이해하게 하는 데 기여한다. 그리고 문학은 그 존재 기반이 총체성의 추구라는 데에 있다. 특히 문학 가운데 산문문학은 삶과 현실의 재현으로부터 시작하여, 그 재현이 우리들의 삶과 의식의 총체성을 드러내는 데에 기여함으로써 비로소 문학으로서의 가치를 쌓아나가는 것이라 할 수 있다. 문학의 이러한 작용을 알면, 문학 가르치기의 중요성을 강조하지 않을 수 없다. 이는 물론 문학교육의 항존적 목표로서 위상을 지닌다.

원래 '총체성'이란 근대 자본주의 이후 파편화되고 수단화되어 왜곡되는 현대인의 삶을 반성하여 지양(止揚)한다는 의미로 사용된 개념이었다. 그런 삶을 지양하게 하는 데에 문학이 일정한 기여를 한다는 것이다. 그러나 문학교육에서는 이를 더욱 일반화하여 문학학습을 통해서 삶의 다양한 모습을 이해할 수 있게 한다는 점, 그리고 삶의 모습을 구체적으로 공감하고 이해하게 한다는 점, 그리고 삶의 모습을 파편적으로 경험하지 않게 하고, 세계 전체의 연관 속에서 경험하게 해 준다는 점 등이 모두 '총체적 이해'의 중요 특성이 된다.

(라) 심미적 정서의 함양

문학 작품은 언어로 이루어지는 예술적 형상화의 소산이다. 이 점이야말로 어떤 텍스트가 문학다운 것인지를 결정하는 가장 중요한 자질이다. 그렇기 때문에 문학교육은 언어가 문학작품으로 빚어지는 형상화 과정을 학생들로 하여금 경험적으로 습득하게 해 주어야 한다. 문학 텍스트는 언어로 된 미적 구조물이며, 그것을 받아들이는 수용자도 심미적 정신작용에 의해서 작품의 의미를 비로소 스스로 형성하고 내면화하는 것이다. 문학은 미적 정서를 기를 수 있는 경험의 질료이면서 동시에 미적 정서에 가닿을 수 있는 통로이기도 하다. 이와 같은 문학교육의 예술 교육적 속성을 이해하고 경험하는 것이 문학교육의 목표가 되어야 한다.

미적 정서란 인간과 사물에 대한 공감과 사랑을 전제로 형성되는 것이다. 그 공감과 사랑은 결과적인 것보다는 동기적이고 과정적인 것을 주목함으로써 미적 정서를 더 크게 고양시킨다. 참다운 위안과 공감은 온전한 인간(전인: 全人)을 길러내고자 하는 교육에서는 중요하게 인식되는 목표라 할 수 있다. 이렇게 보면 '미적 정서'는 문학과 교육이 공유하는 매우 중요한 가치항목이라고 하겠다. 문학교육에서 목표로 삼는 '심미적 정서'는 외적으로 표현되는 문학 언어의 아름다움만을 지칭하는 것은 아니다. 이성적 논리로 포착되지 아니하는, 형상화된 세계 속에서 인간과 사물의 내면에 깔려 있는 모든 감동적 요소를 통해, 인간과 세계에 대한 새로운 이해의 지평을 쌓으려는 정서적 경향이 바로 '미적 정서'라는 목표에 해당한다.

(마) 민족정서의 이해와 습득

국어과 교육과정의 전체구조 속에서 보면 문학교육은 국어과 교육의 일부 또는 그 하위 부면으로서 자리 잡는다. 따라서 학교교육이라는 제도의 틀 속에서의 우리의 문학교육은 필연적으로 한국 문학교육이라는 데에 주안을 두고 교육과정 내용이 구성·조직된다.

국어과 내에서 문학교육은 '민족교육'의 사명을 상당 부분 담당한다. 이 점을 문학교육의 목표로 어느 정도 비중을 두어야 할지에 대해서는 의견의 차이가 있을 수 있으나, 민족교육의 역할 자체를 부정할 수는 없다. 고전문학교육의 가치와 목표는 민족의 정서와 삶 그리고 그것을 문학으로 형상화 해 온 선조의 문학적·문화적 유산과 가치를 발견하고 음미하는 것을 떠날 수 없다. 그래서 국어과의 교육과정 체계 속에서 이루어지는 문학교육은 선인들의 문학유산을 통해서 민족정서를 이해하고 창조한다는 목표를 필수적으로 고려해야 하는 것이다. 그러나 세계문학 일반을 포함하여 문학교육을 생각할 때는 세계 여러 나라 또는 여러 민족의 정서를 다원적이고도 개방적으로 이해하는 것까지도 목표에 포함될 수 있을 것이다.

Ⅳ 문학교육의 내용구성

(1) 문학교육 내용구성의 유형

문학교육의 내용을 어떻게 구성해야 할 것인가. 이 문제는 문학교육과정 논의의 중심에 해당하는 것이고, 문학교육의 성격과 방향을 어떻게 잡아야 할지를 구체적으로 결정하는 문제이기도 하다. 단순히 문학 정전을 읽는 것을 문학교육의 내용으로 보는 관점이 있는가 하면, 문학교육의 내용은 문학의 일반 법칙(이론)을 가르치는 것으로 보는 관점도 있고, 텍스트를 둘러싸고 작용하는 아동들의 문학경험까지를 문학교육의 내용으로 포괄하는 것이 바람직하다는 문학교육 내용관이 등장하고 있다. 대체로 문학 텍스트를 어떤 질서와 체계 속에서 문학교육의 내용으로 조직하는가 하는 문제는 문학교육 내용구성의 일차적 과제에 해당한다.

우리는 흔히 문학교육의 내용 문제를 거론하면 교과서의 내용이 어떤 작품들로 되어 있는지를 살피는 데에 관심을 집중한다. 이렇게 되면 '문학교육의 내용'이라는 복합적인 개념이 모두 작품 수준으로 환원이 되어서 기존 '작품론'의 범위를 넘어서기 어렵다. 이는 물론 문학교육의 고유한 이론적 틀을 구축하는 데도 도움을 주지 못한다. 문학과 교육이 유기적으로 상보하는 연구 담론으로서의 문학교육 내용론을 기대하기 어렵다. 요컨대 문학교육 내용 구성에 대한 큰 인식의 틀을 만들어 내지 못하고, 단순히 교과서의 구성 체제를 내용 구성의 전부인 것처럼 인식하기 쉽다.

문학교육 내용구성은 교과서의 문제로 국한시키지 말고 교육과정 차원에서 거시적으로 조망할 수 있는 눈을 가져야 한다. 현재의 교육과정 하에서 문학교육의 내용을 어떤 원칙으로 구성하고 조직해야 할 것인지에 대해서는 일정한 설계가 전제되어야 하고, 또 그런 토대 위에서 문학영역의 교육과정과 교과서가 개발되어야 한다.

따라서 문학교육의 내용을 어떤 일정한 내용자질에 의해서 또는 문학교육 내용관에 의해서 질서 있게 범주화하는 것이 여러 가지로 유용하다. 그런 다음에 이들 내용 범주들을 교육과정 정신이나 교재개발 전략에 따라 상호 조화롭게 배당하고 절충하고 상세화 하는 세부전략이 구사될 수 있도록 해야 할 것이다. 문학교육과정을 개발할 때, 어떤 부면에 초점을 둘 것인가에 따라 대체로 다음과 같은 몇 가지 범주를 고려할 수 있다. 실제로 현실의 구체적 문학교육과정은 이들 여러 범주가 상호작용하고 반성적 절충을 하는 방식으로 구안된다.

(가) 장르적 범주

일반적으로 문학교육의 내용을 이루는 기본단위는 문학 텍스트이다. 문학의 존재방식을 문학 텍스트의 실체에 근거하여 체계화한 것으로서 일찍부터 문학 장르라는 것이 있어 왔다. 장르는 범박하게 보면 예술적 형식에 해당하는 것이지만, 조금만 깊게 들여다보면 장르는 인류문화의 한 형식으로서 누구나 인정하는 하나의 문화적 '관습'에 해당하는 것임을 알 수 있다.

따라서 장르를 익힌다는 것은 단순히 눈에 보이는 문학의 형식을 습득하는 것을 넘어서서, 문화적 관습에 입문하는 것을 의미한다. 또한 이러한 관습을 터득하는 것은, 문학이 창작되고 수용되고 소통되는 문학현상 속에서, 작가와 독자 사이의 약속(code) 체계 속에 흔연히 참여할 수 있는 토대를 제공한다는 의미를 가진다. 우리는 문학의 장르 체계를 경험함으로써 문학의 세계, 즉 문학현상을 규정하는 약속체계에 익숙하게 참여하게 되는 것이다. 가령 시조라는 우리 시가의 장르를 배움으로써 우리는 한국인의 시가문화가 가지고 있는 코드를 은연중에 경험하게 되고, 이러한 경험축적을 통하여 한국어와 한국적 정서의 원형적 관습을 내면화하게 되는 것이다. 바로 이러한 과정이야말로 문화적 · 정신적 · 심미적으로 한국인다운 한국인이 된다는 것을 의미한다. 문학의 장르는 이러한 문화적 작용을 한다.

또한 장르는 어떤 특정인이 일거에 만들어낸 단순한 형식이 아니다. 어떤 한 문학 장르를 태어나게 하는 것은 그 나름의 정신문화적 전통과 그 시대의 정서와 의식과 지향성이 일정한 문화적 · 예술적 힘으로 응집되어서 밖으로 분출되는, 시대적 · 문화적 요청이다. 마치 지각내의 지층들이 그 내적인 힘에 의해서 역학적 변동을 일으켜 마침내 지진이나 화산의 활동을 불러오는 것과 마찬가지라고 생각해야 하는 것이다. 예를 들면 민담의 장르는 그러한 형식의 이야기를 필연적으로 만들어 내게끔 한 시대적 · 문화적 배경과 깊은 관계를 가지고 생성, 발전, 소멸되는 것이다. 문학 장르를 문학교육의 내용요소로서 강조하는 데에는 이와 같은 장르의 원리와 교육적 작용이 있기 때문이다.

(나) 수용적 범주

수용적 범주는 문학 수용자인 학생들의 문학수용의 요소들을 중시함으로써 문학교육의 내용체계를 세우고자 할 때, 생겨나는 범주이다. 장르적 범주가 실체로서 존재하는 문학의 형식과 관습을 주로 한 것이라면, 수용적 범주는 문학을 공부하는 학생들의 경험과 성향을 중시하는 내용범주이다. 즉, 텍스트의 자체보다는 교육의 주체가 되는 학생들의 문학경험 또는 문학능력을 더 중요한 중심축(中心軸)으로 놓고 문학교육의 내용을 모색해 보는 것이다.

수용의 특질에 따라서 문학교육 내용을 구성한다는 것은 학생들의 문학수용 능력, 즉 문학수용과 관련된 발달적 특성을 고려한다는 것을 의미한다. 학생들의 발달적 특성과 문학경험의 구체적 경향을 먼저 고려한다는 것이다. 그 밖에도 학생들의 문학 수용환경을 중시하여 문학교육의 내용을 구성하는 것까지를 포함한다. 또 학생들의 태도적 측면을 고려하여 문학교육의 내용범주를 설정하는 경우가 있기도 하다.

수용의 요소를 강조하는 경향은 문예학의 이론 속에서도 일찍이 강조되었다. 유럽에서 독일을 중심으로 해서 일어난 수용주의 미학은 수용자의 문학경험 현상을 텍스트의 의미 확정에 가장 중요한 요인으로 보고자 했었다. 미국에서는 '독자반응 이론'이라는 이름으로 문학 텍스트 세계에 대한 독자의 경험교섭을 중시하고 이를 문학교육의 이론 기저로 추구하고자 한 전통이 있었다. 이는 이른바 학생중심 또는 경험중심 교육과정론의 패러다임과 맞물리면서 초중등학교에서의 문학교육에 영향을 미쳐왔던 것이다.[9)]

수용적 범주에 의해서 문학교육의 내용을 구성할 때는 다음 두 가지 수용의 자질을 살피는 것이 중요하다. 하나는 심리적 측면에서의 문학수용 자질이고, 다른 하나는 사회적 측면에서의 문학수용 자질이다. 심리적 측면에서는 문학을 읽고 경험하는 학생의 인지적·정의적 발달 축을 고려하는 데에 초점을 두게 되고, 사회적 측면에서는 학생들이 문학을 수용함에서 개입 또는 관여하게 되는 사회적·문화적 환경의 변화나 그 조건을 살펴보는 데 초점을 두게 된다. 학생들의 문학 독서 환경이 인쇄매체로 된 책의 형태보다는 이른바 디지털 매체에 의존하게 되는 경향은 문학교육의 내용을 구성하는 데 어떤 영향을 미치게 되는지를 살피게 하는데, 이는 수용의 사회적 조건에 해당하는 것이라 할 수 있다.

(다) 주제적 범주

문학작품이 드러내는 주제 중심으로 문학교육의 내용을 구성한 경우를 말한다. 문학의 주제란 무엇인가. 그것은 달리 말하면 삶의 주제이다. 주제적 범주에 의해 문학교육 내용을 구성하던 전통은 상당히 오랜 연원을 가진다. 문학교육에 대한 이론적 관심이 없었던 19세기 전까지만 해도 대부분의 문학교육 내용구성은 주제적 범주에 의한 것이었다. 우리가 흔히 말하는 사화집(詞話集: anthology)이 그대로 문학교육의 내용 또는 교재로 사용되었기 때문이다. 당시 교육적으로 인정받던 사화집 가운데 상당수가 주제론적 편제를 지니고 있었다.

그러나 20세기 이후 문학교육에서 주제론적 내용구성 원리는 다른 면모를 띠게 된다. 주제적 범주에 의해서 문학교육의 내용구성을 모색하는 태도는 문학을 이념적 차원에서 다루는 관점이 강해졌다는 것을 의미한다. 문학에서 궁극적으로 얻을 수 있는 요소가 주제에 집약될 수밖에 없다는 관점이 두드러진 것이 바로 주제적 범주로 문학교육의 입지이다. 이런 경우는 주로 문학을 이데올로기적 대상으로 보는 것이 대표적이라 할 수 있는데, 문학의 형상화적 요소, 즉 심미적·예술적 요소를 간과할 수 있다는 점에서 일정한 한계를 가진다고 할 수 있다.

---

9) 로젠블랫(L. M. Rosenblatt)에 의해서 주창된 '반응중심 문학이론'은 이후 아동중심 교육과정, 경험중심 교육과정 이론들과 맞물리면서 미국 초중등학교에서의 문학교육 이론으로 전통과 지류를 형성하게 되었다. 자세한 것은 경규진(1993) 참조.

그 밖에도 문학경험의 결정(結晶)을 교육활동 속에서 비교적 편리하게 다루고 조직할 수 있다는 교육운영상의 편의성을 고려하여, 주제론적 내용구성에 의존하는 면도 없지 않다. 특히 어떤 일정한 내용범주의 문학(이를테면 '생태주의 문학', '다문화 사회의 문학' 등등)을 총체적으로 정리하고 파악하여야 할 목적으로 문학교육을 설계할 경우, 주제론적 내용 구성을 시도한다.

(라) 속성 탐구적 범주

문학이 지니고 있는 속성을 문학교육의 내용과 질료로 삼아야 한다는 입장에서 접근하는 내용범주이다. 즉, 문학교육의 출발을 구체적 문학작품에서 구하는 것을 지양하고, 오히려 문학의 속성이 나타나는 언어현상 일반에서 구하는 것을 의미한다. 구체적 문학작품을 문학교육의 출발점으로 전제함으로써 텍스트의 형식이나 구조 등이 문학교육의 내용으로 강조되는 것을 반성하는 입장에서 이러한 속성적 범주를 문학교육의 내용 범주로 강조한다.

속성 탐구적 범주를 강조하는 문학교육은 일상의 생활과 삶의 자연스러운 맥락에 이미 문학 또는 문학적인 것이 상당 부분 스며들어 와 있다는 인식을 전제로 한다. 바로 그런 부분을 문학교육의 내용으로 의미 있게 선정해야 한다는 것이다. 시나 소설이나 희곡 그 자체는 아니지만 비유나 패러디나 언어적 카타르시스나 총체성 지향 등, 문학의 속성을 경험하는 것이 중요하다고 생각한다. 또 풍자, 과정, 완곡, 초월적 상상, 대안적 세계 건설 등 문학의 속성이 구현되는 장면이면 어느 것이나 문학교육의 내용으로 등장할 수 있다는 점을 강조하는 문학교육관이다.

속성 탐구적 범주를 강조하는 입장은 문학의 작용방식을 의사소통 행위로 보려는 문학관과도 상통하는 면을 지닌다. 이러한 입장에서 문학교육의 내용을 강조하게 되면 문학과 일상 언어 사용과의 교육적 융합이 가능해진다. 무엇보다 중요한 것은 문학 또는 문학교육의 지나친 고답성으로 인해서 학생들의 일상생활 장면에서 문학교육이 유리되는 것을 막을 수 있다. 특히 학문적 분화가 그다지 중요하지 아니한 초등학교 문학교육의 경우는, 문학의 속성을 일상 속에서 익히게 하는 문학교육의 가능성이 주목받는다.

(2) 문학교육 내용구성의 원리

문학교육 내용구성의 원리는 절대적 규범으로 존재하는 것은 아니다. 문학교육 현장의 '지금 여기'에 따라 특정 범주를 전략적으로 추구할 수 있다. 또 많은 경우 범주와 범주 간의 호응관계를 중시하며, 범주들 간의 생산적 통합을 적용하기도 한다.

앞에서 우리는 문학교육 내용의 범주를 ① 장르론적 접근, ② 수용론적 접근, ③ 주제론적 접근, ④ 속성 탐구적 접근 등으로 구분하여 살펴보았다. 그러나 이는 어디까지나 이론적 논의를 위해 구분한 것이라고 보아야 한다. 실제로 문학 교과서나 문학교재를 구성 · 조직할 때는 위의 세 범주를 효과적으로 절충하고 조화롭게 재구성하는 전략을 가져야 할 것이다. 여기에는 물론 문학을 가르치는 주체(교사)와 문학을 배우는 주체(학생), 그리고 이들 모두에 관여해 오는 문학교육내용이 지니는 특질 등을 교육현상 속에서 종합적으로 고려하는 과정을 거쳐야 한다.

문학교육의 내용구성은 어떤 정해진 내용만을 고정적으로 설정하고 그것을 양적으로만 배분하는 일이 아니라는 사실에도 주목해야 한다. 내용 그 자체와 더불어 어디까지나 문학교육의 방법 변인을 함께 고려하는 가운데 내용구성의 원리를 역동적으로 모색해야 한다. 이러한 관점에서 문학교육 내용구성의 원리를 정리해 보기로 한다.

(가) 문학양식(様式) 입문(入門)의 원리

인류는 언어 문화적 양식의 일종으로서 '문학'이라는 것을 향유해 왔고, 또 문학 향유를 통해 새로운 정신과 문화를 창조해 왔다. 따라서 문학양식은 그것이 단순한 외양의 형식이라는 의미를 넘어서는 것이라고 보아야 한다. 문학의 양식에 입문한다는 것은 인류가 구축해 온 언어문화의 보편적 관습에 익숙해지고 참여한다는 것을 의미한다. 이러한 적응과 참여는 언어를 통한 창조적 행위, 심미적 행위에 흔연히 참여할 수 있는 기본자질을 부여한다는 의미에서 문학교육적 의미가 있다. 이 점은 문학의 양식이나 장르 특질을 가르칠 때 본질 요소로서 인식되어야 할 것이다.

예컨대 시(詩)라는 문학양식을 우리가 배울 때, 인간정서의 주관적인 토로를 형상화하는 데 가장 적절한 양식으로 자리 잡고 있다는 것을 인식하면서, 시의 본질에 접근하게 하는 것이 바람직하다. 반면에 운율의 유형, 행과 연의 형태 등을 단순한 지식항목으로 전달해 주는 시 교육이 있을 수 있다. 이들 양자는 큰 차이를 가지는 것이다. 달리 설명하면 인간이 세계를 자아화 하는 언어미적 구조물로서 시라는 양식이 어떤 심리적, 발달적, 사회·문화적 힘을 가지는지를 경험하고 인식하는 시 교육이 바람직하다는 것이다. 이렇게 함으로써 시에서 사용되는 비유의 맛과 의미를 경험할 수 있는 것이다. 또 '의인화'를 단순히 시적 기법으로만 인식할 것이 아니라, 작가들이 바라보고 감수(感受)하는 세계 인식방법으로 파악해야 할 것이다. 또 그들의 미의식 속에서 세계를 시적으로 변용하고, 세계를 자아화하는 방식이라는 것을 느낄 수 있도록 해 주어야 한다.

학생들의 장르 경험은 구체적 작품의 구체적 경험을 통해서 일어나는 것이 바람직하다. 그리고 이러한 장르 경험은 장르의 차별성을 경험적으로 확장 심화해 나가야 한다. '경험적으로' 확장 심화한다는 것은 무엇을 의미하는가. 그것은 이론적이고 사변적인 설명에 의해서 장르를 배우는 것을 가급적 지양한다는 뜻이다. 즉, 구체적 문학작품에 대한 실제적 경험을 통해서 문학양식의 기능과 의미를 관습화해 나간다는 뜻이다. 즉, 우리 내부의 사상과 감정 가운데 왜 이러한 종류의 사상과 감정은 시라는 양식을 통해서 발로되는 것이 자연스러운가, 또 왜 저러한 종류의 사상과 감정은 이야기의 양식을 빌리는 것이 바람직한가를 알고, 우리가 향유하는 문화 속에 서사적인 것의 작용, 또는 서정적인 것의 모습이 어떤지를 발견하고 실천하는 데까지 나아가기를 기대하면서 문학교육은 이루어져야 한다.

(나) 수용자의 능동적 감상원리

'문학은 가르칠 수 있는가?'라는 의문이 반복되어 온 것은, 바로 문학교육이 일정한 국면에 도달하면 문학교사가 개입하게 되는 역할은 최소화될 수밖에 없다는 점 때문이라고 볼 수 있다. 문학의 자기교육적 속성은 어제 오늘에 드러난 속성이 아니다. 교육의 기능과 이념 논의 가운데 가장 오랜 연원과 전통을 자랑하는 이른바 도야적(陶冶的) 교육관은 문학이나 철학을 중심으로 이루어져 온 것이라 할 수 있다. '자기교육'이라는 성격의 또 다른 모습이 바로 '도야주의적 교육'의 모습이기 때문이다.

문학은 자기교육적 속성이 강하다. 현대 인지심리학의 성과가 보여주는 결론도 문학의 자기교육적 속성을 잘 설명해 준다. 인지의 과정과 작용은 상당 부분 구명이 되고, 그것이 언어교육의 원리로 자리를 잡아가고 있지만, 문학예술이 추구하는 심미적 정신작용이나 다중상관의 복합의 정서작용에 대해서는 그 작용 회로를 온전하게 밝히지는 못하고 있다. 즉, 문학 텍스트를 통해서 수용자가 예술적 감동을 형성하고 그것을 가치화하여 내면화하고, 수용자의 총체적 감수성과 인격으로 수렴해 가는 과정은 수용자 자신의 삶의 경험과 밀접하게 연관되며, 동시에 수용자 개인의 내면화 노력에 의해서 이루어진다. 이러한 과정상의 수많은 지적 · 정서적 환경적 변인들로 인해 내면화의 과정을 인지 과학적 기제로써 통제하는 데는 한계가 있다.

수용자 개개인의 삶의 텍스트가 다양한 만큼, 문학 텍스트 수용의 내면화 구조도 다양한 특성과 편차를 보일 수밖에 없다. 여기에는 수용자 개개인의 타고난 기질적 요인도 작용한다고 보아야 할 것이다. 따라서 제도 속에서 시공간적(時空間的) 한계를 가지고 이루어지는 문학교실 상황에서 문학교사의 구실은 제한적일 수밖에 없다. 그 구실이란 것은 수용자인 학생들로 하여금 문학 텍스트에 친숙할 수 있게 도와주고, 문학수용 상황에서 보다 능동적인 수용자세를 가질 수 있는 전략을 마련해 주는 것을 넘어서기가 어려운 것이다. 본격적인 내면화의 과정은 수용자 개개인의 자기 주도성이 중요하다.

요컨대 문학교육 내용 구성 원리 속에 수용자가 문학을 능동적으로 감상할 수 있는 원리가 포함될 수 있도록 해야 하는 것이다. 이러한 원리는 어찌 보면 내용 그 자체에 해당한다기보다는 방법적 원리에 속하는 것이라 할 수 있다. 이와 같은 원리는 특히 문학 교실에서의 문학교육 내용구성에서는 일층 더 중요한 의미를 지닌다. 문학 감상의 과정을 다양한 방식으로 모색하고, 그것을 문학수업 현장에 과감히 적용하고 검증하는 노력이 필요한 것이다. 문학을 읽고 문학에 대해서 생각해 보는 활동을 교육연극이나 놀이의 방식으로 교실활동 속에 포함시키는 것도 문학교육의 중요한 내용으로 인정받을 수 있다.[10] 수업 차원에서의 문학교육 내용은 이렇듯 방법과 내용이 서로 넘나드는 양상을 보여 주기도 한다.

(다) 내면화(內面化)의 원리

내면화란 문학 경험이 학생의 감수성과 심미적 능력을 일깨우고, 학생의 가치관과 인격적 성장에 작용할 수 있도록 학생의 정신세계에 일정한 영향을 미치는 일련의 과정을 말한다. 내면화 되지 아니하는 문학 경험은 의미가 없다. 문학교육이 단순한 지식교육이나 기능교육이 아니기 때문에 내면화의 원리가 문학교육에서는 각별히 중요하다. 따라서 문학교육의 내용구성에서 이 내면화의 과정에 대한 관심과 접근을 포기해서는 아니 된다. 앞에서 내면화의 과정이 가시적 통제가 어렵기 때문에 교사의 일방적 개입보다는, 학생들의 자기교육적 효과가 극대화될 수 있도록 해야 한다고 했는데, 이를 내면화 과정에 대한 교육적 배려나 전략을 포기하라는 말로 받아들여서는 아니 될 것이다. 내면화 과정에 대한 전체적 기획을 가지고 있는 교사와 그렇지 아니한 교사의 문학수업은 상당한 질적 차이를 가진다.

심화된 감상이나 내면화 과정이 가시적으로 통제되지 아니한다고 해서, 문학의 원리나 주요개념을 소개해 주거나 작품의 전체내용을 간추린 대강의 개요 정도만을 전달해 주는 것으로 문학교육의 소임을 다했다고 친다면, 그것은 소극적 문학교육으로 그치고 만다. 이는 문학교육 내용구성의 한계를 보이는 것이라 할 수 있다.

물론 문학 감상 과정에서 나타나는 내면화의 구체적 과정을 완벽하게 가시적으로 통제할 수 있는 것은 아니다. 그러나 내면화의 가능성 그 자체가 부정되는 것은 아니라는 점에 유의하여 적극적 방책을 도모하는 것이 바람직하다. 즉, '내면화'의 개연성을 충분히 인정하고, 이를 문학교육의 내용 속에 반영해 주는 노력이 필요한 것이다.

내면화의 원리를 살리기 위해서는, 내용으로 제공되는 문학 텍스트에, 의도적인 내면화 전략이 담긴 감상활동을 유기적으로 제공해 주는 것이 되어야 한다. 이때의 '유기적'이라는 말은 가능한 학생들의 내면화과정을

---

10) 화이트헤드(Whitehead/신헌재 편역, 1992)는 초등교육에서 학생들의 문학교육을 위한 방법과 활동을 '문학교육 프로그램'의 관점에서 소개하고 있는 대표적 경우이다.

활성화할 수 있는 '활동'을 문학교육의 내용으로 고려한다는 뜻이다. 이는 물론 수용자인 학생 개개인의 개별화 지도 전략과도 연결되는 것이다. 무엇보다도 학생들의 실질적 삶과 경험, 그리고 그들의 정서에 대한 실제와 현상을 통찰하는 일이 중요하다.

(라) 발달성의 원리

발달성의 원리는 학생의 발달단계에 따라 가장 적절한 문학교육 내용을 제공할 수 있어야 한다는 원리이다. 이 원리는 문학교육뿐 아니라 모든 교육내용 구성에 일차적으로 고려되는 보편적인 원리이다. 이는 학습자가 발달단계에 따라서 지니게 되는 인지적 · 정의적 능력을 차별성 있게 파악하여, 그것을 원리로 구축하는 데서 출발한다.

그런데 엄밀한 의미에서 문학교육의 발달성을 이야기하자면 '문학발달성'[11]에 대한 개념이 정립되어야 한다. 발달론 일반에서 말하는 인지적 발달성과 정의적 발달성의 연합만으로 '문학발달성'을 온전히 설명할 수 있는지 보다 정밀히 검토해야 할 것이다. 일반적 읽기가 아닌 문학 읽기의 발달적 특성이나 변인을 체계화함으로써 '문학발달성'의 개념이 마침내 정립될 수 있다고 보기 때문이다.

발달성의 원리를 고려한 문학교육의 내용구성은 문학 텍스트를 인지적 · 정의적 상관물로 보면서 문학 고유의 능력을 발달성 개념 속에 포함하는 발상을 가져야 할 것이다. 다음에 보이는 [그림 2]는 문학발달성의 구체적 모습을 모형으로 구조화하여 나타낸 것이다.

11) 문학발달성이란 문학능력의 발달적 계열성을 말한다. '언어발달', '도덕성 발달' 등에 대응하는 개념으로 상정한다. '문학능력'에 대한 탐구와 구체화는 김중신(2003), 최지현(2006), 김창원(2011) 등에 의해서 꾸준히 연구 개발되었다.

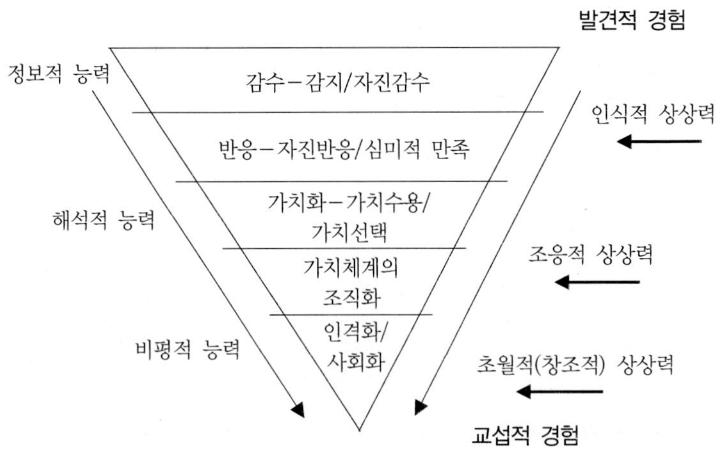

[그림 2] **문학교육과정의 발달적 구조**

문학발달성의 기본층위는 정의적 발달성을 근간으로 하여 모두 5단계로 상정해 볼 수 있다. 인지적 발달층위는 각각 정보적 능력의 수준, 해석적 능력의 수준, 비평적 능력의 수준으로 나누어 내용을 구성할 수 있다고 보았다. 그러면서 문학교육에서 일어나는 문학경험의 층위를 문학성 발달초기에는 '발견적 경험'으로 시작하여 문학능력이 발달함에 따라 텍스트의 세계와 독자의 세계를 상호교섭할 수 있는 '교섭적 경험'의 경지로 나아가는 것으로 본다. 이를 문학능력의 본질에 해당하는 상상력층위로 구분해 본다면 각기 인식적 상상력, 조응적 상상력, 초월적 상상력 등으로 위계화할 수 있다(구인환 외, 2008).

[그림 2]는 문학발달성에 관련되는 이러한 학문적 논의들을 하나의 모형으로 수렴함으로써, 문학교육의 내용구성에서 발달성의 원리를 어떻게 적용해야 할 것인지를 구조화하여 보인 것이다. 이는 문학교육과정을 구체화할 때도 참조 준거로 활용할 수 있다(박인기, 2001).

(마) 텍스트 상호성의 원리

문학교육 내용의 기본단위를 이루는 문학 텍스트는 그 자체를 고립적으로 탐구하는 것만으로는 올바른 문학교육의 장을 확보하지 못한다. 모든 문학 텍스트의 이해는 그것과 상호성을 가지는 다른 문학 텍스트와의 연관 속에서 문학교육이 이루어지도록 그 내용을 구성해 주는 것이 바람직하다. 문학이해의 한 방식으로서 텍스트 상호간의 의미연관을 살피고 해석하고 탐구하는 일은 문학교육의 중요한 내용구성 전략인 동시에 문학교육 방법상의 요체가 되는 것이다.

텍스트 상호성의 원리에 입각하여 문학교육 내용을 구성하고 문학교육의 방법을 확충해 나가는 것은 문학 수용자인 학생들로 하여금 문학경험을 통해서 능동적이고 창의적으로 자신들의 세계를 해석하고 비평하고 설계해 보게 하는 경지로 안내한다. 단일 텍스트 자체를 형식주의적으로만 파고드는 것은 그야말로 '문학을 위한 문학'으로 함몰하게 할 위험을 가진다. 이런 점에서 볼 때 텍스트 상호성을 부단히 살피도록 문학교육의 내용을 구성해 주는 전략이 필요하다.

텍스트 상호성의 원리는 문학교육 내용을 총체적으로 설계할 때 반드시 고려해야 할 원리이다. 이 원리 역시 문학교육의 내용과 방법 모두에 관여되는 곳이라 할 수 있다. 문학교육에서 텍스트 상호성을 내용구성의 전략으로 삼을 때는 다음과 같은 여러 가지 유형과 방식을 고려해 볼 수 있다.

- 텍스트 간 텍스트 내적 세계의 상호성
- 텍스트 간 수용자의 독서경험의 상호성
- 텍스트 간 주제의 상호성
- 텍스트 간 형식의 상호성
- 텍스트 간 소재의 상호성
- 텍스트 간 정서반응의 상호성
- 텍스트 간 시대배경의 상호성
- 텍스트 간 구조의 상호성
- 텍스트 간 미의식의 상호성

(바) 대화의 원리

문학작품을 읽고 그것을 수용한다는 것은 작품세계 속에 나타나는 인물과 사건에 대해서 독자인 학생들이 감정이입적으로 몰입하는 단계를 필연적으로 상정하지 않을 수 없다. 그리하여 작품세계 속에 몰입된 수용자는 적어도 감상공간 속에서는 분열된 자아를 경험하게 된다. 또 훌륭한 문학작품이라면 이와 같은 과정을 자연스럽게 요구해 올 수 있는 것이 되어야 한다.

문학 독서의 과정에서 수용자의 자아가 분열된다는 것은 무엇을 말하는가. 감상과정에서 독자는 현실세계 속을 살아가는 현실적 존재로서 작품을 읽기도 하지만, 작품세계 속의 대상에 이입된 상태의 공감적 존재로서의 모습도 지니게 된다. 즉, '현실적 자아'와 '공감적 자아'로서의 두 가지 자아의 모습을 가지게 된다. 이렇듯 분리된 자아를 경험하는 것은 매우 당연하고도 필요한 문학수용의 과정이라 할 수 있다.

여기서 수용자는 두 개의 자아끼리 무언의 대화를 나누는 과정을 가지게 되는데, 이 대화의 밀도가 강하면 강할수록 문학경험의 내용은 충실해지고 내면화의 수준이 높아지게 된다. 만약 어떤 문학 독서가 이러한 대화의 과정을 전혀 수반하지 못한다면, 그 문학 독서는 별다른 의미를 발하지 못하는 독서가 되고 말 것이다.

바람직한 문학교육이라면 이러한 대화의 과정이 활발하고 충실하게 일어날 수 있도록 하는 내적인 장치를 확보하고 있어야 한다. 또 좋은 문학작품이란 독자들에게 이러한 대화의 메커니즘을 작품 내부에서 스스로 잘 마련하고 있는 작품이라고 할 수 있다. 문학교육의 내용구성에서는 이러한 문학작품을 잘 선정하고 조작하는 일이 중요하다. 어떤 문학작품을 교육내용으로 제공하고, 이것을 대화의 원리에 의해서 감상할 수 있도록 설계된 학습활동(Learning Activity)을 문학교재에 제공하는 것이 의미 있는 문학교육 내용구성 원리로 자리잡게 될 것이다.

(사) 문화적 경험으로의 전이(轉移) 원리

문학경험이 문화적 경험으로 전이된다는 것은 앞으로의 문학교육에서는 매우 중요하다. 문화적 경험으로 전이되지 못하는 문학교육의 내용은 활성화 되지 못하는 경험이 될 가능성이 높다. 앞으로의 문학교육은 이론적 지식으로 문학을 가르치는 것이 아니기 때문이다. 그런 점에서 문학의 속성을 일상의 삶 속에서 익혀 내면화하는 문학교육 내용 유형이 관심을 끌게 될 것이다. 실제의 우리들 삶과 일상 속에서 어떤 작용을 하고 있는

지를 교육적으로 파악하고, 내면화하고, 그것을 문화의 영역으로 전이하는 활동이 문학교육의 중요한 원리로 대두될 것이다.

보통교육이나 교양교육에서 문학을 가르치고 배우는 것은 전문적 작가나 이론가를 기르기 위한 문학교육과는 다르다. 학교교육에서 특히 보통교육의 자리에서, 학생들에게 왜 문학을 보편적으로 가르쳐야 한다고 생각하는가. 그것은 인간 삶을 감동의 맥락 속에서 이해하고, 그러한 경험을 확충하고자 함에 있다. 삶의 이해를 둘러싸고 있는 맥락에 바로 문화의 영역이 있다. 교육에서 문학의 이해를 추구하는 것은 우리가 숨을 쉬는 문화 속에서 주체로서의 자아를 건강하게 확립해 나가기를 바라는 교육적 목표가 내재해 있는 것이다. 문학이 그것을 돕는 중요한 통로이다. 문학의 이해가 문화의 이해를 필연적으로 수반하는 과정이라는 것은 쉽게 발견할 수 있다. 더 나아가서는 새롭고 가치 있는 정신문화를 창조할 수 있는 자질을 길러 주어야 한다는 당위가 내포되어 있는 것이다.

교육의 장에서 문학교육이 중요한 의미를 가지는 것은 바로 문학의 학습이 문화적 경험을 확대하는 통로로써 작용하기 때문이다. 이러한 요구와 당위를 문학교육은 그 내용구성에서 반영하지 아니할 수 없다. 더구나 다양한 문화상대주의의 물결 속에서 문화를 감식하고 급변하는 다문화 상황에서 보다 다원적인 삶의 환경을 살아가야 할 다음 세대에서의 문학교육은 문화교육의 역할까지를 감내하는 모습으로 나타날 것이다. 이 점을 문학교육 내용 구성의 차원에서는 심도 있게 인식해야 할 것이다.

(아) 목표 통합의 원리

일반적으로 교육과정 차원의 목표란 교수·학습 행위의 일정한 도달점에서 그것을 구체적으로 구현하는 상태를 정신행동의 상태로 진술한 것을 말한다. 문학 텍스트를 문학교육 내용의 기본단위로 놓아야 한다는 전제를 부정하지 않는다면, 문학교육 설계에서 소위 '목표'[12] 개념을 어떻게 설정할 것인지에 대해서는 문학교육의 고유성에 입각하여 짚어 보아야 할 것이다. 이른바 기능 유목(類目)으로 분절 체계를 이루는 교육목표분류

12) 여기서의 목표는 단원설정이나 수업차시에서 등장하는 상세화된 행동목표를 말한다. 즉, 수업이나 단원을 철저히 '체제(system)'로 파악하는 공학적 입장에서의 목표를 문제삼는 것이다. 문학교육에서 이러한 목표관만이 지배하는 것은 적절치 못하다는 것이 기본적 가정(假定)이다.

학에 따른 목표를 통념으로 받아들여서, 그것을 그대로 문학교육의 목표 양태로 삼는 것에 대해서 반성적인 검토가 필요하다.

문학이 수학이나 과학과 다른 점은 학습상황에서 문학교육의 도달점 행동이 명료하게 통제될 수 없는 성질을 가지고 있다는 점일 것이다. 미적 정서나 시적 감동 등의 현상을 일정 시점에서 명시적으로 진단하고 평가하는 일이 쉽지 않기 때문이다. 그리고 문학은 인지 행동적 차원에서의 학습개념만으로 그것의 온전한 수용을 모두 설명할 수 있는가 하는 의문을 늘 가지게 해 준다. 목표를 상세화 할수록 문학 텍스트의 총체적 향취는 증발해 버리고 마는 경험을 우리는 허다히 겪어 왔음을 돌아보면 쉽게 이해할 수 있는 대목이다.

이런 점에서 문학교육의 목표의 기능적 분절을 꾀하기보다는 목표 간 상호작용하고 목표끼리 상승적 통합을 기하는 그런 경지를 추구해야 한다. 비록 문학교육의 장면이 시간적으로 분화되고 학교시간표 속에서 단위수업 시간으로 조직되어 운영된다 할지라도, 그러한 물리적 틀에만 맞추어 목표를 건조하게 세분화하는 것은 문학 텍스트가 발현하는 인지와 정의의 통합적 작용을 제대로 반영해 내는 것이 되지 못한다. 또 문학 의 수용과 생산을 통해 학습자들이 경험하는 심미적 경험의 본질과도 어울리지 않는 것이라 할 수 있다.

문학 텍스트의 수용은 인지적 작용과 정의적 작용이 고도의 조화를 이루는 가운데 이루어지는 것이다. 정의적 요소에 대한 행동목표의 진술이 모호하다고 해서 주로 인지적 작용의 대상으로서만 문학 텍스트를 교재화하고 가르쳐 온 것은 우리 문학교육의 한 오류라 아니 할 수 없다. 문학교육의 목표는 인지적 목표와 정의적 목표의 통합을 의도적으로 추구해 나가는 쪽으로 자리잡아야 한다.[13] 문학교육의 내용을 구성함에 있어서 목표의 통합을 고려하는 기조를 마련하는 것이 중요하다. 특히 학생들의 문학교육의 내용구성이나 문학교재 개발에서는 이러한 원리가 더 많이 요청된다고 하겠다.

13) 문학교육이 인지적 목표와 정의적 목표를 통합해서 다루어야 한다는 주장은 우리나라에 그리블(J. Gribble/나병철 역, 1987)이 소개된 이래로 꾸준히 주장되었다. 그러나 문학교육에서 인지적인 것과 정의적인 것의 통합을 가시적으로 통제하고 추구하기란 쉽지 않다. 정의적인 것을 감정과 태도 이상의 수준에서 구체화하기가 쉽지 않고 인지와 정의의 상호포함 관계를 문학의 영역에서 구명하기가 만만치 않기 때문이다.

(자) 도야적(陶冶的) 원리

학생들이 겪는 삶의 경험을 성찰하고 조응할 수 있는 문학교육 내용을 구성해 주어야 한다는 원리가 바로 '도야의 원리'이다. 문학(또는 문학교육)은 이러한 도야적 성찰의 기제를 그 스스로 잘 구비하고 있다. 원래 도야란 지적·도덕적 수련을 전제로 일정한 고통의 과정을 수반하는 것이라 할 수 있는데, 다만 그 고통을 수용자가 기꺼이 받아들이는 데 교육적 의의가 있는 것이었다. 선인이 남긴 가치 있는 문학유산을 힘들더라도 많이 읽고 생각하면 그것 자체로 도야의 기반을 이룬다는 관점에서 문학교육을 보는 것이 여기에 해당한다. 문학교육을 문화전승의 기능을 수행하는 교과로 보는 관점에 서면 '도야의 원리'는 한층 강한 입지를 가지게 된다.

학생들의 현실경험과는 상당히 동떨어진 듯이 보이는, 그리고 다소 딱딱한 고전들을 가르치는 이유는 어디에 있는가. 그것을 우리는 선인들의 정서와 지혜를 익히는 한 과정으로 설명한다. 그러나 이런 합리화가 학생들의 고전경험 자체를 흥미 있고 박진감 있는 문학경험으로 곧장 끌어들일 수 있는 것은 아니다. 여전히 딱딱하고 지루한 그리고 다소 생경한 공간으로 학생들을 이끌어 가는 것이다. 그것은 일종의 고통이 될 수도 있다. 그러나 그 고통은 언젠가는 학생들의 삶 속에서 잘 발효되어 의미 있는 정서나 인식으로 그들의 인성을 빛내 줄 것이다.

만약의 수용자 쪽인 학생들의 요구에만 의존해서 문학교육의 내용을 구성한다면 이와 같은 도야적 원리에 의한 문학교육의 내용은 발붙일 수 있는 자리를 가지지 못할 것이다. 도야적 원리에 입각한 문학교육의 내용은 여전히 전통이 요구하는 가치와 판단에 의해서 학생들에게 하향적으로 그리고 얼마간은 규범에 가깝게 부과되는 면을 지닌다.

(3) 문학교육 내용구성의 이원적 요소

교육과정에 제시한 '작품의 수준과 범위', '내용 요소의 예'는 문학교육 과정을 실행하는 주체에 의해 적극적이고 능동적으로 해석되고 추가·변형될 수 있는 성격을 지닌다. 문학교육의 내용을 구성할 때, 서로 성격이 상대적으로 다른 내용 요소를 동시에 고려해야 할 경우가 생긴다. 즉, 문학교육의 내용이 일원적 체계 속에 정돈되지 아니하고 이원적 체계를 가지게 되는 경우가 있다. 문학교육 내용의 이러한 이원적 요소를 고려하는 것은 문학교육 내용의 총체적 모습을 균형 있게 설계한다는 점에서 중요하다. 이러한 이원적 내용요소를 점검해 보기로 한다.

(가) 일차 텍스트와 이차 텍스트

문학교육의 내용구성에서 교사는 교과서에 주어진 텍스트와 학습자에게 수용된 텍스트를 구분해서 생각하는 태도를 지녀야 한다. 언어적 기호(문자 등)로 구성된 실체로서의 텍스트, 즉 눈으로 확인되는 문학 텍스트, 그것을 일차 텍스트라고 한다. 이 일차 텍스트가 학습자들에게 읽혀져서 이미 그들의 기억과 이미지 속에 들어가 있는 텍스트를 이차 텍스트라 한다. 일차 텍스트는 원래의 텍스트를 말하며, 이차 텍스트는 수용된 텍스트라고도 한다.

문학교사는 일차 텍스트와 이차 텍스트를 구분하여 문학지도에 임해야 한다. 이는 수용자인 학생들의 실제적 문학수용 기제를 늘 교사가 파악하고 있어야 한다는 것을 의미한다. 일차 텍스트와 이차 텍스트를 구분하지 않거나 동일시하는 경우가 바로 문학을 하나의 단일한 지식체계로만 파악하는 경우이다. 이렇게 되면 문학교육이나 문학읽기는 일방에 의한 주입으로 진행될 수밖에 없다.

(나) 현실성(reality)의 제재와 초현실성(fantasy)의 제재

문학교육의 내용으로서 현실적 시공을 배경으로 현실적 인물이 나타나는 현실주의 제재가 동원되는가 하면, 현실의 시간과 공간을 초월하는 판타지의 성격을 띤 제재가 등장하기도 한다. 이들 두 경향의 제재는 각기 그 나름의 문학교육 의의를 지니는 것이다. 특히 학생들을 위한 문학교육에서는 이들 두 경향의 문학경험은 균형 있게 배치되는 것이 바람직하다.

일반적으로 문학교육에서 강조되는 문학적 상상력은 현실의 수평적 경험공간을 대상으로 이루어지는 '수평적 상상력'의 차원이 있고, 현실의 시간과 공간을 자유롭게 초월하여 이루어지는 '수직적 상상력'의 차원이 있는 것으로 설명된다(N. Frye, 1963: 126). 수평적 상상력이 현실의 인식과 세계의 발견이란 측면에서 기여한다면, 수직적 상상력은 유토피아적 꿈과 세계를 자유롭게 그려내 보이는 측면에 기여한다고 할 수 있다. 관점과 입지에 따라서 어느 한 쪽 상상력을 더 앞세울 수 있기도 하겠지만, 이들 양자는 상호 보완적인 관계에 있다고 볼 수 있다.

이성적인 판단력이 발달하지 아니한 학생들의 경우는 경험을 해석하는 방식도 독특하고, 그에 따라 초현실적 상상력이 강하게 드러난다. 학생들의 이러한 경향을 유의한다면, 판타지적 문학내용이 학생 문학교육에서 지니는 의의는 중요하다. 대체로 10세 이전의 학생들은 판타지적 문학경험을 흥미있게 추구하지만, 이른바 형식적 조작기 단계가 되면 순수 판타지로부터는 멀어지는 경향을 보인다.

(다) 원전과 개작물(改作物)

문학교육의 내용은 원칙적으로 원전을 기준으로 해야 한다. 그리고 원전(原典)은 대체로 정전적 정통성을 가지는 것으로 받아들여진다. 문학연구에서 원전의 중요성은 '원전비평'이란 말이 있을 정도로 강조되어 온 것이기도 하다.

그러나 이 원전은 문학연구가 아닌 문학교육의 장면에 이르면 수용자의 발달수준이나, 문학교육의 매체(교과서를 포함한)가 지니는 한계로 인하여 그대로 내용화하기 어려운 면을 지니기도 한다. 특히 학생들에게 문학사적으로 의미 있는 작품을 경험하게 해 주려고 할 때, 정전 그대로 소개하기 어려울 때가 종종 있게 된다. 그래서 흔히 학생을 위한 개작물들이 개발되고 그것이 문학교육의 내용으로 자리잡는 경우가 있다.

특히 원전의 내용을 단순히 학생용도서로 개작하는 것을 넘어서서 만화영화나 비디오 텍스트로 매체 변용하여 다른 매체로 스토리텔링되는 경우가 점점 늘어나고 있는 실정이다. 정전 절대주의를 고수하기에는 무리가 따르기도 한다. 교육의 특수한 목적이나 정황에 따라 원전으로서의 정전을 변용하여 개작하는 일의 필요성을 무조건 부정하기는 어렵기 때문이다. 그러나 이 경우에 있어서도 정전이 지니고 있는 본질적 요소를 훼손하지 아니하는 정신이 필요하다. 정전을 문학교재로 변용하기 위해 개작할 때에는 어떤 요소를 본질적으로 강조하고 유지할 것인지를 면밀히 검토하는 일이 선행되어야 한다. 원전과 개작물은 문학교육 내용구성의 이원적 고려사항이 된다.

원전은 정전의 개념과 같은 뜻으로 쓰이기도 한다. 대체로 정전이란 기존의 일정한 지식사회가 역사적 · 문화적 합의의 토대 위에 문학적 가치를 부여해 온 문학 텍스트를 일컫는다. 모든 정전에는 이데올로기적 작용이 있다는 것이 문학사회학의 관점에서 짚어진다(대표적 연구로 정재찬, 1996). 이러한 연구의 성과는 정전의 이데올로기적 배경을 교육적으로 어떻게 수용하고 정립해야 하는가의 문제를 제기해 준다. 이는 비판적 패러다임의 교육과정 이론과 더불어 문학교육 연구의 한 영역으로 중시된다.

(라) 고전제재와 당대적 제재

학생들에게 고전제재를 얼마나 제공해 줄 것인가, 학생들 삶과 대응되는 당대적 제재를 얼마나 제공해 줄 것인지를 살피는 것도 문학교육의 내용구성에서 중요하게 고려하여야 할 이원적 구도이다. 고전제재는 주로 문화전승의 입장이나 도야적 관점이 강하게 적용되는 제재이고, 당대적 삶을 다루는 제재는 학생들의 실제적 경험을 문학 텍스트가 밀도 있게 조응한다는 점에서 교육적 가치를 적용해 볼 수 있을 것이다. 대체로 현재의 문학교육 과정은 당대적 제재를 중심으로 문학교육의 내용을 구성하는 방향으로 기울어져 있다. 교육과정과 상관없이 일반 교양교육의 관점에서도 이른바 '현칠고삼(現七古三)'의 원칙이 운위되어 왔다. 현대적 제재 대 고전제재의 비율을 7: 3으로 하는 것이 바람직하다는 것이다.

그러나 이러한 기준을 마련할 때는 문학교육을 설계하고 실천하는 주체들의 요구와 관점이 교육의 장면에 부응하여 온당하게 반영되는 것이 바람직하다. 설화류, 시조, 민요, 고소설 등 고전문학 제재의 문학교육적 가치를 여러 측면에서 조명해 보는 것이 필요한 것이다. 아울러 학생들의 문학경험 실태와 요구를 조사하여 그것을 참조하는 작업도 필요하다.

(마) 한국문학 제재와 외국문학 제재

국어교육의 일부로 운용되고 있는 문학교육의 내용은 일차적으로 한국문학교육이라는 성격을 기조로 한다. 그러나 문학교육의 내용 속에는 외국문학 제재에 대한 배려도 일정부분 반영되어야 한다는 데 이의를 제기할 사람은 없을 것이다. 이는 문학일반이 지니고 있는 보편적 성격과 맛을 경험하는 기회를 문학교육이 제공해야 한다는 데서 설득력을 가진다. 또 외국문학의 여러 세계를 경험함으로써 오히려 한국문학의 특성과 자질을 효과적으로 습득하게 한다는 의미를 가질 수 있기 때문이다.

요컨대 한국문학의 특수성과 문학일반의 보편성을 모두 경험하게 하는 문학교육의 모습이 온당하고 균형 잡힌 것이라는 결론에 도달할 수 있게 되는 것이다. 그런 점에서 한국문학 제재와 외국문학 제재의 이원적 체계는 문학교육 내용구성의 한 준거가 되는 셈이다. 그러나 이들 양자의 비중치는 상황에 따라 별도로 결정되어야 할 것이다. 대체로 현재의 초등학교 국어 교과서에 등장하는 문학제재는 한국문학 제재가 80% 이상을 차지할 정도로 많다. 외국문학 제재의 경우도 특정 나라의 문학이라는 인상을 주는 것보다는 범세계적으로 수용되어 보편성을 띠는 제재들로 이루어져야 할 것이다.

그런데 서구문학에서 온 제재들로만 되어 있는 것에서 탈피하여 아시아 등 제3세계 지역의 문학제재들에 대한 수용이 보다 강화되어야 한다. 이러한 견해는 우리의 외국문학 수용 및 연구가 서구중심의 축과 더불어 아시아 · 아프리카 등의 제3세계 문학에 대한 관심과 가치발견의 중요성을 강조하는 경향에 맞물리는 것이라 할 수 있다. 또 우리와 오랜 역사적 · 문화적 관련을 맺고 있는 동아시아 나라들의 문학제재에 대해서도 새로운 문학교육적 관심을 기울일 때라는 견해에 대해서도 진지한 검토가 있어야 할 것이다.

(바) 기성의 문학 텍스트와 학생 산출 문학 텍스트

문학교육의 내용제재를 선정할 때, 기존의 정전들이 주조를 이룬다. 그런데 학생 산출 작품들이 문학교육의 내용으로 자연스럽게 들어올 수 있는 여지가 확보되는 것이 바람직하다. 특히 창작교육의 가능성을 열어두고 있는 현재의 교육과정에서는 학생산출 문학 텍스트의 교재 활용이 더 적극적으로 모색되어야 할 것이다.

학생들에게는 문학 감상이 능동적으로 극대화하는 자리에 아주 자연스럽게 창작적 욕구가 일어나게 마련인 것이다. 그리고 이러한 성향은 특정

몇몇의 학생에게서만이 아니라, 문학교육에 참여하는 학생 일반에게 적용할 수 있는 성질의 감상과정이라 할 수 있다. 이런 현상 전체는 문학교육의 본령에 해당하는 것이다.

초등학교 문학교육의 경우 이러한 특성은 더 많이 강조될 수 있다. 전문작가의 아동문학 작품은 아동문학 정전으로서의 교육적 가치를 지닌다. 그리고 이해와 감상의 중요한 전형을 제공한다는 점에서 여전히 교재론적 가치의 중심을 차지한다. 반면 학생들 자신이 쓴 문학작품을 문학교육의 내용으로 삼음으로써, 인지적으로는 사회적 구성의 효과를 맛보게 하고, 문학에 대한 친화감을 높일 수 있다. 이는 물론 더욱 적극적인 감상으로 나아가게 하여, 마침내 창작적 표현 욕구를 높이고, 이를 무리 없이 교육의 장으로 수렴할 수 있다.

(4) 2011 개정 교육과정에서의 문학교육 내용

2011년 개정 국어과교육과정(2011.8.고시)의 주요 내용들은 2009년 개정 국어과교육과정과 거의 같다. 다만 과목운영의 방식과 틀을 새롭게 적용하여 2011년 개정 교육과정에 포함시켰다. 이 책에서는 2009 개정 교육과정의 내용을 2011 개정 교육과정으로 일괄하여 나타내었다.

2011년 개정 국어과교육과정의 '문학'영역 교육과정의 내용을 이전 교육과정인 2007년 개정 국어과교육과정(2007.2.고시, 이하 '2007년 개정'으로 칭함)과의 비교 검토를 통해 살펴보도록 하겠다.

(가) 공통 교육과정[14]의 '문학' 영역

① 국어교육 목표 내에서의 문학교육

'문학' 영역의 목표는 독립적인 항목으로 제시되기보다는 국어과교육의 목표, 국어과교육의 하위영역 설정을 통해 이해할 수 있다.

2007년 개정 국어과교육의 목표는 다음과 같다.

---

14) 2011.8. 개정 고시된 국어과 교육과정에 나타는 '문학' 영역 교육과정의 편성은 '공통 교육과정'과 '선택 교육과정'으로 구분된다. '공통 교육과정'은 초등학교 1학년부터 중학교 3학년에 해당하며 '선택 교육과정'은 고등학교 1학년부터 3학년까지에 해당한다. 2007개정 국어과 교육과정에서 초등학교 1학년부터 고등학교 1학년까지를 '국민 공통 기본 교육과정'으로, 고등학교 2·3학년만을 '고등학교 선택 중심 교육과정'으로 구성하였다. 이를 표로 나타내면 다음과 같다.

국어 활동과 국어와 문학의 본질을 총체적으로 이해하고, 국어 활동의 맥락을 고려하면서 국어를 정확하고 효과적으로 사용하며, 국어 문화를 바르게 이해하고, 국어의 발전과 민족의 국어 문화 창조에 이바지할 수 있는 능력과 태도를 기른다.

가. 국어 활동과 국어와 문학에 대한 기본적인 지식을 익혀, 이를 다양한 국어 사용 상황에 활용하면서 자신의 언어를 창조적으로 사용한다.
나. 담화와 글을 수용하고 생산하는 지식과 기능을 익혀, 다양한 유형의 담화와 글을 비판적이고 창의적으로 수용하고 생산한다.
다. 국어 세계에 흥미를 가지고 언어 현상을 계속적으로 탐구하여, 국어의 발전과 미래 지향의 국어 문화를 창조한다.

2011년에 고시된 국어과교육과정에서 제시된 '국어'교과의 목표는 다음과 같다.

국어 활동과 국어와 문학을 총체적으로 이해하고, 국어 활동의 맥락을 고려하여 국어를 정확하고 효과적으로 사용하며, 국어를 사랑하고 국어 문화를 누리면서 국어의 창의적 발전과 국어 문화 창조에 이바지할 수 있는 능력과 태도를 기른다.

가. 국어 활동과 국어와 문학에 대한 기본적인 지식을 익힌다.
나. 다양한 유형의 담화와 글을 비판적이고 창의적으로 수용하고 생산한다.
다. 국어의 가치와 중요성을 인식하고 국어 생활을 능동적으로 하는 태도를 기른다.

학교급 및 학년 / 교육과정	초1	초2	초3	초4	초5	초6	중1	중2	중3	고1	고2	고3
2007 개정 국어과 교육과정	국민공통기본교육과정										고등학교 선택중심 교육과정	
2011 개정 국어과 교육과정(2011.8.고시)	공통 교육과정									선택 교육과정		

이와 같은 교육과정 편성의 변화에 따라 문학교육과정의 내용체계와 학년별 내용, 교수 · 학습 방법, 평가에도 변화가 있다.

대체로 2007 개정 교육과정에서 2011 개정 교육과정으로 변화되어 오면서 이전 교육과정과 비교하여 국어기능 영역과 문학영역의 통합적 상관성에 대해서 더 열린 관점을 지향하고 있는 것으로 나타나고 있다. 학문적 경계로 인해 경직되게 존재하던 국어과 내의 기능, 문법, 문학 등의 영역이 학생들의 구체적인 발달과 삶에서는 강한 상호성을 가질 수 있도록 학습의 경험과 과정을 제공하는 것이 바람직하다는 인식을 반영하고 있다. 이는 분명히 문학적 인식 또는 문법적 인식이라기보다는 교육적 인식에 가까운 것이라 할 수 있다. 문학교육의 의미를 실천적으로 드러내는 현상이 '교육현상'이고, 실천적으로 마무리하는 형식이 '교육의 형식'이라는 점에서 문학교육의 고유한 토대를 설정하는 데 기여할 수 있을 것이다.

또한 2011년에 고시된 교육과정에서는 문학교육의 궁극적 지평을 '국어 문화 창조'에 둠으로써 문학교육이 문화에 작용하는 효과를 강조한다. 그리고 문학교육이 문화적 소통을 위한 교육 내용의 근거지로서, 또 문화적 소통의 통로로서 역할을 해야 한다는 인식을 보여 주고 있다. 여기에는 물론 문학의 수용과 창조라는 문학교육 본연의 항존적 내용이 문학교육의 전통 가치로서 전제되면서도 문학교육의 문화 교육적 작용을 확충해 나아가려는 의욕이 담긴 것이라 할 수 있다. 이는 문학 텍스트를 소통과 무관하게 지식 레벨에서 학습시키려고 했던 이전 패러다임에서 뚜렷한 변화를 추구한 것으로 볼 수 있다. 그런 점에서 우리 문학교육은 탈근대의 패러다임에 본격적으로 이입되는 모습을 보인다 하겠다.

2011 개정 교육과정에서 이전에 '민족의 국어 문화 창조'로 선언되었던 지향점이 '국어 문화 창조'로 민족이라는 범주를 넘어서도록 한 점도 의미 있는 변화로 보인다. 그러나 이는 모두 교육과정 목표 수준에서 제시된 선언적 지표들이다. 이를 어떻게 실천 명제로 구체화할지를 고민하는 데서 문학교육의 역동적 진화를 모색할 수 있을 것이다.

② 내용 영역과 기준

㉠ '실제', '지식', '기능', '태도'를 통한 내용 구조화

2011 개정 국어과 교육과정에서 '문학' 영역의 내용 영역과 기준[15]은 크게 '실제'와 '지식', '수용과 생산', '태도'의 구조로 제시하고 있다.

15) 2007년 개정 국어과 교육과정에서는 '문학' 영역의 내용 구조화를 '내용 체계'라는 용어로 제시한 데 반해 2011.8.에 고시된 국어과 교육과정에서는 '내용 영역과 기준'이라는 용어로 제시하고 있다.

〈표 1〉 2011년 개정 국어과 교육과정의 '문학' 영역 내용 영역과 기준

실제		
• 다양한 갈래의 문학 – 시(시가), 소설(이야기), 극, 수필, 비평 • 다양한 매체와 문학		
지식	**수용과 생산**	**태도**
• 문학의 본질과 속성 • 문학의 갈래 • 문학 작품의 맥락	• 작품 이해와 해석 • 작품 감상 • 작품 비평과 소통 • 작품 창작	• 문학의 가치와 중요성 • 문학에 대한 흥미 • 문학의 생활화

〈표 2〉 2007년 개정 국어과 교육과정의 '문학' 영역 내용 체계

작품의 수용과 생산의 실제 –시(시가) –소설(이야기) –극(연극, 영화, 드라마) –수필 · 비평	
지식	**수용과 생산**
• 문학의 본질과 속성 • 문학의 양식과 갈래 • 한국 문학의 역사	• 내용 이해 • 감상과 비평 • 작품의 창조적 재구성 • 작품 창작
맥락	
• 수용 · 생산의 주체 • 사회 · 문화적 맥락 • 문학사적 맥락	

이를 2007년 개정 국어과 교육과정의 '문학'영역 내용체계(〈표 2〉)와 비교해 보면 다음과 같이 변화된 내용을 정리할 수 있다.

먼저, 문학 영역의 내용의 구조가 삼원 구조에서 이원구조로 재편되었음을 알 수 있다. 2007년 개정에서는 '작품의 수용과 생산의 실제', '지식'과 '수용과 생산', '맥락'이 각기 서로 다른 층위에 세시되었넌 반면 2011년 개정에서는 '실제'가 독립적인 층위에서 제시되고 '지식', '수용과 생산', '태도'가 동일한 층위에서 제시되어 크게 두 층위로 구조화되었음을 알 수 있다.

두 번째는 각 내용 영역 간의 관계를 표시하는 것과 관련된 것으로 '실제', '지식', '수용과 생산', '태도' 간의 경계선을 실선으로 표시한 점이다. 이는 '지식', '수용과 생산', '맥락' 간의 경계를 점선으로 처리함으로써 각

각의 내용이 분리된 것이 아니라 서로 긴밀하게 관련지어 교육해야 한다는 점을 드러내고자 했다면(최미숙 외, 2008: 332면), 2011 개정에서는 이와 같은 내용이 계승되지는 않았음을 알 수 있다.

㉡ 교육내용으로 '학년군 성취 기준', '영역 성취기준', '내용 성취 기준' 제시

2011년 개정에서 제시된 교육내용을 살펴보면 크게 세 가지 측면에서 변화가 있음을 알 수 있다.

먼저, '학년별 내용'이 '학년군별 세부 내용'으로 제시되었다는 점이다. 이전 2007년 개정에서 '학년별 내용'으로 제시되었던 교육 내용이 2011년 개정에서는 '학년군별 세부 내용'으로 제시되고 있다. 이는 2011년 개정 교육과정 구성 방침에서 도입한 '학년군' 개념의 도입으로 인한 변화이다.[16] '학년군별 세부 내용'은 초등의 경우 [1-2학년군], [3-4학년군], [5-6학년군], 중학교는 [1~3학년군]으로 제시하였다.

두 번째는 '학년군별 세부 내용'을 '학년군 성취 기준', '영역 성취 기준', '내용 성취 기준'의 순으로 제시하였으며, '내용 성취 기준'에서는 개별 성취 기준에 대한 간략한 해설을 덧붙였다는 점이다. 2007년 개정에서 '학년별 내용'이 '작품의 수준과 범위', '성취기준', '내용 요소의 예'로 제시되었는데, 이 중에서 '작품의 수준과 범위'는 삭제되었고 '성취 기준'은 각기 '영역'과 '내용'으로 분화되는 구조를 보인다. 그 실제 내용을 비교해 보면 〈표 3〉과 같다.

〈표 3〉 **2007년 개정 국어과 교육과정 '문학' 영역의 성취기준, 내용요소의 예**

학년	성취기준	내용 요소의 예
1	(1) 반복적으로 나타나는 말의 재미를 느낀다.	• 반복되는 말의 재미 느끼기 • 일상 생활의 말에서 반복되는 말 찾기 • 단순한 운율 유형 접하기

16) 2011년 개정 교육과정은 '학년군' 개념을 도입하였는데, 그 도입 배경은 '교육과정 편성 · 운영의 경직성을 탈피하고, 학년 간 상호 연계와 협력을 통한 학교 교육과정 편성 · 운영의 유연성을 부여하기 위하여'로 밝히고 있다.

〈표 4〉 **2011년 개정 '학년군별 세부 내용' 중 '문학' 영역 [1-2학년군]의 '영역 성취기준'과 '내용 성취기준'**

[영역 성취기준]
발상과 표현이 재미있는 작품을 다양하게 접하면서 문학이 주는 즐거움을 경험하고, 일상생활의 경험을 문학적으로 표현한다.

[내용 성취 기준]
(1) 동시를 낭송하거나 노래, 짧은 이야기를 들려준다. 동시 낭송이나 노래 부르기, 짧은 이야기 들려주기 등 문학을 통해 즐겁게 통한 경험은 문학에 대해 호기심과 관심을 불러온다. 발상이나 표현이 짧고 재미있는 작품을 다양하게 제시하여 학생들이 문학 활동에 즐겁게 참여하도록 한다. 또한 자연스럽게 문학 형식을 익히고 표현 욕구를 충족함으로써 문학을 즐겨 향유하려는 태도를 지니도록 한다. (2) 반복되는 말의 재미를 느끼고 재미를 주는 요소를 활용하여 자신의 경험을 표현한다. 반복되는 말 등 기억하기 쉽고 그 자체로 즐거움을 주는 말을 접하게 함으로써 국어 활동에 흥미를 갖도록 한다. 일상에서 쉽게 접할 수 있는 국어 자료나 동시 등 문학 작품을 활용한다. 이때 재미있는 말을 찾고 확인하는 수준을 넘어 그 말이 전체 작품이나 맥락에서 발휘하는 효과까지 확인하도록 한다. 나아가 재미를 주는 요소를 활용하여 자신의 경험을 표현하도록 한다.

위의 〈표 3〉과 〈표 4〉를 비교해 보면, 2007년 개정에서 '성취 기준'과 '내용 요소의 예'는 각각 2011년 개정에서 '영역 성취 기준'과 '내용 성취 기준'으로 제시되었음을 알 수 있다. 단, 2007년 개정에서는 '내용 요소의 예'가 개조식으로 간략하게 제시되었던 것에 비해 2011년 개정에서는 '내용 성취 기준'이 한 문장으로 기술되었고, 개별 '내용 성취 기준'마다 이에 대해 간략한 해설이 붙어 있음을 알 수 있다. 이를 통해 내용 성취 기준이 함의하고 있는 바를 제시해 주고 있는 것으로 볼 수 있다.

㉢ '작품의 수준과 범위' 대신 '국어 자료의 예'에서 '문학작품'으로 제시

2011년 개정의 '내용 영역과 기준'을 통해 나타난 변화 중 하나는 '국어 자료의 예'가 제시된 것이다. 이는 2007년 개정에서는 영역별로 각기 '담화의 수준과 범위'(듣기 · 말하기), '글의 수준과 범위'(읽기 · 쓰기), '언어 자료의 수준과 범위'(문법), '작품의 수준과 범위'(문학)로 나누어 제시되었던 것을 '국어 자료의 예'[17]라는 항목으로 한데 모은 것이다.

'국어 자료의 예'는 역시 '학년군'별로 제시되었으며, 그 세부 항목으로

17) 이 표를 통해 2011년 개정 국어과 교육과정의 '국어자료의 예'의 체제를 알 수 있다.
〈표〉 2011년 개정 국어과 교육과정의 '국어 자료의 예(5-6학년군)'

는 '담화', '글', '문학작품'으로 구분하여 국어과의 하위 영역별 정체성이 드러내고자 한 것을 알 수 있다. 다음으로는 2011년 개정 국어과 교육과정의 학년군별 '국어자료의 예'에서 '문학작품'에 해당하는 내용을 살펴보도록 하자.

〈표 5〉 **2011년 개정 국어과 교육과정의 학년군별 '국어자료의 예'와 '문학작품'**

학년군별	문학작품
초 1–2	– 창의적인 발상이나 재미있는 표현이 담긴 동시나 노래 – 환상적인 세계를 배경으로 하는 (옛)이야기나 동화 – 의인화된 사물 혹은 동·식물이나 영웅이 나오는 이야기 – 학생의 일상을 배경으로 하는 동시나 동화 – 상상력이 돋보이는 만화나 애니메이션
초 3–4	– 운율과 이미지가 돋보이는 동시나 노래 – 영웅이나 위인이 등장하는 (옛)이야기나 극 – 환상의 세계를 배경으로 한 (옛)이야기 – 일상의 고민이나 문제를 다룬 동시나 동화 – 감성이 돋보이거나 재미가 있는 만화 혹은 애니메이션

5–6학년군
(담화) – 사회적으로 의미가 잇는 사건을 다룬 뉴스 – 존경하거나 만나고 싶은 대상을 면담한 자료 – 설득의 방식이 잘 나타난 광고, 연설 – 일상생활이나 시사적 쟁점을 논제로 한 토의, 토론 – 사진, 그림, 도표, 동영상 등이 효과적으로 구성되어 있는 발표 자료 – 가족, 친구, 선생님, 주변 사람들 등과의 일상 대화 – 인터넷 게시판, 블로그 등에서 이루어지는 친구들 간의 온라인 대화 (글) – 글의 짜임이 잘 나타난 설명문, 논설문, 이야기 – 일의 절차나 방법, 둘 이상의 대상, 사건 등에 대해 설명하는 글 – 다양한 매체에서 조사한 내용을 바탕으로 쓴 글 – 사실이나 사건에 대한 글쓴이의 관점이나 의도가 분명하게 드러난 글 – 주장과 근거가 잘 나타난 글 – 견문과 감상이 드러난 기행문, 견학보고서, 감상문 – 다양한 매체의 광고, 일상적 경험을 다룬 영상물, 인터넷 게시판 등 (문학작품) – 다양한 형식과 표현이 드러나는 시나 노래 – 성장 과정의 고민과 갈등을 소재로 한 작품 – 한국 문학의 전통이 잘 드러난 작품 – 다양한 가치와 문화에 대한 성찰을 담고 있는 작품 – 상상력이 돋보이는 다양한 매체 자료

초 5–6	– 다양한 형식과 표현이 드러나는 시나 노래 – 성장 과정의 고민과 갈등을 소재로 한 작품 – 한국 문학의 전통이 잘 드러난 작품 – 다양한 가치와 문화에 대한 성찰을 담고 있는 작품 – 상상력이 돋보이는 다양한 매체 자료
중학교 1~3학년군	– 인물의 내면세계, 사고방식, 느낌과 정서 등이 잘 드러난 작품 – 보편적인 정서와 다양한 경험이 잘 드러난 한국·외국작품 – 사회·문화·역사적 상황이 잘 드러난 작품 – 한국이 대표적인 문학 작품 – 비평적 안목이 뛰어난 비평문 – 삶에 대한 고민이나 성찰을 담고 있는 다양한 매체 자료

② 선택 교육과정의 '문학' 과목

2011년 개정에서 선택 과목으로서의 '문학' 과목은 2007년 개정과 비교하여 체제 내적 변화뿐 아니라 '문학'과목 교육과정의 체제 외적인 변화도 있다. 체제 내적 변화는 2007년 개정의 경우, '성격, 목표, 내용, 교수·학습, 평가'로 제시되었던 것이 2011년 개정에서는 '목표, 내용 영역의 기준, 교수학습, 평가'로 제시된 점이다. 체제 외적 변화는 '문학'과목의 적용시기 및 국어과의 선택 과목이 신설 및 변화된 점과 관련된다.

먼저 체제 외적 변화로는 선택 교육과정의 적용 시기가 1년 앞당겨져서 고1부터 적용된다는 점이다. 이는 2007년 개정 국어과 교육과정에서 고2부터 적용되었던 것과 달라진 점이다. 또 다른 '문학'과목의 체제 외적인 변화는 교육과정이 과목의 분류표를 제시한 것과 연관된다. 2011 개정의 고등학교 교육과정 편제[18]에서 '문학' 과목은 '기초 교과 영역'에 해당한다. 또 과목을 '기본, 일반, 심화'로 구분한 편제에 따라서 '문학'은 '일반'으로 편제되었다. 이는 2007년 개정의 '문학'의 성격에서 '문학'이 국민 공

18) 2011년 개정에 제시된 고등학교 교육과정 편제는 다음과 같다.

(1) 편제
㈎ 고등학교 교육과정은 교과(군)와 창의적 체험활동으로 편성한다.
㈏ 교과는 보통 교과와 전문 교과로 한다.
① 보통 교과는 기본 과목과 일반 과목, 심화 과목으로 구분한다. 보통 교과 영역은 기초, 탐구, 체육·예술, 생활·교양으로 구성하며, 교과(군)는 국어, 수학, 영어, 사회(역사/도덕 포함), 과학, 체육, 예술(음악/미술), 기술·가정/제2외국어/한문/교양으로 한다.
② 전문 교과는 농생명 산업, 공업, 상업 정보, 수산·해운, 가사·실업에 관한 교과로 한다.
㈐ 창의적 체험활동은 자율 활동, 동아리 활동, 봉사 활동, 진로 활동으로 한다.

통 기본 교육과정의 '국어' 과목 중 '문학' 영역을 심화 · 발전시킨 과목이라고 밝힌 점과 달라진 점이다.

2011년 개정에서 '문학'과목의 체제 외적 변화로 두드러지는 점은 '문학'과 같은 범주에 속하는 국어과의 선택 교육과정에서 과목의 변화이다. 2007년 개정에서 '문학'은 '국어, 화법, 독서, 작문, 문학, 매체언어'와 함께 '고등학교 선택중심 교육과정'으로 편제되었다. 반면, 2011년 개정에서는 '국어Ⅰ, 국어Ⅱ, 화법과 작문, 독서와 문법, 문학, 고전'으로 설정되었다. '문학'과목이 선택 교육과정에서 차지하는 위치를 표로 정리하면 다음과 같다.

〈표 6〉 **2011년 개정 교육과정의 편제와 선택 교육과정의 '문학'**

교과 영역	교과(군)	과목		
		기초	일반	심화
기초	국어		국어Ⅰ, 국어Ⅱ, 화법과 작문, 독서와 문법, 문학, 고전	
	수학	생략	생략	생략
	영어	생략	생략	생략
탐구	사회(역사/도덕 포함)	생략	생략	생략
	과학	생략	생략	생략
체육 · 예술	체육	생략	생략	생략
	예술(음악/미술)	생략	생략	생략
생활 · 교양	기술 · 가정/제2외국어/한문/교양	생략	생략	생략

㉠ 성격 및 목표

2007년 개정에서 '문학' 과목은 국민 공통 기본 교육과정의 '국어' 과목 중 '문학' 영역을 심화 · 발전시킨 과목이었다. 2011년 개정에서 '문학'은 '국어' 과목 중에서 '문학' 영역과 '국어 Ⅰ', '국어 Ⅱ'의 '문학' 영역을 전문적으로 심화 · 발전시킨 과목으로 다양한 문학 작품을 수용하고 생산하는 능력을 함양하기 위한 과목으로 제시되었다.

2011년 개정에서 제시된 목표는 2007년 개정과 비교하여 목표항이 한 가지 추가되었다. 구체적 내용은 〈표 7〉과 같다.

〈표 7〉 **2007년 개정과 2011년 개정의 '문학' 과목의 목표 비교**

2007년 개정 '문학' 과목의 목표	2011년 개정 '문학' 과목의 목표
가. 문학에 대한 지식과 경험을 바탕으로 하여 능동적으로 문학 활동을 한다. 나. 문학 작품의 수용과 생산 활동을 통하여 언어에 대한 통찰력을 기르고, 창의적으로 사고하고 소통하는 능력을 함양한다. 다. 문학을 통하여 인간과 세계를 총체적으로 이해하고, 문학의 가치와 아름다움을 향유하며, 공동체의 문화 발전에 적극적으로 참여한다.	가. 문학에 대한 지식과 경험을 바탕으로 문학에 대한 체계적 이해를 갖추고 능동적으로 문학 활동을 한다. 나. 문학 수용과 생산 활동을 통하여 언어에 대한 통찰력을 기르고, 창의적으로 사고하고 소통하는 능력을 기른다. 다. 문학을 통하여 인간과 세계를 총체적으로 이해하고, 문학의 가치와 아름다움을 향유하며, 심미적 안목을 높인다. 라. 한국 문학의 보편성과 특수성을 이해하고, 우리 공동체의 문학 문화 발전에 적극적으로 참여한다.

㉡ 내용 체계

2011년 개정에서는 '내용의 영역과 기준'을 통해 '내용 체계'와 '세부 내용'을 제시하고 있는데, 여기에서는 내용체계만을 비교하도록 하겠다. 2011년 개정 '문학'과목의 경우 기존의 '문학의 성격', '문학활동', '문학의 위상', '문학과 삶'에서 '문학의 수용과 생산', '한국 문학의 범위와 역사', '문학과 삶'으로 변화되었으며, 하위항목 역시 조정이 있음을 알 수 있다.

〈표 8〉 **2007년 개정과 2011년 개징의 '문학' 과목의 내용 체계 비교**

2007년 개정 '문학' 과목의 내용체계	2011년 개정 '문학' 과목의 내용체계	
문학의 성격 • 문학의 개념 • 문학의 역할 • 문학의 갈래	문학의 수용과 생산	• 문학 작품의 구성 원리 • 문학과 인접 분야 • 문학과 매체 • 문학의 비판적 수용과 창의적 생산
문학 활동 • 문학의 수용 • 문학의 생산 • 문학의 소통	한국 문학의 범위와 역사	• 한국 문학의 전통과 특질 • 한국 문학과 사회 • 한국 문학의 갈래와 흐름 • 한국 문학의 보편성과 특수성
문학의 위상 • 문학과 문화 • 한국문학의 범위와 역사 • 한국문학과 세계문학	문학과 삶	• 문학과 자아 • 문학과 사고 • 문학과 삶의 다양성 • 문학과 공동체
문학과 삶 • 문학과 자아 • 문학과 공동체 • 문학의 생활화		

V 문학교육의 교수 · 학습 전략

(1) 문학 교수 · 학습의 특성

문학 교수 학습은, 좋은 작품을 읽고 감수성을 계발하고 고양된 정서와 심미적 가치를 내면화 하여, 스스로 문학적 표현에 이르게 한다는, 매우 상식적인 원리로부터 출발한다. 일상의 가치 있는 체험이 문학적 형상화와 관련됨을 이해하고, 문학과 더불어서 다른 사람의 체험을 나의 경험 체계 속에 혼효시키며, 학습자 자신의 체험에 대한 의미를 발견하는 일련의 과정이 문학교육의 교수 · 학습 과정이라 할 수 있다. 또 문학 이해와 더불어 가치 있는 체험을 발견하는 단서나 계기를 알아나가면서, 문학적으로 가치 있는 체험에 공감하고, 정서나 가치를 내면화하는 중요한 단서를 획득하는 일련의 과정이기도 하다.

2011 교육과정에서는 공통교육과정의 문학교육 지도 방법에는 ① 학습자의 삶과 연관하기 ② 국어과 타영역과 상호성 살리기 ③ 매체 연관의 활동 강화 ④ 다양한 수업모형 원용 등을 강조한다.[19]

교육과정 체제상 '교수 · 학습 방법'은 크게 '가. 교수 · 학습 계획'과 '교수 · 학습 운용'으로 나누어 지는데, 이를 각기 살펴보면 '교수 · 학습 계획'에서 학습자의 능동적이고 창의적인 표현에 대한 언급이 2007년 개정에 비해 두드러지고 있다.

① 학습자의 능동적이고 창의적인 표현을 지향하는 교수 · 학습 계획

2011년 개정이 2007년 개정에 비해 학습자의 능동적이고 창의적인 표현에 대해 언급하고 있음이 다음의 항목을 통해 드러난다.

---

19) 2007 개정 교육과정에서는 문학교육 지도 방법에는 다음과 같은 것들을 강조했었다. 이 중 상당 부분은 2011 교육과정에서도 문학교육의 방법적 원리로 존중된다.

첫째, 문학 지도에서는 개별 작품을 학습자의 삶과 관련지어 봄으로써 심미적 상상력과 건전한 심성을 계발하고 바람직한 인생관과 세계관 형성을 돕는 학습 활동을 강조한다. 아울러 개작, 모작, 생활 정서의 표현 등 작품의 심층적 감상을 돕는 학습 활동을 강조한다.

둘째, 문학과 관련된 담화 또는 글과 문학 작품을 읽거나 듣고 자신의 생각과 느낌을 표현하게 함으로써 문법 및 문학 영역과 듣기, 말하기, 읽기, 쓰기 영역을 통합한다.

셋째, 매체와 관련된 내용 요소를 지도할 때에는 문학영역뿐만 아니라 학습의 효율성을 위하여 문학 이외의 다른 영역과 연결하여 통합하여 지도하도록 한다.

넷째, 학습 목표와 내용을 고려하여 직접 교수법, 문제 해결 학습법, 창의성 계발 학습법, 반응 중심 학습법, 탐구 학습법, 현장 학습법, 개별화 학습법, ICT 활용 학습법, 가치탐구 학습법, 토의 · 토론식 교수법, 협동 학습법 등 다양한 교수 · 학습 방법을 활용하되, 특히 다음 사항에 유의한다.

(라) 학습자가 교수 · 학습 상황에 능동적으로 참여하여 담화와 글을 체계적으로 이해하는 활동과 자신의 사상과 정서를 창의적으로 표현하는 활동을 할 수 있는 학습 환경을 조성한다.

(마) 국어 능력이 일상생활이나 다른 교과의 학습에 기초가 됨을 강조하여 학습자가 국어 교수 · 학습에 대한 능동적인 태도를 가질 수 있도록 한다.

① 교수 · 학습 과정에서 성취한 국어 능력을 학습자 스스로 일상생활이나 다른 교과의 학습에 적극적으로 활용하도록 한다.

② 창의적인 국어 능력이 삶의 질을 높이는 데에 기여할 수 있음을 강조한다.

② '정서표현'과 '작품 창작' 등 생산 활동을 강조하는 교수 · 학습 운용

2011년 개정의 교수 · 학습 운용에서는 감상과 더불어 정서표현, 작품 창작 등 다양한 생산활동이 강조되었다. 이를 2007년 개정에서 제시된 교수 · 학습 운용과 비교해 보면 아래와 같다.

2007년 개정 국어과 교수·학습 운용의 '문학'	2011년 개정 국어과 교수·학습 운용의 '문학'
문학 지도에서는 개별 작품을 학습자의 삶과 관련지어 봄으로써 심미적 상상력과 건전한 심성을 계발하고 바람직한 인생관과 세계관 형성을 돕는 학습 활동을 강조한다. 아울러 개작, 모작, 생활 정서의 표현 등 작품의 심층적 감상을 돕는 학습 활동을 강조한다.	'문학' 지도에서는 개별 작품을 학습자의 삶과 관련지어 봄으로써 심미적 상상력과 건전한 심성을 계발하고 바람직한 인생관과 세계관 형성을 돕는 학습 활동을 강조한다. 학습자의 능동적인 작품 수용을 강조할 뿐만 아니라 일상생활에서의 정서 표현, 작품 창작 등 다양한 생산 활동을 돕는 학습 활동을 강조한다.

2011 선택교육과정에서의 문학 교수 · 학습은 2007 교육과정과 큰 변화를 보이지는 않는다. '작품의 수용 활동은 발표, 토의 · 토론, 협동 학습, 현상 학습, 감상문과 비평문 쓰기, 문학 갈래와 매체의 변환 등 다양한 방식을 활용하여 지도할 것을 강조한다. 그리고 '작품의 생산 활동은 학습자의 수준을 고려하여 발표, 토의 · 토론, 협동 학습, 모작, 재구성 등 다양한 방법을 활용하되, 학습자의 삶과 밀접하게 관련되도록 지도할 것을 강조한다. 이처럼 작품의 수용과 생산을 구분하여 제시하고 있다.

문학 교수 · 학습의 특성은 문학제재의 특성과 문학 수용자의 수용상의 특성, 교사의 문학교육관 등이 상호 작용함으로써 그 구체적 면모가 드러난다. 문학제재의 특성은 앞에서 논의한 바 있다. 여기서는 문학을 수용하는 학생들의 수용특성을 중심으로 문학 교수 · 학습의 특성을 살펴본다.

(가) 감정이입(感情移入: empathy)의 특성

문학 수용자는 문학을 읽고 수용할 때, 문학작품 세계 내의 인물과 사건 속에 자신의 감정을 이입한다. 특히 어린이 청소년 독자는 감정이입의 정도가 강렬하고 단순하다. 그렇기 때문에 문학 독서의 과정에서 감정이입이 일어나지 아니하면 문학 독서 자체가 진전될 수 없다. 설사 독서 행위가 표면적으로는 이루어지더라도 작품의 주제에 접근하기 어렵다.

수용자가 보이는 감정이입의 단순성은 문학 읽기의 밀도를 높이는 측면에서는 바람직하지만, 주제를 심도 있게 판독하거나, 창의적인 해석을 해나가는 데에는 장애로 작용할 수도 있다. 따라서 문학 교수 · 학습에서는 학습초기에 감정이입의 단서를 잘 제공하여 수용의 밀도를 높여 주되, 수용이 일정한 단계에 이르면 자신의 감정이입을 메타적으로 성찰할 수 있는 전략을 함께 강구해 주는 것이 바람직하다. 이는 문학 수용의 일반적 원리이기도 하다.

(나) 플롯 개념과 문학 작품의 담론 구조 이해

서사문학 이해의 요체는 아무래도 구성(plot)의 이해에 있다고 할 것이다. 플롯이란 소설이 시간적 순차로 이루어지는 이야기 구조로서가 아니라, 담론(discourse)의 방식으로 존재하는 것을 인식하는 핵심 개념이다. 플롯은 소설의 소재가 되는 어떤 '현실'을 소설이라는 예술적 장치로, 즉 언어 예술적으로 재구성하는 것이다. 스토리가 사건의 내용이라면, 플롯은 그 내용을 표현하여 드러내는 방식이라 할 수 있다. 우리는 이 재구성의 과정을 두고 언어 예술적으로 '형상화'한다고 말한다. 플롯의 묘미를 느끼면서 서사문학을 읽는 사람은 문학의 언어 예술적 속성을 감수성 차원에서 해득하고 있는 사람이라고 할 수 있다.

학생들의 플롯 개념은 흔히 스토리 라인 개념과 혼성되어 있다. 플롯 개념의 인지는 어떤 이론적 설명에 의해서라기보다는 잘 구성된 좋은 소설이나 영화를 접해 보는 경험의 축적을 통해서 이루어지는 것이 바람직하다.

또 이러한 구체적 경험을 문학교육의 내용으로 다루는 시야가 필요하다.

플롯 개념이 분화되는 시기는 개인차가 있기는 하지만, 대체로 형식적 조작기에 입문하는 단계로 추정해 볼 수 있다. 따라서 이 시기 이전의 문학 교수·학습의 제재는 복잡한 플롯이 구사된 작품은 피하는 것이 좋다. 저학년 학생들이 좋아하는 판타지 계열의 작품이 플롯 개념으로부터 비교적 자유로운 면을 지니고 있음은 이런 면에서도 그 근거를 찾을 수 있다. 영화나 비디오 등의 서사체험이 일상화된 학생들의 경우는 플롯 개념의 습득이 비교적 빨리 일어나는 현상을 보이기도 한다.

(다) 배경의 학습 코드화

텍스트를 전제로 하는 문학 교수·학습에서 '배경'은 다양한 학습 코드를 가진다. 특히 삶의 경험이나 현실과의 연계를 목표로 하는 문학 학습에서는 '배경'의 학습 전략적 기능은 확장된다. 일반적으로 리얼리티를 앞세우는 현실주의 계열의 작품들은 배경의 묘사를 강조한다. 배경은 묘사 차원의 대상이라기보다는 작품의 주제적 분위기와 밀접한 연관을 가지는 문학적 장치이기도 하다. 배경이 다양한 학습 코드로 작동하게 되면, 문학을 통해서 윤리교육, 사회교육, 역사교육, 예술교육 등이 이루어질 수 있는 가능성을 쉽사리 발견할 수 있다.

작품 학습에서 배경요소에 대한 학생들의 인식이 비교적 두드러지게 나타나기 시작하면 이른바 총체성의 세계에 대한 관심이 구체화 되는 것을 의미한다. 이 점은 학생들이 인물이나 사건을 기억하는 정도에 비해 보면 현저하다. 배경에 대한 관심은 작품 속에서 리얼리티에 대한 관심이 비로소 시작되었음을 보여주는 것이다. 상세한 배경을 제시하고 있는 작품들은 저학년 학생들에게는 별반 흥미를 끌지 못한다. 이들이 즐겨 읽는 민담류의 이야기들은 시간적·공간적 배경이 상세하게 진술된 경우란 거의 없다는 점을 유의할 필요가 있다.

배경의 비상세화는 이야기구조의 단순성으로 나타난다. 이는 앞에서 말한 플롯 개념의 미분화와도 연결되는 현상이다. 배경요소를 그림이 아닌 언어적 묘사에 의해서 수용하는 단계가 되면 문학수용의 성숙성이 얼마간 진전된 상태라 할 수 있다.

(라) 인물 중심 인식의 그물

문학교육 내면화의 구체적 실체는 인물이다. 문학적 가치가 실현되는 텍스트상의 구체적 장치 또한 인물을 통해서 이루어진다. 문학 텍스트의 수용은 일차적으로는 인지적으로 이해하는 것이고, 그와 병행하여 정의적 반응들을 상응시키는 것이라 할 수 있다. 긴 분량의 작품을 인지적으로 소화해 내는 학생들의 인지전략은 무엇일까.[20] 일반적으로 그것은 작품 속에 나오는 주요인물을 중심으로 작품의 내용을 기억하게 된다. 따라서 인물을 가르치는 전략이 다양하게 구안될 수 있음을 알 수 있다.

인물을 중심으로 작품의 경개(梗槪)를 파악하는 것은 문학작품의 내적 본질에도 부합하는 것이며, 인지 전략상으로도 무리가 없다. 따라서 이러한 작품 읽기 전략이 잘 마련되어 있는 학생들에게는 어떤 인물을 중심으로 어떤 인식망을 형성하는 것이 효과적인지를 구체적 작품 속에서 연습해 보도록 한다. 이러한 방식이야말로 작품의 총체적 면모를 어떻게 포괄할 수 있는지를 직접 살피고 경험해 보게 하는 것이다.

이러한 연습을 통해서 그 다음 단계, 즉 문학작품을 하나의 '구조'로써 볼 수 있는 눈을 기르게 하는 단계로 나아갈 수 있다. 문학작품을 파편적으로 접근하려는 성향이나, 순간적 감성에 의해서만 이해하려는 습관이 있는 학생들에게는 텍스트 전체를 읽고 인물중심의 관계 구조와 그것을 통해 드러나는 가치 인식의 그물을 구축하게 하는 교수·학습 전략의 제고가 필요하다.

(마) 스키마(schema) 동원의 극대화

문학 텍스트의 이해 및 수용 상황에서 독자가 동원하는 스키마란, 문학 쪽의 용어로 말한다면, 독자의 삶의 텍스트 또는 독자의 경험 텍스트라고 할 수 있다. 삶의 경험이란 것은 어디까지나 총체적 구조로서 작용하는 것이지, 단편적이고도 부분적인 것이 단독으로 작용하기는 어렵다. 그런 의미에서 스키마란 개념은 문학작품의 수용과 이해를 설명하는 데도 유용한 개념이다. 왜냐하면 스키마는 개체가 지니고 있는 지식과 경험을 '총체

20) 이 경우 '전략'이라고 해서 아동들 자신이 그들의 인지방식을 상위적으로 미리 통제하고 관리하는 그런 전략은 아니다. 구사된 결과로서의 전략개념이라고 하는 것이 합당할 것이다.

화된 경험의 구조'로 설명하기 때문이다(노명완 외, 1988: 207~219). 그런데 발달 과정 중에 있는 학생들은 그들의 삶과 경험의 양적 축적이 미약하다. 학생들의 동원 스키마 제한은 문학 교수·학습의 전략에 다음과 같은 시사를 준다.

첫째는 경험 또는 소재의 중요성을 고려하는 교수·학습 전략을 강구하여야 할 것이다. 문학 교실에서의 소재 전략은 학생들의 경험과 밀접한 소재를 우선으로 하는 교수전략이어야 한다. 소재와 학생경험의 연결을 표면적으로만 추구하지 말고, 교수방법의 정교화를 통해 소재와 학생경험의 연결 고리를 내적으로 확보하도록 해야 할 것이다.

둘째, 문학 이해에 중요하게 관여하는 스키마(학생들의 경험 기제)의 동원을 교사가 자극해 주는 전략을 생각해 보아야 할 것이다. 동원 스키마가 미약할수록 스키마를 동원하는 전략도 미흡할 수밖에 없다.

(바) 미디어 환경의 변화와 새로운 감수성에 의한 수용경향

현대사회는 문화 각 분야에 있어서 첨단 테크놀로지의 영향을 절대적으로 받게 되었다. 이러한 영향은 일상적 문화소비의 여러 장면에서 나타나고 있으며, 그 변화의 속도와 규모는 이전 시대 사람들이 도저히 상상하지 못할 정도라 할 수 있다. 문학수용의 경우도 예외는 아니다. 문학의 생산, 소통, 수용의 각 장면에서 각종 영상 전자매체에 의한 문학 텍스트의 변용은 하루가 다르게 달라지고 있다. 컴퓨터 등에 의한 정보의 생산, 변용, 소통 등은 전통적 의미의 문학의 존재방식을 위협하는 면모를 보이기도 한다.

디지털 테크놀로지에 따라 언어와 문학 환경도 큰 폭으로 변화하였다. 개정 국어과 교육과정에서는 언어 사용 환경의 변화를 반영하여 교육 내용을 선정하였다. 다매체 시대로 일컬어지는 언어 환경의 변화는 국어과뿐만 아니라 많은 교과의 교육 내용 변화를 요구하고 있다. 매체언어 역시 기호라는 점에서 문학교육이 적극적으로 수용할 필요가 있다. 작품의 수용과 수용 능력 신장이 미디어 공간을 주축으로 해서 일어나고 있으며, 많은 학생들의 문학 또는 문화적 소통을 미디어에 의존하여 해 나가고 있기 때문이다.

따라서 문학이 전통적으로 인쇄 텍스트에 의해서 소통·수용되던 양상은 이제는 어떤 형태로이든 변화를 겪고 있다고 보아야 한다. 이러한 첨단 전자문명시대를 살고 있는 어린이들은 더 이상 인쇄 텍스트에 의한 문학경험(엄밀히는 서사경험)에만 의존하지 않게 되었다. 요컨대 학생들은 한 세대 전에 비해서, 영상적 감수성에 의해 사물과 세계를 인식하는 경향이 늘어나고 있다는 점을 새로운 문학 교수·학습의 조건으로 고려해야 한다.

아동문학이 즐겨 다루었던 경험과 소재도 뚜렷한 변화를 겪고 있다. 맑고 순정한 정서를 간판으로 하는 소재들에 비해서 현대사회의 문명적 환경이 그대로 반영되는 모험 서사·추리 서사 등이 어린이들에게 인기를 얻고 있으며, 단순한 생활 서사보다는 판타지 계열의 텍스트 또는 우주세계의 과학적 모험이 주조를 이루는 과학성 판타지가 매력을 얻고 있다.

이러한 현상들을 전통 순문학의 퇴조로 보면서 문학의 위기로 보는 견해도 있지만, 문학교육의 차원에서는 이러한 현상 자체를 새로운 시대 환경에 부응하는 것으로 인정하는 현실적 관점에서 교육적 대안을 모색하는 것이 올바른 전략이라고 본다. 따라서 학생들의 현실 경험을 고려하는 문학 장르의 다변화를 예상할 수 있는 것이다. 그러한 상황에서의 문학 교수·학습 전략은 훨씬 더 탄력적이고 융통성 있는 모형을 개발하는 방향이 되어야 할 것이다. 학생들의 실제적 감수성이 어떤 경향을 보이는지를 포착해 내어 문학교육에 반영하는 일은 문학 교수·학습 전략의 일차적 토대가 된다.

(2) 문학 교수·학습의 일반절차 모형

일반절차 모형으로서의 교수·학습 모형은 문학수업을 효과적으로 통제하는 일반적 절차나 과정을 표준화 해 놓은 것이다. 표준형이란 어떤 종류, 어떤 상황의 문학수업에도 일정한 참조준거로서 활용할 수 있다는 것을 의미한다. 즉, 수업운영에 관한 추상적 규범으로서의 역할을 하는 것이다. 동시에 어떤 개별적 문학수업에도 정확히 맞아 떨어지는 것이 되지 못한다는 것을 의미하기도 한다.[21] 이는 문학수업의 경우에는 더욱 두

21) 표준화된 수업의 일반모형을 그대로 기계적으로 적용하면 수업이 성공할 수 있다고 은연중에 믿는 사람들이 많다. 이것은 잘못된 고정관념이라고 보아야 한다. 살아있는 힘을 지닌 수업모형은 교수자 자신의 이름으로 '지금 여기'의 내가 가르치는 학생들을 중심변인으로 창안해 낸 모형일 때만 가능하다.

드러진다.

〈표 2〉 **문학제재 수업의 일반절차 모형(서정 장르의 경우)**[22]

1. 계획 단계
   1) 목표 설정-- * 교육과정의 목표확인
      * 텍스트를 중심으로 한 목표통합
   2) 준비 단계-- * 텍스트를 현시(presentation)할 수 있는 자료들 (낭송자료, 효과자료, 배경자료)
      * 텍스트 상호성을 살릴 수 있는 다른 작품들
   3) 수업 설계-- * 교수 · 학습 지도안

2. 진단 단계
   1) 출발점 수준 진단-- * 인지적/정의적/심미적 영역
   2) 스키마 진단------ * 시 장르 차원
      * 문학경험 차원

3. 지도 단계
   1) 도입--- * 시적 경험의 환기
      * 제재명과 목표확인--스키마 자극
      * 제재의 일별--개별 묵독
   2) 전개
      (1) 전체적 접근
         * 시범낭송
         * 낭송의 반응 발표하기--정서적 감응유발
         * 개별적 낭송수행(performance)
         * 원리요소 설명--형식, 운율, 짜임 등등
      (2) 부분적 접근
         * 질문하기 활동--부분적 접근의 단서 마련
         * 시 작품을 형성하는 하위구조들에 대한 이해
         * 제재와 관련된 '목표'를 위한 중점활동
         * 기타 학생 중심의 의도된 부분적 감상활동
         * 부분적 활동간의 연계성 지도
      (3) 전체적 접근
         * 텍스트 전체를 대상으로 하는 감상활동
         * 텍스트 상호성의 과제 수행--연관된 다른 작품제시
         * 중심주제 및 정서 설명해 보기
         * 학생들 자신의 경험 및 정서에 조회(照會)해 보기

표준화된 수업모형은 교수자 개인의 살아있는 모형을 개발하는 과정에서 추상적 원리만을 제공할 뿐이다. 모형에 종속되지 않고 모형을 부리는 주인으로서의 교사가 되는 것이 바로 전문성 함양의 한 지표가 된다.

22) 여기에 제시하는 일반수업 모형은 문학작품 한 편을 한 단위의 수업내용으로 대응시키는 수업운영 구조를 전제로 한 것이다.

3) 정리
(1) 원리 정리하기
(2) 감상 결과 정리하기
(3) 목표 재정리하기
(4) 간략한 형성 평가하기

4. 평가 단계
1) 목표 도달 확인
2) 송환(feed back)을 위한 자료 구하기

5. 내면화 단계
1) 내면화를 위한 텍스트 제공
---> 학습이 진전된 학생들에게 해당 제재와 상호성이 강한 별개의 텍스트를 제공하고, 각자의 삶과 연관지어 감상하도록 한다.
2) 내면화를 위해서 열려진 실제 세계와 연관된 과제 부여하기

(3) 문학 교수·학습의 목표별 모형

모든 문학수업은 일반적 절차의 흐름을 가지면서, 동시에 모두가 그 나름의 목표와 특징을 가지고 운영되는 것을 볼 수 있다. 즉, 일반절차 모형에 입각하여 수업을 운영하되, 그 수업이 고유하게 추구하고 있는 목표는 각기 다른 것이다. 특정의 상황에서 문학수업을 해 나가는 데 특정의 목표가 요구되는 것이다. 문학을 지도하는 교사는 문학수업의 효율화 또는 문학수업의 개별화를 위해서 목표별 문학수업 모형을 구안하게 된다.

문학수업에서 목표별 수업모형은 '지금 여기(here and now)'의 내가 가르치는 아이들에게 보다 효과적이고도 필요한 문학교육은 어떤 것이 되어야 할 것인지를 심각하게 고민하는 가운데서 생성되는 것이다. 그것은 물론 내용을 중심으로 접근하는 모형이 될 수도 있고, 방법을 중심으로 접근하는 모형이 될 수도 있다. 또 문학교육 그 자체를 위한 접근일 수도 있고, 다른 교과영역과의 상호작용을 고려하는 접근이 될 수도 있다.

문학 교수·학습의 목표별 모형은 문학수업의 무한한 가능성을 보여줄 수 있는 통로가 된다. 또 이러한 목표별 수업모형이 다양하게 개발 운용된다는 것은 문학수업이 각기 현장의 실정에 맞게 창의적으로 운영될 수 있다는 것을 보여 주는 것이다. 이렇게 함으로써 문학교육의 목표별모형의 가능성과 전략은 확대되는 것이다.

이와 같은 관점에서 제시해 볼 수 있는 문학 교수·학습의 목표별 모형의 접근양태는 다음과 같이 매우 다양하고 역동적일 수 있다.

- 문학제재에 친화감을 가질 수 있도록 하는 데 목표를 두는 모형
- 문학경험의 절대 결핍을 보완하는 데 목표를 두는 모형
- 일상적 언어 속에서 문학적 요소를 발견하는 데 목표를 두는 모형
- 문학적 표현욕구를 고무·강화하는 데 목표를 두는 모형
- 둘 이상의 문학 텍스트를 관련지어 사고하도록 목표를 두는 모형
- 문학적 수사를 쓰기 훈련과 연결짓는 데 목표를 두는 모형
- 영상매체에 의한 문학수용을 강화하는 데 목표를 두는 모형
- 문학과 도덕적 경험을 연결짓는 데 목표를 두는 모형
- 공상적 경험을 문학적 상상력으로 표현하는 데 목표를 두는 모형
- 문학경험을 학급 구성원끼리 공유하는 데 초점을 두는 모형
- 전래동화를 직접 수집하고 전달하는 데 목표를 두는 모형
- 일기나 서간을 시의 형식으로 표현하는 데 목표를 두는 모형
- 문학의 효용성을 직접 발견하게 하는 데 목표를 두는 모형
- 노래와 동시의 관련을 스스로 발견하게 하는 데 목표를 두는 모형
- 문학 속의 인물을 현실 속에 대입하는 능력을 기르는 데 목표를 두는 모형
- 꿈 등의 일상의 경험을 문학적 상징으로 바꾸어 보는 데 목표를 두는 모형
- 다른 교과에서 얻은 지식과 경험을 문학감상과 연관짓는 데 목표를 두는 모형
- 수수께끼 등 일상적 관용어에서 문학적 표현의 묘미를 터득하게 하는 데 목표를 두는 모형

(4) 문학영역에 유용한 교수·학습 모형

교수·학습 이론가들은 그간 광역의 목표별 수업모형을 유형화하여 정립하였다. 이들 공인된 유형의 교수·학습 모형 가운데 문학교육에 일정한 기여를 할 수 있는 모형들에 대해서 간략히 언급하여 보고자 한다.[23]

---

23) 우리 교육현장에 광범위하게 전파된 뱅크 외(A.Bank et al./박성익 외 편역, 1989)에 제시된 모형들을

문학교육과 비교적 가까운 관계를 가지는 모형은 '창의적 사고 수업모형'이라고 볼 수 있다. 창의적 사고는 과학적 활동과 예술적 활동에 모두 관여하는 모형이다. 대상 및 관계에 초점을 맞추어 문학작품세계를 파악하게 되는 감상활동은 그 자체가 열려진 수용태세를 전제로 하는 것이며, 무한한 창의적 반응을 허용하는 것이 되어야 한다. 학생들 자신의 가정을 텍스트에 항시 투입해야 하는 것도 창의성을 기반으로 하는 수업에서 강조되는 것이다. 낯선 것을 친밀한 것으로, 친밀한 것을 낯선 것으로 바라보는 활동을 이 수업모형은 강조하고 있는데, 이는 문학작품의 형상화 원리인 동시에 문학작품의 해석 원리이기도 하다.

역할놀이 수업모형은 원래 사회과 수업의 모형으로 그 적합성이 인정되고 있으나, 문학수업의 모형으로도 전용할 수 있는 많은 이점을 가지고 있다. 학교교실에서 독후감쓰기 등의 고식적인 작품감상 활동을 참신하게 극복할 수 있는 방안으로 역할놀이 수업모형의 가능성을 고려해 볼 필요가 있다. 감정이입을 실제적으로 구현해 보고, 작품세계의 진전을 직접 그려내 보이는 매우 적극적인 감상활동을 구안해 볼 수 있는 것이다. 그런 점에서 연극활동의 문학 교수·학습 방법론적 변용을 적극적으로 시도하고 개발할 필요가 있다. 이 경우 자료의 치밀한 조직과 준비가 수업 성패에 직결된다고 하겠다.

경험수업 모형은 사회과나 과학과의 수업모형으로 인정되어 왔으나, 문학수업에서도 그 적용이 부분적으로 가능하다. 즉, 자신의 문학경험을 학생들 개개인이 정리하여 계열화할 수 있도록 수업을 운용해 나가는 것이다. 그리고 이런 활동을 읽기영역 속에서 (또는 문학독서만으로 한정하여) 지속적으로 실천하게 되면 일정한 성과를 거둘 수 있다. 문학경험과 일상경험의 내용을 대응하여 생각해 보게 하는 과정도 경험수업 모형의 원용으로 적절할 것이다. 이른바 문학 속의 경험내용과 일상생활에서의 경험내용을 대응시켜 보는 과정을 통해서 감상의 단계에 자연스럽게 입문할 수 있게 되는 것이다. 학생들이 보편적으로 겪는 문학경험만으로 단원의 조직과 배열을 구상해 보는 것도 한 전략이 될 수 있을 것이다. 이 경우 이른바 독자반응 중심의 문학교육 이론이 문학수업 모형의 이론적 기저로 동원되

기준으로 한다.

는 이점을 취할 수 있을 것으로 보인다.

개념수업 모형은 문학에 대한 개념을 길러 주는 데 유용하게 고려할 수 있는 모형이다. 초등학교 단계에서 '문학의 개념'이란 어떤 모습으로 제시되는 것이 바람직한가를 먼저 검토해야 할 것이다. 물론 학문적 이론으로 문학을 설명하려는 문학이론에서 정의된 개념들을 그대로 학생들에게 주입하는 것이 되어서는 안 될 것이다. 적절한 경험적 사례와 예시를 효과적으로 습득한 뒤에 문학이라는 개념의 지도를 마음 속에 그려 보일 수 있는 방향으로 수업의 설계와 활동이 이루어지는 것이 바람직하다. 진정한 의미에서 개념을 안다는 것은 문학의 구체적 현상들을 일관하는 어떤 원리를 터득한다는 것을 의미한다. 이렇게 본다면 문학수업에서의 개념수업 모형은 경험수업 모형과 상호보완적인 관계에 놓이게 됨을 알 수 있다.

이러한 기존 수업모형 이론들을 문학교육에 적용하는 데는 모형의 본질과 한계를 바르게 인식하고, 무조건 따라만 갈 것이 아니라, 궁극으로는 '나의 모형'을 재구성한다는 인식이 절대로 필요하다. 모형에 종속되는 교사가 아니라, 수업의 주체로서 교사가 모형을 부리는 위치에 서야 하기 때문이다.

(5) 문학 교수·학습과 통합 교육적 지도

문학의 교수·학습에서는 문학 작품을 읽거나 듣고, 자신의 생각이나 느낌을 창의적으로 표현하게 함으로써 듣기, 말하기, 읽기, 쓰기 영역과 통합하여 지도하도록 한다. 흔히 문학 영역은 듣기, 말하기, 읽기, 쓰기 영역과는 특별한 관련이 없는 내용 중심의 영역으로 간주하는 경향이 있다. 그러나 문법이나 문학 영역의 자료 또한 국어를 매체로 하여 구성되어 있고 그에 대한 이해와 감상은 국어 활동의 성격을 강하게 띠고 있으므로 이들 영역을 분리하여 생각하는 것은 바람직하지 않다.

영역 간의 통합뿐만 아니라 영역 내의 내용 요소 중에서도 학습의 효율성을 높일 수 있는 학습 요소를 통합하여 지도하도록 한다. 예를 들어 "문학 작품에 나타난 인물의 삶의 모습을 이해한다."를 지도할 때는 "구성 요소에 주목하여 문학 작품을 이해한다."라는 내용과 잘 연계하여 지도하는 것이 바람직하다. 즉 '작품의 구성 요소 이해하기'와 '인물, 사건, 배경을 중심으로 이야기 이해하기'를 통합하여 지도하면 효율적인 교수 · 학습을 할 수 있다. 특히 학생들의 일상 언어생활과 경험 특성에 비추어 볼 때, '문학'이라는 것이 다른 영역에 대해서 배타적 경계를 가지고 분화되기보다는 학생들의 일반적 경험이나, 일반적 학습행위 속에 자연스럽게 녹아 있는 모습을 띤다. 그렇기 때문에 다른 교과와 연계 통합되는 문학교육의 작용이 더 효과적일 수가 있는 것이다. 통합적 교육이 학생들의 엄연한 경험현상이라는 점을 인정하는 선에서 문학교육의 설계와 운영이 구체화되어야 한다.

앞으로의 문학교육은 다양한 담화 또는 글을 중심으로 내용 요소를 통합하여 조직할 것을 강조한다. 예컨대 시의 세계, 소설의 이해, 대화하기, 설명문 쓰기, 논설문 읽기 등의 다양한 담화나 글을 중심으로 내용 요소를 통합하여 교수 · 학습 자료를 개발할 수 있다. 국어 교과의 교수 · 학습에는 다양한 담화나 글이 동원된다. 그러한 다양한 담화나 글들을 결합하여 학습하기 위해서는 내용 요소의 통합이 필수적이다. 내용 요소에 대한 세부적인 점검을 통해 교수 · 학습 과정에서 이를 통합하여 운용한다면 학습 효과가 배가될 수 있을 것이다.

또 매체 관련 내용 요소를 지도할 때에는 듣기, 말하기, 읽기, 쓰기, 문법, 문학 영역과의 통합을 고려하여 지도하는 것이 바람직하다. 매체와 관련된 내용 요소를 지도할 때에는 해당 영역뿐만 아니라 학습의 효율성을 위하여 다른 영역과 연결하여 통합하여 지도하도록 한다. 이처럼 문학교육은 여러 영역을 통합하여 지도하기 위해 자료를 개발할 때에도 매우 융통성 있게 관여할 수 있다. 예컨대 주제를 중심으로 내용 요소를 유기적으로 통합하여 조직할 때 문학은 유용하다. 또 다양한 상황을 중심으로 관련되는 내용 요소를 통합하여 조직할 때도 문학 중심의 통합을 시도할 수 있다. 특히 종합적인 사고가 요구되는 문제 상황을 제시하고 이를 해결하는 과정에서도 문학이 보여주는 다양한 세계를 제시하고 이를 통하여 내용을 조직할 수 있다.

(6) 문학수업의 역동성을 강화하는 활동[24)]

문학수업에 적용되는 '활동(activity)'은 원칙적으로는 단원이나 제재의 목표를 효과적으로 수행하기 위한 전략의 구체적 내용 또는 실천방법이다. '활동'은 문학교육에서 '목표-내용(제재)-활동'이라는 계열구조의 한 요소로 파악되기도 하고, '이론-모형-전략-실제(활동)'이라는 계열구조 속에서 파악되기도 한다. 이렇게 보면 활동은 〈문학 교수·학습의 체제(system)〉의 기본 단위를 이루는 요소라 할 수 있다. 그러면서 동시에 문학 교수·학습의 여러 실제변인을 의미 있게 반영하고 목표를 실제로 타당화 하는 수업 실체로서의 단위가 되기도 한다.

따라서 활동을 고안할 때는 문학을 배우는 학생들의 실제적 여건과 감수성을 잘 감안하는 것이 되도록 배려해야 한다. 어떤 한 활동이 어떤 한 문학교실에서 잘 호응을 불러일으켰다고 해도 다른 문학교실의 장면에서는 실패할 수 있다는 점에 유의해야 하는 것이다. 문학교육이 이루어지는 교실에서, 문학수업의 목표 및 전략과 자연스럽게 그리고 탄력적으로 호응될 수 있는 활동을 구안해 낼 수 있을 때, 살아 있는 문학교육의 모습을 구축해 갈 수 있을 것이다.

바로 이런 점 때문에 어떤 한 활동을 특정의 학습전략 수단으로만 고착시켜서 생각할 것이 아니라, 문학교육의 다양한 교수·학습 국면에서 탄력성 있게 사용될 수 있도록 접근해 보는 시각이 필요할 것이다. 이는 물론 수업현장에서 항상 창의적으로 수업의 방법개선을 꾀하는 노력과 문학교재의 전략을 다양하게 강구하는 노력 속에서 가능할 것이다.

다음에 소개하는 문학교육의 여러 활동들은 이와 같은 취지에서 현장수업에 융통성 있게 활용될 수 있을 것이다.

(가) 문학과 친화하기 위한 초기 단계 활동

① 문학게시판 활동: 교실 내에 문학과 관련된 게시판을 만들어 학생들로 하여금 운영하게 하는 활동이다. 학습구성원 전체가 하나의 게시판을 만들어 운영해도 좋고, 모듬별로 하나씩 여러 개 게시판을 경쟁적으로 만

24) 여기서의 '활동(activity)'은 일반명사가 아니라 교수·학습 이론의 용어이다. 단원개념을 가진 교재와 특정한 수업목표가 주어지고, 구체적인 시간과 공간이 전제되는 수업상황에서 교사와 학생 사이에 이루어지는 일련의 과제수행의 상호작용 과정을 말한다.

들어 보게 할 수도 있다. 문학에 관한 정보나 감상 아이디어들이 공개적으로 제시된다는 점에서 학생들의 '문학'에 대한 친화를 긍정적으로 유도할 수 있다. 한 사람이 한 점 이상의 게시물을 책임지도록 함으로써 문학 제재에 무관심한 학생을 끌어들일 수도 있다. 게시판의 게시주제를 막연히 하는 것보다는 구체적이고도 의도적인 주제를 주어서 활동의 밀도와 내용의 계열성을 은연중에 살려 주는 것이 좋다. 게시판은 상설 운영하는 방식과 특정의 문학교육적 화제가 있을 때만 운영하는 방식을 모두 고려해 볼 수 있다. 모듬별 게시판 운영을 하고 난 뒤에는 학생들 스스로 문학 게시판에 대한 평가활동을 가지도록 한다.

② **그림으로 나타내기 활동:** 대체로 저학년 단계에 이르는 학생들의 문학경험을 교육적으로 처리, 지도해 주는 활동으로 사용된다. 그림으로 나타내기는 활동의 조건만 잘 제공해 주면 형식적 조작기 이후의 중고등학생들에게도 유용한 활동이 될 수 있다. 미술교육과 통합적 운용해도 좋다.

이야기나 노래(노랫말)를 수용하는 경험은 학생들이 일상으로 만나는 주된 문학경험이다. 수용한 이야기나 노래를 재인(再認: recognition)하고 해석하는 활동으로서 '그림으로 나타내기'를 하는 것이다. 이들 재인과 해석의 과정에서 학생들 나름대로의 상상력과 열린 해석을 시도한다. 이 경우 표현한 그림 자체의 우열 여부에 초점을 두지 말아야 한다. 이는 학생들에게 감상과정과는 무관한 것이며, 학생들에게 불필요한 외적 부담이 될 수 있다. 다만 그 그림의 내용을 학생이 다시 언어로 번역하는 과정을 교사는 주의 깊게 파악하여, 학생들의 문학수용 양상과 효과를 살펴보는 데 초점을 두어야 한다.

③ **이야기 이어가기 활동:** 이 활동도 학생들에게 서사(이야기) 체험을 강화해 주기 위한 활동이라 할 수 있다. 개연성이 있고 사건의 전개과정이 비교적 다양할 수 있는 이야기를 제공해 주고, 그 이야기를 이어나가게 하는 것이다. 학생들의 서사체험을 소극적 수용에서 적극적 표현으로 능동화 한다는 데 의의가 있다. 아울러 서사의 일반적 형태와 구조를 직접 경험할 수 있게 한다. 어떤 이야기를 택하느냐, 이어가기의 기능을 어떤 측면에서 초점화할 것인가 등의 관점에 따라 이 활동은 문학수업에 다양하게 활용할 수 있다. 이어가기의 과제를 개인별로 주는 것과 집단별로

주는 것을 다 고려해 볼 수 있다.

④ **녹음 듣기 활동:** 문학수용을 녹음 듣기의 방식으로 활동을 구안한다는 것은 어떤 효과를 기대하기 때문일까? 집중의 효과와 청각적 수용의 효과가 특별히 요구될 때 녹음듣기의 방식을 취할 수 있다. 특히 동시 등 서정 장르에 해당하는 작품들은 녹음듣기를 통해 시 본연의 청각적 요소와 시의 기능적 효과를 총체적으로 경험해 볼 수 있다. 이때의 기능적 효과란 운율, 이미지, 시어의 음악성 등등이 실제로 작용하는 낭송 텍스트가 가지는 효과를 말한다. 따라서 녹음듣기 활동에 제공되는 문학 텍스트는 텍스트의 모든 내적 요소와 자질이 음성적으로 잘 실현된 텍스트라야 한다.

⑤ **무관심 텍스트 재발견하기 활동:** 이는 문학에 무관심한 학생들을 문학에 친화시키는 활동으로 볼 수도 있고, 교과서 중심의 정태적 문학교육 경험을 실제의 학생 생활 공간에 대응시켜 활성화시키기 위한 활동으로 볼 수도 있다. 집에 무관심하게 방치해 둔 텍스트들을 이용하여 일정한 문학 독서 체험을 형성해 보도록 하는 활동이다.

집에 있는 책의 목록을 작성해 보게 하는 활동으로부터 시작해서 그 목록의 작품별 세부 카드를 작성해 보게 하는 활동에 이르기까지 매우 다양하다. 작품별 세부 카드의 진술항목을 어떻게 마련해 주느냐에 따라서 학생들은 집에 있는 문학 책들에 상당히 친근하게 접근해 갈 수 있다. 공통된 책을 가지고 있는 학생들끼리 모듬별 활동을 부과할 수도 있다.

⑥ **개인 블로그/프란넬 판**(flannel board) **이용하기 활동:** 각자가 읽은 작품을 상징적으로 잘 드러내는 사진이나 자료를 개인 블로그나 프란넬 판에 꾸며 보는 활동이다. 문학작품에 관한 일차적인 정보를 찾아내게 하고, 이를 대표성 있게 구성해 본다는 의미를 가진다.

블로그를 이용하는 경우는 미디어 공간에서 문학과 더불어 소통하는 경험을 의미 있게 구축해 나갈 수 있다는 점에서 유익하다. 프란넬 판을 만든 학생이 직접 그것을 만들게 된 동기를 발표하게 함으로써, 해당 문학작품들이 가지는 대표적 정보를 학생들 모두가 공유할 수 있도록 한다. 이러한 활동을 통해 문학이해의 심적 경향(mind)을 가지게 된다. 블로그나 프란넬 판을 모둠별로 만들게 하고, 모둠별 독서를 권해도 좋다. 잘 제작된 블로그는 공개하도록 권장하고, 프란넬 판은 교실에 전시해 두는 방식으로 문학 소통을 공유하도록 한다.

⑦ **작품/인물 발견하기 퀴즈 활동**: 학생들이 읽어야 할 주요 문학작품에 대해서 개괄적 정보들을 얻게 하고, 그들 작품의 구체적 정보를 퀴즈 활동으로 구안하는 과정에서 자연스럽게 작품의 세계에 들어갈 수 있게 하기 위한 활동이다. 교사는 학생들이 읽어야 할 문학도서 목록을 제공해 주고, 모둠별로 작품이나 인물 알아맞히기 퀴즈를 직접 출제하고, 또 각 모듬이 퀴즈에 참여하도록 한다.

가급적 모든 학생이 한 문제 이상의 퀴즈를 내도록 하고, 한 번씩 퀴즈에 응하도록 한다. 요컨대 문학작품을 읽어보는 경험을 유도하는 활동이다. 문학작품을 퀴즈의 내용으로 놀이화하는 것의 장단점을 잘 살펴가면서 운영할 필요가 있다.

⑧ **스무고개 놀이 방식으로 등장인물 추적하기 활동**: 작품 속에 등장하는 인물에 대해서 스무고개 놀이의 방식으로 문답을 나누면서 맞추어가는 활동이다. 한 작품으로 제한하여 활동을 벌이기에는 너무 단조로워질 수 있으므로 여러 작품을 사전에 공지하고 그 작품군을 대상으로 이러한 활동이 이루어지게 한다. 작품읽기의 밀도를 높힐 수 있는 이점이 있다. 실제로 수 백 명의 인물이 나오는 '삼국지'와 같은 큰 작품을 이해하는 단계에서의 적합한 활동이다. 인물에 대한 문답을 어떻게 구성하느냐에 따라서 문학이해의 효과가 달라질 수 있다. 문답의 전략을 문학이해의 전략이 되도록 지도해 준다.

⑨ **일기 속에 문학작품 집어넣기 활동**: 이 활동 역시 문학이라는 영역과 학생들의 일상적 관심영역이 만날 수 있도록 하는 데 초점을 둔 활동이다. 작품을 읽어 보기 전이라 하더라도 작품에 대한 경험적 인상을 강화해 주기 위한 것이다. 일기를 쓰면서 동시나 동요나 동화 또는 소설의 이름 하나씩을 일기장에 언급해 보도록 하는 것이다.

가급적 집에 있는 문학 텍스트(작품)의 이름을 찾아보는 데서 출발하여 신문이나 잡지 등에 소개된 문학작품까지를 모두 대상으로 삼는다. 이 경우 작품을 읽으라는 부담을 너무 지나치게 주지 아니하는 것이 바람직하다. 적당한 기회에 학생들의 이러한 활동을 효과적으로 송환(feed back)할 수 있는 후속적 지도가 있어야 한다.

⑩ **다양한 양태의 보상하기 활동**: 저학년 단계의 학생들은 물론이고, 학습자들은 일정한 활동성과가 있을 때 교사의 인정에 의해서 크게 강화된다. 인정의 수준을 나타내는 여러 가지 보상 매개물을 특성 있게 활용한다. 학교 현장에서 칭찬 스티커를 배부하는 활동이 대표적이다.

이 활동 자체를 문학교수법상의 활동이라 할 수는 없겠지만, 앞에서 열거한 모든 활동에 대한 보상적 평가의 한 방법으로 효과가 있다. 또 활동이 전개되는 과정에 스티커 보상의 일람표를 교실에 게시해 둠으로써 학생들에게 문학학습의 자발적 의욕을 고취시킬 수 있다. 특히 모둠별 활동에서는 이와 같은 종류의 보상 활동이 병행되는 것이 중요하다.

(나) 문학 감상의 입문(入門)을 돕는 활동

① **모의 인터뷰 활동**: 어떤 작품을 읽고 난 뒤에 한 학생이 작가의 입장이 되고, 다른 학생들은 독자 또는 신문기자의 처지가 되어 모의 인터뷰를 하도록 하는 활동이다. 독자의 자리에서 작가의 자리를 상상해 본다는 것이야말로 문학작품 감상의 입문을 경험하는 중요한 고비라 할 수 있다.

경우에 따라서는 작품 속의 주요 등장인물을 설정하고 모의 인터뷰를 하여도 좋고, 또 요즘의 문학현상을 이해한다는 측면에서 출판사의 입장을 두고 모의 인터뷰를 시도해 볼 수도 있다. 이러한 활동은 듣기 말하기 영역의 기능 활동과도 밀접한 연관을 가진다. 교수 전략에 융통성을 가지고 통합 지도가 가능하다.

② **판매원 놀이 활동**: 놀이의 과정을 통해서 문학 텍스트의 온전한 독서체험이 유발될 수 있도록 하기 위한 활동이다. 일종의 역할놀이 학습모형이라고 할 수 있는데, 학생들 각자가 문학 텍스트를 판매하는 판매원으로서 자기가 팔려고 하는 문학작품이 어떤 가치와 유용성이 있는지를 고객에게 설명하게 하는 활동을 하도록 한다.

이렇게 함으로써 해당 문학 텍스트의 장점을 자기의 독서체험 속에서 추출하는 과정을 자연스럽게 경험하게 한다. 놀이가 지나치게 판매기술을 드러내는 쪽으로 흐르지 않도록 하고, 놀이 후에 교사의 일정한 보상적 평가가 반드시 따르도록 한다.

③ **라디오 방송을 통한 책 비평 활동**: 이 활동도 일종의 역할놀이 모형의 변용이다. 라디오 방송을 통하는 형식을 취한다는 데서 학생들의 집중력을 도모하도록 하고, 문학책을 평가하게 한다는 데서 비평가의 역할 또는 교사의 역할을 학생들이 직접 경험해 보도록 하는 것이다. 이런 경우 대체로 적절한 교사의 시범활동이 전제되는 것이 바람직하다.

실제로 라디오 방송에서 학생들을 위한 문학 텍스트 평가를 하는 장면이 있으면 먼저 그것을 청취해 보는 활동을 전제한다. 이 활동이 학교방송 운영과 조화를 기할 수 있으면 더욱 좋다. 또 도서관 활용 수업을 통해서 방송 콘텐츠를 학생들 스스로 만들어 보는 경험을 갖도록 해 주는 것도 좋다.

④ **팀(team) 해석 활동**: 팀 해석 활동은 문학작품에 대해서 학생들이 소모임을 이루어 작품에 대한 설명과 해석과 느낌을 종합하는 활동이다. 팀 해석 활동을 하는 과정에서 학생들은 작품에 접근하는 눈이 사람마다 매우 다양한 차이를 가지고 있음을 배울 수 있고, 또 문학은 그러한 다양한 해석을 허용하는 면이 있다는 것을 깨닫게 된다.

서로 다른 견해가 종합되는 과정을 경험하는 것도 이 활동의 특성이라 할 수 있다. 이 활동을 굳이 감상입문 활동이라고만 보기는 어렵다. 경우에 따라서는 종합적 감상활동으로 활용할 수도 있다.

⑤ **그림 이용하기 활동**: 그림을 이용하여 작품 감상을 활성화시키는 방법은 저학년 이하의 학생들에게 자주 이용되는 방법이다. 이들에게는 문학작품 자체도 그림이 보완된 상태로 제공되는 것이 더 바람직한 감상효과를 가져오는 것으로 알려져 있다.

특히 의인화된 주인공들이 나오는 작품이나 판타지 성향이 강한 작품들을 읽고 감상하는 과정에서는 그림 자료의 동원이 필수적이라 할 수 있다. 또 감상결과를 발표하는 과정에서도 언어로 나타내기에 어려움을 느끼는 학생들에게는 그림 자료를 통하여 접근하면 상당한 효과를 거둘 수 있다.

⑥ **등장인물과 대화 나누기 활동**: 인물에 대한 분석을 추상적으로 일반화하기 전에, 등장인물에 대한 공감의 실제적 과정을 구체적으로 경험해 보게 해 주는 활동이 필요하다. 인물에 대한 피상적 정리나 암기가 문학으로부터 학생들을 멀어지게 하는 것이라는 점에 유의한다. 오히려 '등장

인물과 대화 나누기'와 같은 활동이 충분히 배려된다면 인물에 대한 추상적 정리는 학생들 스스로에게 맡기는 것이 더 자율적인 문학수업의 모습이 될 것이다.

등장인물과 대화 나누기 활동은 인물이 작품 내에서 처한 상황 속으로 학생들 자신이 들어가서 대화를 나누는 활동으로 전개할 수도 있고, 인물을 작품 밖 상황(학생들의 실제적 경험 세계)으로 불러내어서 학생들과 대화하게 할 수도 있다. 어느 경우나 인물이 작품 속에서 보여주고 있는 '성격'을 기초로 하는 활동이 되어야 문학교육의 본령을 살리는 것이 된다.

⑦ **소모임별 게임식 작품 익히기 활동**: 교실 안에서 문학작품을 읽고 공부할 때, 구성원 모두가 일정한 감상활동을 하기 위해서는 자연히 소모임별 활동모형에 치중하게 된다. 소모임간에 일정한 경쟁관계를 조성해 놓고, 읽은 문학작품에 대한 정보나 유익한 견해들을 게임하듯이 소개하고, 게임하듯이 판별하는 활동을 하는 것을 말한다.

소모임별로 게임 활동을 하는 방식으로 작품 익히기를 도모하면, 구성원 모두의 감상활동 참여를 돕는다는 점에서는 의의가 있다. 그러나 감상이 심화되는 단계에서 개인의 내면화를 기하는 데는 한계가 있으므로 적절한 적용 단계를 미리 설정해 두는 것이 바람직하다. 그리고 게임의 구체적인 내용은 일정한 심도를 가지도록 구안해야 한다. 작품 익히기 게임의 구체적 내용은 즉흥적이지 않아야 하며, 활동 시작 전에 정밀한 검토와 준비가 있어야 한다.

⑧ **작품에 대한 광고 만들기 활동**: 읽은 문학작품을 특정 또는 불특정 대상에게 널리 효과적으로 알리는 광고 텍스트를 만드는 활동이다. 포스터 모양의 광고를 상정해도 좋고, 신문 광고 형식을 취해도 좋고, 텔레비전 광고 형식을 상정해도 좋다. 광고의 대상이 누구인지를 분명히 하는 것도 필요하다. 작품에 대한 지배적 인상을 토로하는 감상의 기회로써 매우 적절한 활동이 될 수 있다.

필요하면 모둠별로 광고과제를 부과할 수도 있다. 작품에 대한 광고 만들기는 감상입문 단계에만 유용한 것이 아니라, 작품에 대한 종합적 감상의 단계에서도 유용하다. 감상입문 단계에서 만들어 본 광고를 감상의 마무리 단계에서 수정해 보게 하는 활동도 유용하다.

(다) 적극적 문학 감상을 위한 활동들

① **이야기 덧붙이기 활동**: 문학 감상이 적극화되는 극단의 지점에는 수용자의 창작적 욕구가 있게 마련이다. 그것은 아마도 수용자가 그 나름의 세계를 스스로 드러내보이고자 하는 욕구와 연계되는 것이라 할 수 있다. 창작지도는 감상지도와 전혀 별개의 영역으로 인식할 수도 있지만, 내적으로는 강한 연속성을 가지는 것으로 보아야 한다. 마치 섭씨 100도의 물이 같은 100도의 온도에서 어느 순간 기체 수증기가 되는 것과 같다.

이렇듯 감상과 표현의 연결고리는 지극히 자연스러운 것이라 할 수 있다. 문학 감상이 적극성을 띠게 되는 시발점은 주어진 텍스트를 벗어나거나 자유롭게 탈출하는 지점이다. 이러한 감상 상태를 바람직하게 이끌어주는 활동이 바로 이야기 덧붙이기 활동이다. 문학의 문법에 익숙해지면서 이야기를 덧붙여 나가는 활동을 함으로써 이야기 체험의 온전한 육화(肉化)를 학생들은 경험할 수 있다.

② **문학 독서에 대한 토론활동**: 문학 독서를 하고, 이에 대한 토론활동을 하는 것은 교실에서 수행하는 가장 전형적인 독후 활동이라 할 수 있다. 독서 토론에 대한 다양한 절차 방법들이 있으나, 읽은 텍스트의 특성, 해당 문학 교실이 지니고 있는 조건, 그리고 학생들의 발달 수준 등을 고려하여 각기 실정에 맞는 토론활동을 개발할 필요가 있다.

특히 작품을 읽은 후에 모두가 공통으로 관심가질 만한 토론의 주제를 선정하여 다양한 토론형식으로 그 토론의 주제를 다루어 보는 것이다. 될 수 있으면 이원 대립적 주제를 선정하여 토론의 묘미를 살리기도 하고, 주제가 지니고 있는 이원적 세계를 직접 발견해 보기도 하는 효과를 거둘 수 있다. 토론의 주제는 학생들이 선정하고, 이를 교사가 보완 지정해 주는 방식을 취한다.

토론활동은 국어과 '말하기/듣기' 영역에서 주된 형식으로 학습한다. 이러한 말하기 형식으로서의 토론을 문학적 화제와 결부하여 실천해 본다면 그것이 바로 문학토론이 된다.

③ **연극 활동**: 문학 감상을 연극 활동으로 연결 지어 학습의 효과를 확장하는 방식은 널리 인정되어 왔던 방식이다. 일단은 원래의 텍스트를 각색하는 작업을 통해서 인물이나 배경을 재해석하게 하는 감상효과를 자연

스럽게 얻을 수 있다. 작품 전체를 연극화하는 활동이 너무 벅차다면 부분을 극화하거나, 감상행위 자체를 극화하는 방식을 취해 볼 수도 있다.

연극 자체가 가진 학습방법적 기능이 다양하기 때문에 연극적 방법(dramatic method)을 문학교육의 활동으로 변용시키는 노력은 꾸준히 모색할 만하다. 다만 현장의 실정을 생각할 때, 준비도(readiness) 차원에서 비능률성을 제거하는 기술적 고려가 수반되어야 할 것이다.

④ **논쟁 활동**: 앞에서 소개한 '토론'활동의 한 특수한 형태라고 볼 수 있다. 단지 그 내용이나 형식을 뚜렷한 대립적 관계로 부각시켜 운영한다는 점에서 그 특성을 찾아야 할 것이다. 학생들의 경우는 주로 작품의 인물이 보이는 행동에 대해서 상반된 가치부여를 하는 것이 대표적인 논쟁 활동의 자료가 된다. 논쟁의 활동방식을 미리 잘 설정해 놓고 그 틀에 따라 진행하는 것이 바람직하다. 작품을 감상하는 과정에서 학생들이 제기할 수 있는 가치와 관련된 사항을 미리 작품별로 항목화해 보고, 그것을 토론주제로 바꾸어서 수업시간에 활용할 수 있도록 한다. 학생들의 견해를 입체적으로 살펴보게 할 때 시도해 봄직한 활동이다.

⑤ **본래의 결말과 다른 결말 맺기 활동**: 이야기의 구성이나 사건전개를 적극적으로 파악하고 감상한 연후에 학생들에게 더 열려진 상상력을 자극하게 하는 활동이다. 학생들이 찾아낸 다른 결말은 그 합리성이 학생들 자신에 의해서 설명될 수 있도록 해야 한다. 이 활동을 통해 작품의 내용인지는 물론이고, 문학작품이 가지는 형식에 대한 이해도 더 높일 수 있다.

⑥ **전래동화를 현대물로 번안하기 활동**: 이 활동은 학생들의 상상력을 더욱 자유롭고 탄력성있게 가꾸어 준다. 아울러 구비전승의 원형을 가지고 있는 전래물들을 현실의 공간 속에서 살아있는 이야기로 향수(享受)할 수 있는 경험을 제공해 줄 수 있는 활동이다. 흔히 현대의 학생들에게 구비문학의 성격을 가지는 문학들이 단순암기의 대상으로 화석화(化石化)되는 경향이 있는데, 이를 극복하기 위한 활동이 될 수 있다. 현대물로 번안하는 과정을 통해서 사물과 현상을 새롭게 발견하는 경험을 할 수 있다. 교사는 사전에 현대물로 번안하는 효과가 뛰어난 작품을 선별해 두어야 한다.

⑦ **한 이야기에 다른 삽화(插話) 첨가하기 활동**: 이 활동은 소재에 대한

관심을 학생들에게 길러 주는 데 적절한 활동이다. 비교적 쉽고 단순한 활동에 속하는 것으로서 이야기의 구조를 파악하는 능력을 길러 줄 수 있는 데도 동원할 수 있다. 이야기를 하나의 구조로서 파악하는 눈이 있어야 적절한 삽화를 첨가할 수 있기 때문이다. 활동결과에 대한 품평을 학생들 자신이 할 수 있도록 유도하면 더욱 바람직하다. 이 활동은 국어과의 말하기 영역이나 쓰기 영역과 연계해서 지도한다면 효과를 더 높일 수 있다.

⑧ **작품 속의 인물에게 편지 쓰기 활동**: 작품 내적 세계와 대화적 교섭을 경험해 보도록 하는 데 유용한 활동이다. 작품 세계 속에 학생들이 구체적으로 감정이입할 수 있는 계기를 마련해 줄 수 있는 활동이다. 또 감정이입의 정도를 측정할 수 있는 이점도 있다. 작품 감상 공간 속으로 자연스럽게 몰입할 수 있게 하며, 인물에 대한 감정의 투사와 해석이 별다른 인지적 부담을 주지 않는 상태에서 이루어질 수 있다. 아울러 작품 속의 인물을 독자인 학생들 자신의 생활경험 공간과 연결하여 사고할 수 있다는 점에서 의미를 가진다.

⑨ **삼(사)행시 짓기 활동**: 이 활동을 교실에 도입할 때는 일종의 언어게임 형식을 취해도 좋고, 그렇기 때문에 굳이 시라는 장르를 강조하여서 한 편의 시가 되어야 한다는 전제를 강조하지 아니해도 무방하다. 읽은 문학작품에 대한 총체적 느낌이나, 작품 속의 인물에 대한 감정을 삼행시나 사행시로 표현해 보게 하는 것이다.

이때 삼(사)행시의 제목은 가급적 학생들 자신이 정하도록 하고, 작품 내의 특정한 인물이나 장면을 제목으로 가져 오도록 한다. 시에 대한 느낌을 시로 표현하는 감상활동은 참여하는 학생들에게 시적 정서의 상태만 잘 발흥시켜 주면 의외로 여러 가지 효과를 얻을 수 있다. 삼(사)행시의 형식을 너무 강조하지 아니하는 것이 중요하다.

(라) 종합적 감상을 위한 활동들

① **문학 독화(獨話) 활동**: 문학 감상의 결과를 여러 사람에게 마치 강의하듯이 일정한 시간동안 혼자서 발표하는 활동이다. 발표하는 사람에게는 인지적 부담도 많고 듣는 사람에게는 단조롭다는 느낌을 줄 수 있지만,

하나의 완결된 문학 감상 활동이라면 이와 같은 활동이 가능할 수 있어야 한다.

완결된 감상결과로서 총체적 독후감 쓰기를 문학 감상의 최종단계에 놓는 것과 마찬가지 이치이다. 단독으로 하는 독화의 방식이 너무 단조롭다면, 종합감상이라 하더라도 감상의 국면을 몇 분야로 나누어서 세미나 형식을 빌린 독화(獨話)의 방식을 교실 내에서 펼쳐 볼 수 있을 것이다. 초등학교 고학년 단계의 문학 감상 활동에서 필요하다.

② **독창적인 이야기 쓰기 활동**: 문학작품을 읽고 난 뒤, 그 작품의 영향을 토대로 하나의 문학작품에 해당하는 것을 학생 나름대로 써 보는 활동이다. 이미 읽었던 작품과 소재(경험)상의 공통성에 착안해도 좋고, 사건전개를 달리 해보고 싶다는 동기를 살려도 좋고, 배경을 바꾸어서 이야기를 만들어 보고 싶다는 데서 비롯되어도 좋다.

초등학교 고학년 이후가 되면 읽은 작품에 대한 모방적 글쓰기의 욕구를 어느 정도 가지게 되는데, 이것이 곧 독창적 글쓰기활동의 기저가 되는 것이라 할 수 있다. 이러한 독창적 이야기쓰기 과정을 면밀히 분석해 보면, 이미 가져 보았던 학생들의 문학경험이 상당부분 모방기제로서 작용하고 있음을 찾아볼 수 있다.

③ **책(문학작품) 추천하는 편지 쓰기 활동**: 자기가 읽었던 작품을 추천의 형식으로 남에게 설명하고 그 가치를 소개한다는 것은 그 자체가 종합적인 감상의 과정이고 결과이다. 추천의 근거를 작품 속에서 구체적으로 밝혀 와야 한다는 점을 강조하여 활동이 이루어지도록 한다. 실제로 어떤 추천문이 가장 설득력이 있었는지를 학생들 자신이 스스로 평결하도록 유도해 보는 것도 좋다.

추천하는 형식의 글쓰기의 전략적 원리를 하나의 모형으로 만들어 미리 제시해 주는 것이 바람직하다. 이는 실용문 쓰기와 관련해서 실용문의 형식을 익히는 쓰기 기능 학습과도 연관을 가진다. 경우에 따라서는 교사가 시범적으로 추천문의 형식을 제시해 주거나, 추천 편지 양식이 미리 마련될 수 있으면 더욱 좋다.

④ **이야기 일지 관리하기 활동**: 누가(累加)되는 문학 읽기의 경험을 착실히 기록하는 활동이 이야기 일지 활동이다. 개인별로도 일지를 작성할

수 있고, 소집단별로도 일지를 운영할 수 있다. 이야기 일지는 공식성을 띠는 면이 있지만, 일지의 서식은 흥미 있고, 개방적일 필요가 있다. 형식적으로 관리하는 일지가 아니라는 인상을 학생들이 가지도록 해야 하기 때문이다. 학생들이 겪는 각종 각양의 서사적 경험을 포트폴리오 방식으로 수행해 가면서 적절한 평가를 받을 수도 있다.

이렇듯 포트폴리오 방식으로 일지의 기록을 종합하면 문학학습의 총체적 과정과 결과를 드러낼 수 있다. 교사는 문학학습의 총체적 과정과 결과가 여러 가지 흥미 있는 지표로 나올 수 있도록 일지 운영 체제를 구안하도록 한다(마치 프로야구선수들의 여러 가지 기록 자료처럼). 학기말이나 학년말에 그 통계지표를 통하여 자신들의 문학학습 전반을 성찰할 수 있는 자료로 사용할 수 있게 한다.

⑤ **소집단 독후감 보고서 활동**: 일반적으로 독후감은 문학작품 자체에 대한 독자의 반응과 사고를 개인 수준에서 적는 것이다. 여기서 말하는 소집단 독후감 보고서는 개인단위의 독후감들을 대상으로 하는 보고서이다. 즉, 소집단내 독후감들의 경향에 대해서 일정한 분석과 관찰을 시도하여 그 결과를 보고서라는 형식으로 정리해 보는 활동이다. 개인별 독후감 쓰기에 대한 메타적 시각을 길러 주는 데 유익한 활동이 될 수 있다. 이러한 활동은 소집단별 활동지침을 사전에 잘 주지시킨 다음에 시도하는 것이 바람직하다. 학생들이 가지고 있는 여러 여건이나 문학지도의 목표에 맞추어 보고서의 서식을 창의성 있게 구안하는 것도 중요하다.

⑥ **극본 만들기 활동**: 읽은 문학작품을 극본의 형태로 전이시켜 보는 활동이다. 동화의 경우는 극본으로 옮겨 보고, 동시의 경우는 다른 방송 프로그램의 대본으로 옮겨 보는 것이다. 가능하면 옮긴 극본을 소집단별로 연출, 녹음까지 해 볼 수 있다. 활동의 분량이 많을 경우는 동화의 일부분을 극화해 보는 방법을 취해도 된다. 극본 만들기 활동은 원전이 되는 문학 텍스트를 가장 능동적으로 해석하는 감상과정이 될 수 있다는 점에서 의의를 지닌다. 부수적으로는 문학 텍스트를 구어적으로 풀어내는 실제의 훈련이라는 점에서 말하기 · 듣기 훈련의 요체가 되기도 한다. 극본의 일반적 형식에 대한 최소한의 시범교육이 전제되면 더욱 좋다.

Ⅵ 문학교육의 평가 및 송환

(1) 문학영역 평가의 특수성

문학영역의 평가는 학생들의 문학경험이 얼마나 밀도있게 이루어졌는가에 초점을 두어 이루어져야 한다. 문학경험의 밀도는 문학능력의 제고에 가장 중요하게 작용하는 변인이 된다. 그런데 문제는 문학능력이니 문학경험이니 하는 것들이 일반 인지적 학습영역에서 나타나는 '기능'들과는 판이하게 그 자질을 달리한다는 점에 있다. 이를테면 '수리적 기능'이나 '사회탐구 기능'이나 '과학적 개념을 터득해가는 기능' 등과 비교해 보면 '문학감상 능력'이란 것은 그 인지적 과정에 관여하는 변인들이 매우 복잡하게 되어 있음을 알 수 있다.

그렇기 때문에 문학영역의 평가는 양적 지표로만 캐어낼 수 없는 요소들을 내포하고 있다. 문학을 수용하고 감상하는 과정의 질적 요인들을 중요하게 평가해 주어야만 비로소 바람직한 문학교육 평가의 모습을 갖출 수 있는 것이다. 그 질적 요인이란 바로 문학세계에 대한 인지적 이해를 포함한 고도의 정의적 투입을 포괄해야 하는 것을 의미한다. 그뿐 아니라 문학 텍스트와 삶의 텍스트[25]를 상호 조회(照會)하고, 그 속에서 생의 의미를 찾아 들어가는 과정을 평가해야 하는데, 이는 다양한 개인차를 수반하는 것이어서 그 측정이 만만치 않은 것이다.

이런 면에서 보면 문학교육 평가는 어떤 성취도를 측정하고 성취의 결과를 확인하는 것보다는, 텍스트에 몰입하는 과정을 통한 문학수용자로서의 학습자를 질적으로 이해한다는 데 더 의의가 있다고 할 수도 있다. 문학교육의 평가는 문학과 관련된 경험의 종합적 양상을 중시해야 한다. 즉, 문학작품을 이해하고 감상하는 과정에서 나타나는 학습자(독자)의 지적·정서적 경험의 밀도를 측정하고, 그 내면화 양상을 추적하는 것이 되어야 한다. 문학교육 평가의 특성을 정리해 보이면 다음과 같다.

첫째, 문학영역 평가는 구체적인 작품의 해석 및 감상 능력에 초점을 두어야 한다. 단편적인 지식을 묻거나, 작품내의 사실적 정보를 단순 확

25) 삶의 텍스트란 독자가 문학을 읽을 때 문학 텍스트에 조응하는 독자 자신의 생체험을 말하는 것으로, 읽고 있는 문학 텍스트에 상대적 위상을 가지고 상호성을 발휘한다는 점에서 독자의 삶 자체도 하나의 텍스트 개념으로 파악한다(Peter V. Zimma/허창운 역, 1991: 107~112 참조).

인한다거나 하는 것은 문학교육 평가의 본령이 될 수 없다. 이보다는 감정이입의 경향, 유의미한 정서적 반응, 인물의 해석, 작품으로부터의 특정가치 발견, 작품과 관련한 상상력 발현 등이 주요한 평가내용이 되어야 할 것이다. 물론 이러한 문학능력을 뒷받침하는 것은 문학 텍스트를 사실적 정보수준에서 이해할 수 있는 인지적 능력이다.

둘째, 문학영역 평가는 가급적 작품 전체에 대한 열려진 반응을 중심으로 이루어지는 것이 바람직하다. 작품세계를 해석하고 감상하는 능력은 어떤 특정의 사고기능 영역이 아니라, 비판적 사고와 창의적 사고의 전영역에 걸쳐서 작용하는 정신능력이라 할 수 있다.[26] 따라서 감상의 기능은 인지적 기능 차원에서 보더라도 매우 고급의 정신기능에 해당한다. 이러한 감상의 기능을 타당하게 재기 위해서는 학생들의 열려진 반응 자체를 평가의 대상으로 삼아야 하는 것이다. 따라서 객관식 선택형 문항의 방식보다는 반응의 총체성이 담긴 독후감이나 감상활동의 종합적 결과들을 중시해야 한다.

셋째, 문학작품의 이해 및 감상과정에 대한 평가를 고려해야 하며, 감상수행 활동 자체를 누가적으로 평가하는 방식을 취하는 것이 바람직하다. 과정평가의 중요성과 수행(감상활동)평가의 중요성이 강조되는 것이다. 가급적 문학교실내에서 이루어질 활동을 고안할 때는 그것의 수행평가까지를 함께 고려하는 것이 좋다. 과정과 수행에 대한 평가는 본질적으로 등급을 목표로 하는 평가에서 벗어나 학생들의 감상태도나 전략을 교정해 주는 송환기능을 더 고려하는 평가가 되도록 할 것이다.

(2) 목표 중심 평가

타일러(Tyler)의 교육과정 기본모형이 나온 이래, 학교에서 이루어지는 모든 교육현상이 '목표와 내용'의 정밀한 호응으로 이루어지는 모습을 취해 온 것은 거의 절대적인 것이었다. 그리고 평가 역시 이러한 목표에 정밀하게 대응하는 구조 속에서 이루어지고 있다. 그런 점에서 목표 중심의 평가란 것은 가장 기본적인 평가의 토대라 할 수 있다. 이는 교수·학습

26) 교육부(1995)의 문학과목 평가부분 참조. 바렛(Barrett)의 이해기능 類目 체계에서도 '감상'의 기능은 가장 상위의 기능(5.0)으로 분류되어 있다.

의 효율성과 밀도를 보장하는 기본 틀인 것이다. 문학교육 교수·학습 및 평가의 기본틀도 여기에서 벗어나지 아니한다.

그러나 문학교육의 평가의 어떤 국면에서는 우리가 고정관념으로 가지고 있는 목표중심 평가의 관습을 반성적으로 재검토해 볼 필요가 있다. 그것은 대체로 문학교육의 '목표'라는 것을 지나치게 기능적 세목(細目)으로 분화하여 고립적으로 운영할 경우에 생기는 평가 상의 오류 가능성 때문이다. 원래 목표분류학이라는 것은 그 교과내용의 분류체계 전체를 온당하게 구조화하는 거시적 안목을 전제로 성립하는 것이다. 그런데 이 점을 보지 못하고 분화된 세목으로서의 목표만을 고립시켜서 문학수업이나 문학평가의 전체적 기준으로 삼는 것이다. 이렇게 되면 '목표'는 평가했는지 모르지만 문학작품의 총체적 수용능력에 대한 평가는 오히려 증발해 버리고 마는 오류를 낳게 되는 것이다.

예를 들어 어떤 제재(단원)의 목표가 '시어가 가진 소리·형태의 시늉 효과를 안다.'라고 할 때, 이 목표만을 고립적으로 운용하여 시 작품에 사용된 시어들의 시늉 양상에 대한 이해를 평가하는 것으로만 그친다고 하자. 그렇게 되면 시가 하나의 작품으로서 가지는 총체적 효과와 맛은 이러한 평가의 경향 속에서는 증발해 버릴 수밖에 없는 것이다. 시의 전체적 효과는 시교육의 또 다른 목표들에 대한 학습이 축적되는 동안에 달성될 수 있다고 주장할 수도 있지만, 적어도 예술적 형상화의 구조로 된 작품의 경우는 그러한 주장이 설득력을 가지기 어렵다. 문학이 과학이나 사회과의 지식구조와는 다른 수용구조를 가졌다는 점을 간과하기 때문이다. 분화된 기능요소의 총합이 작품의 총체적 이해와 반드시 같지는 아니한 것이다.

우리의 현장실정에 비추어 문학교육 평가에서 목표중심 평가를 할 경우 고려해야 할 점을 정리해 보기로 한다.

첫째, 단원목표를 반드시 전체 목표체계와 관련하여 파악, 운용하도록 한다. 정밀하게 분류된 목표란 수업이나 평가를 하나의 공학적 체제(system)로 보고 접근하는 관점이다. 문학수업이나 문학평가를 공학적 체제로 파악해서 아니될 경우에는 분화된 평가목표에 대한 재검토가 있어야 한다.

둘째, 작품단위의 목표를 고려해야 한다. 문학교육이 문학이론을 배우기 위해서 혹은 문학적 개념을 습득하기 위해서 문학작품을 수단적으로 동원하는 것이 아니라는 평가관점을 분명하게 확립해야 한다. 어떻게 보면 문학교육의 목표는 작품 그 자체라고 하는 것이 더 타당할 것이다. 작품 자체의 수용을 목표의 준거로 삼아야 할 것이다.

셋째, 분화된 목표들을 관련성이 있는 것끼리 통합하여 그것을 평가 목표로 재구성하는 전략이 필요하다. 이는 물론 작품의 총체적 수용을 돕기 위한 것이다. 실제의 평가국면에서는 유관한 텍스트끼리 상호성을 살려가며 문학을 이해 · 감상할 수 있는지를 평가하는 방식으로 나타나게 될 것이다.

넷째, 인지적 목표와 정의적 목표의 자연스러운 융합을 추구하는 평가가 되도록 한다. 현장에서의 평가가 주로 인지적 목표 중심으로 지필검사에 의존하는 모습을 보이는데, 이는 시정되어야 할 문제이다. 문학 텍스트 자체가 인지적 대상이면서 정의적 작용에 의해 그 의미가 구체화되는 면을 지니고 있기 때문이다. 설명적 텍스트의 수용과 시 텍스트의 수용이 어디에서 차별화되는지를 생각해 보면 이는 쉽게 이해할 수 있을 것이다.

(3) 탈목표적(脫目標的) 평가

문학교육의 수업장면이나 평가 장면의 특정한 상황에서는 '목표'라는 형식을 의도적으로 벗어나려는 시도가 효과적일 수도 있다는 데서 탈목표의 평가를 생각해 볼 수 있다. 물론 이 경우 목표 자체가 없는 평가를 말하는 것은 아니다. 기존의 형식체계 속의 목표개념을 지양하려는 것일 뿐이다.

아이즈너(Eliot W. Eisner, 1969)는 예술표현적 활동은 기존에 있어 왔던 형식으로서의 '목표'라는 개념으로부터 자유로울 수 있는 것이 되어야 함을 강조한다. 그는 학생들의 문예표현적 상황이란 것이 학습결과에 대한 목표개념 없이 이루어질 수 있는 활동이라는 점에 주목한다. 즉, 이렇게 목표개념 없이 즉각적으로 학생들의 표현활동이 제시되는 상황을 일종의 탈목표적 상황으로 설명한다. 그리고 이러한 교육활동은 문예작품 감상교육에 적합할 수 있음을 시사한다. 영화를 보거나 게임을 하기 전에 어떠한 목표를 특별히 의도하지 않더라도 그 나름의 특징 있는 경험구조를 확립할 수 있다는 것을 예로 든다. 개별적 감수성에 의한 자기 발견적 문학경험이 문학교육에서 중시되는 경험이라면, 그러한 경험 자체가 목표가 되는 외에 다른 분화된 목표를 둔다는 것이 부자연스럽다는 것이다.

탈목표적 평가가 문학교육 영역에서 설득력을 가지는 것은 다음과 같은 이유에서이다. 문학영역의 평가에 대한 문제를 다룰 때는 건조한 행동측정식의 평가에서부터 벗어나 학생들이 예술적 감정가(鑑定家)가 되어, 논리로 포착하지 못하는 미묘한 특질에 대해서 어떤 인식과 지각능력을 가지는지를 알아보는 데 평가의 주안을 두어야 하기 때문이다. 즉, 문학을 통해 사물과 인간을 바라보면서 그것을 공감적으로 이해하는 감정사적(鑑定士的) 정신(connoisseurship) 능력을 물어야 한다는 것이다. 이러한 관점은 문학교육 평가의 근본적 토대를 탈목표적으로 접근해야 한다는 것을 보여준다.

이러한 관점에서 문학교육의 평가의 본질이 무엇인지를 다시 되묻게 된다. 그것은 원론적으로 말하면 문학교육 과정의 일부이면서 '계획으로서의 교육과정'이 최종적으로 실현되는 출구와도 같은 것이다. 그러나 탈목표의 평가라는 관점에서 보면 문학교육의 평가는 예술가적 감수성을 학생들에게서 제대로 발견하고 고무해 주는 과정이 되어야 하는 것으로, 평가의 과학적 타당도보다는 참조의 적절성(referential adequacy)을 학생들에게 가지게 해주고 구조의 확실성(structual corroboration)을 원용할 수 있는 능력을 재는 것이 되어야 하는 것이다. 이는 평가의 문제인 동시에 문학지도의 본질에 관련되는 문제이다. 이렇게 보면 문학교육의 평가는 평가의 결과를 기술적(記述的)으로 피드백할 수 있는 교사의 능력과 관련되는 문제임을 알 수 있다. 요컨대 문학교육 평가에서 기술(記述)의 기술(技術)이 새로운 실천적 과제로 대두됨을 확인할 수 있는 것이다.

탈목표적 평가는 우리 문학교육의 현장 실정에 비추어 볼 때, 하나의 이상적 지표로 보일 수 있다. 그것은 이러한 평가이념을 구체적으로 구현할 수 있는 실제의 모형이나 잣대를 현실성있게 제시하기 힘들다는 데서도 나타난다. 그러나 이러한 지향이 의미있는 것으로 받아들여진다면 공감도나 재구성 방식, 또는 감수성 등 문학경험의 질적인 면을 중시하는 구체적 평가모형을 꾸준히 탐색하고 정립해야 할 것이다. 그러기 위해서는 문학영역의 교육과정 기술이 문학영역에 맞는 기술(記述) 방식으로 주어져야 한다.

(4) 2011 교육과정에서 강조하는 문학교육 평가 방향

2011 공통교육과정 문학영역의 평가 목표는 2007년 교육과정에서 강조한 평가 원리들과 큰 차이가 없다. 2011년 개정 모두 동일하게 '문학지식에 대한 이해'와 '문학 작품의 수용과 생산 능력'에 중점을 두고 있으며, 진술 면에서도 동일하다.

2007년 개정 문학 영역 평가 목표	2011년 개정 문학 영역 평가 목표
문학 영역의 평가 목표는 문학 지식에 대한 이해, 문학 작품의 수용과 생산 능력에 중점을 두어 설정한다.	'문학' 영역의 평가 목표는 문학 지식에 대한 이해, 문학 작품의 수용과 생산능력에 중점을 두어 설정한다.

2007 교육과정 이래 문학 작품을 이해하고 표현하는 원리와 관련된 교육 내용의 범주 명으로 '문학 수용과 생산'이라는 용어를 사용하고 있다. 문학 작품을 단지 수용하기만 하는 것이 아니라 적극적 의미에서 '생산'하는 활동으로까지 확장시킨 것이다. 참고로, '문학 수용과 생산'에서 '생산'은 문예 창작보다 개별 문학 작품에 대한 학습자의 문학적 반응을 다양한 방식으로 표현하는 활동에 강조점이 있다. 따라서 문학 영역의 평가 목표도 이제까지의 방식에서처럼 '수용'의 측면에만 그치는 것이 아니라 '생산'의 측면까지 확장하여 설정해야 한다. 또, 문학 작품에 대한 수용과 생산의 결과만을 평가하는 것이 아니라 그 과정을 평가해야 하며, 또 평소에 문학 작품을 스스로 찾아서 읽는 '태도'도 평가할 필요가 있다.

2011 선택교육과정에서 문학교육 평가의 경우 '평가의 계획, 평가 목표와 내용, 평가 방법, 평가 결과의 활용'을 제시되었던 것이 '평가의 계획, 평가의 운용, 평가 결과의 활용'으로 조정되었다. 평가 계획 수립할 때의 유의점으로 '평가의 상황, 방법, 기준을 학습자에게 미리 알려 주어 평가 과정 자체가 학습의 과정이 될 수 있도록 충분히 준비할 수 있게 한다.'는

점이 추가되었다. 또 '평가의 운용'항에서는 평가 운용의 고려사항을 제시하면서 이들 고려사항이 '고전 수용능력의 향상과 교양 형성의 정도를 정확하고 효과적으로 평가'할 수 있도록 설정할 것을 진술하고 있다.

국어과 교육은 '듣기, 말하기, 읽기, 쓰기, 문법, 문학'이라는 여섯 영역으로 나누어 교육 내용을 선정했으나, 언어활동은 실제로 통합되어 진행된다. 즉 언어활동은 동시적으로 일어나고, 언어 자료나 주제를 중심으로 연속적으로 이루어진다. 따라서 국어과 평가에서는 영역을 통합해서 평가하는 것이 효율적이다. 문학 작품을 읽고 토론하거나(문학/말하기/듣기의 통합), 문학 작품을 읽고 글을 쓰는 경우(문학/읽기/쓰기의 통합), 혹은 읽기 제재를 읽고 토론하거나(읽기/말하기/듣기의 통합), 자신의 생각을 글을 쓰는(읽기/쓰기의 통합) 활동 등이 이에 해당한다. 평가 목적과 평가 상황에 따라 영역 통합적인 평가 방법을 활용하면 여러 영역을 효과적으로 평가할 수 있다는 장점이 있다. 특히, 수행 평가를 할 경우 영역 통합적인 평가 방법을 활용하면 하나의 평가 장면에서 여러 요소를 평가할 수 있기 때문에 효율적인 평가가 될 것이다.

(5) 문학영역의 평가문항 제작

문학영역의 평가문항 제작은 우선 지필평가와 수행(performance)평가(백순근, 1995)로 나누어 생각해 볼 수 있다. 지필평가는 주로 학생들의 문학 경험의 결과를 평가하는 데 사용될 수 있고, 수행평가는 문학과 관련하여 듣고, 말하고, 읽고, 쓰는 문학학습 활동 그 자체(또는 과정)를 평가하는 것이다. 전자가 성취결과로서의 지식을 객관적으로 측정하고자 하는 데에 중점을 둔다면, 후자는 학생들의 문학학습 과정에 대한 개별적 피드백을 중시하는 평가라 할 수 있다. 물론 균형잡힌 평가계획이라면 이 둘을 적절히 포괄할 수 있어야 할 것이다.

(가) 지필평가

① **답지(答肢: option)선택형 문항**: 문학 텍스트를 읽게 하고 그것을 이해 · 감상하는 수준을 여러 개의 답지(答肢) 가운데서 선택하게 하는 방식의 문항이다. 기존의 평가문항으로서 주류를 이루어 왔다. 특히 표준화

검사에서 많은 수의 학생을 객관도 높게 평가하고자 할 때는 가장 편리하게 사용되는 문항이다.

답지선택형 문항은 학생들의 반응을 수동화하고 제한한다는 점에서 그 한계가 있다. 그러나 답지선택형 문항을 무조건 백안시할 필요는 없다. 평가의 기술적 원리를 잘 고려하여 정교하게 고안하여 만든 문항이라면, 거칠고 막연하게 부과하는 주관식 문항보다 훨씬 정교한 평가 기술을 반영할 수 있기도 하다.

학생들의 문학적 사고(단순지식이나 단순사실의 기억이 아닌)를 평가할 수 있는 문항이 되기 위해서는 문항의 기술적 탐구가 있어야 한다. 그리고 이러한 문항제작 능력은 많은 연습과 훈련이 있어야 하고 실제로 투입하여 문항의 질을 검증하는 과정을 거쳐 보아야 한다.

② **단답형 문항**: 문학영역의 단답형 문항은 개별 문항만으로는 별 의미가 없다. 단답형 문항들이 일정하게 모여서 하나의 계열을 이루면서 지식이나 경험의 계열적 완결성을 평가하고자 할 때 의미 있다. 따라서 전체적으로 탐문과 탐구의 과정에 참여하는 능력을 평가하고자 할 때 사용하는 것이 바람직하다.

여러 개의 단답형 문항을 하나의 유기적 짜임으로 엮어서 문학 텍스트 이해의 총체적 능력이 평가될 수 있도록 문항을 조직 배열해야 하는 것이다. 아니면 문두에서 문학적 사고를 위한 풍부한 참조자료들을 조직해 주고, 그것을 입체적으로 생각해 본 다음에 단답의 반응을 유도하는 방식으로 평가문항이 만들어져야 한다. 문학교육 평가에서 고립된 단답형 문항은 삼가는 것이 바람직하다.

③ **서술형 문항**: 원론적으로 문학영역 평가에서는 서술형 문항의 사용이 바람직하다. 그러나 여기에는 사전에 치밀한 준거와 다양한 반응양상에 대한 평가상의 유의점이 강구되어야 한다. 이상적인 모범반응만을 정답의 기준으로 해 놓고 무조건 서술해 보라고 하는 식의 평가는 전문성이 없는 평가이며, 따라서 무책임한 평가이다.

문학영역에서의 서술형 문항은 무수히 많은 정답을 내포할 수 있다. 고정된 정답을 절대화하는 방식으로 채점하는 것은 매우 위험하다. 등급에 관한 평가는 최소화하고, 오히려 학생 개개인의 문학감상 특징을 발견하고 송환하는 평가가 되도록 하는 안목을 가질 필요가 있다. 그런 점에서 서술형 문항은 형식은 지필평가이지만, 그 내용은 수행평가의 성질을 어느 정도 지니고 있다고 하겠다. 쓰기 평가의 준거들과 연계하여 봄으로써 평가기준이 중복되지 않도록 한다.

서술형 문항이라 하더라도 종합적인 문학능력을 재는 경우가 아니라면 철저히 목표중심 평가를 시도할 수 있다. 그러기 위해서는 문항의 문두(問頭)에 재고자 하는 문학교육 목표가 충실하게 반영된 과제가 주어져야 한다. 동시에 그것은 막연한 것이 아니라 매우 구체성을 띤 서술과제로 다듬어져야 한다. 사실 이 점을 현장에서는 더 중요하게 들여다보면서 서술형 문항의 세련도를 높여가야 할 것이다.

대체로 서술형 문항의 평가처리는 학생들의 문학이해의 수준, 감상의 밀도와 성향, 그리고 내면화 능력이 어떠한지를 간략히 기술(記述)해 줄 수 있는 방향으로 이루어지는 것이 바람직하다.

(나) 수행(遂行: performance)평가[27)]

① **문학영역 수행평가의 원리:** 첫째, 문학평가의 내용 중에서 수행평가 내용요소를 선정해야 한다. 수행평가는 수행을 중심으로 이루어진다. 문학영역에서 수행성이 두드러지며 동시에 의미있는 활동을 선정해야 한다. 이는 문학영역 평가에서 무엇을 수행평가로 하며, 하지 않을지를 결정할 수 있게 해 준다.

따라서 문학영역에서 수행평가로 가능한 범위가 어디인가를 잡는 것이 필요하다. 문학영역에서 수행이 필요한 내용의 가능한 단계를 다음과 같이 체계화할 수 있다. 이는 수행평가 내용요소를 잡는데 유용한 범주체계라 할 수 있다.

둘째, 수행평가 내용요소에 평가기준을 설정하여 준거를 상세화할 필요가 있다. 평가내용 요소를 선정할 때는 수행가능한 정도를 파악하는 데 중점을 두고, 준거를 상세화하는 작업은 구체적인 평가의 틀로서 기능하도록 한다는 데 의의가 있다.

27) 문학영역 수행평가에 관한 내용은 박인기 외, 『국어과 수행평가』(1999)에 주로 의존하였다.

1.0 문학 텍스트 친화적 수행
1.1 문학에 대한 선호 밝히기
1.2 특정 텍스트에 대한 외적 정보 말하기
1.3 수동적으로 문학 읽기
1.4 문학경험을 의미 있게 생각하기
1.5 문학경험을 목록화하기
2.0 문학 텍스트의 이해 · 감상적 수행 (문학적 사고수행)
2.1 텍스트 내적 사고 수행
2.1.1 텍스트 내의 정보를 전달하기
2.1.2 텍스트 내의 정보를 재구성하기
2.1.3 문학적 장치에 의거하여 텍스트 내용 이해하기
2.1.4 텍스트 내적 세계에 대한 적극적 반응 요소 찾아내기
2.2 텍스트 외적 사고의 수행
2.2.1 언어적 특질 감상하기
2.2.2 독자의 경험 대응하기
2.2.3 세계(인물, 배경 등)에 대해 해석하기
2.2.4 비판적으로 해석하기
2.2.5 감동의 요인과 감동의 근거 발견하기
2.2.6 창조적 세계 그려 보이기
2.3 텍스트간의 사고수행
2.3.1 경험 상호성에 의한 텍스트간 사고수행
2.3.2 주제 상호성에 의한 텍스트간 사고수행
3.0 문학 텍스트의 내면화 수행
3.1 텍스트 경험을 통한 가치 발견
3.2 텍스트 경험을 통한 정서 고양하기
3.3 해석되지 아니하는 것들에 대한 인식 말하기

평가자는 평가 기준과 준거에 따라서 복잡한 수행을 판단할 수 있다. 평가준거가 판단에 이르기까지 타당성 · 공정성 · 지속성을 유지하게 한다. 따라서 복잡한 반응에 이르기까지의 과정이나 질을 평가하도록 준거를 상세화하는 작업이 필요하다. 평가준거에는 다음의 공통요소가 필요하다. 즉, ① 학생의 반응을 판단하는데 근거로 작용하는 속성, ② 각 속성을 의미있게 명료화하는 예시 문장, ③ 각 속성을 평정하기 위한 가치

척도나 채점 체제, ④ 상세화된 수행 수준의 일반적인 기술(Herman, J., Aschbacher, P.R. & Winters, L., 1996: Ⅵ-4: 6)이 포함된다.

② **문학영역 수행평가의 원리**: 문학 수행평가가 의미 있게 이루어지기 위해서는 지속적으로 이루어져야 한다. 장면 중심, 학습지 중심의 수행평가는 일회적인 평가로 즉흥성, 임의성을 배제할 수 없으며, 학생의 수행을 총체적으로 파악하기 보다 수행의 일부분을 놓고 전체로 확대 해석하는 결과를 낳는다. 수행평가 방법의 기본방향은 지속성의 관점에서 이루어져야 한다.

다음은 감상·태도의 평가에서 포트폴리오 방법을 활용하는 것이다.

포트폴리오는 학생작품의 대표적인 자료 모음집이다. 그러나 단순한 학생작품의 모음은 아니다. 포트폴리오는 독자로서, 문학 해석가로서, 다양한 구도를 사용하는 작가로서 학생들의 수행을 나타내는 것이어야 한다. 포트폴리오에서 학생의 활동작품은 그 작품이 만들어졌던 조건, 어떤 목표가 성취되었던 방법이 반영되어야 한다. 무엇보다 중요한 것은 교실에서 실제적으로 활용되기 전에 포트폴리오는 왜 하며, 어떤 의미를 가지는지에 대한 체계적인 인식이 필요하고, 활용과정에서 일정한 기준을 가지고 지속적으로 이루어져야 한다. 결국 어떤 조건 아래서 어떤 목적을 위해서 무엇을 수집할 것인지, 이 자료들이 어떻게 평가되어질 것인지의 문제가 선행되어야 한다.[28]

독서목록 만들기 같은 활동은 포트폴리오 형식으로 장기간에 걸친 관심과 수집을 요하는 활동으로 구성하는 것이 바람직하다. 지속적인 관심을 요하므로 태도 형성이나 습관을 기를 수 있으며, 학생들은 자기가 만든 누가철을 보면서 큰 의미의 성취감을 맛볼 수 있다. 포트폴리오가 평가로서 유용하려면 '지금 여기의 학생들'의 실정에 맞게 평가목적을 정의하고, 누가, 언제 할지를 넣고, 개별작품에 관한 준거를 마련하는 것이 중요하다.

③ **수행평가를 위한 교육과정 분석**: 문학 수행평가가 단원 중심의 일회적 평가가 되지 않기 위해서는 교육과정과 교과서를 계열화(alignment)하여 보는 안목이 필요하다. 이는 목표와 목표를 일정한 상위범주로 계열화

---

28) Purves, A. C., 『Encyclopedia of English Studies and Language Arts』 Volume Ⅱ, 「Portfolio Assessment」, 1994, pp. 928-929 참조.

하고, 단원과 단원을 계열화하는 작업을 포함한다. 교사가 계열화하여 볼 수 있다는 것은 지도와 평가를 분리시키지 않고 전체적인 안목으로 접근할 수 있다는 것을 의미한다. 문학 수행평가시 전체적 접근 -교육과정 내용 계열 분석- 이 필요한 이유는 다음과 같다.

첫째, 문학교육에서는 인지적 기능의 유목들을 지나치게 상세화하는 것이 부적합하다. 왜냐하면 문학경험이 학생들의 삶과 대응되어 매우 유연하고 탄력적인 방식으로 수용되므로 인지적 기능의 유목을 지나치게 상세화할 경우 문학경험의 총체성을 구현하기 어려워지기 때문이다. 따라서 교육과정의 목표들을 통합·분류하여 크게 덩어리 지우는 방식이 바람직하다.

둘째, 수행평가의 타당성을 부각시킬 수 있다. 수행평가가 현장에 적용될 때 '지금 여기'의 내가 가르치는 학생들을 중심으로 그들이 겪음직한, 또는 그들이 마땅히 경험해야 할 언어수행의 경험적 위계를 하나의 체계로서 마련해 두어야 한다. 따라서 교사는 어떤 모양이 될 것이라는 '개념의 지도'가 그려져 있어야 한다. 개념의 지도란 교육과정과 교과서를 꿰뚫고, 수행평가를 전체적 계열에서 바라볼 수 있을 때 가능한 것이다. 결국 교육내용의 계열을 전 학년에서 스펙트럼화하여 조망하기 때문에 '지금 여기의' 학생에게 의미 있는 수행평가로 자리매김할 수 있다.

④ **수행평가의 적용과 송환**: 평가내용의 계열성을 분석을 하면 해당 학년에서 어떤 내용을 중점적으로 평가할 것인가와 관련된 평가목표와 평가내용이 선정된다. 이 평가목표에 관련된 단원을 선정하고 단원간의 연계성을 고려하여, 교수·학습 계획과 평가계획을 수립한다. 그 다음 작업으로 교과서 단원에서 중심으로 다루는 활동(전략)과 '지금 여기에 내 학생들'에게 맞추어 실시하는 수행평가의 활동(전략)을 연결시킨다. 이때 교과서의 내용을 수행평가의 활동(전략)으로 바꾸어 일련의 프로젝트가 될 수 있도록 구안하는 것이 필요하다.[29)]

문학 수행평가에서는 교사평가, 학생평가, 자기 평가를 중심으로 피드백할 수 있다. 흔히 교사평가, 학생 상호평가, 자기평가는 평가방법으로 인식된다. 물론 평가방법도 될 수 있으나 다른 시각에서는 피드백의 일환

29) 열린 교재관에 따라서 교과서는 교육과정의 목표를 달성하기 위한 다양한 교재 중의 하나로 보고, 교과서 내용을 재구성하여 가르칠 수 있는 인식의 전환이 필요하다.

으로 설명이 가능하다. 문학영역 수행평가의 경우 학습활동을 한 후 자신이 어느 정도의 학업을 성취했고, 어느 부분이 미흡하며, 어느 부분이 잘 수행되었는지를 파악하는 것, 그 자체가 효과적인 피드백이 될 수 있다. 이때 교사평가, 학생 상호평가, 자기평가의 결과는 학생활동을 객관적으로 파악하여 이후 유사한 활동이 있을 때 학생의 발전을 돕는 피드백 자료가 된다.

첫째, 교사평가는 학생의 수준을 총체적으로 파악하는데 도움을 주며, 전문가의 입장에서 학생이 잘하는 점과 미흡한 점을 판단해줄 수 있다.

둘째, 학생 상호평가는 학생이 한 활동에 대한 소집단 토의형태를 띤다. 교사는 문학활동 평가준거를 학생들과 함께 대화로 풀어나가는 것이 필요하다. 이는 문학수행을 평가할 수 있는 안목을 기르는 것이며, 이 과정이 피드백으로 중요한 역할을 담당한다. 그러나 모든 것을 준거에 따라서 상호평가로 할 수 있는 것은 아니다. 따라서 준거가 불명확한 요소가 있더라도 문학영역에서 상호평가는 문학 활동에 대한 반응으로 문학을 함께 공유할 수 있는 장을 마련해 준다는 점에서 의의를 갖는다.

셋째, 자기평가는 자신이 한 활동에 대해 스스로 판단함으로써 현 수준을 인식하고, 자신의 미흡한 점을 점검하고, 바람직한 방향으로 조정하는 과정을 통해서 다른 활동에 전이를 돕는다. 자기평가는 자기의 능력개선을 위한 목표를 세우고, 이를 정확하게 평가할 수 있는 독립적인 학습자가 되도록 하는데 목표가 있다. 따라서 독립적인 학습자가 되게 하려면 처음에는 교사가 학생들에게 평가목록을 제공하고 학생들이 수행한 요소를 기록하는 방식을 지도한다. 그 후에는 학생들이 자신의 평가목록을 실제로 만들어 보고, 학생 스스로 수행요소를 기록하여 교사의 지시 없이도 스스로 평가작업을 참여할 수 있도록 해야 한다. 자기평가가 일단 숙달된 후에는 피드백 자료로 중요한 역할을 해낼 것이다.

문학영역에서의 수행평가란 문학이해 · 감상능력의 향상을 위한 실제적인 학습활동과 결국은 같은 현상 속에 있다고 할 수 있다. 즉, 문학기능에 대한 평가이면서 동시에 문학학습 활동인 것, 이 양자의 송환이 개방적이면서도 유기적인 것, 그런 상태의 평가를 떠올릴 수 있어야 하는 것이다.

이 '수행'의 개념을 통하여 문학영역은 소위 국어과의 언어기능 영역과 활동상의 강한 연계를 가진다. 즉, 문학의 이해와 감상을 듣고, 말하고, 읽고, 쓰는 언어기능 활동을 통해서 수행해내는 것이다. 사실 국어과의 교육과정 영역을 크게 삼대분(언어기능 영역/언어지식 영역/문학 영역)하는 모습으로 나타내고 있지만, 이는 다분히 평면적 구분을 면치 못함을 알 수 있다. 문학학습의 수행 국면으로 듣기, 말하기, 읽기, 쓰기가 부각될 수 있는 것이다. 그러니까 이들 영역은 상호 허용의 관련 속에 있다고 하겠다.

탐구과제

01 문학이론과 문학교육 이론은 서로 어떤 관련을 가지고 있는지 알아보고, 문학교육 이론이 필요한 이유를 구체적인 문학교육 현상을 예로 들어서 설명하시오.

02 문학교육의 항존적인 목표들을 간략히 개진하고, 오늘날 우리의 실정에 비추어 요청되는 현실적인 문학교육의 목표들을 세 가지 이상 거론해 보시오.

03 문학교육의 내용을 교과서에 구성하고자 할 때는 어떤 원리에 유의해야 하는지 정리하고, 내용구성의 원리끼리 상충(相衝)하는 경우를 예로 들어 보시오.

04 현행 교과서 중에서 문학단원 하나를 선정하여 단원조직의 얼개를 밝히고, 어떤 의도로 이와 같은 단원 내용들의 조직이 이루어졌는지 설명하시오.

05 문학 교수 · 학습에서 목표 통합적 교수법이 필요한 경우를 들어 보고, 이와 관련한 구체적 교수법 아이디어를 말해 보시오.

06 한 작품을 학습한 수용자에게서 일련의 감상과정이 일어나는 과정(또는 결과)을 평가할 수 있도록 주관식 문항을 설계, 제작해 보시오.

참고문헌

교육부, 『국어과 교육과정』 (1차교육과정-2007개정 교육과정)

교육인적자원부(2007), 『교육인적자원부 고시 제2007-79호에 따른 초·중학교 국어과 교육과정 해설』.

구인환·박대호·박인기·우한용·최병우(2007), 『문학교육론』(제5판), 삼지원.

구인환(2005), 『소설의 감상과 창작』, 창조문예사.

김남희(2007), "현대시의 서정적 체험 교육 연구", 서울대 박사학위논문.

김대행 외(2000), 『문학교육원론』, 서울대학교출판부.

김봉군(2004), 『현대 문학의 쟁점 과제와 문학 교육』, 새문사.

김성진(2004), "비평 활동 교육의 내용 연구", 서울대 박사학위논문.

김의숙·이창식 편저(2005), 『문학콘텐츠와 스토리텔링』, 역락.

김정우(2006), 『시 해석 교육론』, 태학사.

김정우(2007), 「개정 국어과 교육과정의 주요 내용과 특성」, 『제25회 한말연구학회 전국대회 학술자료집』.

김중신(1995), 『문학 감상 방법 연구』, 서울대출판부.

김중신(2003), 『문학과 삶의 만남』, 소명.

김창원(1991), "문학교육 목표의 변천 연구(1): 광복 이후 고등학교 국어과 교육과정을 중심으로", 『국어교육』 73·74, 한국국어교육연구회.

김창원(1992), "문학교육과정 설계의 절차와 원리: 목표 및 내용의 조직", 『국어교육』 77·78, 한국국어교육연구회.

김창원(1994), "시텍스트 해석모형의 구조와 작용에 관한 연구", 서울대 박사학위논문.

김창원(2011), 『문학교육론』, 한국문화사.

노명완·박영목·권경안(1988), 『국어과교육론』, 갑을출판사.

노명완·박인기·손영애·이차숙(1990), 『언어와 교육』, 한국방송통신대학.

노은희 외(2008), 『고등학교 국어과 교육과정 해설 연구 개발』, 한국교육과정평가원.

문영진(2007), 『동시대의 삶과 서사 교육』, 한국문화사.

문학과문학교육연구소(2000), 『문학교육의 인식과 실천』, 국학자료원.

박영기(2009), 『한국 근대 아동문학 교육사』, 한국문화사.

박영목·이인제·남미영(1992), 『교육의 본질 추구를 위한 국어교육 평가체제 연구(2)』, 한국교육개발원.

박인기(1991), "구비문학 자료의 국어과 교재 변용", 『논문집』 2집, 청주교육대학 초등교육연구소.
박인기(1992), "소설 텍스트 수용의 내면화 구조", 『청주교대논문집』 29집.
박인기(1995), "문학교육연구의 이론성과 실제성", 구인환교수 정년 기념 논문집.
박인기(2001), 『문학교육과정의 구조와 이론』(개정판), 서울대학교출판부.
박인기(2003.7.), "발달로서의 서사—서사의 교육적 전략", 『내러티브』 제7호, 한국서사학회.
박인기 외(2003), 『국어교육과 미디어 텍스트』, 삼지원.
박인기(2005), "문학독서 교육의 내용—서사양식", 『문학독서 어떻게 가르칠 것인가』, 푸른사상
박인기 · 김창원 · 공숙자 · 정유진 · 박창균 · 이지영 · 양경희(2005), 『문학을 통한 교육』, 삼지원.
박인기 외(2007), 『디지털 시대 문학의 길』, 푸른사상.
박인기(2002), '문화적 문식성의 국어교육적 재개념화', 국어교육학연구 제15집, 국어교육학회.
박인기(2003), '미디어 현상의 교육적 수용과 교육과정론적 의의', 한국언론학회 미디어교육 연구회, 한국언론학회 학술대회 자료집.
박인기(2006), '교과교육학의 학문 위상과 현 단계 도전 과업', 교과교육학연구 제10권 1호, 이화여자대학교 교과교육연구소.
박인기(2010), '국어교육과 매체언어문화', 국어교육학연구 제37집, 국어교육학회.
박인기(2012.8.), '문학교육학 이론의 토양 생성하기', 문학교육학 40호, 한국문학교육학회.
박이문(2002), 〈환경철학〉, 미다스북스.
선주원(2008), 『청소년 문학교육론』, 역락.
신헌재 · 권혁준 · 곽춘옥(2009), 『아동문학의 이해』, 박이정.
우한용(1992b), "문학교육과정론의 전제조건", 『논문집』 44집, 한국국어교육연구회.
우한용 외(1997), 『문학교육과정론』, 삼지원.
우한용(2009), 『한국 근대문학교육사 연구』, 서울대학교출판부.
윤여탁(2007), 『외국어로서의 한국문학교육』, 한국문화사.
이대규(1988), "교과로서의 문학의 구조", 서울대학교 대학원(박사).
이삼형 · 김중신 · 김창원 · 이성영 · 정재찬 · 서혁 · 심영택 · 박수자(2007), 『국어교육학과 사고』, 역락.
임경순(2003), 『문학의 해석과 문학교육』, 역락.
임경순(2009), 『한국어문화교육을 위한 한국문화의 이해』, 한국외국어대학교 출판부.

정재찬(2004), 『문학교육의 현상과 인식』, 역락.
정재찬(2003), 『문학교육의 사회학을 위하여』, 역락.
정재찬(2007.8.), "상호텍스트성을 통한 현대시 교육 연구", 『국어교육학연구』 29집, 국어교육학회.
차봉희(1993), 『독자반응비평』, 고려원.
최미숙 외(2008), 『국어교육의 이해-국어교육의 미래를 모색하는 열 여섯 가지 이야기』, 사회평론.
최미숙 · 원진숙 · 김봉순 · 이경화 · 전은주 · 정혜승 · 김정자 · 정현선 · 주세형(2009), 『국어교육의 이해』, 사회평론.
최인자(2007.8.), "서사적 대화를 활용한 문학 토의 수업 연구", 『국어교육학연구』 29집, 국어교육학회.
최지현(2006), 『문학교육과정론』, 역락.
최지현 · 서혁 · 심영택 · 이도영 · 최미숙 · 김정자 · 김혜정(2007), 『국어과 교수 · 학습방법』, 역락.
최홍원(2007.8.), '문학교육에서 경험의 재개념화와 교육적 실천을 위한 연구', 『국어교육학연구』 29, 국어교육학회.
최홍원(2008), "시조의 성찰적 사고 교육 연구", 서울대 박사학위논문.
한용환(2008), 『소설의 이해』, 삼영사.
한태구(2009), "환상소설의 이해방법 교육 연구", 서울대 석사학위논문.
한철우 · 김명순 · 박영민(2001), 『문학중심 독서지도』, 대한교과서.
허창운(1986), 『현대문예학개론』, 서울대학교출판부.
황정현(2001), 『창의력 계발을 위한 동화교육방법론』, 열린교육.
황정현(2007), 『동화교육의 이론과 실제』, 박이정.

Bank, A. & M. E. Henerson & L., Eu, 박성익, 권낙원 편역(1989), 『수업모형의 적용 기술』, 성원사.
Bell, Daniel/서규환 역(1992), 『정보화 사회와 문화의 미래』, 디자인하우스.
Bruner, J.S./이홍우 역(1973), 『브루너 교육의 과정』, 배영사.
Eagleton, T./김명환 · 정남영 · 장남수 공역(1986), 『문학이론입문』, 창작사.
Frye, N./이상우 역(1987), 『문학의 구조와 상상력』, 집문당.
Frye, N./김인환 역(1978), 『문학의 해석』, 홍성사.
Gribble, J./나병철 역(1987), 『문학교육론』, 문예출판사.
Ingarden, Roman/이동승 역(1985), 『문학예술작품』, 민음사.

Leach, Heather & Graham, Robert(2007), 윤재원 역(2009), 『창의적인 글쓰기의 모든 것』, 베이직북스.

Patrick R. Moran/정동빈 · 남은희 · 황선유 · 이명관 공역(2004), 『문화교육』, 경문사.

Perry Nodelman/김서정 역(1996), 『어린이 문학의 즐거움 1』, 시공주니어.

Whitehead, Robert/신헌재 편역(1992), 『아동문학교육론』, 범우사.

Zima, Peter V./허창운 역(1991), 『텍스트사회학』, 민음사.

Allen, Robert C.(Eds)(1987), *Channels of Discourse: Television and Contemporary Criticism*, The University of North Carolina Press.

Applebee, A. N, & A. C. Purves(1992), "Literature and English Language Arts–Topics and Issues within Curricular Categories", *Handbook of Research on Curriculum: A Project of the AERA*, Macmillan Publishing Company.

Applebee, A. N.(1974), *Tradition and Reform in the Teaching of English:A History*, NCTE.

Barnes, Douglas.(1975), *From Communication to Curriculum*, Penguin Books.

Beach, Richard(1993), *A Teacher's Introduction to Reader–Response Theories*, NCTE.

Beach, Richard & Susan Hynds(1991), "Research on Response to Literature", *Handbook of Reading Research*, volume 2, *Rebecca Barr and Peter Mosental*(Eds), Longman Publishing Group.

Bloom, B. S.(1956), *Taxonomy of Educational Objectives: Cognitive domain*, NY: David McKay.

Cullinan, B. E.(1989), *Literature and The Child* (2nd Ed), NY: Harcourt Brace Jovanovich Publisher.

Eisner, Eliot W.(1977), "On the uses of educational connoisseurship and criticism for classroom life", *Teachers College Record*, 78.

______________(1992), "Curriculum Ideologies", *Handbook of Research on Curriculum:A Project of theAERA*, Macmillan Publishing Company.

Frye, N.(1963), *Developing Imagination*, Harvard Univ. Press.

Giddens, Anthony(2001), *Sociology(4th edition)*, Polity Press in association with Blackwell Publishers Ltd.

Goodman, K. S. et al.(1987), *Language and Thinking in School*(3rd ed), NY: Richard C. Owen Publisher, INC.

Herman, J., Aschbacher, P.R. & Winters, L.(1996), "Setting Criteria", A *Handbook for Student Performance Assessment* (Edited Robert E.B. and Judth A. Arter), ASCD. Ⅵ-4.

Jackson, Philip W.(Eds.)(1992), *Handbook of Research on Curriculum : A Project of the AERA*, Macmillan Publishing Company.

Krathwohl, D, R.(Eds.)(1964), *Taxonomy of Educational Objectives: Cognitive domain*, NY: David McKay.

Meek, M.(1982), *Learning to Read*, London: The Bodley Head.

Miller, Bruce E.(1980), *Teaching the Art of Literature*, NCTE.

Peshkin, Alan(1992), "The Relationship Between Culture and Curriculum: A Many Fitting Things", *Handbook of Research on Curriculum: A Project of the AERA*, Macmillan Publishing Company.

Probst, R. E.(1988), *Response and Analysis: Teaching Literature in Junior and Senior High School*, Boynton Publishers.

Purves, Alan. C.(1971), "Evaluation of Learning in Literature", Bloom, B.S.(Eds.) *Hand-book on Formative and Summative Evaluation of Student Learning*, McGraw-Hill Inc.

Purves, A.C.(1994), *Encyclopedia of English Studies and Language Arts*, National Council of Teachers of English.

Rosenblatt, L.(1976), *Literature as Exploration*, NY: Noble and Noble.

___________(1978), *The Reader, the Text, the Poem*, Carbondale: Southern Illinois University Press.

Schubert, William. H.(1986), *Curriculum-Perspective, Paradigm, and Possibility*, NY: Macmillan.

Tyler, R. W.(1949), *Basic Principles of Curriculum and Instruction*, Chicago: University of Chicago.

5부

국어교육의 과제와 발전

제 1 장 국어교육의 기술적 정련 543

제 2 장 국어교육의 새로운 지평 576

01장 국어교육의 기술적 정련(精鍊)

Ⅰ. 국어교육학의 학제적 토대 확충

학교 현장에서의 국어교육이 단편적이고 일시적인 응변(應變)의 조치에서 벗어나 종합적이고 지속적인 지향(志向)으로 나아가기 위해서는 무엇보다도 국어교육의 학문적 정체성이 확립되어야 한다. 국어교육의 학문적 정체성의 확립은 크게 두 가지 방향으로 추구될 수 있다. 하나는 국어교육 그 자체의 학문성 확립이고, 다른 하나는 국어교육학과 인접 학문들과의 관계성 확립이다. 이 두 가지 중 첫 번째는 이 책의 제1부에서 집중적으로 검토하였다. 여기서는 두 번째의 문제, 즉 국어교육학과 인접 학문과의 관계에 관해서 알아보기로 한다.

(1) 국어교육학의 학제적 관련성을 보는 바른 태도

세상의 학문은 모두 인간이 만들어 낸 것이다. 그러나 그 개별 학문들은 처음부터 무에서 나온 것이 아니라, 어떤 모태가 되는 선행연구 분야에서 더욱 세분화되고 발전되어 온 것이다. 가령 생화학은 생물학과 화학의 양쪽 분야 모두에 기초를 둔 새로운 분야이며, 심리언어학은 심리학과 언어학의 공동의 영역에서 나온 새로운 분야이다.

한 분야가 새로운 연구영역, 학문으로 생성해 간다는 것은 그만큼 그 분야에 대한 관심과 연구가 세분화되고 발전되어 간다는 것을 의미한다. 이같은 학문의 발전적 세분화는 연구에 대한 관심의 변화, 대상의 변화, 방법의 변화로 이해하여야 한다. 즉, 모태가 되는 선행분야의 하위영역이나 응용으로 보는 것이 아니라 새로운 영역으로 보아야 한다는 것이다. 예를 들면, 생화학은 그 자체로서 하나의 독자성을 갖는 연구영역이지, 생물학이나 화학의 하위분야 또는 응용분야가 아니라는 것이다. 이는 심리언어학의 경우에도 마찬가지이다. 공과대학이 물리학이나 화학의 응용대학으로, 그리고 의과대학이 생물학과 화학의 응용대학으로 생각되었던 시절도 있었으나, 지금은 아무도 그렇게 생각하지 않는다.

국어교육학의 학문적 성격 및 인접학문들과의 학제적 관련성도 위계적 상하의 종속관계나 다른 기존학문의 응용이라는 측면보다는 국어교육학 자체의 학문적 독립성 측면에서 인식해야 할 것이다. 그러나 상당히 오랫동안 국어교육학의 학문적 성격이나 학제적 위상을 다른 인접 학문들 속에서 찾으려는 경향이 있어 왔다. 가령 국어교육학을 언어학, 문학, 심리학, 교육학의 응용학문으로 보려는 것이다.[1] 물론, 국어교육학에서 관심을 갖고 있는 탐구내용이나 탐구방법들이 기존의 여러 학문에서의 내용이나 방법과 상당한 정도로 공통적이기는 하다. 가령, 국어교육학에서의 관심사인 국어는 국어학과, 문학은 기존의 학문인 문학과, 듣기 · 말하기 · 읽기 · 쓰기의 표현과 이해는 심리학과, 그리고 국어교육에서의 교육적 측면은 기존의 교육학과 상당히 공통적이다. 그렇다고 해서 이런 공통적 특성으로 인해 국어교육학을 다른 학문의 한 응용분야라고 본다면, 국어교육의 교육내용이나 교육방법은 이런 기존 학문에서 결정하는 대로 따라야만 할 것이다. 그리고 국어교육학의 독자적인 학문적 정체성은 영영 찾을 수가 없게 될 것이다.[2]

국어교육학의 학문적 위상과 학제적 토대설정과 관련하여 우리는 학문의 환원주의적 오류에 유의해야 할 것이다. 학문은 어떤 대상 또는 현상

---

1) 국어교육학의 학문적 성격을 다른 학문들과의 위계적 관련 속에서 찾으려는 견해의 한 예로 아래의 인용내용을 들 수 있다.
"국어교육학은 응용과학이다. 인문대학의 학문영역들이 기초과학이라면, 의과대학과 공과대학 및 사범대학의 학문은 응용과학이라고 할 수 있다. 응용 과학이 여러 기초과학의 학문적 성과에 바탕을 두듯이 사범대학의 여러 학문영역도 인문과학 영역의 여러 학문에 도움을 받아 성립될 수 있다. 국어교육학은 언어학, 심리학, 문학, 문화인류학, 그리고 일반교육학을 바탕으로 성립될 수 있는 학문이라고 생각된다. ...... 그렇다고 해서 국어교육학이 국어학이나 국문학 등 기초학문과 교육학을 단순히 합한 것은 아니다. 두 학문의 단순한 합이 아니라 두 학문영역을 바탕으로 이루어진 제3의 다른 어떤 이론적 체계가 국어교육학이라고 보아야 할 것이다"(한철우, 1993: 13).

2) 국어교육학을 기존의 다른 여러 인접학문의 응용학문으로 간주할 경우에는 다음과 같은 두 가지 질문에 답을 해야 한다. 첫째, 기존의 여러 인접학문, 예를 들면 국어학, 국문학, 심리학, 교육학 등의 학문들이 어떤 내용을 얼마만큼 어떻게 영향을 미쳐 국어교육학을 구성하였는가를 설명해야 할 것이다. 비유컨대, 국어교육학의 큰아버지, 작은아버지, 삼촌 등은 누구누구이며, 그런 핏줄로 태어난 국어교육학은 누구이며, 이런 혼혈아에게 조상과는 관련이 없는 '국어교육학'이라는 이름을 붙여 줄 수 있는가 하는 의문이다. 둘째, 만일 이런 여러 기존학문의 복합적 구성이 단순 복합을 넘어서서 '제3의 다른 어떤 이론적 체계'로 나타난다면, 그 제3의 이론은 무엇이며, 만일 이렇게 제3의 이론이 있다면, 그것이야말로 가장 '독자적인' 국어교육학이라고 말할 수 있지 않을까 하는 의문이다.

을 설명하는 이론체계를 세우는 탐구활동이다. 그런데 관심의 대상이나 현상에 대한 관점을 크게 두 가지로 나타난다. 하나는 그 대상 또는 현상을 '하나의 전체'로 보는 태도이고, 다른 하나는 대상이나 현상을 이를 구성한다고 생각되는 '여러 하위요인(요소)'으로 나누어 분석적으로 보는 태도이다. 이 두 관점 중 학자들은 첫 번째보다는 두 번째 관점의 유혹을 끊임없이 받는다. 왜냐하면 그렇게 하는 것이 더 학문답고, 더 과학적으로 보이고, 때로는 더 쉽기 때문이다.[3] 그러나 이렇게 하나의 대상 또는 현상을 하위 구성요소로 나누어 보게 되면 이는 자칫 '나무는 볼 수 있으나 숲을 보지 못하는' 오류를 범할 가능성이 높다. 국어교육학의 학문적 위상과 다른 학문들과의 학제적 관계 정립에서도 이 점을 유의해야 할 것이라 생각된다.

(2) 국어교육학과 인접학문들

국어교육학은 여러 학문과 긴밀한 관련을 맺고 있다. 그 관련은 관심내용에서의 관련성, 탐구방법에서의 관련성 등 여러 가지이다. 여기서는 국어교육학과 깊은 관련성을 보이는 인접학문들을 살펴보고자 한다.

(가) 국어학과 국어교육학

전통적으로 국어학에서는 단일문장의 구조를 분석하는 데에 관심이 많았다. 그러나 근자에는 텍스트를 단위로 그 구조와 기능(機能) 탐구로 점차 관심사가 바뀌고 있다. 화용론, 화행론, 텍스트 언어학 등의 이름이 이런 변화를 보여준다. 국어교육학에서는 처음부터 언어적 의사소통의 단위인 담화나 텍스트에 관심을 두고 있다. 그런 점에서 최근의 국어학과 국어교육학의 관심사는 공통점을 보인다. 그러나 국어교육학에서 보는 텍스트관은 텍스트 자체의 구조보다는 오히려 텍스트의 기능, 다시 말해서 의미표

---

3) 이와 같은 오류의 예를 우리는 여러 인문과학, 사회과학, 자연과학에서 살필 수 있다. 가령, 정치학은 정치적 현상을 탐구하는 학문이다. 그런데 정치적 현상은 사회의 구조(예: 가족, 지역, 성, 연령, 직업, 계층 등의 구조)에 매우 민감하다. 따라서 정치현상을 사회학적 측면에서 설명하려는 경향이 많이 나타난다. 이렇게 본다면, 사회적 현상은 또한 개인심리의 현상으로 설명되고, 개인심리현상은 생리적 측면으로 설명되기도 한다. 이렇게 계속해서 하나의 학문을 그 학문의 기초가 된다고 생각하는 '기초과학'으로 설명하려는 것이 바로 환원주의이다. 이렇게 환원주의를 추구하게 되면 하나의 학문에는 그 학문이 애초에 관심을 가졌던 '전체적 현상'은 없어지고 환원적인 '요소'만이 남게 된다.

현의 매개체로서의 텍스트와 의미이해의 매개체로서의 텍스트에 관심이 더 크다. 이런 관점에서 보면 텍스트는 하나의 의미 구조물이라기보다는 표현 또는 이해의 효율화를 위한 전략적 지시물이라고 볼 수 있다. 예를 들면 독자의 측면에서는 텍스트를 필자의 의도를 이해하기 위한 매개로, 그리고 필자의 측면에서는 텍스트를 독자의 이해를 유도하는 안내로 보는 것이다. 이는 국어학에서의 텍스트 연구와 다른 점이라고 할 수 있다.

(나) 문학학과 국어교육학

문학학에서는 전통적으로 문학작품을 하나의 독립적인 구조물로 보고, 그 구조분석에 관심을 보이는 신비평주의 입장을 취하여 왔다. 그러나 근자에 이르러서는 문학작품 그 자체보다는 작가, 독자, 사회 · 문화적 상황 속에서 작품의 기능을 탐구하는 방향으로 변화를 보이고 있다. 수용이론, 독자반응이론 등이 그 예이다. 여기서는 작품의 구조보다는 순간순간의 기능을 중요시한다. 즉, 문학작품 속에 보이는 설명, 묘사, 대화 등은 모두 독자의 이해를 위한 작가의 전략이라는 것이다. 또한 작품의 이해도 작품 자체에서 나오는 것이 아니라 작품에 대한 독자의 능동적인 반응에서 형성된다고 보고 있다. 근자에 보이는 이와 같은 문학연구는 바로 국어교육학에서 추구하는 문학작품의 이해, 특히 읽기의 스키마 이론과 같다고 할 수 있다. 문학작품을 사회 · 문화적 맥락 속에서 보아야 한다는 점도 독자의 스키마가 갖는 사회 · 문화적 측면과 같은 것이다. 문학작품의 생산 및 이해배경은 사회적 존재인 독자의 사회 · 문화적 성장배경과 결코 다르다고 말할 수 없다.

(다) 심리학과 국어교육학

심리학은 인간의 심리를 연구하는 학문이다. 그런데 인간의 심리를 가장 잘 드러내 주는 것이 바로 인간의 언어행위이다. 그래서 심리학은 전통적으로 인간의 언어행위에 대하여 깊은 관심과 연구를 지속적으로 해왔다. 특히 70년대 이래의 인지심리학에서는 인간의 언어처리과정(언어의 표현과 이해과정)을 가장 중요한 연구대상으로 삼고 있다. 바로 이런 점에서 심리학은 국어교육학과 상당히 넓게 그리고 깊게 관련되어 있다. 듣기 ·

말하기 · 읽기 · 쓰기 그 자체 그리고 이의 교육에 대한 연구가 한국에서는 사범대학 국어교육과에 속하지만, 사범대학이 없는 대부분의 외국에서는 심리학 또는 교육심리학에서 이를 담당하고 있다.

(라) 교육학과 국어교육학

한때는 국어교육을 '국어학+국문학+교육학'으로 이해하기도 하였다. 국어학이나 국문학은 내용을 제공하는 내용학이고, 교육학은 교육방법을 제공하는 방법학으로 이해하였던 것이다. 이런 이분법적 사고는 사범대학의 교육과정과 교수진 구성에도 그대로 드러나, 내용학은 교과교육과에서 제공하고 방법학은 교육학과에서 제공하는 것으로 되어 있다. 이런 구성에서 보면 이 둘을 통합하는 것은 전적으로 학생들에게 부여된 과제가 된다.

국어교육학은 하나의 교과교육학으로서 교육학하고는 교육이라는 측면에서 공통적이다. 교육의 대상이 학생이라는 점과 교육의 내용이 지식 · 기능 · 태도라는 점에서 이 두 분야는 일치하고 있다. 그러나 교육학에서는 모든 지식 · 모든 기능 · 모든 태도를 다 대상으로 삼고 있으나, 국어교육학에서는 언어(및 문학)와 관련된 지식 · 기능 · 태도만을 담당한다. 이 점에서 보면 국어교육학은 교육학의 한 하위에 속하면서 내용상으로는 독자적이라고 할 수 있다. 특히 교육과정, 교수 · 학습, 평가 등은 교육적 보편성 속에서 국어교육학적 독자성을 확보해야 하는 분야이기도 하다.

(마) 유아교육학, 아동학과 국어교육학

유아교육학이나 아동학은 초등학교 취학 이전까지의 유아 및 아동을 대상으로 한다. 그러므로 국어교육학의 탐구범주를 초 · 중등학교교육으로 국한하는가 또는 인간의 모든 언어생활에서의 교육적 측면을 다 포괄하는 것으로 하는가에 따라 유아교육학이나 아동학과의 관련성은 달라진다. 요즈음은 국어교육학을 학교 범주를 넘어서서 학교 외의 언어생활, 그리고 초등학교 취학 전 및 고등학교 졸업 후의 모든 언어생활로까지 확대하고자 하는 견해가 지배적이다.

유아교육과 아동학에서는 이 시기에 해당하는 유아 및 아동의 신체적 성숙은 물론 인지 및 정의적 발달을 모두 탐구의 대상으로 사고 있다. 그 중에서 특히 아동의 언어발달은 이 두 학문에서 크게 관심을 갖고 있는 핵심분야이다. 국어교육학의 관심범주를 인간의 언어생활 모두로 확대한다면, 국어교육학은 유아교육학, 아동학과도 매우 긴밀한 관계를 갖게 된다. 특히 아동의 언어발달, 언어적 의사소통을 통한 인지, 정의, 사회성의 발달, 문식성(文識性)의 발달, 이야기 듣기(들려주기)와 아동발달 등은 매우 중요한 관심사가 되고 있다.

(바) 기타 인접학문

이상에서 살핀 몇 가지의 인접학문 이외에도 국어교육학은 여러 다른 학문과도 관련성을 맺고 있다. 가령 듣기 · 말하기 · 읽기 · 쓰기 장애자에 대한 연구와 치료(예: 실어증에 대한 연구와 치료), 언어적 의사소통의 사회 · 문화적 측면에 대한 연구(예: 법정에서의 담화양식과 전략연구), 외국어로서의 한국어 교육문제 등은 국어교육학이 관심을 갖고 진지하게 학문적으로 접근해야 할 중요한 과제라고 할 수 있다. 국어교육학의 학제적 토대를 확충하는 것은 바로 국어교육학 탐구영역의 확대와 탐구방법의 체계화라고 할 수 있다.

II 국어교육 연구방법의 과학화

하나의 연구는 연구내용과 연구방법, 이렇게 두 가지로 나누어 볼 수 있다. 연구내용은 문제와 이 문제에 대한 답이며, 연구방법은 문제에서 답에 이르기까지의 과정, 즉 문제해결의 과정이라고 말할 수 있다. 대부분의 경우 연구방법은 연구문제에서 자연히 도출된다. 이미 문제가 해결의 방법을 함축하고 있기 때문이다. 그렇지만, 연구방법이 연구문제에서 저절로 도출되는 것은 아니다. 연구문제는 일상의 생활 속에서 직관적 · 경험적으로 잡아낼 수 있지만, 그 문제의 해결은 일상 생활의 경험적 방법으로 되지 않기 때문이다. 연구방법은 상당한 정도의 객관성과 과학성을 갖추어야 하며, 이런 객관성과 과학성의 확보는 장기간의 정련된 훈련과 연습을 필요로 한다. 어쩌면 석사 및 박사 과정은 연구내용의 학습보다는 연구방법을 연마하기 위한 교육 및 훈련 기간이라고 보는 것이 더 좋을 듯하다.

(1) 국어교육 연구에 대한 몇 가지 잘못된 생각들

국어교육이 아직 학문적으로 부진한 상태에 있다는 것은 이 분야에 종사하는 사람들이 대체로 인정하고 있는 바이다. 국어교육의 학문적 부진은 연구의 양에서도 그러하고, 각 연구의 질에서도 또한 그러하다. 이같은 부진의 큰 원인 중의 하나가 바로 연구방법의 미성숙이라고 할 수 있다. 다음은 국어교육연구에 대한 몇 가지 잘못된 생각들이다.

첫째, 많은 사람이 교육학은 사회과학에 속하는 분야로 생각하면서, 국어교육학은 인문과학으로 그리고 과학교육학은 자연과학으로 잘못 생각하고 있다. 국어학이나 국문학은 물론 인문과학에 속한다. 그리고 물리학이나 화학은 자연과학에 속한다. 그러나 국어교육학이나 과학교육학(물리교육, 화학교육 등)은 모두 교육학과 마찬가지로 사회과학에 속한다. 따라서 국어교육의 연구에서는 교육적 문제가 중심이 되어야 하고, 연구방법으로는 실제 교육의 장면에서 교사 또는 학생으로부터 자료를 수집하고 분석하는 방법이 주류를 이루어야 할 것이다.

둘째, 국어교육에서 교육적 측면에 대한 관심의 소홀로 국어교육의 연구내용이 주로 교육의 효과보다는 교육할 내용에 대한 개념적 연구로 치중되고 있다. 이런 경향은 심지어는 언어사용 기능교육에서도 나타나, 읽기나 쓰기의 기능 신장을 위한 자료의 투입과 효과 연구보다는 기능이나 전략 등의 개념 및 지도 원리에 대한 관념적 수준의 정리에 머무는 모습을 보이고 있다.

교육내용에 대한 연구가 교육의 실제보다 우선되어야 한다는 것은 지식교육에서는 타당하다고 할 수 있다. 그러나 기능이나 태도교육에서는 그렇지 않다. 왜냐하면 기능이나 태도교육에서는 어떤 기능, 어떤 태도를 길러주어야 할 것인가를 이미 다 알고 있기 때문이다. 정작 문제가 되는 것은 바람직한 기능이나 태도가 무엇인가 하는 것이 아니라 그런 기능이나 태도를 어떤 자료로 어떻게 지도하는가 하는 것이다.

셋째, 연구에도 순서가 있다는 잘못된 생각이다. 국어교육연구에서 내용을 먼저 연구한 후에 지도를 연구하여야 한다는 생각도 결국은 연구에는 지켜야 할 순서가 있다는 생각에서 연유하는 것이다. 물론 경우에 따라서는 연구의 내용에 따라 순서를 가릴 수는 있다. 그러나 대부분의 경우 연구의 순서는 엄격하게 지켜질 수 없다. 그 근본이유는 인간의 지적 사고가 반드시 간단한 것에서 복잡한 것으로, 구체적인 자료에서 추상적인 이론으로 나아가는 상향식 과정(bottom-up process)을 밟는 것은 아니기 때문이다. 만일 연구를 상향식 과정으로 생각하여 요인들 사이의 상관관계 연구를 다 한 후에 인과관계를 밝히는 실험연구를 해야 한다면, 우리는 영원히 실험연구를 할 수 없게 될 것이다. 왜냐하면 평생을 연구한다고 해도 우리는 어떤 현상(예, 쓰기)에 관련되는 중요 요인들의 상관관계를 다 밝혀낼 수 없기 때문이다.

(2) 국어교육 연구의 내용과 방법

국어교육에서는 학생들의 국어활동을 탐구의 대상으로 삼고 있다. 그런데 학생들의 국어활동은 듣기 · 말하기 · 읽기 · 쓰기의 네 가지 양태로 나타난다. 여기서는 이 네 가지 중 쓰기를 예로 하여 연구의 내용과 방법을 살펴보기로 한다.

쓰기는 필자의 생각을 글로 표현하는 표현과정이다. 이 과정에서 필자는 아이디어를 생성하고, 조직하고, 이를 글로 구성하여 표현한다. 쓰기를 연구한다는 것은 바로 아이디어의 생성과정에서부터 텍스트의 구성에 이르기까지 필자가 어떤 점에 유의하면서 어떻게 정보를 처리하여 가는가를 연구하는 것이다. 달리 말하면, 쓰기 연구는 필자의 의미구성의 과정에 대한 연구라고 할 수 있다. 아래의 표는 필자의 의미 구성 과정에서의 수준을 보여준다(Bereiter & Scardamalia, 1983: 3~25).

〈표 1〉 **쓰기 과정연구에서의 탐구수준**

수준	주요 질문	탐구 방법
수준 1: 반성적 탐구	• 쓰기란 현상의 본질은 무엇인가? • 쓰기에는 어떤 어려움이 있나? • 쓰기의 자료인 소재란 무엇인가?	비형식적 관찰 내성법 문헌검토 토의, 주장, 개인적 경험
수준 2: 경험적 요인 검증	• 이 가정(假定)은 올바른가? • 요인 X와 Y의 관계는 무엇인가?	요인 변량 분석 상관 관계 분석 실태 조사
수준 3: 텍스트 분석	• 텍스트를 텍스트로 만드는 요인은 무엇인가? • 필자는 텍스트 구성에서 어떤 규칙, 전략을 따르는가?	오류 분석 이야기 스키마 분석 주제 분석
수준 4: 과정(過程)의 기술(記述)	• 필자는 글을 쓸 때 무슨 생각을 하나 • 쓰기 과정에 보이는 필자의 사고 유형이나 사고체계는 무엇인가?	소리내어 생각하기(think-aloud) 임상적 · 실험적 면담 회상적 보고 비디오 자료
수준 5: 이론에 근거한 실험	• 관찰된 현상을 설명할 수 있는 인지적 체계는 무엇인가? • 지적 과정의 모형은 어떠한가?	심리 측정 추리
수준 6: 시뮬레이션	• 인지체계는 어떻게 작용하나? • 인지모형은 인지과정을 어느 정도 설명해 주나? • 아직 설명되지 않은 것은 무엇인가?	컴퓨터 시뮬레이션 간섭에 의한 시뮬레이션

위의 표에서 알 수 있듯이, 쓰기에 대한 연구는 여러 수준에서 가능하다. 이는 곧 쓰기에 대한 우리의 궁금증이 그만큼 여러 수준에 걸쳐 다양하다는 것을 의미한다. 그리고 쓰기에 대한 의문의 다양성은 다시 연구방법의 다양함을 불러온다.

국어교육 연구의 궁극적 도달점은 두 가지로 정리할 수 있다. 하나는 듣기 · 말하기 · 읽기 · 쓰기의 국어활동에서 전문가들과 학생들이 사용하는 지적 처리 과정의 전략을 탐구하는 것이다. 예를 들면 교사나 다른 유능한 사람들은 어떤 과정으로 어떻게 사고하며 글을 쓰는가, 그리고 지도의 대상이 되는 학생들은 또 어떤 과정으로 어떻게 글을 쓰는가를 탐구하는 것이다. 이런 연구의 결과가 곧 쓰기의 인지적 과정에 대한 이론이 되는 것이다. 그리고 국어교육 연구의 다른 하나는 전문가의 쓰기 전략을 어떻게 하면 효율적으로 학생들에게 지도할 수 있는가 하는 점에 대한 연구이다. 전자가 쓰기의 본질에 대한 연구라면, 후자는 쓰기교육에 대한 연구가 되는 것이다.

모든 연구가 다 그러하듯이, 국어활동의 본질이나 국어교육에 대한 연구도 과학적이고 객관적이어야 한다. 연구를 과학적으로 그리고 객관적으로 하기 위해서는 우선 연구문제가 구체적이고 객관적이어야 한다. 이 말은 탐구하고자 하는 연구내용이 구체적인 자료로 포착될 수 있어야 한다는 것이다. 가령 지능을 연구하는 학자가 지능을 측정하는 검사도구를 개발하듯이, 국어교육에서 어떤 전략을 탐구하고자 한다면 그 전략을 포착해낼 수 있는 자료와 방법을 개발하여야 한다. 이런 측정이나 평가의 도구가 없이는 눈에 보이지 않는 지적 작용을 구체화할 수 없기 때문이다. 국어교육 연구에서 지도자료나 평가도구를 개발하는 것은 탐구의 대상이 인간의 지적 작용이기 때문이다. 국어교육 연구방법의 한 예로 논문 한편의 내용과 방법을 아래에 소개한다.

〈표 2〉 **국어교육 연구의 한 예**

○ 논문제목: 독서에서의 교수방법이 독서전략 형성에 미치는 효과(서울대 대학원 교육학과 석사학위 청구논문, 1975) ○ 연구자: 노명완 ○ 연구의 문제: 읽기 지도방법은 아동들에게 그에 따른 읽기 전략을 형성시켜 줄 것인가? 한글읽기 지도방법 중에서 전통적으로 활용되어 온 두 방법, 즉 자모의 음가를 강조하는 방법과 문장의 의미파악을 강조하는 방법 중 어느 방법이 아동의 읽기 학습에 더 효과적인가? 방법 1: 발음중심 지도방법 (한글을 단어 또는 그 이하 의 단위로 나누면서 각 자음과 모음의 음가, 자모의 결합방법을 중점적으로 지도함. 여기서는 단어 이상의 자료, 예를 들면 문장은 절대로 제시하지 않음.) 방법 2: 의미중심 지도방법 (한글을 단어 또는 문장수준의 단위로 제시하면서 글을 읽어주고 그 의미를 알려줌. 여기서는 글자 하나를 자음이나 모음의 수준으로 분석하여 그 음가를 가르치는 일은 하지 않음.) ○ 연구의 대상: 놀이방에 나오는 한글을 전혀 모르는 아동 약 20여명 (이 유아들을 지능검사 결과에 따라 두 집단으로 분류. 두 집단의 지능평균에 의미있는 차이 없음을 확인) ○ 이론적 배경: (생략) ○ 가설의 설정 가설 1 – 두 교수방법에 따라 각각 읽기 학습을 한 학생들은 단어재인 검사에서 각각 서로 다른 단어재인 전략을 보일 것이다.

가설 2 – 발음중심 지도방법으로 배운 유아들은 발음중심 단어재인 전략을 보일 것이고, 의미중심 지도방법으로 배운 유아들은 의미중심 단어재인 전략을 보일 것이다.

○ 자료의 구성: 자료 1 – 단어중심 읽기 학습자료(3개월 지도분량)
자료 2 – 의미중심 읽기 학습자료(3개월 지도분량)

자료 1과 자료 2는 모두 같은 단어들로 구성됨. 그러나 자료 1은 개별적인 단어를 분석적으로 제시하면서 읽기를 지도하도록 하였으며, 주로 자모의 음가 지도에 초점을 맞춤. 그러나 자료 2는 자료 1에서 사용한 단어들을 사용하면서 의미있는 문장을 구성하고 그 문장을 읽고 이해하는 읽기 지도를 하도록 함.

○ 검사

사전검사 – 단어를 읽게 하면서 두 집단의 유아 모두 한글을 읽지 못함을 확인

사후검사 – 단어 카드를 제시하면서 얼마나 정확하게 읽었는가를 분석함. 읽기의 정확성은 자모의 음가를 바르게 소리내어 읽었는가 점검함. 검사에 사용된 단어는 배운 단어와 배우지 않은 단어가 각각 반씩임. 배운 단어나 배우지 않은 단어는 1음절 단어, 2음절 단어, 3음절 단어로 균등 배분하고, 각 음절의 단어 초성도 ㄱ에서 ㅎ에 이르기까지 고르게 분포되도록 배려함.

○ 전략의 확인: 다음과 같은 방식으로 유아들의 재인검사 결과를 분류하고 전략을 확인함. 이 분석에 사용된 재인자료는 모두 오반응 자료, 즉 잘못 읽은 것들임.

- 검사단어 제시
  - 무반응
  - 반응
    - 정반응
    - 오반응 (대치반응)
      - 유의미 단어
        - 교재 의존 단어
        - 교재 비의존 단어
      - 무의미 단어
        - 자소–음소 대응 단어
        - 자소–음소 비대응 단어
        - 기 타

위의 분류체계의 최종단계에서 '교재의존 단어'와 '자소–음소 비대응' 반응은 의미 중심 단어재인 전략으로 판정하고, '교재 비의존 단어'와 '자소–음소 대응' 반응은 발음 중심 단어재인 전략으로 판정하였다. 그리고 이런 전략이 유아들이 받은 지도 방법과 일치하는지를 점검하였다.

위 연구의 핵심은 교수방법에 따라 아동들의 단어재인 전략의 형성이 어떻게 달라지는가를 밝히는 데 있다. 이 연구에서 연구자는 한글 시도의 방법을 크게 두 가지로 나누고(발음 중심 지도와 의미 중심 지도), 아동들의 단어재인 전략도 발음 중심 전략과 의미 중심 전략으로 나누었다. 여기서 중요한 것은 교수방법 및 자료의 구분과 아동의 단어재인 전략의 구분 및 판단준거이다. 이를 위해서 연구자는 자모 중심의 읽기 지도를 발음 중심 지도로, 그리고 단어 및 문장 중심의 읽기 지도를 의미 중심 지도로 규정하고 이에 적합하게 자료를 구성하였다. 그리고 아동들의 재인검사에서도

자모의 음가를 중심으로 단어를 읽으려고 하는 아동들의 읽기와 단어 전체의 형태를 힌트로 하면서 의미를 떠올려 읽으려는 아동의 읽기를 구분할 수 있는 판단준거를 마련하고, 이를 각각 발음중심 재인전략과 의미중심 재인전략으로 명명하였다.

위의 연구에서 엿볼 수 있듯이, 연구의 과학화의 핵심은 개념의 규정과 그 개념을 포착할 수 있는 자료의 수집 및 분석방법의 개발이다. 학문에서의 개념이란 보이는 여러 현상, 자칫 무질서하게까지 보이는 실제를 일관성있게 설명해 줄 수 있는 심리적 의미 또는 아이디어를 말한다. 개념이란 본래 심리적 현상이므로 사람에 따라 각각 다르게 이해될 가능성이 매우 높다. 따라서 연구자는 이런 이해의 차이를 없애기 위해 개념을 조작적으로 규정하고, 그 규정을 구체적인 자료로 판정할 수 있는 준거를 마련해야 한다. 위의 연구에서 오류분석의 체계와 최종단계에서의 자료가 이를 말해 주는 것이다. 연구란 보이는 혼란을 일관되게 설명해 줄 수 있는 보이지 않는 체계를 찾는 것이다. 그리고 연구의 과학화란 연구과정의 객관화를 의미한다. 이는 구체적으로는 다른 사람도 내가 했던 방법을 그대로 전용할 수 있을 정도로 모든 자료의 수집, 분석, 해석을 객관적으로 명료하게 하는 것을 뜻한다.

Ⅲ 국어교육 평가기술의 개발

교육현상이 있는 곳에는 어디서나 항상 평가가 따르게 마련이다. 평가는 교육현상의 일부분일 뿐 아니라 그 자체로서 교육 전체에 큰 영향을 끼친다. 국어교육의 역사를 더듬어 봐도, 평가가 교육 전체(목표, 내용, 방법 등)에 절대적인 영향을 끼쳐왔다. 지금 우리나라 교육계를 보더라도 평가가 학교교육 전체에 막대한 영향력을 행사하고 있음을 알 수 있다. 예컨대 대학입시가 학교현장에서의 교육목표에까지 작용하고, 교육내용이나 방법 등에 중요한 영향을 미치고 있음은 다 아는 사실이다.

국어교육에 있어서도 평가는 국어과의 목표나 내용, 방법 등에 중요한 영향을 끼친다. 국어평가에서 주관식의 비율을 높이고 이른바 고등수준의 사고능력에 초점을 두게 되면, 학교현장에서의 교육내용이나 방법도 여기에 맞추어 나가게 된다. 반대로 국어평가가 단순지식이나 정보에 대한 평가에 머무른다면 국어교육을 잘못된 방향으로 이끌 가능성이 높다. 이처럼 평가는 교육 전체에 긍정적이거나 부정적인 영향을 준다. 그렇다면 어떻게 하면 국어평가가 교육 전체에 긍정적인 영향을 미치게 할 수 있을까? 그리고 어떻게 하면 국어평가가 국어교육의 본질에 최대한 접근하게 하며, 평가 본연의 임무를 다하게 할 것인가?

이를 위해 우선 기존의 실태를 반성하면서 앞으로 국어교육 평가가 추구해야 할 지향점을 다음 다섯 항으로 나누어 기술하고자 한다.

(1) 국어교육의 특성을 반영한 평가지향

지금까지 국어평가에 대한 논의는 많이 이루어져 왔다. 이른바 평가원리나 방향 및 평가모형 등에 관한 평가의 '이론적인 측면'에 대한 것으로부터 구체적인 평가유형이나 시기, 방법 같은 평가의 '실제적인 측면'에 이르기까지 꽤 많은 논의가 있었다. 이들 두 측면에 대한 논의는 국어평가의 발전을 위해 반드시 필요한 것이라고 본다. 그런데 지금까지 이들 두 측면은 상당 부분이 서로 분리된 채 논의되어 온 것이 사실이다. 전자에 대한 논의는 대체로 대학에서의 학사들에 의해 세기되었다면, 후자에 대한 논의는 현장연구 차원에서 많이 나왔던 것이다. 이들 두 측면은 긴밀히 관련을 맺고 있기 때문에 앞으로는 최대한 같은 선상에서 함께 논의되어야 할 것이다. 그렇지만 굳이 이들 두 측면의 우선을 따지자면 아무래도 전자에 대한 논의가 선행되어야 할 것이다. 국어평가의 원리나 방향, 모형 등에 대한 이론적인 토대가 구축되어야만 이를 기초로 구체적인 평가방법이 마련될 수 있기 때문이다. 이 글에서는 국어평가가 지향해야 할 방향을 개략적으로 모색해 보고자 한다.

국어평가의 지향점을 모색하기 위해서는 국어교육의 전반에 대해 여러 측면의 검토가 필요하다. 평가는 완전히 독립되어 있는 것이 아니라 목표나 내용, 방법 등과 유기적으로 관련을 맺고 있는 것이기 때문이다. 그러나 여기에서 이러한 측면을 모두 검토하는 것은 불가능하다. 하지만 한가지 원칙은 분명히 세울 필요가 있다. 앞으로의 국어평가는 국어교육의 본질이나 특성, 그리고 국어교육의 목표에 보다 접근해야 한다는 점이다.

국어교육의 중요 특성 중의 하나가 언어사용 능력을 기르는 것이라는 점에 대해서는 별 이의를 제기하지 않을 것이다. 앞으로의 국어평가에서는 바로 이 점에 대해 충분한 고려가 필요하다. 국어과는 사회과나 수학과 등과 공통되는 부분도 있지만, 언어사용을 중심으로 한다는 점에서 이들 교과와 구별된다. 그렇다면 국어평가 역시 이들 교과와는 다른 원칙과 다른 방식으로 접근해야 할 것이다. 바로 이러한 관점이 국어평가의 대전제가 되어야 한다. 국어과가 학생들의 언어사용능력을 기르는 것이라면, 마땅히 국어평가도 학생들의 언어사용 능력을 최대한 평가하는 방향으로 나아가야 한다는 점이다.

우리는 국어과에서 핵심적으로 다루는 언어사용 능력이 지식이나 개념, 원리들의 집합이 아니라 이들을 생산해 내는 기능이라는 점에 유의해야 할 것이다. 언어사용 능력이 기능이기 때문에, 어떤 방법을 통하든 국어평가에서 세부적인 지식이나 단편적인 정보에 대한 평가는 삼가야 한다. 물론 지식 가운데는 기능을 효과적으로 익히는데 필요한 절차적 지식이 있어서 이를 지필평가로 묻는 것은 바람직하다. 그러나 실제 지필평가는 대개 단편적인 명제적 지식을 묻고 그것을 얼마나 기억하고 있나 하는 암기력을 평가하는 경향이 짙다. 자칫 단순지식을 평가하는 데 그칠 우려가 크다. 그래서 제대로 언어사용 기능을 평가하려면 지필평가에만 의존할 것이 아니다. 이는 마치 자동차 운전기능을 평가하기 위해 자동차나 운전에 대한 단편적 지식을 묻는 지필평가를 하지 않는 것과 마찬가지다. 제대로 운전기능을 평가하려면 실제 운전을 해 보게 하는 실기평가를 거쳐야 할 것이다.

그러나 학교현장에서는 언어사용 능력을 평가할 때에 흔히 지필검사로만 하는 경향이고, 그러다보니 사용기능보다는 주로 단순지식이나 정보에 대한 기억을 묻는 정도로 그치는 경우가 흔하니 문제가 아닐 수 없다. 언어사용 능력이 단순한 기능이라면 지필을 통한 간접적인 평가로도 어느 정도 잴 수 있을지 모른다. 그러나 언어를 사용할 줄 아는 능력은 사고기능과도 긴밀한 관계를 지닌 고차적인 수준의 기능이다. 따라서 단순재인(recognition)이나 회상(recall)을 요구하는 정도인 기존의 지필평가 방법만으로는 충분하지 못하다. 언어를 효과적으로 사용하는 과정 일부에서는 더러 이들 단순기억을 요하는 요소도 필요하지만, 국어교육의 핵심은 언어사용 과정을 통해 고차적인 사고능력을 기르는데 있기 때문에 평가는 여기에 초점을 맞추어야 한다.

한편, 일상생활에서의 언어사용에는 가치중립적인 것은 없다고 본다. 언어활동 자체가 활동주체자의 주관적이고 가치지향적 활동이기 때문에 태도, 흥미, 욕구 등의 정의적인 요소가 포함되게 마련이다. 따라서 국어평가에서도 언어에 대한 학생들의 흥미나 태도 등의 정의적인 요소를 평가의 주요 대상에 포함시켜야 한다고 본다.

결국, 국어교육에서 지상의 목표로 삼고 있는 언어사용 능력은 의사소통능력을 포함하며, 이 기능을 증진하는 데 있다. 따라서 국어평가에서도 언어를 통한 학생들의 의사소통 능력을 재는 데 두어야 한다. 물론 이때의 언어는 교실이나 시험지 안에 갇힌 언어가 아니라 일상의 삶 속에서 살아 숨쉬는 언어이다. 그러므로 국어평가는 바로 이러한 살아 숨쉬는 언어를 그 대상으로 해야 할 것이다. 그런데 기존의 지필검사로는 기본적으로 이런 언어를 충실히 다룰 수 없다. 국어평가는 여러 다양한 의사소통 상황에서의 실제적인 언어수행력을 평가할 수 있어야 한다. 이렇듯 앞으로의 국어평가는 국어과의 주요 특성이요, 목적인 언어사용 능력과 의사소통 기능과 관련지어 이루어져야 한다.

(2) 국어평가의 과정 중심 지향

좀 더 구체적으로 국어평가의 지향점을 모색해 보기로 한다. 무엇보다도 앞으로의 국어평가는 과정중심의 평가를 지향해야 한다고 본다. 과정중심의 국어평가는 크게 두 측면에서 생각해 볼 수 있다.

첫째, 국어평가는 교육이 이루어진 다음의 '결과'가 아니라, 교육이 이루어지는 '과정'에 보다 많은 관심을 가져야 한다는 점이다. 지금까지 평가는 주로 한 차시나 한 학기를 끝낸 다음, 학생들이 얼마나 알고 있느냐를 총괄적으로 평가해 왔다. 그러다 보면 자연히 수업을 통해 학생들이 배운 '결과' 자체에 초점을 두기 마련이다. 아울러 평가를 통해 교수·학습을 개선할 수 있는 가능성이 줄어들고, 평가결과가 학생들에게 송환되어 긍정적인 영향을 줄 가능성도 낮아지게 되기 십상이다. 평가행위나 평가기술을 그 자체로 고립된 것으로 보지 않고 국어교육의 흐름 속에 자연스럽게 내재하는 하나의 유기적인 과정으로 보는 태도를 중시해야 한다(최현섭 외, 1995: 274).

둘째, 국어평가는 언어사용의 결과가 아니라 그 과정에 초점을 두어야 한다는 점이다. 지금까지 국어평가는 대부분 언어사용의 결과에 관심을 가져 왔다. 읽기란 독자가 글을 읽으면서 의미를 구성해 나가는 '과정'이고, 쓰기는 아이디어를 생산하고 조직하여 표현해 나가는 '과정'이다. 이와 같이 읽기나 쓰기는 모두 일련의 '과정'들인 셈이다. 따라서 읽기와 쓰기평가도 그 과정에 대한 평가여야 한다. 그래서 학생들이 언어를 사용하는 과정에서 어떤 생각을 했으며, 그 과정에서 어떤 책략을 사용했는지 등에 대한 평가가 이루어져야 할 것이다(신헌재 외, 1994: 345 ~346).

(3) 국어평가 방법의 다양성 지향

앞으로의 국어평가 방법은 다양화할 필요가 있다고 본다. 지금까지는 국어평가라 하면 한 학기에 몇 번씩 하는 총괄평가로서의 지필고사를 치르는 정도로 인식되어 왔다. 이 지필평가는 그 성격상 대부분 선택형 일변도로 이루어져 왔다. 이른바 선택형 평가는 경제적이며 특히 신뢰도가 높다는 점 때문에 학교현장에서 가장 흔히 사용되어 왔고 앞으로도 이 경향이 쉽게 줄어들지 않으리라 본다. 그러나 우리는 국어평가에서 이러한 선택형 평가가 지닌 한계를 직시할 필요가 있다(노명완, 1990: 83 ~87). 선택형 평가는 우선 국어교육에서 추구하는 이른바 고등 수준의 지적 능력을 평가하는데 한계가 있다. 그리고, 듣기나 말하기, 쓰기 능력을 제대로 평가하기 어려울 뿐 아니라, 태도적인 요소를 평가하기에 적절하지 못하다.

그동안 선택형 평가는 분류나 선발을 위해 객관적으로 평가하는 데에는 합당한 방법으로 인정받을 수 있었다. 그러나 이 방법은 신뢰도는 높을지 모르지만 국어과의 핵심목표 도달도를 평가하는 데는 타당도가 비교적 낮다고 하지 않을 수 없다. 평가도구를 개발할 때에는 흔히 신뢰성이나 타당성, 객관성 등을 고려하게 되는데 그동안 국어평가에서는 신뢰도를 중요시한 나머지 타당도 문제를 너무 간과했던 경향을 보인다. 앞으로 국어평가가 국어교육의 특성을 고려한 평가가 되기 위해서는 이러한 선택형 위주의 평가는 최대한 억제되어야 할 것이며, 이 외에 다양한 방법이 개발, 적용될 필요가 있다.

특히 관찰을 통한 평가를 권장해야 한다고 본다. 관찰에 의한 평가는 신뢰도에 있어서는 다소 어려움이 있지만, 각 학생들에 대한 세세하고도 유용한 정보를 얻을 수 있다는 점과, 정의적인 요소에 대해 평가할 수 있다는 점, 그리고 실제의 언어사용 과정을 평가할 수 있다는 점에서 장점을 지닌다. 그리고 말하기, 쓰기와 같은 의사표현 기능을 평가하기 위해서는 구술검사 형태의 면담법이나, 자기 '작품'을 모으게 한 뒤 이를 종합적으로 평가하는 이른바 간이총평법(簡易總評法: portfolio assessment)도 일정한 조건 아래 도입할 필요가 있다고 본다. 또한 실제상황을 고려한 언어수행력 평가도 강조될 필요가 있다. 그리고 읽기 평가의 경우에는 오독분석법(誤讀分析法: reading miscue analysis)이나 빈칸 메우기법을 개발하고, 쓰기 평가의 경우에는 총체적인 쓰기평가(holistic writing assessment)나 주요특성 평가(primary trait scoring) 등을 적극적으로 개발, 적용할 필요가 있다.

이 밖에도 각 언어기능의 특성에 따라 다양한 방법을 개발, 적용하야 한다고 본다. 물론 아무리 좋은 방법이라도 어느 한 방법만으로 이루어진 국어평가는 적절하지 않다. 평가의 목적이나 내용, 대상에 따라 달라져야 하며, 가능한 여러 방법을 적용하여 이를 종합하여 평가하는 것이 바람직하다.

(4) 국어평가 영역의 확대지향

또한 국어평가의 영역도 확대해야 할 것이다. 지금까지 국어평가라 하면 주로 읽기에 대한 평가가 대부분이었다. 물론 교육청이나 학교단위로 이루어지는 시험지에는 나름대로 말하기 영역이나 듣기, 쓰기 영역에 대한 문항을 포함하고 있다. 그러나 대부분 각 언어기능과는 관련이 먼 것들이어서 대체로 읽기 평가에 가까운 것이었다. 그리하여 학교현장에서 말하기나 듣기 평가는 물론, 쓰기 평가도 거의 제대로 이루어지지 않았다. 학교현장에도 실기평가 분야가 있어 해당 영역별로 한두 가지 중요한 요소를 평가하도록 계획은 되어 있지만, 제대로 시행되지 못하는 경우가 많다. 또 시행된다 하더라도 타당도를 살려 각 언어기능에 대한 능력을 충실히 평가하기에는 미흡한 실정이다.

이러한 읽기 일변도의 평가로 인해 교육현장에서의 국어교육이 균형있게 이루어질 수 없게 되었다. 때로 읽기에 맞추어 평가가 이루어지다보니 말하기나 듣기, 쓰기 등의 지도는 상대적으로 소홀히 취급되거나 거의 다루어지지 않는 경향도 보인다. 이것은 말하기나 듣기, 쓰기 등의 언어능력을 종합적으로 계발하고자 하는 교육과정의 취지를 위배하는 것이다. 앞으로의 국어평가는 국어교육의 여러 영역이 골고루 반영되는 방향으로 나아가야 하고, 따라서 평가대상 영역도 확대할 필요가 있다. 국어나 문학에 대한 지식이나 단순회상을 요구하는 문항 일변도의 출제는 삼가하고, 교육과정에 제시되어 있는 여러 교육목표의 달성도를 평가할 수 있도록 교육과정 전체영역의 학습내용을 균형있게 평가해야 한다(한철우 외, 1990: 104).

(5) 국어평가의 그 밖의 지향점

이 밖에도 국어평가의 지향점은 많이 있다.

그 동안 국어평가라 하면 주로 학생들의 학업성취도 평가에 한정해서 논의해왔고 이 글에서도 다를 바 없었다. 그러나 앞으로는 국어평가의 범주도 확대할 필요가 있다. 즉, 국어교육 목표에 대한 평가, 교육과정에 대한 평가, 수업에 대한 평가, 평가에 대한 평가도 국어과의 주요 평가대상에 포함시켜야 할 것이다. 그래야만 국어평가가 전반적으로 발전할 수 있고, 학생들의 학업성취도 평가도 좀 더 나은 방향으로 이끌 수 있다고 본다.

그리고 앞으로의 국어평가에서는 평가의 결과를 좀더 적극적으로 활용할 수 있도록 해야 한다. 평가방법도 한두 번 시험본 것으로 끝내려 하지 말고 이를 기록해 두며, 관찰이나 면담을 통해 얻게 된 학생들 개개인의 정보를 누가적으로 기록해 두었다가 이를 종합해서 평가자료로 활용할 뿐 아니라, 이를 바탕으로 각 학생에게 구체적인 도움을 줄 수 있는 제도적 장치가 보완되어야 할 것이다.

아울러 앞으로의 국어평가는 '학생 전체'에서 '학생 개인'에 대한 관심으로 그 초점을 옮길 필요가 있다. 또한 평가라 하면 학생들은 무조건 피험자의 위치에 피동적으로만 서게 되는데, 학생들이 평가의 과정에 최대한 참여할 수 있는 공간을 마련하도록 해야 할 것이다. 수업이 학생 중심을 지향한다면, 평가 역시 한정된 조건 아래서라도 학생들이 주체적으로 참여할 수 있는 여지를 마련하는 방향으로 나아가야 할 것이다. 이것이 이른바 학생중심의 국어평가이며 앞으로의 국어평가가 지향해야 할 이상적 모습이라고 본다.

그리고 지금까지 국어평가라 하면 초 · 중 · 고 전체를 대상으로 한 일반적인 것이었는데, 앞으로는 학교급별 특성을 고려하여 학교급 수준에 적절한 평가방법과 기준과 척도를 마련해야 할 것이다.

그런데 아무리 올바른 국어평가의 원리를 개발하고 지향점을 제시한다 할지라도, 교육현장 실태를 배려하지 않은 것이라면 공염불에 그칠 뿐이다. 곧 주장만 무성하고 결실이 없는 논의가 되기 십상이다. 따라서 국어평가의 원리나 방향을 논의하는 자리에서부터 학교현장의 실태를 충분히 고려해야 할 것이다. 그리고 국어평가 방법을 개발할 때에도 충분히 현장의 상황을 고려하여 교사 입장에서 손쉽게 평가방법을 활용할 수 있도록 구체화해야 할 것이다. 다시 말해서 국어평가의 원리든, 구체적인 방법이든 간에, 이들을 개발하는 데서 우선 국어교육의 본질에 입각한 것인지 여부를 살피는 것도 중요하지만, 현장에서 실현가능한 것인지 여부를 검토하는 것도 못지 않게 중요하다고 본다. 이러한 면에 대한 충분한 논의와 연구가 선행될 때 올바른 국어평가가 이루어질 수 있고, 국어교육 전체에 긍정적인 영향을 끼칠 수 있다고 본다.

Ⅳ 사고력 신장을 지향하는 국어교육

오늘날 우리는 유례없는 다변화 시대에 살고 있다. 아울러 지식 · 정보가 폭발적으로 증가하는 정보의 홍수시대에 살고 있다. 이런 현대사회를 살아가다 보면 이미 굳어진 고정관념이나 한정된 지식으로는 도저히 풀

수 없는 숱한 문제상황들에 부딪치게 된다. 따라서 현대사회에서 보다 성공적으로 살아가기 위해서는 적절한 정보를 수집하고 그것을 분석, 처리하는 능력과 더불어, 문제 해결력과 같은 고도의 사고력이 필요하다. 그리고 이런 사고력 신장이야말로 도구교과인 국어교육에서 특히 강조되어 가는 추세다. 이를 위한 이론적인 뒷받침은 1970년대 이후 인지심리학의 발달과 구성주의 철학의 대두로 더욱 보강되어 왔다.

(1) 국어교육의 궁극적 목표와 사고력 신장

국어교육과 사고력의 관계를 살펴보기 위해서는 국어과 교육의 핵심으로 삼고 있는 언어사용 기능을 분석해 볼 필요가 있다. 언어사용 기능은 말하기·쓰기와 같은 표현기능과 듣기·읽기와 같은 이해기능으로 되어 있다. 여기서 표현기능과 이해기능은 단순기능이 아니라 고도로 복잡한 정보처리 과정이요, 문제 해결과정을 요구하는 고등사고 기능인 셈이다. 예컨대 표현기능에는 의미를 기호로 재구성하고 산출하는 조직과정이 필수적이다. 그리고 이해기능에는 언어기호를 의미로 해독하여 요약·해석하는 기능이 반드시 들어간다. 이때 의미를 기호로 재구성하고 기호를 의미로 해석하는 활동이야말로 고등수준의 사고력이 요구되는 복합적인 사고과정이다. 그리고 이렇게 이뤄지는 언어사용과정에서는 언어매체 자체보다 이를 통하여 사고를 촉발하고 언어사용자의 머리 속에 의미를 형성시키는 일이 더 소중하지 않을 수 없다. 따라서 언어사용 활동은 곧 사고력 활동이요, 언어사용 기능의 계발은 그대로 사고력 신장과 불가분의 관계에 있는 것이라고 할 수 있다. 이렇게 볼 때 학습자들이 보다 능숙한 청자, 화자, 독자, 작자로 길러지면 좀더 효과적으로 사고할 수 있는 능력도 신장될 수 있다고 보는 것이다.

이처럼 언어의 사용활동이 그대로 사고활동이기 때문에 5, 6차 국어과 교육과정 이후 국어과 교육이 언어사용 기능신장을 궁극적 목표로 강조했다면, 이것은 그대로 국어사용을 통한 사고력 신장을 강조한 셈이나 마찬가지이다.

따라서 국어과 교육의 주된 역할도 바로 이 언어활동을 통해 언어사용 과정상의 기능을 갖추도록 돕는 일이어야 한다. 그리고 언어사용 기능을 신장시켜줌으로써 사고력을 길러주는 것이어야 한다. 나아가 이를 통해 학생 스스로 그들의 언어와 사고능력을 활용하여 사고력을 풍부히 하도록 해 주는 것이 궁극적인 목표가 되어야 한다. 여기에 일차적 목표를 둘 때 비로소 국어과 교육이 도구교과로서의 본연의 위치를 차지하게 된다고 본다.

그런데 그 동안 언어사용 행위를 두고 언어교육과 사고교육을 분리할 뿐 아니라, 각각의 기능을 세분하여 교육하는 것을 바람직한 것으로 보는 경향이 일부 있었다. 그러나 언어와 사고는 우리의 총체적 정신과정에서 실제로는 통합되어 나타난다. 그리고 실제 교육면에서도 언어와 사고를 통합시키는 접근법이 자연스럽고 바람직하다고 본다. 그런데 이러한 통합적 접근에서의 주요 관심사는 문제의 해결력이다.

(2) 국어교육과 문제해결력

여기서 잠시 사고력의 개념 정의에 대해 살펴보기로 한다. 그동안 문제해결력을 포함한 고등정신 능력의 육성에 궁극적 목적을 두어 온 기존연구들의 견해를 바탕으로 사고력의 개념에 대하여 정의한 것을 소개하면 다음과 같다. 곧 사고력이란 '인간이 문제상황에 직면하여 합리적으로 문제를 규정하고 그 문제를 해결하는 과정에서 이루어지는 유목적적이며 의도적인 지적 활동'(성일제 외, 1989: 54~56)이란 것이다.

아주 넓은 의미로 볼 때 사고는 궁극적으로 어떤 문제를 해결하기 위한 과정으로 생각할 수 있다. 이때의 사고는 목적지향적 사고(directed thinking)를 의미한다. 이 목적지향적 사고가 곧 어떤 문제를 해결하기 위한 사고라고 말할 수 있다. 따라서 교육에서 중요시하는 것도 바로 이 목적지향적 문제해결 사고력이다. 결국 사고력 교육은 사고과정의 교육이며, 지적 교육일 뿐 아니라 문제해결의 태도까지 포함하는 셈이다(이성진 외, 1990: 6~7).

한편, 사고력을 그 특성에 따라 여러 유형별로 나눈 시도가 있었는데 그 대표적인 경우를 소개하면 다음과 같다. 곧 사고력을 지식의 습득기능과 지식의 적용 및 산출기능으로 대별하고, 이를 다시 여섯 가지로 세분한 예이다(R.J. Marzano, 1989).

- 사고의 유형
  - 지식습득 기능
    - 이해기능
    - 개념형성 기능
    - 원리형성 기능
  - 지식의 적용 및 산출기능
    - 표현기능
    - 문제해결 기능
    - 의사결정 기능

기존의 사고력 신장을 위한 연구들은 대체로 비판적 사고, 창의적 사고, 의사결정 능력, 생산적 사고 등의 고등정신 능력들을 변별해내는데, 이들은 모두 여러가지 미시적인 하위능력들을 바탕에 깔고 있다.

그런데 이러한 모든 사고능력은 궁극적으로 삶의 과정에서 당면하는 문제상황에 대하여 슬기롭게 대처할 수 있는 능력을 신장시켜 주기 위한 필수요건이 된다. 즉, 사고력을 신장시켜 주는 일은 달리 말하면 문제해결을 위한 고등정신 기능을 키워 주는 일이다.

이 문제 해결력은 일상생활에 절대 필요한 것이다. 그리고 일상사에 필요한 만큼 이를 위한 준비단계인 학교교육에서도 신장시켜 주어야 할 주된 사고력이다. 특히 언어와 사고를 신장시키고자 하는 도구교과로서의 국어과 교육에서는 가장 중시되어야 할 과업이다. 곧 언어사용 기능신장과 더불어 문제해결력을 신장시키는 일이야말로 국어교육의 핵심목표가 된다고 할 수 있다.

결국 국어교육에서 학습자의 임무는 문제를 해결하는 데 필요한 사고기능을 기르는 것이고, 교사의 역할은 이를 위해 학습자의 사고방향을 제대로 잡아 주는 일이다. 나아가 언어를 통한 사고능력을 신장시켜 줄 뿐 아니라, 학생 스스로 언어와 사고능력을 활용하여 문제를 해결하는 능력을 길러 주도록 도와야 할 것이다. 그리하여 7차 국어과 교육과정에서도 언어사용 기능신장에 중점을 두되, 표현과 이해 과정에서의 비판적 사고력 및 창의적 사고력 신장을 위한 학습활동에 역점을 두면서(교육부, 1997: 28-29) 문제해결 신장을 있음을 본다.

(3) 국어과교육의 질 향상과 사고력 신장 지향

학습자의 학습의 질은 학습자 자신의 기억의 조직과 문제해결 기법에 관한 이해 등에 의존한다고 한다. 즉, 학생들은 단지 수업을 수동적으로만 받는 것이 아니라, 그들의 과거의 학습을 통해 얻은 스키마를 바탕으로 새로 주어진 학습과제에 의미를 부여하는 일을 하는 것이다. 이처럼 인간의 정신은 단지 작동되기를 기다리는 피동적 기계가 아니라 학생 스스로가 정보처리 활동을 해가며 수행하는 능동적인 의사결정 체계라는 것이다(Michael Fox, 1993: 200).

하지만 지금까지 학교에서는 사고활동을 격려하기는커녕 오히려 위축시키는 경향을 보여 왔다고 해도 지나친 말은 아니다. 일반적으로 교사들은 학습자들로 하여금 선현들의 '훌륭한 지혜'를 단지 수동적으로 받아들이고 그것을 다시 산출해내기를 바라는 경우가 많았다. 국어교육도 실제 문제해결력과 같은 복합적인 사고력보다는 언어기호를 다루는 정확도와 민첩성을 학습하는 정도로 전락할 때가 적잖았다.

그러나 언어사용 기능을 다루는 국어과교육에서는 특별히 언어활동과 직결되는 사고력 신장에 관심을 기울여야 할 것이다. 그것이 국어교육 나아가 교육전반의 질을 높이는 것이요, 국어교육의 도구교과로서의 위상을 제고하는 일이기 때문이다. 그리고 앞에서 언급했듯이 무엇보다 언어와 사고의 긴밀한 관련성 때문에 국어과교육에서 사고력 신장의 중요성은 강조될 만하다. '언어는 정신을 비추는 거울'이라는 촘스키(N. Chomsky)의 말처럼, 언어는 사고와 밀접한 관련을 맺고 있다.

언어와 사고와의 긴밀한 관계를 좀 더 명시하는 뜻에서 피셔(R. Fisher)가 도식화하여 제시한 언어적 지능의 양식을 소개해보기로 한다(Robert Fisher, 1990: 14~16).

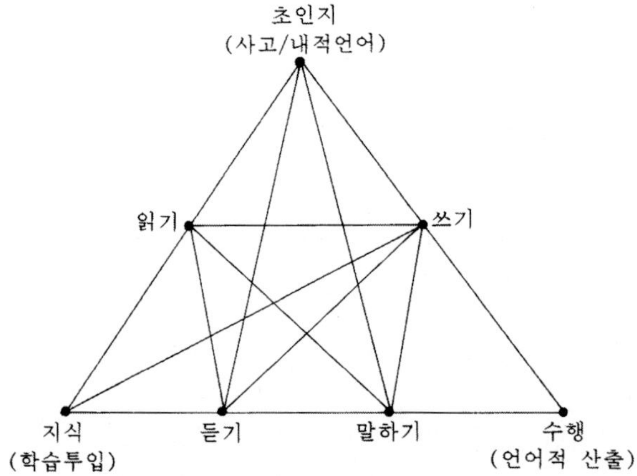

[그림 1] **언어적 지능-언어의 양식**

[그림 1]은 언어사용 기능인 말하기 · 듣기 · 읽기 · 쓰기 행위와 내적 언어(inner speech: 자신과의 의사 소통)[4]가 각각 서로 긴밀한 관련을 맺으며 유기적으로 작용하는 것을 나타내 보인 것이다. 또 초인지, 지식(학습 투입), 수행(언어적 산출)이 언어활동의 삼각형을 이루고 있는 축을 형성하고 있음을 보인다. 이 그림은 바로 이러한 구조 속에 언어적 지능의 위치와 작용 범주를 간명하게 보여주고 있다.

학습자들에게 그들이 학습하는 것을 언어로 나타내고, 언어적 행동을 점검하는 데 있어서 그들이 하는 것을 그들 자신 또는 다른 사람들에게 설명하도록 격려할 필요가 있다. 지적인 과제를 수행하기 위한 목적을 가지고 그들 스스로가 학습을 잘 통제하도록 하려면 '학습하는 방법'을 학습하는 것이 중요하다(Robert Fisher, 1990: 121). 이를 초인지 개념[5]을 빌려서 설명할 수 있다.

4) 비고츠키(Vygotsky)는 기호적 매개로서의 사고, 즉 사고가 언어적 형태로 진행된다는 것을 내적 언어와 관련시켜 설명하고 있다. 이 내적 언어는 자신에게 하는 말로서, 말이 사고로 내면화하는 과정이라 할 수 있다. 이돈희 외(1987: 78)를 참조할 것.

5) 초인지란 한마디로 '인지에 대한 인지', 즉 자신이 아는 정도를 자신이 인식하고 그에 따라 스스로를 이해하고, 통제하며 자기조절할 수 있는 인지를 뜻한다. 학생 스스로 어떤 문제를 인식하고 그 문제해결을 위해 전략들을 선택하는 경우를 예로 든다면, 초인지는 단순히 특정 전략의 활용만을 고집하지 않고 언어행위의 목적과 그 목적의 성취방법을 스스로 선택하는 것을 뜻한다. 그리하여 언어수행 과정에서 자기 점검과 자기 검사를 통해 언어수행 과정을 스스로 통제하고 조절해 가는 인식을 가리킨다. 결국 초인지는 사고력의 상위 수준으로, 이른바 '사고에 관한 사고'라고 말할 수 있다.

이것은 언어기능을 발달시키는 데 있어서 필수적인 역할을 하는 것으로, 언어사용의 네 가지 양식—듣기 · 말하기 · 읽기 · 쓰기—외에 다섯번째 양식으로 거론할 만하다. 이 내적 언어는 학습자들이 그들의 사고를 확산하고 정교화할 때 외적인 언어 못지 않게 중요한 몫을 차지하는데, 이를 학습에 도입한 방법이 '소리내어 생각하기(think aloud)'이다. 예를 들면 학급동료가 문제를 해결하는 과정을 들음으로써 학습자들은 문제해결에 대한 다른 사람의 접근방식을 학습할 수 있다. 또 그들 자신 또는 다른 사람들에게 생각을 표현해 봄으로써 문제에 대한 자신의 접근방법을 다시 확인하고 분석할 수도 있을 것이다(Robert Fisher, 1990: 189~190).

언어와 사고는 서로 분리될 수 없는 하나이며 교육의 핵심이기도 하다. 언어기능의 교육은 곧 사고기능의 교육이라고도 할 수 있기에, 제반 사고기능을 기르는 언어기능 교육의 질은 또한 모든 교육의 질을 좌우하는 중요한 몫을 차지한다고도 할 수 있다(이성진 외, 1990: 330~331). 따라서 국어과 교육은 학교교육의 질적 제고를 책임지는 도구교과인데 이를 위해서도 국어과 교육의 질을 높여야 할 것이다. 그리고 이 국어과 교육의 질 향상은 다름아닌 사고력 신장을 효과적으로 지향해 가는 길에서 찾을 수 있다고 본다.

V 외국의 자국어교육 실태

국어과 교육은 그것이 지니는 다양성 때문에, 국어교육학자들마다 그에 대하여 다양한 견해를 보여왔다. 국어교육의 다양성을 도구교과로서의 성격, 형식교과로서의 성격, 인간사회문화 형성교과로서의 성격으로 규정하고, 이들을 포괄하느라 체계잡기 어려운 점을 들어 복합교과 및 난체계교과로 정리한 경우도 있다(최현섭, 1986). 그 밖의 주목할 만한 견해들을 들면 다음과 같다. 한국인으로서의 문화시민교육(박붕배, 1988), 배달말 얼 교육(박붕배, 1989: 이상태, 1978: 김수업, 1989), 문학 · 언어학 · 수사학의 지식교육(이대규, 1985: 최현섭, 1986), 문학적 감수성과 상상력의 교육(박대호, 1987: 이용주, 1986: 김대행, 1990), 언어사용기능의 신장교육(노명완, 1988) 등이 그

것이다.

국어과 교육이 과연 일반 언어교육으로서의 공통점과 차이점이 무엇인지를 살펴보려면, 우선 외국의 자국어 교육[6]의 동향을 비교·검토하는 일이 필요하다고 본다. 그래야 좀더 합리적으로 국어과 교육의 개념, 성격·목표를 파악할 수 있고, 아울러 국어과 교육을 보완하고 개선하는 데 도움이 될 수 있을 것이다.

이 글에서는 외국의 자국어교육에 실태를 비교 분석해 보고 이를 바탕으로 국어과교육의 발전적인 방향을 모색하고자 한다. 대상국은 선진국—미국, 캐나다, 프랑스, 독일, 스웨덴, 일본—을 중심으로 주로 문서화된 국어교육 과정분석을 통하여 국어교육의 성격, 교과관, 목표와 내용을 살펴보고자 한다.

(1) 각국의 자국어교육 실태

(가) 미국의 자국어교육

미국에서는 주(州)에 따라 교과목 명칭부터 다르다. 교과서도 영역별로 다양하게 개발되고, 출판사나 저자에 따라 제목도 다양하다. 주 정부 수준의 자국어 교육과정 지침에 나타난 명칭도 단일하지 않다.

뉴욕주의 경우는 'English Language Arts' 안에 말하기와 듣기, 듣기, 읽기, 쓰기, 문학, 언어와 같이 영역을 설정하고 있다. 자국어교육의 목표는 수용(읽기, 듣기)과 표현(말하기, 쓰기)과정에 필요한 능력을 개발하고, 문학을 이해하고 즐길 수 있는 기능을 발달시키기 위한 것으로 규정하고 있다. 중학교에서도 국어를 필수과목으로 보고 주당 5시간을 배정하는데 이는 전체 시간수의 15.4%에 해당된다. 노스캐롤라이나주의 교육과정은 자국어를 의사소통, 영어, 읽기로 나누고 각 영역별로 프로그램의 목표를 밝히고 있는데 서로 중복되는 부분이 많다. 문학, 언어, 표현의 상위에 의사소통 기능을 두고 있음이 특징이다.

미국의 자국어교육은 각 영역별로 내용요소가 독립적이며 체계적으로 제시되어 있다. 그러나 구체적인 학습활동은 여러 영역과 분야에 관련되

6) 자국어교육은 자국민의 자국어교육과 다른 나라 사람의 자국어교육으로 분류되나 여기서는 자국민의 자국어교육으로, 공식적인 학교교육의 일환으로 계획·실천되는 국어교육의 개념으로 한정한다.

어 있으며, 대중매체의 이용 및 그에 대한 선택적 능력의 육성에 유의하고 있다. 그리고 필요한 자료를 찾아 이용하는 능력과 학습 수단으로서의 읽기 기능을 강조함으로 국어교육의 도구적 성격을 잘 나타내고 있다. 아울러 문학과 언어에 대한 요소도 체계적으로 제시함으로써 국어과교육의 내용적 성격도 소홀히 하지 않고 있음을 본다.

(나) 캐나다의 자국어교육

캐나다는 도(道: Province)마다 학교제도가 다양하다. 교육과정 존재양식도 전형적인 분산식이고 개발과정은 대개 도 수준, 교육구 수준, 학교수준의 3단계를 거친다. 브리티시 컬럼비아(British Columbia)도에서는 초·중등교육을 위한 일반지침은 '중핵 교육과정'(core curriculum)으로 되어 있다. 13개 목표 가운데 자국어와 관련된 목표가 무려 일곱 가지나 제시되어 있다. 어느 나라나 국어과가 다른 교과를 학습하고 이해하는 데에 기본이 되는 기능—말하기·듣기·읽기·쓰기—을 다루기 때문에 필수 교과로 중시되고 있지만 이 나라에서 그 점이 특히 강조되고 있다. 중핵 교육과정에 제시된 영어과 영역과 관련된 목표는 말하기·듣기·읽기·쓰기 기능을 발달시키고, 문화유산에 대한 지식과 이해를 증대시키며, 연구학습하는 기능을 발달시키고, 탐구하고 분석하고 문제를 해결하는 기능을 발달시킨다는 목표와 밀접한 관련을 갖는다. 이런 중핵 교육과정의 계획과 운영 전반에서 역시 중추가 되는 것이 자국어교육임을 캐나다 교육은 잘 말해주고 있다.

(다) 프랑스의 자국어교육

프랑스는 우리나라와 같이 교육운영의 제반 사항이 중앙집권 체제로 되어 있다. 따라서 교육내용도 국가 일반의 법규에 따라 전국적으로 규정되어 있다. 그러나 중세 이후의 전통적인 문화 엘리트 국가답게 자국어교육에서도 일반교양과 형식도야를 중시하여 지성의 연마를 강조하고 있다. 특히 논리적 표현력을 기르기 위하여 프랑스어를 강조하고 있다.

불어교육의 목표는 첫째, 오늘날의 언어를 이용하여 구두나 문자로 자유롭고도 확실하게 의사교환하고, 자기를 표현하는 능력을 강화시키며 세련되게 한다. 둘째, 실천적 조직기술을 습득하게 하고 관찰, 주의 집중 및 암송 · 암기기능을 개발한다. 그리하여 올바른 판단수행에 도움을 줄 방법과 절차를 알게 하고 의사결정 능력을 증가시키며 창의력을 높인다. 셋째, 현사회를 지배하고 있는 문화를 접하여 이해하게 한다. 프랑스 학교에서는 전통적으로 지육(知育)편중의 경향이 강한데, 자국어인 불어과야말로 바로 이 성향의 중추역할을 하는 교과이다.

(라) 독일의 자국어교육

독일의 자국어교육은 다음과 같은 전제 아래 이루어진다. 곧 언어는 의사전달의 매체이며 세계와 자신을 이해하는 열쇠이고 인간의 상호이해를 위한 수단이라는 것이다. 이런 전제 아래 자국어교육의 도구교과로서의 성격을 분명하게 인식하여 이 교과를 남달리 강조하는 분위기에서 교육을 운영하고 있다. 곧 모국어의 이해와 올바른 사용은 모든 교과의 바람직한 학습결과를 가져오게 하는 필수불가결한 전제라는 인식이다. 그리고 '초보 읽기' 영역을 따로 설정하여 문자해독단계를 효과적으로 학습할 수 있도록 강조하고 이 영역을 세심하게 배려하고 있다.

(마) 스웨덴의 자국어교육

스웨덴에서도 자국어교육의 목표 및 내용에 드러나 있듯이 언어의 기능적 · 도구적 측면을 강조하고 있다. 누구나 현재와 미래, 과거와의 접촉을 가능하게 하고, 사회생활에서의 대인관계를 원활하게 하는 가장 중요한 수단으로서 자국어를 배워야 한다고 했다.

자국어인 스웨덴어뿐 아니라 스웨덴어와 긴밀한 관계에 있는 북유럽의 핀란드어와 노르웨이어도 아울러 학습하도록 하고 있는 점도 이 나라 자국어교육의 또 다른 특성이다. 그리고 저학년에서 남달리 자국어교육을 강조하다가 중학교 수준으로 갈수록 주요도를 현격하게 떨어뜨리는 경향도 한 특성으로 들 만하다. 곧, 저학년(1~3학년)에서는 국어시간이 전체 시수의 39% 정도이고, 중학년(4~6학년)에서는 25% 가량을 차지한다. 그러면서 저학년에서는 자국어교육을 통해 주로 의사전달의 기초기능 학습에 주력하다가, 중학년부터는 서서히 예체능과목의 비중이 커지면서 다른 교과와 균형을 취하고 있다. 그러다가 중학교 수준인 7~9학년에 이르러는 자국어 수업시간이 10%를 차지하는데 이는 우리나라 14%, 프랑스 18%, 일본 15%에 비하여 적은 시간이다.

(바) 일본의 자국어교육

일본에서도 국어교육은 그 도구적 기능으로 하여 학교교육에서 중요한 비중을 차지한다. 언어능력 신장을 제일의 목표로 하고, 사고력·상상력·언어감각 계발과 함께 국어존중의 태도 함양에 역점을 두고 있다.

국어과교육은 첫째, 언어사용 기능의 신장과 국어에 대한 지식과 감각, 국어를 존중하는 태도를 기르는 데 핵심이 주어져 있다. 국민학교에서는 글씨쓰기(書寫)가 한 영역으로 다루어지고 있으며, 한자교육도 비중있게 다루어지고 있다. 이것은 일본의 가타카나·히라가나 문자의 특성에서 오는 부득이한 사정 때문이라고 본다.

국어교과서는 우리나라 초등교육과 달리 한권의 국정교과서만 있지 않고 검인정으로 5~6종이나 있다. 그 가운데 동경서적에서 나온 국어교과서에는 '학습을 위하여'라는 제목 아래 도서관이용, 사전사용, 말하기와 듣기에서 기본적인 사항 등을 따로 다룸으로 국어과에서 지도해야 할 기능적 측면이 제대로 달성될 수 있도록 고려하였다. 말하기에 대한 구체적인 학습활동 및 지도방안은 명시되어 있지 않으나, '학습지도요령' 총칙 제9항에 학교생활의 여러 측면에서 말하기 교육에 대한 배려를 잘 드러내고 있다.

(2) 주요 동향과 시사점

분석대상국의 국어과의 목표 및 내용을 살펴보면, 내용영역과 교과서의 단원중심 편성방법이 대체로 일치하고 있다. 어느 나라를 막론하고 자국어교과는 기초필수 공통과목이요, 도구교과로서의 기능을 강조하고 있다(신세호 외, 1991). 따라서 학교교육에서 매우 중요한 교과목으로 운영되어 오고 있다. 자국어의 포괄적인 목표는 나라마다 표현의 차이는 다소 있지만, 대체로 의사표현 및 교환의 능력 내지 말하고·듣고·읽고·쓰는 언어능력의 계발에 두고 있다는 점에서도 일치한다.

외국에서 자국어교육을 중요하게 인식하고 있는 근거로 분석대상국의 주당 배당시간을 비교해 보면 다음과 같다.

〈표 3〉 **분석대상국의 자국어과목 주당 시간배당 비율(%)**

국별 / 학년	한 국	미 국 (워싱턴주)	캐나다	프랑스	독 일	스웨덴	일 본
저학년	28	37	55	37	32	39	36
고학년	19	32	40	29	37	25	28

위의 표에서 보듯이 각국은 국민학교에서의 자국어교육을 매우 강조하고 있다. 이는 언어능력이 개인의 삶은 물론 학교에서 성공적인 학습을 하는 데 매우 중요하다는 공통된 인식을 반영하고 있음을 알 수 있다. 여기서 볼 때, 우리나라는 다른 나라 경우보다 국어과목 시간 배당비율이 상대적으로 낮게 나타나고 있는 데 주목할 일이다.

일본, 프랑스, 스웨덴은 교육과정 양식이 우리나라처럼 중앙집중형이다. 그러나 교육과정의 구체적인 실현산물인 교과서는 검인정으로 다수의 교과서가 있어서 교육의 다양화를 꾀하고 있다. 프랑스에서는 교과서에 대한 국가적 통제가 전혀 없다.

한편 미국, 캐나다, 독일의 교육과정은 분산형이다. 교육과정의 정책수립, 개발, 운영 등에 관한 책임이 주정부에 속해 있다. 그리고 교과서 및 기타 교재의 공급은 자유시장 경제의 원칙 하에 이루어진다.

외국의 자국어교육을 통해서도, 국어과교육이 언어교육이어야 하며, 국어과교육이 내용적 측면과 도구적 측면에서 조화를 이루어야 함을 확인할 수 있다. 국어교육의 성격 설정에 대하여 모든 나라가 일치를 보여주듯이, 국어과목표에 관해서도 표현의 차이는 있지만 의사교환 및 표현기능의 신장이라는 면에서 일치한다. 특히 각국 대부분의 자국어교육이 말하기 · 듣기 · 읽기 · 쓰기와 같은 언어기능 중심으로 지도내용 요소를 제시하고 있는 점에서도 다를 바 없다. 국어과 내용 영역인 문학이나 언어지식에 대한 것이 교과목표로 강조되어 있는 경우에도 언어사용 능력과 유기적인 관련을 맺음을 명시해 주고 있다.

지금까지 외국의 자국어 교육실태를 통하여 국어과교육의 목표와 개념을 파악하고 이를 바탕으로 국어과교육의 성격을 모색하였다. 각국의 자국어교육 실태를 분석한 결과, 국어는 한 나라와 국가의 얼과 이념의 표상이라는 전제하에 민족교육 내지 '얼'에 관한 교육으로 성격[7]을 규정하기도 하고, 국어과의 성격을 국어교육의 배경학문이 제공하여 주는 개념, 지식, 원리 등을 가르치는 교과로 규정하는 측면도 있다. 그러나 궁극적으로는 언어사용 능력의 신장을 꾀한다는 점에 일치하고 있다. 제6차 국어과교육과정에서도 언어사용 기능의 신장이라는 국어과교육의 본질추구를 상위목표로 하고 있다. 언어사용 기능을 신장시키고, 국어에 관한 기본이 되는 지식을 가지게 하며, 문학의 이해와 감상능력을 길러주는 교과, 그것을 바탕으로 국어의 발전과 민족의 언어문화 창조에 이바지하려는 뜻을 세우고, 올바른 민족의식과 국민정서를 함양하는 교과로 그 성격을 규정하고 있다. 그리하여 자국어교육의 내용은 공통적으로 언어사용 기능, 언어, 문학의 세 영역으로 구성하고 있음을 본다.

7) 배달말 얼 교육의 관점은 언어의 운명과 민족의 운명을 동일선상에 놓고 세계 각국의 언어전쟁에 대하여 강조한다. 언어사용기능 신장교육을 넘어서 배달말에 깃들인 민족정신과 혼을 심어주는 교육이어야 한다는 관점은 지금까지 우리나라의 국어교육에서도 기저를 이루어 온 기본정신이기도 한다. 이 관점은 문화시민양성으로서의 국어교육의 관점과 많이 닮아 있는 점이 있다. 박붕배(1989) 참조.

탐구과제

01 국어교육학의 인접학문에는 어떤 것들이 있으며, 이들은 어떤 점에서 국어교육학과 관련이 되는지 설명하시오.

02 국어교육 연구방법의 과학화란 구체적으로 무엇을 의미하는지 연구의 예를 들어가며 설명하시오.

03 국어교육의 특성을 반영하고 다양성을 지양할 수 있는 바람직한 국어교육 평가방법들을 조사하여 기술하시오.

04 언어사용 기능과 사고력과의 관계를 설명하고, 문제해결력이 국어과교육에 큰 비중을 차지하는 이유를 들어보시오.

05 각국의 자국어교육의 계획과 운영에서 우리나라와 공통점과 차이점을 들고, 다른 나라에서 우리 국어교육에 시사점을 줄 만한 것을 골라보시오.

참고문헌

강인애(1997), 『왜 구성주의인가?』, 문음사.
교육부(1992), 『국민학교 교육과정』, 대한교과서주식회사.
김대행(1990), "국어교육과 언어사용교육", 『사대논총』 40집, 서울대학교 사범대학.
김수업(1989), 『국어교육의 원리』, 청하.
노명완(1988), 『국어과교육론』, 한샘출판.
______(1990), "국어교육에서의 평가" 『국어교육 개선방안 연구』, 서울대학교 국어교육과.
박대호(1987), "문학교육의 자리매김", 『국어교육』, 57 · 58, 한국국어교육연구회.
박붕배(1988), 『국어과교육 각론』, 한샘출판사.
______(1989), 『세계의 자국어교육정책』, 개문사.
성일제 외(1989), 『사고교육의 이론과 실제』, 배영사.
신세호 · 김성훈 · 김홍원(1991), 『교육과정 국제비교연구』, 한국교육개발원.
신헌재 · 이재승,(1994), 『학습자중심의 국어교육』, 서광학술자료사.
이대규(1985), "국어교육과정에 관한 연구", 『논문집』 27집, 한국국어연구회.
이돈희 외(1987), 『사고의 개념정립을 위한 세미나』, 한국교육개발원.
이상태(1978), 『국어교육의 기본개념』, 한신출판사.
이성진 외(1990), 『사고력교육과 평가』, 서울: 중앙교육평가원.
이용주(1986), "국어교육에 있어서의 문학의 위치", 봉죽헌 박붕배 박사 회갑기념논문집.
최현섭(1986), "국어과 교수 · 학습 모형의 탐색", 『논문집』 20집, 인천교육대학.
최현섭 외(1994), 『국어교육학의 이론화 탐색』, 일지사.
한철우 · 이인제(1990), "교육의 본질추구를 위한 국어교육평가 체제연구(1)", 한국교육개발원.
한철우(1993), "국어교육 연구의 방향과 과제", 『국어교육의 과제와 전망』, 서울대학교 국어교육연구소.
Fisher, Robert(1990), *Teaching Children to Think*, Oxford: Basil Blackwell.
Fox, Michael(1993), *Psychological Perspectives in Education,* London: Cassell.
Marzano, R.J.(1988), *Dimension of Thinking*, VA: ASCD.

02장 국어교육학의 새로운 지평

I 국어교육의 문화교육적 역할

(1) 국어교육의 역할 확장

21세기 사회·문화 환경에서 언어의 역할은 더욱 다기화하고, 언어와 결합되는 각종 미디어 텍스트들과 정보환경은 매우 복잡해질 것이다. 이러한 시대와 환경의 변화가 국어교육에 요청해 오는 여러가지 압력으로 인해 국어교육은 그 기능적 차원에서의 발달과 변모를 거듭할 것이다.

그런데 국어교육의 기능이 정교해질수록 국어교육의 이념적 성격은 더욱 활발하게 조명되어야 한다. '국어를 왜 가르치는가'에 대한 가치론적 판단이 국어교육의 연구와 실천 각 장면에서 더욱 중요한 의미를 가진다. 상대주의의 다원성이 지배하는 미래사회에서 국어 교과의 가치론적 정합성을 교육의 본질과 인간의 발달, 그리고 문화의 작용과 관련해서 더욱 다양하게 추구하는 노력이 필요하게 될 것이다.

이는 국어교육에 대한 또 다른 차원의 인식론을 확립해 나가는 과정이라 할 수 있다. 국어교육은 의도적 국어경험의 체계이다. 이러한 언어적 경험(지식)의 가치를 21세기의 인문정신과 시대가치에 비추어서 재조명하고 정립하는 것이 되어야 하기 때문이다.

그렇게 본다면 국어교육의 역할 확충과 관련한 가장 중요한 국면으로서 문화현상을 주목하지 않을 수 없다. 정보화 시대의 문화개념은 '일정한 공동체가 의미를 생성 공유하는 현상'으로 설명되며, 여기에 언어, 정확히 말하면 텍스트는 가장 중요한 작용태로서 부각된다. 매체, 인터넷, 패션, 주거양식 등등이 모두 텍스트의 개념으로 작용하는 것이 미래사회의 문화현상이며, 이들과 결합되는 언어의 작용이 국어교육에서 의미 있게 인식되어야 한다.

(2) 국어교육 연구와 문화 이론 이해

언어현상은 본질적으로 언어를 사용하는 개인의 활동에서 출발한다. 언어 사용은 개인의 차원에서는 인지와 정의의 발달에 깊이 관여한다. 이는 교육의 가장 중요한 주제이다.

언어 현상은 그 자체로 소통 현상을 이끌어 낸다. 소통이 문화를 형성하는 중요한 기제임은 누구나 인정한다. 요컨대 소통은 언어 현상이면서 중요한 사회 현상이고 문화 현상이다. 이러한 인식은 20세기 말 세계가 정보화 사회를 맞이하면서 대중 미디어가 언어와 기호의 다채로운 분화를 이끌어 내면서 '미디어 문식성(media literacy)', '문화적 문식성(cultural literacy)' 등의 새로운 언어 교육 주제들을 등장시켰다. 이는 물론 국어교육이 잘 감당해 나가야 할 미래적 과제이다.

이데올로기에 연결되는 문화가 되었든, 대중 소비 사회에 연결되는 문화가 되었든, 기술 정보 사회의 새로운 문화 양태에 관여하는 것이 되었든 국어교육은 문화현상과의 상관성을 중요한 기획 전략으로 고려해야만 하게 되었다.

문화를 하나의 체계로 보았을 때, 문화는 고정되거나 폐쇄된 체계가 아니며, 따라서 정태적 상태에 있지 아니하다. 문화학에서 문화를 보는 근본관점에 따르면, 문화는 역동적인 그리고 지속적인 갱신으로 간주된다. 문화는 일련의 가공물이거나 얼어붙은 상징들이 아니고 오히려 하나의 과정인 것이다. 이를 굳이 언어와 연관 짓는다면 문화는 언어의 옷을 입고 작용하며, 언어로 치환된다. 그리고 문화의 소통 또한 언어적 담론에 의존한다.

그렇기 때문에 문화연구는 주체성과 의식의 문제가 그림자처럼 따라붙으며, 동시에 이데올로기와 헤게모니의 작용을 읽어 내는 작업으로 전환된다. 이러한 기능에 힘입어 문화연구는 궁극적으로 비판과 다의성을 추구하는 지적 지향성에 귀결된다고 할 수 있다.

오늘날 국어교육은 언어현상이 문화의 생산(또는 문화의 재생산)에 관여한다는 점을 의미 있게 주목해야 한다. 동시에 국어교육을 둘러싸고 있는 제반 문화현상들은 그 자체가 국어교육에 대한 중요 영향 변인이며, 우리가 실천하고 있는 국어교육 또한 어떤 형태로든 오늘날의 우리 문화에 대한 한 영향소로 작용한다. 이러한 상호교섭성에 대한 관심이 국어교육 연구의 한 국면으로 자리 잡는 것은 당연하다. 국어교육의 내용이 고립된 문학지식 또는 고립된 텍스트가 아니라, 사회문화와의 상호텍스트성 속에서 이루어져야 하는 필요성이 앞으로는 더욱 증대될 것이다.

국어교육과 문화의 상호성은 공시적 문화현상에서 뿐만 아니라 통시적 문화현상과의 교섭에서 더 큰 의미를 드러낸다. 문화의 통시적 자질들은 민족어, 민족문학, 민족문화라는 가치론적 명제에 닿아 있는 것이기 때문에 그러하다.

현대의 문화론적 관점은 주로 대중 문화의 모든 양상들에 권위를 부여하고 찬양하고 정치화한다. 또한 모든 문화적 재현의 각 단계들, 예컨대 특정 문화의 발단, 중재와 수용, 생산, 분배와 소비 등은 문화학의 관심대상이 된다(Jenkes C., 1993: 157~158). 그런데 이런 영역의 구체적 모습은 일단 언어사용의 현상 속에서 포착되고 영위된다.

인지심리의 연구가 언어사용의 연구와 같은 궤도에 놓인 적이 있었던 것과 마찬가지로, 문화연구의 중심에 각종 텍스트가 놓이고, 그것에 연속해서 이차적 담론들을 분석하는 방식이 주를 이룬다. 결국 텍스트나 주변 담론 등은 모두 언어의 생산-소통-수용-의미화의 과정인 것이다. 따라서 대중문화에 대한 의미화는 가벼움의 징후들에 대해서도 관심을 기울인다. 그것이 학생들의 실제적 언어사용에 영향을 미친다는 점에서 국어교육은 문화론적 접근과 상호성을 발휘하는 쪽으로 나아가야 할 것이다.

(3) 인문성의 본질이 강조되는 국어교육[1]

교육적 상상력과 인문학적 상상력은 '인간'을 고양하는 세계를 꿈꾼다. 즉 인간 정신의 가치로움을 동경하고 추구한다는 데서 그 공통점을 가진다. 그런데 현대의 학교교육은 그 자신이 사회적 체제 그것도 생산 체제의 요소로 작동하는 위상으로 내몰리면서, 지식으로 도야된 인간을 기르는 데는 한계를 가지게 되었다. 학교가 길러내는 인간도 생산 기능의 활동 주체로서의 특성이 더 강조되었다. 학교 교육이 인간 정신 가치와 인

1) 이 부분은 박인기(2006), '국어교육학과 인문학적 상상력' 『국어국문학』 147호 2007년 12월, 국어국문학회의 글을 원용하였다.

간의 정신 활동을 강조하는 측면이 있다고 하더라도, 정신 가치의 주체로서보다는 정신 가치 자체를 대상화 된 지식으로 배우게 되었다. 삶과 경험의 실질 모습은 인간이 대상화 되는 것들이 늘어났다. 교육은 인간을 '인적 자원의 개발'이라는 측면에서 접근하는 다분히 공학적이고 기능효율을 앞세우는 수단적 인간관에 매몰되는 과정을 걸어 왔던 것이다.

인문학적 상상력은 초월적이고 통합적 이상을 가진다. 인문학적 상상력은 일종의 자기 극복적 관점이 전제되어 있으므로 초월적 성향을 지니며, 그래서 현실·현상적인 것에서 벗어나 자유로운 통찰을 지향하며, 공리적 목적에 구속되지 아니하는 어느 정도 초연한 상상력이다. 동시에 인간의 가치와 정신적 세계를 자유롭게 연속하여 통합시키는 성향을 가진다. 文·史·哲 이라는 통합과 연속의 전통 속성이 인문학에 관류하며, 인문학적 상상력은 언어와 내러티브에 의해서 그 통합적 기제를 폭넓게 마련한다. 그렇기 때문에 인문학적 상상력은 그 초월과 통합의 속성을 국어교육의 공간에서 발현할 수 있는 것이다.

그러나 삶과 사고의 모든 기반이 공리적 관리 체제에 의해 지배되고, 사고나 의식마저도 공학적 체제의 대상이 된 오늘날의 관리사회에서 이런 자유와 초연의 상상력은 온전하게 발현되기 어렵다. 그렇기 때문에 인문학적 상상력이 현 단계의 사회적 생태 하에서는 일종의 비판적 상상력으로 보이기도 하고, 고도의 도덕적 상상력으로 보이기도 하며, 더러는 생태학적 상상력과 맞물리기도 한다.

이러한 전제를 수용하면서 미래 인문학의 생태와 더불어 국어교육학이 바람직한 인문학적 상상력을 발현할 수 있기 위한 과업들을 제안해 본다. 무엇보다도 언어와 문학이 교육의 기제에서 소통되는 과정에서 도구적 이성에 함몰되지 않을 수 있도록 국어교육학의 철학과 이론의 패러다임을 구축해야 할 것이다. 교육이라는 체제 자체가, 인문학의 토양과는 거리가 먼, 공학적 체제와 관료주의적 문화 속에 작동하여 조작되는 현재의 실정에서 보면 '인문학적 상상력'이라는 교육과정 콘텐츠를 국어과가 어떻게 중핵의 커리큘럼으로 합의하고 의도된 교육과정과 전개된 교육과정으로 구체화 할 것인지를 고민해야 할 것이다. 이 과정에서 인문학적 상상력의 공동체적 연대와 확산이 절대적으로 필요한데, 학문사회와 실천공동체 간의 교육과정 연대를 꾸준히 모색하고, 이를 정책의 수준에서 개발 · 확정해 나가도록 촉구해야 할 것이다. 국어과 교육과정을 보다 유연하고 탄력적으로 개정하고, 국어교과서의 자율화와 검정교과서화 정책은 이런 면에서 발전적 계기로 작용해야 한다.

국어교육 실천의 차원에서는 다음의 몇 가지 문제들이 개선될 필요가 있다.

첫째는 국어교육이 언어 경험의 총체성을 확보하는 데에 일관된 지향을 보여야 할 것이다. 경험과 지식의 파편화는 인문학의 가치 발효를 방해한다. 언어 경험의 총체성이란 인문학적 상상력이 통합의 작용을 통해서 형성되고 촉진되고 진화될 수 있다는 원리에 충실하기 위한 것이다. 지금의 기능중심 국어교육이나, 공학적 체제에 기반을 두는 교육철학, 교육과정 교육내용 조직, 교육 방법, 교육 평가의 인식 프레임에서는 인문학적 상상력을 국어교육의 내용 콘텐츠로 하는 교육과정관을 구축해 나가기는 쉽지 않다. 설사 인문학적 상상력과 친연성이 깊은 교육 내용을 선정했다 하더라도 이를 싣고 조직하는 국어교육 수행의 인식 프레임이나 작동 기제가 공학적 체제의 것이라면, 인문학적 상상력의 내용과 기제는 변질되거나 왜곡되어 소통될 수밖에 없는 것이다.

이는 언어를 기반으로 하는 인문학 지식을 국어교육의 내용으로 조직하고 계열화할 때, 언어적 경험의 총체성을 효과적으로 만족시키는 전략이 국어교육 내에서 따로 있어야 함을 시사하는 것이다. 그러기 위해서는 인문학적 경험들 간의 유기성과 계열성을 학문 생산의 측면과 수용의 측면에서 꼼꼼히 진단하는 작업이 필요하다. 수용의 측면은 학습자의 상상력 기제를 중시하자는 것이다. 언어 경험의 총체성 확보는 일단은 통시적 전체성과 공시적 전체성을 중요한 두 축으로 삼아 설계해 볼 수 있을 것이다.

둘째는 국어교육을 수행하는 언어의 문제를 들 수 있다.[2] 국어교육을 수행하는 교수 언어가 전체적으로 상상력을 자극하지 못하고 자동화 되지 않았는지를 살펴보아야 한다. 여기서의 교수 언어란 단순한 교사의 설명 언어를 말하는 것이 아니라, 국어교육을 수행하는 교수 담론의 어떤 전형

2) 박인기(2012), '문학교육학 이론의 토양 생성하기', 문학교육학 40호, 한국문학교육학회.

으로 자리 잡고 있는 국어과 교수 언어의 상투적 양태를 말한다. 특히 학교에서 문학을 가르치는 담론 언어들이 얼마나 흥미있게 학생들에게 다가가는지를 되돌아 볼 필요가 있다. 국어교육 수행의 언어적 전형이 어떤 것인지를 살피는 것은 매우 중요하다. 이는 국어교육의 수행 모형을 결정하는 가장 역동적인 요소라 할 수 있기 때문이다. 요컨대 국어교육을 수행하는 언어는 교수 문화를 대변하는 것이라 할 수 있으며, 관습의 수준과 제도의 수준에서 운위될 수 있는 것이다.

국어교육을 수행에서 교수언어의 상투성은 '학문하기의 전형'을 그대로 반복 반영한 데서 온다. 문법 지식을 배우는 과정에서 문법을 학문적 상투성의 교수 언어로 소통해서는 교육적 효과를 기대하기 어렵다. 문학을 배우는 과정에서 비평가들의 비평 담론의 방식을 그대로 답습하는 것(상투성을 이양 받는 것)이 문학을 통한 인문학적 상상력 고양에 도움이 되지 않는다. 문법하기와 문학하기의 진정한 상상력 과정에 참여하게 하려면 국어교육을 수행하는 언어에 변화가 와야 한다. 학문소통의 관습에 자동화 된 진술을 그대로 국어교육의 언어로 가져오게 되는 것에 대해 문제 인식이 필요하다. 특히 기성 비평담론의 언어적 상투성을 그대로 문학교육의 언어로 재생 반복하는 것은 인문학적 상상력의 참다운 감수성을 느껴보지도 못하게 한다.

현재의 국어교육 수행 언어는 학문언어의 추상성과 상투성이 그대로 반영되어 있는 경우가 많다. 학문언어와 교육언어의 상호성이 의미 있게 확립되어야 할 계제에 와 있는 것이다. 인문학적 상상력은 인문적 가치를 드러내는 인간 정신에 대한 비전이면서, 동시에 국어를 배우는 학생들의 상상력과 감수성에 호응되는 것이어야 한다. 인문학적 상상력은 내용의 차원과 소통의 차원 두 차원에서 모두 중요하다. 이 중에서도 소통의 차원은 국어교육이 삼낭해야 할 영역으로서, 학문언어의 교육언어 반영이 학문 내용의 본질에 맞게, 인문학적 상상력에 맞게 확립되어야 할 것이다. 또한 상상력의 내용을 확장시키는 것도 교육적 소통의 질에 따라 큰 영향을 받는다. 이것이 인문학적 상상력을 얼마나 잘 만들어 주고 있는가. 이는 결국 국어교육이 인문학적 상상력을 교육하는 공간으로서 토양을 갖추는 일이기도 하다.

셋째는 텍스트를 경험하는 방식에 변화가 와야 한다. 인문학적 상상력의 강화가 문제가 되는 것은 산업혁명 이래 인간 삶을 지배해 온 외형적 물질적 가치와 내면의 삶의 질 사이의 괴리를 메워가는 일이 중요하기 때문이다. 물질사회의 빠른 변화를 전통 인문학의 느린 걸음이 따르지 못한 간극을 좁혀야 하는 문제가 있다. 여러 가지 접근이 있을 수 있겠지만 텍스트 경험의 다원성을 보다 유연하고 개방적으로 받아들이는 노력이 필요하다. 이는 인문학 본령에서보다 국어교육학의 영역에서 심도 있게 연구하고 실천해야 할 문제로 본다. 왜냐하면 인문학의 환경이 변화되었다는 것을 반영하는 데서 해결책이 나올 수 있기 때문이다. 인문 자체가 변화된 세상에 충실히 적응하지 못한 채 전통적 방법과 사고방식을 고수했기 때문이라는 지적을 유의해야 할 것이다.

인간 가치를 입체적으로 경험할 수 있는 기회와 채널이라면 꼭 강독식 텍스트 경험만을 고집할 필요는 없을 것이다. 미디어 환경의 진화에 따른 이종(異種) 텍스트에 대한 개방적 수용이 국어교육의 장에서는 보다 개방적으로 수용되고, 그 교육적 효과와 가능성에 대한 연구들이 국어교육학의 연구 영역으로 들어와야 할 것이다.

넷째는 국어교육의 연구와 실천의 운용 과정(process)이 인문학적 상상력을 고양하는 효과와 맞물려 있는지를 진단하고 개선해야 한다. 국어교육의 전통에서 보면 인문학의 내용을 일방적 텍스트 해석의 과정으로써 받아들이거나, '국어' 교과의 배타성에 의존하여 인문학 지식을 독점적 체제로 받아들이는 경향이 강했다. 인문학적 상상력을 국어교육이 어떤 교육적 과정(process)으로 처리해야 할 것인지에 대한 발상이 부족했던 것이다.

인문학적 상상력이 물질적 실용의 수준을 벗어나는 것은 확실하지만, 그렇다고 어떤 실용성도 거부하는 것은 아니다. 인문학적 상상력이 그 나름의 인문학적 유용의 수준을 가지고 있다는 것을 국어교육이 보다 적극적으로 인식하는 것은 매우 중요하다. 지식과 학습을 당장의 실용적 편의주의에 결부하거나 습득한 지식 · 기능을 응용상의 효율주의에 빠지게 한 국어교육의 처리 장면들도 많았다(발달 단계상의 언어 기능 습득의 특수성이 있기도 하지만).

인문학적 상상력을 강화하는 국어교육의 운용 과정은 탐구의 과정이나 대화의 활동을 강조하는 것이 바람직할 것으로 보인다. 탐구의 과정과 대화의 기제를 동반하는 언어교육의 운용 과정은 상상력의 주체로 언어 학습자를 참여시킬 수 있기 때문이다. 전통적 지식주의 교육에서 인문학적 상상력이 지적 도야의 과정을 수반함으로써 얻어지는 것이라는 인식으로 달리 주체적인 독서 활동 이외에 교육적 운용 과정을 모색하지 않았다. 그러나 이는 기계적 반복 수행의 '고행 과업'처럼 인식되기도 했는데, 텍스트 중심주의에 학습 주체가 종속된다는 점에서 인지심리학의 교육적 기여 이후로 비판을 받아 왔다(박인기, 2007).

언어와 문학은 인문학의 중심 부분이다. 국어교육의 이념이나 목적 또한 인문학의 존재 의의와 무관하지 않다. 국어교육의 인문적 가치에 비추어서 그 진정성이 문제되는 것이 바로 여기에 있다. 인문학의 위기가 고조되는 시기에 국어교육 연구는 새삼스럽게 원론적 화두를 부단히 재개념화하는 데 관심을 가져야 한다. '국어교육은 왜 하는가?'를 끊임없이 확인해야 하는 것이다. 어떻게 보면 우리는 국어와 문학이 학교 속에 있으니까, 또는 국어와 문학이 교육과정 속에 있으니까, 그래서 국어교육을 운위해 온 일종의 자동화 경향이 있었다. 이것이야말로 과학기술적 조작체제 속에서 국어교육을 다루는 아이러니일 수 있다. 국어교육의 필요성과 의의를 논하는 담론이 인문정신의 진정한 위기의식을 인식하지 못한다면 이 역시 자동화된 국어교육론이 아닌지 검토해 보아야 할 것이다.

향후 국어교육은 인문학의 본질과 가치를 재정립하려는 노력과 밀접한 연관을 가지면서 발전해 갈 것이다. 따라서 국어교육은 첨단과학 · 기술문화가 빚어내는 인문가치 부정의 징후에 대항하는 가치체계로서 그 교육적 위상을 정립해 나가야 할 것이다. 이 과정에서 인문교육이 고답적 자폐에 일관하여 '지금 여기'의 삶, 정신, 문화 등과 역동성 있는 교섭력을 발휘하지 못했다는 비판이 검토될 것이고, 또한 이 점이 국어교육의 유효한 이념을 모색해 나가는 데 어떤 역할을 할 수 있을지가 관심을 끌 것이다.

Ⅱ 미디어 환경과 국어교육

(1) 다매체 환경을 주도하는 국어교육

매체 현상이 국어교육의 생태 환경으로 부각하면서 학교 국어교육의 내용 정체와 그 방향성에 대한 새로운 고민을 많이 하게 될 것이다. 되었다. 소통성과 언어성의 문제가 바로 그러하다. 국어교육의 본질과 관련해서 소통성은 국어교육의 본질을 언어적 요소 그 자체보다는 소통적 행위나 효과에 더 많이 두는 것이고, 언어성은 언어로 된 질료들을 그 형식과 내용에서 더 충실히 경험하게 하는 데에 초점을 두는 것이다.

'전개된 교육과정(공식 문서가 표방한 교육과정 차원이 아닌 실제의 교육 현장에서의 교육 모습)'만을 가지고서 본다면 우리 국어교육은 지금까지는 언어성에 기울어지는 교육을 해 왔다. 그것이 국어교육의 정체를 확실하게 담보하는 것으로 믿었기 때문이다. 그러나 앞으로는 소통성의 도전이 만만치 않을 것이다. 물론 내적으로 언어성이 소통성에 더 다가가는 모습을 상정할 수도 있을 것이다.[3)]

소통성 또한 언어성의 본질을 존중하는 노력을 조화롭게 기할 수 있을 것이다. 그러나 그런 내부 노력과 상관없이 국어교육이 수행하는 매체언어교육의 총체적 수요와 가치에 대한 도전이 먼저 올지도 모른다. 그것은 매체교육이 독자적 영역을 확장하는 힘에 의해서 올 수도 있고, 타 교과에서 매체 교육의 주요 이슈들을 선점하면서 매체 언어교육의 수요와 가치를 빼앗아 가는 방식으로 닥칠지도 모른다.

매체언어교육의 내용과 수요는 기존 국어교육의 내용과 수요에 대해서 어떤 관계를 가지는 것일까. 이 문제가 미래의 국어교육 내용 구도를 결정하는 데 중요한 역할을 한다. 설명의 편의를 위해 〈기존 국어교육 내용과 수요〉를 A라 하고 〈매체언어교육의 내용과 수요〉를 B라고 한다면, 다음 네 가지 유형이 가능하다.

1) A와 B의 관계를 제로섬 게임의 관계로 이끌어 가는 방식

2) A와 B를 각기 다른 범주로 두되, B를 양과 질에서 적은 비중을 매기

---

3) 2007 국어과 교육과정에서 2011 교육과정에 이르기까지 그런 면모가 두드러지게 드러난다. 이는 교육과정 개정 과정에서 더욱 심도 있게 논의되었던 주제들이다.

는 방식
3) A와 B를 통합적으로 조직하되, A의 일정 부분을 B로 대체하는 방식
4) A와 B를 통합적으로 조직하되, A와 B의 관계를 서로 보완재로 조직하는 방식

교육과정 운영의 상황과 저책에 따라 위의 네 가지 유형이 국어교육에 모두 나타날 수도 있을 것이다. 그러나 미래 사회가 통섭의 질서와 컨버전스의 힘을 창의의 바탕으로 하는 지식 가치를 내세우는 패러다임이라면 4)의 양태를 지혜롭게 개발해 가야 할 것이다. 이 대목에서 미디어 현상을 국어교육적으로 재개념화 하는 개별 연구 담론들이 많이 생산되어야 하며, 이는 관념적 논의가 아니기 때문에 국어교육 현장에서 임상적 검토를 거치도록 해야 한다. 그렇게만 된다면 국어교육은 매체언어교육이라는 새로운 장을 통하여 교과의 진화를 성공적으로 기할 수 있을 것이다.

또한 위의 네 가지 방식 유형은 국어교과(A)와 타 교과(B) 사이에도 얼마든지 일어날 수 있다. 요컨대 상관성이 잇는 타 교과와 국어교과가 서로 어떻게 보완재의 관계를 형성할 수 있을 것인지를 고민해야 한다. 이 또한 통합적 양상이라 할 수 있는데, 어느 교과도 이 문제를 외면할 수 없을 것이다. 이러한 보완재적 상관적 통합을 촉진하는 배경에 미디어 현상(또는 다문화 현상)이 놓여 있고, 그 상관성을 교육의 장에서 촉진하는 역할을 매체 내지는 매체교육이 담당할 것이다. 국어교과가 매체언어교육이라는 하위 영역을 현 단계에서 교육과정 제도로서 가지고 있는 것은 일종의 비교 우위라 할 수 있다.

매체언어교육은 국어과가 담당하는 매체 교육의 하위 개념이다. 매체교육은 사회과교육에서도 이루어지고, 윤리교육에서도 이루어진다. 예술교육에서는 또 다른 맥락으로 매체교육이 이루어진다. 사회과 교육에서 이루어지는 매체 교육의 근거는 매체현상이 사회 현상이라는 것이다. 그 사히 현상을 규정하는 내적인 근거 중에는 다서 소통의 자질이 거론된다. 사회적 역동성을 담보하는 것 가운데 사회적 차원의 소통을 제외할 수가 없기 때문이다. 매체 교육이 교육의 여러 장면과 교과의 여러 경계를 넘나들고 있는 것을 볼 수 있는데, 이것이야말로 매체 교육의 부가 가치가

얼마나 큰 것인지를 잘 보여 준다. 단단한 교과의 경계를 이렇게 자유자재로 넘나드는 것은 일찍이 매체 이외는 없었다. 여기서 매체교육이 지니는 부가 가치 발생의 가능성을 엿볼 수 있다.

지금까지 국어교육은 그 내부에서 생산한 지식이나 이론이나 원리를 다른 학문의 동네에 유익하게 수출한 경험이 있는가. 그다지 많지 않다.[4] 그 수출의 내용이 바로 국어교육이 창출해 낸 부가 가치의 영역이라 할 수 있다. 매체교육의 하위 범주인 매체언어교육은 기존 국어교육과 보완재로서의 융합을 해 가는 동안에 그리고 타 교과와의 통합적 보완재 역할을 해 나가는 동안에 현재로서는 예견할 수 없는 또 다른 국어교육의 부가가치를 창출할 수 있을 것으로 보인다. 이 또한 국어교과 전체의 차원에서는 생태학적 진화를 해 나가는 과정으로 볼 수 있다.

이 과정에서 일관되게 주목해야 할 것은 매체 현상의 윤리성에 대한 교육적 인식을 진화의 조건으로 삼는 것이라 할 수 있다. 또 이렇게 나아간 자리에서 국어교육의 내적 형질은 변화를 수반할 수 있을지도 모른다. 물론 국어교육의 이념과 철학에 대한 새로운 지평의 형성을 필연적으로 요청받게 될 것이다. 실용 위주의 현장 실천 연구 못지않게 이론 연구와 철학 연구가 국어교육학자들에게 요청되는 소이(所以)가 여기에 있다(박인기, 2010).

(2) 국어교육에서의 미디어 교육 방향

사회학자들이나 매체 연구자들 그리고 문화연구자들이 대개는 '매체 · 언어 · 문화'의 상관적 연속성을 바탕으로 그들의 연구 분야를 다루어 왔다면, 국어교육분야에서는 여기에 다시 '교육'의 변인을 상관시켜서 연속성의 범위를 한층 더 넓히는 쪽으로 안목을 길러야 했다.

'매체 · 언어 · 문화'에 '교육'이 삼투된다는 것은 어떤 의미를 가지는가. 그것은 '매체 · 언어 · 문화'의 현상으로부터 비롯되는 실천성이 강한 유목적적 의제(agenda)나 기획(plan) 등의 아이디어를 상당히 구체적으로 드러내고 의미화 해야 한다는 것을 의미한다.

4) 화법 지식과 원리를 경영학에서 변용해 간 경우가 있고, 서사교육의 원리를 윤리교육이나 유아교육에서 원용해 간 경우를 볼 수 있다.

여기에도 다시 두 가지 조건이 결부된다. 하나는 이들 실천 모드들이 어떤 가치론적 의미를 내포해야 한다는 것이고, 다른 하나는 이들 실천 모드들이 작동하는 방향이 1) 개인적 차원, 2) 사회적 차원, 3) 문화적 차원 등으로 정교화 되어야 한다. 대체로 1)과 2)의 경우는 학교교육의 범주이고, 3)은 사회교육 또는 평생교육의 범주이다. 번잡하게 설명했지만 '교육'이 발생하여 소통하는 내 · 외적 기제가 그러하다.

따라서 국어교육 분야에서는 '언어현상'을 특별한 구심점으로 삼아서 '매체'와 '문화' 등을 연속성의 연관 하에 두고, 다시 '교육'이라는 구체적 실천의 시공(時空)을 조건으로 포섭하여, 이들 모두를 통섭하는 유목적적 실천적 의미망으로 구축하는 노력을 해야 했다. 비교하건대 문화 연구자들이나 매체 연구자들이 '매체 · 언어 · 문화'의 개념태를 다룰 때, 매체와 문화의 주변적 형질처럼 언어를 다루거나, 매체와 문화의 연속성을 유지시키는 수단 기제 정도로 '언어'를 처리하는 양태와는 일정한 차이를 보이는 것이다(박인기, 2010).

(3) 복합 다매체 환경에서의 독서교육 기획

미래사회의 매체환경은 기술적으로 첨단기술에 의존하는 매체가 주역을 담당한다. 그리고 필요와 상항에 따라 여러 종류의 특성화된 매체들이 등장한다. 통신과 방송 미디어가 결합하고(DMB) 여기에 다시 강력한 인터넷 기술이 모바일 통신과 결합하는 매체 환경에서는 수백 만 개 층위의 세계가 하나의 정보통신망으로 연결되는 컴퓨터망과 위성통신 시스템 등, 실제적 시공간을 기계적 조작으로 자유롭게 배치하는 경우에 이르기까지, 특성화된 매체들이 활개를 칠 것이다.

이들 매체는 그 자체로 제도화되어 우리들의 삶과 사유를 지배한다. 이들 매체의 제도화는 일찍이 인류가 구축했던 어떤 제도보다도 개인에 대한 구속력을 강하게 발휘할 것이다. 그리고 그 구속은 개인 쪽에서 능동적으로 요청하는 구속이 된다는 데서 정보화 사회의 가공할 만한 위력을 실감하게 되는 것이다. 어떤 면에서 그러한 매체환경 속의 개체는 매체와 정보를 효율적으로 다루는 것만으로 현상적 존재로서의 주체를 매우 실감나게 인식할지도 모른다.

독서는 이런 매체환경 속에서 어떤 변화를 거치면서 그 정체성을 확보할 수 있을까. 정보화 사회의 복잡 다단한 매체환경 속에서 독서는 나름대로의 동화와 조절을 모색할 것이다. 그것은 문화를 읽는 패러다임의 변화에 직결되는 것일 수도 있다. 다음 시대의 독서행태를 진단하는 것은 독서문화의 새로운 대안을 위해 필수적이다. 크게는 '전락된 독서'와 '재개념화된 독서'로의 변모가 예견된다. 전자가 부정적 면모라면 후자는 긍정적 면모이다. 그런 변화의 소용돌이 속에서도 전통적 독서의 패턴이 여전히 계승되어, 인간의 존재론적 조건들에 대한 고답한 도야와 비판적 성찰의 소명을 다하고자 노력하는 면모도 기대된다. 실용적 문제해결을 위한 독서는 교육의 개방과 사회의 민주화, 매체의 발달 등에 힘입어 더욱 팽창할 것이다. 좀더 구체적으로 진단해 보기로 한다. 독서가 일회적 소비상품의 차원으로 내려가는 모습을 극복하기 위해서도 이러한 진단은 문화적 경보(警報)로서의 의미를 지니는 것이라고 생각한다.

첫째, 독자를 중심으로 하는 독서환경이 더 많이 강조될 것이다. 모든 독서가 독자를 상정함으로써 가능해지는 것이지만, 독자의 요구와 관여가 독서의 소통구조 속에 더 많이 반영되고 중시되는 모습을 띨 것이라는 점이다. 대부분의 독서현상은 철저히 소통구조의 차원에서 독자들의 요구와 간섭을 제도화하는 모습으로 나타날 것이다. 이는 인터넷 공간에서 다양한 독서물들에 대한 독자들의 즉각적이고도 매우 적극적인 참여와 요구를 보면 그 징후를 쉽게 예견할 수 있다. 서적생산 및 유통업체들은 이와 같은 독자반응 시스템을 미디어 차원에서 강구하게 될 것이다. 따라서 불특정 다수로 표현되던 종래의 독자 개념은 자주 구체적 특정인으로서 작가와의 상호 작용을 하게 될 것이다. 성숙한 작가와 미숙한 독자로 전형화되던 공식은 이제는 부서지기 시작한다. 전문화되고 성숙한 독자의 파워가 전체 독서문화 및 독서소통 구조를 변화시킬 것이다. 미디어 변혁사회의 작가와 독자의 관계를 '뛰는 독자 걷는 작가'라는 지적이 나오는 것도 결국은 독자 중심의 독서사회의 전 징조를 예거한 것의 하나로 보인다.

둘째, 독서의 행태가 두 층위로 분화되는 경향을 보일 것이다. 이른바 생산적 독서와 소비 문화적 독서의 층위가 명료하게 분화될 것이다. 이러한 분화는 소비적 독서의 양적 증가를 통해 드러나게 된다. 물론 이것은 매스 미디어의 작용이 따른 결과이다. 매스 미디어는 방대한 규모의 문화 소비자와 그에 비해 상대적으로 소수의 전문화된 문화생산자의 사이를 중개하는 문화분배 및 소통의 현대적 체계이다.

이들 대중매체의 공통적 특징은 정보를 기록하고 보급하며 복제하는 기술적 장치의 사용이다. 대중매체는 값싸고 풍부하며 폭넓은 유용성을 가지는 동시에 신속히 보급되는 문화적 산물을 가능하게 한다. 그러나 이들 매체의 기계적 메커니즘은 발신자와 수신자, 작가와 독자 사이에 가로놓인 장애이기도 하다. 그래서 진정 더 민속적이고 민중적인 문화의 모습, 더 직접적으로 민중에 밀착된 전형적인 모습은 대중문화 속에는 존재하지 않는다. 과학기술과 기술복제의 긍정적인 면은 문화에 엄청난 민주화를 가져왔다는 데에 있다. 그러나 부정적인 면은 수백만 사람들을 누군지 알지도 못할 타인에 의해 생산된 문화의 단순한 소비자로 전락시켰다는 점이다(Walker John A., 1983, 정진국 역, 1987: 17-21). 대중문화와 결합되는 독서의 양태는 여가상황에서의 소비적 문화의 일부분으로 변해 갈 것이고, 상업주의적 자본이 이를 극단적으로 조장해 나갈 것이다.

생산적 독서의 경우도 다시 두 층위의 독서행태가 뚜렷하게 분화되어 나갈 것이다. 이른바 실용의 독서로서 실용적 문제해결을 위한 정보선택의 차원에서 이루어지는 독서와 철학적 성찰과 총체적 인식을 위해 읽는 메타적 독서로 구분된다. 전자가 생업의 지식을 위한 것이라면 후자는 독서에 대한 독서, 일차적 사유에 대한 사유의 형식을 띠는 독서가 된다. 전자(실용의 독서)는 첨단매체와의 기술적 결합을 다양하게 시도해 나가겠지만, 후자(메타적 독서)는 전통적 고답주의 독서행태를 상당 부분 보존하게 될 것이다.

셋째, 같은 독서내용 영역 내에서도 전문성 독서와 아마추어 독서영역이 분화되는 경향을 보일 것이다. 이는 정보화 사회의 대중들이 이른바 자아실현과 관련하여 각자의 자기 전문영역과는 별개로 아마추어 수준의 관심영역을 가지려고 하는 성향과 맞물린다. 이러한 성향은 단순한 정보의 양이 많은 것보다는 정보의 체계적 선택이 더 가치 있게 되는 경향을 반영한 것으로서, 국민지력이라든지, 평생교육, 학습사회 등의 개념에 비추어 보면 상당히 바람직한 것이다. 아마추어들이 없이 전문 프로만 있는 것과 아마추어와 프로가 공존하는 것의 차이는 무엇일까. 정보화 사회의 바람직한 성숙 여부를 독서 지표(출판지표)로서 판별하는 한 기준이 되지 않을까 하는 생각을 해 보게 된다. 전문영역에 대중적 관심이 어느 정도 따라 붙는 것을 의미하기 때문에 소비문화적 독서경향을 어느 정도 건강하게 끌어 올릴 수 있는 가능성을 엿보게 된다.

이들 아마추어 독서영역에 부합되는 독서물을 생산하는 사람들이야말로 건전한 독서사회를 실천하는 사람들이기도 하다. 매체변혁으로 인해 저술과 출판의 물리적 경제적 부담이 줄어드는 미래사회에서는 전문가 아닌 사람들의 저술 작업이 개성 있게 전개될 것이다. 이들의 저술이 아마추어성 독서의 공급원이 된다면 그것은 일정 부분 바람직한 현상이라 할 수 있다.

넷째, 여러 매체가 효과적으로 통합되는 읽기 패턴이 확장되어 나갈 것이다. 이는 이미 언급한 대로 읽기 텍스트의 개념이 확장되는 것을 의미한다. 순수한 문자 언어적 텍스트에서 첨단매체의 여러 자질들을 긍정적으로 포괄하는 복합적 텍스트로 변화되어 나갈 수밖에 없는 것이다. 전통적인 활자 텍스트로는 도저히 구현하기 어려운 수용 메커니즘이 계속 개발되어 갈 것이다.

매체 통합적 읽기 패턴은 새로운 읽기 텍스트의 전형을 요청하게 될 것이고, 그것의 개발 및 적용은 어린이 및 청소년을 위한 읽을 거리들을 중심으로 이루어질 것으로 보인다. 따라서 언어적 수용 이외의 부수적 읽기 자료들이 총체적 인지에 어떻게 작용하는 지를 밝히는 읽기의 기초 연구들이 새롭게 전개될 것이다.

Ⅲ 국어교육의 수요 확충

(1) 국어교육의 역할에 대한 관점 변화

좁은 의미의 국어교육 과정은 학교라는 제도를 전제로 국어교육의 내용과 방법을 설계한다. 언어 그 자체를 배우는 것이 오로지 학교에서만 가능한 것은 아니지만, 산업사회 이전의 우리나라 사람들은 말과 글을 학교에서 배워야 한다고 믿었다. '글 배우러 학교 간다.'는 말이 학교의 기능을 표상하는 말이었다. '글 배운다'는 인식 속에는 사실 세상만사에 대한 지적 수용이 글을 통해서 이루어진다는 믿음 체계가 공유되었음을 보여준다. 그리고 그것을 학교교육이 해 주는 것으로 생각했던 것이다.

전통사회에서 학교는 지역사회의 문화와 지식을 전하고 창출하는 중심적 기능을 가진 곳이었다. 물론 이러한 기능은 그 이전에는 가족 중심의 공동체가 일상생활에서 자연스럽게 수행하던 것이었다. 대체로 지금까지 전통적으로 학교가 가르치던 국어교육이라는 것도 주로 국어의 규범과 법칙을 익히게 하는 것이 주임무였다. 더욱이 일제 식민지 질곡을 벗어나 새나라 세우기에 분주했던 1970년대까지는 우리말의 체계를 과학적으로 익히고, 그 사용규범을 표준화하여 습득하는 것이 무엇보다도 긴급한 일이었다. 그러나 이러한 국어교육은 본질적으로 소극적인 것이라 아니 할 수 없다. 그저 지키기에 급급한 것으로서 '국어'의 모습이 투영되던 시절이었다.

그러나 산업사회 이후 우리나라가 겪고 있는 여러 변화는 학교에서 종래에 해 오던 국어교육이 우리 사회현실이나 미래적 비전에 얼마나 부합하는 것이냐는 의문을 당연히 가지게 했다. 더 크게는 학교교육 전반이 사회발전을 추동(推動)하지 못하는 듯한 느낌을 가지게도 했다. 이러한 반성이 절실하게 반영된 것이 바로 제5차 교육과정 이후의 개정이라 할 수 있다.

언어능력을 창의력 또는 사고력과 같은 개념으로 목표화한 것은 국어교육의 수요를 확장하는 토대를 마련한 것이라 할 수 있다. 단순히 우리 말과 글의 현상과 규범을 익히는 것으로는 미래사회의 전반적 변화에 대응하는 국민교육력을 길러낼 수 없다. 이러한 인식을 절감하는 사람들이 오히려 학교 안보다는 학교 바깥에 더 많았다. 이른바 사회적 요구와 압력이 국어과의 교육과정을 그런 방향으로 밀어나간 것이다. 일종의 시대적 요구라고 할 수 있다.

국어교육의 개혁과 변화가 국어교육 내부에서 일어날 수 있도록 하기 위해서는 국어교육에 관여하는 주체들의 연구와 노력이 필요하다. 무엇보다도 국어교육과 사회발전을 보려는 노력, 국어교육과 문화의 발전을 연관하여 통찰하려는 의지와 능력이 필요하다. 이러한 힘을 집중하기 위해서는 새로운 안목과 세계사적 전망을 우리 국어교육 실천자들이 갖추어야 할 것이다. 그간 국어를 단순히 가르치는 데만 급급했을 뿐 국어교육의 철학이나 전망 또는 국어교육의 이념에 대한 인식이 그만큼 우리에게 빈약했음을 보여주는 것이라 아니 할 수 없다. 이러한 인식은 물론 언어가 개인의 의사소통 수단으로 출발하지만, 사회구성원들의 정신과 의식을 통합하고, 우리 삶의 조건을 인식하고 규정하는 가장 중요한 매재(媒材)가 된다는 점에서 찾아야 할 것이다. 이는 곧 언어가 사회를 형성해 나가는 중요한 축이 됨을 의미한다. 동시에 국어는 우리 사회의 사고방식과 생활방식을 지배하는 문화의 핵심에 놓인다. 이 점을 우리는 분명히 인식해야 한다. 즉, 언어와 사회와 문화는 순환적 회로를 가지고 서로가 서로에게 부단히 영향을 준다. 그리하여 국어는 우리 사회의 실용적 국면과 형이상학적 국면을 모두 관장한다.

(2) 국어교과의 교육 수요 확충

교과의 개념은 역동적이어야 한다. 교과는 어떤 특정의 교육주체(기관)가, 학교라는 제도를 바탕으로, 즉 교육과정의 프레임을 바탕으로 교육행위를 할 때, 가르치는 내용의 '일정한 범주화 양상'('일정한 범주'가 아니라)을 나타내는 것이라 할 수 있다. 가르치는 내용의 범주를 구획하는 데에는 학문의 범주들이 분류 준거로써 영향을 끼치지만, 학문 범주 그 자체가 그대로 교과로 환원되는 것은 아니다. 교과는 어떤 지식의 구조나 탐구 체계를 학문에서 빌려와서, 지식 세계를 범주화하는 밑그림으로 삼지만, 그렇다고 그것대로만 고착되지 않는다. 교과는 그보다는 훨씬 더 유동적이고 변형적이고 자기 조절의 에너지를 안으로 지닌다.

이처럼 교과가 유동적이고 변형적이고 자기 조절 성향을 발휘하는 데서 오는 힘은 교과교육학의 이론적 진화에 의해서도 그 가능성을 구축하지만, 실제적으로는 그 교과에 대한 교육적 수요를 새롭게 창출하는 데서도 찾을 수 있다. 그리고 그 수요를 흡수와 관련한 수요의 대상과 공간은 확장되는 것이 일반적 현상이다. 교과의 진화를 생각하는 입지에서 보면, 학교라는 틀 속에서 구체적 제도로 작동하는 교육과정에만 대응하여 교과의 수요를 발굴하는 것은 지나치게 소극적이라 할 수 있다. 교과교육학 연구가 제도 학교의 가시적 프레임들에서만 나타나고, 그나마도 교실 수업을 현상 추수하는 방식으로 이루어지는 현 단계를 넘어서야 할 것이다. 미래의 교육 생태에서는 교과교육학의 연구 에너지가 학교 교실의 공간을 넘어서 모든 종류의 교육을 현동화(actualizing)시키는 차원으로 나아가야 할 것이다.

즉 어떤 교과의 유동성과 변형적 자질과 자기 조절의 성향은 학문적인 것에서 생긴다기보다는 오히려 그 교과를 둘러싼 생태적 조건, 사회적 수요 그리고 문화적 환경이 가해 오는 압력에 의해서 생겨난다. 우리가 흔히 말하는 학습자의 학습 심리라는 것도 교과를 둘러싼 사회적 문화적 생태에 따라 형성되는 측면이 강하다. 미래지향의 교과일수록 이런 점에 착안하여 교과의 성격 자체를 조절하고 문화 생태에 적응하는 능동적 노력을 기울여야 한다. 이는 확실히 정보화 시대 이전의 교과 인식과는 차원을 달리하는 것이라 할 수 있다. 어떤 고정의 양태로 머물러 있는 교과는 도태될 수밖에 없다. 그래서 교과의 존재와 작용을 생태학적 구도 하에서 파악해야 하는 것이다(박인기, 2009).

국어교과 또한 마찬가지이다. 이런 관점으로 국어 교과를 인식할 때, 먼저 국어 교과는 국어교육에 대한 새로운 수요 개발이 얼마나 중요한지를 이해할 수 있다. 요컨대 국어교육학의 필요성을 실제의 교육현상 속에서 증대시키고, 국어교육의 수요가 필요하다는 인식을 일반화해야 하는 것이다. 이는 응용학문인 국어교육학의 속성이라 할 수 있다.[5] 그러므로 '수요화'는 국어교육학의 현실생태를 적극적으로 활용하는 발전전략이라 할 수 있다.

국어교육학의 수요를 확충한다는 것은 매우 적극적이며 실용적인 전략이다. 국어교육학을 이론적으로 더욱 충실히 하려는 '이론화 전략'이 국어교육학의 학문다움을 꾸준히 세워 나가려는 발전전략이라면, '수요화 전략'은 국어교육학의 '힘'을 구체적으로 실현해 보이겠다는 것이기 때문이

5) 수요자 중심의 미래형 교육과정의 기본구도는 공통과정 이후는 모든 과목이 독자적 경쟁의 구조 속에 '경영'되도록 배치하고 있다. 초등의 경우도 한때 영어과목 등장으로 국어과목의 절대시수가 상당 수준 감소되는 과정을 겪다가 이를 극복했다. 국어과 내에서 이러한 조치의 가치나 도덕성 여부를 성토하는 것은(물론 당연한 일이나), 적어도 경영전략으로는 효과적이지 않다. 영어보다 매력 있는 국어과목의 수요를 창출하는 것만 같지 못한 것이다.

다. 따라서 이 전략이 성공하기 위해서는 국어교육에 관여하는 모든 주체들의 창의적 노력과 개발의지가 확고해야 한다. 이론 못지아니하게 실천현장의 역동적 아이디어가 중시된다.

먼저 다양한 프로그램 체제로서의 국어교육에 주목할 필요가 있다. 국어교과가 있고, 교과서가 있으므로 국어를 가르치는 현상이 있다고 생각하는 소극적 관점이 아니라, 이러이러한 필요가 생겨서 그런 필요에 맞는 국어교육을 내가 만들어 투입한다는 정신에서 '프로그램 체제'로서의 국어교육을 추동하게 되는 것이다. 전통적으로 국어교과에서는 프로그램 개념보다는 텍스트나 단원 개념에 더 익숙하게 적응해 왔다. 교육에서 프로그램 개념은 교육상품으로서의 성격을 강화해 오고 있다.[6] 지식정보 및 지적 용역이 모두 재화의 가치를 지니는 정보화 사회로 오면서 이런 성향은 더욱 뚜렷해진다.

교육상품이란 무엇인가. 교육 소비자가 전제되는 개념이다. 소비자는 수요변인이다. 현대사회에서 소비는 생산에 대응되는 경제행위라는 개념을 넘어선다. 어떤 소비는 그 자체에 생산성을 내포하고 있고, 그로 인해 소비의 의미는 달라진다. 재화의 종류가 매우 다양해지면서 소비는 문화의 한 패턴을 결정짓는 요소로 등장한다. 그래서 '수요'의 내재적 요인을 따져보기가 만만치 않다. 그만큼 교육에 대한 수요도 다양하고 섬세해졌다. 공급자 중심의 교육이 아닌 수요자 중심의 교육이란 아주 구체적으로는 소량 다종 판매의 교육상품, 즉 교육 프로그램을 개발하라는 이야기이다. 국어교육 분야에서 프로그램은 타 분야의 것에 비해 어떤 경쟁력을 가질 수 있는가. 이런 물음에서 국어교육학의 수요화 전략은 출발해야 한다.

국어교육 수요화의 전략을 체계적으로 구축하기 위해 편의상 ① 학교교육 범주, ② 사회교육 범주, ③ 미디어 교육 범주 등으로 나누어 생각해 보기로 한다. 논리상 사회교육 범주에 드는 '미디어 범주'를 체계를 어겨가면서까지 별도로 상정한 것은 이 분야에서의 국어교육 수요화 전략 가능성이 매우 크다고 판단하기 때문이다.

---

6) 영재교육 프로그램, 창의성 개발 프로그램, 조기 영어교육 프로그램, 한자능력 검정시험, 논술교육 프로그램, 인터넷 적응 프로그램, 토론과 사고력 개발 프로그램 등등이 모두 그런 성격을 지닌 교육 프로그램이다.

학교교육에서 국어교육은 교육과정의 내용을 더 참신하고 유용한 것으로 개선해 나감으로써 그 수요를 인정 받는 부단한 노력을 기울여야 한다. 바람직한 시도로는 초등학교의 경우 현재 교과서 단원체제를 개별교실의 '지금 여기'의 상황에 맞게 다시 프로그램화를 시도하는 것이다. 일종의 교과서 재구성의 기본원리라고 할 수 있다. 표준화된 교과서의 고식적 운영에서 오는 수업의 정체된 획일성을 더욱 역동적으로 바꾸는 수요자 중심의 발상이 일상의 교육과정 운영에서 필요하다.

일차적으로는 이러한 수요 경쟁은 타분야 교과와의 사이에서 일어난다는 것을 전제로 해야 한다. 이 경우에도 두 가지 방면의 노력이 필요하리라 본다. 하나는 국어교육의 실용적 수요, 다시 말해서 국어사용 기능에 대한 수요를 확장해 나가는 것이고, 다른 하나는 국어교육의 이념적 요소를 설득력 있는 가치로 인식시켜 나가는 것이다. 그런데 이 양자(기능과 가치)는 상호의 보증을 통해 국어교육 전체의 중요도를 제고할 수 있다. 언어와 사고의 상보적 관계를 언어사용의 맥락에서 강조하는 이론과 전망(Gelman & Byrnes, 1991)을 개별화된 프로그램으로 다양하게 구현함으로써 학교교육에서의 국어교육에 대한 수요 증대를 꾀해야 한다. 이 경우 이론가와 실천가의 공동연구의 중요성은 더욱 절실해 진다.

학교교육에서 국어교육 프로그램 개발 운영은 특별활동의 성격을 띤 것으로 확장되거나 학교가 마련하는 부모교육 프로그램으로 확장될 경우, 수요증대 효과를 배가할 수 있다. '동화구연 프로그램', '한자교육을 통한 인성교육 프로그램', '언어교정 프로그램' 등이 대표적인 예에 해당할 수 있다.

학교교육에서의 국어교육 수요확충과 관련해서 국어교육은 '언어'와 '문학'이라는 매우 좋은 자원을 가지고 있다. 언어는 인간 활동의 모든 국면에서 도구적 작용을 한다. 또 '문학으로 접근할 수 있는 교육'이 매우 다양하고 넓게 분포되어 있다는 것은 국어교과의 잠재력이라 할 수 있다. 문학은 사상이나 정서를 담아내는 기능과 작용이 탄력성이 있어서 교육의 다양한 장면과 무리없이 교섭될 수 있는 특성을 가지고 있다. 우리는 학교 교육과정 운영이 교과 중심의 경직성을 띠고 있어서 이러한 문학의 탄력성을 살리기가 어렵지만 '문학으로써 하는 교육'의 가능성을 보다 개방적으로 받아들일 필요가 있다고 본다. 영국의 경우 문학의 장을 이용하여 말하고 듣고 문학으로 읽고 쓰는 국어교육의 전통이 강하다. (Duff, Alan & Maley, 1990), 사회과 교육 프로그램에 논픽션 문학이 개입되는 효과를 고려한다든지, 과학 프로그램 속에 문학이 일정한 역할을 할 수 있음을 보여 주는 경우도 있다(Cullinan, 1993). 학교 교육과정 전반에서 국어교육 분야의 비교우위를 점할 수 있도록 하는 전략은 과거에도 그러했지만 앞으로도 더욱 생존적 차원의 문제가 될 것이다.

다음으로는 사회교육 차원에서의 국어교육 수요화를 보기로 한다. 교육에 대한 요구나 공급이 학교 밖에서 더욱 왕성하게 이루어지는 것이 미래 학습사회의 추세이다. 문화기관은 물론이고, 종교단체, 지방자치단체, 심지어는 기업에 이르기까지 나름대로의 정합성을 고려한 사회교육 프로그램을 운영하고 있다. 대체로 실용성이 강한 프로그램들이 주류를 이룬다.

국어교육으로서는 사회 각 분야의 국어사용을 필요에 맞고 규범에 맞도록 도와주는 데서 그 수요를 찾을 수 있다. 방송언어의 심의라든지, 법률용어의 대중화라든지, 컴퓨터 분야의 낯선 외국어를 한국어로 다듬어 주는 일 등이 지금까지의 수요라고 할 수 있다. 앞으로는 담화나 화법을 개발 보급시켜 주는 방향으로 사회교육 프로그램이 보다 적극화되어야 할 것이다. 즉, 각종 직업의 상황에서 필요한 화법과 담화전략을 개발하고 보급하는 프로그램이 필요하다.[7] 어린이 및 청소년의 사회교육 프로그램으로서는 창의적 글쓰기 프로그램을 다양하게 개발하여 그야말로 범교과적으로 활용하는 전략을 생각해 볼 수 있다.[8]

미래사회의 특성에 비추어서 국어교육이 문화교육의 일면을 지닌다고 한다면 국어교육의 사회교육적 수요는 상당한 수준으로 확장될 수 있다. 이 부분은 이론과 실천 모두 개발해야 할 무궁한 광맥을 가지고 있다 하겠다. 모든 대중문화 현상에 대한 수용과 감식을 일종의 비평적 글쓰기 프로그램이나 토론 프로그램으로 묶어내면서 언어활동으로 수렴하는 것

7) 그런 면에서 순수방법(strategy)만의 언어사용 원리란 것에 대해 한계를 느끼게 된다. 내용이 개입됨으로 해서 사용의 전략이 뚜렷해지는 양상을 이런 장면에서 확인하게 된다. 예컨대 '항공사 직원들을 위한 말하기 능력개발' 프로그램에 유능한 전문가로 인정받으려면 '항공사'라는 내용에 대한 이해가 선행되어야 한다. 이는 사회교육 프로그램에서는 더욱 필요하다.

8) 전략적 발상에서 도움을 줄 수 있는 적절한 예시로서 〈Creative Writing in America: Theory and Pedagogy〉, (Joseph M. Moxley), NCTE, 1989. 를 참조할 수 있다.

이기 때문이다. 물론 국어교육이 문화교육의 전부를 감당하는 것은 아니다. 그러나 국어교육의 토대가 되는 '언어'와 '문학'이라는 인문적 핵심 磁場이 문화에 미치는 힘을 최대한 국어교육적 수요로 변환시키는 것이다. 이 과정에서 다양한 이론화 담론(합리화 담론)들은 국어교육학의 토양을 더욱 비옥하게 해 줄 수 있을 것이다.

미디어 교육이 국어교육학의 수요를 확장한다는 점을 살펴보자. 먼저 정보화 사회가 국어교육 쪽에 요구하는 수요의 성질이 무엇이겠는가. 미디어가 통제하는 사회, 멀티미디어에 의해서 정보와 문화의 생산 및 소통이 극대화되는 사회이다. 그 미디어 속에는 다양한 텍스트들이 존재하고 작용하는데, 여기에 언어가 매우 능동적으로 관여한다. 자연스러운 상태의 국어교육 자료상이 미디어 속에 있는 것이다. 이 점은 국어교육의 미래전략에서 상당히 중요하다. 결론부터 말하면 미디어 교육의 상당부분을 국어교육의 하위 영역으로 가져 와야 한다. 언어지식의 학문적 분류나 언어사용 영역의 외현적 범주(말하기/듣기/읽기/쓰기/)나 문학의 기존 장르 체계만을 국어교육의 내용범주로 고정화하는 동안 실제의 국어활동 현상을 외면하는 우를 범하게 된다. 미디어 교육에 기존의 어떤 교과가 능동적으로 개입하느냐에 따라서 교과의 세력판도가 달라질 것이다.

미디어 중심의 사회는 긍정적 모습과 더불어 부정적 미래상도 많이 내포하고 있다. 뉴미디어의 대중화가 확대될수록 대중문화의 내용과 형태는 달라진다. 일반대중이 선택하는 문화행위의 폭을 넓혀 줄 수 있기 때문이다. 그러나 뉴미디어를 통해 가공되는 문화적 속성이 내용이나 형식상 영상화, 오락화, 소모화, 탈의식화 등에 치우친 소비지향의 문화상품으로 양산되는 데에 문제가 있다. 그럼에도 불구하고 전세계적으로 뉴미디어를 매개로 전파되는 문화상품의 수요는 급증하고 있다(전석호, 1997). 이러한 뉴미디어 체제에서 전통적 국어교육의 방법은 수요면에서 위축될 수 있다. 뉴미디어에 적응하는 국어교육의 방법이나 교재 조직 기술은 살아남기 위한 필연적 과제가 될 것이다. 어떻게 보면 이 못지않게 중요한 것은 뉴미디어 사회의 부정적 장면에서의 국어교육의 역할이 무엇일지에 대해서 대안을 마련하는 것이다.

국어교육의 수요 확충은 실천현장에서의 활동으로 나타나지만 국어교육학 자체에 대한 수요 확충으로 이어질 때 비로소 완결성을 갖추는 것이다. 또 그렇게 되는 것이 당연하다. 20세기 이후 근대 학문분야 가운데서 이러한 수요확충의 성공적 사례로 교육학과 경영학의 학문적 확장과정을 유의해 볼 필요가 있다.

교육학은 '가르치는 현상'을 기반으로 해서 심리, 사회, 역사, 철학, 통계, 교육과정, 행정, 공학 등 모든 학문 코드와 교섭함으로써 그 수요를 내적으로 확충시키고 가능성을 개발하고 그것을 금방 하위분야로 제도화하였다. 이는 물론 미국식 확충모형이라 할 수 있다. 체육교육학이 이러한 모형에 따라서 학문수요를 확충해 가고 있음도 주목해 볼 필요가 있다. 문제는 국어교육학과는 달리 이들 교육학이나 체육학은 같은 계통의 순수학문(국어교육학으로 치면 국어국문학)영역을 가지고 있지 않다는 점이다.

경영학은 기업현상을 다루는 학문이다. 경영학은 다른 학문영역과 교유하는 방식보다는, 원래 기업현상 그 자체를 파고드는 방식으로 학문적 수요를 확충하였다. 인력을 관리하는 분야에 인사 · 노무 이론, 시설과 원료를 관리하는 데에 자재관리 이론, 자금을 관리하는 분야에 재무회계 이론, 판매를 다루는 분야에는 마케팅 이론 등과 같은 방식으로 학문의 내적 수요를 확충해 온 것이다. 이 역시 미국식 확충모형이다. 교육학 모델은 수평 확장모형이라 할 수 있고, 경영학 모델은 수직 심화모형이라 할 수 있다. 국어교육학의 수요 확충모형을 생각해 볼 때가 되었다.

이러한 수요확충의 전략을 토대로 앞으로의 국어교육은 다양한 교육과정을 상황과 요구에 맞게 개발해 나가야 할 것이다. 국어교육 과정이 학교라는 가시적 제도 속에서만 운영되는 것이 아니라, 사회 전반에 필요한 곳마다 원용될 수 있어야 하는 것이다. 언어 및 언어문화의 바람직한 전승과 계발이 요구되는 곳이라면 어디에서나 국어교육의 실현이 일어나도록 해야 한다. 국어교육에 대한 각계각층의 건강한 수요를 더 많이 창출할 수 있도록 국어교육 내에서도 각별한 노력이 있어야 할 것이다. 이에 우리 국어교육이 관심을 기울일 미래사회의 언어교육 연구영역을 제시해 본다.

첫째, 미래사회에서의 언어교육은 가일층 사고력의 개념을 강화해 나갈 것이다. 사고력으로서의 언어교육이 현재 우리가 인식하고 있는 교과의 벽을 넘어서 더 광범위하게 작용할 것이다. 그러나 사고력교육의 중요한 매재(媒材)로서 언어의 위치는 변하지 아니한다.

둘째, 언어사용의 기능이 현실적으로 더욱 중시되는 풍토가 될 것이다. 물적 풍요가 개인으로 하여금 선택의 여지를 계속 제공하고, 그만큼 개성이나 창의성을 강조하게 되면서 그런 개성적 인격을 외적으로 표상하는 언어기능은 새로운 미래적 교양의 한 분야가 될지도 모른다. 또 그만큼 보통 사람들도 자기표현의 기회를 많이 가지게 될 것이다. 이는 사회가 기술집약적 통제하에 놓이면서 개인의 여가가 늘어나고, 여가 자체가 문화의 한 중요한 속성이 될 것이다. 여가의 생산적 가치로 수렴은 여가경험의 의미화인데, 이 과정에 언어의 개입과 작용은 필연적이다.

셋째, 국어의 사회적 · 경제적 · 문화적 기능이 다면적으로 요청될 것이다. 앞으로 사회문화에서 언어 또는 언어문화는 상대적 가치와 다원주의적 경향으로 인해 계층, 지역, 세대 등에 따라 심각한 분화를 겪을 것이다. 이 분화는 언어사용의 혼란일 수도 있고, 새로운 시대정신에 맞는 언어문화를 모색하는 과정이 되기도 할 것이다. 어쨌든 이 와중에서 언어교육은 새 시대의 문화통합적 이상을 추구하는 중심축이 되어야 한다. 그런가 하면 새로운 경제적 환경의 변화 또는 첨단기술의 생활문화적 변용, 영상매체에 의한 언어소통의 변화, 환경 이데올로기의 대두 등등에 대해서 끊임없는 새로운 담론들이 등장할 것이고, 그것이 곧 새 세기의 언어문화를 형성하게 된다. 따라서 언어는 이런 환경을 이끌어나가는 가장 중요한 기제로서의 표상이 된다는 점을 간과해서는 아니 된다. 사회기능 측면에서는 문명적 · 기술적 발달에 국어가 기여해야 하고, 문화 · 이념적 측면에서는 한국의 고귀한 인문적 정신자산을 고양해 나아가야 하는 사명이 국어교육 속에 부과되어 있다.

아울러 우리 대한민국의 국력증진과 더불어 국제어로서 한국어의 위상을 제고하는 일이 매우 중요하게 우리 앞에 놓여 있다고 하겠다. 그리고 그 과제는 우리가 생각하는 것보다 훨씬 빨리 우리에게 다가오고 있다.

Ⅳ 외국어로서의 한국어교육

(1) 외국어로서의 한국어교육의 필요성

한국이 80년대 중반에 들어 경제적인 발전과 더불어 올림픽 경기까지 주최하면서 세계적인 주목을 받게 되자, 한국어는 세계인들의 관심의 대상이 되기 시작했다. 미국, 일본 및 유럽 여러 나라에서도 한국어를 대학의 과목뿐 아니라 고등학교 제2 외국어[9]로도 선택하는 경향이다. 이런 현상들은 현대사회의 세계화 추세에 발맞추어 외국인의 국내진출과 한국인의 해외진출이 현저히 증가한 결과라고 할 수 있다. 이에 한국어를 단순한 자국어차원이 아닌 외국어로서의 한국어, 또는 이중언어(二重言語)로서의 한국어라는 차원에서 새로운 국어교육 연구 분야를 설정할 필요가 생겼다.

우리가 가르치는 한국어가 자국어인 사람에게는 국어교육이지만, 한국어가 낯선 외국어인 사람들에게는 외국어교육이 된다. 이와 더불어 같은 한국어를 교육한다 할지라도, 국어교육일 경우와 외국어교육일 경우는 교육정책의 수립부터 교육목적과 내용설정 및 교육방법과 기술의 선정에 이르기까지 달라질 수밖에 없다.

외국어로서의 한국어교육이나 외국어교육의 궁극적인 목적은 교육자가 학습자로 하여금 목표언어(target language)의 학습을 통하여 그 나라의 생활, 제도, 풍속, 문화 및 사고방식을 이해하고, 국제간의 상호교류를 통하여 친선을 도모하며, 세계평화를 유지하는 데에 있다. 그리고 외국어로서 한국어교육이나 외국어교육의 목표는 교육자가 학습자에게 목표언어의 구조를 정확하고 유창하게 사용할 수 있는 능력을 기르는 데 있다. 또한 거주국의 언어를 1차적으로 익힌 해외교포에게는 단순한 언어교육 이외에 민족의식과 정서까지 불어넣어 주는 일도 겸해야 하고 또 그럴 수밖에 없을 것이다.

외국어로서의 한국어교육의 개념범위를 정하려면, 먼저 재외교포와 재외국민(在外國民)을 구분해야 한다. 재외교포란 나라 밖에 거주하는 모든 동포를 지칭하는 말로서 다분히 민족적인 색채를 띤다. 이에 비해 재외국

9) 호주에서는 1991년부터 고등학교에서 한국어를 제2외국어로 정하여 수업한다고 한다.

민이란 자기 나라 국적을 가지고서 외국에 나가 거주하는 이들을 가리킨다. 따라서 해외교포가 모두 재외국민이 되는 것은 아니다. 한국어교육이 외국어교육이 되는 경우는 재외교포에게만 해당된다. 재외국민의 경우에는 외국어교육이라고는 할 수 없고, 다만 한국에 귀국했을 때의 적응차원과 연계한 교육이란 특성을 덧붙일 수 있다. 그 다음, 제1언어(first language)와 제2언어(second language)의 개념을 두고 볼 때, 보통 '제2언어로서의 한국어교육'이라고 하면 제2언어와 모국어를 둘 다 포함하는 포괄적인 의미를 갖는다. 제2언어는 일반적으로 제1언어(모국어)보다 후에 습득하게 되는 언어를 말한다. 해외에서 태어난 교포의 경우는 제1언어가 태어난 나라의 언어이고, 제2언어가 한국어일 수 있다. 그러므로 '제2언어로서의 한국어'는 국적에 관계없이 순전히 언어습득의 순서에 따른 개념이므로 외국어로서 한국어교육과 일부 일치해도, 제1언어로서 한국어를 배우는 경우는 포함하지 않는다.

언어교육은 자기 나라 말을 배우는 자국어교육과 다른 나라 말을 배우는 외국어교육으로 구분된다. 또 자국어교육은 언어학습의 대상에 따라, 자기 나라 사람을 위한 자국어교육과 다른 나라 사람을 위한 자국어교육으로 구분된다(노대규, 1990: 51). 여기서 다른 나라 사람을 위한 자국어교육이란 '외국어로서 국어교육'으로, 이를테면 외국어로서 한국어교육을 지칭한다. 외국어로서 한국어교육이란 외국인에 대한 한국어교육과 해외교포의 한국어교육을 일컫는다. 이 글에서는 한국이교육기관을 살펴본 다음, 외국어로서의 한국어교육의 과제와 지향점을 모색하고자 한다.

(2) 외국어로서의 한국어교육의 교육기관

1960년대 초부터 국내에서는 외국인을 위한 한국어교육이 실시되어 왔으며, 몇몇 사설기관과 대학의 부설기관들이 이를 주관해 오기도 하였다(고영근, 1974: 82~83). 그리고 1974년에는 한국 외국어대학교에 외국이로서 한국어교육을 담당할 교사를 양성할 목적으로 '한국어교육학과'를 만들었다. 지금 여기서는 '외국어로서의 한국어교수법'과 '회화' 등의 강좌를 선택과목으로 바꾸어 운영하고 있다.

한국어가 외국어로서 공식적으로 교육된 것은 한국이 아닌 일본이었다.[10] 국내에서 외국인을 위한 한국어교육 기관의 창립을 본 것은 1958년 서울대학교 부설기구로서 한국어협회(Korean Language Institute) 설치가 처음이다. 여기서는 주한 외국인, 특히 선교사를 상대로 한국어와 한국의 역사를 강의하였다. 교육기관의 창설연대를 기준으로 보여 지금은 없어졌으나 과거 한국어교육에 참가하여 성과를 거두었거나,[11] 현재 활동하고 있는 단체를 모두 합하면 6개 기관으로 대별할 수 있다.

(가) 국내에서의 한국어교육

① **연세대 한국어학당**(Korean Language Institution)(1959년): 국내의 현존 한국어교육 기관으로는 가장 역사가 오래 되고 규모가 크다. 1959년 외국인 학생과 선교사와 외교관들에게 한국어 및 한국문화를 가르치기 위해 연세대학교 부설기구로 설립했다. 창설 초기에는 선교사를 주요 대상으로 삼았으나, 요즘은 외국인과 해외교포에게도 개방하였다.

② **Maryland대학 한국어강좌**(1963년): 미8군에 만든 메릴랜드대학 분교인데 연 5학기에 걸쳐 한국어 초급과 중급반을 개설했다.

③ **서울대학교 어학연구소 한국어과정**(1969년): 1963년 재일교포 모국유학생에게 국어교육을 실시해 오던 서울대학교 어학연구소는 이 과정이 서울대학교 교양과정부로 이관되자(1969년), 서울대를 비롯하여 국내 대학에 유학오는 모든 외국인을 대상으로 한국어과정을 개설하였다. 더욱이 본 과정의 개설에 맞추어 문교부에서는 외국유학생에 대한 장학제도를 마련하고 본격적으로 한국어교육을 실시했다.

④ **언어교육연구원**(1972년): 이미 설립되어 있는 협회 프로그램에 참석할 여유가 없는 외국인에게 한국어를 교수할 목적으로 1972년 9월에 개설되었다.

⑤ **명도원**(Myŏng Do Language Institute)(1964년): 명도원은 1964년 천주교 '프란치스코회'의 관구장인 신부가 외국 선교사들에게 한국어교육을 실시할 목적으로 창설하였다.

---

10) 일본에서는 도쿠가와(德川)시대에 한국의 언어, 문자연구열이 일어났다. 특히 메이지(明治) 연간에는 한국침략의 방편으로 두 언어의 역사적 교섭관계에 관한 연구를 비롯하여 수많은 회화서, 문법서 등이 나왔다. 그 뒤 대마도에 어학소를 설치하여 한국어를 가르쳤다(고영근, 1974: 82).

11) 이 가운데, '명도원'과 '평화봉사단'은 현재 없어졌다.

⑥ **평화봉사단**(1969년): 한국에 파견되는 미국의 평화봉사단원으로 하여금 한국어를 습득시킴으로써 그들의 업무수행에 원활을 기할 수 있도록 하기 위하여 만들었다.

(나) 국외에서의 한국어교육

『이중언어학회지』(1983년 창간)와 『한글』, 『교육 한글』을 중심으로[12] 주로 해외교포 자녀의 한국어교육 문제와 외국의 대학교에서 운영하는 한국어교육 프로그램에 관한 문제를 중점적으로 다루고 있다. 해외교포의 한국어교육 기관은[13] 각국의 수효를 파악하기에 어려움이 있어 주로 고등교육 기관을 중심으로 살펴보고자 한다.

① **미주 지역**: 한국어강좌를 개설한 대표적인 미국 대학으로는 하버드대학, 예일대학, 워싱턴대학, 하와이대학, 일리노이즈대학, 캔자스대학, 피츠버그대학, 서 미시간(Western Michigan)대학 및 캘리포니아 주립대학(UCLA)을 들 수 있다. 캐나다에서 최초로 한국어를 정규과목으로 설정한 대학은 토론토대학이다. 그것이 뒤에 확산되어, 브리티쉬 컬럼비아대학, 몬트리올 맥길대학, 워털루대학, 그리고 앨버타대학에서도 개설하였다.

② **유럽 지역**: 영국에서는 런던대학교에 있는 동양-아프리카 연구 대학의 한국어과정에서 한국학을 개설하였다. 프랑스에는 파리 7대학의 한국어과와 파리 3대학의 동양언어학교에서 개설하였다. 독일에는 보쿰(Bochum)대학과 본(Bonn)대학의 동양어연구소에 한국어과를 개설했다. 그 밖에 자유 베를린대학(Freie Universität Berlin), 뮌헨대학, 함부르크대학, 프랑크프루트대학 및 베를린의 훔볼트대학에서도 개설했다. 북유럽에서는 핀란드의 헬싱키대학에서 처음 한국어 강의를 개설했다. 스웨덴에서는 스톡홀름대학과 웁살라대학에서 극동어학과의 하나로 한국어강좌를 개설했다. 그 밖에 이탈리아의 나폴리대학과 오스트리아의 비엔나대학, 네덜

---

12) 『한글』(1988년) 제201202호에 "세계 각국의 한국어교육 현황"이라는 주제 아래 국제대회를 열어 세계 여러 나라에서 실시되고 있는 우리말 교육의 현황과 문제점을 점검한 바 있다.
『교육 한글』(1991년) 제4호에서도 공동주제로, "외국사람에 대한 한국어교육, 어떻게 할 것인가"라는 글을 실었다.

13) 중국의 한국어교육 기관에는 북경대 조선어문학과, 북경중앙민족학원, 대련외국어학원, 연변대 조선어학과, 연변 조선족 유 · 초 · 중 · 고등학교, 기타 동북 3성의 조선민족 학교가 있다(배희임, 1990: 72 참조).

란드의 레이덴(Leiden)대학에서도 한국어강좌를 개설했다.

구소련에서는 1987년 페테르부르크대학의 동방학부에 한국어강좌를 처음 개설했고, 광복 후 북한과의 협력관계가 긴밀해지자 한국어의 교육연구가 본격화되었다. 모스크바와 레닌그라드대학에도 한국어강좌가 설치되고 교재와 논설이 많이 나왔다. 그리고 폴란드의 바르샤바 대학과 체코 프라하의 까렐대학에서는 한국어문학과를 석사과정으로 개설하였다. 이것은 한국과 외교관계를 수립한 뒤에 더욱 활기를 띠고 있다.

③ **아시아 지역**: 아시아 지역에서 한국어강좌가 개설된 곳은 중국, 대만, 일본과 말레이시아이다. 대만에는 문화학원(文化學院), 대만 정치 대학 동방어문계 한문조(韓文組)를 개설하고, 한국어와 문학, 역사, 지리, 정치 따위의 한국학 분야를 강의하고 있다. 일본에서 한국어교육을 실시하는 학과를 둔 곳은 천리대학과 대판 외국어대학이다. 말레이시아에서는 페낭시의 과학대학교(University of Science Malaysia)에서 한국어와 한국문화를 강의하고 있다.

국내외 교육기관에서 사용해 온 교재는 국내보다 국외에서의 편찬이 더 활기를 띠어 왔다. 외국인으로서 한국어교육을 위한 외국인 교사의 저작물이 다양해진 이유는 언어를 배우는 학습자의 모국어나 문화배경 등이 고려되지 않아 자기 나름의 교과서를 따로 개발하기 때문이다. 한국에서 외국어로서의 한국어교육을 위해 저작된 교재를 살펴보면 다음과 같다. 연세대학교 출판부의 『Korean Ⅰ·Ⅱ』와 명도언어연구원의 『Myŏg Do's Korean Ⅰ·Ⅱ·Ⅲ』이 주로 많이 쓰이고 있기는 하지만 대부분 나름대로의 목적에 맞춰 특색있게 만들어졌다.

(3) 외국어로서의 한국어 교육방법

미국의 외국어협회(FLI: Foreign Language Institute)에 따르면, 한국어는 영어권 화자가 가장 배우기 어렵다는 제Ⅳ그룹(아랍어, 중국어, 일본어, 한국어)으로 분류되어 있다. 이 자료에서는 한국어는 720시간을 가르쳐야 겨우 1+단계(intermediate high)에 도달할 정도로 어려운 언어라는 것이다. 그만큼 외국어로서의 한국어교육 방법에 관한 연구가 부진하였음을 말해주는 셈이다.

언어 교수 · 학습 방법은 크게 행동주의와 인지주의라는 두 관점으로 나눌 수 있다. 또 현재 진행되고 있는 외국어교수를, 언어관에 따라 형태주의와 기능주의의 두 언어관으로 대별할 수 있다. 형태주의적 언어관을 배경으로 한 것에는 구조주의적 · 변형문법적 · 상황적 접근방법이 있고, 기능주의적 언어관을 배경으로 한 데는 의사소통적 접근방법이 있다. 외국어를 배우는 데는 행동주의 관점에서 요구하는 반복적 연습과 인지주의에서 주장하는 인지의 활용이 모두 필요하다고 본다. 어떤 언어관과 학습이론을 배경으로 하는가에 따라 교수 · 학습 방법과 교재편찬도 달라진다(권미정, 1991: 58~74).

〈표 1〉 **외국어로서의 한국어교재 목록**

번호	책 이 름	저 역자	출판사	출판연도	비 고
1	한국어 1, 2, 3	서울대학교 어학연구소	명지출판사	1984년 (중판)	약 900단어 수록
2	Speaking Korean I, II	박용득(Francis Y.T. Park)	한림출판사	1977년, 1981년, 1989년	독본용으로 겸용도 할 수 있다.
3.	Myŏng Do's Korean I, II	Anthony.V.Van desande · 홍연숙	분도출판사	1968년 1990년	널리 쓰임
4	Modern Convert-sational Korean	장숙인	서울컴퓨터	1982년	회화용테잎도 제작되어 있음
5	Korean I, II	박기덕 · 박창해	연세대학교 출판부	1984년 (9ed)	널리 쓰임
6	An Intensive Course in Korean	박창해	연세대학교 출판부	1960년	통합 교수법 식의 회화 구성임
7	한국어독본	고영근	서울대학교 어학연구소	1970년	한국어 과정의 독본용 교재임
8	A Guide to Korean Characters	Bruce, K. Grant	한림출판사	1981년	한문의 의미와 기원까지 설명
9	한국어, 한국어회화, 표준한국어발음 연습	고려대학교 한국어문화 연수부	고려대학교 출판부	1986년 1991년	듣기 부분이 발음 연습에 실려 있음
10	외국인을 위한 한국어	이화여대 언어교육원	한학사	1990년	워크북이 따로 편찬됨

지금까지 연구되어 온 외국어 교수방법에는 여러 가지가 있다. 그 가운데 대표적인 것이 ① 문법-해석 교수법, ② 직접 교수법, ③ 읽기 교수법과 그 밖에 ④ 듣고 말하기 교수법(Audio-Lingual Method)이다.[14] 윌킨스(Wilkins, 1976)에 따르면 다음 세 가지로 요약되는데, 이를 중심으로 그 장단점을 살펴보고 바람직한 방법을 모색하기로 한다.

(가) 문법 중심의 교수법

교재는 대체로, 시제, 사동, 피동, 직설법, 의문문, 가정법과 같은 문법용어로 항목을 구분하여 제시한다. 그리고 이를 토대로 한 교재편찬이나 교실수업은 주로 문법규칙을 익히게 하는데 중점을 둔다. 문법중심은 교사들에게 가장 익숙한 유형일 것이나, 이 유형으로 언어를 배우는 학습자들은 문법구조에 대한 지식은 풍부해질지 모르나, 언어를 실제 사용할 때 잘 활용하지 못하고 학습동기도 낮아지기 쉽다.

(나) 상황 중심의 교수법

언어란 항상 사회적 상황과 관련된 현상이므로 언어를 가르칠 때는 상황과 결부지어 가르쳐야 한다는 생각에 근거를 둔다. 따라서 언어자료는 항상 특정 발화상황에서 있음직한 어휘와 구조들로써 제시되고 흔히 그 상황이 단원의 제목이 되는 경우가 많다.

이 방법은 학습자로 하여금 자기에게 필요한 상황에 맞는 언어형식에 집중함으로써 학습동기를 높일 수 있는 장점이 있다. 그러나 너무 상황에 집착하므로 꼭 필요한 언어구조가 적절하게 제시되기 어려운 경우도 있다.

---

14) Rivers, W. M. (1968: 13).에서 재인용.
Mackey는 외국어로서의 언어교육 방법으로 다음 15가지를 제시하고 있다. (1) 직접교수법(the direct method), (2) 자연적 교수법(the natural method), (3) 심리적 교수법(the psychological method), (4) 음운학적 교수법(the phonetic method), (5) 읽기 교수법(the reading method), (6) 문법교수법(the grammar method), (7) 번역식 교수법(the translation method), (8) 문법-해석 교수법(the grammar- translation method), (9) 절충식 교수법(the eclectic method), (10) 단원교수법(the unit method), (11) 언어통제교수법(the language-control method), (12) 미세 기억교수법(the micro-memorization method), (13) 경험이론교수법(the practice theory method), (14) 동일어원 교수법(the cognate method), (15) 이중언어교수법(the dual language method)

(다) 의미-기능 중심의 교수법

이 방법은 윌킨스(Wilkins, 1976)가 처음 제시한 것으로, 기능주의적 언어관을 따르고 있다. 외국어를 배우는 학습자에게 가장 중요한 것은 의미이기 때문에, 이 방법은 학습자가 필요로 하는 의미와 기능에 따라 언어구조를 선택해야 한다는 데 초점을 준다. 의미와 기능을 일차적으로 생각하기 때문에 학습자는 목표어로 의사전달할 때, 우선 필요로 하는 의미와 기능의 범주를 결정한 다음, 여기에 맞는 언어구조를 부차적으로 선택하게 된다. 그 점 때문에 다소, 단순어구 목록 지도 방법에 지나지 않는다는 비판도 있다.

이상에서 살펴본 바와 같이 문법 중심, 상황 중심, 의미-기능 중심의 교수·학습 방법은 각각 장단점을 가지고 있지만 한 방법만을 전적으로 따르기에는 무리가 있다. 문법적 형태가 특히 많은 한국어는 외국인들이 가장 배우기 어려운 언어 가운데 하나이다. 바로 이러한 형태의 특성 때문에 한국어를 외국인에게 가르칠 때 문법을 도외시한 채 의미와 기능만을 강조한 전달능력 위주의 방법도 한계가 있다. 그러므로 좀더 정확한 언어지식과 유창한 언어 전달 기능을 동시에 계발시킬 수 있는 효율적인 방법을 모색할 필요가 있다.

의사소통 기능을 계발하는 네는 앨든(Yalden)이 제시한 단계적 교수요목(Propotional Syllabus)을 적용하는 것이 타당한 것으로 여겨진다(Yalden, 1983: 122). 이 교수요목은 아래 그림에서 보듯이 초기에는 문법중심의 교수요목을 제시하다가 후기 단계로 갈수록 상황에 따른 의사소통 기능을 익히는 것이 효과적이라고 보고 있다. 그러나 자칫 언어 지식과 전달 기능을 분리된 별개의 것으로 인식한다는 데 문제점이 생길 수 있다.

학습자에게 문법을 문법 자체만으로가 아니라, 사신이 진달하고자 히는 의미를 표현하는 것으로 제시될 필요가 있다. 한국어를 외국인들이 어렵게 여긴다고 하느니만큼, 한국어를 좀더 효율적으로 학습시키기 위해서는 학습 초기부터 문법과 언어 기능을 유의적인 언어 상황에서 긴밀하게 결합시켜 함께 제시하는 것이 필요하다. 즉, 단계적인 적용이 아니라 언어 기

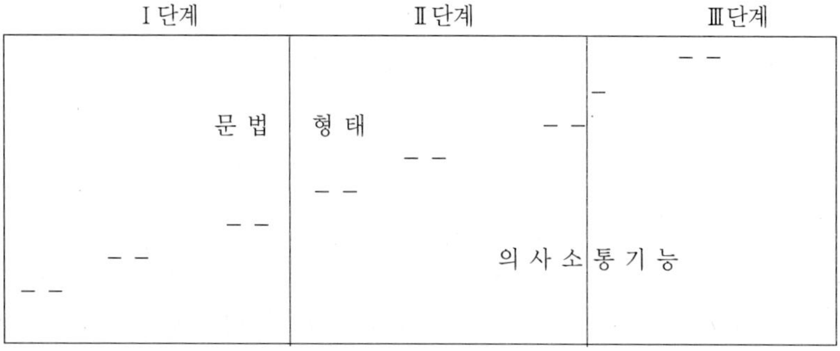

[그림 1] **의사소통기능 계발을 위한 단계적 교수방법**

능과 전달 기능을 동시에 통합적으로 제시하는 것이다. 이러한 통합적 방법을 적용할 때에 세심하게 고려할 것이 있다.

우선 학습자들이 꼭 학습해야 할 문형들의 목록을 곤란도와 사용 빈도에 따라 배열하여 작성하는 작업이 필수적이다. 이때 특히 중요한 것은 앞서 배열된 문법 항목이 다음 단계의 항목을 학습하는 데 도움이 되도록 순서짓는 일이다. 바로 이 점 때문에 이 작업에는 국어교육을 전공한 사람이 꼭 참여해야 한다. 그리고 듣기, 말하기, 읽기, 쓰기 순서로 분절적인 언어 학습을 하지 않고, 되도록 통합적 지도 방법을 따라야 한다. 곧 초기 단계부터 이 네 가지 기능을 동시에 익히도록 함으로써 입말과 글말의 사용 기능을 조화롭게 발전시키도록 해야 한다. 이 방법은 실제로 언어학습의 효율성도 높일 수 있는 것으로 기대가 되는 것이다.

모국어든 외국어든, 언어 교육의 궁극적 목표는 문법적 문장을 산출해내는 언어 능력 외에 실제 상황에서 적절하게 의사소통할 수 있는 능력을 기르는 데 있다. 그러므로 담화를 중심으로 개념과 언어 기능을 학습하는 의사소통적 방법을 기초로 해서 상황적 교수요목과 문법적 교수요목을 조화시켜 나가야 할 것이다.

(4) 외국어로서의 한국어 교육의 교재 편찬

교재를 편찬하는 데는 학습자의 언어 습득 능력, 학습 동기, 교사의 언어지식 정도 등 많은 외부 요인이 복합적으로 작용한다. 그러나 교재 편찬에 제일 중시될 것은 학습자, 교사, 교육 지역을 고려해서 이루어진 어휘, 문법, 주제 등의 기초조사(백봉자, 1991: 194)이다. 따라서 교재를 쓰기에 앞서 교재 편찬의 기초 작업이 이루어져야겠다.

외적인 조건으로 교재를 사용할 학습 대상과 교육을 담당할 교사를 살피고, 교육 장소가 국내인지 국외인지를 고려해야 한다. 학습자도 교재 편찬의 중요한 조건이 된다. 한국어를 배우려는 학습자는 그 범위가 넓고 다양하다. 우선 학습자가 외국인인가, 교포인가를 구분해야 한다. 교포라면 다시 출생지를 고려해야 한다. 한국에서 태어난 교포라면 비록 한국어를 제대로 구사하지 못한다고 해도 한국어에 대한 감각이 잠재적으로 있으므로 외국에서 태어난 교포와는 차이가 있다. 또 학습자의 모국어권에 따라 차이가 있으므로 이를 구분해야 한다. 학습자의 연령에 따라 대화 주제도 달리 해야 한다. 한국어 능력은 연령과 일치하는 것이 아니므로 교재를 집필할 때, 학습자의 연령과 한국어의 등급을 동시에 고려하여야 한다.

그리고 이 교재를 바람직하게 운용하려면, 교사가 한국어 지식뿐 아니라 언어 교사로서 제대로 훈련을 받은 사람이어야 한다. 또 학습자의 모국어에 따른 사고 방식의 차이 이외에도, 해당 지역 환경을 고려해야 한다. 즉, 물적 표현들이 화제와 내용을 결정하는 요인이 되기 때문이다.

교재 내적인 조건으로 고려할 요인은 어휘, 문법, 주제, 발음이 있다. 교재에서 차지하는 비중이 큰 어휘는 대체로 실용성에 따라 단계를 세운다. 그를 위해 먼저 빈도수 조사를 흔히 한다. 또 외국어로서의 문법은 외국인이 이해할 수 있도록 간결해야 하고, 모어 문법과의 연계성을 살펴서 그 특징을 잘 드러내도록 해야 한다. 모국어와의 대비적 관계에서 그 공통성이 최대한으로 이용되고, 아울러 상이점과 특성을 정확하게 보여줌으로써 혼동이 없게 해야 한다. 주제는 연령별로 분류해야 한다. 연령에 따라 언어발달 과정도 달라질 뿐 아니라 새로운 문화에 대한 관심의 범주도 다를 것이기 때문이다. 또 한국어는 다른 외국어에 비해서 발음이 어려운 편이다. 영어권이나 일본어권의 학습자에게는 모음과 자음의 된소리와 거센소리와의 변별이 쉽지 않다. 따라서 언어권별로 한국어 음의 곤란도에 관한 조사도 할 필요가 있다.

(5) 외국어로서의 한국어 교육의 과제와 지향점

오늘날 외국어로서의 한국어 교육의 중요성과 필요성은 한국의 국력 신장과 더불어 날로 증대되고 있다. 그러나 이를 뒷받침할 외국어로서의 한국어 교육에 관한 연구는 미흡한 실정이다. 이를 조목으로 나눠 문제점과 연구지향점을 정리해 보기로 한다.

첫째, 여러 나라의 한국어 교육의 문제점으로 가장 많이 지적되는 것은 교재의 문제이다. 한국어 교재가 가뜩이나 어려운 문법을 난삽하게 다루어서 더욱 어렵다는 것이다. 이는 외국어로서의 한국어 교육의 교육 방법에 관한 연구의 부진에 기인한다고 하겠다.

둘째, 한국어 교육을 담당할 교사의 자질과 훈련에 관한 것이다.[15] 우리나라도 한국어를 보급하는데 적극적인 자세를 가져야 할 때이다. 경제적인 면에서나 그 밖의 여러 면에서 세계인의 관심의 대상이 되었을 뿐 아니라 세계 각국에 퍼져있는 교포들의 한국어 교육 또한 중요하기 때문이다. 특히 중국과 같이 이념 차이로 교류가 끊겼던 나라의 많은 교포에게도 우리말 교육을 서둘러야 한다. 그러나 현재 교포들의 한국어 교육 담당자는 대부분이 전문인이 아닌 사람들에게 맡겨져 있다. 그러므로 효율적인 교육을 이루지 못하고 있는 실정이다. 한국어 교사는 한국어에 대한 지식은 물론이고, 교육 대상국의 언어에 능통해야 하고 교사로서의 자질과 능력도 갖추어야 한다고 본다.

셋째, 우리나라는 광복 후 국토의 분단으로 언어의 이질화가 심화되면서 두 가지 서로 다른 규범이 정해졌다. 이러한 사정은 외국에서 한국학을 전문으로 하는 기관, 특히 한국어를 가르치는 곳을 곤혹스럽게 한다. 그 동안 북한과 외교 관계를 맺고 있다가 최근에 우리와 수교한 나라의 고민은 더욱 크다. 게다가 맞춤법 규정의 변화로 혼란이 야기되므로 새 교재로 재교육을 해야 할 필요가 있다.

넷째, 언어 교수법에 절대적인 방법은 없다. 절대적인 방법보다는 모어

15) 미국의 경우는 TESOL(Teaching of English to Speakers of Others Languages)를 위시하여, 현재 158개 교육 기관이 254개 프로그램을 운영하고 있다. 대학에서는 이를 위해 박사과정이 30군데, 석사과정이 151군데나 된다. 학회에서는 회원들의 재교육을 담당하고 있다. 독일어, 일본어 경우에도 정부나 언어 교육학회에서 교사 훈련에 주력하고 있다. 그리고 자격 시험으로 어느 정도의 수준이 유지되도록 지도하고 있다.

와 외국어의 비교 대조를 통해 좀더 효율적인 교수 · 학습 방법을 찾아내어야 한다. 예컨대 일본인에게 한국어교육을 잘 가르치는 방법은 어디까지나 일본어와 한국어의 차이를 살펴 결정해야 한다. 따라서 언어교수법을 충실히 탐구하려면 먼저 어학, 언어교육학, 언어심리학, 사회언어학, 화용론 등 인접 학문의 연구가 활성화되어야 한다.

외국어로서의 한국어교육의 목적은 학습자에게 한국어를 정확하고 유창하게, 그리고 자유롭게 사용할 수 있는 능력을 길러 주는 데에 있다. 외국어로서 한국어교육의 목적이 달성되려면 뚜렷한 한국어교육 정책의 수립, 구체적인 언어기능별 목표의 설정, 바람직한 한국어교육 내용의 설계, 능률적인 한국어교재의 개발, 그리고 효과적인 한국어교육 방법의 개발에 관한 연구가 두루 이뤄져야 하리라고 본다.

탐구과제

01 국어교육에서 미디어교육을 미래지향적으로 해 나가기 위한 구체적 노력을 세 가지 이상 말하고, 그 정당성을 논해 보시오.

02 국어교육이 학교교육과 사회교육 차원에서 장차 그 수요를 확충해 갈 수 있는 구체적 아이디어를 국어 기능 교육과 문학교육 영역으로 나누어 제안해 보시오.

03 국어교육이 사회발달이나 문화발달에 미치는 영향관계를 구체적 예를 들어서 설명해 보시오.

04 한국어교육이 영어와 다른 점을 들고, 지금까지 연구되어온 자료를 살펴서 한국어 특성에 맞는 언어교육 방법을 요약 정리해 보시오.

참고문헌

강현두(1992), 『대중문화론』, 나남.

고영근(1974), "외국어로서의 한국어교육에 대한 연구", 『언어교육』 제6권 제6호.

구인환 · 박대호 · 박인기 · 우한용 · 최병우(1989), 『문학교육론』, 삼지원.

구인환(1988), "문학교육의 사회적 연관", 『난대 이응백선생 정년기념 논문집』.

구효서(1992), "뛰는 독자, 걷는 작가", 『현대비평과 이론』(통권 4호: 가을 · 겨울호).

교육위원회 보통교육부, 교수요강: 국어문학, 고등중학교 4-6학년용, 1984.

국어국문학회(1994), 『국어국문학의 세계화』, 삼지원.

김기석(1991), 『문화재생산이론』, 교육과학사.

김민수(1989), "南北韓의 현행 표준어 · 맞춤법 문제", 남북한 국어교육 정책 교류로 민족 동질성 회복을 위한 대토론회, 한국국어교육학회 · 국어교육월보사, 1989.4.22.

______(1993), 『증보판 북한의 국어 연구』, 일조각.

______(1994), "21세기를 지향한 우리말과 민족 동질성", 우리말 문화 동질성 회복 추진회 소식, 창간호.

김연철, "남 · 북 관계: 냉전시대의 경험과 탈냉전시대의 과제", 통일, 그 현실적 대안을 찾아서, 분단정부 수립 50년 학술토론회, 역사문제연구소·역사비평사, 1998.6.20.

김영철 · 박덕규 · 박재윤 · 박영숙 · 김혜숙 · 김호주 · 이명준(1996), 『한국교육비전 2020』, 한국교육개발원.

김욱동 편(1990), 『포스트 모더니즘의 이해』, 문학과지성사.

김재용, "냉전체제의 유제와 분단 극복의 방향", 통일, 그 현실적 대안을 찾아서, 분단정부 수립 50년 학술토론회, 역사문제연구소 · 역사비평사, 1998.6.20.

권미정(1991), "외국어로서의 한국어교재 연구", 고려대학교 대학원 박사학위 논문.

노대규(1990), "중국에서의 한국어교육방법에 대한 연구", 『이중언어학회지』 제7호.

도정일(1993), "90년대 소설의 영화적 관심과 형식문제", 『세계의 문학』(67호 · 봄호).

문용린(1990), "統一 敎育은 표준교육체제로", 광장, 겨울호, 사단법인 세계평화교수협의회.

문용린 · 박용헌(1995), "남북 통일 대비 교육 준비에 관한 교육전문가의 의견 조사 연구 보고서", 서울대학교 사범대학 통일 교육 연구 위원회.

박용헌 · 문용린 · 윤희원 · 조영달(1994), "남북통일대비 표준 교육과정 개발을 위한 기초연구", 서울대학교 통일 대비 교육과정 연구위원회.

박인기(1994), "문학교육과정의 구조에 관한 연구", 서울대 박사논문.
박인기(2007), 국어교육학과 인문학적 상상력, 국어국문학 147호, 국어국문학회.
박인기(2009), 교과의 생태와 변화, 국어교육학연구 제34집, 국어교육학회.
박인기(2010), 국어교육과 매체언어문화, 국어교육학연구 제37집, 국어교육학회.
박인기(2012), '문학교육학 이론의 토양 생성하기' 문학교육학 40호, 한국문학교육학회.
박인기 · 곽지순 · 박창호 · 배능제 · 정유진 · 이지영(1999), 『미디어 텍스트와 국어교육』, 경인초등국어교육학회, 99워크샵자료.
박인기(2012), '문학교육학 이론의 토양 생성하기' 문학교육학 40호, 한국문학교육학회
배희임(1990), "중국에서의 한국어학습을 위한 교재 연구", 『이중언어학회지』 제7호.
백봉자(1991), "한국어교재개발을 위한 기초작업", 『교육한글』 제4호, 한글학회.
북한언어연구회(1989), 『북한의 어학 혁명』, 백의.
안병직(1998), "선진 도약 · 통일의 길로 달리자", 매일경제신문, 1998. 8.15.
윤덕희(1994), "통일문화의 개념 정립과 형성 발전", 통일 문화와 민족 공동체 건설, 민족통일연구원, 1994.12.
윤희원 · 박갑수 · 박영목 · 이주행 · 한철우(1997), "남북한 중 · 고등학교 국어과 교육과정 및 교과서 비교 분석 연구", 서울대학교 사범대학 통일대비 국어과 교육과정 연구위원회.
이광규 · 김영찬(1991), 『문화과정과 교육』, 교육출판사.
이서행(1994), "통일 과정 및 통일 후의 통일 교육실천 방안", 평통세미나.
이응백, "南北韓 국어의 동질성 회복을 위한 代案", 남북한 국어교육 정책 교류로 민족 동질성 회복을 위한 대토론회, 한국국어교육학회 · 국어교육월보사, 1989.4.22.
이인제(1996), "북한의 국어과 교육에 관한 연구", 한국교원대 박사학위논문.
임용순(1990), "특집 토론/통일한국의 발전 모델", 광장, 겨울호, 사단법인 세계평화교수협의회, 1990.12.1.
정영수(1998), "독일 통일 이후 교육 상황 및 통합 대책 분석", 통일 사회 적응을 위한 교육의 과제, 제5회 통일 대비 교육 포럼, 한국교육개발원, 1998.6.23.
정정호(1996), "문화학", 『현대비평과 이론』(11호, 봄 · 여름호).
진교훈(1995), "21세기 정보화 사회와 윤리학의 과제", 21세기 인문학의 과제, 가톨릭대학교 인문과학연구소.
최강범(1990), "전통문화 회복으로 분단문화 극복하자", 광장, 겨울호, 사단법인 세계평화교수협의회.
최현섭(1993), "북한 국어교육 이론 고찰", 한글, 222호, 한글학회.
최현섭 · 이인제 · 최영환(1996), 남북한 초등학교 국어과 교육과정 및 교과서 비교 분석 연구, 인천교육대학교 통일대비 국어과 교육과정 연구위원회.

한국과학기술진흥재단(1993), 『과학, 기술 그리고 사회 발전』, 과학기술문화총서 001.
한만길(1998), "남북 학생의 통일 의식과 교육의 과제", 통일 사회 적응을 위한 교육의 과제, 한국교육개발원, 1998.6.23.
한만길 · 이명준 · 양희인(1997), 『민족 통합을 위한 교육 대책 연구(Ⅰ)』, 한국교육개발원.
한승조(1990), "保 · 革 양당제도로 정치 발전 이뤄야", 광장, 겨울호, 사단법인 세계평화교수협의회.
해주 제2사범대학 · 평양 제2사범대학(1974), 『국어교수법』, 학우서방.
Samuel P. Huntington, 새뮤얼 헌팅턴 교수-최광수 前 외무 대담, MBC 특별기획 지상 중계, 매일경제신문, 1998.8.1.
허창운(1986), 『현대문예학개론』, 서울대출판부.
앙리 르페브르, 박정자 역(1992), 『현대세계의 일상성』, 세계일보.
Anyon, J.(1980), "Social class and the hidden curriculum of work", *Journal of Education* 162(1).
Apple, Michel W., 배종근 역(1987), 『교육의 재생산이론』, 星苑社.
Bell, Daniel, *The Winding Passage-Essays Sociological Journeys*, 서규환 역(1992), 『정보화 사회와 문화의 미래』, 디자인하우스.
Cohen, John E.(ed)(1983), *Teaching Reading Through the Arts*, IRA.
Counts, G. S.(1932), *Dare the school build new social order?*, NY: John Day.
Grettz, C.(1973), *The Interpretation of Cultures*, NY: Basic Books Inc.
Hauser, Arnold, *Soziologie der Kunst*(1978), 최성만 · 이병진 역(1983), 『예술의 사회학』, 한길사.
Jenkes, Chris(1993), *Culture*, London: Routledge.
Labuda, Michal(1985), "The Twenty-first Century", *Creative reading for Gifted Learners*, IRA.
Peshkin, Alan.(1992), "The Relationship Between Culture and Curriculum: A Many Fitting Things", *Handbook of Reasaerch on Curriculum: A Project of tho AERA*, Macmillan Publishing Company.
Rafoth, B. A., & Rubin, Donald A., (Eds)(1988), *The Social Construction of Written Communication*, Ablex Publishing Corporation, NJ.
Rivers, W. M.(1968), *Teaching foreign-Language skills*, the University of Chicago press.
Walker, John A.(1983), *Art in the Age of Mass Media*, 정진국 역(1987), 『대중매체 시대의 예술』, 열화당.

찾 아 보 기

ㄱ

가치론 42
가치중심의 내용관 69
간이총평법 559
간접평가 116
감상과정 478
감수 472
감정사적 정신 525
감정이입 498
강술기술 110
강술법 111
강좌표 47
개념수업 모형 507
개념의 지도 532
개별성 101
객관주의 21
검정제 89
결과 중심 문법 교육 내용 405
결과 지식 18
결과·내용 중심의 교재관 91
결과중심 68
결속성 335
결정 부하량 4
경험 중심 교육과정 56
경험수업 모형 506
경험주의 이론 105
경험중심 20
경험중심의 내용관 69
계열성과 117
과정 27, 38
과정 중심 문법 교육 내용 411
과정 중심 쓰기 지도법 348
과정 평가 381
과정·방법 중심의 교재관 91
과정적 요소 103
과정중심의 내용관 69
곽병선 143
관찰 평가 216
교과 중심 교육과정 56
교과로서의 문법 394
교과서 80, 83, 87, 90, 92
교과서의 기본 조건 92
교과적 독자성 8
교과중심 교육관 106
교사평가 533
교수 18
교수·학습 수준의 교육과정 56
교수·학습 모형 97, 105
교수·학습 이론 105
교수·학습 전략 105
교수·학습과정 재구성 96
교수·학습모형 107
교수·학습의 이론 105
교수·학습자료 재구성 96
교수요목 58, 137, 140, 607
교수요목기 137
교육 일반의 이념 8
교육과정 55
교육과정 상세화 74
교육과정 운영상의 수업 평가 117
교육과정령 중 개정령 150
교육과정의 기능 57
교육과정의 내용 67
교육과정적 적합성 93
교육법 제1조 8, 10
교육변인 62, 104
교육요인 29
교육이념의 설정 4
교육적 보편성 8
교육학 19, 20
교재 80
교재관 91
교재활용기술 110
교칙대강 130
구분하며 듣기 188
구성주의 562
구성주의적 인간관 25

구인환 23
구조 23, 27
구조언어학 21
구조의 확실성 525
구조주의 154
구조화 42
국가 수준의 교육과정 55, 75, 82
국가 수준의 국어 교육과정 58
국문학 20
국문학지식 18
국민공통기본교육과정 61
국민소학독본 131
국민학교 학습지도지침 150
국어 교과관 64
국어 교과서의 구성 요소 94
국어 교과의 영역 65
국어 교과의 영역을 구분하는 방법 66
국어 교수·학습 102, 103
국어 교수·학습의 변인 102
국어 교수·학습의 요소 103
국어 교재 80
국어 교재의 기능 81
국어 수업 116
국어 수업 평가 116
국어 인식 활동 396
국어 탐구 활동 396
국어 표현·이해 능력 신장을 위한 국어 알기 400
국어경험의 체계 576
국어과의 성격 573
국어교과관 69
국어교사의 역할 112
국어교사의 역할과 자질 112
국어교육 26
국어교육 현상 170
국어교육의 내용 67
국어교육의 목표 63
국어교육의 방법 71
국어교육의 영역 65
국어교육의 평가 73
국어교육학 544
국어교육학의 학제적 관련성 543
국어교재 81
국어교재관 84
국어교재의 기능 81
국어국문학 19
국어독본 132
국어사용현상 42
국어수업의 기술 109
국어수행 105
국어에 대한 총체적 이해 397
국어예술현상 42
국어평가 555, 557
국어학 20
국어현상 68, 80
국어활동 38
규준지향평가 322
그래픽 자료 87, 90, 94, 95
그래픽 조직자 완성 326
근접발달영역 350, 376
글구조 파악하기 311
기능 49, 360, 556
기능주의 이론 106
기능중심의 국어교육관 139, 145
기능중심의 내용관 69
기본음절표 153
기술언어학 21
기호해독 과정 278
긴장 23
김대행 43, 567
깨닫기 177, 178, 180

ㄴ

나선형식 145
날개 89
내면화 461, 473, 474
내면화의 원리 474
내용체계 60
내용학습 287
내적 구조 30
내적 구조분석 19
내포적 의미 461
노명완 37, 552, 567
뉴크리티시즘 23

ㄷ

다매체 환경 587
단계적 쓰기 모형 340
단어 문장식 지도법 153
단어재인 전략 553
단원계획 94
단원재구성 96
단일문장 19
닫힌 교재관 84, 85, 86, 91
담론 583
담화 19, 21
담화 공동체 352
담화로서의 교재 83
담화교재 83
담화분석론 22
담화수준 24
담화자료 90, 94
담화적 적합성 93
대상언어 101
도구교과 88, 102, 138, 141, 146, 564
도구성 43
도야의 원리 481
독서기능 25
독서법 111
독서학습 25
독자 개념 588
독자반응 중심의 문학교육 506
독자지향적 읽기 282
독해과정 29
듣기 18, 174, 177, 178
듣기 과정 176
들리기 177
따지면서 듣기 187

ㅁ

말하기 18, 227
매개언어 38
매체 80
맥락 159, 190, 191, 248
메타 41
모방학습 85
모형 27, 37, 169
모호성 23
목적 63
목적지향적 사고 563
목표 63
목표별 문학수업 모형 504
목표언어 600
목표중심 평가 523
목표지향평가 322
문답법 111
문법 19, 394
문법 관련 태도 평가 432
문법 교육 391
문법 교육 이론 392
문법 교육의 교수·학습 방법 423
문법 교육의 내용 405
문법 교육의 목표 398
문법 교육의 보완과 확장 438
문법 교육의 평가 및 송환 431
문법 수업 391
문법 이론 392
문법 지식 평가 432
문법교육학 393
문법적 사고력 평가 432
문법중심의 교수법 606
문식성 140, 548
문예학 19
문자교재 86
문자언어 11, 28
문장 21
문장식 지도법 149
문제 해결 접근 18
문제규명적 발문 110
문학 19
문학 경험 474
문학 교수·학습의 전략 501
문학 수행평가 531
문학 장르 467, 468
문학 텍스트 459, 467, 473
문학 현상 449
문학(문학지식과 감상)영역 19
문학경험 470
문학교사 472
문학교육 내용의 범주 471
문학교육 이론 453, 454, 455, 456, 458

문학교육 이론의 독자성 456
문학교육 평가 521
문학교육의 가치론 457
문학교육의 내용 466
문학교육의 목표 460, 461
문학교육의 전략 453
문학교육의 현장 453
문학교육현상 449, 450
문학발달성 475
문학수용 473
문학수용 능력 468
문학수용 자질 469
문학양식 471
문학영역 수행평가 529
문학영역의 평가 521
문학을 통한 교육 448
문학의 속성 458
문학의 주제 469
문학이론 454, 455
문학적 문화 463
문학제재 수업의 일반절차 모형 503
문학학 546
문학현상 450, 454, 459, 467
문형학습 155
문화 관련성 101
문화성 43
문화연구 577
문화적 경험 478, 479
문화적 관습 467
문화주의 이론 106
문화학 577
미래사회의 언어교육 연구영역 598
미리보기 309
미적 정서 465

ㅂ

바둑이와 철수 87
바렛 205
바른생활 144
박영목 39
박인기 19
반영적 요인 461
반응중심모형 109
반절식 지도법 153
발달성의 원리 475
발문 110
발문기술 110
발생적 문식성 211
발성 241
발음 241
발음중심 재인전략 554
발전기 124
발화의 소멸성 232
방법학습 287
배경지식 206
변형생성언어학 21
보기 219
보통학교 조선어독본 133
보통학교령 128
복합매체 96
본질주의 139, 142
분석적 교재관 91
분절적 교재관 91
분책 88
브루너 105
블룸 105
블룸필드 154
비고츠키 68, 376
비담화교재 83
비분자교재 86
비판학습 85
비형식적평가 323
빈칸 메우기 검사 325
빠지면서 듣기 186
삐아제 68

ㅅ

사고 구술법 340, 375
사고력 신장을 위한 국어알기(고전적 목표) 399
사고력교육 563
사립학교령 128
사용으로서의 국어 44
사화집 469
사회구성주의 작문 이론 349

사회적 적합성 93
4차 교육과정 59, 139
4차 교육과정기 151
4차 국어과 교육과정 144
3차 교육과정 59, 139, 143
3차 교육과정기 150
상보적 교수모형 317
상위인지 68, 285
상위적 169
상징 23
상향식 29
상향식 과정 550
상향식 모형 107, 281
상향식 읽기 281
상호보완 모형 107, 283
상호작용성 101
상호작용식 29
상호평가 116, 264
상황관련성 101
상황중심의 교수법 606
생산적 독서 589
생활문화로서의 국어활동 44
생활중심 20
서사문학 이해 498
선언적 지식 38
선택형 질문 324
설명 중심 교수·학습 모형 423
성인용 한글첫걸음 154
성일제 563
성취기준 159
소생기 124
소슈르 154
소학교령 87, 130
속독지도 155
속성적 범주 470
수난기 124
수단언어 101
수사학 17, 19, 336
수시개정 61
수업 평가의 원리 115
수업결과 평가 116
수업과정 평가 116
수업모형 108
수업평가 73, 114
수요화 593, 596
수용 468
수용적 범주 468, 469
수의과 130
수준별 교육과정 61
수직적 상상력 482
수평적 상상력 482
수행평가 215, 529
순수언어학 19
스키마 155, 500
스키마 이론 18
스푸트니크호 20
시각어휘식 149
신비평주 19
신비평주의 22
신세호 571
실제 27, 169
실제의 수준 169
실천적 의미 461
실체적 요소 103
심리적 적합성 93
심리학 19
심미적 요인 461
심미적 정서 465
심상 23
심화·보충형 157, 158
쓰기 18
쓰기 지식 355
쓰기 태도 361
쓰기 평가 379

ㅇ

아마추어 독서 589
아이러니 23
아이즈너 524
앨든 607
언어 공동체 276
언어(문법)영역 19
언어관 64
언어교육 운동 156
언어를 통한 학습 24
언어변인 62, 104
언어사용 기능 562, 565

언어수행 107
언어수행기능 68, 88
언어수행력 557
언어습득 23
언어에 관한 학습 24
언어요인 28
언어적 감수성 398
언어적 구조물 28
언어적 사고력 17
언어적 상상력 463
언어적 자아정체성 형성을 위한 국어 알기 401
언어적 정보 67
언어지식 38
언어학습 24
언어활동 10, 17
역설 23
역할놀이 수업모형 506
연결하기 324
연상하기 308
연습법 111
열린교실 156
열린 교재관 85, 90
예술문화로서의 국어활동 44
예측하기 210, 309, 317
오독 분석 325
오독분석법 559
오류발견 과제 328
오류수정 85
5차 교육과정 60
5차 교육과정기 145
완성형 문항 325
외국어로서의 한국어 604
외국어로서의 한국어교육 600, 608
외적 구조 30
요약하기 317
원전 484
원전비평 483
6차 교육과정 60
6차 국어과 교육과정 146
윤효정 131
음성언어 11, 28
음절식 지도법 153
응용학문 455
응집성 335
의미 구성 행위 335
의미 구성과정 550
의미-기능 중심의 교수법 607
의미중심 재인전략 554
의사소통 21
이대규 567
이론 27, 169, 453
이론의 범주화 456
이성진 567
이야기 들려주기 220
이차 텍스트 482
2009/2011 교육과정 62
2009년 교육과정 총론에 따른 2011년 국어과 교육과정 61
2차 교육과정 59, 142
2차 교육과정기 150
이해단계 280
이해중심의 읽기관 279
이해과정 290
이해하기 279, 289
이행기 123
인간 중심 교육과정 56
인간변인 62, 104
인간요인 28
인간의 언어행위 24
인간중심 21, 25
인식론 42
인접 발달 영역 250
인지 285
인지 구성주의 작문 이론 348
인지도구 112
인지심리학 25, 145, 155
인지적인 쓰기 과정 모형 341
인지전략 68
인지주의 이론 106
인지주의 작문 이론 338
인지학습 26
일차 텍스트 482
1차 교육과정 58, 141
읽기 18
읽기 준비단계 280
읽기 텍스트 590

ㅈ

자기교육 472
자기평가 116, 264, 326, 533
자료로서의 교재 82
자모식 87
자모식 지도법 149, 153
자유회상 323
자율적 수정 327
작용의 태 23
장르 351, 467
장르 경험 472
장르 중심 작문 이론 351, 352
장르의 차별성 472
재개념화 456
적시주의 155
전략 27, 30, 169, 358
전략중심의 내용관 69
전문성 독서 589
전범학습 85
전사 행위 335
전시독본 149
전시생활 149
전시하교육특별조치요강 138
전이 478
절차적 지식 38
절충식 지도방법 153
점검표 329
정서적 감염 461
정전 484
제7차 교육과정 156
제재로서의 교재 83
제재선정기준 152
제재중심모형 108
조선 새교육 지침 140
조선교육령 129
조선어 독본 132, 133
조선어급한문 130
조선어급한문독본 132
조선어학회 87
조선어학회사건 129
주요특성 평가 559
주제적 범주 469
중등국어교본 148
중심생각 찾기 311
중앙집중형 교재 82
지식과 태도 405
지식중심 20
지식중심의 내용관 69
지역 수준의 교육과정 56
지적 기능 68
직접교수법 108, 147, 155, 316
직접평가 116
진보주의 138, 141
진위문항 324
질문 만들기 317

ㅊ

참조의 적절성 525
창의학습 85
창작법 111
처마 89
철법 130
철학 27
철학적 적합성 93
체계로서의 국어 44
초등국어교본 148
초인지 566
초현실성의 제재 482
촘스키 565
총체성 101, 464
총체적 교재관 91
총체적인 쓰기 559
최현섭 41, 567
추론하기 208, 311
축소주의 21
출발기 124
7차 교육과정 61, 91
7차 국어과 교육과정 140, 157

ㅌ

탈목표적 평가 525
탐구내용 29
탐구모형 27
탐구수준 29
탐구 중심 교수·학습 모형 425, 426

탐구학습모형 109
탐문 324
태도 68
텍스트 19, 21, 24, 545
텍스트 상호성 477
텍스트 언어학 22
텍스트관 545
토의법 111
통시적 47
통합교과 88
통합성 117

ㅍ

판서기술 110
패러다임 461
평가 73
평가관 74
평행적 상호작용 모형 343
포트폴리오 329, 531
표상성 80
표준어사정 129
표준화평가 323
표현 · 이해(언어기능)영역 19
프로젝트 학습법 111
프로토콜 340
프로토콜 분석 327
플롯 23, 498

ㅎ

하향식 29
하향식 모형 107, 282
하향식 읽기 281
학교 문법 409
학교문법통일안 142
학문 중심 교육과정 56
학문적 적합성 93
학문중심 20, 25
학문중심 교육과정 88
학문중심의 국어교육 139
학부참여관 131
학생 상호평가 533
학습 18
학습/학습자관 64
학습과정 25
학습과제 자료 90, 94
학습기능 25
학습독서 25
학습자평가 73
학회령 128
한국전쟁 88
한글맞춤법통일안 133, 138
한글맞춤법통일안 제정 129
한글교수지침 148
한글전용 88
한글전용법 137
한글첫걸음 87, 148
한글파동 137
한문중심교육 87
한문화권 123
한성사범학교령 87
한철우 560
할리데이 24
해독 중심 읽기관 278
해독 278
해독단계 280
해독하기 288
행동주의 심리학 25
현시적 수업모형 316
현실성의 재재 482
형식주의 작문 이론 347
홍웅선 141
화용론 22, 145, 155
화행론 22
활동 509
활동과 경험 411
활동변인 62, 104
활동요인 28
활동유도기술 110
훑어보기 310

저자소개

▮ 제1기 저자(제1판–제2증보판)

- 최현섭: 문학박사, 전 경인교육대학교 교수
  저서: 『한국소설교육사』 외
  논문: “국어과 교수 · 학습 모형의 탐색” 외
- 최명환: 문학박사, 공주교육대학교 교수
  저서: 『국어교육학의 이론화 탐색』(공저) 외
  논문: “문학교육의 현황과 개선방향” 외
- 노명완: 철학박사, 고려대학교 교수
  저서: 『국어과 교육론』(공저) 외
  논문: “읽기의 개념과 읽기 지도의 문제점” 외
- 신헌재: 문학박사, 한국교원대학교 교수
  저서: 『초등국어과교수학습방법』(공저) 외
  논문: “초등국어교육 50년의 반성과 그 전망” 외
- 박인기: 교육학박사, 경인교육대학교 교수
  저서: 『문학교육과정의 구조에 관한 연구』 외
  논문: “문학교육의 목표설정에 관한 연구” 외
- 김창원: 교육학박사, 경인교육대학교 교수
  저서: 『국어교육론–관점과 체제』 외
  논문: “문학문화의 개념과 문학교육” 외
- 최영환: 교육학박사, 경인교육대학교 교수
  저서: 『국어교육학의 지향』 외
  논문: “국어교육학 정립의 방향” 외

▮ 제2기 저자(제3판–제4판)

- 노명완: 철학박사, 고려대학교 교수
  저서: 『국어과 교육론』(공저) 외
  논문: “읽기의 개념과 읽기 지도의 문제점” 외
- 신헌재: 문학박사, 한국교원대학교 교수
  저서: 『초등국어과교수학습방법』(공저) 외
  논문: “초등국어교육 50년의 반성과 그 전망” 외
- 박인기: 교육학박사, 경인교육대학교 교수
  저서: 『문학교육과정의 구조에 관한 연구』 외
  논문: “문학교육의 목표설정에 관한 연구” 외
- 김창원: 교육학박사, 경인교육대학교 교수
  저서: 『국어교육론–관점과 체제』 외
  논문: “문학문화의 개념과 문학교육” 외
- 최영환: 교육학박사, 경인교육대학교 교수
  저서: 『국어교육학의 지향』 외
  논문: “국어교육학 정립의 방향” 외

• 원진숙: 문학박사, 서울교육대학교 교수
저서: 『삶과 화법, 글쓰기의 문제해결 전략』 외
논문: "초등학교 다문화가정 학생을 위한 언어교육 프로그램" 외

• 유동엽: 교육학박사, 공주교육대학교 교수
저서: 『발표와 연설의 핵심 기법』(공역) 외
논문: "논쟁의 불일치 조정 양상에 관한 연구" 외

• 김은성: 교육학박사, 이화여자대학교 교수
저서: 『장르, 텍스트, 문법』(공역) 외
논문: 『국어지식교육의 현상』 외

저자와의
협의하에
인지생략

국어교육학개론(제4판)

1996년 2월 25일 1판 1쇄 발행
1999년 8월 20일 1판 10쇄 발행
1999년 12월 30일 2판 1쇄 발행
2005년 2월 5일 제2증보판 발행
2008년 3월 15일 제2증보판 9쇄 발행
2009년 8월 30일 3판 1쇄 발행
2011년 2월 10일 3판 3쇄 발행
2012년 8월 20일 4판 1쇄 발행
2013년 8월 8일 4판 2쇄 발행
2016년 2월 17일 4판 3쇄 발행
2018년 2월 20일 4판 4쇄 발행

공 저 노명완 · 신헌재 · 박인기 · 김창원
최영환 · 원진숙 · 유동엽 · 김은성
발행인 고 성 익
조 판 플 러 스

05027
발행처 서울특별시 광진구 아차산로 335 삼영빌딩
도서출판 三 知 院
등 록 1978년 6월 2일 제2013-22호
전 화 737-1052 · 734-8979 FAX 739-2386

정가 27,000원

ISBN 978-89-7490-018-2-93810